2012中国财政发展报告

——经济社会转型中的财政公平分析

Annual Report on China's Fiscal Development: Analysis on Equality of Public Finance of China in the Process of Economic and Social Transition

上海财经大学公共政策研究中心

主　编　曾军平　刘小兵

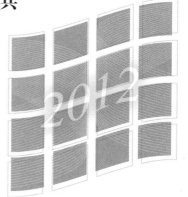

图书在版编目(CIP)数据

2012 中国财政发展报告:经济社会转型中的财政公平分析/曾军平,刘小兵主编. —北京:北京大学出版社,2012.12
ISBN 978-7-301-21755-9

Ⅰ. ①2… Ⅱ. ①曾… ②刘… Ⅲ. ①财政政策-研究报告-中国-2012 Ⅳ. ①F812.0

中国版本图书馆 CIP 数据核字(2012)第 303056 号

书　　　名:	2012 中国财政发展报告——经济社会转型中的财政公平分析
著作责任者:	曾军平　刘小兵　主编
责 任 编 辑:	马　霄
标 准 书 号:	ISBN 978-7-301-21755-9/F·3449
出 版 发 行:	北京大学出版社
地　　　址:	北京市海淀区成府路 205 号　100871
网　　　址:	http://www.pup.cn
电 子 信 箱:	em@pup.cn　　QQ:552063295
新 浪 微 博:	@北京大学出版社　@北京大学出版社经管图书
电　　　话:	邮购部 62752015　发行部 62750672　编辑部 62752926　出版部 62754962
印 刷 者:	北京鑫海金澳胶印有限公司
经 销 者:	新华书店
	730 毫米×980 毫米　16 开本　33.25 印张　597 千字
	2012 年 12 月第 1 版　2012 年 12 月第 1 次印刷
定　　　价:	89.00 元

未经许可,不得以任何方式复制或抄袭本书之部分或全部内容。
版权所有,侵权必究
举报电话:010-62752024　电子信箱:fd@pup.pku.edu.cn

一个国家的财政史是惊心动魄的。如果你读它,会从中看到不仅是经济的发展,而且是社会的结构和公平正义。

——温家宝(2008 年 3 月 18 日答记者问)

学术委员会主任：丛树海
学术委员会成员：胡怡建　蒋　洪　刘小兵
　　　　　　　　　刘小川　马国贤　朱为群
主　　　　编：曾军平　刘小兵
副　主　　编：朱为群　宋健敏　邓淑莲
课 题 组 成 员（以姓氏笔画为序）：

于　洪	王晓丹	孔　晏	邓淑莲
丛树海	朱为群	朱迎春	刘　伟
刘小兵	刘立佳	阳　维	李　华
杨丹芳	杨海燕	邱　琳	闵东旭
宋健敏	张艳彦	陆周彧	陈　玮
陈龙龙	陈效哲	郑春荣	宗佳颖
赵海益	凌　云	高　军	陶　勇
陶瑞翠	黄　婧	董文秀	蒋　洪
曾军平	温娇秀	谭郁森	

前　言

塞缪尔·P.亨廷顿在其所著的《变化社会中的政治秩序》一书的前言中指出："本书标题中所用的'政治秩序'一词，指的乃是一种目标，而非某种现实。故而，全书充满了对暴力、动荡和骚乱的描述。有些大部头著作，声称要讲'经济发展'，实际上谈的却是经济落后和停滞，从这个意义上来说，拙著和他们也是一样的。"与上述意思基本相似，其一，本报告所分析的公平，其实是一种作为目标导向的伦理规范，而非财政运行的实际状态。其二，本报告有关公平性的分析，往往将研究的重点放到财政的不公平方面。这样来处理，绝不是说我国财政是不公平的，同时，也不是说我国财政的不公平方面相比公平方面更多；当然，也不是说我国财政的公平性在历史时序中是退步的。其实，就公平性的动态演进来说，正如本报告相关章节针对我国财政安排的历史演进的分析所表明的，改革开放以来，怎么来评价我国财政的公平性提升都是不过分的，不管是政府一般预算基金，还是公共信托基金抑或隐性收支，都是如此。实际上，我们将问题的关注点放在不公平性方面，这完全只是一种研究上的习惯：正如医生总是倾向于关注人的疾病那样，社会科学的理论研究，往往对于社会领域所存在的问题情有独钟。

当然，值得指出的是，就这里的研究主题而言，在理论界，尽管有关财政公平性的分析并不少见，但相比对于效率问题——资源配置效率与宏观经济增长——的热切关注而言，在现代主流的财政理论分析中，公平问题无疑处于一个次要的、补充的地位（关于这一点，我们只要看一下目前有关公平分析的章节在财政学教科书中所占的比重就知道了)。特别地,就那些关注财政公平的研究来说,人们也往往是错误地将公平与差异缩小意义上的均等——个体收入的均等化抑或财政支出的均等化——相等同,抑或是与此等意义上的公平概念纠缠不清。但实际上,在我们看来,其一,关于公平的具体含义,尽管真正意义上的公平不完全排除个体收入差距的调整与公共支出的均等化,但如果将公平简单地与差距缩小联系在一起,这无疑是有问题的,此类的公平观念最终只会将财政学乃至经济学的分析引入歧途。在公平的理解上,正如我们在本报告中反复强调的那样,公平不是简单的差距缩小,而是利益分配的平等待人,即能够经得起可逆性检验(即我们通常所说的换位思考)的利益分配方式及其结果。换言之,一种利益分配方式如果是公平的,那么,将相关利益主体的位置进行调换以后,各方都会认为利益分配是合理的。当然,利益分配的平等待人只是公平的一般理论表述。要就财政的公平性做出分析,我们需要针对财政所涉及的特定问题而将公平原则具体化:财政分配究竟在何种意义上是平等待人的?显然,就财政这一特定的利益分配问题来说,由于它所涉及的问题很多,相关的问题所涉及的内容和背景往往都不同,自然,通过换位思考与可逆性检验所得到的利益分配方式和结果往往是不同的,具体的原则需要我们具体问题具体分析。但是,不管怎么样,有关公平的一般原则是统一的:不管是一般预算收支、公共信托基金、还是隐性收支,如果说它们是公平的,那它们所对应的利益分配就必须要经得起可逆性的检验(在罗尔斯的框架中,就是要在"无知的面纱"背后去选择)。其二,一旦我们将公平与可逆性检验意义上的利益分配方式联系在一起,那么公平在财政学、经济学的理论分析中就不应该处于次要的地位。一方面,在一般层面,公平不仅是社会所追求的目标,也是效率得以实现的前提和基础,公平问题应该成为财政学乃至整个经济学分析的中心问题。另一方面,就我们国家的具体实践来说,以公共财政为目标导向的财政改革,其最本质、最核心的内容就在于财政公平性的提升:公共财政的意义恰在于构建一套公平的财政制度。

鉴于财政公平本身的重要性,同时,也是出于已有研究针对财政公平而存在的认识论上的偏差,本报告试图基于平等待人意义上的公平原则,来就经济社会转型过程中的中国财政做出诊断。就这样一项研究来说,如果我们所表述的公平原则是正确的,那么,在目标概念澄清的基础上,理论的研究不仅能够有助于增进对于财政公平的理解,同时也能够将财政学(从更宽泛意义上来说是整个经济学乃至其他的社会科学)关注的重点拉回到亚当·斯密所强调的公正制度的架构上来,而不是简单地就效率论效率、将财政学关注的重点放在数学的计算当中。在《国富论》中，斯密曾睿智地指出："每一个人，在他不违反正义的法律时，都应听其完全自由，让他采用自己的方法，追求自己的利益，以其劳动及资本和任何其他人或其他阶级相竞争。"对于斯密的这一论断，主流经济学片面地强调了斯密的自由秩序方面，主张市场的自由调节而反对政府的强制干预。其实，自由主义的理论学说忽略了斯密所强调的市场自由所必要的"正义的法律"的基本前提，这完全是对斯密理论的误解。实际上，市场的自由运行应该以包括财政制度结构在内的公正的法律为前提。在此情况下，财政制度结构在何种意义上是公正的，这是经济学、财政学所需要重点考虑的(其实，《国富论》有关财政收支乃至其他的政府干预行为的分析，都是基于正义性这一主题的)。与此相反，对于斯密理论进行批判而强调政府干预的学者，他们其实并未能如斯密那样去透彻领悟社会秩序得以形成的内在逻辑，尽管他们强调了政府干预的必要性，但是，他们不仅忽视了干预所需坚持的正义性原则，同时也忽视了政府干预的范围和方式：应该侧重于制度架构，而不应该将关注的重点放在可以肆意调整的政策操作上。

当然，需要说明的是，指出已有认识和分析上的局限，并不是意味着它们对于财政公平的分析存在彻底的偏差。实际上，在部分研究的相关方面，关注财政公平的学者所使用的公平，与这里的公平并无二意。但问题是，相关的分析对于公平的认识缺乏理论的统一性：它们往往将平等待人意义上的公平与均等化意义上的公平纠缠在一起，这是有问题的。与此同时，强调本报告可能具有的价值和意义，这并不是说，我们就此所做的工作已经取得了彻底的成功。实际上，受问题的复杂性（财政所涉及的内容极其宽泛，而公平在理论上所涉及的问题又是如此之多）及我们能力的有限性的限制，在对于财政公平性的分析方面，本报告的研究还存在诸多的问题。比如，理论分析的全面性、系统性乃至公平原则的统一性。从开始设立财政公平主题开始，我们就试图并努力基于平等待人意义上的公平原则来就我国财政的公平性做出统一的分析。但是，由于各方面的原因，本报告对于个别问题所做的分析在思想上依旧受到了主流均等公平观念的侵蚀，这使得我们还是未能将公平的原则彻底统一起来，进而，理论的分析尚存在诸多遗憾和不完美之处。也正因为如此，借此机会，我们期待学界同仁，能够为我们的研究提出宝贵的批评和意见，使我们在后面的研究中能够做得更好。

目 录
Contents

总论 001
 0.1 导言 001
 0.2 财政公平的伦理规范体系 004
 0.3 一般预算收入的公平性分析 009
 0.4 一般预算支出的公平性分析 016
 0.5 公共信托基金的公平性分析 025
 0.6 隐性收支的公平性分析 033
 0.7 公债发行的公平性分析 038

第一篇 宏观经济运行与财政状况

第 1 章 2011 年中国宏观经济运行状况分析 043
 1.1 导言 043
 1.2 2011 年宏观经济运行总量 044
 1.3 2011 年宏观经济运行结构 053
 1.4 热点问题及主要宏观政策 063

第 2 章 2011 年中国财政收入分析 071
 2.1 导言 071
 2.2 "十一五"期间财政收入发展概况 072

2.3	2011年中国财政收入总量分析	074
2.4	2011年中国财政收入结构分析	076
2.5	2011年中国公债发行分析	081
2.6	2011年中国热点财税政策分析	085

第3章 2011年中国财政支出分析　　093

3.1	导言	093
3.2	"十一五"期间财政支出状况简要回顾	093
3.3	2011年财政支出总量分析	095
3.4	2011年财政支出结构分析	098
3.5	2011年财政支出重点项目分析	102

第4章 中国财政体制分析　　115

4.1	分税制以前的财政体制	115
4.2	我国1994年的分税制改革	117
4.3	对分税制的进一步完善	121
附录4.1	"省直管县"改革促进县域经济增长的途径	126

第二篇　一般预算收入与财政公平

第5章 中国货劳税的公平性分析　　141

5.1	导言	141
5.2	分税制改革以来我国货劳税的公平性演进	142
5.3	中国货劳税的产业公平分析	144
5.4	中国货劳税的地区公平分析	147
5.5	中国货劳税的收入群体公平分析	151
5.6	中国货劳税的公平性改进建议	153

第6章 中国所得税的公平性分析　　158

6.1	导言	158
6.2	我国所得税制度的演变及其公平性提升	159

6.3	所得税的阶层公平分析	162
6.4	个人所得税的地区公平分析	167
6.5	个人所得税的职业公平分析	170
6.6	提升我国所得税公平性的政策建议	177

第7章　中国财产税的公平性分析　179

7.1	导言	179
7.2	财产税公平及其衡量的尺度和标准	181
7.3	财产税的公平性分析:同类财产的横向公平	182
7.4	财产税的公平性分析:同类财产的纵向公平	185
7.5	财产税的公平性分析:不同类财产的横向公平	186
7.6	财产税的公平性分析:不同财产的纵向公平	190
7.7	研究结论及政策建议	191

第8章　中国非税收入的公平性分析　193

8.1	导言	193
8.2	非税收入公平性分析的评价标准	195
8.3	行政性收费的公平性分析	197
8.4	事业性收费的公平性分析	199
8.5	资源和环保收费的公平性分析	202
8.6	行政罚没的公平性分析	203
8.7	结论和政策建议	206

第三篇　一般预算支出与财政公平

第9章　中国教育支出的公平性分析　211

9.1	导言	211
9.2	教育支出公平分析的判别标准	212
9.3	我国义务教育支出的公平性分析	213
9.4	我国高等教育支出的公平性分析	218
9.5	我国教育支出不公平的原因及其解决方案	228

第 10 章　中国医疗卫生支出的公平性分析　233

10.1　导言　233
10.2　医疗卫生支出的公平性界定　234
10.3　地区间医疗卫生支出的公平性分析　236
10.4　城乡间医疗卫生支出的公平性分析　241
10.5　卫生机构间财政补助的公平性分析　244
10.6　改善医疗卫生支出公平性的政策建议　248
附录 10.1　卫生资源配置的泰尔指数及其贡献率计算　250

第 11 章　中国社会救助支出的公平性分析　251

11.1　导言　251
11.2　我国社会救助支出的基本情况　252
11.3　医疗救助支出的公平性分析　253
11.4　最低生活保障支出的公平性分析　258

第 12 章　中国行政支出的公平性分析　266

12.1　导言　266
12.2　行政支出公平性分析的理论框架　268
12.3　我国行政支出公平性的整体状况　270
12.4　我国行政支出公平性的时间趋势　273
12.5　我国行政支出公平性的波动性特征　275
12.6　提升我国行政支出公平性的规范建议　276
附录 12.1　理论上归宿于社会公众的普遍利益规模　277
附录 12.2　行政支出公平性分析的技术设定与求解　279

第 13 章　中国公共基础设施建设支出的公平性分析　285

13.1　导言　285
13.2　我国公共基础设施投资体制的发展历程　288
13.3　基本类公共基础设施的公平性分析　294
13.4　非基本公共基础设施支出的公平性分析　297
13.5　公共基础设施支出整体的公平性分析　300
13.6　提升我国公共基础设施公平性的建议　303

第 14 章　中国涉农支出的公平性分析　　306

14.1　导言　　306
14.2　国家财政对农业支出的公平性分析　　307
14.3　粮食补贴支出的公平性分析　　312
14.4　财政扶贫支出的公平性分析　　316
14.5　提升涉农资金公平性的政策建议　　319

第 15 章　中国环境保护支出的公平性分析　　321

15.1　导言　　321
15.2　环境保护支出的口径与公平性标准　　322
15.3　环境保护支出的代际公平性分析　　325
15.4　环境保护支出的地区间公平性分析　　329
15.5　环境保护支出的城乡间公平性分析　　333
15.6　环境保护支出的人际间公平性分析　　334

第四篇　公共信托基金与财政公平

第 16 章　中国国有企业基金的公平性分析　　341

16.1　导言　　341
16.2　1978 年以来我国国有企业改革和发展的历程　　342
16.3　国有企业基金的公平性分析：利益归宿视角　　345
16.4　国有企业基金的公平性分析：利益来源视角　　354
16.5　国有企业基金公平性的提升　　363

第 17 章　中国社会保险基金的公平性分析　　365

17.1　导言　　365
17.2　我国基本养老金替代率测算　　366
17.3　我国基本养老金的相对公平性分析　　373
17.4　我国基本养老金的绝对公平性分析　　377
17.5　研究结论与政策建议　　383

第18章　中国其他政府性基金的公平性分析　385

- 18.1　导言　385
- 18.2　其他政府性基金公平性的一般理论分析　387
- 18.3　财政公平性与成本—受益的对称性　389
- 18.4　财政非公平性与成本对受益的偏离　391
- 18.5　财政非公平性与基金受益配置的偏离　396
- 18.6　提升其他政府性基金公平性的规范建议　401

第五篇　隐性收支、公债与财政公平

第19章　中国税式支出的公平性分析　405

- 19.1　导言　405
- 19.2　中国税式支出的基本情况　406
- 19.3　中国税式支出实体规定的公平性分析　408
- 19.4　中国税式支出程序规定的公平性分析　410
- 19.5　本章的研究结论及政策建议　412

第20章　中国公共管制的公平性分析　415

- 20.1　导言　415
- 20.2　改革开放以来我国公共管制的发展历程　418
- 20.3　自然垄断管制的公平性分析　421
- 20.4　信息不对称管制的公平性分析　434
- 20.5　外部性管制的公平性分析　444
- 20.6　提升公共管制公平性的政策建议　448

第21章　中国公共定价的公平性分析　452

- 21.1　导言　452
- 21.2　1978年以来我国价格改革概况　453
- 21.3　公共定价越位造成的不公平　457
- 21.4　公共定价缺位造成的不公平　462
- 21.5　公共定价方式与程序的不公平　467
- 21.6　提升公共定价公正性的规范建议　474

第 22 章　中国公债的公平性分析　　475

　　22.1　导言　　475
　　22.2　改革开放以来我国公债发行概况　　477
　　22.3　公债的代际公平性分析：税收偿还模式　　482
　　22.4　公债的代际公平性分析：借新还旧模式　　488
　　22.5　公债的代内公平性分析　　493
　　22.6　促进我国公债公平性的建议　　495

参考文献　　497

总　论

0.1　导　言

公平正义是社会制度架构的基本原则,它是检验世间制度规则恰当与否的最终价值尺度和标准。关于这一点,亚里士多德(1997,第 9 页)曾在其经典的《政治学》中明确指出:"城邦以正义为原则。由正义衍生的礼法,可凭以判断[人间的]是非曲直,正义恰正是树立秩序的基础。"与此相似,后来的约翰·罗尔斯(2003,第 3 页)则在其业已成为经典的《正义论》一书中开宗明义地指出:"正义是社会制度的首要价值。正像真理是思想体系的首要价值一样。一种理论,无论它多么精致和简洁,只要它不真实,就必须加以拒绝或修正;同样,某些法律和制度,不管它们如何有效率和有条理,只要它们不正义,就必须加以改造或废除。每个人都拥有一种基于正义的不可侵犯性,这种不可侵犯性即使以社会整体利益之名也不能逾越。"

然而,在社会制度的架构原则上,尽管公平正义对于社会的发展具有重要的价值和意义,但自罗宾斯(2005)于 20 世纪 30 年代将经济学的研究对象限定为资源配置以来,公平正义问题在很大程度上为诸多的经济学、财政学的理论分析所忽视了。一方面,在宏观的政策操作和调整层面,当人们基于凯恩斯宏观经济理论框架所强调的正统政策(财政政策与货币政策等)与其他理论流派所强调的非正统政策(结构调整、政治承诺与信心维护等)来干预经济时,相关的政策分析主要关注的是经济增长、物价稳定以及国际收支平衡的有效性方面，而政策干预所涉及的利益分配的公正性则往往被人们忽视了。另一方面，针对市场的微观配置失灵，经济学家对此给出的解释主要是社会边际收益与边际成本的相互偏离。相应地，经济学家针对市场失灵给出的"治疗"方案往往就是：通过政策的操作来维持社会边际收益与边际成本的数学平衡。至于政策操作所包含的利益分配的公平性、和洽性问题，在诸多问题的分析上，作为"社会医生"的经济学家往往未能对此给予应有的重视。

在学术上，公平问题之所以被诸多的理论分析所忽视，不是因为经济学家认为公平不重要，而是因为，在诸多的经济学家看来，相比公平，由于学科本身的性质，经济学更应该关心效率；或者，认为经济学（包括财政学在内）应该有自己独特的领地，经济学只是关注微观的资源配置与宏观的经济增长，而公平正义问题，则是伦理学家所关注的主题。就这种观点而言，应该说，如果经济学家所关注的微观配置与宏观增长可以独立于公平正义而实现，那么强调效率的主导地位，或者，撇开公平正义问题而保持经济学研究领域的纯粹性，这完全无可厚非。但现在的问题是，公平正义不仅是社会所追求的目标，同时也是实现微观配置效率与宏观经济发展目标的基本前提和基础。毕竟，在经济领域内，之所以微观领域的资源配置会存在失灵，之所以宏观的经济会出现这样或那样的问题，说到底，这与社会合作中利益分配的失衡与不公（由社会制度结构决定）有关——社会的不公引致了个体行为的偏离以及社会的内在冲突与内耗，降低了资源配置效率与经济发展的水平。相反，一旦社会合作中的利益分配冲突得以公正解决，那么，正如斯密的自由秩序原理所表明的，理性个体对于自我利益的追求会引导社会走向最有益的结果，因为，社会上所有个体都是理性的，每一个人对于资源配置效率与经济增长都存在持久的、永恒的动力和追求（曾军平，2009）。既然公平正义对于微观配置效率与宏观经济增长是不可或缺的，那么，即便只是关注总量的效率问题，将公平正义纳入经济学的研究中也是必然的。在逻辑上，我们很难想象，撇开公平正义而提出的经济方案会对经济的发展有真正的、持久的促进力。

当然，指出公平在理论上所遭受的冷遇，这不是说，人们完全将公平问题搁置一边。实际上，自马斯格雷夫的政府职能理论以来，由于收入分配职能同资源配置职能以及宏观经济稳定职能被定义为政府的三大职能，[①]也有一些研究

[①] 在国内，陈共（2007）等学者还在他们的论著中加上了发展职能。

考虑了社会的利益分配。① 但就相关研究而言，它们所强调的利益分配往往是政府所进行的直接的收入调整，而不涉及直接收入分配之外的相关政策所包含的、间接意义上的分配问题（因为，对于任何一项政策调整，不管是收入分配意义上的，还是资源配置与宏观稳定意义上的，它们都涉及个体间的利益分配）。与此同时，在对于公平的理解方面，包括财政学理论在内的主流经济学理论对此存在认识论上的偏差：因为，在论及公平时，与对于直接利益分配的关注相对应，人们往往简单地将公平与差距缩小意义上的公平——收入差距的缩小和（或）财政支出的均等化——等规范要求相等同，或者，是与诸如此类的观念混淆、纠缠在一起。与此不同的是，在我们看来，在一般的理论层面，公平应该是利益分配的平等待人（曾军平，2006），是处于罗尔斯（2003）"无知的面纱"背后的个体所确定的利益分配方式及其结果。② 特别的，对于一种利益分配方式，它是否是公平的，我们不是看相关利益主体所获得的份额是否相等，而要看相关主体所获得的份额能否经得起换位思考意义上的可逆性考验（正如我们可以基于帕累托改进是否存在来就资源配置的有效性做出检验那样）：如果将各主体的位置进行调换之后，他们依旧认为利益分配是公平的，那么，此利益分配就是公平的，反之亦然。至于平等待人意义上的利益分配方式的具体形式，则与问题的性质有关：对于某些利益分配问题，理性个体所选择的可能是均等（基于个体所具有的共同性）。但对于绝大多数的利益分配问题，个体所选择的不会是均等，而是差异性（基于个体所具有的差异性）。在此情况下，简单地基于均等化规范来就相关问题所做的分析，对于财政公平的实现并不会有太大的裨益，在很多时候，甚至会使公共政策的操作偏离公平的轨道而误入歧途。

鉴于公平问题的重要性，同时，也是基于对已有理论研究所存在的局限性的考虑，本报告拟基于平等待人意义上的公平原则，就处于转型过程中的中国财政的公平性做出理论的审视。特别地，考虑到财政其实就是"以社会权力中心为主体的（在国家存续期间的社会是以国家为主体的）"、"以政控财、以财行

---

① 在马斯格雷夫之前，在对斯密论著的批评过程中，西斯蒙第（1997）等经济学家强调了分配问题的重要性。当然，就西斯蒙第对于斯密的批评来说，尽管斯密并未明确强调收入的再分配，但如果说斯密完全忽视分配问题，那显然是曲解了斯密的意思。因为，斯密的自由经济学说是以"公正的法律"为前提的，而不是无条件的（斯密，1997，第252页），而公正的法律本身所涉及的就是对于利益的分配和调整。

② 罗尔斯（2003）强调基于"无知的面纱"来考虑利益的公正分配，这一思路无疑是对的。但是，在"无知的面纱"背后，个体究竟会选择什么？罗尔斯的认识存在局限，因为他将问题的关注点放到了具体的结果而不是产生结果的规则上（这或许是因为他未能注意到规则运行结果所具有的随机性）。但实际上，在我们看来，在"无知的面纱"背后，个体所能选择的只是一套规则、一套产生某种随机结果的规则（当然，规则本身可能约定就结果进行有限的调整，但结果的随机性依旧存在）。

政"的分配关系(贾康、李全,2005),是"国家或公共团体以维持其生存发达之目的,而获得收入、支出经费之经济行为"(根据《辞海》所给出的解释),有关财政公平性的分析自然就围绕着政府收支的公平性加以展开。其中,其一,关于政府收支的具体范围,考虑到政府通过公共管制——市场准入与公共定价等——对经济进行干预所产生的效果,与一般预算支出所产生的效果并无本质差异。因此,这里所分析的收支范围并不局限于一般意义上的预算收支,而是涉及公共信托基金乃至隐性收支等方面,即研究的是广义上的政府收支。包括:一般预算收入、一般预算支出、公共信托基金、隐性收支与公债等多方面的内容。其二,关于财政收支公平性分析的具体思路,与问题本身的性质相对应,作为分析的前提,我们首先需要考察:在伦理层面,上述各方面的财政规范标准是什么?在何种意义上,财政安排是公平的?然后,基于所确定的财政公平规范,就我国财政的公平性做出实证考察:我国财政的公平性状况如何?比如改革开放以来,我国财政的公平性状况有何变化和进展?目前的情况又如何?具体有哪些方面的问题?最后,在规范层面,基于实证考察的结论及公平的规范标准,考察提升我国财政公平性的思路和方案。

0.2 财政公平的伦理规范体系

在一般理论层面,公平可以表述为利益分配的平等待人。遵循罗尔斯(2003)的理论表述,就是处于"无知的面纱"背后的个体所确定的利益分配方式。而用我们的话来说,公平和可逆性检验有效意义上的利益分配方式及其结果联系在一起:一种利益分配方式如果是公平的,那么,将相关利益主体的位置进行调换之后,各方都会认为利益分配是合理的(曾军平,2006)。但现在的问题是,作为特殊利益分配类型的财政分配,它在何种意义上是公平的?显然,基于平等待人而就公平所做的表述完全是原则性的、抽象的。因此,要就财政的公平性做出分析,首先需要就平等待人意义上的财政公平给出更加具体、更加明确的理论表述。至于财政公平的具体形式,在理论上,尽管我们可以用利益分配的平等待人来就公平做出统一的理论表述,但鉴于财政本身所包含的内容的复杂性,对于不同的问题,财政公平的具体形式往往不一样。进而,财政公平的具体原则,不是以单一形式出现的,而是多样化的(当然,相关原则在核心价值理念方面是全部统一的,都要经得起可逆性的检验)。另一方面,就各具体的原则来说,与原则外在形态的多样性及核心价值理念的统一性相对应,诸原则之间存在内在的逻辑关系和等级次序,即财政公平的具体原则其实是由诸多子原则组合在一起的、有逻辑融洽性的伦理体系。至于财政公平原则的组成及其具体情况,我们将基于财政的基本内容,来做出理论的表述。作为分析的起点,我们先简要考虑一般预算收支的公平规范。

0.2.1 一般预算收支的公平规范

在组成上,财政是一个收支体系。因此,从逻辑上说,有关一般预算收支的公平原则,需要将财政的收与支联系起来。可以说,单独讨论收入公平与单独讨论财政支出公平,会在价值原则的理论选择上误入歧途。而在实践中,不考虑支出的收入与不考虑收入的支出,都难免会沦为一种政治上道貌岸然的非暴力的抢劫。一方面,收入的公平性需要以支出类型的限定性为前提。比如,税收公平问题,它不只是一个简单的在社会个体之间如何分摊成本的问题,税收的公平性首先涉及支出的类型:其一,基于公平的一般规范,财政的支出范围应该是有限的。从利益公正分配的角度看,对于诸多的提供私人产品的支出(除保持个体基本权利的支出之外),一般都应该通过分散化的市场模式、由个体私人去进行:个体自己获得收益,自然也应该由自己承担成本,由一个人为另一个人的支出买单往往会存在不公平。也就是说,对于此种支出类型,既然它们本不应该基于公共支出的形式来进行,那么,为此而进行的税收征收,不管其形式如何,在财政上都会存在不公平。其二,对于具有公共产品性质的支出,如果支出的受益对象明确且可以基于收益的大小来获取收入,我们可以且应该基于受益原则来筹集支出的收入,即财政收支应该通过专项基金的方式来运作,以一般预算收入来为支出承担成本也存在公平性的欠缺。另一方面,既然收入公平性应该和支出类型联系在一起,反过来,支出的公平性也应该考虑收入:用于一般预算支出的收入不应该属于私人的、个体的收入,也不应该是专项基金的收入,而应该是一般预算收入,包括税收和非税收入。

关于财政公平,在收入与支出之间建立起关联是一般预算收支公平性的组成部分及基本前提。那么,在彼此存在关联的基本前提下,一般预算收入究竟该如何取得才是公平的呢?在具体形式上,一般预算收入有作为主体的税收收入(如货劳税、所得税和财产税)和作为补充的非税收入(如行政事业性收费、财产资源性收费以及罚没收入等)两大类型。特别地,就这两种类型的收入形式来说,虽然它们都属于一般预算收入,但取得它们的依据和基础是不一样的,因此,各项收入征收的公平性原则也就存在差异。其中,关于非税收入:其一,对于行政收费来说,鉴于政府机关一般已经通过一般税收而从财政取得其日常办公的经费,行政性收费的项目及其标准都应该是有限制的,应该遵循"成本补偿"的原则向相关项目使用者收取费用,否则,会构成对纳税人的双重收费;其二,对于财产资源性收费,它其实是国有资源和财产的价格,因此,公平的收费应该基于市场的竞争价格原则,即收费应该符合市场公允价格,否则,会造成国有资源和财产的流失;其三,对于罚没收入,罚没只是手段,不是目的,罚没收入是执法机关在履行职能过程中所获得的"意外收获"。至于此种收入的取得在何种意义上才是公平的,显然,与具体问题有关。但不管具体问题如何,既然收入是副产品,就不应该将其作为一种主动的筹资手段。而在征收的方式上,事先应该有明确合理的制度规定并按规定办事。

再来看一般预算收入中税收的公平规范问题。在性质上,税收其实是政府为提供一般公共服务——提供公共产品与进行收入再分配——所需要花费的成本和代价。因此,在支出给定的情况下,有关税收的公平原则,其实,就是相关成本的分摊原则:为了提供社会所需要的公共服务,相关的成本如何在社会个体之间进行分摊才是合理的?应该说,有关公平的税收制度问题,理论界对此存在观点的分歧:福利经济学基于"收入的边际效用递减"而主张累进税收制度,而自由主义经济学家(如哈耶克等)则强调了比例税制。但指出理论界对于问题所存在的观点的分歧,这并不是说有关税收的公平标准不存在。实际上,在人类理性的范围内,也许我们永远都无法就公平的税收制度安排给出一种绝对的公理化表述,但在有限的理性认识范围内,有一些原则还是可以确定的。相关的具体原则包括:其一,关于税收负担横向公平方面的原则。如果两个主体的能力完全一样,那他们所缴纳的税收应该是完全一样的,而不应该有差别。其二,关于纵向公平方面的原则。一方面,是个体基本权利(如生存权)的保护原则,即税收的征收不应该对生存权等个体的基本权利产生负面影响;另一方面,在基本权利保护后的成本分摊上,尽管在肯定层面,我们尚无法就每一个体分别具体承担多少税收是公平的来做出精准的认定,但是,从否定的角度来说,累退的税收安排显然是有问题的。既然税收的公平原则在一定程度上是可以确定的,那么,我们就可以基于所确定的原则来就我国税收的公平性做出分析:可以指出与公认公平原则相背离的税收制度安排。至于人类理性尚无法准确确定的领域,在未获得明确的论证之前,我们可以认为,相关的制度安排是无差异的而可以暂且不加以讨论。

在收入方面,一般政府基金存在上述公平的规范要求。接下来,我们再来看支出方面。显然,基于上述的表述,对于一般预算支出,其公平性应该依次满足如下原则:其一,支出范围的限定原则。支出应该限定于一般性的公共支出,包括:保障个体基本权利的、用于再分配的支出;提供具有普遍受益性质的公共产品的支出。其二,对于用于保障个体基本权利的支出,一方面,应该给每一个体的基本权利——生存权、健康权与教育权——提供保障;另一方面,对于保障的水平,应该是有限制的。其中,关于限制的具体水平,这依赖于一个国家的经济发展水平以及正式法律规范对其所做的制度性规定。其三,对于用于提供产生普遍利益的公共产品的支出,就单一支出而言,由于支出的自然属性,它在自然形态上已经满足普遍受益意义上的公平规范要求。但是,由于公共产品支出类型的多样性,而个体对于公共产品的偏好往往会存在差异。在此情况下,要保证支出整体受益的公平性,则取决于是否存在一套合理的公共决策程序,能够兼顾各方面的利益,保障公平所要求的受益均等。其四,当然,在现实的财政安排中,能够使所有个体均受益的支出是比较有限的,许多支出的受益范围是有限的、区域性的。就此等支出类型来说,一种最恰当的方式是,向受益群体征税来弥补支出的成本,比如财政分权。当然,在现实中,受政治体制等多方面因素的限制,财政分权可能无法有效展开,上一级政府可以为各区域的居民提供具有区域性的公共产品。但公平的支出应该保障此类支出在地区之间的机会均等性:A 地区享有此类支出,B 地区也应该享有。其五,财政分权的一个重要方面是保证受益和成本的对等性,以保证财政的公平性。因此,在财政分权的情况下,既定收入的支出应该用于税负的承担主体,即保证税收的负担主体与受益主体在范围上的一致性。这意味着,尽管税收无法在微观层面做到成本和收益的完全对应(有时也不应该如此),但作为一个基本前提,税收应该在中观层面满足受益原则:承担税负的群体,也应该是获得支出收益的群体;如果存在 A 群体承担税负而 B 群体享受好处的情况,那么,税收制度就存在成本受益不对称的不公平问题。

0.2.2 公共信托基金的公平规范

一般性的公共支出,财政应该利用一般性的公共收入为其筹资。反过来,对于受益对象明确且可以基于受益范围和大小来筹集收入的公共产品支出,那就可以(同时也需要)基于受益税的方式来为此筹资,即财政安排应该采取专项基金的方式。关于专项基金,在我们的报告中,主要与第 18 章所讨论的其他政府性基金有关。特别地,根据《政府性基金管理暂行办法》(财综[2010]80 号)所给出的概念表述,政府性基金是指各级人民政府及其所属部门根据法律、行政法规和中共中央、国务院文件规定,为支持特定公共基础设施建设和公共事业发展而向公民、法人和其他组织无偿征收的、具有专项用途的财政资金,包括各种基金、资金、附加和专项收费等。在我国,其他政府性基金的类型很多。就此等基金类型而言,从一般规范的角度来说,正如前面的分析所表明的:公平的政府性基金应该基于成本—收益的对等原则来实施:一方面,谁从基金的支出中受益,谁就应该为此缴纳收入;谁受益多,谁为此而缴纳的收入也应更多。另一方面,在支出方面,基金的收入应该专款专用,不能用于其他主体的利益支出,同时,也不能以收入划转的形式纳入一般的政府基金。

当然,在现实中,除了上述其他政府性基金外,我国还有两个很重要的专项基金。其一,是国有企业基金;其二,是社会保障基金。其中,就国有企业基金来说,国有企业的所有权属于全体公众,那么,从公平的角度来说,国有企业的获益应该归全体公众所有,而不能为特定的团体所独占。与此同时,对于国有企业的亏损,则应由所有民众来一起承担,即国有企业基金利益分配的公平原则是所有权与收益权的对等原则。而对于社会保障基金,该资金主要来自于所有缴纳社保的人,那公平的分配应该基于缴纳和收益对等的原则来实施,这与国有企业基金的运作具有一定的相似性。但是,其性质有一定的特殊性:社会保障支出还涉及代内与代际的分配问题。其中,在代际的分配方面,社会保障基金应该为每一个体提供最基本的保障;另一方面,在代际公平方面,它需要保障未来基金领取者应有的利益,不会因参与基金缴纳而受损。

0.2.3 隐性收支、公债的公平规范

隐性收支一般与政府对市场的干预有关,因此,隐性收支的公平性,从某种意义上来说,就是政府对于市场干预的公正性。与问题的性质相对应,隐性收支的公平性具体涉及如下几方面的原则。其一,市场公平竞争的维持原则。市场是一种很好的、能够公平解决分配冲突的利益协调机制,它基本上基于成本受益对等的公平原则来运作。因此,作为公共管制的一个首要公平原则,就是去维持市场的公平竞争,而不应该对于市场交易中任何一方给予歧视或照顾。具体有两方面的要求:一是不能用一般预算收入为私人的消费买单,或为私人生产进行补贴。当然,在有的时候,为了社会发展的需要,政府可能需要向特定的个人与特定产业进行补贴,但为了维持公平竞争,需要为此建立补贴的偿还机制:相关的补贴需要基于企业或个体未来的收入偿还历史上的补贴及相关的利息。二是在公平竞争的格局下,政府行政权力的干预,不能对市场中的任何一方进行歧视或鼓励,否则,就会产生向其中的一部分主体征税去补贴其他主体的不公平问题。其二,市场公平竞争的保护原则。由于市场的内生性缺陷,对于市场交易违背公平性的领域,政府应该利用其特有的权力去保障市场交易

的公平性,而不应该放任不管。只不过政府的干预应该以市场运行的公正性为前提,且需要保证政府干预方式及机制本身的公正性。

关于公债的公平性原则。其一,考虑到在一定范围内,公债可以基于"借新还旧"的方式来加以运作,因此,在有限的公债规模范围内,公债可以被视为一种类似于土地租金的"自然"收入。进而,在此情况下,公债的公平主要是支出方面的。特别地,此时支出的公平主要是代内方面的,而与代际无关。作为一种"自然"的收入,支出应该用于一般性的公共支出,至于它究竟是用于经常性的支出,还是资本性的支出,这倒无关紧要。其二,既然上述公平原则是以公债规模有限为前提的,那也就意味着,在每一财政年度,公债发行的额度应该是有限的,过度的债务发行会侵蚀后代的债务发行权。其三,在债务成本代际转嫁方面,如果公债规模超出了"借新还旧"的水平,那此类问题就会因此而产生。此时,为避免负担代际转移的非公平性问题:一方面,公债的发行应该保证后代人能受益,即支出应该用于资本性支出,而不能用于消费性支出,并应该保障公债的投资效益,使后代人不会因公债投资而遭受净的损失;另一方面,在满足后代人净受益原则的基础上,考虑到资本性支出同样会给当代人带来收益,公债的成本应该通过偿债基金的方式在各代人之间进行合理分摊,而不能由其中的一代人——后来人——全部负担支出的成本。

0.3 一般预算收入的公平性分析

关于一般预算收入的公平性分析,我们从税收的公平性开始,然后,再讨论非税收入的公平性问题。其中,由于税收公平性依次涉及对于个体基本权利的保障、基本权利保障后税收在不同个体间的公平分摊(包括横向公平与纵向公平两个方面)以及宏观层面的税收负担主体与受益群体的地区一致性等方面的内容,因此,针对一般预算收入的公平性的分析,我们根据相关的内容,分五个方面来进行讨论。

0.3.1 税收对于个体基本权利的保护

前面的分析表明,公平的税收不应该对个体基本权利产生负面的影响。在我国,与基本权利保障有关的税收制度安排,其中一个非常重要的方面是个人所得税的生计费用扣除标准的设定问题。应该说,与经济发展水平相适应,我国不断提升了生计费用扣除标准:从 1994 年的 800 元、2006 年的 1 600 元、2008

年的 2 000 元,再到后来 2011 年的 3 500 元。应该说,从目前的情况来看,上述调整使得我国目前的费用扣除标准基本能满足一般的公平规范要求。因为,按照每月 3 500 元的扣除标准,一年总的扣除为 42 000 元,这高出基本生活保障的标准:中国经济网(以下简称"中经网")统计数据库的资料显示,以 2010 年的情况为例,城镇家庭平均每人全年消费性支出最高的省份是上海,为 23 200.4 元。从这个意义上说,在基本权利的保障方面,我国个人所得税生计费用扣除标准的设定是公平的。

当然,也有学者对此提出了反对意见。在他们看来,由于不同地区的人们维持基本生活的成本不同,对不同地区收入相同的人实行统一的费用扣除标准,会造成对某些地区的人们的必要生活成本课税,这违背了税收的公平原则(黄秀梅,2007;刘丽、牛杰、夏宏伟,2010;焦建国、刘辉,2011)。针对这一点,马福军(2010)、曾庆涛(2010)等从统一费用扣除标准有利于优化资源配置、有利于税法的稳定性与符合我国税务部门的征管水平等方面进行了反驳。实际上,在我们看来,由于我国的生计费用扣除标准已经普遍高出基本生活保障的标准,不存在对必要生活成本课税的问题。在基本权利保障方面,我国个人所得税费用扣除标准的公平问题主要是动态调整方面的。因为,从历史的角度看,我国个人所得税费用扣除标准的变化滞后于物价水平的变化,这影响了税收的公平性。因此,为保证制度的动态公平性,需要建立与物价指数挂钩的、有关生计费用扣除的动态调整机制(第 6 章)。

0.3.2 税负分摊上的非累退性

一方面,是个体基本生活的保障,另一方面,是基本生活保障后税收在个体间的公平分摊。当然,从目前的情况来看,由于以下两方面的原因,对于我国税收的公平性进行严格的分析存在一定的困难:其一,税收种类较多,大的类型有货劳税、所得税、财产税,这使得我们很难确定每一主体所承担的实际税收是多少。其二,是货劳税的存在且占主体,而在货劳税下,纳税主体和负税主体往往存在偏离,这进一步影响了对于税收实际负担的判断。因此,有关我国税收负担公平性的分析,只是大体上的。其中,就税负分摊的非累退性问题来说,其情况大致如下:

首先,是货劳税。其一,关于增值税。中国增值税实行普税制,不区分生活必需品、普通消费品和奢侈品。虽然增值税暂行条例对农业生产者生产的农产品免征增值税,但居民生活必需品仍然属于增值税的征税范围,因此,它具有一定的累退性。其二,关于消费税。消费税是 1994 年分税制改革所设立的税种,其重要的内容是对奢侈品进行征税。后来,随着收入水平的提高,消费水平和消费结构发生了变化。鉴于此,2006年对消费税进行了较大的调整:根据新的形势,增加了高尔夫球及球具、高档手表、游艇等高档消费品与木制一次性筷子及实体木板等税目,提高大排量汽车的税率与相对降低小排量汽车和摩托车的税率;取消了具有大众消费特征的"护肤护发品"的税目。应该说,税目的调整有助于税收公平性的提升,但还存在问题。一是对摩托车与黄酒等普通消费品征收的消费税,有悖于税收公平。因为,根据消费税的立法原则:其征收的对象主要为奢侈品、对人体健康有害的物品以及对环境有污染的物品等。但从目前的消费水平来看,作为消费税子目的摩托车已经不再属于奢侈品,其消费者主要为城乡低收入阶层(排放废气所造成的污染已经在成品油的消费中征收,再次征收污染税是重复征收)。而对于黄酒,其消费的群体主要是普通大众,从某种意义上说它是生活必需品(食物的调味品)。二是对于高档消费征税的空当。在目前中国社会经济发展较快的情况下,消费税未能及时反映当前的社会消费状况。一方面,过去的改革尽管扩大了高档消费品的征税范围,但仍将高档住宅、高档家具、私人飞机与高档皮毛制品排除在征税范围之外。另一方面,现行的消费税只针对特殊消费品课征,而一些已属于奢侈消费的消费行为并未得到应有的调节。例如,并未将高档歌厅、舞厅、高档桑拿美容、高档洗浴、高档夜总会等娱乐型高消费行为纳入征税范围,存在一定的"漏出"(于洪,2008),这也在一定程度上引致了税负分布上的累退性。而为了避免此类的不公平问题,有必要对货劳税的具体条款做出修正和调整(第5章)。

  其次,在所得税方面。比如,利息税,由于高收入群体的投资渠道和方式相对较多,在征收此税的情况下,他们的负担反而会更轻。因此,免征利息所得税是税收纵向公平性的改进。与此同时,最近几年来,国家税务总局加强了对于高收入人群的税收管理,比如,对于高收入行业和高收入个体的界定,这在一定程度上也有利于促进税负上的公平,能在一定程度上避免富人承担的税收比例相比穷人低的问题发生。但是,尽管如此,由于我国现行个人所得税制度是按照不同类别的所得适用不同的课征方式征收,而高收入群体的收入来源渠道较多,这在客观上为高收入群体的避税提供了极其有利的条件,这影响了所得税承担上的公平性。至于由此所引发的问题,该如何来避免,显然,关键的一点是,要通过社会收入监控体系的构建,使我国分类所得税向综合所得税转变(第6章)。

  最后,在财产税方面。财产税同样存在纵向的累退性问题。比如,车船税对征税的车船规定单位固定税额。同样是载客人数为9人以下的小型客车,都缴纳相同的车船税而不用考虑其价值的大小。例如,普通国产轿车的价格有十万元左右或更低的,而进口车辆的价格有可能达到几百万。但是,只要它们的载客人数或者发动机气缸总排气量相同,它们负担的税额就是相同的,这具有累退性。其中,关于财产税累退性产生的原因,一方面,与所得税相同,是由于税制的分散性,另一方面,是税收条款规定上的问题。因此,从公平性提升的角度来看,有必要从整体上来构建我国的财产税体系,并就其中的具体条款进行修订(第7章)。

0.3.3 横向公平的非歧视性问题

首先,在货劳税方面。毋庸置疑,伴随着我国税制的完善,税收负担的横向公平不断加强。比如,货劳税方面的从生产型增值税向消费型增值税的转型。从2004年在东北老工业基地实行增值税转型试点开始,直到在2009年,我国实现生产型增值税向消费型增值税的转变,这消除了对于资本密集型行业的税收歧视和不公。但横向不公平的问题依旧存在且十分明显。比如营业税与增值税的并立,造成货劳税的重复征收而影响了行业税负的横向公平。表面上看,营业税与增值税是互补关系,不会造成重复征税的问题。但实际上,两税并行带来抵扣困难等重复征税的现象以及货劳税叠加所造成的重复征税。对于上述问题,2012年,中国在上海开始实行增值税扩围试点,将增值税征税范围扩展到目前属于营业税征税范围的交通运输业和现代服务业,并相应增加11%和6%这两档税率。扩围成为一种趋势,这有利于促进交叉产业和非交叉产业之间的公平。因此,进一步扩大增值税的范围,以消除目前营业税和增值税并立所引致的横向不公平,将成为下一轮税制改革的重点(第5章)。

其次,在所得税方面。在很长一段时间内,我国的所得税存在明显的分散化和碎片化的特征:在个人所得税方面,我们存在对外国人征收的个人所得税、[1]对个体工商户及其他个体征收的个人收入调节税,税收的分散化造成税收征收上的区别对待。1994年的税制改革,以建立统一、规范、适应市场经济的税制为指导思想和原则,就个人所得税进行了合并,这提升了制度的公平水平。而在企业所得税方面,其合并采取分阶段的方式:先是外资企业所得税的合并(1991),然后,是内资企业所得税的合并(1994),最后,是内外资企业所得税的合并(2008)。税制的合并提升了税负分摊的横向公平性。但是,尽管如此,由

---

[1] 由于实行每月800元的费用扣除标准,而大部分中国人在当时无法达到这一标准,从而造成个人所得税实际上是对外国人征收的。

于对于各项收入,税收是分开征收的,这使得个人所得税依旧存在区别对待意义上的不公平问题。其一,在劳动所得内部,非独立劳动所得(工资薪金所得)与独立劳动所得(如劳务报酬所得和稿酬所得)所适用的课税标准存在不同,进而引致税负上的横向差异。① 其二,在资本所得内部,不同性质的资本所得适用不同的费用扣除标准。比如,资本持有所得(包括利息股息红利所得、财产租赁所得及使用权让渡意义上的特许权使用费)和资本转让所得(财产转让所得和所有权转让意义上的特许权使用费)就存在因费用扣除(是否扣除及扣除多少)、税率及征税方法(按次征收与按月征收)等方面的差异所引致的负担不公。其三,在劳动所得和资本所得之间,比如,在费用扣除方面,劳动所得的费用扣除比较固定,而资本所得的费用扣除比较灵活,差异的存在同样引致了不公平。就此等横向差异来说,与前面所分析的纵向公平性问题一样,这与税制统一性的缺失有关,进而,问题的解决同样依赖于税制的统一性改革(第6章)。

最后,在财产税方面。基于财政公平原则,相同价值的财产应缴纳同比例的财产税。如果对于相同价值的财产,因为价值以外的其他因素,比如存在形式、经济用途和取得时间等而致使财产所有者缴纳了不同的财产税,那么,税收征收就违背了横向公平原则。由于前面所提及的征收碎片化的原因,在实际操作中,我国财产税的横向不公平问题比较突出。其一,是对不动产和动产的区别对待。我国财产税的主要对象是不动产:自2001年以来,不动产财产税所占收入比例高达94%以上,而对于动产财产税,占财产税的比例不到6%。就这样一种模式而言,在以前也许是合理的,因为动产相对不多。但现在,动产财产种类很多,有相当的规模。就城镇居民家庭财产性收入的情况来说,据估计,利息收入、股息与红利收入、保险收益、其他投资收入与知识产权收入已经达50%左右。因此,我国财产税存在征税范围上的不公平问题。其二,是动产与不动产内部的差异和不公平。比如,车船税,其征税对象是行驶于公共道路的车辆和航行于国内河流、湖泊或领海口岸的船舶,只包括车辆和船舶两大类,排除了火车、飞机、地铁、磁悬浮、轻轨等交通工具,而对于火车、飞机和地铁等动产,其价值却很高,车船税的征税对象将其排除在外则有失公平。其三,是对于同一财产,我国就存在因为时间选择不同而引致税负差异、因经济行为不同而引致税负不公以及上述两方面综合作用而引致的税负差异问题。比如在财产价值的确定上,财产税应该以财产的市场价值或者评估价值为基础来计征。在日

---

① 以劳务报酬所得和工资薪金所得为例来说明。在当月收入为20889元时,工资薪金所得和劳务报酬所得(假设为一次性的)的个人所得税税负是相同的。但当月收入低于这一临界标准时,工资薪金所得的个税负担要轻于劳务的税收负担,反之亦然。

本,其房屋税是按照房屋估定价值计征的,原则上每三年估价一次,在其后的第2年和第3年中,如无重大变化,一般不做估价,直接按照标准年度所估定的价值课税。如有重大变化,可重新估价。而在法国,其房屋税以房屋租金收入为基准每十年进行一次调整。至于美国,它对房屋征收的财产税的估价原则是以市场现值为主,主要运用市场价格类比法、收益现值法和重置成本法。在我国,房产税以房屋的账面原值为计税基础。在房价快速上涨的情况下,相似的房产即便在短时期内账面原值也会相差很大。与此同时,在征税客体的选择上,国外房产税的课税对象包括住宅用房、营业用房和非营利组织用房。而在我国,对于居民住房不征收房产税,对于经营性住房按照从价或者从租计征房产税;对于政府机关等非营利部门的房产免征房产税,这同样存在不公平(第7章)。

显然,正如前面的分析所指出的那样,关于横向的不公,很大程度上是因为税制的碎片化、分散化所引致的。因此,为解决此方面的问题,要加强制度的统一性:包括所得税的综合征收与向一般性财产税的转变。比如,就一般财产税来说,它往往能够较好地体现财产税的公平性,因为一般财产税综合考虑了纳税人的多种财产,是根据纳税人的真实负税能力来征收的。德国是征收一般财产税比较成功的国家,其财产税的课税对象是纳税人拥有的全部财产,包括:农林业财产、不动产、企业财产、其他财产,如债券、银行存款、发明专利权、版权与人寿保险等。① 当然,不管是综合所得税还是一般性财产税,都依赖于较为完备的收入监管系统,因此,建立一个完备有效的收入监管系统,这是我们提升税收公平性的保障性前提。

0.3.4 税收负担与支出的地区对称性

在微观层面,税收的分摊基本上需要基于能力原则来进行。但在区域的中观层面,受益原则依旧是需要坚持的:税收的来源地原则上需要与税收的使用地相一致,即税收应该归属于承担税负的地区并由相关的主体使用和受益,不能存在税收承担与支出受益的背离。但是,在我国,货劳税的存在及其主体性引致了税承担与支出受益相背离的不公平问题。关于货劳税,在所有权归属上,我国是由中央和地方共享。对于归属中央的部分,不存在成本收益偏离方面的问题,因为税收在全国范围内征收,而支出则在全国范围内使用,收入与支出在范围上具有一致性。但对于属于地方的税收部分,则有问题。在存在税收

---

① 确切地说,德国征收的是净值税,在确定财产净值时,允许扣除债务。能够真正反映纳税人的负税能力,其财产税较为公平。此外,挪威、秘鲁、印度和墨西哥等国均对纳税人拥有的所有财产净值课征财产税。

转嫁的情况下,理论上完全有可能存在一个地区个体所缴纳的税收为其他地区提供服务,导致税负承担地和税收受益地分离的情况。在此情况下,一个地区税负水平高,所反映的可能不是该地区的税负水平高,而是从其他地方获得税收多。

基于上述认识,我们利用2007年的投入产出表,就2007年我国地区间的"税负"转移情况进行了分析。研究表明:上海、北京、天津、江苏和浙江东部经济发达地区,获得财政收入相对容易,而税收负担则并不高。这意味着,在我国,存在从落后地区向上述经济发达地区的税收输送。其中,以上海为代表的长三角获得的好处主要是增值税,因为该地区主要依赖于纺织、电子设备、食品、饮料、印刷、化工、冶炼等制造业的发展;而以北京为代表的京津冀,则主要依赖营业税。因为,铁道部、各银行总行及海洋石油等企业的总机构一般设在北京,而中国税收征管中的集中缴纳机制却有利于总机构所在地取得税收收入。至于相关问题的解决方式,一种方式,是形成以所得税为主体的税制结构,但这从短时期来看不太可能。因此,可以仿效西方国家,实行消费地取得税收收入的做法,令税收归宿地与税负归宿相一致(第5章)。

0.3.5 非税收入的公平性状况

我国非税收入的规模比较大,非税收入在我国财政中的地位不容小觑。至于其公平性状况,基于前面所给出的公平性标准,我们发现,非税收入的不公平性主要体现在以下三个方面(第8章)。

其一,部分行政性收费大大地超出了"成本补偿"标准。比如,往来香港和澳门地区的通行证的100元工本费,远超出了成本补偿的限度。一本薄薄的通行证,总共只有十几页纸,就算上面有防伪技术,其印刷技术也不可能比20张一元面值的人民币的印刷技术还高超。鉴于20张面值一元纸币的印刷工本费远远低于人民币20元,由此推测:港澳通行证的工本费应该低于20元。除此之外,目前港澳通行证的签注收费是一次有效签注20元/件,二次有效签注40元/件。就成本而言,每次签注的成本也不过是往通行证上贴一张纸而已。同理,可以将其类比为往证件上贴了一张一元面值的纸币,但其成本最多不过是一元钱而已。因此,每次有效签注收费20元的理由似乎也不太充分。类似的收费还有200元/本的因私护照工本费。显然,此等收费标准同样超出工本费的范畴。因为,如果就其所使用的纸张和价值而言,200元足够买一本厚厚的几百万字的大词典,或者好几本书。进一步来看,词典或者书籍除了印刷成本以外,其价格实际上还包括了作者的稿酬、出版社和印刷厂的税费和利润等,薄薄的一本因私护照的成本总不至于比一本词典或者几本书的成本还高。特别地，在规模上，2011年内地居民出入境共计1.4亿人次，同比增长22.6%。① 随着出国人数的递增，护照的印刷可以通过批量生产而形成规模经济，可以进一步降低工本费。综上所述，护照的收费已经远远超出工本费成本补偿的限度，这存在收费过高的不公问题。有意思的是，目前，因私护照的工本费是200元/本，而因公护照仅50元/本，因私护照比因公护照贵三倍，这也不公平。因为，从形式上来看，因私护照和因公护照并没有什么显著区别，很难解释为何因私护照收费要比因公护照的收费高出三倍。因此，从公平性的角度来看，有必要就行政收费的标准进行系统的调整，严格按照成本补偿的原则来征收相关的费用。

其二，是部分资源的补偿价格偏低。矿产资源补偿费偏低：一方面，这导致了公共资源的流失；另一方面，使得补偿费不足以补偿生态环境的恶化，将本应由矿产资源开采企业承担的内在成本转嫁给社会成员来负担，这是不公平的。以新疆为例，"油气田开采中对水的大量使用，对地面植被、地表土壤的严重破坏，加剧恶化了本就脆弱的生态环境，加之在现有制度安排下不能得到有效补偿，必然使新疆的生态环境持续恶化。2003年新疆环境污染直接损失156.2亿元，土地荒漠化居全国之首，面积达104.4万平方公里，且在今后十年中荒漠化土地将以每年2%以上的速度扩展，高于全国1.32%的增速"。②

其三，是罚没收入的异化。一方面，受利益的驱动，诸多单位存在钓鱼执法和养鱼执法，将罚没作为一种创收行为，而不是作为一种公共治理的手段。另一方面，由于制度上的不规范，在具体操作过程中，存在随意性的"横向"不公平问题。

0.4 一般预算支出的公平性分析

一般预算支出在性质上涉及保障个体基本权利的支出、普遍受益的公共产品支出以及为特殊利益群体提供服务的支出这三种类型。对于不同的类型，其公平性的要求以及公平性的具体实践都有所不同。有关一般预算支出公平性的分析，下面依次从三个方面来进行。

---

① 《2011年我国出入境人员总数达4.11亿》，新华网，2012年1月14日。
② 转引自文杰、文峰与李广舜（2011），原文出自新疆维吾尔自治区统计局：《新疆区情资料（2005年）》。

0.4.1 保障个体基本权利的一般预算支出

根据一般预算支出的伦理规范,公平的财政支出应该保障每一个体基本的生存权、健康权与教育权。应该说,就此而言,伴随着经济转轨过程中经济发展的历程,我国一般预算支出在个体基本权利的维护上取得了显著的成绩。其一,关于个体基本生存权利的保障。应该说,从20世纪90年代中期就最低生活保障制度进行探索开始,经过后来的推广和普及,无论是在城市还是在农村,保障个体基本生存权的社会安全网已经基本确立:①基于制度的建设与"应保尽保"的基本宗旨,国家在资金方面就最低生活保障制度的运作给予了大力支持并取得了显著成果。截至2010年年底,全国有城市低保对象1 145.0万户(2 310.5万人),全年各级财政共支出城市低保资金524.7亿元;同年,全国有农村低保对象2 528.7万户(5 214.0万人),全年共发放农村低保资金445.0亿元。另外,对于农村和落后地区,国家还一直注重加大扶贫的力度,并改变扶贫的方式,以提升扶贫的效果。其二,关于个体基本健康权的保障。保障个体基本健康权是财政支出的基本要求。根据世界卫生组织(1996)的定义:卫生保健和健康公平性就是要求努力降低社会各类人群之间在健康和卫生服务利用上的不公正和不应有的社会差距,力求使每个社会成员均能够达到基本生存标准。对于此,我们同时加大了对于个人的卫生保障支出和对于机构的支出。其三,关于个体基本教育权的保障。根据教育财政公平的基本要求,教育体制必须保证:无论儿童所在的地区及其家庭的财富如何,每一个儿童都应该享有最基本的与教育目标相符合的教育资源,即应该接受基本的教育。在我国,对于义务教育,自2001年以来(尤其是自2005年以来),不管从义务教育的层次(小学还是初中)、义务教育支出的口径(是生均教育经费支出、生均预算内教育经费支出,还是生均公用经费支出),还是义务教育的接受群体(是城市还是乡村,是东部、中部还是西部)来看,义务教育支出都有较大幅度的增长,这在极大程度上保障了个体的基本权利(第9、10、11章)。

在基本权利的保障方面,我国一般预算支出公平性建设的成效是显著的。

---

① 针对城市居民,1997年8月,国务院发出了《国务院关于在各地建立城市居民最低生活保障制度的通知》,并于1999年9月颁布了《城市居民最低生活保障条例》。而针对农村居民,1996年底,民政部印发了《关于加强农村社会保障体系建设的意见》,并制定了《农村社会保障体系建设指导方案》。后来,于2006年12月召开的中央农村工作会议以及2007年的中央1号文件明确提出:"在全国范围建立农村最低生活保障制度,各地应根据当地经济发展水平和财力状况确定低保对象范围、标准,鼓励已建立制度的地区完善制度,支持未建立制度的地区建立制度,中央财政对财政困难地区给予适当补助。"

与此相关的问题主要是此等支出的横向差异性及其相关的公平性问题。因为,在我国,由于地区间、城乡间经济发展的不平衡,同时,也受到体制机制等方面因素的影响,保障基本权利的开支是存在差异的,对于义务教育、医疗与基本生活保障等问题都是如此。比如,就义务教育来说,我国长期存在由城乡二元结构体制所形成的义务教育财政体制的城市取向和发达地区取向。在此种价值取向的指引下,一切为了城市、一切服从城市,国家的教育政策优先满足城市居民的利益。与此同时,在财政体制的安排方面,1985年《关于教育体制改革的决定》明确规定:我国义务教育公共投资的责任绝大部分由县级及以下的基层地方政府承担。在地区经济差异很大的客观现实下,地区财力差别很大:财力雄厚的县,财政收入可达到几个亿甚至上百亿;而财力匮乏的县,财政收入只有几千万甚至几百万,甚至连基本的"吃饭"都保证不了,这就不可避免地导致了地区之间、城乡之间在教育支出上的差距和不公平。当然,自2001年以来,城乡教育支出的相对差距呈逐年缩小的趋势,但绝对差距还是比较大。其中,相对差距的缩小,与我国政府在农村义务教育上所做的努力,特别是2005年年底开始实施的《农村义务教育经费保障新机制》有直接的关系。《新机制》的实施增强了中央与省级政府对义务教育公共投资的责任。但是,尽管如此,它们所负担的义务教育财政性经费的比例仍然偏低,并且《新机制》中并没有明确规定省级政府的筹资责任。正因为如此,可以考虑将义务教育的筹资主体上升到省,由省级政府来统筹全省范围的义务教育的均衡发展。与此同时,中央建立科学规范的义务教育转移支付制度,采取一般性转移支付来平衡各省的财政能力,对义务教育的责任法定化(第9章)。当然,需要指出的是,强调横向的公平,不是指所有个体所获得的支出完全一样,因为在不同地区,相关的成本是不一样的。此时,一定的差异反而是比较公平的。比如,有关粮食的"直接补贴"政策。在此政策下,不同地区所获得的亩均补贴就存在一定的差异,但差异不是特别大。从整体上看,东部地区和中部地区的粮食补贴标准较高,而西部和东北部地区的补贴标准则相对较低。其次,在人际方面,农机具补贴的受益者主要是拥有耕地规模较大的农户,一般农户较少受益(农机具购置补贴政策的主要目的是支持农户使用先进的农业机械,而从农户耕地规模和购买农机具补贴的关系来看,随着农户耕地规模的递增,购买大型农机具的意愿就增强)。与此同时,种粮大户的补贴标准(在1—200元间的比例为80.4%,在200元以上的比例为19.6%)略高于一般农户,因为在整体样本中,绝大部分(占93.8%)的亩均补贴都在0—200元的区间内。应该说,在考虑地区差异的基础上来设定标准,这完全合理(第14章)。进而,在支出上,我们有必要在考虑地区差异的基础上制定有差异、但差异又具有公平性的支出标准。

除了地区差异与城乡差异意义上的不公平性之外,我国保障基本权利的公共支出(如扶贫)还存在群体间的不公平问题。在2001年以前,我国政府财政扶贫资金在区域投向上以重点县为主,扶贫资金的分配在根本上仍然遵循着以重点县为基本单元的县级瞄准。2001年5月,国务院扶贫领导小组颁布了《中国农村扶贫开发纲要(2001—2010)》,中国农村扶贫政策发生了新的变化。扶贫对象的选择改变了过去以贫困县为基本扶持单位的做法,将扶贫开发的重点转向贫困村。在国务院扶贫办的指导下,地方扶贫部门通过参与方式和其他方式在全国确定了14.8万个贫困村,并通过整村推进的方式予以扶持。贫困村的确定改变了以往在贫困县以外的贫困人口享受不到扶贫政策和资金的状况。同时,在扶贫资金的动态分配上,由于贫困县和重点县的帽子历来成为地方政府尽力争取的对象,由于没有形成动态的进退机制,一旦进入,一般情况下都不愿意退出,结果导致了贫困县之间以及部分贫困县和一些非贫困县间的不公平,影响到扶贫瞄准的准确性。到后来,为了避免上述问题,我们改为村级瞄准。至于具体情况,从李小云等(2005)对3省17个乡的调查情况来看,国家所扶持的村90%都是最贫困的村。从这个意义上说,即使在选择过程中有一些人为因素的干扰,村级选择的结果基本上也是公平的。但问题是,许多贫困村没有被列入重点村名单。如某省认定了1 200个贫困村,但根据地方官员估计,该省至少有5 000个实际贫困村。根据从其他省所了解的情况,已经被认定为贫困村的数量只占到实际贫困村数量的35%—75%。这主要是因为多数省份采取的是由省级根据目前扶贫资源的总量确定可以帮扶的贫困村总数,再给各个县下达贫困村的指标数,这种指标限制的贫困村确定方法使得部分贫困村被排除在外(李小云等,2005)。另外,贫困农户在得到扶贫项目和扶贫资金方面没有优先权(第14章)。

0.4.2 提供公共产品的一般预算支出

对于公共产品,由于其本身的性质,所有个体均能从中获益,公共产品的自然属性在一定程度上能够保障支出的公平性。但是,这并不意味着只要将一般预算收入用于提供公共产品,支出就必然是公平的。因为,用于提供公共产品的支出,不仅会以普遍利益的形式归宿于社会公众,同时,也可能以特殊利益的形式,归宿于与此相关的利益集团,如行政支出。作为保障国家党政机关正常运转的"公共"需要和国家工作人员"私人"需要的公共支出类型,根据我们的分析,在1978年至2006年的29年间,我国行政支出利益归宿于公职人员的特殊利益规模(即行政支出的实际规模超出其合理支出规模的部分)及比例是比较大的,存在较大的不公平。其一,从整体上看,受财政制度约束软化及政府规模不断扩大的"利维坦"倾向的影响,行政支出存在"价格"上的支出超标以及"数量"上的扩张等问题,对于所有的行政支出,其中大约有60%的份额通过一般公共服务的提供,以普遍利益的形式归宿于社会普通公众,而其余的40%则以特殊利益的形式归宿于政府公职人员。其二,随着时间的推移,行政支出利益规宿的不公平程度不断加剧,归宿于公职人员的特殊利益的规模不断加大。至于其中的原因,这一方面,是合理规模的自然下降,另一方面,受制度环境变化的影响,传统计划体制下的建设型、积累型财政观念为公共财政下的消费型财政观念所取代,这引致了现实规模的扩张。其三,政府机构改革对行政支出的公平性产生了负面的影响。机构改革虽然会大幅度降低机构的数量,但财政供养人口及其开支并不会降低,反而会增加——从政府机关"精简"掉的人员只是被转移至事业编制单位而不改变其吃财政饭的实质;如同大公司采用"金降落伞"办法、通过给相关人员以更好的生活待遇来交换他们退出原有的位置那样,政府机构改革往往采用政策性的"赎买"以使他们进入"二政府机构"和"临时性机构",这毫无疑问会促使行政经费扩张和增加(杨宇立,2009)。因此,从规范上来看,为了提升我国行政支出的公平性,应该降低我国行政支出的相对规模,或者说降低面向公职人员的实际支付水平。以2006年的状况为考察对象,按照最严厉的标准,行政支出的规模应该削减1/2。而在长期范围内,由于行政支出相对规模的合理水平是逐年下降的,从规范角度来说,应使得行政支出的相对规模逐年缩小(至少不应该上升)。至于行政支出短期的规模调整如何才能实现,如何才能在长期发展中抑制支出扩张的冲动而维持其良好趋势,鉴于相关的问题与财政制度约束的不完善有关,要提升未来我国行政支出的公平性水平,就必须就财政制度约束进行改革,建立遏制行政成本上升的机制和体制。具体涉及两种基本形式。其一,是实体性的制度约束,比如,就行政支出规模做出明确的限定。在这一方面,周天勇(2011)就曾主张通过总量的限制——规定行政支出不得超过财政总支出的15%——去进行"倒逼",以迫使政府缩减和(或)收敛其公务用车、公费招待与公费旅游;其二,是程序性约束。主要是通过财政透明之类的财政预算程序改革,通过加强人大在财政预算中的作用而强化政府的财政约束,改变政府开支过程中"我来编制计划、我来收入支出、我来使用监督"的状况(第12章)。

  与行政支出相类似,其他支出,如科技支出、教育支出、农业科技投入以及环境保护支出,都存在支出利益特殊化的不公平问题。比如,就农业科技投入来说,我国农业面临着投入低的问题:近年来,农业科技三项费占农业财政支出的比例最高的年份也不到1%。与此同时,其支出的效率比较低。一方面,农产品几乎没有科技含量可言,科技转化率很低,廉价的劳动力和自然资源几乎成为我国农产品在国际市场上唯一的竞争力,在发达国家的科技冲击下,这些优势所剩无几。另一方面,即使在如此低的农业科技投入中,农业和农民直接受益的份额也不多。因为在实际操作中,大量资金流向了科研院所、工业企业、农业管理部门(七站八所)等。与此相似,在环境保护支出方面,2009年国家环保部部门预决算金额为5.4亿元人民币。在约4.77亿的"环境保护"项目中,用于纯行政费用的"环境保护事务费"开支就约达1.78亿元,约占"环境保护"项目的37.3%。除此之外,在各省份对于中央环境保护专项资金的资金分配和项目分配情况方面,在中央专项转移支付项目中用于行政能力建设的资金和项目的比例很高。比如,安徽和内蒙古在2006年和2007年所接受的中央环境保护专项转移支付,在资金和项目的分配上,其用于"行政能力"的比例都超过50%(第15章)。

一方面,是支出利益的漏出,另一方面,是成本补偿的缺位。现代人经济增长所必需的原料的获取,实际上就是与后代人分享自然环境和资源。按照希克斯—卡尔多补偿理论,如果当今经济增长所利用的资源超出其应有的界限和范围的话,我们也应该对受损者进行补偿,以实现与将来世代共享自然资源的公平。但改革开放30多年来,中国在经济增长方面取得了骄人的成绩,GDP年均增长率高达9%以上,经济规模不断扩大,2010年GDP跃居世界第二,成为全球第二大经济体。然而,在近30年的工业化进程中,"高投入、高消耗、高污染"的粗放型经济发展模式令中国未来发展所面临的资源、环境方面的压力不断增大。在2010年"全球环境指数"排名中,中国的排名从2008年的第105位下滑至第121位(共163个国家参与排名)。为了保持代际公平,我们对于环境保护的投入应该不低于由于环境污染而带来的损失。其中,关于环境损失的规模,我国在2004年首次启动绿色GDP核算项目,并在2006年第一次发布的《中国绿色国民经济核算研究报告2004》中表明:我国2004年环境污染损失相当于当年GDP的3.5%(王金南、於方、曹东,2006)。而"全球环境指数"项目组的研究则认为:我国2008年因环境污染造成的年均经济损失高达当年GDP的5%—7%左右。但是,我国目前对环境保护的整体投入远远无法补偿因污染而造成的环境损失。我国环境污染治理投资与环保支出占当年GDP的比率不到2.5%(实际上,环保污染治理投资中包含少量的财政资金,即存在一定的重复计算问题)。当然,在动态的变化方面,自2007年以来,全国环境保护支出的年增长率高达 35.1%。这说明:通过大幅度增加我国的环境保护支出,环境保护的代际不公平问题在某种意义上有缓解的迹象。进而,在支出上应该继续进行补偿,以实现代际补偿上的公平(第 15 章)。

0.4.3 为特殊目的而进行的一般预算支出

一般来说,除了用于保障个体基本权利的支出外,一般预算收入应该用于公众普遍受益的公共产品的提供上,而不应该只是为特定的利益集团谋取特别的利益。当然,对于此等规范,有人可能会提出反对意见:在现实的财政运行中,有很多用一般预算收入为特殊利益支出买单的理由。比如高等教育中对于贫困学生的特别资助。在我国,自 20 世纪 90 年代初以来,我国高等教育开始采取收费的制度。一方面,收费政策缓解了高等教育发展对于政府财政的压力;另一方面,由受教育者自己承担教育的成本,这也提升了财政的公平性。但这也带来了一定的问题,尤其是贫困家庭子女的负担问题。据测算,平均每个大学生每年的费用在 1.5 万元左右,4 年大学需要 6 万元左右。但在家庭的开支上,2010 年我国城镇居民家庭人均可支配收入和农村居民家庭人均纯收入分别为 19 109.04 元和 5 919 元。据测算,供养一个大学生,需要一个城镇居民 3.14 年左右的可支配收入,需要一个农民 10.14 年左右的纯收入,这还没考虑吃饭、穿衣、医疗养老等费用(第 9 章)。毋庸置疑,对于农村居民和(或)贫困家庭来说,高等教育是一个沉重的负担。对此,国家逐步建立起了对贫困学生的资助制度。目前,我国贫困生经济资助的政策体系主要包括"奖、贷、助、补、减"五个方面(具体如设立绿色通道、建立国家奖学金制度、实施西部开发助学工程等)。资助体系取得了一定的成效,但有问题。一方面,是条件性限制,如奖学金。奖学金的获得是有条件的,这在资助贫困生问题上所起的作用不大。另一方面,是资助的无偿性,如针对贫困学生的无偿资助,使得资助的使用效率低下,每年都需要投入大量的资金,成为国家和学校的一个沉重负担(第 9 章)。实际上,针对此等问题,我们完全可以采用自我承担教育成本的方式。因为,基于我们的计算,尽管家庭的负担较重,但我国高校的收费标准整体上并未高出应届本科毕业生的平均毕业年薪,学生可以用其未来的收入偿还其教育成本(第 8 章)。此时,通过短期的国家贷款机制,完全可以解决问题,而并不需要用一般公共收入为贫困学生的教育来买单。

除了针对个人的特别支出外,在很多时候,我们也通过税式支出等方式,对某些产业进行补贴和扶持。比如,我国的所得税法规定:国家对重点扶持和鼓励发展的产业和项目,给予企业所得税优惠。同时,财税[2011]119 号《关于扶持动漫产业发展增值税、营业税政策的通知》中制定了促进我国动漫产业健康快速发展的增值税、营业税政策。实际上,对于特殊产业、特定技术的优惠,往往意味着对于其他产业、技术的歧视,这存在不公平。退一步来说,即便是在特定时期和特定情况下需要进行优惠,但特定受益对象应该基于他由此所获得收入而对他所获得的优惠进行偿还,以保证各利益主体在分配关系中享受公平的待遇。然而,目前我国缺乏这种税式支出的补偿反馈机制。当然,世界上其他国家也没有建立此类的税式支出的补偿反馈机制,但这并不影响其操作的合理性(第19章)。

  应该说,伴随着我国市场化改革进程的不断推进,有诸多为特殊利益群体谋取利益的支出部分已经得以缩减。比如基本建设贷款问题。从表面上看,公共基础设施属于公共产品,应该由一般预算进行投资。但实际上,对于诸多的基础设施来说,它的受益范围有限,而受益对象有时也很明确,基于市场化的模式由利益直接相关的主体来承担成本,这在很多时候会更合理、更公平。从这个意义上来说,基于"拨改贷"①的方式,我国财政的公平性得到了改进。在我国,长期实行基本建设投资由国家预算无偿拨款,缺乏经济效益。为提高投资收益,国家推行了"拨改贷",将原来实行的由国家直接无偿拨款的基本建设投资(除无偿还能力的项目外)改为由中国人民建设银行贷款解决。就此等改革来说,虽然它是以提升投资效益的名义而提出的,但是,在我们看来,其首要意义则在于提升财政公平,因为这有利于加强建设单位的经济责任制,在投资主体的受益与成本之间建立其应有的平衡。后来,随着市场经济体制的逐步建立和完善,企业在投资决策中起的作用越来越大。比如,1992年出台的《全民所有制工业企业转换经营机制条例》和1996年出台的《关于实行建设项目法人责任制的暂行规定的通知》就明确了企业在建设方面所拥有的权利和所承担的责任。在此情况下,随着银行体制的改革,国家逐步取消了建设资金"拨改贷"的使用方式,政府在其中所起的作用日益缩减,财政的公平性得到了进一步的加

---

  ① 当然,这种转化不是绝对的。有关单位在1985年12月发出的《关于国家预算内的基本建设投资全部由拨款改为贷款的暂行规定》中指出:自1985年起,凡是由国家预算安排的基本建设投资全部由财政拨款改为银行贷款。至于科学研究、学校、行政单位等没有还款能力的建设项目,此规定对此做了豁免本息的规定,并且规定这些项目不再实行"拨改贷",恢复拨款管理。与此同时,在资金性质的相互关系上,"拨改贷"资金与一般贷款存在一定的区别。一般认为,在所有权方面,"拨改贷"资金属于国家,而一般贷款的所有者则是银行或者存款者;在资金安排上,由"拨改贷"资金安排的基本建设项目必须纳入国家五年和年度基建计划,而一般贷款项目没有此项要求;在资金的回收上,"拨改贷"资金在银行回收后上交中央或者地方财政,而一般贷款则由银行自行回收。参见:http://baike.baidu.com/view/1113401.htm。

强(第 13 章)。

当然,值得注意的是,伴随着市场经济体制的改革进程,诸多为特殊项目而动用一般预算收入的支出在减少甚至被取消。但是,受体制机制的影响,不管是生产还是消费,我国目前还或多或少地存在以一般预算收入为特殊投资项目买单的问题。如京沪高铁,据相关资料报道,在资本金(总计为 1 150 亿元)的来源方面,除了沿线七省市以土地折价入股(批复数字为 234 亿元)、中国平安牵头的 7 家保险公司集体出资 160 亿元与全国社保基金入股 100 亿元之外,其余的 647 亿元都由铁道部负责。至于资本金之外的余下的 1 000 余亿元建设资金,则通过银行贷款获得。就上述项目筹资方式而言,应该说,通过市场化的运作以及地方政府间成本的分摊(地方土地折价入股)等关系,项目在一定程度上保证了其公平性。但问题是由铁道部来承担的 647 亿元的资金部分,即中央政府投资的部分,这部分资金实际上是由全国人民共同承担的。一般地,中央政府财政投资包括铁路建设基金、国债基金和财政拨款。其中,铁路建设基金是由所有使用铁路进行货物运输的人承担;国债资金若不能通过铁路运输收益偿还也将最终通过税收的手段进行偿还;财政拨款中其他来自税收和其他国家收入的资金实际上也是由全国的纳税人进行偿还,这不符合成本受益的对等原则(第 13 章)。

从原则上来说,在给定的行政区划内,一般公共收入应该用于产生普遍受益的支出,而对于具有局部受益性的支出,则相应地应该由所对应的行政单位来提供。也正因为如此,自改革开放以来,理顺中央和地方的关系,一直是我国财政体制改革中的重要内容。例如,在投资方面,1988 年 7 月国务院发布了《关于印发投资管理体制近期改革方案的通知》,通知对投资体制方面的改革进行了详细的规定:全国性的项目主要由中央承担,区域性项目由地方承担;并且规定对于一些建设周期长的项目,从 1988 年起建立中央基本建设基金制。而在环境保护项目支出方面,目前,中央本级项目支出主要包括自然生态保护、天然林保护、退耕还林、退牧还草、能源节约利用和可再生能源,而其中"能源节约利用"两年都是支出最高的项目,这也体现了中央和地方的分工原则。但值得强调的是,将区域性的项目交由地方政府来运作,这一点也不是绝对的。因为,如果各个地方都存在类似的区域性项目,中央按照一定的标准来统一实施,这很难说不公平。再以环境保护问题为例,在我国,中央政府其实也主导了若干区域性的环境治理项目,但在治理过程中,中央就在一定程度上考虑了地区之间的平衡。其一,是区域公平。2004 年,支持的重点流域和区域就涉及"三河三湖"等重点领域水污染治理项目、东北老工业基地水污染治理项目以及西部贫困地区水污染治理,兼顾到东、中、西。其二,是省际公平。在2005年至2009年期间,中央环境保护专项资金,就每个省、自治区、直辖市以及计划单列市可申报的项目进行限项(第13章)。

对于区域性的支出项目,如果支出的分配机制能够兼顾所有下属单位的利益的话,由上级行政单位来实施在一定程度上也是公平的。与此相似,对于具有私人性的支出,如果能够保障支出受益的普遍性,比如,机会的均等性,由政府来出资也具有一定的公平性。但这在我国并未完全得以保障和实现。比如高等教育支出。基于本报告的研究结论(第9章):其一,在城乡差距方面,来自城市的学生相比农村的学生,接受高等教育的机会更多;并且,城市学生接受优质高等教育(如"985"与"211"等重点院校)的机会更大;同时,上述两方面的差距有扩大的趋势。其二,在不同阶层的差距方面,不同收入阶层子女接受优质高等教育机会的差距更显著,且没有降低的趋势。整体上来说,工人、农民子女接受高等教育的机会明显处于劣势地位,而党政机关干部、管理人员和专业技术人员子女的受教育机会具有明显的优势。根据1995年全国人口普查1%人口抽样资料,以学生的父亲职业为准,党政机关干部和企业负责人在全国从业人口中所占比例为2.02%,但他们的子女在本科高校学生中的比例高达15%。而农民及其相关职业的从业人员在整个从业人员中的比例高达69.4%,但他们的子女在本科高校中的比例却只有29.4%。而厦门大学教育学院课题组2004年的调查以"辈出率"(该阶层在校生的比例与该阶层在社会中总人口中的比例之比)的概念来说明不同阶层子女获得高等教育机会的差距。其研究结果显示:国家与社会管理者、经理人员、私营企业主、专业技术人员和个体工商户这五个优势阶层家庭背景的辈出率为2.37—5.9,城乡无业失业人员最低,仅为0.46,最高与最低阶层的辈出率差距达13倍。至于其中的原因,是多方面的:一方面,是义务教育的基础差异;另一方面,则是高考招生指标的分配问题。在指标的分配上,我国整体上是按计划体制下形成的由教育部计划分配各地教育招生指标的模式来进行,在此模式下,我国高校招生名额的分配偏重于京津沪及东部发达地区,无论是部属大学还是地方院校大都如此。因此,要提升财政的公平性,就需要做相应的制度改革(参见第9章)。

0.5 公共信托基金的公平性分析

在类型上,我国专项的公共信托基金包括:国有企业基金、社会保障基金以及其他的政府性基金。因此,有关公共信托基金的公平性分析,我们是基于这三大基金而加以展开的。

0.5.1 国有企业基金的公平性分析

在所有权方面,央企的所有权是全国人民,地方政府创办经营的企业是各自辖区内的全体民众。因此,根据所有权与收益权对等的公平原则,国企的收益应该归属于全体公众。这一目的在建国之初建立国有企业之时就已经表达清楚,即通过建立公有制,消灭产生经济和政治不平等的私有制,实现全民平等。至于如何才能让民众从国企盈利中受益,国际上有两种做法。一是将红利纳入公共财政预算,以提供公共产品的形式使国企分红而惠及全民。法国、德国、英国等国家的国企红利均通过财政预算体系上交国库而使民众受益。二是将国企利润向所有者直接分红。美国阿拉斯加州政府利用该州的石油资源收入,从1982年起坚持每年给公民分红,深得人心,其良好效果已引起世界上其他国家和地区的关注。拉美、以色列和美国的其他一些州都出现了要求建立"阿拉斯加式"全民分红的政治主张和运动。欧洲推动全民分红的运动更为高涨,比如,在布莱尔首相的推动下,英国已经向全民分红的方向迈出了第一步,即给每个新生儿童一笔钱,存入该儿童的"教育账户"。然而,在我国,现实的情况似乎是:国企盈利了,普通民众却没有受益,其受益的对象主要是与国企有直接联系的利益相关者;而国有企业亏损了,则需要民众通过财政、利用一般税给以补贴,这在利益分配上存在一定的不公(第16章)。

企业的亏损,确实是由民众来买单的。在我国,有公开记录的国企财政补贴自1985年开始,每年财政对国企的补贴都有几百亿元,至2009年,财政累计补贴国有企业资金8 462亿元(有研究认为这一官方公开数字过于保守),即使在国企整体巨额盈利的情况下,财政补贴仍然存在。经过"抓大放小"等一系列的战略性改重组改革之后,国有企业迅速做大做强,盈利水平也随之提高。至2010年,全国国有企业有11.4万户,资产总额为640 214.3亿元,净资产总额为234 171.1亿元,2010年实现利润总额21 428.2亿元。可以说,我国的国有企业规模及其在国民经济中的地位无国可比。而在盈利方面,自1998年以来,我国国有企业开始出现净利润,即盈利企业盈利额扣除亏损企业亏损额的余额为正数,特别是在2005年之后,国企利润超过万亿元。从1998年到2011年,国企累计实现利润129 447亿元,而盈利企业盈利额累计更是高达179 710亿元。但作为国企的股东,自国企创立以来,全体民众并没有以所有者的身份得到过任何直接的分红。

另一方面,尽管自 1950 年至 1993 年,国企每年向财政上缴了少许的利润。但从 1994 年开始至 2006 年,国有企业连续 14 年没有向财政上缴利润,这意味着国企收益也没有通过政府预算支出提供公共产品而惠及全民。① 但有意思的是,在 1994 年至 2007 年间,中国国企不对政府分红,也即不向国内股东分红,但在海外市场上市的国企,在分红政策上则遵循国际惯例。2002 年至 2008 年,172 家在香港股票交易所上市的由中国政府直接或间接持股的中国企业的分红平均数为 23.2%,中值为 22.7%。根据 2005 年 8 月的数据,在美国上市的中国主要国有企业的平均分红率为 35.4%(世界银行,2005)。当然,在 2007 年后,情况有所改变。2007 年我国颁布了《国务院关于试行国有资本经营预算的意见》和《中央企业国有资本收益收取管理暂行办法》,其中规定从 2007 年开始试点收取部分企业 2006 年实现的国有资本收益。但是,国企利润上缴比例与其总体盈利水平相比,还是低得微不足道:2009 年国有企业上缴利润占总利润的 7.38%,2010 年这一比例下降至 2.12%②。除了所上缴的红利外,其余利润都在国有企业内部分配。

特别是,对于国企上缴财政的那一部分利润,尽管规模已经很小,但其中的大部分又通过各种方式回流到国有企业之中。比如,在 2008—2011 年的国有资本经营预算中,国有资本经营预算支出总额为 2 917.6 亿元,但是,其中的 2 607.04 亿元实际上是回流到国有企业和国有经济中去了③,这占全部国有资本经营预算支出总额的 95.86%,而纳入公共预算和补充社保的资金仅约 100 亿元,占总支出的 3.68%。而国际上的通常做法则是,不论什么机构担任国有股东的代表,一般都要求将国有企业的红利全部上交给财政后,再由财政部门进行分配,并将大部分利润用于公共支出。与此同时,对于留存企业内部的利润,相关的资料表明:国有企业发展的最大受益者是国企本身,或企业的从业者,特别是国企高管。其中,相关利益主体从国企获利的途径主要包括:其一,是直接获得高额的收入,包括基本年薪、绩效奖金、股权激励、额外的养老金、医疗保险、住房补贴等;其二,是个人的和集体的在职消费;其三,是国企将利润投向非主营产业,如饭店、超市和其他房地产,为国企高管和其他职工谋福利。其

---

① 当然,这有特殊的政策背景。因为根据 1993 年 12 月国务院下发的《关于实行分税制财政管理体制的决定》,逐步建立国有资产投资收益按股分红、按资分利或税后利润上交的分配制度。作为过渡措施,近期可根据具体情况,对 1993 年以前注册的多数国有全资老企业实行税后利润不上交的办法。其目的是帮助国企解围脱困,而且只是过渡措施,但实践中过渡期竟长达 13 年。

② 资料来源:www.unirule.org.cn/xiazai/2011/20110412.pdf。

③ 同上。

四,是通过隐性的方式将利益输送给其他的利益相关者。比如2012年初被曝光的高铁列车的高成本问题:一个卫生间纸巾盒的采购成本为1 125元,而市面上同一产品的价格不过几十元。

0.5.2 社会保险基金运行的公平性分析

社会保险基金的公平性,如养老保险基金的公平性,其首要的一个方面是社会保险基金的保值增值,以保障参与者的合法利益。但是,由于各方面的原因,此等公平性的实现受到了诸多的限制(第17章):其一,在高度管制的金融体系中,养老保险基金的存款利率被人为压低。根据人社部公布的数据,2010年年末,全国城镇职工基本养老保险、城镇基本医疗保险、工伤、失业和生育五项社会保险基金资产总额23 886亿元,其中,各级政府财政专户存款20 319亿元,各级社会保险经办机构支出账户和其他银行存款1 416亿元,暂付款751亿元,债券投资369亿元,委托运营366亿元,协议存款665亿元(徐博,2011)。从中可以看到:我国社保基金投资品种多为银行活期和定期等受利率管制的金融产品(主要是以财政专户存款的形式进行投资),只有少数资金投资于国债等较市场化的金融产品,这使得社保基金的投资收益率很低。其实,这实质上是政府通过金融管制把社保基金的部分收益转移给了商业银行及贷款企业。也就是说,在这种制度安排下,作为养老保险计划主体的工薪阶层的利益被转移给了商业银行及获取贷款的企业。显然,这种制度安排违反了财政的公平原则:毕竟,养老金的领取者基本上都是工薪阶层,有的甚至是低收入者,他们的晚年生活开支来源大部分依赖于养老金。其二,是历史空账的记账利率。在1990年以后,我国实施了养老金现收现付制向部分积累制的转轨。在转轨过程中,必然产生老职工的历史个人账户的空账及其补偿问题。在实际操作中,近年来,全国各省市大都参照商业银行一年期居民储蓄存款定期利率计息(2010年银行一年期定期存款利率为3.5%),这低于许多年份的CPI。这就意味着,养老保险个人账户是相对贬值的,实际投资收益率为负数(郑秉文,2011)。具体来说,当前我国社保基金的年平均名义收益率仅为2%,如果取10%为市场名义投资收益率,剔除基本社保五险基金2%的名义收益率之后,1997年以来,五险基金的利息损失高达6 000亿元以上,相当于抵消了同期财政对养老保险制度的所有补贴。而到2020年,仅养老保险滚存余额就超过10万亿元,届时投资损失将达几万亿(郑秉文,2011)。

一方面,是基金整体的保值增值,以维护参保主体整体的利益;另一方面,社保基金的公平性则是利益在社会各群体之间的公平分配。至于其具体要求,英国著名的《贝弗里奇报告》曾经提出过社会养老保险"六大原则",其中之一就是待遇标准充足原则(adequacy of benefit),即保证在各种正常情况下,即使没有其他经济来源,社保提供的最低收入也足以满足人们的基本生活需要。而在我国,《社会保险法》第三条则规定:社会保险制度坚持广覆盖、保基本、多层次、可持续的方针。我们可以把"保基本"理解为"保障基本生活需求",但从现实的情况看,上述标准的实现存在一定的问题。

其一,参保的低收入群体的老年保障问题。例如,在上海,根据我们的测算,上海最低养老金标准(681.41元)略高于城镇居民最低生活保障给付标准(505元)。换言之,如果说低保标准代表着满足居民最低生活需求的给付标准,那么,低收入者的养老金水平也刚够解决老年人的绝对贫困问题,无法满足基本的生活需求,更谈不上满足"有尊严的生活需求"了。同时,由于缴纳养老保险费和没有缴纳养老保险费,最后的待遇差不多,这种制度安排形成了很强的养老保险缴费反向激励。

其二,灵活就业人员的老年贫困问题。在我国,灵活就业人员数量庞大。据劳动与社会保障部(2005)的资料:截止到2004年年底,我国城镇的灵活就业人员约有5 000万人,约占城镇就业人员总量的20%左右。他们的就业形式主要有三类:其一,是自我雇佣者(主要是指自己成立企业,既当老板又当员工)与自由撰稿人等以个人身份通过劳动获取报酬的自由职业者(共约3 400万人);其二,是为家庭企业服务的家庭帮工(约600万人);其三,是非全时工、季节工、劳务承包工、劳务派遣工与家庭小时工等(约700万人)。但是,由于我国对于灵活成员的参保采取自愿的方式,《社会保险法》并没有强制要求参保,而灵活就业人员整体收入较低,参保的负担重(至少两方面的原因:一是自由职业者的养老保险缴费率与机关、事业和企业单位职工完全一样,但机关、事业和企业单位职工缴费率在雇主和雇员之间分摊,而自由职业者则需要自行承担;二是我国社会保险缴费基数采取"下有保底、上有封顶"的政策,造成我国养老保险费率是累退的,高收入者负担率低、低收入者负担率高),相关成员参加社会保险的比例很低。据劳动与社会保障部的统计,截止到2004年10月底,全国以个人身份参加养老保险的人数约为1 400万,仅占全部灵活就业人员的28%。以个人身份参与基本医疗保险的人只有400多万,还不到全部灵活就业人员的10%。这一现象已持续多年,到2009年年底,城镇个体与灵活就业人员有6 000万人,仅有3 500万人参保(陈佳贵,王延中,2010)。

其三,高龄老人(75岁以上)的贫困问题。与刚退休的准老人(60岁至75岁)相比,高龄老人具有特殊性:其一,在收入取得上,准老人可能通过从事一些非全职工作而获得额外的收入,而高龄老人基本上无法获得其他收入。其二,在储蓄方面,由于无法预计自己的预期寿命,高龄老人可能在应对高龄生活方面准备不足,相关的一些储蓄(包括企业年金)可能在退休十多年以后就完全消耗掉了。或者,即便自己有储蓄,由于我国金融市场发展较为落后,与通货膨胀挂钩的生命年金产品很少,老年人很难通过金融产品来应对老年风险。其三,关于社会储蓄,高龄老人的养老金往往只与通货膨胀挂钩,没有与社会平均工资挂钩,这导致多年后其养老金与国民收入水平差距很大。其四,在支出方面,高龄老人的健康状况总体较差,医疗支出较多,负担较重。于是,也就出现了复旦大学资深教授蒋学模先生老年生活困难这样令人难以接受的现象。

0.5.3 其他政府性基金的公平性分析

与公平的基本规范相对应,有关政府基金的公平性分析应该基于基金成本与收益是否对等来加以判断。具体而言,对于特定的公共服务,如果该服务提供的成本恰好是由享受服务的相关群体承担,那基金的运作就具有公平性;或者,基金的受益方获得某种利益是以消耗某些资源或损害其他某些利益集团的利益为代价的,为此,受益方通过缴纳基金来支付所消耗资源的价格或者补偿利益受损方的成本,它实际上等于基金受益方通过支付等价购买了这种"受益",这也是公平性的。反之,如果上述原则不满足,基金的运作就会违背公平的规范要求,这类情况包括:第一,在成本的承担方面,为特定利益群体提供服务的成本不能由其他非受益群体来承担,不管非受益群体是承担部分成本还是全部成本,都是如此。因为一旦条件不满足,那非受益群体就支付了成本但未能获得相应的收益。另一方面,受益具有一定普遍性的基金,不能仅由少数的群体来承担运作的成本。第二,与成本分摊方面相对应,在基金收入的配置和使用方面,一方面,为特定群体所缴纳的基金收入应该专款专用,即为缴纳基金的特定主体提供服务,而不能将其用于缴纳主体受益之外的服务类型,也不能将其转为一般性的政府性收入;另一方面,对于某些基金收入,如果它本来应该属于一般性的政府性收入,那么,限定支出的范围反而是不公平的:基金的收益应该是一般的政府预算收入。

根据上述原则,在基金方面,有诸多基金的运作是公平的,因为,它们是基于对等性原则来安排的。具体涉及两种基本类型:其一,互惠型基金,即相关的单位和个人基于共同的需要而分摊相应的成本。如南水北调工程基金,其征收范围是受益的相关省份:北京、天津、河北、江苏、山东、河南,其中,在省际层面,基金按照受益程度在6省市之间分摊成本,其中,北京市54.3亿元、天津市

43.8亿元、河北省76.1亿元、河南省26亿元、山东省72.8亿元、江苏省37亿元。其二,补偿型基金,即相关主体为了补偿其行为和活动给其他个体造成的损失而设立的基金。比如,煤炭可持续发展专项基金(山西)与森林植被恢复费。其中,就煤炭可持续发展基金来说,根据相关文件规定,在山西省行政区县内从事煤炭开采的所有企业,均应该缴纳煤炭可持续发展基金(山西)。基金主要用于企业难以解决的跨区域生态环境合理、支持资源型城市(地区)转型和重点接替产业发展、解决因采煤引起的相关社会问题,即通过基金,对给社会其他相关个体造成的成本进行合适的补偿。①

与上述基金不同,也有部分基金在运作过程中偏离了成本收益对等的公平性原则。比如由非受益群体来承担基金运作的成本。其中,比较典型的是机场建设费。该基金是为筹集机场建设经费而设立的,最早只有温州永强机场收取,因为当时温州机场并非国家投资,而温州人自己在"不要、不等、不靠"三不的温州精神下,自己投资建设,为收回投资的成本,开始收取机场建设费。后来,国内机场为了各自的收益,也有了机场建设费,这一制度一直保留下来。就此基金而言,它是向乘客征收的,从表面上看,收入是向受益群体征收,成本和收益是对称的。但实际上,并非如此:其一,乘客与机场并无契约关系,向乘客收取机场建设费缺乏合理性。如果要征收机场建设费,向各航空公司征收比较合理。实际上,每架飞机在机场的起降都会由航空公司支付费用给机场。其二,虽然除了机场之外,个体在乘机的时候还会利用一些机场设施,包括候机厅、行李和旅客安检、书报亭、快餐厅、商店、洗手间、机场穿梭巴士等设施,但由于乘坐飞机的乘客已经支付了机票的价格,而机票已经涵盖了乘客上下飞机时使用机场设施的费用,并且,乘客上下飞机跟航空公司的飞机起降本来就是同一个交易,是紧密联系的环节,不应分拆出来单独收取费用。同时,即便分开单独考虑,收取费用也缺乏依据。因为,从横向比较来看,针对同样的设施,如安检,其并非机场所独有,地铁站、火车站甚至长途汽车站也设置有安检设施和人员,而码头、地铁站、火车站和长途汽车站并未在票价以外另外收取地铁建设费、火车站建设费或者长途汽车站建设费。另外,有的机场建设时间比较早,是国家投资的,相关成本已经基于一般收入得以弥补,收取费用是不合理的。将强制征收的机场建设费分配给机场,等同于用基金交纳者的钱去补贴给机场所有者,是一种利益的分配和转移。

---

① 至于森林植被恢复费,它对因勘查、开采矿藏以及工程建设而占用或者征用林地的单位征收,该基金由林业主管部门依照有关规定统一安排植树造林,恢复森林植被,规定植树造林面积不得少于因占用、征用林地而减少的森林植被面积。

一方面,是将基金运作的成本转移给其他的非受益主体,另一方面,则是基金的成本仅由部分受益者承担。如残疾人就业保障基金,应该说,从公平和正义的角度来说,社会应该给残疾人等弱势群体予以应有的关注和考虑,即公平的财政制度结构包含对特殊人群的特殊考虑和照顾。但是,残疾人就业保障的问题,是一个应该由一般政府预算收入来解决的问题,而不应该局限于单独的企业。但就残疾人就业保障金来说,缴纳残疾人就业保障金的是安排残疾人就业达不到规定比例的机关、团体、企事业单位和城乡集体经济组织,是对安排残疾人就业不力的一种罚款或者课税,这在制度安排上存在歧视企业单位的不公平之处。同样的,还有可再生能源发展基金。

实际上,除了基金在收入征缴上的偏离(即上述的成本偏离)之外,我国其他政府性基金还存在基金收入使用上的偏离,比如基金收入的外漏。就铁路建设基金来说,中国煤炭协会曾初步匡算过,2006年煤炭企业缴纳铁路建设基金超过220亿元,其中,山西省2006年支付的铁路建设基金就可达百亿元。从逻辑上来看,由于铁路建设基金目前是向煤炭(占到铁路总运量的50%左右)、农药、磷矿石、焦炭、水泥、非金属矿及钢铁等大宗货物征收的,根据成本受益的对称原则,铁路建设基金应该用于货物运输,尤其是增加煤炭运输能力方面。但实际的情况则是,征收的基金并未主要用于修建运煤铁路,而是用于修建高铁或其他支出。由于支出的偏离,相关的货运线一直都紧张。如三条铁路运输线——大秦铁路、神朔黄线以及集宁到曹妃甸线——支撑着山西、内蒙古、陕西三个产煤大省的煤炭外运,由于投入不足,这三条铁路的运输能力已经处于饱和状态(梁钟荣,2011)。反之,如果把每年煤炭企业缴纳的200多亿元铁路建设基金全部用于修建运煤铁路,按照普通货运铁路造价400—600万元/公里来计算,每年可修建4 000公里的普通货运铁路,从而缓解目前煤炭运力紧张的局面。

除了基金收入的外漏之外,我国的政府性基金还存在收入的吸入问题,如将一般性收入特殊化。主要有:其一,弥补成本后的土地出让金。土地出让金是政府以出让方式配置国有土地使用权取得的全部土地价款。在扣除征地拆迁补偿支出、土地开发支出等相关成本的基础上,剩余的土地出让金收入应该纳入一般预算管理范畴。但从目前的运作来看,土地出让金收入的使用被限制在狭窄的范围:地震灾后恢复重建、破产或改制国有企业职工安置与廉租房支出。其二,彩票资金。扣除返还比率(50%)与发行的行政经费(15%),彩票公益金占彩票资金的35%。其中,中央和地方按照1:1比例分配。中央集中的彩票公益金,除从2008年7月1日至2010年12月31日期间中央集中的即开型彩票公益金专项用于支持汶川地震灾后重建外,按 60%、30%、5% 和 5% 的比例分配至全国社会保障基金、专项公益金、民政部和体育总局(第 18 章)。

0.6 隐性收支的公平性分析

在现实中,隐性收支一般和税式支出、市场准入、公共定价及政府担保等方面的内容联系在一起。其中,针对政府担保意义上的隐性收支,本报告并未进行专门的分析,而对于税式支出方面的隐性收支,考虑到此类收支的性质,并为讨论的方便起见,我们已经将此方面的内容归入到前面的一般预算收支中。因此,这里所涉及的隐性收支主要是市场准入与公共定价等方面。特别地,就市场准入和公共定价等方面的公共管制行为来说,它们其实都是政府利用行政权力而对市场机制运行所施加的干预,与此相关的隐性收支也是基于权力干预而引致的隐性收支。进而,这里有关公共隐性收支公平性的分析,也就围绕着行政权力对于市场的干预来展开。应该说,经济体制的转型、市场准入的放开与价格的市场化改革进程,极大地提升了我国财政的公平性水平。无论是从市场公平竞争的维持方面来看,还是从公平竞争的保护方面来看,都是如此。但是,在肯定我国隐性收支公平性的同时,受传统体制及各方面因素的影响,公共管制及其相关的财政隐性收支还存在诸多不公平之处。概括起来,涉及三大方面。

0.6.1 市场准入与财政不公平

按照公平竞争的规范要求,只要不是法律及社会伦理规范所禁止的经营行为,社会应该将经营机会向所有个体——潜在的或业已存在的——开放,政府不应该对个体的经营行为给予限制(经营者本身的经营行为对于其他主体的利益形成严重侵害的情况例外),即满足公平竞争维持上的公平准入原则。否则,这会导致经营主体之间的隐性收支和不公正的利益分配:向未获得资格的主体征税以补贴获得资格的主体。就这一点而言,在我国,由于准入管制的普遍性,此方面的问题还是较普遍的,特别是国有企业所在的行业和领域。在我国,国企利用其垄断地位及其与行政权力之间的密切关系,在行业进入上几乎没有什么障碍,并得以在一些重要的经济领域形成垄断经营,由此造成对非公企业的不公平(据报道,截至 2009 年,在全社会 80 多个行业中,允许国有资本进入的有 72 种,允许外资进入的有 62 种,而允许民间资本进入的只有 41 种),既然非公企业的机会被排除,这实际上等于向非公企业征税,补贴国企。当然,针对此问题,中央政府曾颁布政策来鼓励和支持民营经济在重要经济领域的发展。2005年2月25日,国务院出台了《鼓励支持和引导个体私营等非公有制经济发展的若干意见》(即"非公有制经济36条"),意见允许非公有资本进入法律法规未禁入的行业和领域。而2010年5月7日,国务院再次发布"关于鼓励和引导民间投资健康发展的若干意见"("新36条"),以进一步拓宽民间投资的领域和范围。但是,由于中央政策缺乏一致性等方面的原因,相关的政策并未从根本上改变民营企业的行业进入壁垒。迄今,许多民营企业仍被阻止在能源、金融、铁路、航空、电信、市政基础设施等垄断性行业之外,这存在不公平(第16章)。

除了完全的禁止之外,现实中,还有诸多条件性的禁止。条件性禁止意义上的管制在诸多时候都形成了对弱势群体的歧视。比如,因为缺乏经营场所而将相关的主体排斥在经营资格范围之外,或为经营资格的获取而施加高昂的成本(武汉律师张绍明有这样一条微博:"终于知道武汉人为何不创业了,这两天帮助朋友注册一公司,凡盖章的地方都遇到敲诈,社区盖章要买灭火器一个,工商所盖章要交个体协会会费380—1 000元,还要订报纸,一个注册10万的公司,执照、代码证、税务证、验资、银行开户要花去好几千,这是让人创业吗……")。但实际上,就市场决策而言,选择什么样的经营场所完全应由经营者自由决定,即便是以住宅房作为经营场所,只要不对他人产生外部性影响就可以。美国的苹果公司当年是在乔布斯父母的车库里开办的,而在硅谷地区的很多高科技公司在开办之初,都是在非常简易的登记条件下创立的,如惠普公司、谷歌公司与雅虎公司等都是如此(第20章)。

当然,对于市场的准入管制,有人会给出合理的理由。其中,一种比较理论化的理由就是自然垄断。因为,基于主流的经济理论,自然垄断行业不适合由多家企业同时来经营(实际上,也不可能出现这样的情况,因为此类行业竞争的结果是垄断),维持市场的垄断有利于保证资源的有效配置。但实际上,自然垄断的存在,并不能成为资格限制的理由,因为,在制度上,尽管经营的主体只有一家,但我们完全可以采用经营权招标的方式来选择经营者,在经营权的获取上给所有主体以平等竞争的机会,而不是武断地将经营权授予某一家。更何况,由于自然垄断需要满足的条件及其变化的原因,在现实中,自然垄断往往被夸大。其一,从静态的角度看,并非所有的自然垄断行业都需要准入管制,对于自然垄断的管制措施设计,依赖于一个产业自然垄断的强度、进入市场壁垒和可维持性(于良春,2004)。与此同时,在诸多自然垄断行业中,存在或多或少的非自然垄断业务。比如铁路客运中的"网运分离",将具有自然垄断的国家铁路网基础设施(线路、桥梁、车站、通信信号系统和调度指挥系统)与具有竞争性的铁路客货经营试行分开管理、独立核算的经济管理模式(曾军平、杨君昌,2009)。其二,自然垄断的强度、进入市场壁垒也会随着技术水平变化、需求扩大以及市场扩张而发生改变,这会使得原有的"必要"的管制随之而改变。比如,在1938年到1977年之间,美国的民用航空局就不允许新的公司进入民用航空市场。但后来,飞机技术导致飞行的实际成本和价格出现长期下降,这使得多家企业进入航空市场也不一定出现所谓的破坏性竞争的情况,而来自其他替代性运输方式的竞争,比如高速公路和铁路等产业的技术进步,也对传统航空产业的垄断性质提出了质疑(王廷惠,2002)。在此逻辑下,以自然垄断为由来支持政府的准入管制就丧失了其合理性(第20章)。

实际上,准入管制不仅会破坏市场的公平竞争原则而在生产者之间产生隐性收支并引发利益分配的不公,同时,也引致了生产者和消费者之间的隐性收支及其不公问题——向消费者征税以补贴生产者。这包括:第一,国有企业的垄断权力使得国企滥用定价机制而实现消费者福利剩余向企业利润的隐性转移,具体的方式有直接抬价(如在石油行业,近三年多时间内油价频繁变动了17次,其中12次调升,每次油价上涨都会以炼油环节的亏损或与国际油价接轨为由)与制定不合理的收费标准(如电信,尽管其资费计费标准由3分钟变成了现在的1分钟,有很大改进,但它们仍旧以分钟来计费而不是以秒计费,这形成了对消费者利益的不正当剥夺,据估计,在移动、电信、联通三大运营商2010年的总营业收入8 763.64亿元中,约有1 132.8亿元是因多计费而实现的)。实际上,除了剥夺消费者的利益外,这还在一定程度上剥夺了民企的利益:垄断企业往往利用垄断优势来提升下游企业所需要的原料和能源方面的价格。第二,通过强制性消费来盘剥消费者福利(如2012年"3·15晚会"上曝光的"中国电信为垃圾短信提供渠道"事件以及铁路部门为保证高铁上座率而选择停运普通列车或限制普通列车票出售的行为)与基于强行搭售而盘剥消费者的福利,如很多地区开通电信宽带时,会要求与天翼手机绑定在一起(第20章)。

0.6.2 公共定价与财政不公平

一般来说,竞争性的市场体系能够保证交易价格的公平性。在此情况下,政府对于市场交易价格的干预,就会扭曲市场分配的格局而产生不公平。因为,价格干预的实质在于:对市场上的一方征税,以补贴给另外一方,这是不合理的,即便对价格的干预是为了维持社会上弱势群体的利益,也是如此。如最低工资标准(在我国,各省份都通过立法的形式来确定最低工资)以及为了保证人们生活需要而对商品和服务价格的控制,后者如兰州对于拉面价格的控制。之所以存在问题,有两方面的原因:一方面,价格的控制,并不一定能够真正保障弱势群体的利益,在许多情况下,甚至会对他们的利益产生负面的影响。如最低工资制度,劳动力价格的上涨往往会导致生产率低于最低工资水平的雇员得不到雇佣而处于失业状态。另一方面,也是更加重要的一方面,为保证低收入者基本生活需要而进行的收入分配,是一项一般性的公共服务。进而,为服务提供所需花费的收入,应该来自一般性的公共收入,即需要由社会来统一承担用于再分配的成本。但是,在最低工资制度下,部分成本其实是由雇佣低收入群体的企业来承担,存在对于相关企业的"税收歧视",这是不合理的。至于对拉面价格的控制,其实是由拉面经营者单独承担了保障个体基本生活的成本,这同样存在问题(第21章)。

对于竞争性的价格,政府的价格干预会引致分配上的不公。反过来,对于市场价格运行存在问题的领域,政府的价格干预就具有必要性,否则,会存在另一方面的不公。然而,在我国,尽管国家已经试图通过立法的形式保障价格的公正性,但依旧存在一定的问题:一方面,对于垄断性的行业,政府的价格监管依旧不到位,如银行收费,就在收费范围、标准、依据乃至具体方式上存在不合理的地方。另一方面,对于市场上存在的恶意操纵价格的行为(比较典型的是发生在2009年至2010年期间的对于大蒜与绿豆等农产品的价格操纵事例),政府所给予的打击力度不够。针对价格的上涨,尽管经国务院批准,国家发改委、商务部与国家工商局曾联合下发通知,要求严厉打击囤积居奇、哄抬农产品价格的行为,但从事后的情况看,政府针对上述价格操纵行为缺乏真正有效的打击,未能充分保证市场交易价格的公正性(第21章)。

0.6.3 质量管制与财政不公平

由于交易的目的就是在交易中增进各自的利益,处于信息优势的一方必然会有动机利用对方的"无知"来侵占对方的利益(Akerlf, 1970; Spence, 1972; Stiglitz, 1981)。信息不对称引致市场交易中以次充好、销售假冒伪劣商品乃至出售有害品现象的存在,不仅存在效率的问题,同时,也对应着利益分配上的不公平。这些问题对政府的质量管制提出了要求。但是,从实际的操作来看,鉴于我国食品安全等问题的严重性,政府的质量管制离公平交易的要求还有差距。与此同时,质量的管制还引致了其他的不公平:如为保障产品质量而进行的资格管制。除了自然垄断的原因之外,在诸多时候,也有人会基于产品质量的保障(比如食品安全)的理由而实行资格管制。应该说,如果市场的准入确实有利于保障消费者的合法利益不受侵害,那么此等理由是很有说服力的。但问题是,资格管制并不必然保证商品的质量,因为被授予资格的企业和个人照样可能侵害消费者的利益,如双汇、金龙鱼、蒙牛以及三鹿等名牌企业的食品安全事故,就是一个最为有力的证据;至于未获批准的企业,它们可能会转向地下继续进行生产,依旧生产并造假。与此同时,资格审批与限制会对产品质量带来负面的影响。因为,准入管制会弱化管制者对于产品质量监管的激励;而对于未获得准入资格者,地下的生产会比公开生产越发不受到社会的监督,其问题会更多(第20章)。

0.6.4 外部性管制与财政不公平

外部性问题,是经济社会可持续发展中的重大问题。对此,国家采取了诸多的方式和手段来对此进行治理。但在理论层面,经济学一般是将其作为一个配置问题来加以处理的(实际上,外部性问题首先是一个利益分配的问题,然后才是一个资源配置问题),治理外部性的手段和方式的公平性存在一些问题:其一,对于"放任"型管制,它其实是纵容相关个体有意无意地将相关成本施加给其他的个体。其二,对于"行政命令"型管制(即以行政法规和制度要求对环境污染行为和排放标准等进行直接规制,政府设定排放标准、技术规定、要求安装减排设备、限制污染要素投入等)。就此等管制方式来说,一般的理论研究认为:政府管制会失效,因为排污标准和技术标准的制定和调整要求政府必须掌握大量而准确的信息,任何信息上的差错都会削弱管制措施的有效性。而政府很难做到这一点,其制定的标准往往与理想的标准存在较大偏差(王光玲、张玉霞,2008)。但实际上,问题并非如此简单。即便管制机构的限定标准是理想化的、无偏差的,也会存在问题。因为从制污者来看,只要厂商自身的排污量不超标,便不用承担任何责任,只管享有直接排放污染所带来的收益而无须顾及排污给其他个体带来的损害。其三,对于"治理"型管制,即管制机构通过财政投入(来自一般的财政收入而非直接来自于制造污染的企业)对于厂商已经产生的污染进行治理,管制机构在治理污染时没能让污染厂商承担对受害者进行利益补偿的责任,也没能使污染厂商承担相应的治理成本,这对于社会公众是不公平的,同时,也不利于污染的治理。以太湖污染治理为例,太湖的蓝藻明明是太湖旁各化工厂的排污造成的,但是却由财政买单,使得污染治理成本由本该承担责任的厂商转嫁给了社会,这是不公平的;同时,有污染的企业不承担成本,政府的管制就难免陷入越治越烂、越烂越治的怪圈(第20章)。

0.7 公债发行的公平性分析

除了税收、非税收入,财政收入还包括债务收入。作为政府财政收入的一种特殊形式,从整体上来看,鉴于债务到期需要偿还,债务发行牵涉到代际的公平问题。与此同时,从债务发行期来看,由于牵涉到资金的投向和使用,债务发行也涉及代内的公平问题。当然,在有限的规模范围内,政府可以依赖于其本身的信用、通过"借新还旧"的方式来获得收入。此时,不管债务收入的具体用途——是资本性支出还是经常性支出——如何,都不存在通常所说的代际负担问题。因为,此时,即便是将债务收入用于经常性的支出,那也只是本代人在使用属于自己的资源。代际负担问题只有在债务规模超出"借新还旧"的范围——当政府的借债需要用未来的税收收入来偿还——时才出现。就我们国家的情况来说,在历史上,尽管我国的债务发行基本上是基于"借新还旧"的方式来运作的,但基于公债发行的历史情况来看,按照一贯的速度,债务发行的空间将在二十年,甚至是十几年内耗尽,存在税收偿还的压力。这意味着,我国公债的代际公平问题客观存在。至于代际公平的具体情况,我们从公债发行空间的侵蚀以及债务成本的转移这两个方面来加以分析(第22章)。

0.7.1 侵蚀后代人债务发行空间的非公平性

在一定的规模范围内,债务可以基于"借新还旧"的方式来加以运作。这意味着,债务收入是每一代人可以利用的潜在的"自然"资源。但是,这一资源又是有限的,它受到经济发展水平的制约。因此,在债务发行过程中,每一代人所能发行的债务规模应该是有限的,否则会形成对于下一代人所属"自然"资源的剥夺。至于我们国家的具体情况,自1994年分税制改革以来,我国国债余额的增长速度长期高于其应有的水平。这表示,1994年以后,大多数年份已经侵占了以后年份债务发行的空间。如果未来年份的债务发行未能受到显著的控制,国债负担率势必越来越大,导致债务还本付息规模突破"借新还旧"的临界水平,这会侵占后代人的债务发行空间。

当然,宏观经济运行中出现周期性的波动不可避免,如果简单刻板地强调每一年间国债余额增长率的相等,就会使得国债无法充分发挥调控经济的职能。因此,国债负担率的代际公平应该是动态调整中的平衡。从短期来看,在经济波动的周期之内,对国债负担率的增长空间可以有限度地加以调整。但是,在经济周期之内,债务发行的规模依旧应该受到限制。基于这一点来反观我国债务发行的状况,可以发现,国债余额的增长速度并没有符合周期内平衡的要求,长期的扩张性财政政策和债务发行过多地占用了以后周期中的余额增长空间。

0.7.2 债务成本转移意义上的非公平性

经验表明,我国历史上的债务发行已经突破了"借新还旧"的临界,而前代人获得的债务需要依赖于未来的税收来偿还,那么,要避免给后来人带来债务的负担,公债资金的使用应该给后代人带来收益,而不能由前代人所独占,即公债的发行在支出上应该满足后代获益原则,否则,公债就会沦为下一代人为上一代人开支买单的工具。特别地,要保证支出为后代人带来收益,其中一个基本的前提是,债务收入应该用于资本性支出而不是经常性支出。就此而论,在我国,长期以来,我国债务收入的资金一并记入一般性的财政支出(除长期国债有明确投向外),因此,我国的国债资金到底是用于经常性支出还是建设性支出,这无法从预算收支中直接得知。但目前一些学者的研究成果和经济现实表明,我国公债资金基本上是用于建设性支出的(王传纶、高培勇,1995;刘忠敏,2009),因此,就代际获益的原则来说,公债发行是公平的,基本上不存在债务成本的转移问题。

但是,如果综合考虑债务的收入及偿还的成本,在支出获益的基础上,公债的发行应该使后代人在减去它们所承担的成本后能获得净的获益,即公债发行的净获益原则。关于这一问题,从理想的角度来说,公债的发行可以优化资源配置的结构,而给下一代人提供净的获益。但在现实中,并没有绝对的机制能够保证这一点。此时,如果投资的效率不高,下代人通过债务发行所获得的收益可能无法弥补债务还本付息的成本,这会形成代际的负担问题。在我国,公债资金运作的效率有待实证研究的材料去评价。改革开放以来,应该说,通过公债投资所形成的基础设施弥补了我国公共产品和准公共产品的供给不足。例如,2002年后,在国债投资的支持下,南水北调、青藏铁路、西气东输、西电东送以及一批水利枢纽工程,进入全面建设阶段,这些重大项目的建成将受基础设施不足而压抑的生产潜力释放出来,国债投资对于经济增长的确发挥了正向作用。然而,我国国债投资的效率还存在诸多问题:公债投资项目布点失当、重复建设、超前建设比比皆是。对于"三边工程"等仓促上马的项目,其效益难以评估,给项目的成功实施留下了巨大隐患,进而给后代人施加了隐性的负担。这也就意味着,要避免诸如此类的问题,就需要提升公债投资效率。

应该说，公债的净获益，在一定程度上能够保证后代人的利益不会受损。但鉴于发行公债的这一代人往往也从公债资金运作中获益，即使公债资金在运作过程中使得后代人获得了净收益，债务偿还的成本也应该由各代受益者共同承担，而不能由某一代人来全部承担，即成本的代际公平分摊原则。基于成本的代际公平分摊原则，每年应该从一般预算收入中提取与所需承担的本息的相应份额来建立偿债基金，以避免将成本负担全部转移到债务到期年份的那一代人身上而形成不公平。关于偿债基金的设立问题，尽管在1987年，我国曾有这样的想法，但由于种种原因，基金的设置很不到位，一方面，基金的规模很小，与所需承担的成本存在很大的偏差；另一方面，基金的收入并不是来源于税收，而是依赖于超计划发行的债务收入，这与严格意义上的偿债基金相差甚远，形成了代际的不公平问题。反过来，要避免此等方面的不公，就需要建立一个基于一般预算收入来归还债务本息的、名副其实的偿债基金制度。

第一篇
宏观经济运行与财政状况

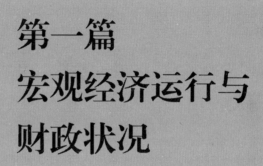

第1章

2011年中国宏观经济运行状况分析

1.1 导 言

2011年,无论对中国还是世界经济而言,都是充满了挑战的一年。在内忧外患的压力下,中国的宏观经济仍然完成了一份不错的答卷。首先,在经济总量方面,宏观经济运行平稳:GDP稳定增长、物价在第四季度回归、居民收入保持快速增长势头、城镇登记失业率维持在较低水平。2011年的GDP实现了9.2%的高速增长,人均GDP突破5 000美元;物价水平在经历了上半年的高速上涨后,在多种宏观调控政策的影响下,最终在第四季度回落到合理的区间;社会城镇就业水平保持稳定,失业率水平维持在4.1%左右;城镇和农村居民的收入水平继续保持较高速度的增长,现金收入分别实现了20%和14%左右的增长。其次,在经济结构方面,区域结构有所改善,但产业结构与需求结构仍基本维持原状。在产业结构层面,2011年的三次产业增加值同比增速和占GDP比重仍维持"二三一"的结构,分别实现了10.6%、8.9%和4.5%的增长,占GDP的权重分别为46.8%、43.1%和10.1%,与上年基本持平;在地区结构层面,东部经济发展仍处于领先、主导地位,但中、西部地区GDP在全国GDP中的比例呈现上升趋势;固定资产投资总额仍保持"东、中、西"递减的顺序,但同比增长速度则相反,呈现出"西、中、东"递减的顺序;需求结构层面,投资与消费仍是拉动我国 GDP 增长的主要动力，但是净出口出现了连续第三年的负增长，对 GDP 增长的贡献为负。

但是，在经济发展取得进步的同时，无论是经济总量还是结构，均出现了一些值得我们关注的问题和变化。首先，在经济的整体形势上，通胀压力的多元性、金融市场同实体数据的背离以及收入分配的差距等问题表现突出。2011 年的通货膨胀有需求拉动的因素，也有成本推动的原因；有国内的内部因素，也有国际的外部输入性因素；是经济总量变化的结果，同时，也和经济的结构性失衡有关。在此背景下，即使在 2011 年，我国进行了严格的物价调控，M2 与 GDP 的比率也一直维持在 1.8 左右的较高水平，使 2012 年我国仍面临较大的通胀压力。实体经济的增长与金融市场的表现，在 2011 年出现了明显背离。股票市场指数持续下降、基金业出现普遍性的较大亏损，股市成交量和市盈率水平也持续走低，使得投资者对未来预期存在一定的担忧。而在收入分配领域，城镇与农村居民的收入差距仍维持在较高水平。其次，经济结构调整的压力继续累积。在经济的供给结构方面，面对产业升级和转型的压力，并没有显示出明显的变化，我国仍维持"二三一"的产业结构模式；民营企业的融资难问题导致的民间高息借贷，在 2011 年末以大规模、连续的民营企业家"跑路潮"的方式集中爆发，成为我国金融利率自由化改革的重要压力和动力。与此同时，在经济的需求结构方面，以政府投资为主导的经济增长模式没有得到改观。扩大内需，特别是居民消费需求仍是今后我国经济转型的一个重要议题。

综上所述，2011 年的中国宏观经济喜忧参半。我们在为宏观经济发展取得的成就欢欣鼓舞之时，也看到了中国经济发展中面临的一系列难题。在这样的情况下，对于接下来的 2012 年，在全球经济开始回暖之时，一方面，中国经济高速增长的动力仍然存在，另一方面，经济结构调整、通货膨胀压力、房地产调控、民营企业发展、收入分配、扩大内需等问题仍是现阶段我国经济改革必须面对和解决的。至于 2011 年宏观经济发展与 2012 年经济发展形势的具体情况，我们接下来依次从经济总量、经济结构与热点问题这三个层面来进行分析。

1.2 2011 年宏观经济运行总量

为了系统反映经济运行的总量情况，我们将基于三个市场——产品市场、金融市场和要素市场——来对问题进行分析。其中，产品市场主要涵盖产品的产出、物价水平与信心指数等总量指标；要素市场是资金、劳动力、土地等生产要素交易的场所,其总量指标包括生产要素的供求总量、供求价格、收入分配等;资金要素的供求与价格等问题以及主要金融工具的经济指标主要在金融市场这部分内容里体现。

1.2.1 产品市场

首先,从价值总量来看,在国内外复杂的经济环境影响下,2011年我国GDP仍实现了9.2%的高速增长,且人均GDP突破5 000美元大关,但GDP增速适度放缓。GDP是反映各国生产活动与新增价值的重要综合性指标,也是计算经济增长率的基础数据。2011年,我国GDP名义价值总量为471 563.7亿人民币,人均GDP接近5 400美元。但GDP环比实际增长率有所放缓,为9.2%。从各季度的增长情况来看,增长速度稳中有降,四个季度的累计增长率分别为9.7%、9.6%、9.4%、9.2%(见图1.1)。

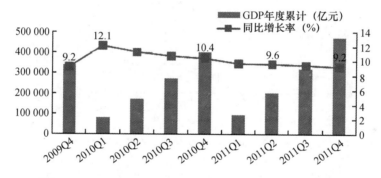

图1.1　2010—2011年我国GDP季度累计数据及同比增速

注:单季GDP数值按现价计算,年度GDP累计增长率按可比价计算。
资料来源:根据中经网统计数据库整理得到,http://db.cei.gov.cn/,以下如未特别注明,数据来源均为此处。

尽管与2010年相比,我国2011年的GDP增速放缓,但在国内外经济运行的多重压力下,9.2%的高速增长仍是一个来之不易的结果。据IMF估测,2011年全球按购买力平价计算的经济增长率为4.0%,与2010年相比下降1.1%。其中,发达经济总体下降1.5%左右;而以中国为代表的新兴市场与发展中经济体则实现了6.4%的平均经济增长率。值得关注的是,在2012年的政府工作报告中,我国政府将2012年的GDP增长率调整为7.5%,有一个较大幅度的调低。对于这次调整,温家宝总理指出,这是一次主动性的调整,是为了适应经济结构调整需要和实现有质量的经济增长而进行的调整。据此,我们可以预见,2012年的GDP增长率将会有所降低。

其次,从价格总体指标来看,CPI与PPI在前三季度均维持在高位运行,但在宏观政策的调控下,第四季度出现了明显下降。具体来说,在2011年的上半年,CPI与PPI均延续了2010年的上升趋势,并维持在高位运行。以全国居民消费者价格指数为例,CPI在1—7月持续走高,从1月的4.9%提高到7月的6.5%(具体参见图1.2)。特别地,在CPI样本构成中,前三季度食品上涨最快,为6.1%;其次是居住类服务,上涨为4.1%;医疗保健和个人用品为2.9%;而衣着下降1.1%。因此,从直接因素来说,食品特别是猪肉价格是拉动本轮CPI上涨的主要动力。至于2011年的通货膨胀,则是多种因素综合作用的结果,其形成原因和影响因素复杂多变——既有需求拉动的因素,也有成本推动的原因;既有国内的内部因素,也有国际的外部输入性因素;既是经济总量变化的结果,同时也和经济的结构性失衡有关。

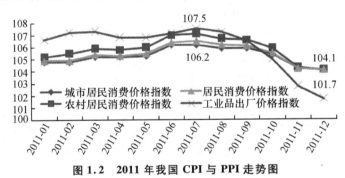

图1.2 2011年我国CPI与PPI走势图

当然,面对通货膨胀的压力,自上半年开始,宏观决策层采取了包括上调存款准备金、加息与持续实施公开市场业务等在内的组合政策进行调控,并最终使得通货膨胀有了一个明显的下降。就CPI来说,从8月份开始,CPI上涨的趋势得到了遏制,到12月降至4.1%,CPI年均水平为5.4%(见图1.2)。应该说,2011年通货膨胀调控的成功,证明了我国政府在宏观调控上的能力和水平。但另一方面,鉴于形成2011年通货膨胀的根本因素并没有完全消失,国际原材料与能源价格的上涨、劳动用工成本的上升以及国际经济环境的缓慢复苏等等,我国经济在2012年仍将面临通胀的压力。

最后,从经济景气状况指标来看,2011年反映经济景气状况和信心状况的指数,出现了震荡下行的走势,反映了市场对宏观经济运行走势的担忧。如图1.3所示,中国的制造业采购经理人指数(PMI),在2011年1—12月期间呈波动下降趋势。这一数据总体水平低于2010年。其中,1—10月,中国制造业PMI始终位于分界线上方;11月降至49.0%,为2009年2月以来首次降至分界线下方(2011年,中国制造业 PMI 平均水平为 51.4%)。此外,2011 年生产指数平均为 53.5%,新订单指数平均为 51.9%,与其他国家相比,该指标处于较好水平,反映出我国经济发展仍处在平稳增长区间,但增速趋缓。同时,外部环境进一步复杂化,出口订单平均指数在 50% 以下,内需也相对低迷,反映需求的新订单指数明显低于生产指数。

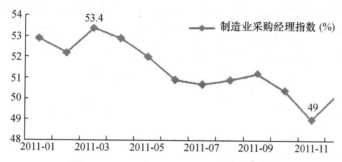

图 1.3　2011 年制造业采购经理人指数

资料来源:wind 资讯数据库,http://www.wind.com.cn/。

在信心指数方面,由图 1.4 可以得知,在 2011 年,企业家信心指数、消费者信心指数和经济学家信心指数均呈现出震荡下行的走势。其中,经济学家信心指数取值范围为 1—9,中值为 5;企业家与消费者信心指数取值范围为 0—200,中值为 100,中值反映对经济走势的预期变化不大。2011 年第四季度,我国经济学家信心指数和企业家信心指数降至两年来的新低,分别为 4 和 120.9%;消费者信心指数降至全年最低,为 100.5%。这说明,受国内外经济状况等多种因素的影响,各类人群对经济走势均呈现出了不同程度的担忧。

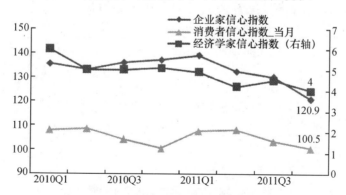

图 1.4　企业家、消费者和经济学家信心指数

资料来源:wind 资讯数据库,http://www.wind.com.cn/。

1.2.2 金融市场

首先,货币市场。其一,存款准备金率和利率。在 2011 年,尽管年初我国管理机构确定了稳健货币政策的基本方向,但受通货膨胀率持续上升的影响,实际的货币政策偏向适度从紧。2011 年央行共计 7 次调整存款准备金率,其中上半年每个月均上调一次,共 6 次,每次的幅度均为 0.5%。到了 12 月,受外汇储备降低、通货膨胀率回归等诸多因素的影响,才下调了存款准备金率 0.5 个百分点。与此同时,为遏制通货膨胀率的持续上升,央行还在 2 月 9 日、4 月 6 日和 7 月 7 日进行了三次加息,加息幅度均为 0.25%(见图 1.5)。

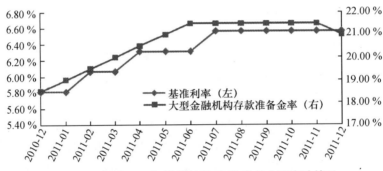

图 1.5 我国 2011 年基准利率、存款准备金率变动情况

受货币政策操作的影响,在货币市场,短期票据、银行间拆借市场、债券回购、利率衍生品等产品交易都有所上升。从图 1.6 银行间 7 天同业拆借市场可以看出,随着 2011 年存款准备金率不断提高、"银根"收紧,银行间同业拆借交易量和拆借利率水平不断上升,6 月达到最高值 5.59%。

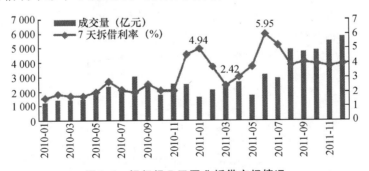

图 1.6 银行间 7 天同业拆借市场情况

资料来源:wind 资讯数据库,http://www.wind.com.cn/。

其二,货币供应量。除了准备金率与利率调整外,央行还通过公开市场业务来调节基础货币供应。整体上来说,在2011年,我国的货币供应总量稳中有降,但M2与GDP的比例仍维持在较高水平。具体来说,在货币供应量方面,M0、M1与M2同比增速的整体水平要低于2010年,但全年增速相对平稳(见图1.7)。① 其中,M0与M2基本保持同步的增速,前半年维持在15%以上,6月和7月有了1.2%的两个较大降幅,此后基本维持在13%左右。但M1的增速低于前二者的水平,特别是9—12月间,M1与M2同比增速的差距从4%扩大到5.7%。M1与M2的关系表明:我国流通领域中定期存款的增速要高于活期存款的增速,货币的流动性降低。

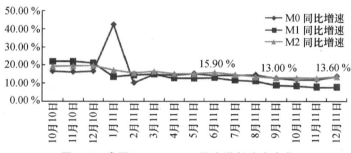

图1.7 我国M0、M1、M2同比增长速度变化

M2与GDP的相对变化,M2/GDP反映了一个经济的金融深度,它衡量的是在全部经济交易中,以货币为媒介进行的交易所占的比重。总体上看,它是衡量一国经济金融化的初级指标。通常来说,该比值越大,说明经济货币化的程度越高。但是,该指标过高则说明经济体中货币供给量增加过快,通货膨胀压力较大。就我国来说,自2001年以来,由于M2的同比增长率一直高于GDP的同比增长率,且前者波动幅度大于后者,使得M2总量与GDP总量的比率在2009年有了一个大幅上升,从1.513上升为1.790,升幅高达18.3%。此后的2010年和2011年,该数据指标继续保持在高位运行。这说明,我国有金融深化的趋势,但与此同时,也存在通胀的压力。

其次,外汇市场。在2011年,人民币相对主要外汇持续升值,外汇储备总量前三季度持续上升,但在第四季度则出现了连续的下降。受国际次贷危机和欧洲主权债务危机等多重因素的影响,人民币兑美元的月度加权汇率水平从1月的6.6降为12月份的6.33,升值幅度为4%;人民币兑英镑的汇率水平从

---

① 从总量数据来看,狭义货币供给量M1的年初数为261 765.01亿,12月月末数为28 9847.7亿,增加10.72%;广义货币供应量M2的年初数为733 884.83亿,12月月末数为851 590.9亿,增幅为16.03%。

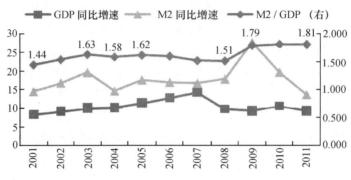

图 1.8 GDP 与 M2 同比增长率、M2/GDP 数据的变化趋势

10.41 降为 9.86,升值幅度为 5%（见图 1.9）。但另一方面,在人民币与日元的外汇比价上,由于国际资金避险的需求以及日元长期维持零利率水平政策等方面的因素,国际资金对日元的需求上升,这些资金通过获得低利率的日元,然后将其兑换成其他币种的方式实现套利,因此,2011 年日元维持了较大的升值幅度。人民币兑日元的汇率水平反而上升,人民币相对日元贬值。

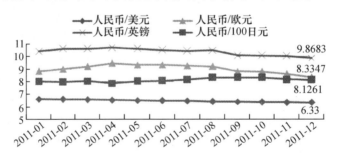

图 1.9 人民币与世界主要货币汇率走势图

注:该汇率水平为加权平均汇率(当月数)。

伴随着人民币升值预期、国际金融危机、欧洲债务危机等多重因素的影响,我国的外汇储备在前三个季度持续上升,从年初的 28 473.38 亿美元,到 10 月达到年度最高值 32 737.96 亿美元,增长率达到 15%。此后两个月外汇储备出现 2008 年以来的首次下降,到 12 月末降为 31 811.48 亿美元(见图 1.10)。这次下降原因涉及多个方面:欧元对美元的汇率出现大幅度下跌,导致我国外汇储备构成中以欧元计价的资产价值出现下降,以美元计价的储备部分出现贬值;同时,由于欧洲经济的放缓,第四季度我国对欧贸易的顺差也出现减少趋势;此外,部分投资者出于规避风险考虑,出现了撤资的现象。

最后,债券市场和股票市场。国债收益率曲线整体上移、股票市场指数持

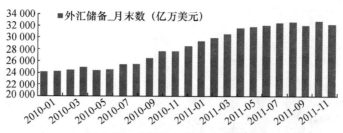

图1.10 我国外汇储备变化情况

续下降。在债券市场上,债券发行规模小幅回落,国债收益率曲线整体上移。2011年债券发行市场总体规模下降了18.02%。在结构上,78 142.79亿元的发债总额中,国债为15 417.59亿元,占19.73%;地方政府债为2 000亿元,占2.56%;央行票据为14 140亿元,占18.10%,同比下降66.75%;金融债发行22 940.3亿元,占29.36%,同比增加64.75%;企业债发行2 515.48亿元,占3.22%,同比下降11.21%(参见表1.1)。

表1.1 2011年债券市场发行总额与结构

序号	类别	发行期数(只)	发行总额(亿元)	发行总额比重(%)
1	国债	73	15 417.59	19.73
2	地方政府债	16	2 000	2.56
3	央行票据	100	14 140	18.10
4	金融债	143	22 940.3	29.36
5	企业债	196	2 515.48	3.22
6	公司债	83	1 291.2	1.65
7	中期票据	458	8 199.93	10.49
8	短期融资券	640	10 162.3	13.00
9	国际机构债	2	50	0.06
10	政府支持机构债	8	1 000	1.28
11	资产支持证券	6	12.79	0.02
12	可转债	9	413.2	0.53
	合计	1 734	78 142.79	100

资料来源:wind资讯数据库,http://www.wind.com.cn/。

2011年股票市场与宏观经济的表现出现了较大背离,股票市场行情整体下行。从图1.11可以看出,我国上市公司的平均市盈率从2008年以来持续走低:1月份市场平均市盈率达到17.10,而截至12月份只有12.10。图1.12显示,股市成交额震荡下行:在2011年3月达到全年月度成交额最高值6.3万亿元,但在12月这个数值已经降为1.98万亿,降幅高达68.6%。

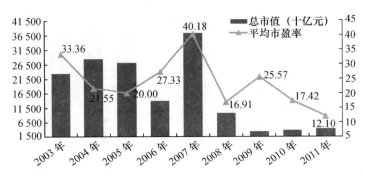

图1.11 2003—2011年上市公司总市值及平均市盈率

资料来源：wind资讯数据库，http://www.wind.com.cn/。

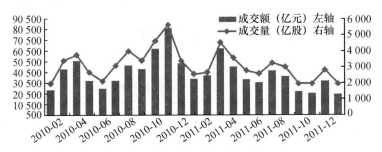

图1.12 2011年A股成交量与成交额情况

资料来源：wind资讯数据库，http://www.wind.com.cn/。

受股市的影响，2011年整个基金行业表现欠佳。基金业年初资产净值总额为25 171.57亿元，12月初资产净值降为21 435.5亿元，下降幅度为15%。股票型基金的收益平均跌幅超过23%；混合型基金收益平均跌幅超过20%；债券基金虽然三季度后有一波反弹，但因前期跌幅较大，全年最终也是负收益。从基金单位资产净值来看，2011年该数据由1月份的1.03降为0.82，降幅高达20%（见图1.13）。

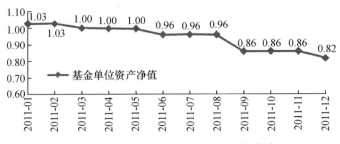

图1.13 2011年基金单位资产净值变动

资料来源：wind资讯数据库，http://www.wind.com.cn/。

1.2.3 要素市场

现代西方经济学中的生产要素包括劳动力、资金、土地等。资金要素的供求及其价格状况已在金融市场部分介绍,土地要素的变化将在房地产调控专题中涉及。因此,这部分主要介绍劳动力市场的发展。整体上来说,在劳动力就业方面,我国城镇登记失业率水平保持平稳。图1.14是我国城镇登记失业人数及失业率状况,2011年四个季度登记失业人数分别为909万、908万、911万和922万,失业率全年保持在4.1%。可以看出,无论从总量还是失业率来看,我国的失业情况比较平稳。特别地,从比较的角度看,我国的失业率水平远远低于同期发达经济体的状况:美国11月份失业率为8.6%,其中青年失业率占近25%;英国11月份失业率为5%;法国第三季度本土的失业率为9.3%,全境失业率为9.7%;日本11月份的失业率为4.5%。当然,我们在看这些数据的时候,并不能将二者进行简单的对比研究。因为我国官方公布的失业率水平是城镇登记失业率,没有涵盖农村以及未登记人员的失业状况。

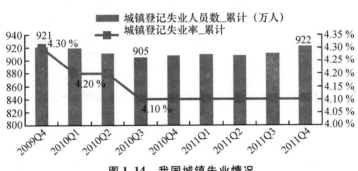

图1.14 我国城镇失业情况

1.3 2011年宏观经济运行结构

宏观经济运行的结构包括多个层面,我们这里主要分析产业结构、区域结构、需求结构与分配结构这四个关注度相对较高的方面。

1.3.1 产业结构

从整体上看,2011年我国的三次产业增加值同比增速及增加值占GDP的比重仍维持着"二三一"结构,但从增速上来看,二、三产业的增加速度在降低,而第一产业增加值的增速在上升。从全年来看,第一产业增加值累计47 712亿,同比增长4.5%,占GDP比重为10.1%;第二产业增加值累计220 591.6亿,同比增长10.6%,占GDP比重为46.8%;第三产增加值203 260.1亿,同比增长8.9%,占GDP比重为43.1%(见图1.15和图1.16)。

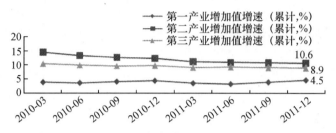

图1.15 2010—2011年各产业累计增加值同比增速

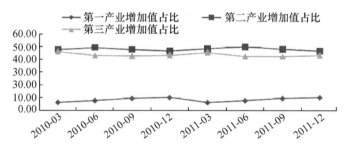

图1.16 我国三大产业增加值占GDP比重情况(累计,%)

虽然从总量和速度绝对值来看,2011年的产业结构仍维持原有的格局,但从趋势来看,第一产业增速呈现出一种上升的趋势。这与农产品的季节性生产特点和物价上涨的因素有关。而对于第三产业,从近三年的发展趋势来看,第三产业占GDP的比重未出现过大幅度变动,一直持续在43%左右。可见我国第三产业发展处于瓶颈期。至于各产业的具体情况,大致如下:

其一,关于第一产业。整体来说,2011年农业生产稳定增长,粮食连续八年增产,农牧业依然占据主导地位。从总产值来看,2011年前三季度第一产业总产值为50 322亿元,名义价值同比增加18.94%。从结构来看,农业和牧业的总产出占第一产业总产出的90%左右。全年粮食种植面积11 057万公顷,比上年增加70万公顷;全年粮食产量57 121万吨,比上年增加2 473万吨,增产4.5%;棉花产量660万吨,比上年增产10.7%;肉类总产量7 957万吨,比上年增长0.4%;全年水产品产量5 600万吨,比上年增长4.2%。全年木材产量7 272万立方米,比上年下降10.1%。全年新增有效灌溉面积181万公顷,新增节水灌溉面积 221 万公顷①。

其二,关于第二产业。工业增加值稳定增长,但盈利能力下滑。首先,虽然受到全球经济疲软的冲击和影响,2011 年我国工业增加值增速仍然保持平稳增长。年末工业增加值增速为 12.4%,略低于年初的 14.9%。从分季度的数据来看,前三个季度工业增加值的增速分别为 14.8%、14%、13.7%,增长趋势略有下滑。下半年的下滑主要由于欧洲债务危机下对中国商品需求减少,从而影响了工业企业出口。其中,在结构方面,重工业增加值的增速略高于轻工业,但二者间的差距逐渐缩小。年初,重工业与轻工业的增加值增速分别为 15.6% 和 13.1%,但在年末二者趋同为 12.4%(见图 1.17)。这一变化也说明了我国产业结构调整政策已经初见成效。其次,从工业企业的经营绩效来看,2011 年产销率水平仍维持在 97.5% 以上的高位,产品销售收入增长率维持在 30% 左右(见图 1.18)。这说明在国内、国际经济发展的双重压力下,工业企业的经营仍保持了稳定的增长。但值得注意的是,工业企业的利润额并未保持同比率增长,企业的亏损度不断提高。2011 年下半年利润增长率不断回落,6 月份为 28.65%,11 月份为 24.36%,低于销售增长率,工业企业的获利能力下降(见图 1.19)。与此同时,工业企业的亏损增长率大幅攀升,从年初的 22.19% 到年末的 67.42%。可见,工业企业虽然保持稳定的销售额,但其利润并未能随之增加,很多企业反而出现了亏损。其原因主要是 2011 年原材料价格上升、劳动力成本提高、产品需求降低等。一些资本实力较弱、技术水平低的民营制造企业走向了破产倒闭的边缘。

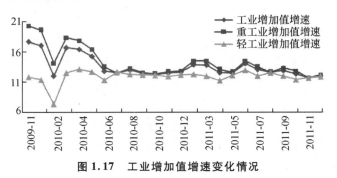

图 1.17 工业增加值增速变化情况

---

① 关于农业产值的数据全部来自 2011 年国民经济和社会发展统计公报,http://www.stats.gov.cn。

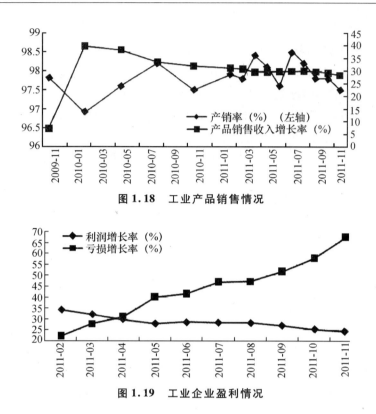

图 1.18　工业产品销售情况

图 1.19　工业企业盈利情况

在政策方面,新的产业结构调整指导目录即《产业结构调整指导目录(2011年本)》的颁布实施将加快我国产业结构升级的步伐。从 2011 年 6 月 1 日开始,我国开始实施《产业结构调整指导目录(2011 年本)》(以下简称《指导目录》"),产业结构调整和升级的步伐加快。《指导目录》突出了以下几个特点:第一,鼓励现代农业发展,加强农业基础地位,鼓励发展现代农业、科技农业、绿色农业。第二,转变传统加工制造业,鼓励深加工,提升产业链价值。对传统资源消耗型与高污染型产业,包括资源初加工、煤炭开采、有色金属等进行了限制。但对制造业上游的工业设计、信息服务等则采取了鼓励政策。第三,发展新能源,促进节能减排。我国的每单位 GDP 耗能是世界的 2.5 倍,并且主要矿产的对外依存度逐渐提高,节能减排已刻不容缓。《指导目录》一方面将单机容量 5 万千瓦及以下常规小火电机组、400 立方米及以下炼铁高炉、30 吨及以下转炉以及 30 吨及以下电炉等高耗能设备列为淘汰项目。另一方面,鼓励开发生物智能、太阳能发电、风力发电、海洋能、地热能等项目。新产业结构指导目录,将从金融、财税、进出口与土地等多个方面引导产业结构升级,加快我国产业结构升级的步伐。

1.3.2 区域结构

首先,在经济比例方面,东部经济发展仍处于领先、主导地位,但中、西部地区GDP在全国GDP中的比例呈现出上升的趋势。促进区域经济协调发展,推动东部地区产业转型是2011年工作的重点。从前三季度的数据来看,东部经济继续领跑全国经济,其中前三季度东部地区GDP分别为58 054.4亿、75 706亿、73 479.9亿,占全国比重分别为57.8%、58.1%与54.9%,在全国地区经济发展中仍处于领先和主导地位。但是,若从中、东、西部地区GDP在全国GDP中的比重来看,东部地区的比重在逐年下降,中、西部地区则逐年上升。图1.20中标注出了近三年第三季度各区域GDP在全国GDP中的比重数据,清楚地显示出了这种变化趋势。

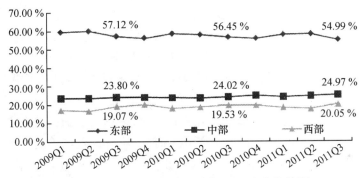

图1.20 东、中、西部地区季度GDP占比趋势图

其次,在固定资产投资方面,投资总额仍保持"东、中、西"递减的顺序,但是同比增长速度则相反,呈现出"西、中、东"递减的顺序。在固定资产投资的地区结构上,三大地区的投资与GDP水平的结构保持一致,即东部最高,达到130 042.44亿元,西部最低,为63 236.35亿元。但在同比增速上,西部增速最高,达到29.2%,东部最低,为21.7%(见图1.21)。固定资产投资的增加是影响经济增长速度的重要因素,目前的结构与我国中部崛起和西部大开发政策的实施存在着密切的关系。同时,也预示着中、西部地区在未来将成为引领我国经济保持高速增长的重要引擎。

1.3.3 需求结构

首先,固定资产投资保持高速增长,投资仍是拉动我国经济增长的主要动力,投资结构继续改善。其中,在总量上,2011年固定资产投资301 933亿元,比

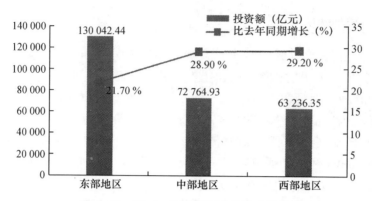

图 1.21　东、中、西部地区固定资产投资情况

资料来源:wind 资讯数据库,http://www.wind.com.cn/。

上年增长 23.8%,扣除固定资产投资价格上涨因素,实际增长 16.1%。从其占 GDP 比重的数据来看,与 2010 年相比,前三季度的累计占比均低于 2010 年的水平,但全年占比高于 2010 年,达到 38.19%(见图 1.22)。而在结构上,一方面,固定资产投资中,新建投资的增速最高,在 25% 以上,但呈现下降趋势;扩建增速维持在 15% 左右,呈现上升趋势(见图 1.23)。另一方面,从产业来看,在固定资产投资总量上,如图 1.24 所明确显示的,第三产业的固定资产投资总量最高,其次是第二产业,最后是第一产业。而且,第一产业的固定资产投资额要远远小于第二、三产业投资规模。从各产业固定资产投资的增速来看,与 2010 年相比,2011 年第一产业固定资产投资的增速较快,这与我国去年水利项目投资力度增加有关;第三产业固定资产投资增速下降(见图 1.25)。

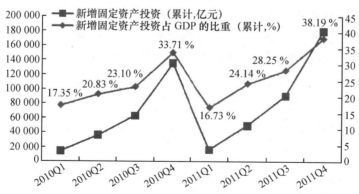

图 1.22　新增固定资产累计规模及其在 GDP 中的比重走势图

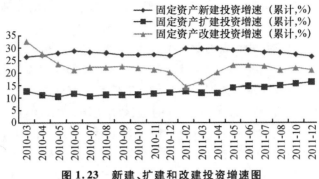

图 1.23 新建、扩建和改建投资增速图

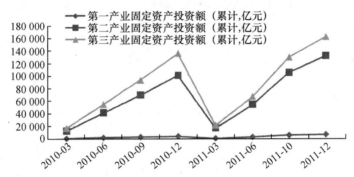

图 1.24 全国固定资产投资的产业分布情况

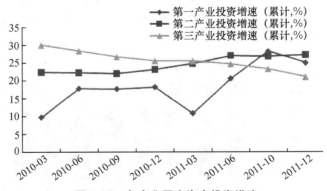

图 1.25 各产业固定资产投资增速

其次,进出口及其总额均保持较快增长,但货物贸易顺差继续收窄,净出口对 GDP 增长的贡献仍为负。2011 年我国外贸进出口总值 36 420.6 亿美元,比上年同期增长 22.5%;出口 18 985.9 亿美元,比上年同期增长 20.3%;进口 17 434.5 亿美元,比上年同期增长 24.9%。由于进口的增速超过出口增速,净

出口减少了265.87亿美元,出现了14.64%的负增长。这是我国自2008年以来,货物净出口总量连续第三年出现负增长(见图1.26)。其中:① 在出口地区中,东部地区出口放缓,中西部地区外贸增长强劲。2011年,广东、江苏、浙江和上海等省市出口分别增长17.4%、15.6%、19.9%和16%。重庆、河南、贵州和江西等省市出口分别比上年增长165%、82.7%、55.5%和63.1%,增速均大幅高于全国同期出口增速。② 在进出口的地区结构上,2011年我国对欧、美、日进出口保持平稳增长,对新兴市场进出口增长迅速。2011年,中欧、中美、中日贸易总值分别增长18.3%、15.9%和15.1%;对巴西、俄罗斯和南非等国家双边贸易总值分别增长34.5%、42.7%和76.7%,均大幅高于总体增速。在我国出口国家增幅的前十名中,除澳大利亚外,其他均为新兴国家。其中对新西兰的贸易增加最大,达35.2%(见图1.27)。

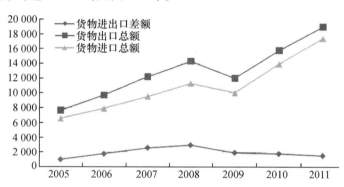

图1.26　2005年以来我国对外货物贸易总量(单位:亿美元)

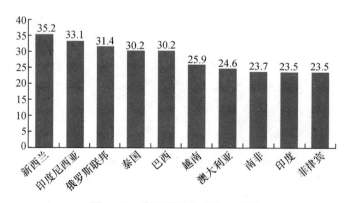

图1.27　主要贸易伙伴出口增速

资料来源:国家海关统计,http://www.customs.gov.cn/publish/portal0/tab9368/。

最后,最终消费总额仍保持高速增长,居民消费支出的增速要高于政府消费支出的增速。2011年全年社会消费品零售总额181 226亿元比去年同期增长17.1%。其中,在结构上,虽然暂时无法获取2011年度支出法GDP中的最终消费支出的数据,但从图1.28中2005年以来的走势图可以看出:居民消费支出趋势线的斜率明显高于政府消费支出的斜率,因此,前者的增长速度高于后者,说明在最终消费结构中居民消费比例日益提高。与此同时,在外部结构方面,从支出法GDP的结构图(见图1.29)可以看出,2008年以来,随着净出口总额的逐渐降低,投资和消费成为拉动我国GDP增长的主要动力来源。但与发达国家相比,我国仍需进一步提高消费对GDP的拉动力度,实现需求结构的优化。

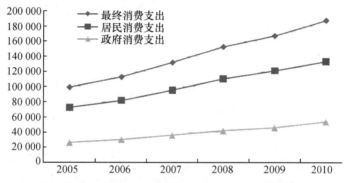

图1.28 2005年以来最终消费支出总额变化趋势图

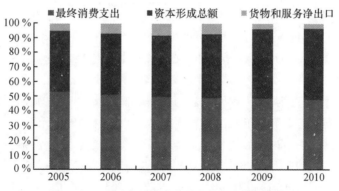

图1.29 2005年以来支出法GDP的构成变化

1.3.4 分配结构

首先,在地区层面,东部与中、西部地区劳动者的收入差距绝对额继续扩大。根据国家统计局公布的各省和直辖市的城镇人均收入数据,我们将东、中、西部地区的累计人均收入进行了简单平均,以近似分析三地区劳动者收入的差距。如图 1.30 所示,各地区居民的季度累计数据同比都出现了上涨,但是东部与中、西部差距的绝对值仍在上升。这说明,地区收入差距问题仍然没有得到很好的缓解。

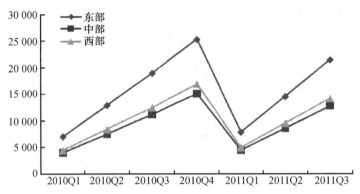

图 1.30　东、中、西部地区城镇居民累计平均收入(单位:元)
资料来源:wind 资讯数据库,http://www.wind.com.cn/。

其次,是城乡收入分配方面,城镇与农村居民收入水平均保持较高的速度增加,且农村居民收入增长速度超过城镇,但二者间收入总额差距仍然较大,而收入结构也存在很大差异。2011 年,居民的收入水平仍保持较高的上升态势。其中,城镇居民的人均年度可支配收入水平从 2010 年的 19 109 元增加到 2011 年的 21 810 元,增幅达到 14.13%;农村居民的现金收入水平从 2010 年的 4 869 元增加到 2011 年的 5 875 元,增幅为 20.66%。其中,在收入的来源结构方面,从国民经济核算的角度来看,居民的收入来源主要包括以下几类:劳动者报酬、经营活动收入(混合收入)、财产性收入和转移性收入。据国家统计局对全国 31 个省(自治区、直辖市)7.4 万户农村居民家庭和 6.6 万户城镇居民家庭的抽样调查(见表 1.2),2011 年全国农村居民人均纯收入 6 977 元,增长 17.9%。其中,人均工资性收入 2 963 元,同比增长 21.9%;人均家庭经营第一产业纯收入 2 520 元,增长 12.9%;人均家庭经营二三产业纯收入 702 元,增长 16.7%;人均财产性收入 229 元,增长 13.0%;人均转移性收入 563 元,增长 24.4%。与此不同,城镇居民人均总收入 23 979 元,其中,人均工资性收入 15 412 元,增长 12.4%;人均经营净收入 2 210 元,增长 29.0%;人均财产性收入 649 元,增长 24.7%;人均转移性收入 5 709 元,增长 12.1%。可见,农村居民的经营性收入明显高于城镇居民,这主要是由于农业收入数据的难以分解性,因此,在经济统计中将农业的劳动者报酬和经营盈余合并视为混合收入(经营收入);财产性收入比重差异不大,占比均较低;城镇居民转移性收入远高于农村居民,是后者的两倍。(见图 1.31)

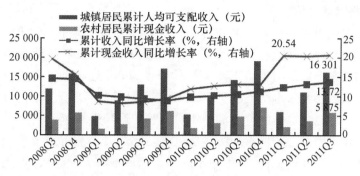

图 1.31　城镇与农村居民收入及同比增长率

资料来源:wind 资讯数据库,http://www.wind.com.cn/。

表 1.2　农村与城镇居民收入结构

收入分类	农村居民人均纯收入			城镇居民人均总收入		
	数额(元)	占比	同比增速	数额(元)	占比	同比增速
工资性收入	2 963	43%	21.9%	15 412	64%	12.4%
经营性收入	3 222	46%	13.7%	2 210	9%	29%
财产性收入	229	3%	13%	649	3%	24.7%
转移性收入	563	8%	24.4%	5 709	24%	12.1%

资料来源:2011 年城乡居民收入增长情况,国家统计局,http://www.stats.gov.cn/tjfx/jdfx/t20120120_402780174.htm。

1.4　热点问题及主要宏观政策

1.4.1　通货膨胀

弗里德曼认为,"通货膨胀总是而且在任何地方都是一种货币现象。……它仅能由货币量的增长超过产出的增长来产生"。其中,在判断货币是否存在超发现象时,经济学家通常采用广义货币 M2 与 GDP 的比率来判断:发达经济体的比率通常在 1 以下;新兴国家一般在 1—1.5 左右。根据我们前面的数据,我国该数据长期维持在高位,2011 年仍维持在 1.8 的水平。这说明,我国目前的确存在明显的货币超发现象。但是,货币超发仅仅是一种表现或者结果:人民币升值、外汇储备增加、政府扩张性投资政策等都会直接或间接地影响到货币的供给。因此,仅仅基于货币增长来了解 2011 年的通货膨胀是不够的。实际上,2011 年的通货膨胀有更深层的原因,它是一种综合性因素作用的结果。

相关的影响因素具体有：

第一，需求因素。当需求的快速增加超过了供给的增长能力时，可能会带来物价水平的上涨。然而，从最终需求来看，2011年的投资与消费均呈现稳定上升的趋势，净出口则出现了下降。具体来说，2008年以来实施的四万亿的投资计划，以及居民收入水平的上升和我国扩大内需的多种政策的出台，使得投资与消费快速增加，这是物价上涨中不可忽视的影响因素。

第二，成本因素。2011年，劳动力、土地、能源、原材料等重要生产资料的价格出现了持续、明显的上涨，这带动了产品生产成本的上升。从PPI与CPI的走势关系也可以看出，PPI的价格波动幅度明显大于CPI。成本推动带来的价格变化，也加剧了通货膨胀。

第三，国际因素。金融危机以来，美国和欧洲各国量化宽松的货币政策，造成了国际大宗商品的价格上涨，带来了输入性通胀压力。有学者研究表明，输入性的通胀因素对我国2011年的通胀产生了30%左右的贡献。与此同时，我国的高经济增长速度和人民币的持续升值，也使得国际资金通过各种途径进入我国，以期获取较高的收益，从而增加了我国基础货币的供给。但是，很多资金并未进入到我国的实体领域，而是存在于金融市场、房地产市场等领域，从而加剧了货币供求间的矛盾。

第四，结构因素。结构性因素的影响包括两个方面：产业结构和区域结构。从产业结构来看，我国农业的增长长期低于工业，农产品的价格水平较低，影响了农业生产的积极性。在我国政府加大"三农"问题的扶持力度、农村城市化进程的加快、国际农产品供求不均衡等因素的影响下，我国农产品的价格出现了合理的、必要的上涨，并进一步带动了劳动力、土地、原材料价格的上涨。从2011年CPI的构成来看，食品类产品的价格上涨是主要影响因素。另外，从区域结构来看，中部、西部地区的经济增长成为拉动我国经济增长的新的增长点，相应地，中、西部地区物价的上涨幅度也高于东部地区。

进入2012年，从国内国际经济走势来看，我国目前面临的通胀压力仍然存在：国际能源、原材料的价格水平仍然维持在高位运行；我国的经济结构调整力度正在逐渐增加，结构性的价格上涨仍然存在；收入分配政策的实施将继续提高人们的收入水平，并进一步刺激消费的增加；劳动力成本持续走高，许多地区"用工荒"的问题未得到根本缓解；人民币仍存在较大的升值预期等。但是，同时我们也看到了一些有利的变化：美国经济开始出现明显的复苏迹象，失业率下降；我国房地产市场价格稳中有降，减少了投资性资金的涌入和住房消费价格上涨的预期；我国政府主动调低了2012年的GDP增速计划，降为7.5%，货币的供给速度也会有相应的调整。

针对复杂严重的通货膨胀,在2011年的政府工作报告中,2012年通货膨胀的调控目标为4%。应该说,尽管压力仍然存在,2010—2011年我国政府面临通货膨胀压力下成功的经验证明,我国的通胀水平可以通过综合的财政与货币政策得到有效的控制。在国际经济环境逐渐回暖的背景下,我们认为政府4%的调控目标可以实现。

1.4.2 房地产调控

房地产业的市场化改革,在改善居民的居住水平、推动国民经济的快速增长、提高社会就业水平等方面,发挥了不可忽视的重要作用。然而,日益升高的房价正带来越来越多的负面影响。在此背景下,由于房地产的特殊性,房价问题不再是一个简单的经济问题,而是一个同时涉及经济、社会、政治等多领域的综合性问题。

第一,高房价与民生问题。随着我国居民收入水平的提高,人们改善自身居住环境的需求也日益增加。从居住功能来看,房屋是一种必需品。当然,如果仅从民生的角度来考虑的话,人们对于房屋的需求并不是房屋本身,而是住房所提供的居住功能。而这种居住功能,可以通过购买房屋实现,也可以通过租赁实现。但是,我国传统的"居者有其屋"的观念,以及房屋租赁市场的不完善,使得大多数人倾向于以自购的方式解决居住问题。在这种背景下,超出人们收入增长速度的房价增长,使得越来越多的群体无法满足基本的居住需求,从而使房价问题成为了一个重要的民生问题。

第二,高房价与财富和收入分配效应。房屋的特殊性在于,它不仅是一种满足人民基本生活需求的必需品,还是一种可以带来财富快速积累效应的投资品。房价快速增长带来巨大财富效应的同时,也带来了日益凸显的收入与财富差距。从经济学的角度来看,产品单纯的价格上涨会带来财富存量的变化(尽管并不带来GDP的增加),而房屋的可租赁特性及由此带来的租赁收入则会带来GDP的增加及收入。但无论是财富存量的增加,还是收入流量的变化,都将带来人们未来实际支付和消费能力的改变,产生社会财富分配的不均等。我国房地产市场中,连续多年的、持续的房价上涨所带来的财富和收入分配效应,已经不再是一个单纯的经济问题,而是逐渐演变与积累为社会甚至政治问题。

在这样的背景下,在2011年,决策层进一步加大了房地产调控的力度。自2011年1月26日推出的新"国八条",房地产调控成为贯穿2011年全年和全国各地的热点(见表1.3)。新"国八条"几乎涉及了房地产市场调控的各个领域,包括进一步落实地方政府责任;加大保障性安居工程建设力度;调整完善相关税收政策,加强税收监管;强化差别化住房信贷政策;严格住房用地供应管理;合理引导住房需求;落实住房保障和稳定房价工作的约谈问责机制;坚持和强化舆论引导。这次的调控将地方政府问责、限购、限价、房产税、营业税、首付比例等措施多管齐下,并在接下来的时间内从一线城市逐渐拓展到二三线城市,调控力度之大、时间之长、实施之严都超过了历史水平。

表1.3 2011年我国主要房地产调控政策

时间	措施
1.26	新国八条:国务院总理温家宝主持召开国务院常务会议,公布了《国务院办公厅关于进一步做好房地产市场调控工作有关问题的通知》,通知中提到了八个方面,简称为"国八条"。
1.27	财政部公布《关于调整个人住房转让营业税政策的通知》,规定个人将购买不足5年的住房对外销售的,将全部征收营业税。
1.28	上海和重庆正式实施房产税,深圳宣布成为第三个房产税试点城市。
3.16	国家发改委发布《商品房销售明码标价的规定》。
8.16	二三线城市限购:住房城乡建设部提出对涨幅较大的二三线城市实施限购,并提出5个标准,对符合条件较多的(2条以上)的城市,建议列入新增限购城市名单。
8.23	中央上收房价上涨较快的22个城市的土地审批权,包括秦皇岛、镇江、南通、扬州、泰州、嘉兴、绍兴、台州、温州、马鞍山、德州、东营、威海、南阳、江门、惠州、珠海、佛山、中山、东莞、桂林以及三亚。
9.19	国务院总理温家宝主持召开国务院常务会议,研究部署进一步做好保障性安居工程建设和管理工作。会议指出,保障房项目法人对住房质量负永久责任,逐步推行参建单位负责人和项目负责人终身负责制。
12.2	国家住建部提出,对于限购政策将要于2011年年底到期的城市,地方政府需在到期之后对限购政策进行延续。

在这一轮调控政策的推动下,我国的房价在2011年实现了稳中有降。东、中和西部主要城市的房价指数,都实现了月度环比下降(见图1.32)。其中,在前三个季度,房价月度环比指数逐渐降低,但都大于1,这说明房价上涨的势头得到遏制;而自第四个季度以来,房价月度环比指数连续小于1,说明房价平均价格水平出现了下降。这说明,在严格的房地产调控政策的实施下,我国的房价在2011年实现了稳中有降。

尽管我国房价上涨的势头得到了一定的遏制,但有关房价的调控问题依旧任重而道远。毕竟,高房价不仅影响了不同类型居民间收入与财富的差距,土地财政问题还把政府也牵扯到了这场财富分配的博弈中来。快速扩张的房地产业,不仅给政府带来了巨额的财税收入,还带来了巨额的土地出让金收入。

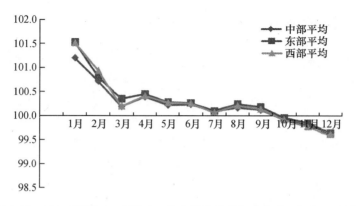

图1.32　2011年东、中、西部地区住宅销售价格环比指数(月度)平均值

注：受数据限制,仅选择了部分代表性城市:东部城市包括深圳、北京、上海、广州、天津;中部城市包括太原、合肥、南昌、郑州、武汉、长沙、洛阳;西部城市包括重庆、成都、西安、兰州、西宁、银川、乌鲁木齐。

资料来源:国家统计局,http://www.stats.gov.cn/。

在房价的构成中,开发商的土地成本与税收成本占据了30%—40%的比重。地方政府财政收入中,与房地产相关的收入也占据了非常大的比例。房地产业"支柱行业"的经济地位及其财政贡献使我国的房价调控陷入了一个"越调越涨"的怪圈,也对整个社会的房价上涨预期产生了极大的影响。

在这样的背景下,我国的房价调控还存在诸多的挑战。但不管怎么样,政府干预的前提应该是保证国民经济和房地产业健康、有序发展。我们认为,在我国经济发展的现阶段,房地产调控的目标不应该是短期内房价普遍、大幅度的下降,而应该有步骤、分市场、有节奏地进行,以实现房价的理性回归。一方面,在现阶段,房地产业对国民经济发展中的就业、金融、财政、经济增长等重要经济领域有着不可忽视的影响和作用。房价的硬着陆,不利于宏观经济的长远、健康发展。另一方面,针对高房价带来的民生、财富和收入分配效应和土地财政等一系列问题,可以在宏观调控的同时,探索其他的解决途径。事实上,从2011年开始,政府就已经通过多种方式来缓解高房价带来的各种压力,包括:加大政府转移支付力度,建立和完善廉租房等社会保障体系;通过征收房产税、提高投资性房产贷款利率等措施,降低投机性需求;允许地方政府发债,拓展政府的融资渠道;通过产业结构的调整,积极发展文化产业、新材料和新能源、节能减排等新的支柱产业。在这些综合性措施的作用下,房价将最终走向理性的回归。

1.4.3 民营企业家"跑路潮"

2011年,由温州引发并波及多个地区的、连续性的、100多位民营企业家"跑路潮"现象,引发了各领域人士对民营企业高息融资、全民放贷以及民营企业的可持续发展等问题的探讨。此次事件所牵扯出的民间借贷现象呈现出两个重要特点:第一,利息高。民间借贷资金的年利率最高达98%,平均水平在30%—40%左右,远远高于官方市场利率水平。第二,参与民众多。受高息回报的吸引,参与放贷的普通居民比例非常高,达到50%—70%甚至更高的比例。然而,在如此高的利息成本的情况下,民营企业自身的盈利水平却受到了严重影响:一方面,受国际金融危机和欧洲政府债务危机的影响,企业订单大幅度减少;另一方面,原材料和劳动用工成本进一步增加。这使得民营企业的利润大幅收缩,资金回报率降低。为了应对困境,民营企业对资金的需求大幅上涨。但是,在我国房地产和通货膨胀调控的压力下,来自于商业银行的信贷资源受到限制,由此拉动民间借贷资金成本的上升。最后,由于民间借贷利率远远超过了实体经济的回报率,并最终导致企业无力偿还债务而破产,进而引发了民营企业家的"跑路潮"。

针对民营企业家"跑路潮"及其所带来的问题,2011年10月3—4日,国务院总理温家宝专程到浙江省考察,了解中小企业经营、民间借贷和小额贷款公司发展等情况。此后,国务院于10月12日召开了常务会议,在进一步肯定小、微型企业在经济发展、就业和社会稳定等方面的重要作用的基础上,国务院研究确定支持小型和微型企业发展的金融、财税政策措施。金融措施包括六个方面:加大对小型微型企业的信贷支持,银行业金融机构对小型微型企业贷款的增速不低于全部贷款平均增速;清理纠正金融服务不合理收费,切实降低企业融资的实际成本;拓宽小型微型企业融资渠道,包括集合票据、集合债券、短期融资券、私募股权等;细化对小型微型企业金融服务的差异化监管政策;促进小金融机构改革与发展;在规范管理、防范风险的基础上促进民间借贷健康发展。财税政策包括三个方面:加大对小型微型企业税收扶持力度;支持金融机构加强对小型微型企业的金融服务;扩大中小企业专项资金规模,更多运用间接方式扶持小型微型企业。与此同时,浙江省委、省政府连续召开各方面的专题会议,研究部署落实解决中小企业融资难和规范民间金融秩序的一揽子方案,共出台了20多条具体举措,并由省直有关部门和单位抽调人员组建11个省直服务组,分赴全省各市帮助中小企业解决实际困难。①

应该说,在我国民营企业的发展中,灵活的民间借贷为其解决了重要的资金问题。以宁波与温州来说,此类地区丰富的民间资金来源与当地商人之间长期建立起来的互助互信的借贷传统,极大地促进了当地民营企业的发展。因此,从这个意义上来说,2011年所发生的"跑路潮"问题,与其说是民间借贷方面的,不如说它所折射的恰是我国金融体制的内生性局限:现行的金融体系已经难以适应中国社会经济发展的需要,我国应逐步推进金融体制改革,改变现有的二元金融结构。而在金融体制短期难以改观的情况下,规范民间金融,以解决中小企业在发展中所面临的融资难问题,是比较现实的政策选择。

1.4.4 中国企业的国际并购

在人民币持续升值、国家外汇储备规模增加、企业自身实力增长、国家"走出去"战略实施等多因素影响下,中国企业走向国际市场的速度和规模快速增加。国际金融危机和欧洲政府债务危机,为我国企业提供了更多通过国际并购途径而"走出去"的机会,使得2011年中国企业的海外并购在并购主体和领域上出现了新发展。

第一,从并购主体来看,尽管国有企业仍是并购的主体,但民营企业的参与数量不断增加。由于资金、业务、技术和政策上的优势,国有企业是我国近期企业海外并购的主体。如在能源领域,中石油、中石化、中海油三大油企主导了石油领域的并购;中国五矿、中钢等是金属矿产资源领域并购的主体。但是,我国民营企业的崛起和其业务操作中的灵活性和高效性,使其在2011年成为中国企业海外并购的另一重要新生力量。如2011年2月1日,总部位于杭州萧山的富丽达集团控股有限公司斥资2.53亿美元成功收购了加拿大纽西尔特种纤维素有限公司的全部股份,从而使企业的产业链向上游延伸,有效降低了生产成本,并进一步增强了在行业中的话语权。

第二,从并购领域来看,能源矿业居于主导地位,但并购目标开始向品牌、技术、消费品等更广泛的领域转移。由于能源矿业行业开发周期较长、需要相关成本支出较高,采取并购的方式吸收外资企业能够较快进入其生产阶段而节省成本支出,因此,能源矿业成为我国企业出境并购投资的优选行业。在2011年披露的16项交易金额大于10亿美元的海外并购交易中,有14项为资源和能源领域内的交易。但是,在国内经济转型、消费升级拉动的背景下,中国企业出

---

① 中华人民共和国中央人民政府网站,http://www.gov.cn/dhd/2011-10/12/content_1967589。

境并购也逐渐转向海外市场的化工、IT、消费品等行业,以寻求新技术的引入或产业链的补充。比如,联想集团收购德国消费电子制造企业 Medion AG 36.66%的股权;海尔收购日本三洋的白电业务;光明集团收购澳大利亚食品控股有限公司玛纳森 75% 的股份;复星国际 8 亿元入股希腊奢侈品牌 FolliFollie 等。

  中国企业海外并购数量、规模和领域的扩充,不仅是我国国家经济实力快速增长的体现,也是企业实力发展战略、竞争模式和市场拓展方式的重大转变。在产业结构调整和国际化竞争的发展背景下,我国企业在资源、品牌、技术和消费类领域的并购将进一步增加,民营企业、私募基金在海外并购中的参与度也将进一步提升。海外并购将是我国企业近期发展的一个重要亮点。

第 2 章

2011 年中国财政收入分析

2.1 导 言

2011 年是我国"十二五"规划的开局之年。在这一年,内部方面,我国经济依旧保持前面几个五年计划中经济增长的势头,经济强劲增长;与此同时,在外部环境方面,面对全球经济复苏乏力、进入二次调整期的大环境,受美国经济不景气和愈演愈烈的欧债危机的拖累和影响,我国宏观经济继续调整,增速有所放慢。两方面因素的交织互动并结合财税制度的改革,2011 年的中国财政收入在整体上呈现出"稳中有动"的特征:在总量上,财政收入总量依旧增长迅速。在结构上,月度收入增长呈现出"前高后低"态势;财政收入的地区差异很大;非税收入相比税收收入占财政收入的比重依旧保持扩大的趋势;而在税收内部,货劳税增长放缓,所得税类增长较快,这使得流转税的相对比重有所下降,但流转税依旧是我国税收的主体形态。地方债务首度自主发行,地方债务风险逐渐成为人们关注的问题。

至于各方面的具体情况,我们将依次加以说明。当然,为了从政策延续性的角度来观察 2011 年中国财政收入状况,我们首先对刚过去的"十一五"期间的中国财政收入状况做一简要的回顾。

2.2 "十一五"期间财政收入发展概况

"十一五"时期(2006—2010)的五年,面对国际国内经济形势的复杂变化和一系列风险挑战,我国政府积极应对,保证了经济的持续平稳发展和良好效益,财政收入稳定增长。回顾这段时期财政收入的发展情况,正如表 2.1 所显示的,主要有以下特点。

其一,从收入本身的规模来看,"十一五"期间财政收入增长较快,规模不断扩大。"十一五"期间,我国财政收入一直保持高增长的态势,财政收入规模从 2006 年的 3.88 万亿元增加到 2010 年的 8.31 万亿元,增长了 144%,增幅较"十五"期间提高了 51 个百分点。其中,中央财政收入从 2006 年的 20 456.6 亿元增长至 2010 年的 42 470 亿元,五年间增加了一倍多;至于地方财政收入,2010 年为 40 610 亿元,相比 2006 年的 18 303.6 亿元,是后者的 2.22 倍。财政收入的快速增长,为政府集中财力发展经济、改善民生与加强基础设施建设提供了扎实的基础。

其二,相比 GDP 的增长情况来看,"十一五"期间财政收入的增速持续超过经济增长的速度。"十一五"时期我国 GDP 年均实际增长 11.2%,远高于同期世界经济的年均增速,是改革开放以来增长最快的时期之一。伴随着经济的平稳较快增长和经济总量的不断攀升,国家财政实力明显增强。"十一五"时期,全国公共财政总收入 30.3 万亿元,年均增长 21.3%,大大超过经济增速:正如表 2.1 中 GDP 的增速数据和财政收入的增速数据所表明的,在 2006—2010 年的五年间,各年财政收入的增速一直大于经济增长的速度。财政收入的超常增长使得财政收入占 GDP 的比重从 2006 年的 17.92%,提高至 2010 年的 20.69%。

其三,从收入结构来看,来源于税收收入的比例总体呈下降趋势。从财政收入的具体构成来看,税收收入从 2006 年的 3.48 万亿元增加到了 2010 年的 7.32 万亿元,增长了 110%,增幅较"十五"期间提高了 22 个百分点;非税收入从 2006 年的 3 952.2 亿元增加到了 2010 年的 9 878 亿元,增长了 150%。除了 2010 年财政收入中税收收入有所反弹之外,从总体上看,"十一五"期间在"十五"财政税收发展的基础上,税收收入增长未能跟上财政收入的总体增长速度,各项税收在财政收入中的占比在过去十年里逐步下滑。

表 2.1 2001—2011 年财政收入及增长状况

年份	财政收入（亿元）	增长率（%）	占GDP比重（%）	GDP增长率（%）	中央财政收入 收入（亿元）	增长率（%）	占比（%）	地方财政收入 收入（亿元）	增长率（%）	占比（%）	税收收入（亿元）	税收收入在财政收入中占比（%）
2001	16 386.04	22.33	14.94	10.52	8 582.74	22.80	52.38	7 803.3	21.81	47.62	15 301	93.38
2002	18 903.64	15.36	15.71	9.74	10 388.6	21.04	54.96	8 515	9.12	45.04	17 636	93.3
2003	21 715.25	14.87	15.99	12.87	11 865.3	14.21	54.64	9 849.98	15.68	45.36	20 017	92.18
2004	26 396.47	21.56	16.51	17.71	14 503.1	22.23	54.94	11 893.4	20.75	45.06	24 166	91.55
2005	31 649.29	19.90	17.11	15.67	16 548.5	14.10	52.29	15 100.8	26.97	47.71	28 779	90.93
2006	38 760.2	22.47	17.92	16.97	20 456.6	23.62	52.78	18 303.6	21.21	47.22	34 804	89.79
2007	51 304.03	32.36	19.31	22.88	27 739	35.60	54.07	23 565	28.75	45.93	45 622	88.92
2008	61 330.35	19.54	19.53	18.15	32 680.6	17.81	53.29	28 649.8	21.58	46.71	54 224	88.41
2009	68 518.3	11.72	20.12	8.43	35 915.7	9.90	52.42	32 602.6	13.8	47.58	59 522	86.87
2010	83 080	21.25	20.69	17.92	42 470	18.25	51.12	40 610	24.56	48.88	73 202	88.11
2011	103 740	24.87	22.00	17.45	51 306	20.81	49.46	52 434	29.12	50.54	89 720	86.49

注：① 中央财政收入与地方财政收支状况均指本级政府收入。

② 为保证与当年财政收支状况的口径相统一，GDP 各义增长率未经过价格指数调整，以当年价格计算。

资料来源：根据《中国统计年鉴 2010》和财政部网站相关资料汇总计算整理。

2.3 2011年中国财政收入总量分析

受前期宏观经济刺激政策效应递减、主动性政策微调以及内生增长不足的共同影响,2011年我国宏观经济增长呈一定的回落态势。但是,由于前期增长率较高,经济依旧保持较高的增长率:2011年当年实现GDP 47万多亿元,名义增幅17.5%,除去价格因素,实际增幅达9.2%。受此影响,2011年我国财政收入增长较快,收入总量已突破10万亿元大关,增幅接近25%。

2.3.1 2011年财政收入预算安排情况①

考虑到复杂的国内外经济形势及众多结构性减税政策的实施,在政府2011年年初公布的预算报告中,财政收入的增幅比上年有所回落。2011年预算主要指标安排如下:其一,关于中央,中央财政收入45 860亿元,比2010年执行数(下同)增长8%。从中央预算稳定调节基金调入1 500亿元。合计收入总量为47 360亿元。其二,关于地方,根据地方预算初步安排情况,中央财政代编的地方本级收入43 860亿元,增长8%,加上中央对地方税收返还和转移支付收入37 310亿元,地方财政收入合计81 170亿元。其三,关于全国,汇总中央预算和地方预算安排,全国财政收入89 720亿元,增长8%,加上从中央预算稳定调节基金调入1 500亿元,可安排的收入总量为91 220亿元。

2011年中央政府性基金预算收入2 826.27亿元,下降11%。加上上年结转收入790.16亿元,可安排的中央政府性基金收入总量为3 616.43亿元。中央财政代编的地方政府性基金本级收入22 995.47亿元,下降29.5%,主要是预计土地相关的政府性基金收入减少。加上中央政府性基金对地方转移支付1 231.5亿元,地方政府性基金收入为24 226.97亿元。汇总中央和地方政府性基金收入,全国政府性基金收入25 821.74亿元,下降27.8%,加上上年结转收入790.16亿元,可安排的全国政府性基金收入总量为26 611.9亿元。

---

① 本小节的数据主要来自《关于2010年中央和地方预算执行情况与2011年中央和地方预算草案的报告》,财政部网站,2011年3月17日。

2.3.2　2011年财政收入实际执行情况①

从预算的实际执行情况来看，2011年全国财政收入103 740.01亿元，比上年增长24.8%。加上预算安排从中央预算稳定调节基金调入1 500亿元，使用的收入总量为105 240.01亿元。其中：中央财政收入51 306.15亿元，完成预算的111.9%，增长20.8%。加上从中央预算稳定调节基金调入1 500亿元，使用的收入总量为52 806.15亿元。地方本级收入52 433.86亿元，加上中央对地方税收返还和转移支付39 899.96亿元，地方财政收入总量92 333.82亿元，增长26.6%。地方财政支出总量为94 333.82亿元，收支总量相抵，差额2 000亿元。

2011年全国政府性基金收入41 359.63亿元，增长12.4%；中央政府性基金收入3 125.93亿元，完成预算的110.6%，下降1.6%。地方政府性基金本级收入38 233.7亿元，增长13.8%。其中国有土地使用权出让收入33 166.24亿元。

2.3.3　财政收入主要完成因素分析

2011年全年财政收入为103 740亿元，其中税收收入为89 720亿元，占比86.5%。以下着重分析税收增长较快的主要原因（税政司，2011）。②

（1）经济平稳较快增长，企业效益提高。1—8月规模以上工业增加值增长14.2%，固定资产投资增长25.0%，社会消费品零售总额增长16.9%，全国规模以上工业企业实现利润增长28.2%，1—9月一般贸易进口额增长33.3%，带动了国内流转税、企业所得税、关税和进口环节增值税、消费税等各主体税种收入增长。

（2）价格水平上涨。1—8月，工业生产者价格同比增长7.1%，居民消费价格同比上涨5.6%，相应的以现价计算的税收收入增长较快。

（3）特殊增收因素。进口环节税收等部分上年末收入在今年初集中入库，上年企业效益较好带动今年汇算清缴上年企业所得税入库较多。

（4）政策性调整因素。2010年12月1日起，对外资企业征收城市维护建设税等，带动相关收入翘尾增收。

（5）税收征管加强。税务机关进一步加强了税收的征收管理，保证了各项税收及时足额入库。

---

①　以上数据主要来自财政部网站《关于2011年中央和地方预算执行情况与2012年中央和地方预算草案的报告（摘要）》，2012年3月5日。
②　财政部网站《2011年1—9月税收收入情况分析》，2011年10月20日。

2.4 2011年中国财政收入结构分析

2.4.1 财政收入的月度结构分析

在月度增长结构方面,尽管全年整体的增速都比较高,但增速有逐渐回落的趋势。总体来看,正如图2.1所表明的,随着时间的推移,月度收入增长呈现"前高后低"态势:一方面,各月份的同期增长率呈波动式下降趋势,从1月份的32.8%下降到12月份的1.44%;另一方面,各月份收入占全年财政收入的比重也呈现波动式下降趋势,从1月份的11.08%下降为12月份的6.2%。至于月度收入出现下降的原因,主要有以下几个方面:①

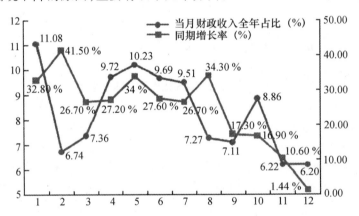

图2.1 2011年各月财政收入全年占比及同期增长率比较
注:12月份财政收入数据根据全年总额倒推计算得出。
资料来源:根据中国财政部网站有关数据整理编制。

(1)国内经济增速环比略为放缓,导致与经济指标密切相关的增值税、企业所得税等税种收入的增速放缓。1—8月工业增加值增长14.2%,增速比1—3月和1—6月分别回落了0.2和0.1个百分点;1—8月全国规模以上工业企业利润增长28.2%,增速比1—3月和1—6月分别回落了2.4和0.5个百分点(税政司,2011)。具体来说,在季度方面,一季度受经济增长较快、进口大幅增长以及部分2010年末收入在年初集中入库等因素带动,全国财政收入增长

---
① 此部分数据和分析主要参考财政部网站《2011年公共财政收支情况》,2012年1月20日;《2011年1—9月税收收入情况分析》,2011年10月20日。

33.1%;二季度受经济增长较快、汇算清缴 2010 年企业所得税入库较多等因素带动,全国财政收入增长 29.6%;三季度受经济增速趋缓、物价处于年内高位等因素影响,全国财政收入增长 25.9%;四季度受经济增长放缓、个人所得税改革、物价高位回落以及汽车和房地产成交量下降等因素影响,全国财政收入增长 10%。

(2) 政策性减收因素。进入第三季度以来国家实施了一系列减税措施,如从 7 月 1 日起大幅降低成品油等 33 种能源及原材料产品的进口关税税率,从 9 月 1 日起实施个人所得税改革,提高了工资薪金、个体工商户经营所得的减除费用标准并对税率结构进行调整,导致相关税种收入的增速放缓。

(3) 上半年税收较快增长的特殊因素不复存在。如:部分上年末进口环节税收收入在今年初集中入库,汇算清缴上年企业所得税,2010 年 5 月份起税务机关提高了土地增值税预征率,受政策翘尾增收影响,2011 年上半年土地增值税增速高达 91.1%。

2.4.2 财政收入的省际结构分析

表 2.2 显示了各地区财政收入的完成情况和增长率。其一,从各地方政府当年财政收入的绝对数量来看,规模最大的为广东省,超过 5 500 亿元,规模最小的为西藏,只有 50 多亿元,前者为后者的 100 倍还多,其中,财政收入超过千亿元以上的有 21 个省市,不到千亿元的有 10 个省市。其二,从各地方政府当年财政收入占地方 GDP 的相对规模来看,比例最高的为北京,达到将近 20%,最低的是河南,只有 6% 略多,前者差不多为后者的 3 倍,其中,财政收入占比 GDP 高于 10% 的有 14 个省市,低于 10% 的有 17 个省市。其三,从各地政府当年财政收入的增长率来看,陕西增速最快,达到 56.5%,而上海市增速略低于 20%,居于末位,前者将近后者的 3 倍,其中,高于地方总财政收入增速 29% 的有 16 个省市,低于 29% 的有 15 个省市。

表 2.2 2011 年全国各省(区市)地方财政情况表

序号	省份	一般预算收入 (亿元)	增长率 (%)	GDP (亿元)	财政收入占 GDP 的比例 (%)
1	北京	3 006	27.7	16 000.4	18.78
2	天津	1 455	36.1	11 190.99	13.0
3	河北	1 700	27.6	24 228.2	7.01
4	辽宁	2 640	31.7	22 025.9	11.98
5	上海	3 429.8	19.4	19 195.69	17.86
6	江苏	5 147.89	26.2	48 000	10.72
7	浙江	3 151	20.8	31 800	9.9

(续表)

序号	省份	一般预算收入（亿元）	增长率（%）	GDP（亿元）	财政收入占GDP的比例（%）
8	福建	1 501.16	30.4	17 500	8.57
9	山东	3 455.71	25.69	45 000	7.67
10	广东	5 513	22.1	52 673.59	10.46
11	海南	340	25.5	2 400	14.1
12	山西	1 213.2	25.12	11 000	11.02
13	吉林	850.1	41.1	10 400	8.17
14	黑龙江	997.4	32	12 503	7.97
15	安徽	1 463.4	27.3	15 110.3	9.68
16	江西	1 053.4	35.4	11 583.8	9.09
17	河南	1 722	24.6	27 000	6.37
18	湖北	1 470	45.4	19 594.19	7.5
19	湖南	1 456.12	34.6	19 635.19	7.41
20	陕西	1 499.07	56.5	12 391.3	12.09
21	贵州	773	44.9	5 702	13.55
22	宁夏	218	42	2 060	10.58
23	西藏	54.7	49.2	605	9.04
24	新疆	720.9	44	6 600	10.92
25	青海	151.8	37.7	1 622	9.35
26	甘肃	450.1	27.4	5 020	8.97
27	四川	2 044.38	30.9	21 026.7	9.72
28	重庆	1 488.2	46.2	10 011.13	14.86
29	内蒙古	1 358.9	27	14 000	9.7
30	云南	1 110.8	27.5	8 150	13.62
31	广西	947.59	22.7	11 600	8.14

资料来源：根据中华人民共和国财政部网站相关资料整理。

2.4.3 财政收入的类型结构分析[①]

在类型上，财政收入由税收收入和非税收入组成。在2011年，全国税收收入与纳入公共预算管理的非税收入分别达89 720亿元和14 020亿元，两者所占的比重分别为86.5%和13.5%。可以看出，在2011年，同前几年一样，非税收入占财政收入的比重保持了扩张的态势。至于其中的原因，这与预算管理改革方面的制度调整有关。2010年6月，财政部制发《关于将按预算外资金管理的收入纳入预算管理的通知》，决定从2011年1月1日起把按预算外资金管理的

---

① 此部分数据主要来自财政部网站《2011年税收收入增长的结构性分析》一文，并有所调整删减。

收入（不含教育收费）全部纳入预算管理。2011年11月16日，国务院常务会议又讨论并原则通过了预算法修正案（草案）。12月底的十一届人大第二十四次会议上，对自1994年起施行的预算法进行了第一次修正。其中实现预算的完整性是其重要原则，而全部财政收支纳入是实现完整性的重要一步。① 在此情况下，由于非税收入中相当部分原在预算外专户管理，2011年按有关规定纳入预算管理，属于转移性收入，制度的调整直接增大了非税收入，尤其是地方非税收入的规模。据地方上报有关数据估算，全年各地方纳入公共预算管理的原预算外资金约2 500亿元。受此及其他因素的影响，2011年的非税收入比上年增加4 129亿元，增长41.7%。其中，地方非税收入11 343亿元，比上年增加3 431亿元，增长43.4%。

一方面，是税收与非税收间的结构问题，另一方面，则是有关税收内部的结构情况。关于2011年的税制结构，从整体上看，表2.3所给出的数据表明：一方面，我国的税制结构依旧呈现出流转税占主体的税制结构模式。在2011年，不包括进出口税收的三大货劳税（增值税、消费税和营业税）的总额为44 881.2亿元，占税收收入的比重为50%。如果考虑进出口环节的增值税和消费税及关税（出口退税为税收的减项），流转税的规模共计51 795.8亿元，占税收收入的57.7%。另一方面，延续以往的发展趋势，货劳税的比重有下降的趋势，而所得税的比重则有上升的趋势。就不包括进出口税收的主要货劳税而言，在2010年，其占税收的比重为52.4%，2011年相比2010年下降了2.4%。至于包括进出口税收的货劳税，在2010年，其占税收的比重为59.4%，2011年相比2010年下降了1.7%。与之相对应，关于所得税的比重，由2010年的24.2%上升至2011年的25.4%，增加了1.2%。

表2.3　2011年全国税收总收入和主要税种收入表

类型	税种	2011年			2010年	
		规模（亿元）	增长率（%）	比重（%）	规模（亿元）	比重（%）
主要货劳税	国内增值税	24 266.64	15.0	27.05	21 093.48	28.81
	国内消费税	6 935.93	14.2	7.73	6 071.55	8.29
	营业税	13 678.61	22.6	15.25	11 157.64	15.24
	合计	44 881.18	17.1	50.02	38 322.67	52.35

---

① 因为各省市的实际执行结果有所不同，有些做到了全部纳入，有些还没有。从2012年开始全国范围都要求做到全部纳入，全部财政收支都将纳入预算盘子中，预算外资金正式成为历史。

(续表)

类型	税种	2011年 规模（亿元）	2011年 增长率（%）	2011年 比重（%）	2010年 规模（亿元）	2010年 比重（%）
所得税	企业所得税	16 760.35	30.5	18.68	12 843.54	17.54
所得税	个人所得税	6 054.09	25.2	6.75	4 837.27	6.61
所得税	合计	22 814.44	29.1	25.43	17 680.81	24.15
进出口税	进口货物增值税、消费税	13 560.26	29.3	15.11	10 490.64	14.33
进出口税	出口货物退增值税、消费税	-9 204.74	25.6	-10.26	-7 327.31	-10.01
进出口税	关税	2 559.10	26.2	2.85	2 027.83	2.77
进出口税	合计	6 914.62	33.3	7.71	5 191.16	7.09
其他税收	证券交易印花税	438.45	-19.4	0.49	543.72	0.74
其他税收	城市维护建设税	2 777	47.16	3.1	1 887.11	2.58
其他税收	房产税	1 102.36	23.3	1.23	894.07	1.22
其他税收	车辆购置税	2 044.45	14.1	2.28	1 792.59	2.45
其他税收	城镇土地使用税	1 222.26	21.7	1.36	218.25	0.3
其他税收	土地增值税	2 062.51	61.3	2.30	1 278.29	1.75
其他税收	耕地占用税	1 071.97	20.6	1.19	888.64	1.21
其他税收	资源税	598.90	43.4	0.67	181.32	0.25
其他税收	契税	2 763.61	12.1	3.08	2 464.85	3.37
其他税收	其他税收	1 028.56	-44.92	1.15	1 867.31	2.55
其他税收	合计	15 110.07	25.75	16.84	12 016.15	16.41

注：此处其他税收包括车船税、船舶吨税、烟叶税、除证券交易之外的其他印花税等，其数据根据每年的税收总收入和各项税收倒推得出。

资料来源：根据中华人民共和国财政部网站相关资料整理。

2011年，在税制结构方面，货劳税的比重之所以会降低，从直观意义上来说，是因为所得税相比货劳税有更快的增长速度。因为，在2011年，不管是货劳税、所得税还是其他的税收，各类税收的规模都呈现出增长的态势。但不同类税收的增长速度存在差异：关于所得税，由于在企业所得税中，工业企业所得税同比增长达38.5%（其中，建材和原油企业所得税快速增长，同比分别增长85.3%和77.5%），租赁与商务服务业和商业企业所得税同比分别增长54.9%和39.2%；在个人所得税方面，财产转让所得税快速增长，同比增长79.2%（其中房屋转让所得税同比增长31.6%），这使得2011年的所得税增速达29.1%；而包括进出口税收的货劳税的增速仅为19.0%，低于所得税的增速，这使得流转税的比重相对下降。

2.5　2011年中国公债发行分析

自1981年我国恢复发行国债到2005年,在国债管理上,我国一直采取逐年审批年度发行额的方式:全国人大每年批准国债年度发行额,由财政部在年度发行额内决定国债发行的种类和数量。这种管理方式不能全面反映国债规模及其变化情况,不利于合理安排国债期限结构、提高国债管理效率。在年度额度管理模式下,财政部倾向于选择发行长期国债(等于可变相增加资金的使用量),少发和不发一年内的短期国债。此种债务发行方式存在两方面的问题:一是由于缺少短期国债,特别是一年内的短期国债,会使债券品种定价缺少比较基准;二是多发长期债券使得债券存量每年滚动增加数量较大。例如,2004年,当年国债发行量较2003年仅增加了895亿元,但2004年年末的国债余额却比2003年增加了2 470亿元,余额的增加大大超过了年度国债发行量的增加。

如果只注意当年国债发行量而忽视国债余额的管理,有可能导致潜在债务风险的增加。也正因为如此,2006年年初,我国国债发行开始实行国债余额管理办法,实现了国债发行管理方式的重大变革。在此管理模式下,立法机关不具体限定中央政府当年的国债发行额度,而是通过限定一个年末不得突破的国债余额上限以达到科学管理国债规模的方式。国债余额包括中央政府历年预算赤字和盈余相互冲抵后的赤字累计额、向国际金融组织和外国政府借款统借统还部分(含统借自还转统借统还部分)以及经立法机关批准发行的特别国债累计额,是中央政府以后年度必须偿还的国债价值总额。在此大的制度背景下,2011年我国国债的发行情况如下。

2.5.1　2011年我国中央债务总量及其风险

在国债余额管理制度下,财政部每半年向全国人民代表大会有关专门委员会书面报告一次国债发行、兑付等国债管理活动情况。2011年,经全国人民代表大会批准,2011年末国债余额限额为77 708亿元。2011年国债发行额为15 609.8亿元,其中内债发行额为15 386.8亿元,外债发行额为222.99亿元;2011年国债还本额为11 076.2亿元,其中内债还本额为10 964亿元,外债还本额为112.2亿元。2011年年末实际国债余额为72 045亿元,占国内生产总值的

15.3%,较2010年年末的数值降低1.5个百分点。①

至于我国国债的风险状况,在衡量财政风险时,人们通常将欧洲《马斯特里赫特条约》(以下简称《马约》)提出的赤字和债务标准作为参考。《马约》规定,成员国财政赤字占当年GDP的比例不应超过3%;政府债务总额占GDP的比例不应超过60%。② 2011年我国中央财政赤字为6 500亿元,占GDP的比重为1.4%,年末中央财政国债余额占GDP的比重为15.3%。从这个意义上来说,我国的债务发行还存在一定的空间。但同时,还应看到,我国还有一定的隐性赤字和债务,仍要注重防范财政风险,促进财政经济可持续发展。

2.5.2 2011年国债余额结构分析

从国债余额内外债构成来看,2011年年末实际国债余额中,内债为71 411亿元,外债为634亿元,分别占全部国债余额的99.1%和0.9%。

从政府外债规模及结构来看,截至2010年年底,我国累计借入外债1 310.44亿美元,债务余额715.79亿美元。其中:世界银行、亚洲开发银行等国际金融组织贷款累计587.97亿美元,贷款余额337.33亿美元;日本、德国、法国、科威特等26个国家和区域性金融机构的双边优惠贷款累计592.65亿美元,贷款余额320.84亿美元;境外发行本外币债券30笔,累计发行金额折合129.82亿美元,债券余额57.62亿美元。

从内债余额的品种结构来看,2010年储蓄国债为8 865亿元,包括5 865亿元凭证式国债和3 000亿元储蓄国债(电子式),占全部国债余额的13.1%;记账式国债为58 104亿元,包括42 602亿元普通国债和15 502亿元特别国债,占全部国债余额的86.1%。

从国债余额的期限结构来看,2010年年末国债平均剩余期限为8.1年(不含外债),比2009年年末延长0.4年。2010年年末国债余额中,1年及以下期限的占16%,1—5年(含5年)的占27.7%,5—10年(含10年)的占26.3%,10年以上期限的占30%。③

---

① 2011年外债发行额和外债余额实际数按照国家外汇局公布的2011年12月外汇折算率计算,2011年外债还本额按照当期汇率计算。受外币汇率变动影响,2011年年末外债余额实际数≠2010年年末外债余额实际数+2011年外债发行额-2011年外债还本额。

② 需要说明的是,《马约》标准是20世纪90年代欧共体成员国加入欧洲经济货币联盟的标准,是在特殊历史条件下制定的安全系数很高的风险控制标准,并非科学论证的结果,只有一定的参考价值。

③ 由于相关数据尚未公布,我国外债规模与结构,以及内债余额的品种结构和期限结构分析基于财政部网站上2010年年末数据。

2.5.3 2011年国债发行结构分析

首先,是可流通国债品种。我国可流通国债的品种是记账式国债,其中包括贴现债券和附息债券。2011年继续沿用了2009年和2010年细分的方法。2011年记账式贴现国债共发行了5期,发行量为613.9亿元;记账式附息国债共发行了41次,一共25期,发行量为11 832.6亿元。记账式国债合计的发行量为12 446.5亿元。综观2011年记账式国债的发行情况,有如下特点。第一,记账式贴现国债明显减少,记账式附息国债数量稳定。2010年记账式贴现国债共发行了19期,发行量达3 109.4亿元。2011年记账式贴现国债只发行了5期,发行量只有613.9亿元。发行次数和发行量分别降低了74%和80%。2011年记账式附息国债虽然总共只有25期,但发行次数达41次,和2010年发行的41期次数相同。2011年记账式附息国债发行量为11 832.6亿元,发行量基本与上期相同,比上期增加0.03%。2011年记账式附息国债的发行量占整个2011年记账式国债发行量的95%,成为记账式国债的绝对主力。第二,短期国债发行出现少量流标情况。2011年记账式国债有四期出现了实际发行量小于计划发行量的情况,其中记账式贴现国债有两期(分别为记账式贴现2期和3期),记账式附息国债两期(为第二次续发行国债1期和续发行记账式附息9期)。这些国债都是短期债券,记账式贴现国债期限都不到一年,而总共发行5次有2次流标,说明市场对记账式贴现国债投标意愿不足。而记账式附息国债出现流标的都是一年期,且首次发行都是实际发行量达到了计划发行量,续发行时才出现流标的情况。

其次,是非流通国债品种。我国非流通国债有两种类型:一是凭证式国债,二是储蓄式国债。其中,2011年凭证式国债共发行了4期,发行量为1 400亿元;储蓄式国债共发行了18期,其中7、8、9三期国债因中国人民银行调整同期限金融机构存款利率,从调息之日起停止发行,发行量为1 600亿元。与2010年相比,2011年非流通国债两种国债计划发行量有减有增。凭证式国债由2010年的1 900亿元减为1 400亿元,减少26%;储蓄式国债由2010年的1 400亿元增至1 600亿元,增加14%。非流通国债总发行量由2010年的3 300亿元减为2011年的3 000亿元,减少9%。这也反映了可流通国债越来越受投资者的青睐,而非流通国债则呈现相对萎靡的趋势。

最后,综合来考虑,2011年的国债发行有如下特点:第一,国债品种保持原有特色。我国的国债品种继续保持其原有特色:一方面可流通债券继续保持着市场一枝独秀的局面。2001年记账式国债占国债发行总量的63.1%,2010年为81.6%，2011年为80.5%；而在记账式国债中，记账式附息国债占据的比重也越来越大。另一方面，在非流通国债中，储蓄式国债自2006年后首次发行后于2011年首次超过凭证式国债，比重达到53.3%。储蓄式国债的发展，反映了国债产品未来将更多地采用电子化的趋势。第二，国债发行次数和发行量都有所减少，但依然保持在一个较高水平。2011年共发行国债65次，较2009年的72次和2010年的76次有所减少。而在发行量上，2011年共发行国债15 446.5亿元，相比2009年和2010年的国债发行量16 418.1亿元和17 881.9亿元，分别减少5.9%和13.6%。

2.5.4 2011年我国地方政府债券发行情况

近年来，地方政府举债融资经历了一系列变革。1998年国务院决定增发一定数量的国债，由财政部转贷给省级政府，用于地方的经济和社会发展建设项目。2009年3月，为帮助地方政府解决"四万亿"投资计划中配套资金不足的问题，国务院同意地方发行2 000亿债券，并由财政部代理发行，列入省级预算管理，外界称之为财政部代发地方政府债。2011年10月20日，财政部网站上发布了关于《2011年地方政府自行发债试点办法》的通知。经国务院批准，2011年上海市、浙江省、广东省、深圳市开展地方政府自行发债试点。

获得财政部授权后不到一个月，首期自行招标的地方债——2011年第一期、第二期上海市政府债券于2011年11月17日由上海市政府自主招标发行，发行总量为71亿元。这一债券一经面市即获得业界积极追捧，中标利率接近甚至低于同期限国债估值，认购需求强劲。其中，三年期地方债的中标利率为3.10%，认购倍数为3.5倍；而同时发行的五年期品种，中标利率为3.30%，认购倍数为3.1倍。

11月20日，作为试点之一的广东省地方债也备受追捧。广东省分别发行了三年期和五年期两个固定利率附息品种，发行规模各为34.5亿元，总规模69亿元。这其中，两期债券的中标利率分别为3.08%和3.29%，接近国债水平，甚至略低于上海地方债的中标利率；认购倍数分别高达6.5倍和6.39倍。

11月22日，2011年浙江省政府债券向承销团成员招标发行成功，实际发行面值67亿元，其中一期计划发行面值33亿元，二期计划发行面值34亿元。一期债券期限三年，经投标确定的票面年利率为3.01%，手续费为0.05%。二期债券期限五年，经投标确定的票面年利率为3.24%，手续费为0.1%。

11月25日，地方政府自行发债第四单，即22亿元深圳市地方债在银行间债市顺利完成招标。根据发行结果来看，三年期品种的中标利率为3.03%，五年期品种的中标利率为3.25%,均较上期浙江债有所上涨,但仍旧低于同期限的固息国债收益率。

从国债转贷到财政部代发,再到地方政府自行发债,这一系列变化体现了地方政府举债融资发展的方向,即由中央主导逐步向地方主导转变。但是,值得注意的是,"自行发债"并非"自主发债"。从试点的情况来看,地方政府自行发债额度仍然包含于今年2 000亿中央代发地方债中,发债资金的用途方向也是明确的,即"额度不变、项目不变、发债资金用途不变"。而地方政府自主发债,理论上应该满足"项目自主、发债规模自主、用途自定、偿债自负"的要求。因此,"自行发债"与"自主发债"还存在一定的差距。

应该注意的是,近年来,由于我国地方政府投融资平台数目众多,地方政府债务迅速增加,特别是2008年,为应对国际金融危机,我国政府启动了4万亿的救市计划。在此背景下,地方政府负债总额急剧膨胀。2011年6月审计结果显示,2010年年底,中国地方性政府债务余额已超过10万亿元,债务率逾150%,已到债务风险较高程度。中国人民大学发布的《中国宏观经济分析与预测报告(2011—2012)》指出,2011年,中国地方政府已经步入偿债高峰期,2012年偿债比重达到17%。中国债务总体风险不高,但由于地方债务分布极度不均衡,存在部分地方政府爆发债务危机的可能。地方政府性债务问题直接关系到中国的经济安全和社会稳定,特别是在当前转变经济发展方式背景下显得尤为重要,需要引起高度重视。

2.6　2011年中国热点财税政策分析

2.6.1　房产税试点

房产税是世界各国普遍征收的一种财产税,主要对保有的房产征收。目前我国房产税主要是依据1986年由国务院颁布的《中华人民共和国房产税暂行条例》来实施的。由于个人自住住房免税,房产税主要是对生产经营性房产征收。

1994年财税改革形成分税制框架后,地方政府过于注重办企业和粗放型扩张GDP,过于依赖土地财政收入,而开征房地产税,可以使地方政府得到一种大宗、稳定的支柱税源。同时,在房地产保有环节开征房产税,可以在房地产供需双方行为合理化导向上形成一种约束,可以增加住房市场上中小户型的需求比例,减少房屋空置率和投资、投机行为。此外,房产税也是发挥财产税再分配调节作用所不可或缺的税种。① 改革开放以来,我国人民生活水平有了大幅提高,但收入分配差距也在不断拉大。这种差距在住房方面也有一定程度的体现。房产税是调节收入和财富分配的重要手段之一,征收房产税有利于调节收入分配、缩小贫富差距。

2011年1月28日,国家率先选择上海和重庆两市开始征收房产税,开启了新中国历史上第一次正式向居民(自然人)房产在住房保有环节征税之先河。重庆、上海房产税试点改革正式推出,并引起社会的广泛关注。

重庆和上海房产税试点的规定在征税对象、税率、计税依据、免税面积等方面都存在差别。重庆市房产税主要对高档商品住房征收,具体是对存量和增量独栋商品住宅征收,税率在0.5%—1.2%之间,共分三档。在2011年1月28日之前购买的存量独栋商品住宅可享受180平方米免税面积,新购独栋商品住宅可享受100平方米免税面积。从重庆市财政局公布的有关数据来看,重庆2011年房产税起征点是9 941元/平方米,满足征收条件的高档商品住房共有8 563套,其中独栋别墅3 400余套。预计今年征收房产税可达1亿元。与重庆主要针对高档商品住房和别墅征收,同时将存量增量均包括在内不同的是,上海则主要针对新增一般房产,将人均60平方米作为起征点,采取累进税率,人均面积越大、房屋价值越高的房屋税率就越高。截至2011年7月,上海认定应征房产税住房共7 000多套②。

房产税在两个城市近一年的试点,从对财政收入和对房价的影响效果来看,由于征收范围、税率等多种因素制约,税收收入规模不大,对楼市的整体影响和调节贫富差距方面的力度也非常有限,但对高端物业产生了一定影响。

当然,对于房产税的政策目的和效果的评价,需要引起重视的是,出台房产税的主要目的并非调控房价。作为一种财产税,其长远目标是调节财富分配,增加地方直接税源,逐步减少地方政府对新增土地收益的过度依赖。重庆、上海的房产税试点仅仅是我国房产税改革的一个开始,未来的改革任重道远、值得期待。

2.6.2 个人所得税调整

我国现行个人所得税法自1994年实施以来,在调节收入分配和筹集财政

---

① 冯蕾:《贾康:先对豪宅开征房产税,方案设计应注重渐进》,《光明日报》,2010年6月1日。
② 新华网,《2012:房产税改革何去何从?》,2011年12月26日。

收入方面发挥了积极的作用。但随着社会经济形势的发展,也暴露出现行的分类税制模式难以充分体现公平负担原则的问题。个人所得税占税收总收入比重较低,2011年的数据是不到税收总量的7%,从而导致调节收入分配的功能较弱;个人所得税主要由工资、薪金所得构成,对居民收入分配的逆向调节作用不容忽视;城镇各阶层个税累进性较弱,特别是对高收入者的调节力度不足;税率级次过多,计算较烦,违背"简税制"原则。

2011年4月25日,全国人大将初次审议通过的个人所得税草案在网上公布后,引发了一场空前规模的社会大讨论,征求意见数量超过23万条,创历史之最。国务院7月27日公布《关于修改〈中华人民共和国个人所得税法实施条例〉的决定》,将个税起征点从2 000元提高到3 500元,明确自2011年9月1日起施行新的个税法条例。

此次修改税法将工资、薪金所得减除费用标准确定为3 500元/月,是以国家统计局公布的城镇居民人均消费性支出为测算依据。据统计,2010年度我国城镇居民人均消费性支出为1 123元/月。考虑纳税人家庭负担,按平均每一就业者负担1.93人计算,城镇就业者人均负担的消费性支出为2 167元/月。2011年按平均增长10%测算,城镇就业者人均负担的月消费支出为2 384元。因此将减除费用标准提高到3 500元/月。①

从微观上看,本次个税调整,实行提高工薪所得减除费用标准与调整工薪所得税率结构联动,使绝大多数工薪所得纳税人能享受因提高减除费用标准和调整税率结构带来的双重税收优惠,工薪收入者的纳税面由目前的28%下降到约7.7%,纳税人数由约8 400万人减至约2 400万人,大约有6 000万人不再需要缴纳个人所得税,只剩下约2 400万人继续缴税。② 同时,扩大了最高税率45%的覆盖范围,将原9级超额累进税率中适用40%税率的应纳税所得额,并入了45%税率的应纳税所得额范围,适当增加了高收入纳税群体的税负。

从宏观来看,工薪所得个税调整减少了国家的财政收入。2010年个人所得税收入为4 837亿元,占全国税收收入的6.3%。据财政部税政司副司长王建凡预测,这次个人所得税起征点调整,将使全年税收减少约1 600亿元。按照从9月1日实施计算,2011年后4个月(9—12月)个人所得税减收约530亿元。③

从短期来看,国家财政收入税收会减少,但从长远和全局来看,由于政策的调整会促进经济的增长、增加直接投资,间接性导致国家财政收入。个人可支

---

① 《个税修正案征求意见满月,民众期待免征额挂钩物价》,《经济参考报》,2011年5月26日。
② 财政部税政司:《工薪阶层纳税面从28%降至7.7%》,《第一财经日报》,2011年7月1日。
③ 《个税起征点调至3500元全年减收1600亿》,《京华时报》,2011年7月1日。

配的收入增加,会进而增加家庭和个人的物质商品消费。这种消费在商品和服务交易中转化为新的税收,有利于经济发展;同时也刺激物质生产部门的生产,增加劳务商品的消费。具有储蓄偏好的人群,将增加储蓄的存量,增加直接投资。因此费用扣除标准提高,减轻了百姓的税负,兼顾了国家财政收入,从全局看来促进了社会经济的增长(储小妹,2011)。

但个税调整没有从根本上解决问题。本次个税调整没有改变我国个税分类税制模式,没有从根本上解决调节居民收入分配差距问题。要从根本上解决问题,需要建立综合与分类相结合的个人所得税税制。由于我国全面实施综合与分类相结合的个人所得税税制的条件尚不具备,本次个税改革立足现实情况,着重解决了现行分类税制中的突出问题,降低了中低收入者税收负担,加大了对高收入者的收入调节。

2.6.3 车船税新政

车船税是对行驶于我国公共道路,航行于国内河流、湖泊或领海口岸的车船,按其种类、吨位,实行定额征收的一种税。从1951年的车船使用牌照税,到1986年新开征的车船使用税,再到2007年合并了车船使用牌照税和车船使用税的车船税,我国车船税制度历经了多次改革和调整。

2007年《车船税暂行条例》是按车辆座位数和车型大小来确定税额,这种豪华车和普通车都按相同税额征税的做法,被认为无法充分体现车船税的财产税性质,也无法发挥其应有的财富调节功能。另外,随着民众生活水平的提高和汽车的普及,汽车尾气排放也成为城市大气污染的主要原因,车船税的调整也反映了节能减排等诉求。

2011年2月25日,第十一届全国人大常委会第十九次会议通过了《中华人民共和国车船税法》,自2012年1月1日起施行。

与2007年实行的《车船税暂行条例》相比,《车船税法》主要对相关税制要素做了如下五方面的调整(财政部税政司,2011)。①

第一,完善征税范围。《车船税法》不再按车船是否登记来确定是否具有纳税义务,将征税范围统一为本法规定的车船。

第二,改革乘用车计税依据。考虑到乘用车的排气量与其价值总体上存在着正相关关系,《车船税法》将排气量作为乘用车计税依据。

第三,调整税负结构。一方面,为支持交通运输业发展,《车船税法》对占汽

---

① 财政部网站,《对〈中华人民共和国车船税法〉有关问题的解读》,2011年3月2日。

车总量28%左右的货车、摩托车以及船舶(游艇除外)仍维持原条例税额幅度不变;对载客9人以上的客车税额幅度略做提高;对挂车由原条例规定的与货车适用相同税额减为按货车税额的50%征收。另一方面,为更好地发挥车船税的调节功能,体现对汽车消费和节能减排的政策导向,《车船税法》对占汽车总量72%左右的乘用车(也就是载客少于9人的汽车)的税负,按发动机排气量大小分别做了降低、不变和提高的结构性调整。此外,为了体现车船税调节功能,《车船税法》将船舶中的游艇单列出来,明确按长度征税,并将税额幅度确定为每米600元至2000元。

第四,规范税收优惠。《车船税法》除了保留《车船税暂行条例》规定的省、自治区、直辖市人民政府可以对公共交通车船给予定期减、免税优惠外,还增加了对使用新能源的车船、在农村地区使用的车船以及受严重自然灾害影响的情况所给予的税收优惠。

第五,强化征收管理。《车船税法》规定,车辆所有人或者管理人在申请办理车辆相关登记、定期检验手续时,应向公安机关交通管理部门提交依法纳税或者免税证明。公安机关交通管理部门核查后予以办理相关手续。

车船税法的颁布进一步完善了税收制度和政策。将占车辆比重87%的乘用车由按辆定额征税,改为按排气量分档征税,体现了税负公平;对节能、新能源汽车给予优惠,有利于汽车产业结构调整和节能减排;规定车船登记管理部门、船舶检验机构和车船税扣缴义务人的行业主管部门提供车船有关信息,以及公安机关交通管理部门在纳税人办理车辆相关登记和定期检验手续时核查车辆完税情况,强化了征管手段。

同时,这一新政对今后的税收立法也具有标志性意义。这是我国第一部由暂行条例上升为法律的税法和第一部地方税法、财产税法,标志着我国税收制度"法律化"进程进一步加快,地方税体系逐步得到健全和完善。车船税法的出台可以说是科学民主立法的一个范例。

2.6.4 上海部分行业实行营业税改征增值税试点

我国的增值税是在改革开放初期引进的,经历了部分城市和行业的试点后,1984年10月,国务院发布《增值税条例(草案)》,在全国范围内开始初步实施。1994年国家开始大规模税制改革,重点是全面实施增值税,这一阶段实现的是"生产型"增值税。又经过近五年的试点和扩大试点,2008年有关部门修订了《增值税暂行条例》,从2009年开始实施新的"消费型"增值税。

我国增值税制度经历了从无到有、不断完善改进的发展过程,30多年来取得了巨大成效,但仍然存在一些问题:增值税还是以暂行条例的形式通过,法律地位不高,与其主体税种的地位不符;征税范围较窄、抵扣链条不完整,限制了增值税功能的发挥;征收增值税主要限于工业部门,多数服务业部门仍征收营业税,各行业间税负不一致,不利于服务业的发展和经济结构的调整,因此有必要进行增值税的扩围改革。

2011年11月16日,财政部和国家税务总局发布经国务院同意的《营业税改征增值税试点方案》,同时印发了《交通运输业和部分现代服务业营业税改征增值税试点实施办法》、《交通运输业和部分现代服务业营业税改征增值税试点有关事项的规定》和《交通运输业和部分现代服务业营业税改征增值税试点过渡政策的规定》,明确从2012年1月1日起,在上海市交通运输业和部分现代服务业开展营业税改征增值税试点。

营业税改征增值税涉及面较广,为保证改革顺利实施,在部分地区和部分行业开展试点十分必要。选择上海市作为试点主要是考虑到上海市服务业门类齐全,辐射作用明显,有利于为全面实施改革积累经验。

选择交通运输业作为试点主要是考虑到一是交通运输业与生产流通联系紧密,在生产性服务业中占有重要地位;二是运输费用属于现行增值税进项税额抵扣范围,运费发票已纳入增值税管理体系,改革的基础较好[①]。

选择部分现代服务业作为试点主要是考虑到一是现代服务业是衡量一个国家经济社会发达程度的重要标志,通过改革支持其发展有利于提升国家综合实力;二是选择与制造业关系密切的部分现代服务业进行试点,可以减少产业分工细化存在的重复征税因素,既有利于现代服务业的发展,也有利于制造业产业升级和技术进步[②]。

改革试点的主要内容是,在现行增值税17%和13%两档税率的基础上,新增设11%和6%两档低税率,交通运输业适用11%的税率,研发和技术服务、文化创意、物流辅助和鉴证咨询等现代服务业适用6%的税率;试点纳税人原享受的技术转让等营业税减免税政策,调整为增值税免税或即征即退;现行增值税一般纳税人向试点纳税人购买服务,可抵扣进项税额;试点纳税人原适用的营业税差额征税政策,试点期间可以延续;原归属试点地区的营业税收入,改征增值税后仍归属试点地区[③]。

[①] 国家税务总局网站,《财政部、国家税务总局负责人就营业税改征增值税试点答记者问》,2011年11月17日。
[②] 同上。
[③] 同上。

营业税改征增值税是一项重要的结构性减税措施。根据规范税制、合理负担的原则,通过税率设置和优惠政策过渡等安排,改革试点行业总体税负不增加或略有下降。对现行征收增值税的行业而言,无论是在上海还是其他地区,由于向试点纳税人购买应税服务的进项税额可以得到抵扣,税负也将相应下降。

这次改革是继 2009 年全面实施增值税转型之后,货物劳务税收制度的又一次重大改革,也是一项重要的结构性减税措施。改革将有助于消除目前对货物和劳务分别征收增值税与营业税所产生的重复征税问题,通过优化税制结构和减轻税收负担,为深化产业分工和加快现代服务业发展提供良好的制度支持,有利于促进经济发展方式转变和经济结构调整。

2.6.5 资源税改革

按照 1993 年制定的资源税暂行条例的规定,资源税按照"从量定额"的办法计征,即按照应纳税资源产品的销售数量乘以规定的单位税额计算纳税。从实践看,这种计税办法不能使资源税随着资源产品价格和资源企业收益的增长而增加,特别是在石油天然气等资源产品的价格已较大幅度提升的情况下,资源税在这类产品价格中所占比重过低,既不利于发挥该项税收调节生产、促进资源合理开发利用的功能,也不利于充分发挥该项税收合理组织财政收入的功能。①

为完善资源税制度,经国务院批准,自 2010 年 6 月 1 日起在新疆进行原油天然气资源税改革试点后,从 2010 年 12 月 1 日起,又在其他西部省(区)进行了这项改革试点,将原油天然气资源税由"从量定额"改为"从价定率"即按照应纳税资源产品的销售收入乘以规定的比例税率计征。

2010 年的资源税改革试点是在资源税基本制度未做调整的前提下进行的,运行较为平稳,但仍存在计税依据尚不规范、税收政策内外有别以及综合减征率的递减削弱了税改的增收效果等问题,有待下一步试点全面推开时予以考虑。

2011 年 9 月,国务院关于修改《中华人民共和国资源税暂行条例》、《中华人民共和国对外合作开采海洋石油资源条例》和《中华人民共和国对外合作开采陆上石油资源条例》的决定获得通过,修改决定于 2011 年 11 月 1 日起施行。

这次资源税暂行条例修改的主要内容有:一是增加了从价定率的资源税计征办法,对原油、天然气资源税由从量计征改为从价计征,并相应提高了原油、

---

① 《相关负责人就修改〈资源税暂行条例〉等法规答记者问》,新华网,2011 年 10 月 11 日。

天然气的税负水平,税率为 5%—10%,这次改革暂按 5% 的税率征收。二是统一内外资企业的油气资源税收制度,取消了对中外合作油气田和海上自营油气田征收的矿区使用费,统一改征资源税。

另外,考虑到国务院已批准从 2007 年 2 月和 2011 年 4 月起提高焦煤和稀土矿资源税税率标准,此次条例修改,将焦煤和稀土矿分别在煤炭资源和有色金属矿原矿资源中单列,并将国务院已批准的税率写入条例。这次资源税条例修改对煤炭等其他资源品目的计税依据和税率标准未做调整。

调整原油天然气资源税的计征办法和税率,是这次资源税暂行条例修改的重点。暂行条例修改后,将在全国范围内实施原油天然气资源税改革。其意义主要体现在以下方面:一是有利于促进节能减排。实施油气资源税改革,提高资源开采使用成本,使企业承担相应的生态恢复和环境补偿成本,对促进资源节约开采利用、保护环境,实现经济社会可持续发展具有积极作用。二是有利于建立地方财政收入稳定增长的长效机制,增加资源地财政收入,增强这些地方保障民生等基本公共服务的能力,改善地区发展环境,促进区域经济协调发展。三是有利于平衡各类企业资源税费负担。油气企业资源税政策的统一,符合"统一各类企业税收制度"的税制改革目标。四是有利于维护国家利益。改变目前资源税税负水平偏低的状况,提高资源税在资源价格中的比重,有利于避免属于国家所有的稀缺性资源利益的流失。[①] 这是我国税收制度改革的又一重大措施。

另外,由于资源税属于地方税,按照修改后的资源税暂行条例规定的油气资源税的计征办法和税率,地方财政收入将会增加,对增强地方保障和改善民生以及治理环境等方面的能力,是很有利的。油气资源税提高后,静态计算,油气开发企业的利润会相应减少,缴纳的企业所得税也会有所减少。由于油气开发企业中的中央企业缴纳的所得税属于中央财政收入,而我国油气开发企业大多是中央企业,中央财政收入将会减少。此次改革增加了地方财政收入,减少了中央财政收入,是对中央与地方利益的调整。

---

① 《相关负责人就修改〈资源税暂行条例〉等法规答记者问》,新华网,2011 年 10 月 11 日。

第 3 章

2011 年中国财政支出分析

3.1 导 言

关于财政支出总量,2011 年,在扩张性财政政策的推动下,2011 年财政支出的绝对规模和相对规模均大幅度增加,完成了年初预算的规模,但使得财政支出高于收入,赤字情况不容乐观。在结构方面,月度支出比重呈现波动性增加趋势;教育、社会保障和就业等民生项目的占比较大;中央财政本级支出占比持续下降。另外,在重点项目方面,教育支出、社会保障和就业支出、水利建设支出与"三公"经费支出是 2011 年财政支出的热点。

当然,关于财政支出的具体情况,鉴于 2011 年是我国"十二五"规划的开局之年,正如有关财政收入的分析一样,为了从政策延续性的角度来观察 2011 年中国财政支出状况,我们在此首先对刚刚过去的"十一五"期间中国财政支出状况做一简要的回顾。

3.2 "十一五"期间财政支出状况简要回顾

总体而言,"十一五"期间,其一,在支出总量上,由于我国经济持续高速增长,财政收入大幅度增加,财政支出总量也是稳步增长。据统计,这期间,全国公共财政总支出达 31.9 万亿元,年均增长率为 21.4%。其二,在财政支出结构上,"十一五"时期,国家财政用于民生方面的投入大幅增加,城乡免费义务教育全面实现,城乡居民基本医疗保障水平显著提高,覆盖城乡的社会保障制度框架基本形成,公共文化服务体系建设明显加快。其中,在具体的支出规模方面,"十一五"期间用于教育、医疗卫生、社会保障和就业、文化方面的支出分别达到 4.45 万亿元、1.49 万亿元、3.33 万亿元和 5 600 亿元,分别比"十五"时期增长 1.6 倍、2.6 倍、1.3 倍和 1.4 倍(参见表 3.1)。①

表 3.1 "十一五"期间各主要支出的年度数据

年度		2007	2008	2009	2010
总支出增长率(%)		23.2	25.7	21.9	17.8
教育	支出额(亿元)	7 122.32	9 010.21	10 437.54	12 550.02
	比重(%)	14.31	14.39	13.68	13.96
	增长率(%)	—	0.27	0.16	0.20
文化体育与传媒	支出额(亿元)	898.64	1 095.74	1 393.07	1 542.7
	比重(%)	1.81	1.75	1.83	1.72
	增长率(%)	—	0.22	0.27	0.11
社会保障和就业	支出额(亿元)	5 447.16	6 804.29	7 606.68	9 130.62
	比重(%)	10.94	10.87	9.97	10.16
	增长率(%)	—	0.25	0.12	0.20
医疗卫生	支出额(亿元)	1 989.96	2 757.04	3 994.19	4 804.18
	比重(%)	4.00	4.40	5.23	5.35
	增长率(%)	—	0.39	0.45	0.20
城乡社区事务	支出额(亿元)	3 244.69	4 206.14	5 107.66	5 987.38
	比重(%)	6.52	6.72	6.69	6.66
	增长率(%)	—	0.30	0.21	0.17
农林水事务	支出额(亿元)	3 404.7	4 544.01	6 720.41	8 129.58
	比重(%)	6.84	7.26	8.81	9.05
	增长率(%)	—	0.33	0.48	0.21

注:由于 2007 年财政支出分类改革,2006 年数据与之后各年数据不具可比性,因此 2006 年数据未放入本表。

资料来源:根据中国经济信息网提供的相关数据计算所得。

---

① 资料来源:《2010 年中央和地方预算执行情况与 2011 年中央和地方预算草案的报告》。

3.3 2011年财政支出总量分析

3.3.1 预算完成情况

在预算完成方面,2011年全国财政决算支出108 929.67亿元,财政支出完成预算的108.7%,增长21.2%。其中,中央财政支出56 414.15亿元,完成预算的103.8%,增长16.7%;地方财政支出92 415.48亿元,完成预算的111.1%,增长25.1%。表3.2列出了2011年财政支出预算额与决算额的具体数据。就预算数和决算数的对比情况来说,由于2011年中央财政超收5 446亿元,超收收入增加了部分财政支出。其中,增加对地方税收返还和一般性转移支付944亿元,增加教育支出300亿元,增加科学技术支出76亿元,增加保障性安居工程支出160亿元,增加公路建设、对部分困难群众和公益性行业油价补贴支出621亿元,增加困难群众一次性生活补贴支出207亿元;加上应对突发自然灾害的支出,使得2011年度财政支出的决算额明显超出预算额。另外,由于超收收入中的500亿元直接用于冲抵赤字,2011年全国财政赤字额决算数比预算数降低。

表3.2 2011年财政支出预决算数据

类别		预算数		决算数		
		金额(亿元)	增长率(%)	金额(亿元)	增长率(%)	相对预算数的完成率(%)
全国财政支出	总额	100 220	11.9	108 930	21.2	108.7
	全国赤字	9 000	-10.0	8 500	-15.0	94.4
中央财政支出	总额	54 360	12.5	56 414	16.7	103.8
	本级支出	17 050	6.7	16 514	3.3	96.9
	对地方的税收返还	37 310	15.3	39 900	23.4	106.9
	中央赤字	7 000	-12.5	6 500	-18.8	92.9
地方财政支出	总额	83 170	13.0	92 416	25.1	111.1
	地方赤字	2 000	0	2 000	0	100.0

注:增长率指相比2010年决算数的增长率;根据资料来源报告,地方财政支出总额中包括地方本级支出和中央对地方的税收返还,因此该数据与中央财政支出数据有重叠。

资料来源:根据《2010年中央和地方预算执行情况与2011年中央和地方预算草案的报告》、《2011年中央和地方预算执行情况与2012年中央和地方预算草案的报告》计算整理。

3.3.2 年度增长情况

从年度增长的角度来看,由表3.2的数据可知,2011年财政支出的绝对指标和相对指标均大幅增加,这是由我国实施的扩张政策决定的。本年财政政策致力于合理调整国民收入分配关系:扩大财政补助规模,增加对农民的补贴,加强农业基础设施建设,促进农民增收;提高城乡居民最低生活保障准,增加企业退休人员基本养老金,落实对城乡低收入群体的各项补助政策;扩大新型农村和城镇居民社会养老保险试点范围,落实义务教育学校、公共卫生和基层医疗卫生事业单位绩效工资等政策,提高居民消费能力。在基建投资上大力支持保障性安居工程、以水利为重点的农业基础设施、教育卫生基础设施建设等,造成财政支出压力较大,财政支出进一步增加。

3.3.3 相对财政收入增长情况

从相对于财政收入增长的情况来看,图3.1表明,总体而言,2001—2011年间财政支出增长率多数情况下低于收入增长率。而从阶段性的角度来说,其一,图3.1中出现两次财政支出和财政收入相对指标均下降的态势,一是在2001—2003年,二是2007—2010年。这两个阶段的共同特点是前期支出绝对数都较高,前者是为抵御亚洲金融危机从1998年起实施的扩张性财政政策,后者是为应对国际金融危机从2007年起开始的扩张性财政政策,因此,虽然在这两个时期中,财政支出绝对数均上涨,但相对前期的相对数指标即财政支出增长率则下降;在经济环境相对不利的情况下,财政收入增长率的下降在所难免。其二,从"十五"后半期开始,我国经济发展速度较快,表现在财政收支上是财政收入与支出增长率的共同上涨,同时收入增长率一直高于支出增长率;2006年下半年开始出现通货膨胀率的上涨,使财政收入增长率远高于支出增长率,并于2007年达到顶点。世界经济有所恢复后,财政收入增长率再度回升,并于2011年超过财政支出增长率,体现在赤字上即为赤字额随着经济状况好转、财政收入上升后的下降。其中,在2011年,由于我国财政收入大幅增加,中央财政超收收入5 446亿元中的一部分直接进行了财政赤字冲减,2011年度财政赤字在预算数本已下降的情况下,决算数更进一步下降,赤字决算额较预算额下降500亿元,较2010年度下降1 500亿元(见表3.2),但是,尽管如此,长期趋势显示,我国财政支出额往往高于收入额,赤字情况不容乐观,即使在2011年,仍存在高额赤字。

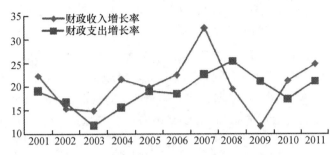

图 3.1　财政收入增长率与财政支出增长率

资料来源：根据中经网统计数据库数据整理。

3.3.4　相对 GDP 增长率情况

从相对 GDP 增长率的情况来看，其一，从整体上来看，图 3.2 所给出的曲线表明，一国的经济状况是影响财政支出增长的重要因素，但当经济增长趋缓时，财政支出也相应趋缓，但增长率的下降存在明显的滞后，即在 GDP 增长率下滑 1—2 期之后，财政支出的增长率才出现下降趋势，且下降幅度要远低于 GDP 的下降情况。因此，在 GDP 增长率下滑期间，财政支出增长率往往高于 GDP 增长率，反映了财政刚性的特点。相反，当 GDP 增长率上升时，财政支出的增速立即回升。两者之间之所以存在上述关系，是由几方面原因造成的：一是财政支出由一国的经济政策直接决定，当经济发展趋缓时，政府往往趋向于采用扩张性政策以刺激经济，因此在经济趋缓时，当期的财政支出反而扩张；二是财政支出规模受限于财政收入，因而间接受限于经济状况，当经济状况不良时，财政支出必然受限于资金来源，结合前述的政策因素，财政支出状况往往表现为经济发展趋缓时，财政支出增速先是更快，然后才有所下降；三是由于财政刚性，财政支出的增速即使下降，亦不会有大幅度的降低，同时由于棘轮效应的存在，经济增长时，财政支出尤其无法产生下降的激励。

其二，具体到 2001—2011 年间，我国财政支出增长率和 GDP 增长率之间的关系（见图 3.2），体现出各年经济发展状况与对应的政策措施。为应对东南亚金融危机之后经济上的紧缩，2001—2003 年我国财政支出政策仍沿用之前的扩张政策，且由于财政支出惯性的存在，财政支出增长率高于 GDP 增长率。但在 2003 年，我国经济出现固定资产投资增长过猛、煤电油运全面趋紧的不利情况，财政政策转变为抑制过度投资，支出的扩张势头减缓，体现为财政支出增长率的明显下降。自 2005 年开始，股权分置、汇率机制、国有企业、农村税费等一系列重要改革加速推进，就业、社保、教育、医疗等改革也摆上重要位置，财政支出转向重点领域,财政支出增长率相较往年逐步增长。尤其自 2007 年开始,为减轻国际金融危机对国内经济的负面影响,我国出台一系列经济刺激政策如"4万亿"①投资计划,直接导致财政支出增长率的迅速上升。一方面实施经济刺激计划,另一方面是连续发生的重大自然灾害对财政支出形成压力,2008 年财政支出相较往年大幅度增加,财政支出增长率达到顶点。同时也造成虽然 2009 年、2010 年财政支出绝对数增加,财政支出占经济总量比重也在上升,但财政增长率反而下降。2011 年作为"十二五"规划的第一年,大幅增加了在社保、教育、"三农"等民生领域的投入,财政支出增长率相较 2010 年大幅增加。

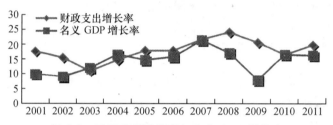

图 3.2　财政支出增长率与名义 GDP 增长率
资料来源:根据中经网统计数据库数据整理。

3.4　2011 年财政支出结构分析

3.4.1　财政支出的月度结构

图 3.3 所给出的曲线图表明,2011 年,我国的财政支出结构有三个特点:其一,各月支出比重呈波段性发散增加状况,月底支出占全年支出的比重最大。这说明,各预算单位在年底"突击花钱"的现象仍较严重,反映出我国预算编制与执行上仍存在一定问题。其二,从各月支出同比增长情况来看,相比往年的"前低后高",排除 2 月份的特殊因素,受 2011 年经济情况的影响,2011 年财政支出各月同比增长有下降的趋势。其中,关于 2 月份的情况,其同比增长数是唯一的负数,为 -17.5%。其中的原因在于:从 2010 年 10 月开始,我国华北大部、黄淮和江淮北部降水偏少,河北、山西、山东、河南、江苏、安徽等冬麦区春旱形势严峻,为应对北方春旱以及南方部分省份雨雪冰冻灾情,财政加大了对农

---

① 国家发改委详解"4 万亿"投资构成,财经网,www.caijing.com.cn。

业、灾民生活补助等方面的救灾支出,造成1月的支出大幅增加,同比增长达84.9%。随着财政拨款陆续到位,灾情得到缓解,2月份财政支出有所减少,同比增长为负。其三,从3月份开始,各月财政支出执行额均较2010年有大幅提高。由于"十二五"规划中2011年安排需要完成的公共投资在建项目、基础设施建设、教育、医药卫生和社会保障等重点领域改革、应对通货膨胀压力、加大对低收入群体的补助力度等任务,财政支出有相当大的压力,体现为从3月份开始,各月财政支出执行额均较2010年有大幅提高。

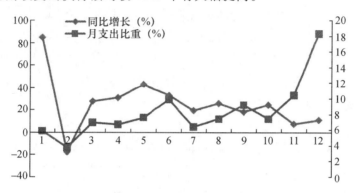

图3.3　2011年财政支出的各月同比增长率和各月支出比重
资料来源:根据中经网统计数据库数据整理。

3.4.2　财政支出的项目结构

根据《2011年中央和地方预算执行情况与2012年中央和地方预算草案的报告》,我们编制了表3.3,以直观反映2011年财政支出的项目安排结构。总体而言,根据表3.3,在2011年全国财政支出安排中,优先保障了教育、社保和就业、"三农"等改善民生、发展社会事业等方面的支出,结构进一步优化。其一,从项目占比及其排序来看,教育、社会保障和就业等民生项目的占比较大,排名也靠前。以教育、科技、文化体育和传媒、社会保障和就业、医疗卫生、节能环保和住房保障支出为社会性支出,计算出上述支出占2011年财政支出总比重达41.9%,近年社会性支出占财政支出比重迅速上涨。其中,教育支出一直是我国财政支出的重点之一,而在2011年中,它已成为占比最高的一项支出,2011年教育支出占GDP比重为3.42%,2012年教育预算支出占GDP比重将首次达4%。应该说,关于民生支出的比重及其提升,尽管项目结构怎样为合理并没有绝对数额的标准,但可以认为,在我国目前的情况下,民生支出比重的提高,是一种结构的优化。在这一点上,世界主要国家在支出结构方面演变而成的共同趋势——社会性支出①在政府支出结构中的比重的上升速度快于其他支出——可以作为一个主要参考标准。目前,发达国家的社会性支出占政府支出的比重已经最高。其二,从项目增长率排序看,增长率最高的是住房保障支出,达60.8%,其次是交通运输支出和医疗卫生支出,增长率最低的是地震灾后恢复重建支出、粮油物资储备事务支出和金融监管事务支出。其中,住房保障支出增长率最高,这是由2011年的政策决定的,"十二五"规划纲要明确五年内建设城镇保障性安居工程3600万套为主要目标和任务,2011全年全国范围内新增公租住房等保障性住房1000万套。而地震灾后重建支出,主要针对汶川和玉树地震灾后的重建工作。随着2010年汶川震后重建的三年规划逐步完成、玉树震后重建主要拨款告一段落,2011年度该项支出较少,因此占比和增长率最低。当然,值得提出的是,尽管我国在科技、环保、住房保障、医疗卫生等基本公共服务上的支出近年来有很大提高,2011年我国公共支出的结构不断优化,但也要看到,由于我国人口基数大、历史遗留问题多,前述基本公共服务上的支出与我国现有需求差距相比,支出绝对额仍相对较低,财政支出结构和支出效率仍有待提高。

表3.3 2011年财政支出项目结构

项目	决算额（亿元）	增长率（%）	增长率排序	占比（%）	占比排序
全国财政支出总额	108 929.67	21.2	—	—	—
一般公共服务	11 109.00	19.0	10	10.2	3
外交	309.58	15.0	13	0.3	21
国防	6 026.70	13.0	16	5.5	9
公共安全	6 293.32	14.1	14	5.8	8
教育	16 116.11	28.4	5	14.8	1
科学技术	3 806.37	17.1	11	3.5	12
文化体育与传媒	1 890.30	22.5	7	1.7	16
社会保障和就业	11 143.89	22.0	8	10.2	2
医疗卫生	6 367.49	32.5	3	5.8	7
节能环保	2 617.62	7.2	19	2.4	14
城乡社区事务	7 652.64	27.8	6	7	5
农林水事务	9 890.06	21.7	9	9.1	4

---

① 王礼鑫、黄坤琦(2005)将政府支出分为三部分:以行政管理支出、国防支出为主的维持性支出;以政府投资为主的经济性支出;以教育、卫生、社会保障等为主的社会性支出。

（续表）

项目	决算额（亿元）	增长率（%）	增长率排序	占比（%）	占比排序
交通运输	7 472.37	36.1	2	6.9	6
资源勘探电力信息等事务	4 014.22	15.2	12	3.7	10
商业服务业等事务	1 412.24	10.1	18	1.3	18
金融监管等事务	648.61	1.8	20	0.6	20
地震灾后恢复重建支出	175.41	-84.5	22	0.2	22
国土资源气象等事务	1 509.60	13.5	15	1.4	17
住房保障支出	3 822.49	60.8	1	3.5	11
粮油物资储备事务	1 267.62	-2.7	21	1.2	19
国债付息支出	2 388.29	29.5	4	2.2	15
其他支出	2 995.74	10.9	17	2.8	13

注：① 表中增长率指本年相比上年决算数的增长率。
② 表中对地方一般性转移支付未包括已列入本表相关科目的教育、社会保障和就业、医疗卫生等转移支付。
资料来源：《2011年中央和地方预算执行情况与2012年中央和地方预算草案的报告》。

3.4.3 财政支出的上下级结构

在财政支出的上下级结构方面，地方支出比例保持原有的增长趋势。全国财政支出由中央财政和地方财政两级构成，在总支出中，中央和地方财政支出的关系如何，分税制下事权与财权是否匹配？为符合分税制要求，这里的中央和地方财政支出采用中央和地方财政本级支出。表3.4给出了中央和地方财政支出对比情况。表3.4的数据表明，尽管随着每年财政支出总额的扩大，中央和地方财政本级支出绝对数均逐年递增，但从中央和地方财政本级支出占总支出的比重来看，从2001年到2011年，中央财政本级支出占比持续下降，全国财政支出中地方财政本级支出占据绝对地位；到2011年，地方的支出比重高达84.8%，而中央仅为15.2%。就这样一种支出结构而言，联系财政收入由中央政府占据比例较大的财政收入结构情况，表明中央对于地方的转移支付力度很大，且有不断提升的趋势。这一方面说明中央的控制能力加强，有利于促进地方之间的平衡；另一方面也说明，分税制改革以来，我们财政的"集权"程度不断加强，这对地方积极性的提升存在潜在的不利影响。

表 3.4　中央和地方财政本级支出及比重

年份	绝对数（亿元）			比重（%）	
	全国	中央	地方	中央	地方
2001	18 902.58	5 768.02	13 134.56	30.5	69.5
2002	22 053.15	6 771.7	15 281.45	30.7	69.3
2003	24 649.95	7 420.1	17 229.85	30.1	69.9
2004	28 486.89	7 894.08	20 592.81	27.7	72.3
2005	33 930.28	8 775.97	25 154.31	25.9	74.1
2006	40 422.73	9 991.4	30 431.33	24.7	75.3
2007	49 781.35	11 442.06	38 339.29	23	77
2008	62 592.66	13 344.17	49 248.49	21.3	78.7
2009	76 299.93	15 255.79	61 044.14	20	80
2010	89 874.16	15 989.73	73 884.43	17.8	82.2
2011	108 930	16 514	92 416	15.2	84.8

注：① 表中的中央财政支出指中央本级支出。
② 表中地方财政本级支出包括中央对地方税收返还和转移支付支出计入。
资料来源：2001—2010 年的数据来源于中经网；2011 年数据来源于 2012 年 1 月 20 日《2011 年财政收支情况》。

3.5　2011 年财政支出重点项目分析

如第一节所述，"十一五"期间我国财政支出已经向民生倾斜，"十二五"规划纲要更是明确了经济需"平稳较快发展"，以加快经济结构调整为重点，转变经济发展方式；坚持改善民生，推动和谐社会建设的目标。作为"十二五"规划的开局之年，2011 年财政支出的项目安排充分体现了纲要精神。下面，我们从中选取四个重点支出项目，就其具体情况做进一步分析。至于支出项目的内容，它们分别是财政支出占比最高的两项：教育支出（14.8%）、社会保障和就业支出（10.2%），以及 2011 年广受社会关注的水利建设支出和"三公"经费支出。

3.5.1　教育支出

近年来，中央财政持续扩大对教育的投入。其一，在义务教育层面，从 2006 年开始，中央财政开始建立农村义务教育经费保障机制，用四年时间逐步将农村义务教育全面纳入公共财政保障范围，建立起中央和地方分项目、按比例分担、全面保障农村义务教育发展的一系列制度。具体内容包括免学杂费、免费提供教科书、对家庭经济困难寄宿学生补助生活费、提高公用经费保障水平、制定和适时调整公用经费生均基准定额、建立校舍维修改造长效机制等。后来,为巩固义务教育发展水平,推进义务教育均衡发展,从2010年起,中央财政又开始实施农村义务教育薄弱学校改造计划。计划决定在2010—2015年集中力量解决义务教育发展面临的薄弱环节和突出问题。中央财政重点支持中西部地区农村义务教育,按照国家基本标准,为薄弱学校配置图书、教学实验仪器设备、体音美等器材;为县镇学校扩容改造、农村寄宿制学校及其附属设施建设以及配置多媒体远程教学设备等提供支持。其二,在高等教育方面,中央财政从2010年起,在原"中央与地方共建高等学校专项资金"的基础上,调整设立"中央财政支持地方高校发展专项资金",支持地方高校的重点发展和特色办学。专项资金主要用于地方高校重点学科建设、教学实验平台建设、科研平台和专业能力实践基地建设、公共服务体系建设以及人才培养和创新团队建设等。同时,从2010年起,中央财政建立"以奖代补"机制,支持各地提高地方普通本科高校生均拨款水平,减轻地方高校债务负担。这些措施将大幅增加地方高校可用财力,地方高校在使用这些资金时也将有比较充分的自主权。①

在中央重视和支持教育发展的背景下,在2011年,中央继续加大对于教育发展的力度(主要安排情况见表3.5)。2011年,中央财政安排教育支出3 248.6亿元,完成预算的109.6%,比上年决算数增长27.5%。其中,中央本级支出999.05亿元,对地方转移支付2 249.55亿元。而从全国财政的教育支出状况来看,2011年我国财政支出中教育支出占比最高。特别地,自1993年政府提出教育支出占GDP比重4%的战略目标后,教育支出占GDP比重逐年上升,由1993年的2.51%上升到2011年的3.42%,2012年度教育支出预算将第一次达到GDP比重的4%。至于教育支出大幅增加的效果,我国目前对教育支出绩效的实证研究均一致肯定该支出扩大的正面效应,主要表现在:第一,教育支出通过技术溢出和人力资本效应,对经济增长的推动作用显著;第二,教育支出具有累进性,且低收入家庭在教育支出受益群体中居优势地位,有利于收入分配格局的改善。当然,虽然各年教育支出的绝对数大幅增加,也产生了积极的效果,但教育支出的增长率远低于GDP增长率和财政支出增长率;此外,按国际通行的以教育支出占GDP比重来衡量教育投入的标准,4%的比重只相当于发展中国家在20世纪80年代的平均水平,②我国教育支出状况与其他国家相比差距仍

---

① 《关于"进一步加大中央财政支持地方高校发展"建议的答复(摘要)》,财政部网站,http://www.mof.gov.cn/zhuantihuigu/2012czysbgjd/2011lhjythzy/201203/t20120302_632278.html。

② 数据源于《教育经费占GDP的4%是如何设定的》,新浪教育网,http://edu.sina.com.cn。

相当明显。

表 3.5 2011 年中央财政教育支出主要安排情况　　　　（单位：亿元）

项目	金额
支持中西部地区和民族地区发展农村学前教育	101.3
完善农村义务教育经费保障机制	859.1
实施农村义务教育薄弱学校改造计划	186.81
加强职业教育基础能力建设，免除 395 万名中等职业学校家庭经济困难学生和涉农专业学生学费	133.98
免除 2 900 万名城市义务教育学生学杂费，支持 1 167 万名农民工随迁子女在城市接受义务教育	77
健全家庭经济困难学生资助政策体系	311.19
支持高等教育发展	1 090.54

注：由于数据可得性，表中项目并不完整。
资料来源：根据《2011 年中央和地方预算执行情况与 2012 年中央和地方预算草案的报告》整理。

3.5.2　社会保障和就业支出

如何在保持经济持续健康发展的同时促进社会公平、构建和谐社会，是我国在"十二五"期间乃至今后更长一段时期面临的重要任务，而社会保障制度的建设则是实现这一目标的重要途径。作为重要的社会稳定机制之一，社会保障不仅可以维持社会成员的基本生活，而且还具有促进社会公平、抑制贫富差距的重要作用（徐倩、李放，2012）。

为了促进国有企业改革与劳动用工制度的市场化进程，1997 年以后，我国逐步建立起城镇职工和城镇居民的养老、医疗、失业等社会保障制度，2003 年开始在农村试点并建立了新型农村合作医疗制度，2009 年启动了新型农村养老保险的试点工作。在建立和完善以上各项制度的过程中，社会保障和就业支出大幅增加。1998—2009 年，在剔除价格因素以后，11 年间社会保障和就业支出增长了 5.11 倍，平均年增幅达到了 17.88%，明显超过了同期实际 GDP 的增长速度（徐倩、李放，2012）。

2011 年，我国继续扩大新型农村社会养老保险试点覆盖面，开展做实企业职工基本养老保险个人账户试点，继续提高企业退休人员的基本养老金水平，提高城乡低保的补助标准，提高优抚对象等人员抚恤和生活补助标准，建立孤儿基本生活保障制度，切实保障受灾地区群众的基本生产生活，做好国有企业政策性关闭破产相关工作，落实更加积极的就业政策，加大小额担保贷款财政贴息的力度等。① 相应地,正如表 3.6 所表明的,政府也相应地提高了各项目的支出水平。这使得 2011 年中央财政安排社会保障和就业支出 4 715.77 亿元,完成预算的 106.8%,比上年决算数增长 23.9%。其中,中央本级支出 502.48 亿元,对地方转移支付 4 213.29 亿元。

表 3.6 2011 年中央财政社保就业支出主要安排情况　　　（单位:亿元）

项目	金额
新型农村和城镇居民社会养老保险覆盖面扩大到 60% 以上地区,对 60 周岁及以上居民发放养老金补助	196
对全国城乡低保对象、农村五保供养对象等 8 600 多万名困难群众发放生活补贴补助	311
提高企业退休人员基本养老金,月人均水平达到 1 500 多元;健全企业职工基本养老保险省级统筹制度,妥善解决未参保集体企业退休人员基本养老保险问题,补助企业职工基本养老保险基金	1 846.9
建立社会救助和保障标准与物价上涨挂钩的联动机制,将城乡最低生活保障标准分别由月人均 251 元和 117 元提高到 278 元和 135 元,提高孤儿基本生活补助标准,增加救助流浪乞讨人员的补助,支持残疾人社会保障和服务体系建设补助	797.4
落实优抚对象等人员抚恤和生活补助待遇,适时调整抚恤补助标准	236.88
保障受灾群众基本生活	86.4
支持做好国有企业政策性关闭破产相关工作,妥善安置职工;扩大鼓励创业的财税政策扶持范围,落实各项就业扶持政策,增加小额担保贷款财政贴息	413.84

注:由于数据可得性,表中项目并不完整。
资料来源:根据《2011 年中央和地方预算执行情况与 2012 年中央和地方预算草案的报告》整理

　　社会保障和就业支出占财政支出的比重能大体反映出政府对社会保障的投入力度。该比重在 1998 年约为 5.52%,此后为了尽快在我国建立基本的养老保险、医疗保险等社会保障制度,国家财政投入了大量资金对相关社会保障项目进行补助,因此社会保障和就业支出占财政支出的比重在 1998 年以后呈现出快速上升的趋势,在 2002 年达到 9.88%,增幅将近 80%。此后这一比例基本保持稳定,大约为 10%—11%。尽管社会保障和就业占财政支出的比例在过去的十多年时间内出现了明显的上升,但与世界上其他主要国家和地区相比仍然处于较低水平,尤其要指出的是,我国在《劳动和社会保障事业发展第十个五年计划纲要》中就提出"增加中央财政和地方各级财政对社会保障的支出,逐步

---

① 《数里行间的国家大账》,http://www.mof.gov.cn/zhengwuxinxi/caizhengxinwen/index_48.html。

将社会保障支出占财政支出的比重提高到15%—20%",但这一目标直到2011年仍然没有实现,这表明我国财政社会保障和就业支出的总体发展水平仍然相对滞后(徐倩、李放,2012)。

3.5.3 水利建设支出

近年来,我国频繁发生的严重水旱灾害造成重大生命财产损失,暴露出农田水利等基础设施建设的不足。为解除水利这个瓶颈制约,尽快扭转水利建设滞后的局面,2011年中央发布一号文件《中共中央国务院关于加快水利改革发展的决定》,明确将多渠道筹集资金,大力加强水利建设,力争今后10年全社会水利年平均投入比2010年高出一倍。毕竟,水利产业是国民经济中的基础产业,是国民经济可持续发展的前提和根本条件,加大水利建设投资是我国经济发展的需要。它是其他产业健康发展的保证,而以政府投资为主要投资渠道,是由水利建设巨大的外部效应和非经济效应决定的,私人投资无法满足其投资需求,只能以政府投资为主要资金来源。

文件提出的具体措施包括:从土地出让收益中提取10%用于农田水利建设;进一步完善水利建设基金政策,延长征收年限,拓宽来源渠道,增加收入规模;加强对水利建设的金融支持等。在解决资金来源基础上,到2020年基本建成四大体系:其一,防洪抗旱减灾体系。"十二五"期间继续实施大江大河治理的同时,基本完成重点中小河流重要河段治理,让全国小型病险水库全部摘除"病帽",全面完成山洪灾害易发区预警预报系统建设。其二,水资源合理配置和高效利用体系。全国年用水总量力争控制在6 700亿立方米以内,城乡供水保证率显著提高,城乡居民饮水安全得到全面保障,万元国内生产总值和万元工业增加值用水量明显降低,农田灌溉水有效利用系数提高到0.55以上,"十二五"期间新增农田有效灌溉面积4 000万亩。其三,水资源保护和河湖健康保障体系。主要江河湖泊水功能区水质明显改善,主要水质指标达标率提高到60%。城镇供水水源地水质全面达标,重点区域水土流失得到有效治理,地下水超采基本遏制。其四,有利于水利科学发展的制度体系。最严格的水资源管理制度基本建立,水利投入稳定增长机制进一步完善,有利于水资源节约和合理配置的水价形成机制基本建立,水利工程良性运行机制基本形成。①

基于四大体系的建设,在2011年,政府增加了水利建设支出的规模。当然,水利建设支出是一系列支出的合计,而非财政分类项目,该系列支出中最重

---

① 《政策解读:2011年中央一号文件为何锁定水利》,www.gov.cn。

要的项目是农林水事务支出。表3.7给出了农林水利事务支出的主要安排情况。从系列支出总额来看,2011年我国水利建设支出3 343亿元,其中,中央水利投资首次超千亿元,中央财政水利专项资金同比增长71.2%。通过资金投入力度的加大,一批骨干控制性工程开工建设,5 560万农村居民和838万农村学校师生喝上安全水,253处大型灌区的续建配套与节水改造,6 600余座病险水库的除险加固,800多条中小河流治理,1 250个小型农田水利重点县建设,600个县山洪灾害防治,5.1万平方公里水土流失综合治理等项目得以实施。①

表3.7　2011年中央财政农林水事务支出主要安排情况　　（单位:亿元）

项目	金额
加强农业农村基础设施建设,推进1 250个小型农田水利重点县建设,支持1 100个县开展山洪地质灾害防治,提前完成重点小型病险水库除险加固任务,治理1 239条中小河流。	1 398.78
完善农资综合补贴动态调整机制和农业保险保费补贴政策,稳定农作物良种补贴政策,进一步扩大农机购置补贴范围	1 351.3
加大农业技术推广力度,推动现代农业和农民专业合作组织发展	163
在主要牧区省份建立草原生态保护补助奖励机制	136
改造中低产田、建设高标准农田2 428.7万亩	230.12
构建财政综合扶贫政策体系,支持集中连片特殊困难地区扶贫攻坚补助	314.1
建成村级公益事业一事一议财政奖补项目34万个,有序推进公益性乡村债务化解试点	183

注:由于数据可得性,表中项目并不完整。
资料来源:根据《2011年中央和地方预算执行情况与2012年中央和地方预算草案的报告》整理。

3.5.4 "三公"经费支出

"三公"经费是指财政拨款支出安排的出国（境）费、车辆购置费和公务接待费,隶属于行政管理支出。由于政府部门的公费旅游、公车消费、公款吃喝等对该费用的滥用涉及行政管理支出的大量浪费和支出效率低下问题,故为社会所普遍关注。

在2011年3月召开的两会上,200多名全国人大代表和全国政协委员分别在议案和提案中提出了"三公消费"问题。3月23日,国务院总理温家宝主持召开国务院常务会议,决定2011年继续压缩中央部门"三公"经费预算,并在

---

①　资料来源:《2011——中国水利年》,《中国水利》,2011年第24期。

2011年6月向全国人民代表大会常务委员会报告中央财政决算时,将中央本级"三公"经费支出情况纳入报告内容,并向社会公开,接受社会监督。5月4日,国务院总理温家宝主持召开国务院常务会议。会议"要求中央各部门公开2010年度'三公'经费决算数和2011年'三公'经费预算情况,地方政府及其有关部门要比照中央财政做法,并做好部门预算、'三公'经费等公开工作。"[1]至于经费公开的具体情况,自科技部于4月14日首先向社会公开"三公"经费之后,其他中央部门随后陆续公布。2011年11月21日,国务院法制办公室公布《机关事务管理条例(征求意见稿)》,明确了机关运行经费支出、资产配置和服务保障标准的原则。

表3.8给出了中央部门"三公"经费的详情。可以看出:其一,从"三公"经费支出总额上看,2010年排名前三位的部门分别是国税总局(最高)、海关总署、质量监督检验检疫总局,排后三位的部门是国家信访局(最低)、扶贫办、中国红十字会;2011年支出总额排名前三位的部门及排序不变,排后三位的部门相同,只是三者的排序稍有变动,分别是国家信访局、中国红十字会与扶贫办(最低)。其二,从分支出项目来看,2010和2011两年出国(境)费用最高的三个部门均为体育总局(最高)、中科院、商务部,而最低的则是国家信访局;两年中车辆购置及运行费用最高的部门均为国税总局(最高)、海关总署、质量监督检验检疫总局,而最低的则是中国红十字会(2010)、中国人民对外友好协会(2011);两年中公务接待费用最高的部门均为国税总局(最高)、质量监督检验检疫总局、中科院,而最低的是国务院发展研究中心(2010)、中国红十字会(2011)。

就三项费用而言,比较来说,出国(境)费用在"三公"经费总额中占比相对较小,而车辆购置及运行费用相对较高。在"三公"经费支出总额排名前三位的部门中,车辆购置费用占"三公"经费总额的比重分别是:2010年,国税总局68.6%、海关总署91%、质量监督检验检疫总局66.3%;2011年,国税总局68%、海关总署87.9%、质量监督检验检疫总局66.2%。即使是"三公"经费支出总额排名最后的部门——国家信访局,其车辆购置及运行费用占比也分别达到了2010年的73.8%和2011年的65.7%。综合94个中央部门,车辆购置及运行费用占比的平均数,2010年为42.7%、2011年为41.6%。充分说明车辆购置及运行费用在"三公"经费支出中的重要程度,对该项费用的监督和管理也应当是重中之重。

---

[1] 三公经费,http://www.hudong.com/wiki/%E4%B8%89%E5%85%AC%E7%BB%8F%E8%B4%B9。

表 3.8 中央各部门"三公"经费支出

单位名称	公布时间	2010年决算（单位：万元）				2011年预算（单位：万元）				两年经费总数增量对比
		出国（境）费	车辆购置及运行费	公务接待费	合计	出国（境）费	车辆购置及运行费	公务接待费	合计	
科技部	20110414	1831.63	285.48	1538.77	3655.88	2047.52	304.35	1666.85	4018.72	362.84
中国工程院	20110706	239.09	158.5	91.59	489.18	250.22	103.12	54.8	408.14	-81.04
国家文物局	20110707	368.65	176.56	48.32	593.53	367.5	148.08	151.85	667.43	73.9
全国工商联	20110707	102.93	110	43.5	256.43	142.93	107.8	43.5	294.23	37.8
教育部	20110708	1545.48	199.59	751.05	2496.12	1546	195.6	768	2509.6	13.48
中国科学院	20110708	11295.77	7420.01	9995.5	28711.28	9411.52	6895.41	8043.66	24350.59	-4360.69
中国社会科学院	20110708	374.93	1702.05	56.49	2133.47	374.93	1617.46	58.66	2051.05	-82.42
国家自然科学基金委	20110708	330.08	359	72.25	761.33	303	221.48	51	575.48	-185.85
国家行政学院	20110708	166.5	109	56.6	332.1	200	106.82	56.6	363.42	31.32
国家中医药管理局	20110708	200	92.74	81	373.74	200	93.08	81	374.08	0.34
国家新闻出版总署	20110708	694.96	291.26	95.35	1081.57	540.51	366.01	220.02	1126.54	44.97
新华通讯社	20110708	1800	3369.85	292.92	5462.77	1800	3302.45	292.92	5395.37	-67.4
中华全国供销合作总社	20110708	324.14	232.08	191.4	747.62	335.96	232.21	193	761.17	13.55
国务院扶贫办	20110708	55.69	56.86	32.39	144.94	60	55.89	32.4	148.29	3.35
中国外文局	20110708	563.06	247.72	157.22	968	575.23	292.34	201.17	1068.74	100.74
国家档案局	20110708	187.53	470.22	70.12	727.87	143	520.67	76.5	740.17	12.3
审计署	20110711	616.72	1229.65	657.42	2503.79	617	1205.06	865	2687.06	183.27
国务院发展研究中心	20110712	158.32	137.47	5.84	301.63	140	86.24	18	244.24	-57.39
全国妇联	20110712	292.84	196.92	30	519.76	292.84	192.98	30	515.82	-3.94
国家电力监管委	20110712	70.06	853.08	79.8	1002.94	181.61	942.02	85.37	1209	206.06

（续表）

单位名称	公布时间	2010年决算（单位:万元）				2011年预算（单位:万元）				两年经费增量对比
		出国(境)费	车辆购置及运行费	公务接待费	合计	出国(境)费	车辆购置及运行费	公务接待费	合计	总数增量对比
民政部	20110713	415.04	544.75	152.4	1112.19	436.17	528.99	149.36	1114.52	2.33
文化部	20110713	1466.61	1292.18	633.82	3392.61	1701.95	1300.41	686.33	3688.69	296.08
财政部	20110714	2026.81	1776.73	368.47	4172.01	2636.16	1747.91	368.47	4752.54	580.53
商务部	20110714	5798.39	264.49	108.53	6171.41	5315.2	205.08	103.79	5624.07	-547.34
国家知识产权局	20110715	1313.49	367.61	144.73	1825.83	1603.77	360.1	178.01	2141.88	316.05
国家发改委	20110715	1908.2	732.13	565.78	3206.11	1628.08	714.55	639.46	2982.09	-224.02
交通运输部	20110715	1238.97	8256.08	959.94	10454.99	1269.57	8871.75	855.17	10996.49	541.5
农业部	20110715	4853.68	15140.2	3655.68	23649.56	4938.15	15108.84	3755.68	23802.67	153.11
监察部(含国家预防腐败局)	20110715	342.91	480.69	302.96	1126.56	504.06	439.28	311.06	1254.4	127.84
卫生部	20110715	1307.13	2599.23	390.08	4296.44	1492.78	2667.09	506.98	4666.85	370.41
国务院南水北调办公室	20110715	156.09	127.01	44.67	327.77	131.53	131.04	50.48	313.05	-14.72
水利部	20110716	1075.78	9994.24	951.86	12021.88	1196.1	8371.53	948.39	10516.02	-1505.86
中国地震局	20110717	566.31	4108.12	1692.82	6367.25	648.67	3710.42	1411.28	5770.37	-596.88
住房和城乡建设部	20110717	440.25	241.84	26.07	708.16	427	316.54	13.95	757.49	49.33
国家安全生产监督管理总局(含国家煤监局)	20110717	554.92	5162.1	882.45	6599.47	524.4	4721.25	842.21	6087.86	-511.61
国家食品药品监督管理局	20110718	523.3	452.54	123.84	1099.68	572	515.48	125	1212.48	112.8
国家粮食局	20110718	212.88	255.56	136.39	604.83	199.84	274.3	199.68	673.82	68.99
国家人口和计生委	20110718	470.54	193.7	262.96	927.2	494.01	184.23	278.25	956.49	29.29
人社部	20110718	857.33	584.01	353.04	1794.38	833.32	653.09	363.75	1850.16	55.78

（续表）

单位名称	公布时间	2010年决算（单位：万元）				2011年预算（单位：万元）				两年经费总数增量对比
		出国(境)费	车辆购置及运行费	公务接待费	合计	出国(境)费	车辆购置及运行费	公务接待费	合计	
国家邮政局	20110718	378	1048.84	670.94	2097.78	378	957.22	649.16	1984.38	-113.4
中共中央党校	20110718	183.5	328.8	59.93	572.23	183.5	352.56	59.93	595.99	23.76
国家民委	20110718	536.58	1826.6	1412.52	3775.7	590.32	1724.05	1450.84	3765.21	-10.49
国家林业局	20110718	1273.75	2214.45	787.78	4275.98	1683.01	1504.13	671.1	3858.24	-417.74
中国记协	20110718	170	40.49	248.49	458.98	170	58.8	266.75	495.55	36.57
国家工商行政管理总局	20110719	413.93	430.84	112.56	957.33	414	538.41	140	1092.41	135.08
国家统计局	20110719	1310.84	7190.54	3126.47	11627.85	1406.27	6839.53	3139.38	11385.18	-242.67
中国气象局（含全国气象部门）	20110719	1838.28	16940.73	3959.54	22738.55	1348.21	16564.09	3448.63	21360.93	-1377.62
宋庆龄基金会	20110719	60.33	38.18	175.12	273.63	47	38.42	314.2	399.62	125.99
中国民用航空局	20110719	2007.94	4894.91	2443.53	9346.38	1452.22	5016.81	1995.75	8464.78	-881.6
国家广电总局	20110719	2812.18	4553.47	1310.85	8676.5	2463.79	4493.95	1522.58	8480.32	-196.18
工业和信息化部	20110720	3052.54	2633.18	912.15	6597.87	3275.68	2571.84	1592.78	7440.3	842.43
体育总局	20110720	15432	939.76	376.02	16747.78	16568.01	966.93	688.64	18223.58	1475.8
国务院参事室	20110720	280.89	47.52	36.6	365.01	281.6	49	40	370.6	5.59
国务院办公厅、国务院研究室	20110720	121.76	299.85	16.85	438.46	129	294	17	440	1.54
中国残联	20110720	319.73	263.77	92.05	675.55	472.81	227.58	126.76	827.15	151.6
国家能源局	20110720	795.26	35.28	76.02	906.56	806	50.72	136.3	993.02	86.46
国家海洋局	20110720	992.2	4508.26	4283.85	9784.31	992.2	4418.09	4283.85	9694.14	-90.17
国家测绘地理信息局	20110720	320.86	581.55	665.73	1568.14	294.8	451.22	333.21	1079.23	-488.91
中国文联	20110720	641.65	429.89	120.76	1192.3	540	408.16	119.5	1067.66	-124.64

（续表）

单位名称	公布时间	2010年决算（单位：万元）				2011年预算（单位：万元）				两年经费总数增量对比
		出国(境)费	车辆购置及运行费	公务接待费	合计	出国(境)费	车辆购置及运行费	公务接待费	合计	
国土资源部	20110721	1141	1326.25	1270.28	3737.53	1291.72	1200.54	1294.23	3786.49	48.96
环境保护部	20110721	861.46	1132.54	610.1	2604.1	876.63	1099.9	669.82	2646.35	42.25
海关总署（含全国海关系统）	20110721	1100.87	45779.33	3420.9	50301.1	2619	45026.17	3573.26	51218.43	917.33
国家旅游局	20110721	202.87	343	285.98	831.85	202.87	336.14	280.26	819.27	-12.58
中国保监会	20110721	362.87	2263.95	1042.18	3669	368.53	1298.77	1107.1	2774.4	-894.6
中国人民对外友好协会	20110721	607.9	49.78	1229.53	1887.21	607.9	34.3	1229.53	1871.73	-15.48
中国红十字总会	20110721	107	30	15	152	107	41.16	3	151.16	-0.84
国家国防科技工业局（含国家航天局，国家原子能机构）	20110721	1027.83	256.34	432.96	1717.13	1064.33	273.38	440.1	1777.81	60.68
国家外国专家局	20110721	308.72	99.99	288.18	696.89	315.21	98.51	326.09	739.81	42.92
中国作家协会	20110721	286.26	164.3	59.57	510.13	337	169.95	55	561.95	51.82
国家税务总局（含国税系统）	20110721	1420.93	148623.6	66587.2	216631.7	1543.06	145588.3	66703.5	213834.87	-2796.81
国务院法制办	20110722	97.6	154	33.08	284.68	97.6	170	38	305.6	20.92
中国银监会（含全国银监系统）	20110722	1693.19	23359.26	3192.95	28245.4	1740.11	22571.62	3395	27706.73	-538.67
中国证监会	20110722	591.27	1964.36	771.75	3327.38	747.16	1683.6	821.92	3252.68	-74.7
中国国际贸易促进委员会	20110722	3963.8	272.03	473.55	4709.38	4338.98	356.17	752.54	5447.69	738.31
国家信访局	20110722	8.99	72.53	16.73	98.25	39.47	108.78	17.2	165.45	67.2

（续表）

单位名称	公布时间	2010年决算（单位：万元）				2011年预算（单位：万元）				两年经费总数增量对比
		出国（境）费	车辆购置及运行费	公务接待费	合计	出国（境）费	车辆购置及运行费	公务接待费	合计	
中央国家机关工委	20110722	56.79	178.14	9.74	244.67	56.79	174.58	9.74	241.11	-3.56
共青团中央	20110722	476.41	168.12	19.23	663.76	500	164.64	32	696.64	32.88
国务院国资委	20110722	2699.89	1607.55	334.31	4641.75	1381.37	1227.48	251.78	2860.63	-1781.12
公安部	20110723	2688.03	13077.44	2371.01	18136.48	2281	12428.82	2155.42	16865.24	-1271.24
铁道部	20110723	400.54	507.35	162.12	1070.01	374.53	551.24	164.01	1089.78	19.77
质量监督检验检疫总局	20110723	2867.71	27781.58	11236.6	41885.88	2396.2	26981.78	11384.7	40762.64	-1123.24
全国社会保障基金理事会	20110723	538.13	83.31	56.7	678.14	475	49	68	592	-86.14
中国人民银行	20110724	1999.66	301.18	122.25	2423.09	1999.84	369.58	122.26	2491.68	68.59
国家外汇管理局	20110724	576	261	29.9	866.9	576.13	233.82	46.81	856.76	-10.14
国家宗教事务局	20110725	200.93	132.94	379.35	713.22	216.17	129.62	408	753.79	40.57
国务院三峡办	20110725	141.46	122.31	16.93	280.7	78.6	128.87	17	224.47	-56.23
国务院物资储备局	20110725	120.74	2094.85	1193.76	3409.35	100	1734.57	1193.54	3028.11	-381.24
法学会	20110725	78.3	70	35.4	183.7	80	68.6	43	191.6	7.9
全国人大机关	20110725	132	213	34	379	140	220	40	400	21
司法部	20110726	412.96	907.75	164.47	1485.18	413.13	829	112.84	1354.97	-130.21
最高人民检察院	20110726	359.23	554.78	166.59	1080.6	322.31	524.19	232.56	1079.06	-1.54
国务院机关事务管理局	20110727	83.59	4487.55	57.34	4628.48	100	4384.27	62.97	4547.24	-81.24
中国侨联	20110729	325.2	240.31	362.81	928.32	204.47	213.64	337.18	755.29	-173.03
全国政协	20110730	590.32	251.44	325.03	1166.79	802.41	307.31	406.6	1516.34	349.55

注：其中欠缺外交部、国务院港澳事务办、国务院侨务办公室、国家煤矿安全监察局四个部门的数据。
资料来源："三公经费专题"，人民网 www.people.com.cn。

自改革开放以来,我国政府行政支出无论是从绝对规模上还是从相对规模上,都呈连年攀升的态势。政府行政支出的不合理增长,挤占了科教文卫、社会保障等社会公共服务资金,严重影响政府全面履行职能;庞大的行政支出加重了财政负担,造成了行政支出的大量浪费,影响了政府在公众中的形象;行政支出内部结构不合理,阻碍了政府行政效率的提高。作为行政支出中非常重要的组成部分,对"三公"经费公开的呼声日高正是政府和社会寻求政府行政支出体外监督制衡机制的表现。

第 4 章

中国财政体制分析

　　财政体制,也常被称为财政管理体制,一般是指明确政府间财政收支权限划分以及地区间财政平衡措施的制度体系,在我国它还包含规定政府与国有企业、事业单位之间财政分配关系的制度体系。为了把握现阶段中国财政体制的概况并对近年来中国财政体制的重大改革措施进行深入分析,我们首先对财政体制的历史做一个简单回顾。

4.1　分税制以前的财政体制

4.1.1　改革开放以前的高度集权的财政管理体制

　　如表 4.1 所示,在新中国成立初期,我国采用的是"高度集中,统收统支"的财政体制。就此等体制而论,它是与高度集权的计划经济体制相对应的,其主要特征表现为中央直接控制经济系统的末梢,即国有企业的生产经营活动。国有企业上缴所有利润,而国家则通过财政拨款来满足国有企业的各项支出。因此,在那个时候,整个中国像个大工厂,而企业就像一个个车间,财政的职能是"以资本分配方式直接控制社会经济资源的流向和组织产品生产"(王加林,2002)。至于各级地方政府,它们只是执行中央财政预算的机构,没有独立的财政收入,也没有独立的预算支出编制权。很显然,这样的体制缺乏基本的激励机制,压抑各方的积极性和创造性,造成整个经济活动的低效与供给不足。

表 4.1 1950—1980 年的财政体制

年份	财政体制
1950	高度集中,统收统支
1951—1957	划分收支,分级管理
1958	以收定支,五年不变
1959—1970	收支下放,计划包干,地区调剂,总额分成,一年一变
1971—1973	定支定收,收支包干,保证上缴(或差额补贴),结余留用,一年一定
1974—1975	收入按固定比例留成,超收另定分成比例,支出按指标包干
1976—1979	定收定支,收支挂钩,总额分成,一年一变

注:对于 1976—1979 年的体制,部分省(市)试行"收支挂钩,增收分成"。
资料来源:李萍(2010,第 1 页)。

鉴于建国初期财政体制的问题,从 20 世纪 50 年代后期直至改革开放初期,我国的财政管理体制进行了数次变动(参见表 4.1)。但是,受计划经济体制的影响,此阶段的财政体制基本上只是就中央与地方之间的收支划分方式上进行调整,未能从根本上改变政府通过直接介入生产过程来参与资源配置的角色。特别地,就这段时期的调整而论,尽管我们着眼于下放一定的权和利给地方,在一定程度上给高度集权化的财政体制引入分权化因素,以调动地方的积极性,即给地方政府一定的管理企业的权力,并相应地获取一定的利润支配权,但这种经济管理上的行政性权力划分,造成了一旦放权企业管理就出现经济混乱的局面。"一收就死,一放就乱"正是计划经济下财政管理体制的困境。

4.1.2 改革开放后的"利改税"与财政包干体制

1978 年,党的十一届三中全会做出了改革开放的战略决策,我国经济开始由单一的封闭式产品经济向多样化的开放型商品经济转变。计划经济向市场经济的逐步转变,要求财政管理体制的相应改革。至 1994 年分税制改革实施前,中国财政管理体制大致经历了三次比较大的调整:1980 年"划分收支、分级包干"的分灶吃饭体制,1985 年的"划分税种、核定收支、分级包干",以及 1988 年推行的"财政大包干"。而 1980 年开始的"利改税"则是这三次财政体制调整的基础。

如上所述,到 20 世纪 70 年代末,中国财政体制基本上是一个以政府渗透整个经济的各环节进行资源配置、通过直接控制企业来参与国民收入分配的手段。改革开放初期,为了调动企业生产的积极性和创造性,实行过"利润留成制度"等一系列的、对企业放权让利的改革。但是,企业情况千差万别,利润留成只能"一户一率",因此,常常发生地方、企业与国家争利的扯皮现象。为了解决这些问题,"利改税"试点应运而生,即把国有企业向国家上交的"利润"改为缴纳"税金",将所得税引入国有企业利润分配领域,税后利润全部留归企业,以使国有企业逐步走上自主经营、自负盈亏的道路,把更多的企业经营决定权留给企业。这种将企业与政府之间的分配关系标准化、制度化的改革,通过1983年、1984年在全国范围内开始的两步"利改税"得以彻底实施。这样在制度上明确了中央固定收入、地方固定收入和共享收入的来源,改变了以前主要是根据对国有企业的所有权来划分中央与地方之间的收入状况,让政府收入与税收之间建立了联系,为接下来的政府职能转变和建立公共财政打下了基础。

在通过利改税来逐步理顺国家与企业之间分配关系的过程中,中央财政对地方政府放权的力度也在不断加大,其总的趋势就是将高度集中于中央的财权下放,让地方具有更大的获取财源的空间,以调动地方发展经济的积极性。如1980年"划分收支、分级包干"就是采取"分灶吃饭"的措施来改变过去"吃大锅饭"的高度集中体制;1985年进一步采取了"划分税种、核定收支、分级包干"的形式,即明确按税种进行收入划分并按既有的行政隶属关系进行支出划分,建立中央和地方各司其职的体制;1988年推行的"财政大包干"进一步扩大了地方的自主权。不过,与1980年的改革相同,1985年和1988年的改革事实上仍然是着重"分灶吃饭"、"放权让利",而并非是通过政府间职能划分来明确各级政府间的事权、支出权和收入权,还不能算是真正的财政分权,因此也留下了不少隐患。

4.2 我国1994年的分税制改革

改革开放以后的财政管理体制改革虽然调动了地方政府发展经济的积极性,但由于财政分权的不彻底,仍然存在一些问题:其一,中央和地方分配关系上的不确定和不规范。"利改税"使得政府与企业之间的分配关系得以转变,但中央与地方之间在事权划分上的不明确造成各级政府支出权的不明确,而这段时间的放权让利只注重收入在中央与省级地方政府之间的划分方式的改变,因而政府间财政关系中仍然存在"让利"问题上的讨价还价博弈,缺乏规范性和稳定性。其二,国家财力下降以及中央和地方分配比例失调。包干制把中央财政收入的增长给"包死",增量大部分留给了地方政府,导致中央财政收入在全国财政收入中的比重不断下降。1988年以后,地方政府每年的新增收入绝大部分留在地方政府,且地方政府达不到递增包干水平的,中央还得减免其应上缴数额,本应属于地方政府包干范围内的开支事项,也要求中央政府给予专项拨款补助,中央财政负担越来越重。而另一方面,财政包干制下,地方独立性和自主权迅速扩大,地方上缴中央财政收入数量通过谈判达成,在一定时间内还可以再谈判和修改,因此地方政府害怕"鞭打快牛",愿意放慢预算收入的增长藏富于企业,刺激地方经济发展,因而中央收入不断下降。其三,中央和地方支出职能的混乱及其引致的问题。由于中央财政收入占GDP比重下降,中央政府将更多的公共支出责任下放给地方政府,而地方政府则通过非预算收入来解决资金来源问题。

为了理顺中央和地方之间的财政关系,1993年12月15日,国务院发布了《国务院关于实行分税制财政管理体制的决定》,决定从1994年1月1日起改革财政包干体制,在全国范围内对各省(自治区、直辖市以及计划单列市)全面实行分税制财政管理体制(简称分税制)。明确划分中央和地方的利益边界、规范政府间的财政分配关系,主要内容是"三分一返",即在划分事权的基础上,划分中央与地方的财政支出范围;按税种划分收入,明确中央与地方的收入范围;分设中央和地方两套税务机构;建立中央对地方的税收返还制度。

4.2.1 中央和地方事权及支出的划分

根据中央政府和地方政府事权的划分,中央财政主要负责国家安全、外交、中央国家机关的运转,调整国民经济结构,协调地区发展,实施宏观调控以及由中央直接管理的事业发展等事务所需支出;地方财政主要负责本地区政权机关运转及本地区经济及事业发展所需支出。

按照事权的划分,相应地,中央政府支出包括国防费、武警经费、外交和援外支出,中央级行政管理费、中央统管的基本建设投资,中央直属企业的技术改造和新产品试制费,地质勘探费、由中央财政安排的支农支出,由中央负担的国内外债务的还本付息支出以及中央本级负担的公检法支出和文化、教育、卫生、科学等各项事业费支出。地方政府的支出为地方行政管理费、公检法支出、部分武警经费、民兵事业费、地方统筹的基本建设投资、地方企业的技术改造和新产品试制费、支农支出、城市维护和建设经费、地方文化、教育、卫生等各项事业费、价格补贴支出以及其他支出。

4.2.2 中央和地方收入的划分

如上所述,从某种意义上来说,分税制财政体制改革方案的出台与当时中央财政收入出现严重下滑有关,因此,分税制初期的制度设定十分重视对收入的划分,其基本思路是:将维护国家权益、实施宏观调控所必需的税种划为中央税;将同经济发展直接相关的主要税种划为中央与地方共享税;将适合地方征管的税种划为地方税,并充实地方税税种,增加地方税收收入。具体税种的划分情况如表4.2所示。

表4.2 分税制改革中的主要税种的划分

税种	归属
增值税	75%归中央、25%归省级政府
消费税	中央政府
海关代征消费税和增值税	中央政府
关税	中央政府
营业税	地方政府(但外企以及合资企业的海洋石油企业的营业税,以及经贸委、电力、石化以及有色金属等总公司隶属企业的营业税的70%归中央政府)
企业所得税(法人税)	外资及合资的海洋石油企业的所得税、中央企业、银行及其他金融机构的企业所得税归中央政府;地方国有、集体和私有企业的所得税归地方政府
个人所得税	中央政府、省级政府
证券交易印花税	97%归中央,3%归地方(上海、深圳)
房产税	地方政府
车船税	地方政府
城市维护建设税	地方政府
土地增值税	地方政府
耕地占用税	地方政府
资源税	海洋石油资源税归中央政府,其余资源税归地方政府
印花税	地方政府

资料来源:根据国家税务总局网站资料整理而成。

在税收管理上,1994年开始分设中央与地方两套税务机构,中央税、共享税及地方税的立法权集中在中央。税收实行分级管理,中央税和共享税由中央税务机构负责征收,共享税中地方分享的部分,由中央税务机构直接划入地方金库,地方税由地方税务机构负责征收。

4.2.3 中央财政转移支付制度

在 1994 年分税制改革的基础上,为了解决地区收支的不均衡问题,国家逐步试行了转移支付制度。包括：专项转移支付、一般性转移支付和税收返还。其中,税收返还制度是我国实行分税制时为了保障地方既得利益,中央政府对地方政府的一项让步措施,即将因导入分税制而使地方政府减少的税收收入由中央全额归还地方政府。其最初的制度设计框架基本如下：

首先,1993 年作为基数年,将当年中央财政的增收部分全额归还地方。计算公式如下：

$$R = C + 0.75V - S$$

R：1993 年中央政府向地方政府的返还额（成为 1994 年以后的返还基数）

C：消费税额

V：增值税额

S：1993 年中央向地方转移金额

其中,"S"既表示在原有制度下财力丰富地区向中央上解的财力,也表示财力匮乏地区接受的转移支付。它表示中央把在 1993 年按新体制计算的净增加的收入全部返还给地方。

其次,对于 1994 年以后的返还额,以 1993 年返还额 R 为基数每年递增。递增率按增值税的 75% 加消费税的全国平均增长率乘以 0.3。

关于 1994 年的分税制改革,由于涉及中央和地方财权、事权的划分,这次改革是新中国成立以来规模最大、范围最广、内容最多的一次财政体制变革,它奠定了我国当前财政管理体制的基本框架（上述内容经过多年的修改有了很大变化,但基本框架仍然被保留）,为政府间财政关系的稳定,为调动中央与地方两个积极性提供了制度保障和基础。从目前的情况来看,在经历了一系列"放权"、"分权"的改革探索之后,以分税制改革为中心的中国财税体制改革进入了比较稳定的运行阶段。此后,中国财政分权不再是相互扯皮的碎片式改革,而是逐步走向规范化和制度化的建设。特别地,在分税制实施之后,"两个比重"的逐年上升,中央财政实力增强,地方财政收入占总财政收入的比重从 1993 年的 78% 下降到 2007 年的 46%。事实证明,分税制从机制上保证了中央财政收入的较快增长,为进入 21 世纪以后国家实力的增强以及各项基础设施的建设起到了不可小觑的作用。

4.3 对分税制的进一步完善

当然,强调分税制改革的历史地位及其建设性作用,并不是为了说明1994年的分税制是完美无缺的。实际上,受历史条件等诸多因素的限制,1994年所确定的分税制还有诸多的问题。其一,在中央和地方的收入分配问题上。我国建立"分税制"是在急需改变财力过度分散于地方、中央财政状况日趋恶化的背景下进行的,因此,这一体制更多地关注财政收入如何在不影响地方政府积极性的前提下,增加中央财政收入的问题。但在分税制改革后,情况得到了逆转:由于大部分税源都集中于中央财政,地方财政收入与其所承担的功能不匹配,地方财政,尤其是基层政府财政窘迫等问题逐渐显露。其二,在地方的财政分配上,在收入向中央集中的情况下,中央往往通过"税收返还"等转移支付来保证地方的财政收入。但是,在初始设定的制度框架下,经济发展快、税收收入好的地区所享受的税收返还金额也就高,反之则低。因此,在此制度框架下,地区间的不平衡问题不仅不能得以缓解,而且越来越严重。当然,后来,税收返还制度经历了多次调整,并且其在中央转移支付中的比重正在缩小,但是税收返还制度仍然存在,这使得我国财政转移支付以基数为标准的特色浓厚,因而在激励地方政府增加税收收入方面的作用大,而在平衡地区间差距、实现公共财政的职能方面功能不足。这与理论上所要求的转移支付制度功能背道而驰,也是被学者所诟病之处。其三,在支出管理方面,1994年的分税制对于如何理顺各级政府的职能以及相应的财政支出关系并没有来得及深思熟虑;同时,也缺乏对财政体制科学化、精细化和法制化等方面的筹划。鉴于方方面面的问题和不足,在分税制改革之后,就分税制进行完善的改革频频出台。与上述诸问题相对应,这些改革措施总体来说,有这样几个特点:第一,强化中央平衡功能,明确基层地方政府的服务功能;第二,财政管理方面更加强调科学化、精细化和法制化;第三,财政监督逐步走向民主化、透明化。以下就这些特点具体说明。

4.3.1 强化中央财政的平衡功能与明确基层地方财政的服务功能

首先,通过不断完善转移支付制度,强化中央财政的平衡功能。转移支付制度改革总的方向是逐步改变以利益博弈分配财力的转移支付方式,建立以均衡公共服务水平为目的的转移支付制度。其一,在技术上,力图建立在客观、精细地计算财力供给能力和服务需求成本差异的基础上实现均衡性转移支付的方法。如细化主要税种的测算方法，以更精确地反映地方标准收入能力；按辖区总人口测算标准支出，并在考虑地区间差异的基础上确定单位公共服务成本等。其二，在制度上，逐步缩小税收返还和专项转移支付在总的转移支付中的比重，扩大一般转移支付的比重（如仅2010年，一般性转移支付占中央对地方转移支付的比重就提高了0.6个百分点①），并且注重增加平衡各种差距的专项转移支付项目。在分税制实施初期，除了运用税收返还制度来调整地方与中央之间的财政关系之外，还保留了原来的体制补助、体制上解、专项补助、专项上解、结算补助及其他补助等项目。这些项目与税收返还制度一样，也都是中央政府为了顺利实施分税制而对地方既有利益的让步。在随后十几年的改革中，这些内容经过多次调整和变动，逐步朝着转移支付制度科学化和规范化的方向发展。其中包括：归并和清理专项转移支付项目，规范专项转移支付管理办法；完善民族地区转移支付办法，健全生态功能区转移支付制度，资源枯竭城市转移支付规模逐步扩大。目前，上述这些项目都归并为一般性转移支付②和专项转移支付两大类。一般性转移支付包括均衡性转移支付、民族地区转移支付、调整工资转移支付、农村税费改革转移支付、县乡奖补转移支付等。专项转移支付包括社会保障支出、农业支出、科技支出、教育支出、医疗卫生支出等。其中，一般转移支付的目的是为了平衡财力，缩小差距，以保障各地方政府履行公共财政职能；而专项转移支付则是为了实现各项中央制定的具体政策目标。

其次，明确和加强基层地方财政的公共服务功能。加快政府职能转变，建立服务型政府是我国行政体制改革的主题，而基层政府最为接近民众，理应成为提高公共服务的主体，因而对基层政府的财力保障则成为一个急需解决的问题。特别地，为了走出基层政府财政困窘的局面，2005年，党的十六届五中全会提出"理顺省以下财政管理体制，有条件的地方可实行省级直接对县的管理体制"③，党的十七大也进一步提出完善省以下财政体制，增强基层政府提供公共服务能力的要求，这将中国财政体制改革推向一个新的阶段。其中最重要的改革就是"建立县级基本财力保障机制"、"省管县"和"乡财县管"等措施。

（1）关于县级基本财力保障机制的建立。在分税制改革之初，我国财政体制强调"按照财权与事权相结合的原则层层推行理想化的分税制"④，强调财权与事权相匹配。但是，由于因种种客观原因，很多基层政府即使拥有财权也并

---

① 谢旭人："关于2010年中央财政决算报告"，新华网，2011年6月27日。
② 2009年财政部将财力性转移支付改称"一般性转移支付"，原一般性转移支付改称"均衡性转移支付"。
③ 中国共产党十六届五中全会文件：《关于制定国民经济和社会发展第十一个五年规划的建议》。
④ 刘尚希：财政分权改革——"辖区财政"，财政部财政科学研究所网页，http://www.crifs.org.cn/crifs/html/default/difangcaizheng/_history/3276.html。

不能获得必需的财力,因此造成财力与事权相脱节,无法执行事权,使得最为贴近民生的基层政府财政运行陷入困境。为此,从2005年开始,中央财政出台了以缓解县乡财政困难为目标的"三奖一补"激励约束机制,对财政困难县增加税收收入和省市级对财政困难县增加财力性转移支付给予奖励、对县乡政府精简机构和人员给予奖励、对产粮大县给予奖励、对以前缓解县乡财政困难工作做得好的地区给予补助。而在2009年,中央财政陆续开展了县级基本财力保障机制政策设计、方案测算等工作,研究建立县级基本财力保障机制,推动县级财政由"保工资、保运转"向"保工资、保运转、保民生"[①]转变。再到后来的2010年,中央财政按照"明确责任、以奖代补、动态调整"的基本原则,进一步完善中央对地方的激励约束机制,印发了《关于建立和完善县级基本财力保障机制的意见》,明确政策目标、基本原则、中央奖补办法和地方配套措施要求等,全面部署建立和完善县级基本财力保障机制。

应该说,县级基本财力保障机制对于中国财政改革和发展具有极其重要的意义。一方面,该机制为分税制改革后地方财力尤其是作为基层的县级政府的财力提供了保障。另一方面,保障基本财力的机制设计是我国财政体制从发展性财政转向民生财政的一个重要转折点,因为基础教育、医疗卫生、社会保障等许多直接提供民生服务的功能是由县级政府提供的。过去由于自上而下层层分税,处于倒数第二层次的县级政府往往承担事权最多而财力不足,有些县级政府甚至出现拖欠教师等人员工资的现象。通过这一改革措施,明确了省级、市级财政对辖区公共财政的责任范围,并将中央对地方财政转移支付与基层政府执行公共财政职能的基本需要以及为此而进行的财力保障努力相挂钩。

(2)关于"乡财县管"与"省直管县"。为了加强基层地方财政的公共服务功能,除了上述建立县级基本财力保障机制之外,还通过"乡财县管"和"省直管县"来解决分税制改革后地方财政的困境。其一,关于"乡财县管",早在2004年实施农村税费改革试点时,中央就提出"积极稳妥地推行'乡财县管乡用'等管理方式"[②]。而在"十一五"期间,中央则制定了一系列政策措施推进"乡财县管"改革。2006年,财政部印发了《关于进一步推进乡财县管工作的通知》,2008年和2010年又分别印发了《关于发挥乡镇财政职能作用加强财政预算管理的意见》、《关于印发切实加强乡镇财政资金监管工作的指导意见的通知》。

---

① 财政部文件:《关于建立和完善县级基本财力保障机制的意见》,财政部网页,http://jx.mof.gov.cn/lanmudaohang/zhengcefagui/201010/t20101026_344273.html。

② 国发[2004]21号文件:《国务院关于做好2004年深化农村税费改革试点工作的通知》,财政部网页,http://zgb.mof.gov.cn/zhengwuxinxi/zhengceguiding/200806/t20080618_46330.html。

这些文件都是强调加强县级政府对乡镇财政的管理,以规范乡镇收支行为,进一步巩固农村税费改革成果,实现乡镇财政管理工作日常化、制度化。其二,在提出"乡财县管"的同时,"省直管县"的制度试点也被提上议事日程。2005 年,党的十六届五中全会《关于制定国民经济和社会发展第十一个五年规划的建议》中提出"理顺省以下财政管理体制,有条件的地方可实行省级直接对县的管理体制"。温家宝总理在 2005 年 6 月全国农村税费改革工作会议和 2006 年全国农村综合改革工作会议上两次提出要推进"省直管县"的财政管理体制改革。2008 年以来,党和政府连续下发了《中共中央、国务院关于地方政府机构改革的意见》(中发[2008]12 号)、《国务院关于编制 2009 年中央预算和地方预算的通知》(国发[2008]35 号)、《中共中央、国务院关于 2009 年促进农业稳定发展农民持续增收的若干意见》(中发[2009]1 号)、《关于推进省直接管理县财政改革的意见》(财预[2009]78 号)以推动"省直管县"的改革。尤其是在第十一个五年规划纲要中明确了改革的总体目标是,2012 年年底前,力争全国除民族自治地区外全面推进省直接管理县财政改革,稳步推进扩权强县改革试点,鼓励有条件的省份率先减少行政层次,依法探索省直接管理县(市)的体制(钟晓敏,2011)。财政部部长谢旭人 2011 年 6 月 27 日向全国人大常委会作关于 2010 年中央决算的报告时指出,我国已在 27 个省份 970 个县推行了省直管县财政管理方式改革。① 至于我国"省直管县"财政改革试点的具体情况,归纳起来目前大致有两级管理型、全面管理型、资金管理型、省市共管型以及扩权强县型等五种类型。②

---

① 新华网,2011 年 6 月 27 日,http://news.xinhuanet.com/2011-06/27/c_121591520.htm。
② 关于这五种类型的具体情况:其一,两级管理型。以北京、天津、上海、重庆等直辖市以及海南省为代表的两级管理型。这种体制的特点是,财政管理体制与行政体制相匹配,没有地、市级中间环节,财政体制顺应行政管理体制,实行两级管理。其二,全面管理型。以浙江、湖北、安徽、吉林等省为代表,对财政体制的制定、转移支付和专款的分配、财政结算、收入报解、资金调度、债务管理等财政管理的各个方面,全部实行省对县直接管理。其三,资金管理型。以山西、辽宁、河南等省为代表,主要是对转移支付、专款分配以及资金调度等涉及省对县补助资金分配方面实行省直接管理。其四,省市共管型。以广西和福建等省为代表。省级财政制定财政体制、核定财政收支、分配转移支付补助资金时,直接核定到县,但在资金调度时仍以省对市、市对县方式办理,同时,省级财政加强对市县监管。其五,扩权强县型。以四川省为代表。该省于 2007 年选择 27 个县启动第一批扩权强县改革试点,2009 年新增 32 个县,目前共有 59 个县纳入试点范围,扩权内容为省政府赋予试点县与市相同的 8 个方面共计 56 项经济管理权力。在一定程度上触动了地方政府层级结构,对提高行政效率、促进县域经济发展、增加财政收入规模、缓解县乡财政困难起到了积极作用。这种管理方式的特点是:因地制宜,先易后难,循序渐进,逐步完善(全国预算与会计研究会课题组,2011)。

4.3.2 财政管理的科学化、精细化和法制化建设

首先,自 2001 开始,财政部通过试点逐步推行中央部门预算改革,即实行"一个部门一本预算"的预算管理制度,2002 年又要求中央各部门按照基本支出、项目支出分别编制预算,并对 34 个部门的预算外收入实行纳入预算管理和收支脱钩的办法来尽量完整地反映政府部门预算内外收支活动。随后,这一模式由通过建立国库集中收付制和非税收入收支两条线制度得以在全国推广和强化。2011 年中国政府全面取消了预算外资金,将所有政府性收支都纳入预算管理。这些关键性的改革,推动了我国财政管理朝着适应市场经济的科学化方向发展。

其次,改变过去政府预算收支科目的分类方法,建立"体系完整、反映全面、分类明细、口径可比、便于操作"的政府收支分类科目体系。这项改革起始于 1999 年《政府收支分类改革方案》,经过 2005 年国务院的正式批准,并于编制 2007 年预算时正式全面实施。其主要内容是:第一,形成一个统一、规范的收支分类体系,将预算内、预算外收支、社保基金等收支都纳入政府收支,建立全口径政府收支的概念。第二,将支出进行功能性分类和经济性分类的区分,并统一按支出功能设置类、款、项三级科目。第三,将我国政府收支分类体系逐步与国际财政统计口径衔接。这些改革,不仅进一步推进了预算管理的科学化,同时也使得预算管理朝着精细化方向完善。

最后,这一时期的改革,让我国财政管理逐步走向规范化和法制化。这主要体现在两个重要相关法律的制定与修改。一是 2002 年年底《政府采购法》的正式颁布,标志着我国政府采购进入法制化阶段的改革;二是 1995 年《预算法》的制定以及之后,尤其是 2010 年新一轮的修订。2011 年 11 月 16 日,国务院原则通过了《预算法修正案(草案)》,并公布了《预算法》修改的原则,即:其一,增强预算的科学性、完整性和透明度。各级政府的全部收入和支出都要纳入预算。除涉及国家秘密的内容外,各级政府和各部门的预算、决算都要依法向社会公开。其二,健全财政管理体制。各级政府之间应当建立财力保障与支出责任相匹配的财政管理体制。其三,完善财政转移支付制度,做到规范、公平、公开。其四,强化政府债务管理,防范财政风险。其五,严格预算执行,规范预算调整,完善预算审查监督。原本预计在 2011 年的两会上审议该草案,但由于种种原因而未能审议,预计 2012 年预算问题仍将会成为我国财政体制改革方面最值得关注的问题之一。

4.3.3 财政监督逐步走向民主化、透明化

在最近几年以来,我国财政管理在民主化、透明化方向上迈出了积极的一步,这表现为政府在推进财政预算公开方面做出了很大努力。自《政府信息公开条例》公布以来,财政部就通过政府网站等途径主动公开财政体制、预算管理制度、相关政策规章、预算报告以及全国财政收支决算表等。2008年9月开始,财政部还主动公开月度财政收支执行情况;2009年首次向社会公开经全国人大批准后的中央财政收入预算表、中央财政支出预算表、中央本级支出预算表、中央对地方税收返还和转移支付预算表等四张报表;2010年财政部印发了《关于进一步做好预算信息公开工作的指导意见》(财预[2010]31号)的通知,并在当年的预算报告中首次报告了全国政府性基金预算和国有资本经营预算;2010年还实现了中央部门预算首次向社会公开;2011年1月28日,财政部发布了《关于深入推进基层财政专项支出预算公开的意见》(财预[2011]27号),要求遵循"谁分配、谁公开,分配到哪里、公开到哪里"的原则,重点公开与人民群众利益密切相关的教育、医疗卫生、社会保障和就业、住房保障支出以及"三农"等方面的财政专项支出。

附录4.1 "省直管县"改革促进县域经济增长的途径

财政"省直管县"改革,是近年来财政管理体制改革的一项重要内容,其核心是在维持我国五级政府的基本构架下,通过财政管理体制的改革来推动行政管理体制改革,促进县域经济发展。从理论上看,"省直管县"作为一种在省、市、县三级政府之间财政分权的模式,其实质在于通过"扩权强县",增加县级政府的财政自主权,进而促进经济,特别是县域经济的增长。有研究表明,财政"省直管县"会促进县域经济增长(肖文、周明海,2008;李夏影,2010)。这一结论也符合一般意义上的"财政分权可以促进地方间的竞争,从而促进经济增长"的财政联邦主义的逻辑。但问题是,省直管县对于促进县域经济增长的途径是什么?本附录将就这个问题展开实证分析。

(1) 理论模型及实证计量模型设置

首先,关于理论模型。对于这一问题的分析,我们将采用广义AK型生产函数来构建模型,具体如下:

$$y = Ak^{1-\alpha}(\beta g)^{\alpha} \tag{1}$$

其中 y 表示每个厂商的产出,A 表示技术水平,k 表示每个厂商的私人人均资本,g 表示每个厂商平均分摊的政府支出,β 表示每个厂商平均分摊的政府支出中用于投资支出的份额。政府预算约束如下:

$$ng + C = L + \tau ny \tag{2}$$

其中 n 表示厂商个数,C 表示政府消费,L 表示总额税,τ 表示商品税税率,一般而言 $\tau < 1$。在等弹性效用函数情况下,Barro 和 Sala-I-Martin(1992)证明了在长期情况下的增长率 ϕ 为:

$$\phi = \lambda(1-\tau)(1-\alpha)A^{\frac{1}{(1-\alpha)}}\left(\frac{\beta g}{y}\right)^{\frac{1}{(1-\alpha)}} - \mu \tag{3}$$

其中 λ 和 μ 是效用函数中的常数,(3)式分别对 A、α、β 和 y 求偏导数则有:

$$\frac{\partial \phi}{\partial A} = \lambda(1-\tau)A^{\frac{\alpha}{(1-\alpha)}}\left(\frac{\beta g}{y}\right)^{\frac{1}{(1-\alpha)}} > 0 \tag{4}$$

$$\frac{\partial \phi}{\partial \alpha} = \lambda(1-\tau)A^{\frac{\alpha}{(1-\alpha)}}\left(\frac{\beta g}{y}\right)^{\frac{1}{(1-\alpha)}}\left(\frac{\ln A}{1-\alpha} + \frac{\ln g - \ln y}{1-\alpha} - 1\right) \tag{5}$$

$$\frac{\partial \phi}{\partial \beta} = \lambda(1-\tau)A^{\frac{1}{(1-\alpha)}}\left(\frac{\beta g}{y}\right)^{\frac{\alpha}{(1-\alpha)}}g > 0 \tag{6}$$

$$\frac{\partial \phi}{\partial y} = -\lambda(1-\tau)A^{\frac{1}{(1-\alpha)}}\left(\frac{\beta g}{y}\right)^{\frac{\alpha}{(1-\alpha)}}\frac{\beta g}{y^2} < 0 \tag{7}$$

(4)式表明技术进步将有助于长期稳态的经济增长,这里我们称之为"技术进步效应";当 $Ag > e^{1-\alpha}y$ 时(5)式大于0,这表明当技术进步索洛项 A 和政府支出项 g 的乘积足够大时,生产函数形式的改变(α 增大)将促进稳态经济增长率提升,这里我们称之为"生产函数效应";(6)式表明政府支出中用于投资的份额越大,稳态经济增长率将越高,这里我们称之为"政府投资效应";(7)式表示企业平均产出小,则长期增长率将增加,这里我们称之为"市场竞争效应"。

其次,关于实证计量模型设置。根据(1)式的生产函数,假设企业是同质的,那么对加总后的总量 Y(即 GDP)取对数后,则有:

$$LnY = LnA + \alpha Ln\beta + (1-\alpha)LnK + \alpha Lnl + \alpha Lng \tag{8}$$

由上式可知,在政府支出结构不变的情况下(β 不变),"省直管县"政策的实施可以通过三种途径影响生产函数:一是保持生产函数形式不变(即 α 不变),而只改变 LnA;二是 LnA 不变,而生产函数形式改变(α 变化);三是两者都发生了变化。LnA 的变化我们可以通过"省直管县"二值虚拟变量的回归系数是否显著加以判别,生产函数形式的变化可以通过"省直管县"二值虚拟变量与政府支出(Lng)的交叉乘积项的回归系数是否显著加以判别。

为检验"省直管县"的政策效果,这里采用总量数据。为消除趋势,我们首先对数据进行了自然对数化处理。根据(8)式,需要将每年劳动投入总量、固定资产总量作为控制变量纳入到计量模型中。同时考虑到政府在当地经济发展中的作用,还需要控制住政府的规模,这里我们选取一般预算总支出作为政府规模的代理变量。由此我们可以建立普通的面板数据模型如下:

$$\text{Lgdp}_{it} = \alpha_0 + \alpha_1 \text{Llabor}_{it} + \alpha_2 \text{Lfixi}_{it} + \alpha_3 \text{Lexp}_{it} + \alpha_4 \text{policy}_{it}$$
$$+ \alpha_5 \text{Lexpolicy}_{it} + \mu_i + \varepsilon_{it},$$
$$i = 1,2,3,\cdots,51; \quad t = 2004,2005,\cdots,2009 \quad (9)$$

这里 μ_i 表示各县(市)不可观测的"市场竞争效应",ε_{it} 表示随机误差项。考虑到各县的农民收入对当地的经济增长也具有一定的促进作用,为避免遗漏变量,我们还在模型中控制农民的人均纯收入对数值这个变量(Lpsi),于是我们有如下模型:

$$\text{Lgdp}_{it} = \alpha_0 + \alpha_1 \text{Llabor}_{it} + \alpha_2 \text{Lfixi}_{it} + \alpha_3 \text{Lpsi}_{it} + \alpha_4 \text{Lexp}_{it}$$
$$+ \alpha_5 \text{policy}_{it} + \alpha_6 \text{Lexpolicy}_{it} + \mu_i + \varepsilon_{it},$$
$$i = 1,2,3,\cdots,51; \quad t = 2004,2005,\cdots,2009 \quad (10)$$

这里 α_0 表示常数项,Lgdp_{it} 表示 i 县第 t 年 GDP 的对数值,Llabor_{it} 表示 i 县第 t 年的城镇从业人员和农村从业人员之和的对数值,Lfixi_{it} 表示 i 县第 t 年的固定资产投资额的对数值,Lexp_{it} 表示 i 县第 t 年的一般预算总支出的对数值,Lpsi_{it} 表示 i 县第 t 年的农民人均纯收入对数值,μ_i 表示各县不随时间而变的特质因素,这里可以解释为当地的市场环境(包括市场竞争)等不可测因素。而 policy_{it} 是哑变量,表示"省直管县"政策的实施与否,江苏省 2007 年在全省实施"省直管县"政策,由此我们有定义如下:

$$\text{policy}_{it} = \begin{cases} 1, & t = 2007,2008,2009 \\ 0, & t = 2004,2005,2006 \end{cases} \quad (11)$$

此外,Lexpolicy_{it} 表示 policy_{it} 与 Lexp_{it} 的交叉乘积,该变量表示在实施"省直管县"政策时,政府财政支出对于经济增长的影响。

考虑各县地方政府之间的竞争效应,根据周黎安(2004)的地方政府博弈模型设置,我们对此进行推广:

$$\text{GDP}_i = a_i + r'a_j + e_i \quad (i,j = 1,\cdots,51; i \neq j) \quad (12)$$

这里 a_i 和 a_j 分别表示不可观测的 i 地和 i 地之外的其他各地官员的努力。很明显,各地之间的 GDP 存在很强的相关性,如何用计量经济学模型反映这种相关性呢?其一是采用 Driscoll 和 Kraay(1998)的方法。考虑到面板回归的扰动项存在横截面的相关性,在我们的普通面板模型(5)中即 $\text{cov}(\varepsilon_{it}, \varepsilon_{jt}) \neq 0, i \neq j$,Driscoll 和 Kraay(1998)的解决办法是承袭 Newey 和 West(1987)做法,对扰动项的方差和协方差矩阵进行误差纠正,我们对横截面相关性的检验采用 Frees(1995)的 Q 检验和 Pesaran(2004)的 CD 检验。

而另一种更好的检验上述地方政府之间相互依赖性的方法则是空间面板计量方法(Spatial Panel Data),Anselin(1988)指出可以通过引入内生变量或者引入误差项来研究空间相关性,由此有下述空间滞后面板模型(13)和空间误差面板模型(14)。

空间滞后面板模型(SAR):

$$y_{it} = \rho \sum_{j=1}^{N} W_{ij} y_{jt} + x'_{it}\theta + \mu_i + \varepsilon_{it}, \quad i = 1,2,3,\cdots,51; \quad t = 1,2,\cdots,T \quad (13)$$

空间误差面板模型(SEM):

$$y_{it} = x'_{it}\theta + \mu_i + \varepsilon_{it}$$

$$\varepsilon_{it} = \lambda \sum_{j=1}^{N} W_{ij}\varepsilon_{jt} + \phi_{it}, \quad i = 1,2,3,\cdots,51; \quad t = 1,2,\cdots,T \quad (14)$$

这里 $\theta = [\alpha_1, \alpha_2, \alpha_3, \alpha_4, \alpha_5]'$, $x_{it} = [Llabor_{it}, Lfix_{it}, Lexp_{it}, Lpolicy_{it}, Lexpolicy_{it}]$, μ_i 表示个体效应项,ϕ_{it} 表示随机误差项。

W_{ij} 表示空间权重矩阵 W 的第 i 行和第 j 列的元素。本研究根据下述规则建立空间矩阵 W:① 如果两个县级行政单位在地理位置上相互接壤,则在空间矩阵中,对应的权重都赋为1,即表示它们相互之间存在相关性;② 如果两个县级行政单位均属于同一个(地级)市,则无论它们是否彼此相邻,对应的权重都赋为1;③ 如果两个行政单位的关系不属于上述情况中的任何一种,则对应的权重都赋为0,表示它们相互之间不存在相关性;④ 对上述①、②和③所形成的空间权重矩阵进行行标准化,使得每一行的元素加总后其和为1。

上述规则中的第一条很容易理解,因为任何相邻的行政区域之间都会存在竞争关系。对于上述规则中的第二条,首先在于近年来,江苏在财政方面虽然采取省直管县的模式,但是在县级领导的人事任免制度方面还是采取市管县的模式。在这种人事管理模式下,同一个(地级)市下各县领导在职位晋升上就存在着明显的竞争关系,这将会引起同一个(地级)市下各县在经济和社会发展等各方面的竞争。这种同一个(地级)市下各县之间的竞争关系,又为近年江苏省特殊的产业转移政策所强化——为了本省区域经济共同发展、推进苏南产业升级和苏北工业化,江苏采取南北各市挂钩、共建工业园区的产业转移政策。这就导致在产业转移方面,作为产业转入方的苏北同一个(地级)市下各县之间,以及作为产业转出方的苏南同一个（地级）市下各县之间存在着明显的竞争关系。显然地，这种产业转移方面的竞争，会强化上述提及的同一个（地级）市下各县之间的竞争。为了刻画这种竞争，在空间矩阵中，将属于同一个（地级）市的两个县级行政单位对应的权重值赋1。上述规则④表明我们的研究主要关注与所在县相邻的各县（市）相互竞争对其产生的平均影响。为了简单起见，这里不考虑县级行政单位间其他各种形式的竞争。

这里模型（8）、（9）、（13）和（14）中的 α_4、α_5、ρ 和 λ 是我们关注的参数：α_4 表示"省直管县"政策实施后的经济效果，α_4 为正表示 $\Delta(LnA+\alpha Ln\beta)>0$，在财政支出结构（$\beta$）稳定的情况下将主要表现为技术项 A 的增加。α_5 表示"省直管县"后的财政支出效应，$\alpha_5>0$ 表示广义生产函数的形式（7）发生了变化（α 增大），根据上文（4）、（5）和（6）的结果，这将表明"省直管县"政策对长期经济增长有促进作用，"技术进步效应"和"生产函数效应"将起主导作用。如果 $\alpha_4>0$、$\alpha_5<0$ 或者 $\alpha_4<0$、$\alpha_5>0$，长期经济增长的效应将取决于"技术进步效应"和"生产函数效应"的大小；如果 $\alpha_4<0$、$\alpha_5<0$，长期经济的增长率将主要取决于"市场竞争效应"。ρ 和 λ 表示各县（市）之间的横向竞争效应，其中 ρ 表示横向竞争的长期影响，而 λ 则表示横向竞争的瞬时调整。如果 δ 和 ρ 都大于0，表明各县（市）之间的竞争无论短期还是长期都促进了各自的经济增长；δ 和 ρ 如果都小于0，表明各县（市）之间的竞争不利于各自的经济增长；如果 $\rho>0$ 而 $\lambda<0$ 则表示各县（市）之间的竞争从长期来看有利于各自经济的发展，而在短期却阻碍各自的经济发展；如果 $\rho<0$ 而 $\lambda>0$ 则表示各县（市）之间的竞争从短期来看有利于各自经济的发展，而在长期却阻碍各自的经济发展。

（2）数据说明、模型设置检验和计量估计结果

首先，关于这里所使用的数据。这里采用《江苏省统计年鉴》中收录的江苏省51个县（市）2004—2009年的数据，基于（8）式的生产函数检验"省直管县"政策的经济增长效应。江苏省51个县（市）2004—2009年的经济增长情况见图4.1。从图4.1中我们发现江苏各县（市）2004—2009年普遍呈现了高速的经济增长，平均增长率维持在20%左右。

其次，关于模型设置检验。在进行面板回归分析之前，为避免数据非平稳所造成的伪回归问题，我们首先对 $Lgdp_{it}$、$Llabor_{it}$、$Lfixi_{it}$ 和 $Lexp_{it}$ 这4个变量的数据进行面板单位根检验。这里我们采用 Levin、Lin 和 Chu（2002）的 LLC 检验和 Im、Pesaran 和 Shin（2003）的 Fisher 类型的 ADF 检验，具体检验见表4.3。从表4.3的结果来看，我们所关注的几个重要变量都是平稳的，这样我们就可以进行下述的面板回归分析了。

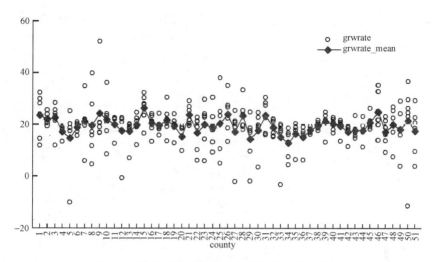

图 4.1 江苏各县市经济增长情况(2004—2009)

注:横轴表示 51 个县(市),纵轴表示经济增长率(%),grwrate 表示每年的经济增长率,grwrate_mean 表示各县(市)的平均增长率(这里采用名义 GDP 增长率)。

表 4.3 变量的单位根检验

检验方法	统计量	$Lgdp_{it}$	$Llabor_{it}$	$Lfixi_{it}$	$Lexp_{it}$
LLC	t-统计量	-9.8477***	-15.0271***	-17.7100***	-2.6118***
	P 值	0.0000	0.0000	0.0000	0.0045
Fisher(ADF)	t-统计量	10.3206***	11.7521***	30.3154***	12.8693***
	P 值	0.0000	0.0000	0.0000	0.0000
结论		$I(0)$	$I(0)$	$I(0)$	$I(0)$

注:*** 表示在 1% 下显著。

在面板模型(9)中,关于个体效应 μ_i 有两种效应,一种为固定效应,另一种为随机效应,这两种效应的主要的区别就在于(Wooldridge,2002):

$$E(\mu_i \mid 1, Llabor_{it}, Lfixi_{it}, Lexp_{it}, policy_{it}, Lexpolicy_{it}) \begin{cases} = 0, & \text{随机效应} \\ \neq 0, & \text{固定效应} \end{cases} \tag{15}$$

相应地在模型(10)中,固定效应和随机效应的区别就在于:

$$E(\mu_i \mid 1, Llabor_{it}, Lfixi_{it}, Lpsi_{it}, Lexp_{it}, policy_{it}, Lexpolicy_{it}) \begin{cases} = 0, & \text{随机效应} \\ \neq 0, & \text{固定效应} \end{cases} \tag{16}$$

在空间滞后面板模型(12)和空间误差面板模型(13)中,相应的则为:

$$E(\mu_i \mid 1, Llabor_{it}, Lfixi_{it}, Lexp_{it}, policy_{it}, Lexpolicy_{it}, \sum_{j=1}^{N} W_{ij}y_{jt}) \begin{cases} = 0, & \text{随机效应} \\ \neq 0, & \text{固定效应} \end{cases} \quad (17)$$

$$E(\mu_i \mid 1, Llabor_{it}, Lfixi_{it}, Lexp_{it}, policy_{it}, Lexpolicy_{it}) \begin{cases} = 0, & \text{随机效应} \\ \neq 0, & \text{固定效应} \end{cases} \quad (18)$$

对模型(9)和(10),个体效应 μ_i 是随机效应还是固定效应的检验,Hausman检验结果如下(见表4.4):

表 4.4 面板模型(9)、(10) Hausman 检验结果

模型设置	Hausman 统计量	大于临界值概率
模型(9)	105.25	$p = 0.000$
模型(10)	138.17	$p = 0.000$

在零假设为随机效应的情况下,从表4.4的检验结果可知模型(9)和(10)应采用固定效应假设。对模型(9)和(10)进行横截面相关性检验的结果如下(见表4.5):

表 4.5 面板模型(9)和(10)横截面相关性检验结果

模型设置	模型(9)		模型(10)	
检验方法	Free'Q Test	Pesaran'CD Test	Free'Q Test	Pesaran'CD Test
检验值	2.263	6.135	5.037	1.498
P 值		0.000		0.134

注:Free'Q 检验的临界值为 alpha = 0.10:0.4127, alpha = 0.05:0.5676, alpha = 0.0:0.9027。

分析表4.5可知,模型(8)和(9)都存在显著的截面相关性,需要进行误差纠正。上述截面相关性检验也表明我们的模型设置采取空间面板模型设置(13)更为合适。对模型(13)和(14)而言,μ_i 表示个体效应项,这里采用固定效应,表示各项不可观测的因素,之所以选择固定效应是因为:①对大量个体的随机样本而言,样本可以视为对总体关系的判断,即采用随机效应。这里研究样本为江苏省51个县,属于小样本,采用固定效应比较合适。②随机效应假设个体效应与随机误差项不相关,而固定效应则无这一假设,一般而言在面板设置中假设个体效应与随机误差项不相关很少成立(Nerlove 和 Balestra,1992)。

再次,关于计量估计结果。综合上述分析,对普通面板模型和空间面板模型我们都采用固定效应的模型设置。普通面板我们采用 Driscoll 和 Kraay (1998)的方法进行误差纠正,对空间滞后面板模型(13)和空间误差面板的估计,采用拟最大似然估计(QMLE)法。我们采用 MATLAB R2009b 软件对模型

(13)进行估计。由此,我们有下述总的计量实证回归结果(见表 4.6)。

根据表 4.6 的估计结果,在不考虑"政府竞争效应"的普通面板模型(9)和(10)及其修正模型(包括控制农民的纯收入 lpsi)显示我们所关注的系数 α_4 显著小于 0。就我们的数据期限而言,技术进步项 A 基本上变化不大甚至有可能增大,则该系数为负值意味着政府支出中投资所占的比重 β 出现了下降。这和近年来,政府支出重点转向与民生有直接关系的教育、医疗卫生、社会保障和就业等有密切的关系——这些方面投入的财政资源比重的提高,必然意味着政府直接用于投资的财政资源比重的下降。α_5 显著大于 0,这表示"省直管县"政策的"生产函数效应"α 增大,因此近几年的经济增长主要由"生产函数效应"支撑。

但当我们把"政府竞争效应"考虑进我们的模型中,根据表 4.5 的结果,我们发现在空间滞后面板模型(13)中,"政府竞争效应"的回归系数 $\rho>0$,在空间误差面板模型(14)中 $\lambda>0$,它们都通过了 1% 显著性检验,而之前在普通面板回归结果中显著的系数 α_4 和 α_5 都不再显著。这表明,如果考虑到地方各县(市)的横向竞争效应,对经济长期增长具有关键作用的"技术进步效应"、"生产函数效应"和"政府投资效应"等因素作用并不明显,该政策对于经济增长的显著作用途径可能在于通过扩权强县加大了地方之间的竞争,以此带动地方经济增长。

表 4.6 各计量模型回归结果

变量	模型(9)	模型(10)	纠正模型(9)	纠正模型(10)	模型(13)	模型(14)
llabor	0.366***	0.254***	0.366***	0.254***	0.341***	0.344***
	(4.05)	(3.47)	(6.59)	(5.32)	(4.922)	(4.151)
lfixi	0.062**	0.033	0.062***	0.033***	0.047**	0.091***
	(2.21)	(1.45)	(10.95)	(4.34)	(2.172)	(3.796)
lpsi		1.131***		1.130***		
		(11.77)		(7.55)		
lexp	0.519***	0.150***	0.519***	0.150**	0.246***	0.417***
	(12.74)	(3.30)	(24.34)	(2.01)	(6.275)	(10.392)
policy	−0.120***	−0.101***	−0.120***	−0.101***	−0.055	0.052
	(−2.61)	(−2.72)	(−4.55)	(−6.56)	(−1.563)	(0.875)
lexpolicy	0.054***	0.028**	0.054***	0.028***	0.021	0.019
	(3.34)	(2.15)	(4.68)	(6.74)	(1.642)	(0.979)

(续表)

变量	模型(9)	模型(10)	纠正模型(9)	纠正模型(10)	模型(13)	模型(14)
_cons	2.124***	-6.212***	2.124***	-6.211***		
	(6.44)	(-8.21)	(12.24)	(-5.14)		
W*dep. var (ρ)					0.493***	
					(10.322)	
spat. aut (λ)						0.553***
						(9.833)
F 联合检验 (P 值)	0.000	0.000				

注:* 表示在10%水平下显著;** 表示在5%水平下显著;*** 表示在1%水平下显著。括号内表示 t 统计量值。

最后,关于稳健性分析。我们考虑计量模型中回归因子之政府一般财政支出(lexp)的内生性问题,这关系到本文结论的可靠性和稳健性。一般而言,某县(市)政府当年的一般性支出($lexp_{it}$)往往依赖于其经济总量($lgdp_{it}$),在现行的政府绩效考核标准下考虑到政府之间的竞争,因而某县(市)政府财政支出也会取决于其他县(市)的经济总量($lgdp_{jt}, i \neq j$)。这表明我们的模型(9)、(10)和(13)随机误差项 ε_{it} 极有可能存在空间滞后序列相关。在普通面板情况下,通过 Driscoll 和 Kraay(1998)的方法进行误差纠正,其结果具有一定的稳健性。为综合考虑这些情况,在空间面板模型中我们采用更加稳健的方法即空间滞后误差面板模型 SARAR(1,1),也有文献称之为空间面板杜宾模型(Spatial Durbin Panel Model)(Elhorst et al,2006),同时我们也在模型(16)中控制了农民的纯收入(Lpsi),以使得我们的结果更加稳健。

$$y_{it} = \rho \sum_{j=1}^{N} W_{ij} y_{jt} + x'_{it}\theta + \mu_i + \varepsilon_{it}$$

$$\varepsilon_{it} = \lambda \sum_{j=1}^{N} W_{ij} \varepsilon_{jt} + \phi_{it}, \quad i = 1,2,3,\cdots,51; \quad t = 1,2,\cdots,T \quad (15)$$

这里 $\theta = [\alpha_1, \alpha_2, \alpha_3, \alpha_4, \alpha_5]'$, $x_{it} = [Llabor_{it}, Lfix_{it}, Lexp_{it}, Lpolicy_{it}, Lexpolicy_{it}]$, μ_i 表示个体效应项, ϕ_{it} 表示随机误差项。

对模型(13)而言,当 $\rho = \lambda = 0$ 时,模型(12)变成普通面板模型;当 $\rho \neq 0, \lambda = 0$ 时,模型(13)变成一阶空间滞后面板模型 SARAR(1,0),即上文所述的空间滞后面板模型(13);当 $\rho = 0, \lambda \neq 0$ 时,模型(12)变成一阶空间误差面板模型 SARAR(0,1),即上文所述的空间误差面板模型(14)。对此模型的设定检验,本文采用 Debarsy 和 Ertur(2010)的 LM 和 LR 检验,见表 4.7 所示。

表 4.7 模型(15)设定检验结果

模型设置	模型(15)		模型(15)控制 Lpsi	
检验类型	LM	LR	LM	LR
$\rho = 0$ $\lambda = 0$	74.616*** (0.000)	80.043*** (0.000)	10.479*** (0.005)	11.853*** (0.003)
$\rho = 0$	74.446*** (0.000)	70.878*** (0.000)	3.739 (0.053)	3.098 (0.078)
$\lambda = 0$	40.322*** (0.000)	37.372*** (0.000)	9.087*** (0.003)	8.098*** (0.004)
$\rho = 0$ $\lambda \neq 0$	135.774*** (0.000)	42.671*** (0.000)	3.567 (0.059)	3.755 (0.053)
$\rho \neq 0$ $\lambda = 0$	1.805 (0.179)	9.165*** (0.002)	1.689 (0.194)	8.755*** (0.003)

注:*** 表示在1%水平下显著,括号内数字表示概率值。

分析表 4.7 的设定检验结果可知,模型(16)在没有控制农民纯收入的情况下,应该选用空间滞后误差面板模型 SARAR(1,1),即 $\rho \neq 0, \lambda \neq 0$ 的模型设置;在控制了农民的纯收入后,应该选用空间滞后误差面板模型 SARAR(0,1),即 $\rho = 0, \lambda \neq 0$ 的模型设置。对模型(16)的估计,首先需要去除个体效应 μ_i,这里采用 Lee 和 Yu(2010)的方法,估计方法则采用拟最大似然估计(QMLE)法。我们采用 MATLAB R2009b 软件对模型(13)进行估计,具体的回归结果见表 4.8。

表 4.8 稳健回归结果

变量	模型(16)	模型(16)控制 Lpsi
llabor	0.213*** (3.625)	0.305*** (4.051)
lfixi	0.015 (0.764)	0.039* (1.721)
lpsi		1.134*** (10.694)
lexp	0.149*** (3.783)	0.145*** (3.146)
policy	-0.040 (-1.618)	-0.074* (-1.697)
lexpolicy	0.013 (1.285)	0.017 (1.134)

(续表)

变量	模型(16)	模型(16)控制 Lpsi
W*dep.var(ρ)	0.722***	
	(13.150)	
spat.aut(λ)	-0.646***	0.261***
	(-4.262)	(3.073)

注:*表示在10%水平下显著;**表示在5%水平下显著;***表示在1%水平下显著。括号内表示t统计量值。

表4.8的回归结果显示,在采用稳健的估计方法后,我们所关注的α_4和α_5依旧不显著,而表示"政府竞争效应"的ρ和λ都很显著,这表明我们的结果是比较稳健的。在没有控制农民纯收入(Lpsi)的模型(16)中$\rho>0,\lambda<0$,因为λ表明的各县(市)经济增长的当期瞬时调整作用,那么上述$\rho>0,\lambda<0$就意味着地方政府之间的竞争有助于经济的长期增长而在短期却阻碍经济发展。

但要注意的是以上仅是基于样本所得的数据而进行的客观描述,换句话说,该结论只是表明在样本期间内,各县之间的相互竞争作用有效促进了经济的增长,并不表明对长期经济增长具有关键作用的"技术进步效应"和"生产函数效应"(Aghion和Howitt,1998)不起作用,我们的结论即"技术进步效应"不明显与此并不相悖,对此的一个可能的解释是这可能与我们的数据结构具有一定的关系,我们考察了2004—2009年这6年的数据,在此期间我们有理由认为技术进步并没有发生显著变化,那么代表"技术进步效应"的索洛剩余项在我们的模型设置中就很难检测出;同时由于政府的支出比重变化不是太大,也会使得"生产函数效应"效用变得不显著。提高县级地方政府的财政自主权,势必会提升各县级领导人参与"政治锦标赛"的能力,进而促进各县之间在GDP增长方面的竞争。"省直管县"政策固然可以通过促进各地之间的竞争来推动经济增长,但如果这种竞争表现为重复建设、税收争夺等形式,则必然导致大量社会资源的浪费,进而抑制了该政策其他对经济长期增长具有重要贡献的"技术进步效应"、"生产函数效应"和"市场竞争效应"等作用的发挥。以"生产函数效应"为例,如果各地为了GDP增长方面的竞争而进行大量的重复建设,则必然使得政府投资项目的资金使用效率下降,导致(1)式中α的值下降,进而致使稳态经济增长率降低,这就意味着,此时"生产函数效应"不再存在。对这两种效应的进一步检验,需要我们进行长期的数据跟踪,同时也需要我们在实证方法上进一步拓展,一个可能的方法是引入空间动态面板,以此来控制误差项中的竞争作用因素。

（3）研究结论与政策建议

根据上述计量分析结果，可以认为，从既有的经验证据来看，江苏"省直管县"政策对于经济增长的作用，主要在于该政策促进了各县之间的竞争，具有"政府竞争效应"，而对经济长期增长具有重要作用的"技术进步效应"、"生产函数效应"和"市场竞争效应"却并未凸显。

一个地区的经济要在长期保持竞争力，其下各辖区之间的竞争固然重要，但是从微观层面促进技术进步、市场竞争，同样不可偏废。近年来，随着中国经济的多年持续快速增长，其所面临的资源环境约束也日益突出，实施产业转型与升级、推动经济增长从粗放型向集约型转变，已成为当下中国经济急需解决的一个问题。而技术进步和市场竞争正是实现资源的优化使用、实现产业升级、实现经济的集约化发展的根本之道。在实施"省直管县"政策的同时，如何通过配套政策工具的创新，以发挥该政策的"技术进步效应"和"市场竞争效应"，是政府决策部门需要考虑的一个重要问题。就财政方面而言，政府如果加大在教育、医疗及社保等领域的投入力度，则必然有利于整个社会人力资本的积累，这会导致（1）式中，技术水平参数 A 的提升，从而有利于"技术进步效应"的发挥。因此，作为财政"省直管县"政策的一部分，地方政府在对各县进行转移支付时，可以考虑提高专项用于教育、医疗和社保方面的转移支付资金的比例，并要求各县级政府提供配套资金，以加大各县财政在这些方面的投入力度。

而要让"生产函数效应"发挥作用，则需要提高政府用于交通、通信等基础设施投资方面财政支出的使用效率。对于腐败丛生的基础设施投资领域，提高该领域财政支出使用效率的关键，在于通过招投标制度建设、预算信息公开、加强对政府投资项目的审计等方式遏制腐败问题。

此外，如上所言，"省直管县"政策所带来的"政府竞争效应"，一方面固然有利于促进县域经济的发展，但是如果这种政府间竞争表现为各地的重复建设、税收资源争夺等恶性形式，那么这将有损于资源配置的效率，进而抑制"省直管县"政策其他效应的发挥。因此，在实施以"强县扩权"为目的的"省直管县"政策的同时，应对其下辖各县的经济发展进行统一协调，形成有序竞争、产业布局合理的县域经济格局，进而推动各地经济健康良性发展。

如前所述，目前财政部已在全国推行财政"省直管县"政策。虽然这里的研究仅局限于江苏一省，故上述结论的普适性尚有待于进一步研究的回应，但是这至少意味着，需要对财政"省直管县"政策的功能进行更全面的考察——该项政策对于县域经济增长的作用，并不像通常所认为的那样，只简单地具有积极的作用，它还具有潜在的消极的一面。为了消除该项政策对于县域经济增长的潜在负面影响，决策部门有必要防微杜渐、考虑出台相应的配套措施。

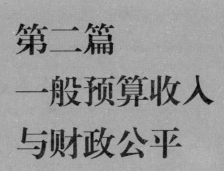

第二篇
一般预算收入与财政公平

第 5 章

中国货劳税的公平性分析

5.1 导言

所谓货劳税,就是通常所说的货物与劳务税的简称。它是指在货物与劳务流转环节所征收的税收,包括增值税、消费税、营业税、关税、城建税、教育费附加、资源税、车辆购置税、烟叶税、契税、城镇土地使用税、土地增值税等。将我国货劳税的公平性问题作为中国税收公平性乃至中国财政公平性分析的开端,有两方面的考虑:其一,作为三大类税收之一(与之相对应的是所得税和财产税),货劳税在我国的税收体系中占有极其重要的位置。自 1994 年分税制改革以来,货劳税占税收收入的比重一直很大,增值税、消费税和营业税这三大货劳税占税收收入的比重从 1999 年的 44% 上升到 2003 年的 71%,之后的几年中,比例有所下降,但依旧维持在 60% 左右的水平;①其二,鉴于货劳税的主体地位及其流转性质,货劳税及其公平不仅直接关系到国家产业布局,还会影响到地区间财政资源配置,关系到不同收入群体之间的收入再分配,对社会经济发展和福利改进影响巨大。

当然,鉴于货劳税所涉及的具体税种有很多,受篇幅的限制,并考虑到增值

---

① 根据历年《中国税务年鉴》数据计算得出。

税、消费税和营业税三税(以下简称"三税")占货劳税比重达到60%以上,本章有关货劳税公平性的研究将主要集中于"三税"。研究的结构安排如下:导言后的5.2节基于1994年分税制改革以来的重大税收政策调整,就我国货劳税的公平性演进做出历史的分析。然后,在历史分析的基础上,我们分三节(5.3—5.5节)依次从产业公平、地区公平与收入群体公平这三个角度就我国货劳税所存在的不公平问题进行考察。最后,基于对于我国货劳税公平性的分析和考察,5.6节提出提升我国货劳税公平性的若干政策建议。

5.2 分税制改革以来我国货劳税的公平性演进

中国现行货劳税的整体框架于1994年税制改革时期基本形成。但是,随着社会经济的发展,当然,也与原有税制所存在的缺陷和不足有关,自1994年税制改革以来,针对货劳税,中国经历了两次较大的税制改革,分别为2006年消费税的修订与2009年生产型增值税向消费型增值税的转变。可以发现,从发展历程来看,中国货劳税的每一次重大改革都是税收公平的一次进步,这些改革都体现了货物与劳务税在公平上的改进。

5.2.1 消费税的修订:促进不同收入阶层之间的公平

在我国,消费税属于中央税,是国务院财政收入中仅次于增值税的第二大税源。该税是为了实现国家的特殊调节政策,对特定的应税消费品所征收的一种货劳税,实行差别税率,且与增值税交叉征收,因而是政府调节收入分配的重要工具之一。现行课征的消费税是1994年税制改革所设立的一种税,鉴于税收所具有的主动调节功能,在1994年设立的时候,它就将诸多的奢侈品纳入征税的范围。但在经济快速增长的过程中,中国居民的收入水平随之提高,消费水平和消费结构随之发生了变化。在此背景下,2006年以来,对消费税税目、税率及纳税环节进行了较大的调整。如表5.1所示,此次改革对消费税的征税范围、税目设置、税率结构等进行了较大调整,提升了货劳税的公平性水平。这主要体现在:其一,根据新的经济形式新增了高尔夫球及球具、高档手表、游艇等高档消费品与木制一次性筷子及实木地板等税目,新增税目体现了国家调节和限制高消费行为的目的。因为在上述调整所涉及的消费项目中,高档手表早已不局限于实现简单的计时功能,游艇和高尔夫球更是只有少数群体消费的奢侈品新贵。其二,税率的调整亦能体现这一目的,如提高大排量汽车的税率与相对降低小排量汽车和摩托车的税率,这减轻了中低收入消费群体及农村消费者的税负。其三,基于居民消费水平的提高,消费税还取消已具有大众消费特征的"护肤护发品"税目。这些做法旨在使消费税政策更加适应消费结构变化的要求,调节和限制高消费行为,并在更广泛的范围内体现出社会公平。

表5.1 2006年以来消费税改革的主要内容

时间	改革方式	改革内容
2006	新增	高尔夫球及球具、高档手表、游艇、木制一次性筷子、实木地板等税目;增列成品油税目,原汽油、柴油税目作为该税目的两个子目,同时新增石脑油、溶剂油、润滑油、燃料油、航空煤油五个子目
	取消	"护肤护发品"税目
	调整	白酒、小汽车、摩托车、汽车轮胎等税目及税率
2009	新增	卷烟批发环节从价税(5%)
	调整	甲类卷烟、乙类卷烟的划分标准及税率

注:消费税改革的具体情况,请参阅本章后面的详细附表。
资料来源:消费税相关法律文件。

5.2.2 生产型增值税转为消费型增值税:促进产业之间的公平

中国的增值税框架设立于1994年,是对除无形资产和不动产以外的商品以及加工、修理修配劳务征收的货劳税,实行税款抵扣制度。由于其只设一档17%的基本税率和一档13%的低税率,是对货物和应税劳务征收的一般货劳税,具有普遍征收、税收中性的特征。但在建立之初,基于取得财政收入的目的,中国一直实行生产型增值税,在此税制模式下,购入固定资产所垫付的增值税款不可扣除。应该说,因为生产型增值税可抵扣的范围窄,有利于财政收入的取得。但在生产型增值税下,固定资产占比例越大的产业增值税税负越重,造成产业之间税负不公平的现象。鉴于此,自2004年在东北地区老工业基地实行增值税转型试点改革,2007年7月,又在中部地区进行了扩大增值税抵扣范围的试点,2008年1月将改革试点地区扩大至内蒙古。而到2009年,修订后的《中华人民共和国增值税暂行条例》实现了生产型增值税向消费型增值税的转型,固定资产占比例较大的产业税收负担有所减轻,这成为我国货劳税公平性演进历程中的重要组成部分。

5.3 中国货劳税的产业公平分析

从历史的角度看,通过消费税的修订与增值税的转型,我国货劳税的公平性得到了很大的提升。但在肯定我国货劳税公平性改进的同时,我们也发现:我国目前的货劳税还存在诸多待改进之处。比如,从产业公平角度来看,在我国,由于针对货物与劳务流转环节所征收的税种极其繁多,在征收过程中,这难免就产生了重复征税的现象,如增值税与营业税并行造成的重复征税和由于货劳税各税种相互叠加造成的重复征收等,货劳税重复征收引致了某些产业税负较重的不公平现象。①

5.3.1 货劳税重复征收造成产业税负不公平:一般分析

首先,是增值税与营业税并行造成的货劳税重复征收现象。中国实行增值税与营业税并行,这是造成流转税重复征税的一个重要方面。中国增值税以应税货物或劳务的增值额为计税依据,而营业税则以应税劳务或项目的营业额为计税依据。从表面上看,这两大流转税在税收架构中处于一种互补关系:对于同一经济事项来说,要么属于增值税征收范围,要么属于营业税征收范围,往往是二者择其一,似乎不会出现征收盲点,同时,也不会出现同时负担增值税和营业税两种税的现象。但实际上,在现实的税收征收实践中,无论是缴纳增值税的行业还是缴纳营业税的行业,相互购买对方的货物与劳务是非常普遍的现象,受经济相关联系的影响,两税并行带来了抵扣困难等重复征税的现象。比如,作为增值税征收范围的制造业企业不仅需要增值税征收范围的原材料、固定资产等,还需要交通运输业的劳务、技术咨询业的劳务以及不动产等。而在增值税和营业税并行的情况下,由于购买营业税应税劳务所负担的营业税不可抵扣,造成属于成本的部分被当成增值部分再次征收增值税。这就是增值税和营业税并行造成的重复征税现象。其所造成的结果是购买成本上升,制造业企业购买劳务的积极性受到打击。实际上,随着市场经济的深入发展,专业化分工成为提高生产效率的有效方式,而专业化分工越细,产业交叉越普遍。而当专业化分工较细,涉及增值税产业和营业税产业的交叉时,就不可避免地遇到

---

① 需要注意的是,这里的税负不公平并不是指由于税收优惠或产业政策等所导致的产业间税负不平衡或其他。

增值税和营业税并行造成的货劳税重复征收现象。这对专业化分工较细的产业显然不公平,同时,也阻碍了专业化分工的发展。

其次,是货劳税各税种相互叠加造成的重复征收。中国现行针对货物与劳务的流转环节所征收的税种类繁多,包括增值税、消费税、营业税、关税、城建税、教育费附加、土地增值税、资源税、车辆购置税、烟叶税、契税等,这些税种存在相互叠加的重复征收现象。比如,增值税、消费税和营业税三税是我国货物与劳务流转环节征收的主要税种,而城建税和教育费附加以增值税、消费税和营业税三税为基础进行征收,实际是在三税之上的叠加;消费者购买车辆的价格中已经包括增值税和消费税,而在购买车辆的环节仍然要依照购买价格10%的税率征收车辆购置税,因此,车辆购置税是增值税、消费税之上所叠加的货物与劳务税;消费者在购买不动产时已经负担增值税、营业税、土地增值税、城建税和教育费附加,还要承担对受让方受让房地产所征收的契税。像这样重复征税的现象在货劳税中还有很多例子,税种重复叠加的现象令不同产业最终负担的货劳税不同,产生产业税负不公平的现象。

5.3.2 货劳税重复征收造成产业税负不公平:案例分析

由于房地产业涉及的关联产业较为广泛,重复征税的现象较为严重,这里我们以房地产业为例来剖析中国货劳税重复征收的现象。房地产企业在房地产流转的过程中涉及的货劳税有增值税、营业税、城建税、教育费附加、土地增值税、契税、耕地占用税等,存在增值税与营业税的重复征收、营业税与营业税的重复征收、土地增值税与营业税的重复征收、流转过程越多重复征收现象越严重的情况。首先,增值税与营业税是重复征收的,这是因为房地产企业建造房地产所运用的材料为工业品,属于增值税的征收范围,但建筑业本身属于营业税的征税范围,所以购进建筑材料的过程中缴纳的增值税不能扣除,要以建筑业的营业额为计税依据征收3%的营业税。其次,存在营业税与营业税的重复征收,这是因为我国税收法律法规不但对建筑业征收营业税,还要对销售不动产征收营业税。也就是说,即使消费者直接从房地产开发公司购买房产,也要以建筑业营业额为计税依据向其征收3%的营业税并以销售不动产营业额为计税依据向其征收5%的营业税。而两者的营业额均为营业收入全额。关于房地产开发企业重复征税的问题,我们可以以一个具体的例子来说明。

现在,考虑某房地产开发企业拟建造一批普通标准住宅。该企业从出让方(出让方为当地政府,出让方式为拍卖)竞拍取得10万平方米的土地使用权。该土地原为耕地,所支付的土地买价为5 000万元,开发土地的费用为1 000万元。与建筑公司签订建造住宅的合同金额为 1 亿元,为建成该住宅,合同双方发生的开发成本和开发费用中属于增值税范围的货物与劳务为 5 000 万元,税率均为 17%。房地产开发费用为 500 万元。该批住宅以 3 亿元的价格出售。自建造开始共签订建筑工程勘察设计合同为 5 000 万(0.03%),购销合同为 3 亿元(0.05%),产权转移书据为 5 000 万元,领用营业账簿(非记载资金的账簿)1 500 本。耕地占用税为每平方米 30 元,当地契税税率为 3%,所适用的城建税税率为 7%)。

基于上述案例,我们可以确定:该房地产从开发至最终到达消费者手中所缴纳的货劳税涉及耕地占用税、增值税、营业税、土地增值税等税种。其中:

(1) 耕地占用税。耕地占用税是对占用耕地建房或从事其他非农业建设的单位和个人,就其实际占用的耕地面积所征收的一种税,按照规定和本题所给的条件,房地产开发企业取得土地需支付的耕地占用税为 300(= 10 × 30)万元。

(2) 耗用的增值税范围的货物与劳务所负担的增值税及附加税。住宅的建造需耗用大量的建筑材料和属于增值税范围的应税劳务,而这些税款不能从建筑业的营业税中得以抵扣,因此这部分税收属于从开发至最终到达消费者手中所缴纳的货劳税。其中开发过程中耗用属于增值税范围的货物与劳务所缴纳的增值税为 726.45 万元(5 000 ÷ (1 + 17%) × 17%);由此产生的城建税和教育费附加为 726.5 × (7% + 3%),即 72.65 万元;进而共应负担税额 799.1 (= 726.45 + 72.65)万元。

(3) 建筑业营业税及附加税。建筑公司建筑住宅应按照组成计税价格计算其应当缴纳的营业税,同时应按照营业税金额的一定比例计算缴纳城建税和教育费附加。应纳营业税及附加税为 10 000 × 3% × (1 + 7% + 3%),即 330 万元。

(4) 销售不动产的营业税及附加税。按照规定,房地产公司销售不动产应按照其营业额缴纳销售不动产的营业税,同时应按照营业税金额的一定比例计算缴纳城建税和教育费附加。应纳营业税及附加税为 30 000 × 5% × (1 + 7% + 3%),即 1 650 万元。

(5) 印花税。自建造开始共签订建筑工程勘察设计合同 5 000 万元(0.03%),购销合同 3 亿元(0.05%),产权转移书据 5 000 万元,领用营业账簿(建筑公司和房地产企业各领用非记载资金的账簿 1 500 本)。建筑公司缴纳印花税为 5 000 × 0.03% + 1 500 × 0.005,即 2.25 万元;房地产公司缴纳印花税为 5 000 × 0.03% + 30 000 × 0.05% + 1 500 × 0.005,即 17.25 万元;印花税总计

19.5万元。

(6) 销售不动产的土地增值税。房地产开发企业销售不动产应缴纳土地增值税。根据资料,其取得土地使用权的价格为5 000万元,开发成本为11 300万元(其中建筑合同价1亿元,开发土地的费用1 000万元,耕地占用税300万元),房地产开发费用为500万元,开发税金为1 667.25(=1 650+17.25)万元,扣除项目的金额为(5 000+11 300)×(1+20%)+500+1 667.25,即21 727.25万元,那土地增值额为30 000-21 727.25,即8 273.75万元;进而增值率为8 273.75÷21 607.25<50%,应缴纳的土地增值税为2 482.13(=8 273.75×30%)万元。

(7) 购房者缴纳的契税。购房者除负担房地产转让、建造过程中的如上税收外,还应负担契税。购房者缴纳的契税为900(=30 000×3%)万元。

综合上述分析,我们可以得知:该房地产从开发至最终到达消费者手中所缴纳的货劳税总金额为6 480.73(=300+799.1+330+1 650+19.5+2 482.13+900)万元。也就是说,消费者消费3亿元的房产应负担的货劳税税收为6 480.73万元,占其消费总额的比重为21.6%。但近年来全国所有税收收入占全国GDP的比重也很少超过20%。除此之外,本案例仅考虑房地产的一次转让,而在二手房转让过程中,营业税、城建税、教育费附件、契税、印花税将再次征收,其中契税、印花税仍然按照转让全额征收。这样算来,房地产建造与开发过程中确实存在较为严重的重复征税现象。其实房地产业的重复征税现象只是一个典型,其他行业也或多或少存在货劳税的重复征收现象。由于货劳税税种繁多,不同产业重复征税表现方式不同,程度也不同,造成不同产业重复征税的轻重不同,产业间税负不公平。

5.4 中国货劳税的地区公平分析

5.4.1 中国货劳税的地区公平问题

在讨论我国地区税负问题时,有一个比较有意思的现象:一方面,中国地区税负呈现出"东高西低"的分布方式;另一方面,东部地区税负最高而经济却最发达,这似乎与税负阻碍经济发展的理论相悖。那么,中国经济为何存在这样的悖论呢? 在我们看来,虽然中国东部地区税源确实较为丰富,但其实际并未负担如此之高的税收。因为,其一,中国货劳税所占比重较高,以增值税、消费税、营业税为主的货劳税自1994年税制改革以来所占的比重一直较大,以2008年为例,该年份增值税、消费税、营业税占当年税收收入总额的比重分别为43.67%、4.92%和13.18%,三者合计占该年份税收收入的比重超过50%;其二,货劳税税负极易从一个地区转嫁到另一地区。特别是,经过改革开放以来的发展,中国31个省市自治区呈现出一定程度的产业集群化发展模式,又加上物流业的蓬勃发展,全国市场的商品和劳务流通较为便利,货物与劳务的提供者和消费者不在同一地区的现象较为普遍,因此货劳税税负极易从一个地区转移到另一地区。但目前学者(孙玉栋,2006)在研究地区税负时多用地区税负来源(一般用各地区纳税人所交纳的税收占当地GDP的比重来表示,强调税收收入的来源地)来代替地区税负归宿(代表各地区负税人所负担的税额),模糊了二者的概念。实际上,货物与劳务的流通导致第二产业和第三产业较为发达的东部地区在税源组织上获益,但税负归宿额却不见得如此之高。

实际上,有关地区税负高低的问题,是从中央税收的角度来说:为了获得全国性的税收收入,特定的税收制度可能会存在地区的歧视。但单从各地区的税负来说,鉴于税负的可流动性,货劳税的公平性问题,不是哪个地区的税负水平——名义税负及实际税负——更高的问题,而是由于税负流转所导致的税负承担地与税收受益享受地的分离问题。因为,从道理上来说,对于不同的地区,如果它们所辖主体所缴纳的税收,最后的收益全部由相关的主体来享受,那地区税负的差异就无所谓公平不公平。此时的地区税负不公,主要在于:一个地方的主体承担了税收,但税收所引致的收益则为其他地区的居民所享受。在此情况下,某一个地方所获得的税收多,该地区反而可能是受益者而不是受损者;反之,一个地区税负水平低,所反映的可能是,属于该地的税收流向了其他地区。实际上,由于货劳税的易转嫁性等原因,我国就存在由此所引致的地区间的不公平性。至于税负流动的具体规模,我们下面简要测算各地货劳税的税负归宿,再通过比较各地货劳税税收收入与税负归宿衡量中国货劳税的地区间不公平程度。

5.4.2 中国各省市居民消费货劳税税负归宿的测算

居民消费是税负的最终归宿,因为社会的一切经济活动都围绕居民消费需求而产生。无论是公共部门还是私人部门,其进行生产或活动的最终目的都是满足居民的消费需求。居民消费才能创造税收,才是税负的最终归宿。鉴于货劳税中的增值税、消费税和营业税占货劳税税收收入总额的90%以上,本部分将利用《中国统计年鉴》中的投入产出完全消耗系数、中国居民消费总量与消费结构数据,各省统计年鉴中居民消费总量与消费结构数据以及《中国税务年鉴》相关数据等来估算各省市居民消费实际承担的增值税、消费税和营业税。其中,由于中国的投入产出表每隔五年(即逢二或逢七的年份)通过全面调查方法来编制,能获得的最近一期投入产出表为2007年的投入产出表,这里的研究是根据2005—2007年的数据来估算2007年各地区居民消费实际税负。

测算税负归宿的方法与思路如下:第一步,根据《中国税务年鉴》中各产业增值税、消费税和营业税税收收入以及《中国统计年鉴》中各产业GDP数据估算各行业的增值税、消费税和营业税的税收征收率;第二步,根据全国城镇居民家庭平均每人全年消费性支出、全国农村居民家庭平均每人全年消费性支出和投入产出表的编制方法解析等资料计算出城镇及农村居民各类消费支出的产业提供额;第三步,根据投入产出的中间消耗系数表和全国城镇和农村居民消费支出的产业提供额分别计算提供城镇和农村居民消费品的各产业中间投入总额。第四步,用各产业的中间投入额乘以各产业对应的税收征收率然后相加,得到全国城镇和农村居民消费实际税负。第五步,根据各省市城镇或农村居民消费实际税负占全国的比例分别计算其实际税负,然后将各省市城镇和农村居民消费实际税负相加得到各省市居民消费实际税负。表5.2给出了计算得到的货劳税居民消费负担额占GDP的比值、征收额占GDP的比值及居民消费负担额与征收额的比值。

5.4.3 中国货劳税的地区公平性分析

基于上述估算结果,并结合《中国统计年鉴》与《中国税务年鉴》等官方出版物所给出的相关数据,可以就我国货劳税的地区公平性问题做出判断。从表5.2可以看出,东部地区存在货劳税税收收入水平高,但税负相对低的现象。如东部地区的上海、北京、天津、江苏和浙江。经对比分析发现,上海、北京、天津、江苏和浙江这五省市的居民消费的三大货劳税实际税负分别位于第19、第11、第2、第4和第13位,而货劳税税收收入则分别位于第31、第29、第30、第21和第26位(均为从低到高排序),这说明五地区货劳税税收收入有相当大一部分归宿于中西部地区,并未由本地区全部承担。货劳税税收收入与税负归宿的这一不平衡现象具体表现为东部地区取得财政收入相对容易,而税收负担却并不太高;相反,中西部地区税收负担较重,而取得财政收入的能力却比较弱。从某种意义上可以说,长期以来,货劳税名义税负远高于实际税负其实是支撑长三角经济圈经济发展的重要因素,同时,这也是东中西部地区贫富差距越来越大的重要因素之一。

表 5.2　各省市货劳税名义税负与其居民消费实际税负对比表

		居民消费负担额（万元）	负担额/GDP（%）	排名	货劳税征收额合计（万元）	征收额/GDP（%）	排名	负担/征收额
东	北京	3 748 446	4.01	11	17 181 092	18.37	29	0.22
东	天津	1 594 128	3.16	2	11 360 378	22.49	30	0.14
东	河北	4 771 212	3.48	5	9 609 890	7.01	4	0.50
中	山西	2 339 429	4.08	12	7 112 362	12.41	24	0.33
西	内蒙古	2 089 059	3.43	3	5 427 196	8.91	13	0.38
东	辽宁	4 166 032	3.78	8	11 948 412	10.84	20	0.35
中	吉林	2 254 220	4.27	16	4 090 810	7.74	9	0.55
中	黑龙江	2 802 059	3.97	10	5 576 485	7.89	11	0.50
东	上海	5 456 594	4.48	19	33 718 711	27.66	31	0.16
东	江苏	8 920 447	3.47	4	29 065 997	11.29	21	0.31
东	浙江	7 705 278	4.10	13	25 500 788	13.58	26	0.30
中	安徽	3 910 060	5.31	29	5 719 708	7.77	10	0.68
东	福建	3 804 726	4.11	14	8 734 189	9.44	15	0.44
中	江西	2 456 701	4.47	18	3 663 093	6.66	3	0.67
东	山东	9 196 250	3.54	7	21 274 644	8.19	12	0.43
中	河南	5 835 258	3.89	9	8 084 883	5.39	2	0.72
中	湖北	4 494 309	4.87	24	6 854 770	7.43	8	0.66
中	湖南	4 804 909	5.22	28	6 707 496	7.29	6	0.72
东	广东	14 593 892	4.69	21	42 243 429	13.59	27	0.35
西	广西	2 854 376	4.79	22	4 363 434	7.33	7	0.65
中	海南	564 088	4.61	20	1 555 799	12.72	25	0.36
西	重庆	2 234 182	5.42	30	3 836 560	9.31	14	0.58
西	四川	5 159 474	4.91	25	7 509 473	7.15	5	0.69
西	贵州	1 938 501	7.07	31	3 132 216	11.42	22	0.62
西	云南	2 463 794	5.20	27	7 248 691	15.29	28	0.34
西	西藏	107 502	3.14	1	155 867	4.55	1	0.69
西	陕西	2 401 236	4.39	17	5 433 678	9.94	18	0.44
西	甘肃	1 355 833	5.02	26	2 647 080	9.80	17	0.51
西	青海	331 849	4.23	15	748 747	9.56	16	0.44
西	宁夏	430 133	4.84	23	892 174	10.03	19	0.48
西	新疆	1 228 900	3.49	6	4 153 522	11.79	23	0.30
东		63 957 005	3.94	1	210 637 530	12.99	3	0.30
中		29 461 033	4.49	2	49 365 406	7.52	1	0.60
西		22 594 839	4.72	3	45 548 638	9.52	2	0.50

当然，尽管上海和北京等省市都获得了额外的税收来源，但是，它们获取的税收形式是有差异的。其中，就上海来说，它们获得的好处主要是增值税。从增值税的规模来看，2010 年上海市增值税税收收入占 GDP 的比重约为 20.10%，远高于排在第 6 位（按照税负从低到高排序，下同）的北京市

(9.03%)、第4位的浙江省(9.32%)和第8位的江苏省(7.89%)。从占税收收入总额的比重来看,长三角三省市排名依然比较靠前。上海市、浙江省和江苏省分别为43.12%、45.87%和45.18%,分别位于全国的第10位、第5位和第7位,高于全国40.64%的平均水平,远高于北京市(仅为20.45%,为全国最低)。为何存在这种状况呢？结合产业税收状况发现,长三角货劳税税负过重的主要原因是经济发展主要依赖于纺织、电子设备、食品、饮料、印刷、化工、冶炼等制造业的发展。

与长三角的情况不同,京津冀获得额外好处则主要依赖于营业税。由于生产经营的便利、享受税收优惠政策等原因,铁道部、各银行总行及海洋石油等企业的总机构一般设在经济发达地区(尤其是北京),而中国税收征管中的集中缴纳机制却有利于总机构所在地取得税收收入。如跨地区经营汇总纳税企业所得税征收管理方式影响企业所得税税收收入归属地,据规定,实行"统一计算、分级管理、就地预缴、汇总清算、财政调库"的企业在年度终了后,总机构负责进行企业所得税的年度汇算清缴。再如,根据国务院关于实行分税制财政管理体制的规定,企业所得税中某些归中央政府的部分需由总公司或总部(铁道部、各银行总行及海洋石油企业)统一上交到中央,多在中央政府所在地上缴。

5.5 中国货劳税的收入群体公平分析

关于货劳税制,从公平的角度来说,税收占个人可支配收入的比例不应随着收入水平的提高而下降,也就是说,低收入群体不应成为货劳税的主要负担群体。但就货劳税而言,其一,鉴于低收入者的消费往往集中于需求弹性较小的生活必需品,因此,在理想的货劳税制下,消费生活必需品应负担最低的税额;消费奢侈品应负担最高的税额。但在我国,对生活必需品存在较重的税收,这使得低收入群体在税负的承担上存在一定的不公平;其二,至于奢侈品,虽然我们难以确定对于奢侈品的税率征收到何种水平是公平的,但有一点完全可以肯定:高级别的奢侈品所适用的税率不应该低于低级别的奢侈品所适用的税率。但是,可以发现,由于各种原因,我国的货劳税在很多方面与上述公平规范相背离。

5.5.1 生活必需品的公平偏差分析

在征税范围上,中国增值税实行普税制,不区分生活必需品、普通消费品和奢侈品：虽然增值税暂行条例对农业生产者生产的农产品免征增值税，但居民生活必需品仍然属于增值税的征税范围。《增值税暂行条例》明确规定：粮食、食用油按照13%的税率征收。根据1994年出台的《农业产品征税范围注释》，切面、饺子皮、米粉等粮食副食品，按照粮食的税率征收。而以粮食为原料加工的速冻食品、方便面、副食品和各种熟食品，则按照17%的税率征收。也就是说，居民生活必需的食品实际上是不免税的。一般来说，普税制具有一定程度的累退性。因为，低收入群体对生活必需品（主要包括食品类、衣着类及日用品类）消费支出项目的需求弹性很小，如果对生活必需品的消费进行课税，其税收负担会更大比例地分布于低收入群体，从而呈现出一定的累退性，引致不公平。

5.5.2 普通消费品的公平偏差分析

摩托车、黄酒等普通消费品的消费由于消费税的征收导致收入较低的人负担加重的现象出现。第一，摩托车已经不符合消费税的征收目的，仍然对其征收消费税造成了低收入者负担货劳税的不公平现象。为什么说摩托车已经不符合消费税的征税目的呢？这是因为从消费税的设立目的来看，其征收的对象主要为奢侈品、对人体健康有害的物品以及对环境有污染的物品等。但从目前的消费水平来看，消费税的子目摩托车已经不再属于奢侈品，其消费者主要为城乡低收入阶层；从对人体健康来看，摩托车显然不能与卷烟、白酒等危害人体健康的消费品相比；从对环境污染方面来看，摩托车对环境的污染主要因为其排放的废气，而排放废气所造成的污染已经在成品油的消费中征税予以补偿，再次征收污染税是重复征收现象。第二，黄酒的消费群体也主要为低收入者，甚至很多情况下，黄酒是生活必需品（食物的调味品），对人体的健康的危害也并未严重到需征税进行调节的地步。从以上分析可以看出，目前消费税对摩托车、黄酒等普通消费品征收存在不公平之处。

5.5.3 奢侈消费品的公平偏差分析

目前中国货劳税制中对奢侈品的公平调节主要体现在消费税上。消费税是以特定商品为课税对象所征收的单一环节货劳税，体现国家针对某些产品消费的特殊调节。自2006年4月1日起，为引导和调控消费行为，国家对其征税范围、税目设置、税率结构等进行了较大调整（详见本章后面的附表）。正如前面的分析表明的，消费税结构的调整促进了不同收入阶层之间的公平，是市场经济发展日趋成熟的表现。然而，作为一项具有调节收入分配功能的重要税收，中国目前对特殊消费品征收的消费税仍存在不足和不公平的地方，主要体现在以下几方面。

第一,征税范围依然偏窄,这主要表现为消费税对高档奢侈品的覆盖面不广,且尚未覆盖奢侈消费行为。正如于洪(2008)所指出的,在目前中国社会经济发展较快的情况下,消费税难以对当前的社会消费状况做出及时准确的反应,不利于在更大范围内发挥调节收入分配的作用。过去的改革尽管扩大了高档消费品的征税范围,但仍将高档住宅、高档家具、私人飞机、高档皮毛制品等奢侈品排除在征税范围外。同时,现行消费税只针对特殊消费品课征,而一些已属奢侈消费的消费行为并未得到应有的调节。例如,并未将高档歌厅舞厅、高档桑拿美容与高档洗浴、高档夜总会等娱乐型高消费行为纳入征收范围,这使得大量高收入群体的实际消费支出在消费课税体系中"漏出",对消费其他奢侈品的个体存在不公。

第二,与征税范围偏窄相对应,在某些领域,又存在征税范围过宽的问题。在现有课税对象中,仍有部分应税消费品已逐渐具有普通消费的特征,如普通化妆品等。随着社会的发展,与洗发水、花露水等护肤护发品相同,许多普通化妆品也早已成为中等甚至低收入家庭的消费项目,需求弹性并不高,而高收入者集中消费的是高档化妆品。如果继续课税,则会加重中低收入群体所承担的税负,应考虑尽快予以取消。

第三,消费税税率结构和课税环节的不公平及有待改进之处。中国目前的消费税税率结构仍以保证财政收入为主,而不是有效调节消费行为和收入分配。大多数国家对奢侈品、高档消费品以及有损环保或健康的商品均采用高税率,反之则税负较轻。然而中国对一些符合国家消费政策要求的消费品设置较高税率,如薯类白酒、黄酒等,如前所述,在其实际消费结构中,低收入者表现出的需求弹性明显低于高收入者,并不利于从税负归宿角度改善收入分配格局(蒋洪、于洪,2004)。

5.6 中国货劳税的公平性改进建议

从以上对我国货劳税的公平分析可以看出,自改革开放以来,经过制度的调整,我国货劳税的公平性虽然有所改进,但仍存在一些缺陷。至于相关的问题如何解决,在我们看来,为了提升我国货劳税的公平性,可以从如下几方面进行改革。

第一,大力推进增值税的扩围改革。2012 年,中国开始在上海实行增值税扩围试点，这次试点将增值税征税范围扩展到目前属于营业税征税范围的交通运输业和现代服务业，并相应的增加11%和6%两档税率。增值税扩围应成为中国未来货劳税发展的一大趋势，它可以促进交叉产业与非交叉产业之间的公平，可以改变现行增值税和营业税并行和对交叉较多的产业征税较重的局面，促进社会分工，提高生产效率。当然，为减少增值税和营业税并行带来的税负不公平问题，中国实施增值税扩围改革必将引起税收上中央集权制的加强，打击地方发展经济的积极性。因此，在扩围的同时，应修订税收征管法律法规，变税收集中上交部分归中央的做法为中央和地方按一定比例共享，提高地方发展的积极性，同时缓解"总机构效应"带来的地区税收收入不公平。

第二，降低货劳税转嫁所造成的地区间不公平。中国地域广阔，各地区在资源、产业等方面具有较大的差异，又加上货劳税容易转嫁，各种因素共同作用造成中国货劳税地区间不公平。因此，从促进地区公平的角度来看，中国并不适合将货劳税作为主要税种。而货劳税在中国税收收入占比高，可通过降低税率等形式减弱货物与劳务税的主体地位，形成以所得税为主的税制结构，以降低货劳税地区转移所造成的重复征税现象。中国也可以效仿西方国家，实行消费地取得税收收入的做法，令税收归宿与税负归宿相一致，以从根本上消除货劳税转嫁所造成的地区间税负不公平。

第三，消费课税政策制定应充分考虑消费结构、消费者行为及其税负归宿。在消费课税政策选择上，应对消费结构、消费者行为及其税负归宿予以充分考虑：明确对生活必需品免税或实行低税率，而对高档消费品、奢侈品，甚至炫耀性消费坚持高税率，并采用逐档提高的累进结构。在开立新税目或改变原有税率时，需要深入分析消费者行为并把握价格变化及弹性状况，从而确定其最终税负在不同收入群体的归宿分布情况。这将直接影响到究竟该把哪些消费品和消费行为纳入消费课税的征税范围，进而关系到改革的有效性。随着消费水平和消费结构的变化，近年来，各国在消费税征税范围的选择上都有所扩大。中国也应进一步完善应税项目，根据居民支出情况，建立课税标准的动态调整机制，并逐步引入分类分档的差别税率，以在收入使用环节对不同收入者实行更加有效的纵向调节。就消费课税的征税环节而言，则应选择零售消费环节课税（蒋洪、于洪，2004）。

附表：消费税改革前后对比表

税目	税率（税额）	修订时间	税目	税率
一、烟			一、烟（生产环节）	
1. 卷烟：			1. 卷烟	
（每标准条调拨价≥50元）	45%加0.003元/支	2009年5月1日	（1）甲类卷烟（每标准条调拨价≥70元）	56%加0.003元/支
（每标准条调拨价<50元）	30%加0.003元/支	2009年5月1日	（2）乙类卷烟（每标准条调拨价<70元）	36%加0.003元/支
2. 雪茄烟	25%	2009年5月1日	2. 雪茄烟	36%
3. 烟丝	30%		3. 烟丝	30%
		2009年5月1日	烟（批发环节）	5%
二、酒及酒精			二、酒及酒精	
1. 粮食白酒：	25%加0.5元/500克（或者500毫升）	2006年3月20日	1. 白酒	20%加0.5元/500克（或者500毫升）
2. 薯类白酒：	15%加0.5元/500克（或者500毫升）			
3. 黄酒	240元/吨		2. 黄酒	240元/吨
4. 啤酒：出厂价≥3 000元	250元/吨		3. 啤酒：出厂价≥3 000元	250元/吨
出厂价<3 000元	220元/吨		出厂价<3 000元	220元/吨
5. 其他酒	10%		4. 其他酒	10%
6. 酒精	5%		5. 酒精	5%
三、化妆品	30%		三、化妆品	30%
四、护肤护发品	8%	2006年3月20日		
五、贵重首饰及珠宝玉石	10%		四、贵重首饰及珠宝玉石	
1. 金银首饰、铂金首饰和钻石及钻石饰品	5%		1. 金银首饰、铂金首饰和钻石及钻石饰品	5%
2. 其他贵重首饰和珠宝玉石	10%		2. 其他贵重首饰和珠宝玉石	10%

（续表）

税目	税率（税额）	修订时间	税目	税率
六、鞭炮、烟火	15%		五、鞭炮、焰火	15%
七、汽油（无铅）	0.2元/升		六、成品油	
汽油（含铅）	0.28元/升		1. 汽油	
			（1）含铅汽油	0.28元/升
			（2）无铅汽油	0.20元/升
八、柴油	0.1元/升		2. 柴油	0.10元/升
		2006年3月20日	3. 航空煤油	0.10元/升
			4. 石脑油	0.20元/升
			5. 溶剂油	0.20元/升
			6. 润滑油	0.20元/升
			7. 燃料油	0.10元/升
九、汽车轮胎	10%		七、汽车轮胎	3%
十、摩托车	10%		八、摩托车	
			1. 气缸容量≤250毫升	3%
			2. 气缸容量＞250毫升	10%
十一、小汽车		2006年3月20日	九、小汽车	
1. 小轿车			1. 乘用车	
汽缸容量≥2 200毫升 2 200毫升＞汽缸容量≥1 000毫升	8% 5%		（1）气缸容量≤1.0升	1%
			（2）1.0升＜气缸容量≤1.5升	3%
汽缸容量＜1 000毫升	3%		（3）1.5升＜气缸容量≤2.0升	5%
2. 越野车（四轮驱动，22座以下）			（4）2.0升＜气缸容量≤2.5升	9%
汽缸容量≥2 400毫升	5%		（5）2.5升＜气缸容量≤3.0升	12%
汽缸容量＜2 400毫升	3%		（6）3.0升＜气缸容量≤4.0升	25%
3. 小客车（面包车）			（7）气缸容量＞4.0升	40%
汽缸容量≥2 000毫升	5%		2. 中轻型商用客车	5%

（续表）

税目	税率(税额)	修订时间	税目	税率
汽缸容量＜2 000毫升	3%			
			十、高尔夫球及球具	10%
			十一、高档手表	20%
			十二、游艇	10%
			十三、木制一次性筷子	5%
			十四、实木地板	5%
			从2009年8月1日起,《白酒消费税最低计税价格核定管理办法(试行)》	

注:其中灰色部分为改革内容。

第 6 章

中国所得税的公平性分析

6.1 导言

在就我国货劳税的公平性做出分析之后,本章分析我国所得税的公平性问题。应该说,自改革开放以来,尤其是进入 21 世纪以来,所得税在我国税收体系中的地位越来越重要。2010 年,全国总税收为 59 521.59 亿元,其中企业所得税为 12 843.54 亿元,占总税收的比重达到了 21.58%,个人所得税为 4 837.27 亿元,占总税收的比重为 8.13%,[①]所得税占税收的比重将近 30%。既然如此,那我国所得税的公平性又如何呢?

应该说,鉴于所得税的发展状况,同时,也是基于人们所赋予所得税(主要是个人所得税)的收入调节的功能,所得税的公平,尤其是个人所得税的公平问题,逐渐被人们所强调了。众所周知,自 1978 年改革开放以来,我国国民经济获得了较快的发展。首先,从国民经济的总量来看,经济的发展速度基本保持在每年 10% 左右的水平,国内生产总值由 1978 年的 3 645.22 亿元上升到 2010 年的 401 202.03 亿元;其次,从人均经济发展指标来看,人们的收入水平增长较快,人均国内生产总值由 1978 年的 381.23 元上升到 2010 年的 29 991.82 元。[②]

[①] 税收数据来自《中国税务年鉴 2011》。
[②] 中经网统计数据库:http://202.121.135.11:90/。

但经济总量获得发展的同时,我国的收入差距日趋扩大。在这样的背景下,无论是理论界,还是实践部门,都强调了所得税在收入再分配中的作用及其所引致的所得税的公平问题。

当然,在讨论所得税的公平性问题时,由于主流的经济学理论都将公平和收入分配结果的差异联系在一起,有关所得税的公平性分析,也就往往和所得税对于收入差距的影响联系在一起。在这样的理论思路下,所得税的公平性程度,往往就和税收的累进程度相关联。然而,就本报告的理解来说,关于公平,不能将其简单地理解为收入差距的缩小,而应该是利益分配的合理性,即在罗尔斯"无知的面纱"背后所确定的利益分配方案。在此逻辑下,所得税制度是否公平,不是简单地看它是否缩小了收入的差距,而应该看所得税所对应的利益分配方案与在"无知的面纱"背后所确定的利益分配方案是否相符。

既然如此,那在"无知的面纱"背后所确定的所得税制度又是何种形式的呢?当我们处于"无知的面纱"背后时,我们是否会选择累进的所得税制度呢?如果是累进的,其累进程度又如何呢?应该说,为了就我国所得税的公平性做出判断,对"无知的面纱"背后的所得税制度安排做出确定,这对于问题的分析来说,是基本的、前提性的。但令人遗憾的是,有关公平的所得税制度问题,理论界对此存在观点的分歧:福利经济学基于"收入的边际效用递减"而主张累进所得税,而自由主义经济学(如哈耶克等)则强调比例的所得税制。在这样的情况下,有关所得税的公平分析,似乎就缺乏了其评价的尺度和标准。

当然,指出理论界既有的对这一问题的不同看法,并不是说有关所得税的公平标准不存在。实际上,尽管我们目前可能还不能就公平的所得税做出严密的数学表述,但在目前的理性认识范围内,还有一些原则是可以确定的。比如个人基本权利(如生存权)的保护原则——所得税的征税不应该影响纳税主体的基本生存权;横向公平原则——如果两个主体纳税能力完全一样,那他们所缴纳的税收应该是完全一样的,而不应该有差别。既然原则是可以确定的,那我们就可以基于所确定的原则来就所得税的公平性做出分析,比如,可以指出与公认公平原则相背离的所得税制度安排。至于理论界尚未形成一致认识的领域,在未经充分论证的情况下,我们可以认为,相关的制度安排是无差异的,暂且不加以讨论。

6.2 我国所得税制度的演变及其公平性提升

在改革开放之前,受传统计划经济体制的影响,我国并没有什么所得税制度(国有企业以利润的形式上缴国家,而个人的工资则基于计划来决定)。自改革开放直到20世纪90年代初期,特别是20世纪80年代的两次国有企业"利改税"开启了对所得税制的构建。一方面,在企业所得税制度的建设方面,1980年开征中外合资经营企业所得税;1982年对我国境内的外国企业开征外国企业所得税;在1983年和1984年的两步"利改税"中,我国开征国有企业所得税;1985年开征集体企业所得税;1988年开征私营企业所得税。另一方面,在个人所得税方面,1980年开征了个人所得税,对在我国境内居住满一年和不在中华人民共和国境内居住或者居住不满一年但从中国境内取得所得的个人就其取得的各项所得征收所得税;1986年开征城乡个体工商业户所得税;1987年起对中国公民的个人所得征收个人收入调节税。

可以看出,在改革开放之初,与我国的渐进经济改革历程相对应,我国的所得税制度是相当分散化、碎片化的。其中,在企业所得税制度方面,针对中外合资企业、外国企业、国有企业、集体企业以及私营企业等不同企业,有不同的税收制度安排。而在个人所得税方面,针对个体不同的身份,我们所确定的所得税制度也不一样。特别地,所得税制度从表面上看是分散的,但其实质是税收缴纳上的区别对待。比如,个人所得税,它在制度上就对不同身份主体区别对待。

其一,针对外籍个人。1980年《中华人民共和国个人所得税法》规定的纳税人是在中华人民共和国境内居住满一年的个人和虽然不在中华人民共和国境内居住或者居住不满一年但从中国境内取得所得的个人,但由于工薪所得、劳务报酬所得、特许权使用费所得、财产租赁所得的免征额均为800元,股息红利等收入主要集中于外籍个人,利息收入又不属于征税范围,加上当时的国内个人收入水平偏低、税务管理水平也较为薄弱,致使实际上的纳税人就是外籍个人。

其二,针对城乡个体工商户。改革开放以后,一部分国内居民通过从事个体工商业活动取得收入,而这部分生产经营性质的所得在原个人所得税法中并未涉及,加上这种所得主要是国内居民所取得,为了调节这一特殊群体的特殊所得,国务院颁布《中华人民共和国城乡个体工商业户所得税暂行条例》,规定其纳税人是从事工业、商业、服务业、建筑安装业、交通运输业以及其他行业,经工商行政管理部门批准开业的城乡个体工商业户;个体工商户的应税所得包括每一纳税年度的收入总额,减除成本、费用、工资、损失以及国家允许在所得税前列支的税金后的余额。至于具体的税率,条例规定了从7%到60%的十级超额累进税率,此外,如果纳税人全年应纳税所得额超过五万元,按超过部分的应纳所得税额,加征10%至40%的所得税,具体加征办法,由省、自治区、直辖市人民政府确定。

其三,针对国内公民。改革开放以后,部分国内公民收入有了明显提高,但原有的个人所得税法不能准确涵盖各种新的收入形式,且当时税制设计者还希望体现税制的地区差异,这样原有的个人所得税法就不能直接套用到国内公民上。为此,国务院于1987年颁布了《中华人民共和国个人收入调节税暂行条例》。该条例规定此税的纳税人是在中华人民共和国境内有住所并取得个人收入的中国公民,应税所得包括工资、薪金收入,承包、转包收入,劳务报酬收入,财产租赁收入,专利权的转让、专利实施许可和非专利技术的提供、转让收入,投稿、翻译收入,利息、股息、红利收入和其他收入。相应地,《中华人民共和国个人收入调节税暂行条例》的纳税人适用的税率是前四项所得合并按20%至60%五级超倍累进税率征收,其余三项按20%的比例税率。为了体现地区差别,工资薪金所得的计税基数,以省级地区为单位,规定不同的数额;在不同的地区计税基数上计算不同的超过倍数,最终确定适用税率和应纳税额。

由此可见,个人所得税根据适用对象的不同主要包括三种具体的税收法律法规,对外国人适用个人所得税法,①对中国人适用城乡个体工商户所得税和个人收入调节税,从而造成了中国人和外国人在应税所得的确定以及具体的适用税率等方面存在差异。就个人所得税方面的区别对待来说,虽然在改革开放初期,为了吸引外资的进入,给外国人在个人所得税方面一定的税收优惠是可以接受的,但是,随着改革开放的不断深入,税收制度分散化和碎片化所引致的公平性问题日趋严重。鉴于此,从20世纪90年代开始,我国开始对分散化的所得税税收制度进行合并和整理。其中,关于个人所得税,由于1994年的税制改革,以建立统一、规范、适应市场经济的税制为指导思想和原则,此次改革将过去对外国人征收的个人所得税、对中国人征收的个人收入调节税和个体工商业户所得税合并为统一的个人所得税。应该说,制度公平性的提升是不言而喻的。例如,改革后,对个体工商户生产经营所得采用5%至35%的五级超额累进税率,这表明对个体工商户的所得税歧视有所减少,而且没有加征的规定。

在企业所得税改革方面,由于问题的复杂性,税制的改革是分步骤进行的,具体涉及三个阶段:其一,外资企业所得税的合并。1991年,中外合资经营企业所得税和外国企业所得税两套税制合并,征收统一的外商投资所得税。其二,内资企业所得税的合并。1994年的税制改革将过去对国有企业、集体企业和私营企业分别征收的多种所得税合并为统一的企业所得税。其三,内外资企业所

---

① 由于实行每月800元的费用扣除标准,而大部分中国人在当时无法达到这一标准,从而造成个人所得税实际上是对外国人征收的。

得税的合并。我国2008年解决了1994年税制改革时遗留下来的问题,取消了外商投资企业和外国企业所得税,最终实现了内外资企业统一征收企业所得税。

从我国所得税的历史演变来看,无论是企业所得税还是个人所得税,都经历了从分散到统一的过程。总体上而言,我国所得税的公平性有所改进。例如,个人所得税中工资薪金类所得的费用扣除标准在不断提升,体现了对人们基本生活水平的满足。而企业所得税,从形式上而言,我国企业所得税由多税并存到统一,先是合并外商投资企业所得税,然后合并内资企业所得税,到最后内外资企业适用同一部税收法律;实质上,经历了两税合并,对同样纳税能力的企业适用同一个税收法律,而不是区别对待,符合税收公平的基本原则,其公平性基本得到解决。因此,接下来的分析主要考察我国的个人所得税在公平性方面的问题。

6.3 所得税的阶层公平分析

关于所得税的阶层公平问题,它所涉及的是不同收入群体负担税收的合理性问题。具体涉及两个基本问题:其一,与个体基本生存权有关的、生计费用的扣除问题,即我国的生计费用扣除标准公平吗? 其二,是在保证个体基本生存权的情况下,有关不同收入阶层分摊税收的公平问题,即税率的累退—累进的公平问题,即撇开生计费用扣除之后的税收制度在累进性、累退性方面公平合理吗?

6.3.1 生计费用扣除标准的公平性分析

生计费用扣除是个人所得税制度公平性保证的重要内容。从理论上来说,作为一种公平的所得税制度,它应该能够保证每一个体最基本的生活需要。进而,公平的所得税应该对于个体的生计费用给予扣除,只能对超出生计费用之上的收入进行征税。也正因为如此,与经济发展水平相适应,我国就不断提高工资薪金所得费用减除(生计费用扣除)标准:自1994年统一个人所得税以后,采用800元的费用扣除标准。这一标准此后几经变化,第一次变化是经十届全国人大常委会第十八次会议通过并于2006年1月1日起执行的每月1600元的费用扣除标准;第二次变化是经十届全国人大常委会第三十次会议通过并于2008年3月1日起执行的每月扣除2000元的标准;第三次变化是第十一届全国人大常委会第二十次会议通过并于2011年9月1日执行的每月3500元的费用扣除标准。既然如此,我国目前生计费用扣除标准的公平性如何呢?

问题的分析与生计费用扣除标准的高低有关。一般地,关于标准的确定,鉴于生计费用扣除体现的是对劳动者维持基本生活需要的保障,理论上往往以最低生活保障作为生计费用扣除的基础。因而,我国生计费用扣除标准是否公平的问题,其实就是费用扣除标准是否超过基本生活需要保障的问题。应该说,在此意义上,从目前的水平来看,我国的费用扣除标准是公平的。因为它已经超过基本生活需要保障的要求。从表6.1可以看出,2010年,城镇家庭平均每人全年消费性支出最高的省份是上海,达到了23 200.40元,而年人均消费性支出最低的省份是青海,仅为9 613.79元,但不管是最低的青海,还是最高的上海,同时,也不管两个省份城镇家庭消费的差距究竟有多大(最高的年人均消费性支出是最低的2.41倍),如果按照统一的标准,即便是考虑每月扣除2 000元,①则一年的总扣除额为24 000元,这已经超过了年人均消费支出最高的省份的生活成本。

表6.1 2010年全国省级城镇家庭平均每人全年消费性支出 (单位:元)

地区	省份	人均消费性支出	地区	省份	人均消费性支出
东部地区	北京	19 934.48	西部地区	西藏	9 685.54
	天津	16 561.77		新疆	10 197.09
	河北	10 318.32		青海	9 613.79
	山东	13 118.24		云南	11 074.08
	江苏	14 357.49		广西	11 490.08
	上海	23 200.40		四川	12 105.09
	浙江	17 858.20		重庆	13 335.02
	福建	14 750.01		宁夏	11 334.43
	广东	18 489.53		内蒙古	13 994.62
	海南	10 926.71		陕西	11 821.88
中部地区	山西	9 792.65		贵州	10 058.29
	河南	10 838.49		甘肃	9 895.35
	安徽	11 512.55	东北地区	黑龙江	10 683.92
	江西	10 618.69		吉林	11 679.04
	湖南	11 825.33		辽宁	13 280.04
	湖北	11 450.97			

资料来源:中经网统计数据库。

---

① 2010年的工资薪金费用扣除标准为每月2 000元。而从2011年9月1日开始实行每月3 500元的扣除标准,如果按此标准,则一年的总扣除额为42 000元,这远远超过省级城镇家庭的年人均消费性支出。

从静态的角度来说，我国的生计费用扣除额已经能够保证人们基本的生活需求。费用扣除标准的公平性问题，从阶层公平性的角度来说，主要是动态调整问题。从历史上看，我国个人所得税的费用扣除标准的变化显著滞后于物价水平的变化：我国工资薪金所得的费用扣除标准从1994年个人所得税制度建立之起，只变化了三次，而且800元的费用扣除标准维持了12年之久，但这一期间我国的消费者价格指数却不断提升（见图6.1），工资薪金扣除标准的变化较为滞后，没有反映物价的变动，从而造成同等数量的收入在不同时期缴纳相同的税收。此时，虽然名义税后收入是相同的，但由于不同时期物价水平的不同，其税后福利状况是不同的。实际上，也正是因为基本生活需要保障的动态变化问题，现有文献就费用扣除的动态调整进行过研究，相关的研究均强调费用扣除的变化要随物价指数而做出调整。比如黄洪和严红梅（2009）通过就1982年至2007年城镇居民人均消费性支出和定基物价发展速度之间的关系进行计量分析，指出当消费者价格指数上涨1个百分点时，费用扣除标准应上涨0.71个百分点。汤贡亮和陈守中（2005）则运用定量实证基数分析法与因素分析法指出：从2005年开始，未来三至五年个人所得税工资薪金所得的费用扣除标准提高到1 300—1 500元。不管具体的标准如何，建立指数化的、与物价指数变动相关的费用扣除标准，对于保障费用扣除的公平性是很重要的，对于我国这样一个经济发展极为迅速的国家来说，尤为如此。僵化的、固定的生计费用扣除标准难免会存在不公平，特别是在通货膨胀的情况下。

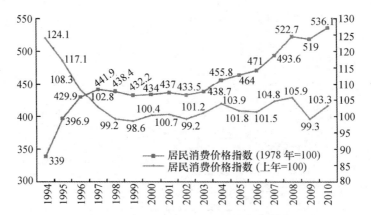

图6.1　1994—2010年全国居民消费价格指数变动情况
资料来源：中经网统计数据库。

6.2.2 税率累退—累进的公平性问题

关于税率累退—累进方面的公平性问题,前面的分析表明:到目前为止,在有关税率的公平性判断上,我们尚不能就何种累进程度的所得税税率结构给出明确的答案。但是,有一点基本上是比较肯定的:公平的税率结构不应该是累退的。也就是说,在公平的所得税税率结构下,高收入群体所缴纳的税收比例不应该比低收入群体的税收缴纳比例低,即不能对低收入群体进行歧视,否则,就是税制上的不公平。

基于上述规范标准,可以发现,在我国个人所得税的发展历程中,歧视低收入群体的税收制度安排还是存在的。如1999年开始征收的利息税。我国的利息税始于1950年,按照当时颁布的《利息所得税条例》的规定,存款利息需要按10%(后改为5%)缴纳所得税,1959年利息税停征,直到1999年再次恢复征收,税率为20%,2007年8月税率降为5%,2008年10月9日起暂免征收利息税。就利息税来说,由于低收入者收入来源形式单一,且收入不多,而高收入群体的收入来源多样,且有不同的投资方式可供选择,对利息征税会造成对低收入群体的所得税歧视问题,减少了其原本就很少的总收入。现行个人所得税制度对利息所得暂免征收个人所得税,在一定程度上体现了对低收入群体的保护。

目前,我国个人所得税累进—累退方面的公平性问题,主要是高收入群体通过所得税避税而引致的税率累退性问题。

应该说,关于高收入群体的个人所得税避税问题,近年来,国家税务总局加强了对高收入人群的税收管理。例如,国家税务总局对高收入行业和高收入个人进行了一些界定:高收入行业包括电信、银行、保险、证券、石油、石化、电力、烟草、航空、铁路、房地产、足球俱乐部、学校、医院、城市供水供气、出版社、公路管理、外企、高新技术产业与中介机构等;高收入个人则包括私营企业主、个人独资企业和合伙企业投资者、建筑工程承包人、演艺界人士、体育明星、模特、律师、会计师、审计师、税务师、评估师、高校教师与临时来华演出人员等。国税总局对高收入群体的界定有助于对避税的控制。

但是,鉴于我国现行的个人所得税制度规定不同类别的所得适用不同的课征方式,而高收入群体的收入来源渠道较多,这在客观上为高收入群体的避税提供了极其有利的条件。具体而言,我国现行的分类征收的个人所得税制采取正项列举的方法来确定应税项目,具体列举了工资薪金所得、个体工商户生产经营所得、对企事业单位的承包承租经营所得、劳务报酬所得、稿酬所得、特许权使用费所得、利息股息红利所得、财产租赁所得、财产转让所得、偶然所得和其他所得等十一类所得。而21世纪是知识经济时代,随着经济的发展,会不断产生新事物,个人收入的构成和形式也会不断发生变化,但税法又具有一定的稳定性,使得分类征收模式下的个人所得税法无法对新形式的所得课征个人所得税,从而导致税收流失。同时,高收入群体的收入来源多种多样,避税方式的选择也很多,可以综合考虑采用多种避税方式,从而最大限度地降低所得税负担,实现个人利益最大化。关于这一点,我们分别以明星、私营企业主、公司高管为例,具体分析高收入群体在实际的经济活动中是如何规避税收的。

首先,明星的避税方式主要有合同中约定所得为税后收入。随着改革开放的深入,人民群众的生活水平不断提升,在物质生活得到满足的同时,其对精神生活的要求也逐渐提高,这也促进了影视行业的发展,例如国产电影的票房收入近年来不断提高,相应地影视明星的收入也不断提高,其作为高收入群体为了追求税后收入的最大化,会通过各种方式来降低税收负担。具体而言,聘请明星出任所谓形象代言人的企业都知道,无论是邀请明星拍广告还是参加某些节目和演出,邀请者和明星往往都有私下约定,给明星的出场费一定是税后的价钱;假如你答应给明星10万元,你必须在10万元之外再拿钱为明星支付税款。这表明明星本人是不去纳税的。例如,章子怡为"联想"做形象代言人时,对其得到的酬劳,双方对外宣称无可奉告。在记者采访中,联想公司很敏感地一再重申,联想在纳税方面一向规规矩矩,并肯定章子怡的酬劳是纯粹的酬劳,联想已经替她交了税,这也是双方在合同中事先约定的。除了代言费用,明星的另外一大收入来自走穴,也就是参加各色各样活动。而参加这类活动时,明星也大都要求主办方提供税后收入。

其次,私营企业主要通过各种扣除方式来减少应税所得,从而少缴纳个人所得税。对于中小私营企业,规避个人所得税的逻辑链条起始于增值税的规避和企业经营账面利润的缩减。例如,在沿海地区从事冶金供销代理的黄老板,他的公司长期为需要钢材等原材料的大企业进行采购代理,从中抽取一些佣金作为公司盈利的主要来源。黄老板在其货物采购业务上,通过增大各种进项税额抵扣来少缴增值税,同时减少企业账面盈利。[①] 私营企业主主要通过交通运输费的扣除来避税,由于运输费的专用发票现在是由地税局委托交管站代开,交管站可以按照发票运费数额提取1%的管理费,从而可以虚开运费专用发

[①] http://wq.zfwlxt.com/newLawyerSite/blogshow.aspx?user=152729&itemid=dbd718d2-1550-44a3-bca9-9ee5008a2105。

票。在计算缴纳个人所得税时,私营企业主要通过将公司对个人的支付肢解到如业务招待费、差旅费等各种名目的费用开支中,来减轻私营企业主的所得税负担。①

最后,公司高管主要通过在各种所得形式之间转换,来降低总的个人所得税负担。主要有通过福利减少名义工资、分摊发放工资以及尽量采用年终奖金的方式等。特别是后者,由于国税总局2005年9号文规定,全年一次性奖金有一次机会可以平摊到12个月来计算相应的税率和速算扣除数,因此公司都尽量把各种奖金集中到年终发放,可以降低个税缴税额。

总之,由于高收入群体所得形式的多样性,以及我国目前采取的是分类征收的个人所得税制度,现实中高收入群体可以综合采用各种避税方式来降低税收负担,从而增加税后总收入。这使得收入多的高收入群体实际缴纳的税收却少于其应缴的税收。《中国税务年鉴》的统计数据表明,工资薪金所得在个人所得税中所占的比重最高,这说明了工薪阶层承担了较重的所得税负担,但是工薪阶层不是我国的高收入群体,而高收入群体承担的税负较轻,这违背了税收基本的公平原则。

6.4 个人所得税的地区公平分析

个人所得税的地区公平问题,主要与个人所得税生计费用扣除的统一性问题有关。因此,有关个人所得税地区公平的分析,主要围绕着生计费用的统一扣除问题加以展开。

6.4.1 统一费用扣除标准的地区公平性问题

前面的分析表明:为了保证个体基本的生活需要,公平的个人所得税存在一个生计费用扣除的问题。就我国的情况来说,由于目前的标准相对比较高,个体基本的生活需要都能够得到保证。但问题是,虽然个人所得税的费用扣除标准有几次调整,但我国的生计费用扣除标准是采用全国"一刀切"的方式制定的,全国各地区适用统一的标准。就这一安排来说,有人认为,从理论上来说,鉴于我国各地区的经济发展水平存在差距(从表6.2可知,在2005—2009年间,不同地区之间的收入水平和消费水平之间存在显著差异,特别是东部地区

---

① 年收入百万按月薪3 000缴个税,《济南日报》,2011年5月17日。

和其他地区之间。一方面,东部地区的收入水平显著高于中部、西部以及东北地区,2005—2009年平均高出大约6 000元;另一方面,东部地区的消费性支出也显著高于中部、西部以及东北地区,2005—2009年平均高出大约4 000元),全国采用统一的费用扣除标准,从表面上来看是公平的,但实际上并不公平:由于不同地区的人们维持基本生活的成本不同,如果对于不同地区收入相同的人们实行统一的费用扣除标准,会造成对某些地区的人们的必要生活成本课税,这违背了税收公平的原则。在这一点上,黄秀梅(2007)指出全国统一的费用扣除标准没有考虑到地区之间消费水平的不平衡性。刘丽、牛杰和夏宏伟(2010)类似地指出费用扣除标准要体现地区之间消费水平、物价水平之间的差异性,而不能采取"一刀切"的标准。焦建国和刘辉(2011)运用北京的统计数据具体测算了费用扣除标准,指出全国统一的费用扣除标准违背了税收公平的原则。

表6.2 2005—2009年不同地区人均收入与人均消费水平 (单位:元)

年份	东部地区		中部地区		西部地区		东北地区	
	收入	支出	收入	支出	收入	支出	收入	支出
2005	14 584.60	9 922.42	9 393.22	6 540.92	9 418.36	6 963.54	9 295.57	6 835.46
2006	16 380.39	10 870.49	10 572.94	7 260.44	10 443.01	7 504.39	10 489.81	7 389.83
2007	18 544.97	12 126.61	12 392.21	8 339.34	12 130.66	8 477.49	12 306.17	8 669.43
2008	20 965.49	13 434.72	14 061.73	9 249.02	13 917.01	9 604.04	14 162.02	10 038.24
2009	23 153.21	14 619.75	15 539.39	10 031.06	15 523.03	10 641.98	15 842.64	11 128.90
平均	18 725.73	12 194.80	12 391.90	8 284.16	12 286.41	8 638.29	12 419.24	8 812.37

注:表中的收入为人均年收入,而支出则为人均消费性支出。
资料来源:《中国统计年鉴2010》。

6.4.2 统一费用扣除标准公平性的理论辩护

在理论上,尽管理论界对于统一费用扣除标准的公平性提出了批评,但在我们看来,统一费用扣除标准的合理性还是有其理论依据和实际支撑的。

第一,全国统一的费用扣除标准有利于资源的优化配置。如果全国所有的地区采用同一个费用扣除标准,则劳动者无论是在哪个地区取得同等数量的收入,其所缴纳的个人所得税都是一样的,这表明个人所得税不会改变劳动者的就业区位选择,保持了税收中性。但如果不同的地区有不同的费用扣除标准,则会使劳动者流向税收负担轻的地区,给资源配置带来一定的影响。特别地,一般来说,由于富裕地区往往更有能力提供税收优惠,就会导致资源更多地流向富裕地区,使得贫困地区陷入更加贫困的境地。从长远来看,这不利于地区之间收入差距的缩小,会导致富裕的地区更加富裕,贫困的地区更加贫困,违背了税收公平的原则(马福军,2010)。

  第二,全国统一的费用扣除标准有利于税法的稳定性。如果全国所有的地区都适用一个费用扣除标准,则在具体的税法执行过程中税务机关基本无自由裁量权,从而有利于保障个人所得税法的稳步实施。但如果不同地区适用不同的费用扣除标准,则在具体的税收执法过程中,各地区的税务机关的自由裁量权过大,可能导致个人所得税法的实际实施无法体现其立法初衷,也会存在人为操作上的不公平。

  第三,全国统一的费用扣除标准符合我国税务部门的征管水平。征管成本的高低也是税制设计中的一个考虑因素。我国目前仍属于以商品税为主体税的国家,所得税在总的税收收入中所占的比重仍然低于商品税。全国统一的费用扣除标准有利于所得税的征收管理,征管成本较低。在这一方面,曾庆涛(2010)从我国目前的征管能力和财税体制出发指出目前仍应实行全国统一的费用扣除标准。

  第四,目前费用扣除水平对于基本生活需要的保障,尽管不同地区因经济发展水平的不同而导致不同地区的人们的生活成本存在差异,表现在个人所得税上,不同地区的生计费用是不同的,而统一的费用扣除标准没有考虑不同地区生活成本的差异性,但是现有的个人所得税法所规定的每月3 500元的费用扣除明显高于全国所有地区的消费水平,这表明全国所有地区人们的生计成本都得到了扣除,符合税收公平的原则。

  值得提及的是,在生计费用的扣除方面,尽管我们在全国范围内是统一的,但我国现行的税法针对外国人和中国人有不同的生计费用扣除标准:从2011年9月1日以后,中国人适用每月3 500元的费用扣除标准,外国人继续适用每月4 800元的费用扣除标准。就此等差别化的标准来说,在改革开放初期,为了吸引外资的流入,采取生计费用扣除的内外有别政策存在一定的合理性。随着改革开放的不断深入,我国居民的生活水平和收入水平也不断提高,此时,继续采用内外有别的费用扣除标准就存在一定的不公平。毕竟,只要纳税人的纳税能力相同,依据横向公平原则,二者就应该缴纳相同的税收,而现行的个人所得税制度区分中国人和外国人,从而采用不同的费用扣除标准,这导致相同收入的中国人和外国人由于适用的费用扣除标准不同而缴纳的个人所得税不同以及税后收入的差异,这是对本国人在税收征收上的不公平。

6.5 个人所得税的职业公平分析

所得性质和类型的不同反映了劳动者职业的差别,因此所得税的职业公平考察的是在不同行业工作、相同收入的劳动者之间的税收公平问题。我国现行的个人所得税制度区分了十一类所得,对不同的所得采用不同的费用扣除标准和税率。对于这十一类所得,按照其性质的不同,大致可以将它们分为劳动所得和资本所得两大类型。其中,劳动所得又可以细分为独立劳动所得和非独立劳动所得;而资本所得则包括资本持有所得和资本转让所得两种类型。本节先分析劳动所得内部的税收公平问题,然后分析资本所得内部的税收公平问题,最后再分析劳动所得与资本所得之间的税收公平问题。

6.5.1 劳动所得内部的税收公平问题

从税务年鉴对独立劳动所得和非独立劳动所得的统计数据来看,非独立劳动所得所缴纳的税收在个人所得税中所占的比重日益增加且明显高于独立劳动所得(见表6.3):非独立劳动所得在个人所得税中所占的比重呈现逐年上升的趋势,从2000年的46.2%上升到2009年的64.86%;而独立劳动所得在个人所得税中所占的比重则基本稳定在百分之一二左右。

表6.3 独立劳动所得和非独立劳动所得占个人所得税的比重　　(单位:%)

年份	独立劳动所得	非独立劳动所得
2000	2.23	46.20
2001	2.02	44.05
2002	1.99	48.47
2003	2.12	54.31
2004	2.12	55.87
2005	2.20	57.00
2006	2.11	53.98
2007	2.04	56.25
2008	2.22	61.83
2009	2.32	64.86

注:个体工商户生产经营所得属于非劳动所得。
资料来源:《中国税务年鉴》(2001—2010)。

就这样一种税收缴纳结构来说,从制度上来看,我国的个人所得税制度对于不同的劳动所得,存在制度规定上的不公平。因为,税收的横向公平原则表明,同等纳税能力的纳税人承担的税负应相同,不能因为是属于独立劳动所得,还是属于非独立劳动所得而适用不同的课税标准。现行分类征收的个人所得税制度在独立劳动所得和非独立劳动所得上存在横向不公平的问题。如最高边际税率,独立劳动所得主要包括劳务报酬所得和稿酬所得,其中劳务报酬的最高边际税率为40%,稿酬虽然名义税率为20%,但税法规定对其按应纳税额减征30%,这说明稿酬的实际税率仅为14%;非独立劳动所得适用的最高边际税率明显高于独立劳动所得,工资薪金所得的最高边际税率达到了45%。因此分类所得税制对独立劳动所得和非独立劳动所得在适用税率方面的区别对待,不符合税收横向公平的原则。

当然,最高边际税率所考察的只是最高档次的,它不能反映税率结构的全部。为了就独立劳动所得与非独立劳动所得税收缴纳的不公平程度做出分析,我们可以从独立劳动所得和非独立劳动所得中各选择一种所得进行税负平衡点的分析。特别地,由于劳务报酬所得的征收办法要比稿酬复杂,而且其存在加成征收的规定,在进行独立劳动所得和非独立劳动所得的税负平衡点分析时,我们选择劳务报酬所得与工资薪金所得进行对比分析。当然,由于工资薪金所得和劳务报酬[①]适用的税率和扣除标准是不同的,工资薪金所得适用3%至45%的七级超额累进税率;劳务报酬的扣除标准有一个4 000元的节点,而且根据其应纳税所得额的大小有加征的规定,在具体计算两类应缴纳的个人所得税的大小时,要分区间考虑不同收入情况下的应纳个人所得税情况。具体的纳税情况如图6.2所示。

从图6.2中,我们可以看出:收入在大于12 500元、小于25 000元的区间内,工资薪金所得和劳务报酬所得应纳的个人所得税存在一个交点,通过计算[②]可知,当月收入为20 888.89元时,工资薪金所得和劳务报酬所得的个人所得税负担是相同的,此时的税收缴纳符合横向公平的税收原则,即同等收入的纳税人缴税相同。但当月收入低于20 888.89元时,工资薪金所得的个人所得税负担要轻于劳务报酬的税收负担;而当月收入高于20 888.89元时,工资薪金所得的个人所得税负担要重于劳务报酬的税收负担。因此,对于劳动所得内部不同

---

① 由于劳务报酬是按次征收的,为了和工资薪金所得对比,我们在此处假设一个月取得的劳务报酬所得为一次收入。

② 假设工资薪金所得和劳务报酬所得都为 X 时,二者的个人所得税负担相同。从图6.2中可以看出二者的交点在12 500元和25 000元之间,因此由等式 $(X-3\,500)\times 25\% - 1\,005 = X(1-20\%)\times 20\%$ 可知 X 等于 20 888.89 元。

性质所得的税负平衡点的分析表明：从整体上来看，我国的个人所得税制度区别对待不同的劳动所得，违背了横向公平的税收原则。

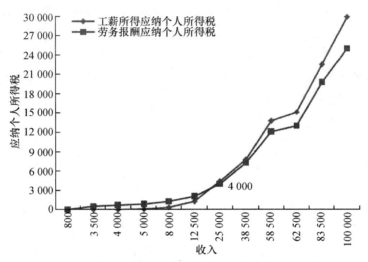

图6.2 工资薪金所得和劳务报酬所得的应纳个人所得税

6.5.2 资本所得内部的税收公平问题

从表6.4所给出的不同性质的资本所得的税额占个人所得税比重可以看出：特许权使用费所得税在个人所得税中所占的比重较为稳定，从2000年到2009年这十年间基本无变化；利息股息红利所得税的比重是最大的，在这十年间有起伏波动，基本在百分之二十几左右；财产租赁所得税的比重变化不明显，比特许权使用费所得税的比重稍高；财产转让所得税在个人所得税中所占的比重在这十年间上升比较明显。就此等差异和变化来说，显然，我们难以直接就资本所得内部的公平性做出分析，但是，受税制安排的影响，不同资本所得在个人所得税缴纳上的不公平性是显而易见的。

表6.4 2000—2009年不同项目的资本所得在个人所得税中所占的比重（单位：%）

资本所得项目	2009	2008	2007	2006	2005	2004	2003	2002	2001	2000
特许权使用费所得	0.02	0.02	0.03	0.03	0.02	0.03	0.03	0.05	0.02	0.02
利息股息红利所得	14.19	18.46	24.99	27.24	24.61	25.73	27.06	31.83	35.03	28.79
其中：储蓄存款利息所得	3.54	8.80	16.34	18.77	—	—	—	—	—	—
财产租赁所得	0.28	0.26	0.24	0.24	0.20	0.21	0.19	0.16	0.20	0.31
财产转让所得	4.25	2.65	2.29	1.35	0.48	0.32	0.30	0.14	0.17	0.14
其中：房屋转让所得	2.02	0.76	—	—	—	—	—	—	—	—

资料来源：《中国税务年鉴》(2001—2010)。

首先,是法律规定的区别对待问题。不同性质的资本所得,法律规定适用不同的扣除标准和征收办法。对于资本所得,我们可以进一步细分为资本持有所得和资本转让所得,前者包括利息股息红利所得、财产租赁所得以及特许权使用费所得(使用权让渡),后者包括财产转让所得和特许权使用费所得(所有权转让)。我国的个人所得税制度区别对待不同性质的资本所得,对于不同的纳税人取得同等数量的资本所得,会因其所归属的具体的资本所得性质的不同,缴纳不同数量的个人所得税,这违背了横向公平的税收原则。例如:① 在费用扣除方面,对于利息股息红利所得没有任何的费用扣除;对财产转让所得,税法规定要扣除财产原值和合理的费用;而对特许权使用费所得和财产租赁所得扣除 800 元或收入的 20%。② 在税收征缴方法方面,对于特许权使用费所得、财产转让所得、利息股息红利所得采用按次征收的方法,而不考虑所得在多久的期间内获得的问题,而对财产租赁所得采取按月征收的办法。此外,现行税法规定,外籍个人从境内外商投资企业取得的股息,免征个人所得税,而中国人取得的股息红利所得却要缴纳 20% 或 10% 的个人所得税。这种明显的区别对待政策,虽然有一定的合理性,但从公平角度看,实际上是对国民的一种税收歧视。

其次,是重复征税问题。比如,对于个人取得的股息红利所得,我国税法规定需要征收个人所得税。但是,股息红利在分配给个人时,其已经承担了企业所得税(因为公司从本质上来说是属于个人的),这表明股息红利存在经济性重复征税,即同一或不同征税主体对不同纳税人的同一课税对象分别征收所得税,这不符合税收公平的原则。此外,纳税人从不同类型的公司所取得的股息红利所得缴纳的个人所得税是不同的:第一,如果是从上市公司取得的,则该股息红利的所得税负担为 25% + (1 − 25%) × 20% × 50%,即 32.5%;第二,如果是从境外上市公司或非上市公司取得的股息红利所得,则该部分所得的所得税负担为 25% + (1 − 25%) × 20%,即 40%。当然,有关股息红利所得的重复征税问题,我们可以从公司角度和(或)个人角度来解决,具体包括以下三种方法:一是股息扣除制,即公司在计算应纳税所得时,将其支付给股东的股利全部或部分(按特定的百分比)视同费用从公司利润中扣除,以其余额作为应纳税所得,计算缴纳公司所得税;而股东在取得股利时,应将股利并入当年的其他所得,缴纳个人所得税。二是双税率制,即在征收企业所得税或个人所得税时,对不同性质的所得实行不同的税率。三是股东所得免税制,即股东取得的股利,在缴纳个人所得税时全部免于计入应税所得。四是归集抵免制,即将用于分配股利的公司所得负担的所得税,全部或部分抵免股东所缴纳的个人所得税,在归集制中,公司所得税犹如可以抵免个人所得税的预提税,允许的抵免额为归集抵免额。但是,在我国的税收制度中,并没有诸如此类的制度安排,这使得对股息红利存在重复征税的不公平问题。

6.5.3 劳动所得与资本所得间的税收公平问题

从个人所得税的统计数据来看,劳动所得缴纳的税收要多于资本所得的纳税。在表6.5中,从2000年到2009年,劳动所得税在个人所得税中所占的比重总体上呈现上升的趋势,而资本所得税则呈现出下降的趋势,劳动所得税与资本所得税的差距越来越大。2000年,劳动所得为45.23%,仅高出资本所得约16个百分点,而到了2009年劳动所得在个人所得税中的比重超过了一半,达到了65.54%,比资本所得高出了47个百分点。

表6.5 2000—2009年劳动所得与资本所得占个人所得税的比重 (单位:%)

年份	劳动所得	资本所得
2000	45.23	29.25
2001	43.37	35.43
2002	48.50	32.18
2003	54.63	27.59
2004	56.43	26.29
2005	57.88	25.32
2006	54.84	28.86
2007	57.13	27.55
2008	62.66	21.39
2009	65.54	18.74

资料来源:《中国税务年鉴》(2001—2010)。

就这样一种差距及其变动趋势而言,这一结果在一定程度上已经告诉我们,我国的个人所得税制度对劳动所得课税较重,而对资本所得课税较轻,没有体现同等纳税能力的人应缴纳相同税收的横向公平税收原则。相关的问题,具体表现在以下两个方面。

第一,就劳动所得和资本所得适用的最高边际税率而言,劳动所得要高于资本所得。例如,工资薪金所得的最高边际税率为45%,劳务报酬所得的最高边际税率为40%;而特许权使用费所得、利息股息红利所得、财产租赁所得与财产转让所得的最高边际税率则仅为20%,这表明我国税法对劳动所得的课税较重,对资本所得的课税较轻。在连续性和稳定性方面,资本所得高于劳动所得,同时资本所得所付出的代价也小于劳动所得,而就与必要成本费用的相关程度而言,资本所得低于劳动所得,因此就横向公平而言,资本所得的税负至少不应低于劳动所得的税负。而在我国目前这种税制结构下,劳动所得的税负可能要远远高于资本所得的税负,从而使个人所得税呈现出一种逆向调节的状态。

第二,就劳动所得和资本所得的费用扣除标准而言,劳动所得的费用扣除比较固定,而资本所得的费用扣除比较灵活,存在操作的余地。例如,我国个人所得税法规定,工资薪金所得的费用扣除标准自2011年9月1日起改为每月3 500元;而财产转让所得以转让财产的收入减除财产原值和合理费用后的余额为应纳税所得额,关于财产原值的确定存在较大的灵活性,可能会成为纳税人避税的一种方式,从而导致资本所得缴纳的税收少于劳动所得的纳税,违背了横向公平的税收原则。例如,房屋转让所得,虽然个人所得税法规定财产转让所得以转让财产的收入减除财产原值和合理费用后的余额为应纳税所得额,但在实际的征收管理中财产原值的确定比较困难,这是由于房屋持有的时间比较长,相关房屋原值的凭据可能已经丢失,或者很难估计房屋的原值或者估值的成本比较高。为了应对个人所得税征收管理中出现的问题,国税总局于2006年7月18日发布的《国家税务总局关于个人住房转让所得征收个人所得税有关问题的通知》①(国税发[2006]108号)就明确了相应的处理方法,这一规定的实施把个人所得税变相转化成了营业税。但在实际的运用过程中,从表6.6可以明显看出:适用3%的比较少,大部分都适用1%或2%,这进一步减轻了房屋转让所得的个人所得税负担,使资本所得实际承担的所得税负担进一步下降,②不符合横向公平的原则。

---

① 通知内容如下:纳税人未提供完整、准确的房屋原值凭证,不能正确计算房屋原值和应纳税额的,税务机关可根据《中华人民共和国税收征收管理法》第三十五条的规定,对其实行核定征收,即按纳税人住房转让收入的一定比例核定应纳个人所得税额。具体比例由省级地方税务局或者省级地方税务局授权的地市级地方税务局根据纳税人出售住房的所处区域、地理位置、建造时间、房屋类型、住房平均价格水平等因素,在住房转让收入1%—3%的幅度内确定。http://www.gov.cn/zwgk/2006-07/27/content_347120.htm.
② 可以举例说明房屋转让所得的纳税情况。假设某人在上海持有某普通住宅且不超过五年,根据表6.6中具体适用税率可知,该财产转让所得既可以按1%,也可以按差额的20%征收个人所得税。现假设该房产转让所得为200万元,原值为80万元,如果按照1%的税率,则应纳个人所得税为20万元,如果按照差额的20%,则应纳个人所得税为32万元。作为理性的"经济人",该房屋持有者会倾向于声称无法取得房屋的原值证明,从而可以按照比例税率纳税,导致少缴纳了12万元的个人所得税。

表6.6 不同类型房屋转让所得缴纳个人所得税适用税率

住宅类型	划分标准（以上海为例）	持有时间	
		不满五年	满五年以上（包括五年）
普通住宅	面积不超过144平方米，且内环线总价245万以下/套；内环线以外外环线以内140万以下/套；外环线以外98万以下/套。五层以上（含五层）的多高层住房，以及不足五层的老式公寓、新式里弄、旧式里弄等。	个人所得税按转让额1%或差额20%计征；营业税按差额5%计征。	个人转让自用5年以上，并且是家庭唯一生活用房取得的所得，免征个人所得税；免征营业税。
非普通住宅	面积超过144平方米，且内环线总价245万以上/套；内环线以外外环线以内140万以上/套；外环线以外98万以上/套。	个人所得税按转让额1%或差额20%计征；免征营业税。	个人所得税按转让额2%—3%或差额20%计征；营业税按转让全额5%计征。

当然，法律规定仅仅表明了劳动所得和资本所得在纳税上的不同。为进一步说明劳动所得和资本所得的税负差异，我们从劳动所得和资本所得中各选择一类所得进行税负平衡点分析。由于劳动所得中的劳务报酬所得和稿酬所得与资本所得中的特许权使用费所得和财产租赁所得适用的扣除标准是一样的，而且财产转让所得中费用扣除比较复杂，鉴于举例的便利性，我们仅以劳动所得中的工资薪金所得和资本所得中的财产租赁所得的纳税差异做出对比分析，来揭示现行个人所得税制度在对待劳动所得与资本所得之间的差异性。特别地，由于财产租赁所得适用的费用扣除标准有一个4 000元的节点，工资薪金所得适用七级超额累进税率，因此我们应该考虑各个收入节点，从而计算出不同收入条件下应纳的个人所得税额的大小。具体纳税情况如图6.3所示。从图6.3中可知：可知当月收入约为20 888.89元时，[1]工资薪金所得和财产租赁所得税收负担是相同的，此时才符合横向公平的税收原则。当月收入小于20 888.89元时，工资薪金所得的个人所得税负担要轻于财产租赁所得的税收负担；当月收入大于20 888.89元时，工资薪金所得的个人所得税负担要重于财产租赁所得的税收负担。这表明我国的个人所得税制度区别对待劳动所得和资本所得，对于同等数量的所得征收了不同数量的个人所得税，违背了横向公平的税收原则。

---

[1] 当收入在大于12 500元、小于25 000元的区间内时，工资薪金所得和财产租赁所得应纳的个人所得税存在一个交点。现假设工资薪金所得和财产租赁所得的月收入为 X 时，二者的个人所得税负担相同。具体的计算等式如下：$(X-3 500)\times 25\% - 1 005 = X(1-20\%)\times 20\%$，解得 $X = 20 888.89$。

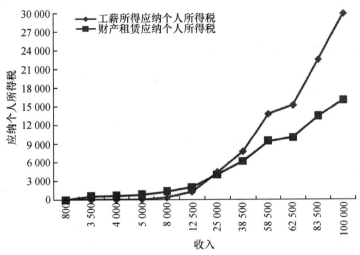

图 6.3 工资薪金所得税和财产租赁所得的应纳个人所得税

6.6 提升我国所得税公平性的政策建议

本章在对改革开放以来我国个人所得税的制度演变进行历史性分析的基础上,同时从阶层公平、地区公平和职业公平三个方面对现行的个人所得税制度的公平问题进行了理论的分析。在问题分析的基础上,本节最后针对现有的个人所得税制度所存在的问题,提出了一些相应的政策改革建议。

首先,是强调纵向公平的税收原则,加强对高收入群体的税收征管。纵向公平的税收原则要求不同收入的纳税人缴纳的税收不同,而且收入越多的纳税人缴纳的税收越多。而当前我国的个人所得税制度存在高收入群体的避税问题,这违背了纵向公平的要求。因此,从税收公平的原则出发,我们要加强对高收入群体的税收征管,减少税收流失。

其次,保持生计费用全国统一,但应与物价指数挂钩,实行动态调整。虽然不同地区的经济发展水平不同导致了各地区维持基本生活水平的生计成本的不同,但是现行的每月 3 500 元的生计费用扣除标准高于全国最高的人均消费性支出,现行个人所得税制度在地区方面符合税收公平的原则,因此我们要继续维持全国统一的费用扣除标准。但是,不同时期的物价指数不同,导致不同时期人们的生活成本也是不同的,因此还要考虑费用扣除的指数化,在设计费用扣除标准的时候将其与消费者价格指数挂钩,实行动态调整。

最后,应坚持横向公平原则,对不同类型所得一视同仁。横向公平的税收原则要求收入能力相同的纳税人缴纳的税收应相同,而我国目前的分类征收的个人所得税制度区分了十一类所得,不同类别的所得适用不同的费用扣除标准和税率,这违背了横向公平。因此,不能区分不同的性质的劳动所得、不同性质的资本所得、劳动所得和资本所得,而应该对所有类型的所得实行统一的税率和费用扣除标准,从而解决个人所得税制度的类型歧视问题。

第 7 章

中国财产税的公平性分析

7.1 导言

财产税的课税对象是财产,是对财产占有、使用或基于财产而获取收益的主体征收的一类税。财产(或财富)是人们在某一时点上积累的资产价值,是存量,所以对财产课税就是对收入存量的征税。而对所得和商品的课税,是对收入和消费流量课征的税收。财产一般包括动产与不动产。动产指能够自由移动而不改变其性质、形态的财产,分为有形动产和无形动产两种。有形动产是指具有实物形态的动产,如设备、家具、车辆等耐用消费品。无形动产是指不具有实物形态的财产,如股票、债券、抵押契据、现金、银行存款等。不动产指不能移动或者移动后会引起性质、形态改变的财产,包括土地和土地改良物。

从广义上理解,财产税包括财产的保有税、转让税和收益税三大类。① 而狭义的财产税一般仅指财产的保有(持有或占用)税。按课税范围的大小来划分,保有阶段的财产税可分为选择性财产保有税和一般性财产保有税。其中,选择性财产保有税以纳税义务人的特定财产为课征对象,一般以不动产保有税和车

---

① 财产转让税是指在财产进行转让时对其课征的税收。财产收益税是对财产所产生收益的课税,如对财产租金所得、财产增值收益的课税。

船税较为常见。一般性财产保有税对纳税人拥有或支配的所有财产综合课征。但是,由于财产形式的多样性,有些财产隐蔽性较强,难以对其征税,所以实践中无法真正做到对纳税人的所有财产课税。

我国现行的财产税主要是狭义的财产税,即财产保有税。目前,对于因财产的保有而征收的税种主要有房产税、城镇土地使用税和车船税,因此,在理论上,这三个税种是真正意义上的财产税。但是,理论界在分析财产税时,往往也将契税纳入分析范围中,因为只有在缴纳了契税之后,纳税人才真正成为房屋的所有者,契税可以看成纳税人将以后年度的税收在获得房屋的初期一次缴纳。因此,为了与理论界保持一致,同时,也是考虑到契税的规模水平(近年来我国契税增长速度很快,影响也逐渐增大),本文也将契税纳入到财产税体系中,分析其公平性。这样,本章所分析的财产税范围就包括动产的保有税(车船税),不动产的保有税(城镇土地使用税和房产税),以及不动产的交易税(契税),共计四种税收。图7.1为我国财产税体系图。

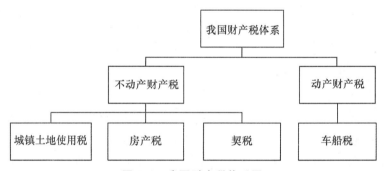

图7.1 我国财产税体系图

本章拟就我国财产税的公平性进行实证分析。应该说,鉴于问题的性质,分析我国财产税的公平性具有特定的价值和意义。一方面,问题的研究有助于增进对于我国现行财产税公平性的了解。另一方面,基于财产税公平性扭曲的程度及原因,可以对我国的财产税体系进行调整,完善税制,以更好地实现税收促进公平的功能。关于研究的思路,在导言后的7.2节,我们就财产税的公平原则做出了分析。基于理论上所给出的标准,我们分别针对同类财产(7.3节、7.4节)和不同种类财产(7.5节、7.6节)、依次从横向公平与纵向公平两个层次来就财产税的公平性做出分析。最后的7.7节给出了提升我国财产税公平性的政策建议。

7.2 财产税公平及其衡量的尺度和标准

财产税主要为地方税种,其功能主要是为地方政府筹集财政收入和调节收入差距,促进收入的公平分配。目前,对于财产税公平性的研究多从结果均等的角度来进行。在此思路下,相关的研究首先从财产税归宿角度就相关主体所承担的税收进行理论研究,也就是"租税归宿分析"的问题,其主要是对传统观点、资本税观点和利益观点这三种观点的整合和分析(张胜文,2010;谷成,2005)。① 鉴于本报告将公平理解为利益分配的合理性,而不是主流经济理论所讲的结果均等,我们有必要就财产税的公平原则做出专门的分析和界定。尽管财产税的公平涉及富人和穷人所承担的税收比重,但简单地将财产税公平与缩小差距联系在一起,这是有问题的。

关于财产税的公平原则,从税收征收的依据来说,有两个经典的原则:受益原则和能力原则。其中,关于受益原则,它不仅有着悠久的理论渊源,② 同时也有着一定的现实影响力,比如,"受益税"对于美国财产税的理论支撑。③ 该观点认为,鉴于政府保护了私人的财产安全,而公共服务增加了不动产的价值,财产所有者因其从政府那里所获得的利益而向政府纳税,是公平的。进而,纳税人的财产价值越高,其从公共服务中获得的收益就越大,理应缴纳更多的财产税。至于能力原则,在其他条件基本相同的情况下,纳税人的财产价值越高则其负税能力越强,也应该负担更多的财产税。就这两种原则来说,从字面上来看,它们似乎是对立和冲突的。实际上,考虑到财产的价值既反映了财产所有者的受益,又反映了其纳税能力的大小,因此可以认为:在财产税的公平方面,受益原则与能力原则是统一的,我们不需要对此做明显的区分,即公平的税收就是以财产额——受益额和(或)能力水平——为基数的税收。

税收公平一方面是征税的依据,另一方面则是给定依据下具体的征收办

---

① 传统观点运用局部均衡分析法得出对土地课税具有累进性,对住宅资本课税具有累退性的结论;资本税观点以全面均衡分析法得出,若对全国资本品课征单一税率,财产税具有累进性,若对不同形态的资本间实行差异税率,最终的税收负担取决于两个资本品市场的供需双方的相对流动性;根据利益观点,财产税不再是一种税,而是对地方公共品所付出的使用费,探讨财产税的租税归宿问题是无意义的。
② 该观点可追溯到洛克(Locke)关于国家保护财产的理论。
③ 美国财产税的受益论从著名的 Tie bout(1956)模型导出,由 Hamilton(1975;1976)与 Fischel(1975)首先提出。

法。一般地，与一般的税收公平原则相对应，财产税的公平原则包括横向公平与纵向公平。其中：其一，横向公平要求，相同价值的财产应该缴纳相同数额的财产税或者相同比例的财产税。如果对于相同价值的财产因为价值以外的其他因素，如存在形式、经济用途和取得时间等而致使财产所有者缴纳了不同的财产税，我们就认为该财产税有悖于横向公平。其二，纵向公平则要求，拥有财产价值多的所有者缴纳较多的财产税。具体来说有三种情况：第一，对于拥有不同价值财产的所有者，如果其缴纳的财产税占财产价值的比例是一致的，我们就认为财产税是纵向公平的；第二，如果财产多的所有者缴纳的财产税与其财产价值的比例小于财产少的所有者，我们就认为财产税是有失公平的；第三，如果财产价值高的所有者缴纳了高比例的财产税则难以判断其公平性，因为目前学术界对于财产税是否需要累进尚且没有达成共识，本章对这种情况也不做进一步的讨论。下面，将根据上面的标准来分析中国财产税的公平性。

7.3 财产税的公平性分析：同类财产的横向公平

从横向公平的角度来考察财产税的公平问题，其一，相同价值的财产应该承担相同水平的税负，而不应该考虑其取得的时间。其二，相同价值的财产应该承担相同水平的税负，而不应该考虑其所对应的经济行为。如果根据经济行为的不同而对同类财产实行差别水平的税负，对同类不同用途的财产持有者来说是不公平的，而且这种征税方式将扭曲人们的行为。但是，就我国的财产税来说，以房产税为例，由于其制度安排的特殊性，存在：因为时间选择不同而引致的税负差异；因经济行为不同而引致的税负不公平问题；以及由于经济行为不同和时间选择不同而综合引致的税负差异问题。

7.3.1 不同购置时间财产的税负公平性

从公平角度来说，相同价值的财产应该承担相同的税负，而不应该考虑其取得的时间先后。这意味着，财产税要想实现这个方面的公平，就应该以财产的市场价值或者评估价值为基础来计征财产税。世界上许多开征房屋税的国家，房屋的计税依据都是市场价值或者评估价值。例如日本，其房屋税是按房屋估定价值计征的，原则上每三年估价一次，在其后的第2年和第3年中，如无重大变化，一般不作估价，直接按标准年度估定价值课税。如有重大变化，可重新估价。而在法国，其房屋税以房屋租金收入为基准每十年确定一次。至于美国,其对房屋征收的财产税的估价原则是以市场现值为主,主要运用市场价格类比法、收益现值法和重置成本法。

与上述征税方法不同的是,我国的房产税是以房屋的账面原值为计税基础,这就造成两个相似的房产因其购买时间的不同而承担不同的税负。例如,在某些地区,在同一地段的两栋房产,现行的房产价格有可能是几年前价格的几倍甚至几十倍,尤其在最近几年,我国的房产价格上涨较快,这会使得相似的房产即便在短时间内账面原值也会相差很大。按照房产税的计税方法,较早购买房产的所有者将按照其早些年购买房产的价格计算缴纳房产税,而现在的购房者将按照当前购买价格计算缴纳房产税,这使得后来的购房者承担的税负水平远远高于较早购房者,这种因购房时间的不同而产生的税收差异是有失公平的。

7.3.2 不同经济用途财产的税负公平性

就房屋税来说,世界上许多国家在征收该税的时候,其课税对象包括住宅用房、营业用房和非营利组织用房等;而计税依据则为房屋的评估价值,其中,房屋价值的估计方法则统一以房屋的租金收入为基准。比如,法国的房屋估价方法就是以房屋的租金收入为基准,从中减除地皮租金,求出10年的平均数额,再从中减去1/4(住宅)和1/3(工场)的维修费用,余额就是课税标准。与此相似,摩洛哥房屋税的计税依据是房屋租金价值,只是其税率为累进税率。由于标准是统一的,这种征税方式避免了因所有者将房屋用于不同用途(如自用和对外出租)而需承担不同水平税负的不公平情况。

与此不同,我国现行的房产税,其规定则是:其一,对居民住房不征房产税;其二,对于经营住房按从价或者从租计征房产税;其三,对于政府机关等非营利部门的房产免征房产税。其中,就针对经营住房的税制规定来说,由于存在从价和从租两种不同的征税方式且分别适用不同的税率,不同的经济行为——经营者将经营用房自用与将经营用房出租——就将承担不同的税负水平。考虑两个同时取得价值100万元厂房的经营者C和D。

其一,假设经营者C拥有一套价值100万元的厂房自用于生产。再假设当地的房产原值扣除比例为30%,则其每年应该缴纳的房产税为$100万 \times (1-30\%) \times 1.2\% = 8400$元。

其二,假设经营者D也拥有一套价值100万元的厂房,但是D将该厂房对外出租,年租金为a万元。那么经营者D每年应该缴纳的房产税为$a万 \times 12\% = 1200a$元。

从图7.2可以看出:当D的年租金(a)为7万元时,C和D承担相同水平的税收;当年租金(a)小于7万元时,经营者C承担较多的税负;而当年租金(a)大于7万元时,经营者D承担较多的税收。这意味着,a的值偏离7的幅度越大,两者承担的税负水平就相差越大。特别地,a等于7,实际上是表示房产的年租金占房产总价值的7%。如果房产原值扣除比例为20%,年租金为8万元时,两者承担相同水平税负;房产原值的扣除比例为10%,则年租金为9万元时,两者承担相同水平税负。

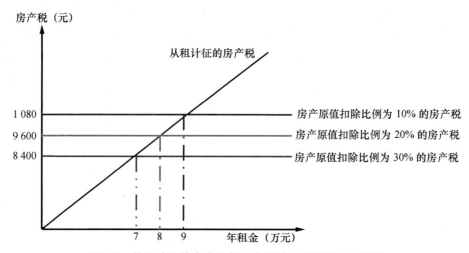

图 7.2　从租计征的房产税与以余值计征房产税的比较图

7.3.3　财产用途选择与购置时间选择的综合分析

从价计征的房产税的计税基础为房产原值,在传统经济体制下,房产原值主要是由建造成本决定的,其波动幅度较小,但是在现行的市场经济条件下,房产价格依据供求而定,尤其在房地产市场存在大量投资、投机行为的情况下,房价波动幅度很大。从我国的房地产市场来看,我国房价快速上涨,而房价的不断上涨并不影响存量的自有经营用房的房产税,因为这部分房产税是依据房屋的账面价值征收的,虽然房价在不断上涨,但是这部分房产的房产税是相对稳定的。但是,房价上涨是要体现在租金上的,房价上涨则房屋租金上涨,对于将其房屋出租的所有者来说,其承担的房产税也是不断上涨的。所以合理的预期是,从租计征的房产税会随着经济的发展而增加,而从价计征的房产税基本保持稳定。因此,假设房产原值扣除比例为30%,如果在当前房屋年租金在房产原值的7%以内,C和D所承担的税负水平差距会是先减小后增大;如果当期房屋租金已经超过房产原值的7%,那么C和D所承担的房产税的差距将会越来越大。总之,在我国目前的财产税制度下,对于同时取得同等价值房产的两个所有者来说,因其经济行为的不同,所承担的税负水平不同,并且差距会逐渐拉大,这是不符合公平原则的。

7.4 财产税的公平性分析:同类财产的纵向公平

7.4.1 比例税率具有公平性

在本章分析的四种财产税中,房产税与契税实行比例税率。这两个税种均依据房产价值的多少按一定比例征税。在其他条件一定的情况下,房产价值越高,纳税人缴纳的税收就越多,不同所有者缴纳的财产税占其财产价值的比例是一致的。财产所有者负担的财产税与其拥有财产的价值正相关,因而符合纵向公平原则。

7.4.2 定额税率公平性较弱

在我国,城镇土地使用税与车船税采用定额税率。其中,城镇土地使用税实行分级幅度税额,按大、中、小城市和县城、建制镇、工矿区分别规定每平方米年度应纳税额。在同等条件下,拥有土地的面积越大,其财产价值越高,相应地也会缴纳更多的财产税,因此,城镇土地使用税具有一定的公平性。但是,对于同一地区内的土地,其土地价值也会有比较大的差异,却适用相同的城镇土地使用税税率,这样,就会存在两块面积相同的土地,价值相差很大,但是缴纳了相同的城镇土地使用税,也就是财产价值高的所有者缴纳的财产税比例较低的情况,这显然是有悖于纵向公平的,所以,城镇土地使用税的纵向公平性还有待提高。

车船税对征税的车船规定单位固定税额。同样是载客人数为9人以下的小型客车都缴纳相同的车船税而不用考虑其价值的大小。但载客人数相同的车辆其价值相差可能会很大,例如,普通国产轿车的价格有十万左右或更低的,而进口车辆的价格有可能达到几百万,但是只要它们的载客人数或者发动机气缸总排气量相同,所负担的税额就是相同的。车船税的这种定额税率,使其具有累退性。同类车船不论价值大小,都缴纳相同的车船税,这样,价值越高的车船实际税负水平越低。而通常情况下,拥有高价值车船的所有者其负税能力也较强,但没有因此而承担更多的税负,因此现行的车船税不符合纵向公平原则。

此外,车船税在征税范围上也存在不公平的现象。我国车船税的征税对象是行驶于公共道路的车辆和航行于国内河流、湖泊或领海口岸的船舶,只包括车辆和船舶两大类,排除了火车、飞机、地铁、磁悬浮、轻轨等交通工具,而对于火车、飞机、地铁等动产,其价值却很高,车船税的征税对象将其排除在外是有失公平的。

7.5 财产税的公平性分析:不同类财产的横向公平

7.5.1 征税财产与不征税财产之间的税负公平分析

如前所述,财产一般分为动产与不动产,本章将比较我国动产与不动产承担的财产税水平。一般来说,在市场条件下,如果纳税人拥有的财产价值相同或相似,我们就认为这些纳税人具有相当的负税能力,并且从公共服务中获得了相同的收益。但从我国的财产税系构成可以看出,目前我国财产税的征税对象主要是不动产,对于动产,仅对车辆与船舶征收车船税,且数额较小。图7.3是我国2001年到2010年不动产财产税(包括房产税、城镇土地使用税、契税)占财产税总额的比例图。从图7.3可以看出,从2001年到2010年,对不动产征收的财产税均占财产税总额的95%左右,我国的财产税主要是针对不动产的财产税。

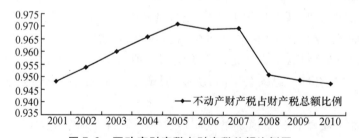

图7.3 不动产财产税占财产税总额比例图
资料来源:《中国税务年鉴》(2001—2010)《中国统计年鉴》(2001—2010)。

有人认为不动产的价值较高,占个人总财产的比重比较大,一般而言,拥有越高价值不动产的个人,其财产总额也会越大。这在传统的经济体制下是成立的,那时,资本市场不发达,人们的收入水平也不高,拥有的财产主要就是不动产,不动产价值的大小可以体现一个人财产价值总额的大小。但是,随着经济的不断发展和我国金融市场、资本市场的不断完善,人们可以选择持有的财产种类越来越多,因而财产结构也越来越复杂,不动产价值占财产总价值的比重开始下降。由于财产种类繁多,而且缺乏关于财产结构的数据,本章将用财产性收入结构来近似替代人们的财产结构。根据宏观经济学理论,当资本市场处于均衡状态时,各个资本的收益率是趋于一致的。从长期来看,我们可以近似地认为我国资本市场处于均衡状态,进而可以近似地认为各个资本具有相近的收益率。因此,各种财产性收入的比重近似等于各种财产价值的比重,我们可以由此粗略地估计我国居民的财产结构。

财产性收入是指家庭拥有的动产(如银行存款、有价证券)、不动产(如房屋、车辆与土地等)所获得的收入。包括出让财产使用权所获得的利息、租金、专利收入,财产营运所获得的红利收入、财产增值收益等。其他投资收入是指家庭从事股票投资、保险以外的投资行为所获得的投资收益。如出售艺术品、邮票等收藏品超过原购买价的那部分收入;投资各种经营活动所获得的利润;财产转让溢价部分收入。其他财产收入是指家庭所得的除上述以外的各种财产性收入。

表7.1显示,我国城镇居民的财产结构呈现多元化,城镇居民的财产形式已经不仅仅是不动产,表中动产的财产性收入(利息收入+股息与红利收入+保险收益+其他投资收入+知识产权收入)已经达到50%左右,近似地可以认为居民的财产结构中动产的比例也达到50%左右。财产税的征税对象主要针对不动产,也就是只覆盖了居民财产的一半左右,或者说财产税主要针对持有不动产的所有者。拥有相同价值的动产和不动产负担不同的税收,这不符合横向公平原则。

表7.1 我国城镇居民2005—2009年家庭财产性现金收入情况表 (单位:元)

项目\年份	2005	2006	2007	2008	2009
利息收入	20.52	26.19	38.03	43.70	60.54
股息与红利收入	35.89	55.93	96.21	75.52	76.43
保险收益	2.96	4.53	5.91	6.60	5.53
其他投资收入	18.16	25.54	42.16	42.58	53.73
出租房屋收入	112.24	126.42	155.71	203.75	222.05
知识产权收入	0.13	0.86	1.09	0.16	0.28
其他财产性收入	3.01	4.53	9.42	14.70	13.28
动产财产性收入/财产性收入总额	0.40	0.46	0.52	0.44	0.45

注:表中的数据为平均每人每年。
资料来源:《中国城市(镇)生活与价格年鉴》(2005—2009)。

此外，主要对不动产征收财产税可能导致我国的收入差距拉大。财产性收入是造成收入差距的一个重要因素，我国现行财产税调节的主要是不动产的财产性收入，那么动产收入和不动产收入相比，两者哪一个加大了收入差距呢？

表7.2是我国按等级划分城镇居民家庭财产性现金收入情况表，从该表可以看出，动产产生的收入差距要大于不动产产生的差距。出租房屋收入总体均值是最低收入户平均值的5倍左右，考虑到不动产除了房屋之外还有其他形式的财产，这些财产性收入包括在其他财产性收入中，而这部分财产产生的收入差距除了2006年比例稍大为9.2以外，其余年份还要略小于出租房屋收入，比值均低于5，因此总体来看不动产产生的收入差距在5倍左右。而动产型财产产生的收入差距大、波动幅度大。如其他投资收入总体平均最高可以达到最低收入户的51.4倍，而最低的也达到了12.6倍，这远远高于不动产的收入差距。保险收益的收入差距波动明显，因此，动产在拉大贫富差距方面的作用要强于不动产，财产税的征税对象主要针对不动产很难发挥其应有的作用，容易产生不公平现象。

表7.2 按等级划分城镇居民家庭财产性现金收入情况表 （单位：元）

项目	年份	2005	2006	2007	2008	2009
财产性收入	总平均	192.91	244.01	348.53	387.02	431.84
	最低收入户	32.47	35.29	53.56	57.60	63.49
	总平均/最低收入户	**5.94**	**6.91**	**6.51**	**6.72**	**6.80**
利息收入	总平均	20.52	26.19	38.03	43.70	60.54
	最低收入户	2.65	2.70	5.13	5.83	7.84
	总平均/最低收入户	**7.74**	**9.70**	**7.41**	**7.50**	**7.72**
股息与红利收入	总平均	35.89	55.93	96.21	75.52	76.43
	最低收入户	3.33	1.92	4.32	6.71	3.21
	总平均/最低收入户	**10.78**	**29.13**	**22.27**	**11.25**	**23.81**
保险收益	总平均	2.96	4.53	5.91	6.60	5.53
	最低收入户	0.52	0.39	0.17	1.30	0.97
	总平均/最低收入户	**5.69**	**11.62**	**34.76**	**5.08**	**5.70**
其他投资收入	总平均	18.16	25.54	42.16	42.58	53.73
	最低收入户	1.24	2.02	0.82	0.86	3.85
	总平均/最低收入户	**14.65**	**12.64**	**51.41**	**49.51**	**13.96**
出租房屋收入	总平均	112.24	126.42	155.71	203.75	222.05
	最低收入户	24.07	27.76	41.18	39.80	41.88
	总平均/最低收入户	**4.66**	**4.55**	**3.78**	**5.12**	**5.30**

（续表）

项目 \ 年份		2005	2006	2007	2008	2009
知识产权收入	总平均	0.13	0.86	1.09	0.16	0.28
	最低收入户	0.01	0.00	0.00	0.01	0.00
	总平均/最低收入户	13.00			16.00	
其他财产性收入	总平均	3.01	4.53	9.42	14.70	13.28
	最低收入户	0.64	0.49	1.94	3.11	5.74
	总平均/最低收入户	4.70	9.24	4.86	4.73	2.31

注：表中的数据为平均每人每年。
资料来源：《中国城市(镇)生活与价格年鉴》(2005—2009)。

一般来说，一般财产税能够较好地体现财产税的公平性，因为一般财产税综合考虑了纳税人的多种财产，是根据纳税人的真实负税能力来征收的。德国是征收一般财产税比较成功的国家。确切地说，德国征收的是净值税。其财产税的课税对象是纳税人拥有的全部财产，包括：农林业财产，不动产，企业财产，其他财产如债权、银行存款、发明专利权和版权与人寿保险等。确定财产净值时，允许扣除债务。德国的财产净值税不但综合考虑了纳税人的所有财产，而且对纳税人的财产净值课税，财产净值能真正反映纳税人的负税能力，其财产税较为公平。此外，挪威、秘鲁、印度和墨西哥等国均对纳税人拥有的所有财产净值课征财产税，这些国家对要课征的财产均采取了列举的方式。比如，秘鲁税法规定财产税应税财产包括：在秘鲁登记的机动车辆；在秘鲁登记的娱乐消遣用的飞机和游艇；由定居秘鲁的公营实体发行的证券；由秘鲁公、私企业发行的股票；在秘鲁金融机构中的秘鲁货币存款和外国货币存款；设置在秘鲁的马球和赛马；在秘鲁收集的已经投保的昂贵艺术品和珠宝等。实践中，财产种类繁多，而且正在大量增加，尤其是动产增加速度极快，要对居民的所有财产征收统一的财产税在现实中也是难以操作的。我们可以借鉴这些国家的做法，在征收财产税时也可以采取列举的方式，列举那些不易隐藏、单价价值较高的财产，同时应该注意均衡覆盖不同种类财产，以尽可能体现财产税的公平性。

7.5.2 不同类型财产的税负公平性分析

我国的财产税是个别财产税，对不同的财产适用不同的财产税政策，这就存在价值相同的财产承担不同的财产税的情况。

我国的财产税是个别财产税，对不同类型的财产适用不同的财产税政策，这就存在价值相同的财产因其存在形态不同而承担不同财产税的情况。举例说明如下：

假定 A 购置价值 100 万元的自有住房，B 购置价值 100 万元的小轿车，C 购置价值 100 万元的游艇。那么，按照现行税法规定，除了 C 以外，A 和 B 都要缴纳一次性购置税，即 A 在获得该住房时要缴纳 100 万 × 3% = 3（万元）的契税，B 在购置小轿车时要缴纳 100 ÷ (1 + 17%) × 10% = 8.547 万元的车辆购置税。这样，在购置当年，A、B、C 三人购置同样价值的财产，却缴纳不同的税收。

在购置以后各年度内，不同财产的用途不同，财产所有者每年缴纳的税收也有明显差别。例如，住房拥有者 A 如将房屋用于生产，每年应负担的房产税额为 1 000 000 × 1.2% × (1 - 30%) = 8 400 元（假定房产原值扣除比例为 30%）；B 拥有小轿车每年按最高税额标准缴纳车船税，每年应纳车船税 660 元；而 C 也要就其拥有的游艇每年缴纳车船税，具体标准为：其一，艇身长度不超过 10 米的，每米 600 元；其二，艇身长度超过 10 米但不超过 18 米的，每米 900 元；其三，艇身长度超过 18 米但不超过 30 米的，每米 1 300 元；其四，艇身长度超过 30 米的，每米 2 000 元。可见，所有者在持有不同财产期间所要承担的税负也是不同的。

因此，对于 A、B 和 C 来说，他们均持有 100 万的财产，但所缴纳的财产税却有明显差异，违背了横向税收公平原则。

7.6 财产税的公平性分析：不同财产的纵向公平

我国的财产税对不同的财产适用不同的税率，那么，必然会出现总体财产税税率不统一的情形。只要纳税人拥有的财产种类不同，那么他们负担的财产税就不同。

在其他条件相同的情况下，A、B、C 三人的财产禀赋、应纳财产税额和总体财产税税率如表 7.3a 和表 7.3b 所示。表 7.3a 中财产所有者拥有的房屋为住房，因为拥有住宅缴纳的契税为承受当年一次缴纳，为了使各纳税人缴纳的财产税具有可比性，本文假设各纳税人车船使用年限为 10 年，将 10 年应缴纳的车船税折算到购买车船的第一年，折现率为 10%，因此，表 7.3a 比较的是纳税人应负担的财产税总额。表 7.3b 中，经营用房是按年缴纳房产税，同样，车船税也是按年缴纳，表 b 中比较的是纳税人某一年应负担的财产税。

表 7.3a

项目	车船价值(万元)	住宅用房价值(万元)	财产税总额(元)	财产税负担水平(%)
A	100	100	34 180.968	1.71
B	100	0	4 140.968	41
C	0	100	30 000	3

表 7.3b

项目	车船价值(万元)	经营用房价值(万元)	年财产税税额(元)	财产税负担水平(%)
A	100	100	9 060	0.45
B	100	0	660	0.066
C	0	100	8 400	0.84

从上表可以看出,A、B、C三人负担的财产税税率是不同的,每个人负担的财产税水平是因其拥有的财产种类而变化的。如果纳税人拥有较多实行低税率的财产,那么,其财产税总体税负水平就会偏低,反之,就会偏高。在本例中,C负担的财产税水平最高,其次是A,最后是B。原因是C拥有的财产中100%是房产,而房产的财产税税率相对于车船要高。A拥有的财产价值总额最高,虽然其缴纳的财产税也是最多的,但是其实际负担的税率水平却低于C,显然,这是不符合纵向公平原则的。

7.7 研究结论及政策建议

我国的财产税公平性较弱。现行的财产税是个别财产税,对不同的财产适用不同的税收政策,这使得财产所有者会因持有财产的种类、用途、购置时间等因素的不同而负担不同的税收,而不是主要基于财产价值,也就是负税能力或者收益多少来征收财产税的;财产税的计税基础采用历史成本,也会使征收的财产税额与经济发展不同步,会出现征收的财产税与经济能力相脱离的现象。这些都违背了税收的公平原则。结合上述分析,针对我国财产税的现状,提出以下政策建议。

首先,简化税制,统一税种,建立宽税基、低税率的综合财产税制。个别财产税不但会导致重复征税,税基窄,税款流失严重,而且容易产生不公平的现象。因为在个别财产税下,很难综合分析各个税种,制定出符合公平原则的财产税制度。所以,财产税应该覆盖居民的多种财产,尽可能普遍征税,统一各财产税税种,建立宽税基,采用低税率。之所以强调宽税基与低税率,有几方面的考虑:第一,这样可以减小制度推行初期的阻力;第二,覆盖广泛的财产税制度符合公平原则,因为一个人的所有财产的总价值才能真正体现其负税能力和受益多少;第三,这种税收制度能够降低征税成本,提高征税效率。

其次,计税依据从原值转化为以市场价值为基础。在市场经济条件下,财产的市场价值才可以体现财产的真实价值,市场价值是随着时间的变化和市场行情的变化而变化的,它能体现纳税人真实的负税能力。根据财产的市场价值征收财产税体现了受益原则和能力原则。至于不动产市场价值的具体评估,我们可以借鉴印度尼西亚的做法。印尼的财产税统一以单位面积作为财产的估价标准。该方法是将土地分为不同的区,每一区由税务部门认定每平方米的平均价格。位于区内的所有土地的价值均由土地面积乘以每平方米认定价格得出。房屋的估计是根据成本法,使用税务部门确定的成本表。财产总价值为土地和房屋价值的总和。这一做法对于习惯用每平方米多少钱来衡量建筑物特别是住宅价格的中国有较好的借鉴意义。

最后,适时开征遗产税和赠与税。动产由于可流动和易隐藏,对所有的财产征收财产税较为困难,但是如果对遗产征收遗产税则可以弥补难以对动产征收财产税的不足(遗产税是在被继承人去世后,对其所遗留的财产净值所征收的一种税,它属于一般财产税,综合考虑了财产所有者的各类财产)。在征收遗产税时可以通过对低价值财产的税收减免,使得大量的低价值财产排除在征税范围之外,就不需要对那些低价值的动产进行详细的信息搜集,而将精力主要集中在高价值的财产上,对于高价值的动产来说,财产所有者想要隐藏该财产也是不容易的,因此其具有可行性。同时,随着我国经济的快速发展,家庭资产的积累速度在不断加快,对于富有阶层来说尤为突出。如果富裕人士将其巨额财产遗留给后代,那么将造成起点不公平的现象,进一步拉大贫富差距。征收遗产税,首先可以使富裕的人减少将巨额财富留给后代的意愿;其次,即便有巨额财产留给后代,通过遗产税的调整也可以将遗产总额调低;最后,在富有阶层人士的财产中,金融资产、个人房地产所占比例较大,这类财产的收益较高,是造成收入差距的重要因素,而目前我国的财产税系中并没有调节这两项财产的财产税。

赠与税是与财产税配合使用的税种,目的是让遗产税行之有效。否则财产所有者在生前将财产无偿转移给其继承者,那其死亡时就没有多少遗产可供征税,遗产税将形同虚设。因此,遗产税一般要与赠与税配合使用。

第 8 章

中国非税收入的公平性分析

8.1 导言

政府非税收入是指除税收以外,由各级政府、国家机关、事业单位、代行职能的社会团体以及其他组织,利用政府权力、国家信誉、国家资源、国有资产或提供特定服务、准公共服务取得并用于满足社会公共需要或准公共需要的财政资金。非税收入是政府财政收入的重要组成部分,是政府参与国民收入分配和再分配的一种重要形式。在类型上,非税收入包括国有资源有偿使用收入、国有资产有偿使用收入、国有资本经营收益、彩票公益金、以政府名义接受的捐赠收入、主管部门集中收入以及政府财政资金产生的利息收入等。[①] 就各类型的非税收入来说,按照收取的理由,可以将其分成三类:一是使用者收费,如政府提供特定公共服务和准公共服务向使用者收取的行政事业性收费,这种收费是为了补偿公共服务的成本。二是财产收入,即政府依据国有资源、资产或资金的所有权取得的使用费收入,如土地出让金收入、政府财政资金产生的利息收入等。三是杂项收入,如罚没收入、彩票发行收入、捐赠收入、特许权收入等。

我国非税收入的绝对规模很大。据不完全统计,2010 年行政事业性收费、

[①] 《财政部关于加强政府非税收入管理的通知》(财综[2004]53 号)。

政府性基金和行政罚没收入三项非税收入已超过 4 万亿元,相当于当年税收收入的 55.81% 和当年一般预算收入的 49%。在这样的情况下,分析我国非税收入的公平性具有极其重要的价值和意义。毕竟,税收收入的征收是通过税收法律法规固定下来的,而对于非税收入的制度性规定,就相对弱得多,进而其问题也就更多。在我国,尽管近年来在非税收入的管理方面取得了不少进步,比如逐步将非税收入纳入一般预算和基金预算,非税收入资金的使用实行"收支两条线"管理,有些省市设立了非税收入管理局,取消了一些行政性审批项目和行政性收费,取消了涉农的行政事业性收费,并开始考虑涉企收费的减负。但是,我国目前在非税收入方面仍存在不少的问题,非税收入的制度很复杂,缺乏有效的非税收入决定、管理协调和监督机制,并由此引发出负担过重、负担不公等方面的问题。

关于我国非税收入公平性分析的思路,本章将从行政事业收费、财产资源收入和罚没收入这三个方面来加以展开。其原因在于,这三方面的收入占非税收入的比重较大。当然,就这三大类收入来说,它们所涉及的具体项目有很多,受篇幅的限制,本章无法对此做全面分析,而只能选择金额相对较大的项目来进行分析。特别地,从安徽省 2010 年行政事业性收费情况(见表 8.1)可以看出,[1]收费金额较多的部门主要是教育、公安部门和国土资源部门,因此,本章所分析的具体项目主要是教育收费、公安收费、资源收费以及罚没收入等。

表 8.1　安徽省 2010 年的主要行政事业性收费项目　　(单位:万元)

收费部门	收费项目	本行政区域收费金额
教育	高等学校学费	408 010.71
教育	普通高中学费	283 904.72
教育	高等学校住宿费	80 703.64
教育	中等职业学校学费	80 081.43
教育	函大、电大、夜大及短期培训班	25 489.37
教育	普通高中住宿费	15 857.48
教育	考试考务费	11 483.34
教育	中等职业学校住宿费	8 638.02
公安	驾驶许可考试费	68 837.00

---

[1] 目前全国或者各省的行政事业性收费收入的信息公开状况不尽如人意,我们所能找到的是安徽省 2010 年各政府部门的行政事业性收费收入的明细表。

（续表）

收费部门	收费项目	本行政区域收费金额
公安	机动车安全技术检验费	8 694.32
公安	机动车号牌工本费（改为证照费二级项目）	8 182.65
公安	居民身份证工本费	13 230.81
公安	证照费	8 505.07
公安	公民出入境证件费（改为证照费二级项目）	5 834.65
国土资源	征(土)地管理费	74 346.32
国土资源	耕地开垦费	38 021.43
国土资源	土地复垦费	12 404.80
国土资源	矿产资源补偿费	8 245.15
国土资源	土地登记费	6 454.97
民政	殡葬收费	20 020.35
劳动保障	职业技能鉴定费	8 877.36

注：安徽省2010年的行政事业性收费金额为262.25亿元,占当年财政收入的12.7%。按照收费性质来统计,安徽省的行政事业性收费分成两类:一是行政性收费,2010年共有119个收费项目,占年收费额的24%;二是事业性收费,2010年共有129个收费项目,占年收费额的76%。安徽省2010年行政事业性收费按照收费对象来划分,主要分两大类:一是涉企收费,2010年收费金额为139.6亿元;二是其他收费,2010年收费金额为122.6亿元,在其他收费中,收费最多的部门是教育部门(收费占其他收费金额的75%)、国土资源部门(收费占其他收费金额的11.6%)、公安部门(收费占其他收费金额的9.6%)。

资料来源:安徽省物价局官方网站于2011年7月26日发布的《关于安徽省2010年度行政事业性收费统计情况的报告》。

8.2 非税收入公平性分析的评价标准

为了给后面的分析提供一个基础,我们首先给出分析非税收入公平性的评价标准。一般地,由于各收入在性质上的差异,不同种类非税收入的公平性标准往往是不同的。

其一,行政性收费的公平性评价标准。鉴于政府机关的日常行政经费由其征收的一般税收保障,提供行政事业性服务所收取的费用,应遵循"成本补偿"原则,不得从中牟取利润,否则会构成对纳税人(行政服务的受益人同时也是纳税人)的双重征税,对纳税人不公平。进而,对于行政性收费我们主要运用成本补偿原则来评价其收费的公平性。

其二,事业性收费的公平性评价标准。鉴于此类收费在很大程度上带有市场价格属性(当然,它们往往同时还带有一定的公益性的含义),应根据享受事业单位提供的服务所得到的投资回报或参照同类市场服务价格来评估其收费的公平性。一般而言,对于服务质量较高、给服务对象带来较多收益或较高回报的事业性服务,理应按照其供不应求的程度将价格适当上调,以激励事业单位继续提供高质量高回报的事业性服务。如果价格一直保持不动,就会抑制事业单位提高服务质量的积极性,同时,僵化的定价制度所造成的名义价格偏低则会引起服务需求方蜂拥而至,竞相追逐相对供给不足的事业性服务,其结果必然是出现寻租等腐败现象。反过来,对于服务质量不高,投资回报率不高的事业性收费,应该允许其调低收费价格,以吸引更多的人来享受事业性服务,进而扩大事业性单位的服务供应量,避免资源闲置。有弹性的收费价格调整机制,将会促进事业性单位的多元化发展,充分满足支付能力不等的各个社会阶层对事业性服务的多样化需求。

其三,财产资源性收费的公平性评价标准。由于财产资源收费带有很强烈的市场价格含义,我们主要是运用同类财产和资源的市场公允价格来评估其收费的公平性,即评估政府的收费标准是否遵循市场规则,是否实现了国有资源和财产所有人的财产权和收益权,是否存在低价转让资源的所有权和使用权使个别利益集团受益的情形。如果政府对资源和财产设置的收费标准过低,则会造成国有资源和财产的流失,损害了全民的利益,对全民是不公平的。

其四,对于罚没收入,由于它是对违法、违规主体所施加的惩罚,我们主要依据违法违规行为的性质和严重程度来评价罚没收入的公平性。借鉴税收中的公平概念,但有所不同,罚没收入的公平涉及两个层次:一是处罚机关与被处罚对象之间的"纵向公平",二是被处罚对象之间的横向公平。其中,"纵向公平"的涵义是指处罚机关对被处罚对象执行的处罚是公平合法的,它包含两个意思,一是在被处罚对象已经违法违规的情况下,处罚机关依法对之处以的罚款不存在重复罚款、过度罚款、处罚过轻甚至不予罚款的不公平情形;二是在被处罚对象未发生违法违规的情况下,处罚机关尽到充分的提前告知义务,通过积极的预警来尽量避免和减少被处罚对象的违法违规;处罚机关不存在"钓鱼性执法"的行为,不通过诱导或故意纵容被处罚对象的违法违规来牟取行政罚没收入。至于"横向公平"的涵义,它是指不同处罚对象在其违法违规的性质、情节和后果等条件相同的情况下,所受到的处罚程度是相同的,类似于"非歧视"或者"同罪同罚"。具体也包括两层意思:一是在被处罚对象的选择上,不存在 A 和 B 同时违法或违规,但是执罚机关只处罚 A 而豁免 B 的不公平情形;二是在处罚数额的裁量上,不存在对同样违法违规的 A 和 B(指违法违规的性质、情节和后果等条件相同)分别处以数额不等的罚款,即对 A 给予罚款减免,而对 B

却不给予罚款减免。

8.3 行政性收费的公平性分析

8.3.1 公安收费的公平性分析

表8.1表明:安徽省公安部门年度收取费用超过5000万的项目有驾驶许可考试费、机动车安全技术检验费、机动车号牌工本费、居民身份证工本费、证照费、公民出入境证件费等项目。前三项主要跟机动车有关,后三项主要是证件证照类收费。应该说,从其具体的收费情况来看,在与驾驶许可考试相关的驾驶培训收费以及证件收费等方面,公安部门在收费时存在收费过高的不公平问题。

安徽省的驾驶许可考试收费包括驾驶培训费用。目前安徽省各地执行的驾驶培训费用最高标准是省物价局、省交通厅1996年核定的价格,其中小轿车最高指导价是2100元,货车是2800元。严格来说,驾驶培训收费是经营性收费,不应该列入行政事业性收费项目。政府将经营性收费列入强制性收费项目,会妨碍市场竞争,使当地驾驶培训服务的消费者无法从竞争性市场中获得应有的消费者剩余,因而也是不公平的市场管制行为。而更为关键的是,就其收费的标准来说,是比较高的。因为,作为对比,上海市针对机动车驾驶员考试费仅收取汽车、电车80元/人,摩托车5元/人,交通法规及相关知识40元/人、次。①

就证照收费而言,公安部门的办公经费已经从财政支出中列支了,即公民已经通过缴税的方式为公安部门的服务付了费,公安部门没有理由在签发证照证件时还另外收取超过工本费的差价,否则就是在一般税收以外对居民重复征收税费。

8.3.2 公证收费的公平性分析

我国目前对财产继承、赠与和遗赠的公证费按受益额的2%收取,远远超出了成本补偿的限度。以深圳为例,一套价值300万元的房产,需要按受益额2%缴纳6万元的财产继承公证费。天价公证费给老百姓造成了沉重的负担,也因

---

① 《上海市行政事业性收费项目目录(2011版)》。

此受到越来越多的质疑。公证权是国家公权力,是政府为公民提供的公益性和非营利性服务,理应按照成本补偿原则收费,不应按照受益额漫天收费。实际上,目前的公证收费标准是根据国家发展计划委员会、司法部《公证服务收费管理办法》(计价费[1997]285号)、《关于调整公证服务收费标准的通知》(计价费[1998]841号)的规定制定的,十多年以来,此等规定并未根据市场价格的变化做出相应调整。在20世纪90年代,一套普通商品房,价值不过五六万元,其遗产继承的公证费仅一两百元,尚在老百姓的负担能力之内,也基本符合成本补偿的原则。然而,随着近年来房产价值飙升,现在收取的公证费比当初购买房产所花的钱还多,从侧面说明按照受益额的2%收取公证费已经不合时宜,引发严重的负担不公问题。

从性质来看,公证服务属于法律服务的范畴。法律服务是存在可比较的市场价格的,例如律师事务所提供的服务通常按照小时收费。实际上,公证一套价值50万元的房产继承和公证一套价值500万元的房产继承,所需要复核的法律文本和房产证件是类似的,并不存在显著的工作时间差异,至少所花费的时间不会相差十倍,因此,不应该按照继承的受益额收取2%的公证费,而应该根据所需要核对的法律文档的数量和复杂程度来估算工作时间,依据小时费率来收取补偿成本。按照目前的受益额2%的公证收费标准,一套300万元的房产继承,需要缴纳6万元公证费。6万元是什么概念呢?这意味着一个月薪2万元的执业律师3个月的工资收入(假定这是一个受薪律师)。很显然,如果让一个执业律师来核对和处理一套300万元房产的遗产公证的法律文档,如果事实清楚,文档完备,没有遗嘱争议,最多需要几个工作日就可以确认并给予公证,根本不需要3个月的工作时间。这进一步说明目前的遗产继承公证收费所存在的公平性缺失问题。

针对公证收费的"不公"问题,上海市人大代表吴敏最近建议改革不合理的公证收费制度。受此类因素的推动,2012年4月1日上午召开的上海市公证协会第四届会员代表大会透露,上海市房产继承公证收费已经于2012年3月1日起下调50%,按照房屋评估价的1%收费(章涵意,2012)。尽管上海市降低了费率,但是以房屋评估价作为基数收取的公证费依然比按照成本补偿原则应该收取的合理费用高出许多。

8.4 事业性收费的公平性分析

我国的学历教育分为义务教育和非义务教育。我国的义务教育在理论上是免收学杂费的,所以下面将不予分析义务教育的收费公平问题(当然,在实践中个别地区也存在义务教育的"乱收费"现象)。非义务教育,顾名思义,是要向学生收取费用的。下面将选择普通高校和普通高中的学费和住宿费为例,分析非义务教育收费的公平性。

8.4.1 普通高校学费和住宿费的公平性分析

根据上海市收费目录,全日制普通高校学费的收费标准为:一般专业和师范院校5 000元/学年,特殊(热门)专业6 500元/学年,艺术类专业10 000元/学年。高等职业技术教育学费为7 500元/学年。成人高等教育一般专业学费为800—1 600元/学期,艺术类及特殊专业1 500—2 400元/学期,如果折合成学年,成人高等教育收费比全日制普通高校的学费要便宜一些。网络学院学费最高9 100元/年,艺术类超过上限报批。示范性软件学院的学费为本科及第二学士最高400元/学分,工程硕士最高1 000元/学分。

从接受高等教育的投资回报率来看,上海市普通高校的学费标准基本上可以说是公平合理的。以普通高校一般专业和师范院校5 000元/学年的学费为标准,一个四年制本科生的学费合计2万元/学年。按照2011年上海市应届本科生平均薪资税前3 914元/月来衡量,上海市普通高校的学费收取标准并不高,它略低于毕业生第一年的年薪,换言之,从理论上来说,上海市的大学毕业生是有可能在毕业后的两三年内把自己的大学学费挣回来的。国家统计局上海调查总队在2011年8月9日公布了2011年上海市高校应届毕业生就业情况报告。调查显示,已签约的大专生税前薪资为2 577元,本科生为3 914元,研究生为5 114元。按照学校类别分组,"211"或"985"工程类院校已签约的毕业生税前薪资为4 758元,其他重点院校为3 748元,一般本科为3 581元,其他类院校为2 526元(朱晓立,2011)。

鉴于上海市是一线城市,经济发达,平均薪酬水平比较高,未必能够代表全国各地的高校,因此,下面选择中部的湖南省普通高校的收费标准以及应届本科毕业生的薪酬来分析高校收费的公平性。

根据湖南省物价局、省财政厅、省教育厅联合发布的文件,湖南省普通大中专学校 2009 年秋季实行新的收费标准。"211 工程"高校的农林、航海、地矿油类、采矿加工工程、矿物加工工程、地质工程专业收费标准为 3 400 元/生·年，文史哲理类不同专业的收费介于 4 000—5 300 元/生·年之间，经、法、教、管类不同专业的收费介于 4 500—5 500 元/生·年之间。非"211 工程"高校的其他本科收费标准调整为"综合性大学"和"其他本科院校"两类，其中，综合性大学的经、法、教、管类专业收费为 4 000 元/生·年，而其他本科院校收费标准为 3 400 元/生·年。

如果以综合性大学的经、法、教、管类专业收费为 4 000 元/生·年为基准，湖南普通高校本科应届毕业生共应支付四年的学费 16 000 元。中国教育新闻网经麦可思(Mycos)授权发布的《2009 年湖南省大学毕业生就业报告》显示，湖南省 2008 届本科毕业生毕业半年后平均月收入为 2 274 元、高职高专毕业生为 1 806 元。可见，湖南省普通高校收取的四年学费也是低于应届本科毕业生的平均毕业年薪的。因此，湖南省高校收取的学费标准整体上来说也是比较公平合理的。不过，值得注意的是，湖南省 2008 届大学毕业生毕业半年后的就业率约为 86.6%，换言之，有 13.4% 的大学生在毕业半年后仍未找到工作。这意味着大学生在高等教育上的学费投资面临一定的风险，但不足以证明高校收费标准的不公平。

关于住宿费，上海市高等学校住宿费的收费标准为：财政性资金建造的宿舍最高为每个学生 1 200 元/年，利用企业资金建造的宿舍最高为 1 500 元/年。如果本科生的一个单间宿舍住四个学生，寒假和暑假共有三个月的空置，则一个单间宿舍折合的实际租金水平为 6 400 元/年①，即使考虑到学生宿舍没有独立厨房的因素，高等学校的住宿费仍然是低于市场租金水平的，体现了高等教育的公益性。而在湖南，湖南省高校学生公寓按照住宿条件的优劣，分为三等：一类每间(套)不超过 4 人，生均使用面积不低于 8 平方米；二类每间(套)不超过 6 人，生均使用面积不低于 6 平方米；三类每间(套)不超过 8 人，生均使用面积不低于 5 平方米。与之对应的收费标准则分别为：新建的一类公寓按照每生每年 1 100—1 200 元收费，改建的一类公寓按照每生每年 1 000—1 100 元收费；新建的二类公寓按照每生每年 900 元收费，改建的二类公寓按照每生每年 800 元收费；三类公寓按照每生每年不超过 700 元收费；低于三类标准的每生每年收费不得超过 600 元。② 由此可见，湖南省的一类公寓并不比上海市的收费标准

---

① 1 200 元/年 × 4 个学生/9 个月 × 12 个月 = 6 400 元/年。
② 湖南省物价局、湖南省教育厅关于印发《湖南省大中专学校学生公寓价格管理办法》的通知（湘价服【2003】119 号）。

每生每年1 200元便宜,相反,湖南省的市场租金却低于上海的市场租金水平。

8.4.2 普通高中学费和住宿费的公平性分析

上海市普通高中学费的收费标准分为几个等级:一般高中900元/学期,区县重点1 200元/学期,市重点1 500元/学期,高级寄宿制2 000元/学期。① 长沙市普通高中高三年级一般学校2011年春季开学的学期收费为819元,是高中所有年级中收费最低的,而省级示范性中学高一年级收费1 291元/学期,为高中阶段所有年级中收费最高的,具体包括学费和作业本费与体检费等(沈颢,2011)。可见,上海市和长沙市普通高中和重点高中的学费标准并无显著差异。但是,另一方面,2011年上海市职工月平均工资是4 331元,2011年长沙市职工月平均工资为2 540元,上海市职工月平均工资比长沙市高出70.5%。因此,相对于月平均工资而言,上海市民的普通高中学费负担轻于长沙市。

在择校费方面,上海市一般高中的择校费是4 600元/人,区县重点12 800元/人,市重点21 000元/人,高级寄宿制28 000元/人,2011年起新入学的公办高中择校生不收学费。② 长沙市2011年春季的最新政策为省、市级示范性普通高中择校生取消学费项目,择校费标准统一规范为:省级示范性高中每生每学期不超过2 300元,市级示范性高中每生每学期不超过1 800元,择校生仍然执行"限人数"和"限分数"政策(沈颢,2011)。由于上海市择校费的收费单位是按人计算,涵盖三个学年,而长沙市择校费的收费单位是每人每学期,单位不同,无法直接比较。将长沙市择校费换算成每人6个学期,即原来的收费标准乘以6,则长沙市省级示范性高中每人不超过13 800元,市级示范性高中每人每学期不超过10 800元。经比较,发现上海市区县重点高中的择校费比长沙市市级示范性高中的择校费高出18.5%,上海市的市重点高中择校费比长沙市省级示范性高中的择校费高出52.2%。相对于两地职工月平均工资的差异而言(2011年上海市职工月平均工资比长沙市高出70.5%),上海市高中的择校费水平相对低于长沙市。

在住宿费方面,上海市普通高中一类条件的宿舍收费为360元/学期,二类为270元/学期,三类为180元/学期,如有空调加收200元,供热水加收40元/学期。③ 长沙市普通高中寄宿费为200元/学期。④ 上海市和长沙市的住宿收费

---

① 《上海市行政事业性收费项目目录(2011版)》。
② 《上海市行政事业性收费项目目录(2011版)》。
③ 《上海市行政事业性收费项目目录(2011版)》。
④ 长沙市《2011年春季城镇普高收费标准表》。

都比较低廉,具有公益性的特点。

8.5 资源和环保收费的公平性分析

国家拥有国有矿产资源的财产权,只有对矿产资源收取反映市场价值的合理费用,才能更好地保障财产所有者的权益,才能更好地履行政府作为全民财产代理人的职责。如果对国有资源不收取租金、使用费,或者收取的租金、费用偏低,则无异于将全民的财产收益分配给开采、使用国有资源的企业或私人,这将侵犯全民的财产所有权,对全体国民是不公平的。但国有资源的租金、使用费标准偏低的问题,在近年来资源价格持续上涨的形势对比之下,显得尤为突出。一方面,开采和使用国有资源的央企、外企或私人企业在资源价格上涨中获取暴利,其股东、高管和职工享受的天价股息、薪酬和福利,是建立在低价掠夺全民对矿产资源的财产权和收益权的基础上的;另一方面,开采和使用国有资源的央企、外企或私人企业又将资源价格上涨的压力转嫁给消费者,这对全体国民是极不公平的。

例如,上海市征收的外商投资企业场地使用费,仅为每亩0.5—170元,该征收标准是依据沪府发[95]38号,多年来未根据土地市场价格做出相应调整。极其低廉的用地成本,一方面造成了财政非税收入的流失,另一方面使得低价掠夺中国土地资源所获取的利润通过向外国股东支付股利的方式流出中国,这无疑是损害了中国的利益。中国改革开放已经超过30年,资本市场资金充裕,已经不再像改革开放初期那样需要靠廉价土地和廉价劳动力来吸引外国投资者,因此,外商投资企业场地使用费也应该按照市场价格做出调整,使内资企业和外资企业基于相同的用地成本进行公平竞争。

上海市的矿产资源补偿费标准也很低,滞后于矿产资源的市场价格。例如,矿泉水费率4%、每吨7元。按照市场价格,最便宜的一瓶矿泉水(500毫升)也要卖1元,一吨矿泉水有1000升,大约能灌装2000瓶矿泉水,换言之,一吨矿泉水的毛收入有2000元。由此可见,4%的费率和每吨7元的矿产资源补偿费过于低廉,不足以体现国家对矿泉水资源的财产权和收益权。同样,建筑石材的费率仅为2%、每吨0.7元,砖瓦黏土费率2%。上海征收矿产资源补偿费依据的是沪财预[94]42号,距今已经有十几年未做调整了。

矿产资源补偿费偏低使其不足以补偿生态环境的恶化,将本应由矿产资源开采企业承担的内在成本转嫁给社会成员来负担,这是不公平的。以新疆为例,"油气田开采中对水的大量使用,对地面植被、地表土壤的严重破坏,加剧恶化了本就脆弱的生态环境,加之在现有制度安排下不能得到有效补偿,必然使新疆的生态环境持续恶化。2003 年新疆环境污染直接损失 156.2 亿元,土地荒漠化居全国之首,面积达 104.4 万平方公里,且在今后十年中荒漠化土地将以每年 2% 以上的速度扩展,高于全国 1.32% 的增速。①"为缓解上述的不公平,我国需要深化和推广资源税费改革,优化环境税制。

8.6 行政罚没的公平性分析

据国家统计局公开的统计资料显示,1999 年我国行政罚没收入合计 260.55 亿元,而到 2009 年,我国的行政罚没收入达 938.61 亿元,其间增长了 360%,平均年增长率为 15% 左右。鉴于行政罚没收入的规模较大,并且执罚部门分布在公、检、法、工商、税务等众多部门,罚没项目中又有不少项目与老百姓的生活息息相关(如乱停车罚款、交通违章罚款等),罚款的公平与否往往引起公众的关注。因此,行政罚没收入的公平性是一个值得分析的命题。

8.6.1 行政罚没的"纵向公平"分析

在性质上,行政罚没是一种手段,而不是目的。但在我国,受利益的驱动,诸多执法部门在进行处罚时,往往将获取行政罚没收入作为其目的,这引致了处罚主管部门和被处罚者之间的"纵向"的不公平,主要有四种情况:

其一,处罚规则不合理导致的不公平。以交通违章停车为例,目前中国的停车规则是由主管部门划定允许停车的区域,未划定的其他区域都不允许停车。所划定的区域也并非都很恰当,有些划定区域的使用率很低,没多少人在那里停车,而有些车流量大、人流量大的区域却没有划出必要和足够的免费停车区域,迫使人们不得不将车停放在收费的营利性停车场,或者冒着被罚款的风险违章停车。例如,大城市的小学门口往往一到放学时间就停满了前来接孩子的私家车,而这些私家车难免是停在学校门口的道路上,严格来说,是违章停车。对这种带有合理性和必要性的违章停车,交警既可以罚款也可以不罚款,带有很大的执法弹性。即便罚款,也不能杜绝第二天没有类似的违章停车发

---

① 转引自文杰、文峰与李广舜(2011),原文出自新疆维吾尔自治区统计局:《新疆区情资料(2005 年)》。

生，因为这种情形的停车确实是刚性需求，被罚款的人也不会觉得公平，只会觉得自己倒霉而已。类似的情形还有很多，例如到邮局取一封信，需要把车停在邮局门口的道路上，只停几分钟，却不幸被交警开了罚单罚款两百元，这很难称得上是公平，只能抱怨公共停车场所的设置不够便民，没有根据停车的时间来公平收费。为了缩小交警弹性执法的空间，应该改变这种不公平的停车规则，参考国外的经验，采用新的停车规则：公布不允许停车的区域类型，除此以外，其他地方都是允许停车的。在人流量、车流量多的地方设置自动收费亭，让停车的人自行取卡计算停车收费，在计费时，开始时的半个小时给予免费，之后按照实际停车时间计算收费。这样一来，需要到邮局取信、到学校接小孩、到医院看病等诸如此类人群的刚性停车需求都能够得到满足，同时又受到停车收费的成本约束，迫使其节省停车时间。在这样的违章停车处罚规则下，弹性处罚所引发的不公问题就会大大缓解甚至消除。

其二，"钓鱼式执法"引发的不公平。在被罚对象没有违法违规的动机并且尚未发生违法违规行为的情况下，执罚机关为牟取非法的罚没收入而故意实施钓鱼执法或"陷阱"式执法。这是违背被罚对象的本意的，并且执罚机关的牟利行为也是跟法律法规的本意相违背的，在性质上应被界定为执罚机关的执罚权滥用。例如，继2009年上海市出租车行业暴出警察设置执法"陷阱"诱捕"黑车"的"钓鱼式执法"之后，河南省三门峡市、湖南省长沙市、湘潭市的执法机关设置陷阱式执法再现媒体。从理论上分析，行政执法机构的违规执法有两种情况，一是为了遏制部分违法行为的泛滥趋势而采取的过激方式；一种是为了某种利益而进行的理性选择。第一种在一定程度上可以理解，但很遗憾，各地所暴露出的违规执法行为，基本上属于第二种类型——执法者清楚地知道自己在做的与自己的利益有关，并可能为此进行相应的理性策划，[1]这对于被处罚的个体来说，是极其不公平的。

其三，"养鱼执法"引发的不公平。当然，除了针对无辜者的钓鱼执法来说，在实践中，还存在违法违规者的"养鱼执法"问题。对此，山东某县质监局一位食品审查员曾多次向记者反映基层监管问题："现在的财政供养机制不是很顺，收费罚款省局、市局都扣一部分，剩下大约80%是'自己'的，所有人的工资福利就从收费、罚款中出，这样的监管能没漏洞吗？如果说之前曝出的上海出租车运营是'钓鱼执法'，我们现在就变成了'养鱼执法'，每天的工作目标就是想

---

[1] 廖德凯，《行政"钓鱼执法"违法背德》，《羊城晚报》，2009年9月16日。

着如何完成'创收'任务。"①就此种行为来说,显然,对社会公众是不公平的,对于违法违规的放纵其实是对社会公众利益的肆意剥夺,政府从监管者变成了违法者的帮凶。关于这一点,上述食品审查员就举例说,执法中即使发现造假也不能罚死,罚太狠了,下年找谁收钱去?本来罚10万元的现在罚1万,企业交了"保护费",焉有不放之理?监管人员快与违规企业成为"利益共同体"了。

其四,"以罚代管"引发的不公平。与"养鱼执法"具有某种类似性,现实中还存在以罚款来作为通行证的问题。比如,在哈尔滨,通河县私家小排量车罚款5 000元可"合法"营运一年。2009年12月10日,黑龙江省道路运输管理局和哈尔滨市道路运输管理处派员前往通河县调查获悉:私家小排量车罚款5 000元即可"合法"营运一年的情况属实,但通河县将此解释成"扶贫解困"之举,且拉动国家内需。与此相似,2011年年底,河南省新野县老街和新甸铺镇的市场上,当地工商所的执法人员挨家挨户向商户们收罚款,理由是销售不合格商品和无照经营,罚款金额从一二百元、三五百元到上千元不等。但是,在交了罚款之后,商户们可以继续经营。如此执法方式,让罚款代替了其他处罚方式,交完罚款之后可以继续违法经营行为,行政罚没不是为了维护社会秩序,而成了政府寻租、执法机关敛财的工具。同时,执罚机关为了培育罚款来源,以保证违法违规行为的"可持续性发展",保障以后年度还有源源不断的罚没收入进账,其处罚的力度往往不会很大。在这样的情况下,社会公众的利益就会受到侵蚀和盘剥。

8.6.2 行政罚没的"横向公平"分析

其一,被罚对象选择上的歧视行为。例如,同样是马路停车,其中一辆停在交通主干道,另一辆停在支马路,被处罚的可能只是前者——因为警力有限,主干道上的停车就成了"重点监管"。同样是在支马路上停车,被处罚的可能是最容易影响交通的车辆——因为实在是没地方停车,但占道停车却又实在是违法行为;在这"两难之间",警察处罚了那辆"最过分"的车辆,权当是一种"警示"。选择性执法是行政执法机关执法过程中一种必不可少的权利,恰当地使用自由裁量权可以很好地维护社会秩序,但是,滥用选择性执法就适得其反。为"利益"型的选择性执法不仅损害执法队伍的形象,而且损害了政府的公信力,造成社会的不公平现象。

其二,罚款数额选择上的区别对待。陕西省检察机关提供了一组数据:从该省近年查办的职务犯罪案件情况看,滥用自由裁量权的案件,占到行政执法

---

① 《食品监管为啥总是"马后炮";质监局工作人员揭内幕》,《北京晨报》2011年4月19日。

机关职务犯罪案件的三分之一强。某地的一家工商所查处了两件无照擦皮鞋案件，违法所得大体相当，但一个罚了500元，另一个却罚了3 000元，明显是"同案不同罚"。一位工商人员私下对记者说，涉及虚假宣传的行政处罚，按规定罚款额可以在"1万元以上20万元以下"。面对如此大的空间，个别执法人员上来就先告知当事人要按上限罚款，然后随着当事人找各种关系说情，执法者就不断地"给面子买账"，最终罚1万元了事。其实，与违规行使自由裁量权相比，现实中，不合理行使自由裁量权的问题更多，监督难度更大。山东省法制办监督处处长辛俊强大致归纳了一下发现，行政处罚裁量条款用词高度"弹性"、"含混"的情况比比皆是，人情案、关系案等执法不公便有了可钻的空子。今年3月，陕西省进行了全省依法行政状况调研。结果显示，处罚不公、处罚创收、裁量权运用不当、拖延履行法定职责是行使自由裁量权是存在的主要问题。"自由裁量权过大，容易造成随意执法。除此之外，执法依据过多、行政干预和监督缺失，也是造成自由裁量显失公平、畸重畸轻、同案不同罚等问题的原因。"陕西省法制办姚会芳副处长说。①

8.7 结论和政策建议

最近几年以来，我国对行政事业性收费的管理有所改善，政府非税收入的公平性有所增强。但是，正如前面的分析所表明的，我国的非税收入在公平性方面还存在这样或那样的问题。至于问题解决之道，在我们看来，这与我国公共决策程序的缺陷有关。因此，要提升非税收入的公平性，就需要在程序上进行改革。比如，就行政事业性收费来说，它所涉及的程序公平至少应该包括以下几个方面：

其一，改良预算审批程序，避免政府对同一项公共服务双重征收税费。简言之，如果政府部门提供某一项公共服务的成本已经通过收取行政事业性费用得到补偿，则政府部门不应该再从财政部门得到关于这项公共服务的财政资助（财政资助的资金来源是税收），理由在于纳税人已经通过支付行政事业性费用负担了该项公共服务的成本，不应该再通过税款为同一项公共服务再一次买单。为了避免政府部门针对同一项公共服务重复获取税费收入，需要在政府部门单独核算每项公共服务的成本和资金来源，人大每年在审批政府部门的支出

---

① 《中国行政执法"同案不同罚"能否终结》，《法制日报》2007年12月18日。

预算时,对于已经通过行政事业性收费来补偿其成本的公共服务项目,应该取消其财政资助额度,以避免政府部门获得双重的税费收入,进而避免纳税人负担的加重。

其二,将行政事业性收费项目的设立权、审批权收归人大。未经过人大审批,不允许任何行政部门和事业单位收取任何的行政事业性收费。其理由在于任何政府收费都是对公民财产权的侵犯,而公民财产权是受到法律保护的,因此,政府的收费应该经过事先的立法程序。反之,如果政府的收费无需经过人大的立法程序审批和约束,则政府的支出规模可以不受约束地扩张,政府可以通过不断增加收费项目来为其支出规模的膨胀筹集资金,这无疑侵犯了公民的财产权,侵犯了公民通过其代理人对公共预算做出公共选择的权利。

其三,强化成本信息公示制度。政府部门应该将每一项行政事业性收费的单位成本、单位成本计算过程和计算依据,以及作为对比的行政事业性收费标准一同放在网上公示,让纳税人有充分的信息来评估政府的收费标准是否真实地遵从了"成本补偿原则"。而且,所公示的单位成本应该经过纳税人代表所委托的审计师的审计。

其四,取消具有普惠性的公共服务项目的行政事业性收费。身份证换证、户口簿的办理与结婚证等基本的证照类服务,几乎是每一个公民都需要的公共服务,并且基本上不会有公民希望滥用这些公共服务,因此,对于这些具有普惠性的项目,政府应该从一般税收收入中筹集资金,不应该另行向公民再收取费用。这样做的好处是可以减少一些不必要的行政事业性收费项目,简化现行收费制度,也避免了某些政府部门既收费又获得财政资助的双重征收税费的弊端。

为了保证行政事业收费的公平性,需要建立公平的程序。同样,为了实现罚没收入的实体公平,也同样需要建立起程序公平的机制,具体包括四个方面:一是建立公平合理的处罚规则;二是执法部门自由裁量权的行使需要受到严格规范的约束;三是提高执法的透明度,需要将每一个罚没案例的罚款事由、罚款标准、处罚数额、减免数额及其理由都在网上公示(除了单位名称、个人姓名等涉及保密和隐私的信息可以隐去以外),让被处罚对象在评估自己所受到的处罚的公平性时可以有以前的处罚案例作为参考,该做法类似于法律上的"案例法"判例,有助于保护被处罚对象免受不公平处罚的歧视;四是通过公众监督来抑制执罚机关牟取非法收入的行为,即通过举报热线或者电视曝光来减少"钓鱼执法"、"陷阱式执法"行为。

第三篇
一般预算支出与财政公平

第 9 章

中国教育支出的公平性分析

9.1 导言

作为一般预算支出公平性分析的开端,我们首先考察我国教育支出的公平性状况。众所周知,作为公共支出的特殊类型,教育财政支出对于社会资源的有效配置具有十分重要的意义。其一,在微观层面,正如现代财政学、经济学的相关原理所显示的,教育财政支出有助于解决因教育效益外溢、个体偏好不恰当(优质品)以及资本市场不完善等所引致的资源配置失效问题;其二,在宏观层面,正如"百年大计、教育为本"所言,教育事业是民族振兴与社会进步的基石,它对于一个国家国民素质与综合国力的提升具有重要的意义。也正因为如此,在国民经济与社会发展的宏观规划中,我国一直将教育的发展问题置于优先考虑的地位,通过不断加大对于教育的投入等方式来促进我国教育事业的发展。

当然,与政府的所有收支行为一样,教育支出不仅会影响资源配置,同时也会影响到社会个体(包括人群、地区与城乡)之间的利益分配。教育支出的分布和投向,直接影响不同群体的受益状况。与此同时,作为公共支出的特殊类型,鉴于教育直接关系到个体在社会竞争中的初始点,教育支出对于个体的起点与机会公平具有直接的意义。毕竟,教育支出本身是教育中的组成部分并对其他机会具有某种决定性的作用。根据瑞典教育家托尔斯顿·胡森的观点，教育支出是教育"机会"中的一种，学校物质条件的改善和教师能力的提高都可以在很大程度上由教育支出水平来体现。也正因为如此，本章拟就我国教育支出的公平状况做出分析。特别地，出于篇幅的考虑，本章重点研究义务教育支出与高等教育支出的公平性问题。

9.2 教育支出公平分析的判别标准

要就我国教育支出的公平性做出分析，其首要一点，是要确定有关教育支出公平的判别标准：教育支出在何种意义上是公平的？判别教育支出公平的标准是什么？关于这一问题，其一，对于义务教育来说，由于它涉及人的基本权利，正如教育财政公平的基本原则（见表9.1）所显示的：真正意义上的支出公平意味着：一方面，教育系统中每个人都得到相同的享受公共教育支出的机会，不论贫富、种族和性别，所有儿童都能够进入学校接受教育，获得平等的公共教育支出，即每一个适龄儿童都应该享有最基本的与教育目标相符合的教育支出。另一方面，在受教育过程中，公共教育支出应体现出对那些在经济、社会或文化方面处于不利状况的学生群体的补偿作用，做到差别性对待，即公共教育支出应该向不利学生群体或地区倾斜，在义务教育阶段，缩小不同地区间和学生群体间的支出差距。其二，对于高等教育，由于产品性质的差异，相比义务教育来说，其支出公平的标准有所不同。由于不可能保证所有人都享受高等教育等非义务教育，公平的支出不是所有个体都获得相等的支出，而应该是所有有资格接受该级教育的学生都有相同的机会。当然，对家庭经济困难导致不能入学的，政府应对他们提供财政资助。

表9.1 教育财政公平的基本原则

从教育财政有关公平的研究来看，至少以下5个原则在理念上被广泛接受：
第一，资源分配平等原则，即每个学生获得平等的资源分配。
第二，财政中立原则。其基本含义是"每个学生的公共教育开支上的差异不能与本学区的富裕程度相关"[1]。这一原则已经在部分国家成为法律原则，其基本定义为：教育投资体制必须保证，无论儿童所在地区的财富如何，每一个儿童都应该接受最基本的与教育目标相符合的教育资源。"财政中立"原则旨在通过上一级政府对下级政府或学校的拨款，克服所辖学区间、区域间生均教育经费的差异，保证学生获得平等的入学机会。

---

[1] Odden A. & Picus L., *School Finance: A Policy Perspective*. New York: McGraw-Hill, 1992.

（续表）

> 第三，调整特殊需要的原则，即对少数民族或不同种族的学生、贫困学生要给予更多的关注和教育财政拨款。
> 第四，成本分担和补偿原则。这两项原则是相互联系的，前者要求获益者应当负担教育成本，后者则在确认学生本人是主要的和直接的受益者的前提下，要求学生"补偿"国家为他们支付的部分教育成本。这两个原则都要求在非义务教育阶段，对学生收取一定的教育费用。尽管以什么方式分担成本和进行补偿在各国之间有所不同，但这两个原则已经成为各国政府制定非义务教育财政政策的主要依据。①
> 第五，资源从富裕流向贫困的原则。这是现阶段各国判断教育财政拨款是否公平的标准，与这种资源流向一致的，或有助于实现这一流向的就被认为是公平的，反之则是背离公平的，它实际上要求在成本分担和公共资源的分配上体现富者多付，穷者多得。

与上述有关教育支出公平的判别标准相对应，我们确定了如下有关教育支出公平的评价指标。其一，对于义务教育支出，本章将从生均教育支出（包括普通小学和普通初中生均教育经费支出、生均预算内教育经费支出以及生均公用经费支出指标的对比）差别的角度就支出的公平性做出评价。生均教育支出差别主要考察在同一教育阶段生均教育支出的差距状况，如果生均教育支出差距太大，则说明教育支出配置不公平。其二，对于高等教育，与其所关注的机会公平相对应，这里的评价在很大程度上同公共支出的利益归宿分析联系在一起——教育支出的利益到底由哪些人享受，这种利益的分布状况是否符合公平的目标。特别地，如果各群体的受教育者所获得的教育资源份额同他们各自占总人数的比重很不相称，可以说这种支出配置不公平。

9.3 我国义务教育支出的公平性分析

生均教育经费、生均预算内教育经费、生均公用经费是衡量教育经费支出水平的基本指标。下面以这三个指标来考察我国义务教育支出在城乡之间与地区之间的分布及其公平性状况。

9.3.1 义务教育支出的城乡差距

从表9.2中的相关数据资料可以看出，2001—2009年，我国城乡普通小学生均教育经费支出、生均预算内教育经费支出以及生均公用经费支出都有较大

---

① OECD：*Public Educational Expenditure, Cost and Financing: An Analysis of Trends 1970—1980*. Paris, OECD 1992.

的增长,城镇普通小学这三项指标的数额分别由 2001 年的 1 351.32 元、877.08 元和 344.59 元增加到 2009 年的 4 593.05 元、3 665.91 元和 1 201.07 元;[①]同期农村普通小学这三项指标的数额分别由 797.6 元、558.36 元和 159.75 元增加至 3 842.26 元、3 236.27 元和 896.59 元。并且,自 2001 年以来,无论是生均教育支出,还是生均预算内教育经费支出与生均公用经费支出,其城乡相对差距基本呈逐年缩小的趋势,这说明,我国普通小学教育支出城乡不公平的状况有改善的趋势。但是,另一方面,表 9.2 所给出的数据也表明:普通小学城乡生均教育经费的绝对差距仍然维持在较高的水平。

与普通小学一样,表 9.2 中的数据表明,我国城乡普通初中三项指标的数额也有较大的增长,2001 年,城镇普通初中生均教育经费支出、生均预算内教育经费支出与生均公用经费支出的数额分别为 1 708.35 元、1 001.04 元和 344.59 元,农村分别为 1 013.65 元、666.7 元和 159.75 元;至 2009 年,城镇普通初中三项指标的数额分别上升至 5 863.84 元、4 688.04 元和 1 791.98 元,农村也分别增加至 5 023.51 元、4 267.7 元和 1 509.8 元。特别地,在城乡的相对差距方面,从表 9.2 来看,从 2001 年至 2003 年,城乡普通初中三项指标的相对差距变化不大,但从 2004 年开始,其相对差距开始呈现逐年下降的趋势,这与我国政府在农村义务教育上所做的努力,特别是 2005 年年底开始实施的《农村义务教育经费保障新机制》(以下简称"新机制")有着直接的关系。尽管如此,普通初中城乡教育经费的绝对差距仍然没有缩小的趋势,即义务教育支出在城乡之间的分配仍然不公平。

综合普通小学与普通初中教育经费支出的城乡差异的情况说明,从 2001 年到 2009 年,我国义务教育阶段城乡教育经费支出都有较大的增长,特别是在 2005 年开始实施《新机制》后,农村义务教育生均教育经费增加得更快,从而使其相对差距呈现出缩小的趋势,但绝对差距仍然维持在较高的水平。这说明我国义务教育支出在城乡之间的分配是不公平的,只不过这一不公平程度在近几年有降低的趋势。

---

① 《中国教育经费统计年鉴》中缺乏有关城镇的生均教育经费的数据。相关数据根据全国的生均教育经费、在校生人数与农村的生均教育经费、在校生人数以及城镇在校生人数的数据计算得到。计算公式为:

城镇生均教育经费支出

$$=\frac{全国生均教育经费支出 \times 全国在校生人数 - 农村生均教育经费支出 \times 农村在校生人数}{城镇在校生人数}$$

表 9.2 义务教育支出的城乡比较

教育类型	年份	生均教育经费支出				生均预算内教育经费支出				生均公用经费支出			
		城镇(元)	农村(元)	城乡差(元)	城乡比	城镇(元)	农村(元)	城乡差(元)	城乡比	城镇(元)	农村(元)	城乡差(元)	城乡比
普通小学	2001	1351.32	797.6	553.72	1.69	877.08	558.36	318.72	1.57	344.59	159.75	184.84	2.16
	2002	1563.12	953.65	609.47	1.64	1058.57	723.36	335.21	1.46	370.83	172.42	198.41	2.15
	2003	1751.17	1058.25	692.92	1.65	1200.8	823.22	377.58	1.45	433.34	200.49	232.85	2.16
	2004	2009.96	1326.31	683.65	1.52	1395.66	1035.27	360.39	1.35	500.56	259.07	241.49	1.93
	2005	2266.62	1572.57	694.05	1.44	1593.20	1230.26	362.94	1.30	583.68	331.99	251.69	1.76
	2006	2575.26	1846.71	728.55	1.39	1903.31	1531.24	372.07	1.24	660.24	400.93	259.31	1.65
	2007	3168.38	2463.72	704.66	1.29	2421.28	2099.65	321.63	1.15	815.58	542.25	273.33	1.50
	2008	3804.39	3116.83	687.56	1.22	2984.88	2640.82	344.06	1.13	1036.18	757.88	278.30	1.37
	2009	4593.05	3842.26	750.79	1.20	3665.91	3236.27	429.64	1.13	1201.07	896.59	304.48	1.34
普通初中	2001	1708.35	1013.65	694.7	1.69	1001.04	666.7	334.34	1.5	344.59	159.75	184.84	2.16
	2002	1893.06	1129.21	763.85	1.69	1160.09	815.95	344.14	1.42	370.83	172.42	198.41	2.15
	2003	2085.8	1210.75	875.05	1.72	1286.43	889.69	396.74	1.45	433.34	200.49	232.85	2.16
	2004	2345.43	1486.6	858.83	1.58	1482.78	1101.32	381.46	1.35	500.56	259.07	241.49	1.93
	2005	2653.36	1819.92	833.44	1.46	1927.67	1355.4	572.27	1.42	583.68	331.99	251.69	1.76
	2006	3032.09	2190.33	841.76	1.38	2113.83	1763.75	350.08	1.20	920.46	600.65	319.81	1.53
	2007	3845.37	2926.58	918.79	1.31	2902.74	2465.46	437.28	1.18	1156.54	820.99	335.55	1.41
	2008	4841.21	4005.78	835.43	1.21	3794.88	3390.1	404.78	1.12	1530.65	1216.35	314.30	1.26
	2009	5863.84	5023.51	840.33	1.17	4688.04	4267.7	420.34	1.10	1791.98	1509.8	282.18	1.19

注：表中城镇的数据根据相关年份《中国教育经费统计年鉴》与《中国教育统计年鉴》的在校生人数计算得到。

9.3.2 义务教育支出的地区差距

从表 9.3 所给出的我国普通小学生均教育经费支出、生均预算内教育经费支出与生均公用经费支出的地区数据可知，[①]从 2001 年到 2009 年，我国东、中、西部普通小学生均教育经费支出、生均预算内教育经费支出与生均公用经费支出都有较大的增长，但无论是生均教育经费支出，还是生均预算内教育经费支出与生均公用经费支出，其地区相对差距在 2005 年以前基本呈扩大趋势，东部与中部这三项指标的差距分别由 2001 年的 2.02 倍、2.08 倍和 2.45 倍扩大到 2004 年的 2.34 倍、2.17 倍和 3.27 倍，同期东部与西部三项指标的差距分别由 1.79 倍、1.62 倍和 2.88 倍扩大到 2.11 倍、1.90 倍[②]和 3.34 倍(值得注意的是，我国义务教育生均教育经费存在中部塌陷现象，即是中部而不是西部的生均教育经费最低)。在 2005 年之后，普通小学生均教育经费支出、生均预算内教育经费支出与生均公用经费支出的地区差距开始呈现缩小的趋势，这与《新机制》实施中对中西部地区的扶持有着十分重要的关系。至于我国普通初中生均教育支出的情况，从表 9.3 可知，我国东、中、西部普通初中生均教育经费、生均预算内教育经费支出与生均公用经费支出都有较大的增长，普通初中东部与中部这三项指标差距的变化趋势与普通小学的情况基本一致，东部与西部三项指标的差距在波动中呈下降趋势。

当然，除了三大地区之间的差异外，我国教育经费的省际差距也很大。生均教育经费排在前 5 位和后 5 位的省份相比，2009 年，普通小学生均教育经费排在前 5 位的省市分别是：上海市 17 340.39 元、北京市 16 061.18 元、天津市 10 320.17 元、西藏自治区 7 753.5 元、浙江省 7 471.38 元，生均教育经费最高的 5 个省市的平均生均教育经费为 11 789.32 元；普通小学生均教育经费排在后 5 位的省份分别是：河南省 2 271.1 元、贵州省 2 492.49 元、江西省 2 647.43 元、广西壮族自治区 3 018.28 元、安徽省 3 165.87 元，生均教育经费最低的 5 个省市的平均生均教育经费为 2 719.03 元；普通小学生均教育经费最高的 5 个省市的

[①] 在《中国教育经费统计年鉴》中没有按东、中、西部划分的数据。相关数据根据三大地区所包含各省市的生均教育经费数据乘以其权重计算得到。以东部地区普通小学生均教育经费为例，东部地区包含北京、天津、上海等 11 个省市，各省市权重的计算公式为：

$$\text{东部各省市的权重} = \frac{\text{各省市普通小学在校生数}}{\text{东部地区 11 个省市普通小学在校生数}}$$

以各省市的权重乘以其普通小学生均教育经费支出再求和即得到东部地区普通小学生均教育经费支出，中部地区与西部地区的计算与此类似；此外，各地区普通初中生均教育经费支出的计算方法与此相同。

[②] 东部与西部生均预算内教育经费支出指标的差距在 2005 年达到最大值为 1.94。

表 9.3 普通小学生均教育经费、生均预算内教育经费与生均公用经费支出地区比较

教育类型	年份	生均教育经费支出					生均预算内教育经费支出					生均公用经费支出				
		东部(元)	中部(元)	西部(元)	东部/中部	东部/西部	东部(元)	中部(元)	西部(元)	东部/中部	东部/西部	东部(元)	中部(元)	西部(元)	东部/中部	东部/西部
普通小学	2001	1762.2	873.1	986.9	2.02	1.79	1261.3	605.7	776.3	2.08	1.62	463.7	188.9	161.0	2.45	2.88
	2002	2189.4	1044.8	1182.8	2.10	1.85	1554.2	790.7	950.2	1.97	1.64	526.1	192.9	187.0	2.73	2.81
	2003	2586.8	1144.6	1217.4	2.26	2.12	1855.8	883.7	1031.3	2.10	1.80	683.0	224.4	201.1	3.04	3.40
	2004	3184.7	1360.6	1509.0	2.34	2.11	2307.4	1065.0	1211.8	2.17	1.90	862.0	264.0	257.7	3.27	3.34
	2005	3621.9	1632.2	1765.0	2.22	2.05	2721.9	1288.2	1404.3	2.11	1.94	937.5	351.4	368.5	2.67	2.54
	2006	4201.9	1949	2071.5	2.16	2.03	3265.5	1580.37	1710.16	2.07	1.91	1109.1	415.72	452.4	2.67	2.45
	2007	5246.8	2584.2	2787.8	2.03	1.88	4236.8	2153.79	2305.44	1.97	1.84	1436.4	542.43	581.76	2.69	2.47
	2008	6438.1	3164.6	3631.8	2.03	1.77	5247.6	2664.6	3051.0	1.97	1.72	1860.1	762.1	887.8	2.44	2.10
	2009	7730.0	3772.8	4613.9	2.05	1.68	6355.7	3195.5	3867.6	1.98	1.64	2067.5	947.9	1093.3	2.18	1.89
普通初中	2001	2392.2	1144.3	1472.9	2.09	1.62	1459.0	705.1	1141.9	2.07	1.23	778.3	330.7	300.4	2.35	2.59
	2002	2757.2	1260.8	1544.4	2.19	1.79	1738.1	838.3	1183.3	2.07	1.47	867.7	333.7	341.0	2.60	2.54
	2003	3183.9	1322.9	1683.6	2.41	1.89	2037.4	892.1	1310.0	2.28	1.56	1031.4	366.9	379.2	2.81	2.72
	2004	3803.9	1499.3	1937.1	2.54	1.96	2506.3	1052.5	1488.4	2.38	1.68	1219.9	408.2	428.9	2.99	2.84
	2005	4514.2	1832.5	2272.5	2.46	1.99	2506.3	1312.6	1773.0	2.35	1.74	1408.8	430.5	585.5	3.27	2.41
	2006	5426.2	2250.7	2485.3	2.41	2.18	3841.7	1684.9	2017.85	2.28	1.90	1678.7	620.07	673.94	2.71	2.49
	2007	6707.6	3004.7	3365.7	2.23	1.99	5127.9	2420.5	2788.76	2.12	1.84	2167.6	776.35	861.87	2.79	2.51
	2008	8234.3	4028.3	4573.8	2.04	1.80	6487.3	3321.6	3834.2	1.95	1.69	2589.5	1197.7	1508.8	2.16	1.72
	2009	10007.9	4897.5	5912.8	2.04	1.69	8016.5	4136.6	5079.7	1.94	1.58	2975.1	1519.2	1834.9	1.96	1.62

资料来源：根据历年《中国教育经费统计年鉴》计算得到。

平均生均教育经费是生均教育经费最低的 5 个省市的平均生均教育经费的 4.36 倍,两者绝对额相差 9 070.29 元。最高的上海市是最低的贵州省的 7.64 倍,两者相差 15 069.29 元。普通初中生均教育经费排在前 5 位的省市分别是:北京市 23 172.71 元、上海市 21 179.35 元、天津市 13 491.1 元、浙江省 9 785.65 元、西藏自治区 8 478.29 元,生均教育经费最高的 5 个省市的平均生均教育经费为 15 221.42 元;普通初中生均教育经费排在后 5 位的省份分别是:贵州省 3 039.94 元、河南省 3 564.8 元、安徽省 3 901.19 元、江西省 3 916.7 元与广西壮族自治区 3 927.2 元,生均教育经费最低的 5 个平均生均教育经费为 3 669.97 元;普通初中生均教育经费最高的 5 个省市的平均生均教育经费是生均教育经费最低的 5 个省市的平均生均教育经费的 4.15 倍,两者绝对额相差 11 551.45 元。最高的上海市是最低的贵州省的 7.62 倍,两者相差 20 132.77 元。[①]

9.4 我国高等教育支出的公平性分析

在分析我国高等教育支出的公平性问题时,我们主要从公共教育资源分配效应的角度来考察,它很大程度上同公共支出的利益归宿分析联系在一起,因此,我们具体基于高等教育支出的城乡归宿、地区归宿以及阶层归宿状况来判断我国高等教育支出是否公平。[②]

9.4.1 高等教育支出的城乡归宿

尽管缺少关于分城乡人口的高等教育入学率的统计数据,但我们仍然可以从一些全国性的、局部性的调查来了解城乡学生在接受高等教育方面的差异情况。由于历史的原因并受国家城乡经济政策等方面的影响,我国城乡差距在高等教育上的反映还是十分突出的。主要表现为以下几方面。[③]

首先,城乡学生接受高等教育的机会存在明显差距。1998 年谢维和对全国 37 所高校一年级(1997 级)和四年级(1994 级)共计 69 258 名学生的调查结果

---

① 资料来源于《中国教育经费统计年鉴 2010》并经简单计算得到。
② 这里主要考察直接归宿。实际上高等教育的分布对于利益分配是有影响的。
③ 这里的差异主要是社会个体享受高等教育的机会。实质上,除此之外,还存在高等教育布局差异所引致的不公平问题。在我国,高等教育集中于少数几个大型的城市,在个别省份的地级市甚至没有高等教育机构。在全国 600 多个县级市中,300 个左右没有高等教育机构(薛颖慧、薛澜,2002)。

表明(见表9.4):来自大中城市的学生占在校生的33.5%,与人口结构相比,占有明显多数;来自农村的学生占35.6%,如果将"乡镇"也视为农村,则农村学生的比重达47.3%。

表9.4 高校学生居住地的状况和变化 (单位:%)

	大中城市	县级市	乡镇	农村
一年级学生(1997级)	33.2	19.6	12.1	35.1
四年级学生(1994级)	34.2	18.3	11.1	36.4

资料来源:曾满超主编,《教育政策的经济分析》,人民教育出版社,2000年,第259页。

钟宇平、陆根书(1999)对北京、南京、西安等地14所高校进行的调查结果(见表9.5)与上述调查十分相似:在总样本中,学生居住地为城市的占31.2%,来自县级市的占20.9%,来自集镇的占13%,农村学生占34.9%。

表9.5 城乡学生在不同类型学校的比例 (单位:%)

	大中城市	县级市	集镇	农村
总体	31.2	20.9	13.0	34.9
综合性院校	37.6	20.6	11.2	30.5
以工程类为主的院校	31.1	22.7	14.8	31.3
师范院校	30.8	21.6	13.9	33.7
农林地质类院校	14.1	14.7	9.8	61.4

资料来源:钟宇平、陆根书,收费条件下学生选择高校影响因素分析,《高等教育研究》,1999年第2期。

上海财经大学公共政策研究中心2001年对31个省市一万余名在校大学生抽样调查的结果(见表9.6)与上述两个调查结果相差甚大。该调查结果显示,来自大中城市的生源总体达49.5%,而来自农村的生源仅为16.3%,它揭示了另外一种排序:不同学历层次中城乡学生的分布。大致是从专科到本科,大中城市学生的比例增加了约12个百分点,农村学生则下降了8个百分点。但从本科到硕士研究生阶段,城市学生下降了4.7个百分点,农村学生增加了2.7个百分点。

表9.6 城乡学生在不同学历层次的分布 (单位:%)

	大城市	中等城市	县级市	集镇	农村
总体	17.5	32.0	26.7	7.5	16.3
专科生	13.8	29.1	21.5	13.2	22.4
本科生	18.0	36.9	23.2	7.6	14.3
硕士研究生	26.3	23.9	23.6	9.2	17.0

资料来源:赵海利,《高等教育公共政策》,上海财经大学出版社,2003年,第182页。

2010年9月至2011年1月,我们又通过抽样调查的方式,在上海、武汉两市选取了24所高校近2 500名学生作为调查对象,对我国高校在校学生的城乡来源情况进行了调查。① 调查结果如表9.7所示。由表中结果可知,来自大中城市的生源总体达61.2%,而来自农村的生源仅为19.3%,城乡学生接受高等教育机会的差距很大,并且,从本科到硕士研究生阶段,大中城市学生增加了1.1个百分点,农村学生下降了5个百分点。

表9.7 在校学生生源的城乡差异 (单位:%)

	大城市	中等城市	县级市	集镇	农村
总体	36.7	24.5	11.7	7.8	19.3
本科生	37.0	24.2	11.7	7.4	19.7
硕士研究生	34.6	27.7	11.5	11.5	14.7

注:资料来源于笔者的调查整理。

其次,城乡学生接受优质高等教育机会的差距更大。由上述分析可知,我国农村学生在高校中的比例较少,与城市学生相比,他们在接受高等教育机会方面处于明显的劣势。实际上,不仅如此,农村学生在接受优质高等教育机会上的劣势更加明显。

谢维和的调查说明了农村学生在四类不同层次高校的分配机会有明显的不同(见表9.8)。在第一类国家重点院校中,城市学生和农村学生的比例与样本总体相差很大,城市学生高出总体8.8个百分点,农村学生却低于总体8.8个百分点;而在第四类地方高校中,城市学生比样本总体低11.5个百分点,农村学生却高于总体13.1个百分点。这说明城市学生更多地分布在重点院校,而农村学生更多地分布在层次较低的地方性高校。

表9.8 城乡学生在不同层次学校的比例 (单位:%)

	大中城市	县级市	乡镇	农村
总体	33.5	19.1	11.7	35.6
国家重点院校	42.3	19.9	11.0	26.8
一般重点院校	31.0	21.1	11.7	36.2
普通高校	42.0	18.1	11.5	28.4
地方高校	22.0	16.5	12.8	48.7

资料来源:曾满超主编,《教育政策的经济分析》,人民教育出版社,2000年,第264页。

---

① 此次调查共发放问卷2 474份,各校调查问卷的发放数量基本按照该校在校生数的0.5%确定。调查共收回有效问卷2 150份,有效率达86.9%,有效问卷中本科生占91.12%,研究生占8.88%。

在钟宇平、陆根书的调查中(见表9.5),院校的分类与上面谢维和的调查不同,他们分为综合性、工程类、师范类、农林地质四类。很明显,前者意味着强势、热门,后者意味着弱势、冷门。我们看到:按这一序列,城市学生的比例由高至低,农村学生的比例由低到高,在农林地质类院校,农村学生的比例高达61.4%。

笔者的调查结果(见表9.9)也揭示了这一现象。在"985工程"院校中,大中城市学生高出总体6.5个百分点,农村学生却低于总体4.4个百分点;而在"211工程"高校中,大中城市学生高出总体10.9个百分点,农村学生的比例低于样本总体3.1个百分点。无论是"985工程"高校还是"211工程"院校,都集中了我国优势高等教育资源。从城乡学生在这些不同层次高校中的分布可以看出,我国优势高等教育资源更多地被大中城市学生所享有,这一状况在近年来仍未改变。

表9.9　城乡学生在不同层次高校中的分布　　　　　　(单位:%)

	大中城市	县级市	乡镇	农村
总体	61.2	11.7	7.8	19.3
"985"院校	67.7	13.3	4.1	14.9
"211"非"985"院校	72.1	6.7	5.0	16.2
其他普通高校	47.3	13.6	13.5	25.6

注:资料来源于笔者的调查整理。

最后,上述两方面的差距有扩大的趋势。将上述钟宇平、陆根书1998年的调查、上海财经大学2001年的调查以及笔者2010年的调查结果进行综合(见表9.10)可以发现:从1998年到2010年,普通高校中来自大中城市的学生比例由31.2%上升至61.2%;而乡镇与农村学生的比例则由47.9%下降至27.1%。这说明我国城乡学生在接受高等教育机会方面的差距有扩大的趋势。

表9.10　城乡学生生源的变化　　　　　　(单位:%)

调查年份	负责人(单位)	大中城市	县级市	乡镇	农村
1998	钟宇平、陆根书	31.2	20.9	13.0	34.9
2001	上海财经大学公共政策研究中心	36.7	24.5	11.7	7.8
2010	笔者	61.2	11.7	7.8	19.3

此外,将谢维和与笔者有关国家重点院校的调查结果比较来看,来自大中城市的生源的比例由33.5%提高至67.7%,相反农村学生生源的比例由26.8%下降至14.9%。这说明我国城乡学生在接受优质高等教育机会方面的

差距也在不断扩大。

9.4.2 高等教育支出的地区归宿

由于高等教育的准公共产品性质,在判断高等教育支出在地区之间的分配是否是公平时,我们应重点考察中央高等教育支出在各地区间的分配情况。中央高等教育支出在东、中、西三地区间的分配情况见表9.11。从表中的数据可以看出,我国东部地区在校生数占全国在校生数的比重为45.47%,但其所享受到的中央教育支出的比重高达64.65%;而无论是中部还是西部,其所享受到的中央教育支出的比重均远低于其在校生比重。考虑到我国高等教育的分省招生办法,各校招生名额更多地由本地区学生所享有,由此可以推断,我国中央高等教育支出更多地被东部地区学生所享有,即中央高等教育支出在不同地区间的归宿存在明显的不公平。

表9.11 2007年分地区中央属高等学校学生数与经费支出情况

地区	在校生数(人)	教育经费支出数额(千元)	在校生比重(%)	教育经费支出比重(%)
东部	8 570 599	69 455 168	45.47	64.65
中部	6 259 315	21 612 731	33.21	20.12
西部	4 019 040	16 372 072	21.32	15.23

注:资料来源于《中国教育经费统计年鉴2008》与《中国教育统计年鉴2007》。

此外,中央高等教育支出在省际的分布也非常不平衡(见表9.12)。由表9.12可知,东部地区的一些省市如北京、天津、上海以及江苏,其所享有的中央高等教育支出的份额都大于其在校生数所占比重,特别是北京市,其在校生比重仅为3.07%,但其教育支出的份额却高达25.91%。而中西部地区一些省份如山西、内蒙古、江西、河南、广西、贵州、云南、西藏以及青海,其享有的中央高等教育支出为零。因此,可以说,我国中央高等教育支出的省际归宿也是失衡的。

表9.12 2007年各省市中央属高等学校学生数与经费支出情况

地区	在校生数(人)	教育经费支出数额(千元)	在校生比重(%)	教育经费支出比重(%)
北京	578 206	27 840 475	3.07	25.91
天津	371 136	2 338 971	1.97	2.18
河北	930 516	651 828	4.94	0.61
山西	484 490	0	2.57	0.00
内蒙古	284 057	0	1.51	0.00
辽宁	777 758	3 234 895	4.13	3.01

（续表）

地区	在校生数(人)	教育经费支出数额(千元)	在校生比重(%)	教育经费支出比重(%)
吉林	470 188	2 904 924	2.49	2.70
黑龙江	634 902	5 095 220	3.37	4.74
上海	484 873	10 264 493	2.57	9.55
江苏	1 472 317	8 595 273	7.81	8.00
浙江	777 982	3 963 761	4.13	3.69
安徽	730 546	2 138 631	3.88	1.99
福建	509 482	1 665 084	2.70	1.55
江西	781 686	0	4.15	0.00
山东	1 440 378	3 572 873	7.64	3.33
河南	1 095 195	0	5.81	0.00
湖北	1 163 686	8 627 777	6.17	8.03
湖南	898 622	2 194 351	4.77	2.04
广东	1 119 655	7 327 515	5.94	6.82
广西	434 347	0	2.30	0.00
海南	108 296	0	0.57	0.00
重庆	413 655	2 849 356	2.19	2.65
四川	918 438	5 707 983	4.87	5.31
贵州	241 692	0	1.28	0.00
云南	311 111	0	1.65	0.00
西藏	26 767	0	0.14	0.00
陕西	776 516	6 416 400	4.12	5.97
甘肃	295 992	1 054 311	1.57	0.98
青海	37 665	0	0.20	0.00
宁夏	62 411	165 480	0.33	0.15
新疆	216 389	830 370	1.15	0.77

资料来源：《中国教育经费统计年鉴2008》与《中国教育统计年鉴2007》。

9.4.3 高等教育支出的阶层归宿状况

由于数据的可获得性问题，我们以不同收入阶层子女在高校中的分布来间接反映高等教育支出阶层归宿的状况，在此仍然以一些全国性的、局部性的调查来说明。

首先，不同收入阶层子女在接受高等教育机会上存在明显差距。钟宇平、陆根书对不同家庭背景学生在高校中的分布的调查结果见表9.13。从中可以看出：工人、农民子女接受高等教育的机会明显处于劣势地位，而党政机关干部、管理人员和专业技术人员子女的受教育机会具有明显的优势。根据1995

年全国人口普查 1% 人口抽样资料,以学生父亲的职业为准,党政机关干部和企业负责人在全国从业人口中所占比例为 2.02%,但他们的子女在本科高校学生中的比例高达 15%;如果加上管理人员的子女,所占比例高达 23.9%。专业技术人员在从业人口中的比例是 5.43%,其子女在高校本科生总数中所占的比例是 13.5%。而农民及其相关职业的从业人员在整个从业人员中的比例高达 69.4%,但他们的子女在本科高校学生中的比例却只有 29.4%。

表 9.13 1998 年 14 所高校大学生父母职业构成 (单位:%)

	党政机关干部	专业技术人员	大中小学教师	管理人员	工人	农民	其他
父亲职业	15.0	13.5	7.9	8.9	17.7	29.4	8.0
母亲职业	5.5	8.9	8.1	3.9	22.4	40.2	11.0

资料来源:钟宇平、陆根书,1999:《高等教育成本回收:对我国大陆学生付费能力与意愿的研究》,香港中文大学教育学院,第 56 页。

上海财经大学公共政策研究中心(2001)的调查结果反映了相同的问题。从表 9.14 所给出的调查结果看,最高收入的 20% 的人口享受了 54.5% 的高等教育机会,而最低收入的 20% 人口享受高等教育的比重仅为 12.4%。这反映了享受高等教育的学生中来自高收入阶层的比例远远大于低收入阶层的学生比例。

表 9.14 2001 年收入五等分本科生比重 (单位:%)

收入划分	包含上海市样本				
	一年级	二年级	三年级	四年级	样本总体
最低 20% 人口	11.4	14.6	8.8	14.7	12.4
次低 20% 人口	8.2	6.5	6.5	8.1	7.1
中间 20% 人口	9.4	6.9	7.0	6.1	7.4
次高 20% 人口	25.2	21.6	17.6	16.6	20.7
最高 20% 人口	45.7	50.3	60.1	54.5	54.5

资料来源:转引自赵海利著,《高等教育公共政策》,上海财经大学出版社,2003 年,第 178 页。

厦门大学教育学院课题组 2004 年的调查结果见表 9.15。该调查以"辈出率"(该阶层在校生的比例与该阶层在社会总人口中的比例之比)的概念来说明不同阶层子女获得高等教育机会的差距,如比值为 1,即意味着该阶层在校生的比例与其在社会人口结构中的比例相等,是最公平的状态。该调查显示,国家与社会管理者、经理人员、私营企业主、专业技术人员和个体工商户这五个优势阶层家庭背景的辈出率为 2.37—5.9,为平均数的 2—6 倍。私营企业主阶层的辈出率最高,达 5.9;①城乡无业失业人员的这一比率最低,为 0.46。最高与最低阶层的辈出率差距达 13 倍。这表明出身较高阶层的子女比出身较低阶层的子女获得了更多的入学机会。

表 9.15 2004 年 34 所高校大学生阶层分布 （单位:%）

职业	社会阶层构成 A	样本总体 B	总体的阶层辈出率 B/A	部属重点高校 B1	普通本科院校 B2	公立高职院校 B3	民办高职院校 B4	独立学院 B5
国家与社会管理者	2.1	8.2	3.9	11.5	6.6	5.7	9.7	10.9
经理人员	1.6	4.0	2.5	3.8	2.9	3.5	4.8	8.9
私营企业主	1.0	5.9	5.9	4.3	3.5	2.0	10.7	17.7
专业技术人员	4.6	12.3	2.67	16.6	11.9	10.0	11.2	9.3
办事人员	7.2	6.0	0.83	6.7	5.5	5.2	6.2	8.0
个体工商户	7.1	16.8	2.37	10.7	17.3	18.4	23.3	22.0
商业服务员工	11.2	5.7	0.51	4.2	5.5	7.0	6.0	6.1
产业工人	17.5	13.3	0.76	13.4	14.7	14.9	12.4	9.1
农业劳动者	42.9	25.5	0.59	27.3	29.5	30.6	12.6	6.3
无业失业人员	4.8	2.2	0.46	1.6	2.5	2.7	3.1	1.6
合计	100	100	—	100	100	100	100	100

资料来源:王伟宜,2005:《不同社会阶层子女高等教育入学机会差异的研究》,《民办教育研究》第 4 期。

此外,笔者于 2010 年所进行的调查结果也揭示了这一现象。根据国家统计局提供的调查资料,2008 年我国家庭人均年收入在 25 000 元以上的人口比重大致为 10% 左右,而他们的子女却享有了 50% 的高等教育机会（见表 9.16）;家庭人均年收入在 4 000 元以下的人口比重大致为 30% 左右,但其子女所享有的高等教育机会仅为 21%。由此可见,不同收入阶层子女所享受的高等教育机会差距很大。

表 9.16 不同收入阶层子女在高校中的分布 （单位:%）

家庭人均年收入（元）	样本总体	本科生	研究生
<2 000	10.41	10.61	8.42
2 001—4 000	10.84	10.61	13.16
4 001—6 000	8.00	7.96	8.42
6 001—8 000	3.69	3.80	2.63
8 001—10 000	4.21	4.32	3.16

---

① 尽管私营企业主的辈出率最高,但其子女主要分布在民办高校和独立学院。

（续表）

家庭人均年收入(元)	样本总体	本科生	研究生
10 001—15 000	4.97	4.99	4.74
15 001—20 000	3.41	3.48	2.63
20 001—25 000	3.41	3.54	2.11
25 001—30 000	4.31	4.26	4.74
>30 000	46.76	46.44	50.00

资料来源：根据笔者的调查整理得到。

其次，不同收入阶层子女接受优质高等教育机会的差距更显著。钟宇平、陆根书的调查表明，不同阶层子女在不同层次高校的分布也存在显著的差异（见表9.17）。从中可以看出，高收入户与最高收入户子女在第一批录取高校中的比例高于样本总体的比例，而最低收入户子女在第一批录取高校中的比例比样本总体的比例低了近14个百分点，不同收入阶层子女接受优质高等教育机会的差距非常显著。

表9.17　不同社会经济地位的大学生在不同层次高校之间的分布　（单位：%）

学生社会经济地位（按家庭人均全年总收入分组）(元)	样本总体	第一批录取高校	第二批录取高校	第三批录取高校
最低收入户(0—2 801)	54.1	40.6	62.8	66.4
低收入户(2 802—3 464)	8.7	9.2	8.3	8.6
中等偏下收入户(3 465—4 180)	8	9.1	7.1	7.3
中等收入户(4 181—5 090)	9.8	12.7	8	7
中等偏上收入户(5 091—6 213)	3.1	4.2	2.4	1.7
高收入户(6 214—8 039)	8.7	12.7	6.2	4.8
最高收入户(8 040元及以上)	7.7	11.5	5.2	4.1

资料来源：钟宇平、陆根书，1999：收费条件下学生选择高校影响因素分析，《高等教育研究》第2期。

从厦门大学教育学院课题组的调查结果（见表9.15）也可以看出：在部属重点院校，管理干部和专业技术人员阶层的辈出率最高，达5.48和3.6。阶层辈出率的最大差距约为17倍，意味着国家管理干部子女进入重点部属高校的机会是城乡无业失业人员子女的17倍。在公立普通高校，这一差距缩小为7倍，在公立高职院校，这一差距约为5倍。这表明在公立高等教育系统，阶层差距主要体现在对高层次的部属重点院校入学机会的获取上。

此外，笔者的调查结果也反映了这一现象。不同收入阶层子女在不同层次高校中的分布情况见表9.18。由表可知，家庭人均年收入在25 000元以上的人口享有了55.98%的"985工程"重点大学入学机会以及65.28%的"211工程"

重点大学入学机会,这大大超过样本总体的比例;而家庭人均年收入在4 000元以下的人口仅享有了14.21%的"985工程"与14.16%的"211工程"重点大学的入学机会,低于样本总体近7个百分点。这再次说明,我国优质高等教育机会更多地为高收入阶层所享有,不同收入阶层接受优质高等教育机会的差距十分明显。

表9.18 不同收入阶层子女在不同层次高校中的分布 （单位:%）

家庭人均年收入(元)	"985"高校	"211"非"985"高校	其他普通高校
<2 000	7.17	7.74	15.48
2 001—4 000	7.04	6.42	17.64
4 001—6 000	8.55	3.77	10.28
6 001—8 000	2.39	3.58	5.08
8 001—10 000	5.28	3.21	3.81
10 001—15 000	5.28	3.96	5.33
15 001—20 000	4.03	2.83	3.17
20 001—25 000	4.28	3.21	2.66
25 001—30 000	5.16	3.77	3.81
>30 000	50.82	61.51	32.74

资料来源:根据笔者的调查整理得到。

最后,高等教育支出阶层分配不公平的程度并没有降低的趋势。为说明我国高等教育支出阶层归宿状况的变化趋势,笔者首先将1998年谢维和的调查数据与2004年厦门大学教育学院的调查数据进行了比较,得到表9.19。从这一并不严格的比较中,可以窥见一个大致趋势:重点高校中,干部、管理人员子女增加了3.7个百分点,表明这一阶层是高等教育扩招获益最多的阶层。比较而言,专业技术人员子女仅增长了1个百分点。而受损最严重的不是农民阶层而是工人阶层。工人子女的比例在重点高校减少了7.9个百分点,在普通高校减少了5.6个百分点,下降最为显著,这反映了近年来城市阶层差距的扩大,造成了对工人子女入学机会的影响。农民子弟在重点高校的比例没有明显变化,但在普通本科院校的比例下降了8.2个百分点。

另外,笔者所调查的不同收入阶层子女在高校中的分布结果与赵海利(2003)的调查结果相比较也说明,我国高收入阶层获取高等教育机会的优势进一步加强。此外,从学校类别上来看,笔者的调查结果与钟宇平、陆根书(1999)和王伟宜(2005)的调查相比,高收入阶层在接受优质高等教育机会上的优势也更加明显。

表 9.19　1998 年和 2004 年若干阶层子女的分布变化　　（单位:%）

		干部、管理人员	专业技术人员	工人	农民
重点高校	1998 年 37 所高校调查	11.6	15.4	21.3	26.3
	2004 年 34 所高校调查	15.3	16.6	13.4	27.3
普通高校	1998 年 37 所高校调查	8.35	9.55	20.3	37.7
	2004 年 34 所高校调查	9.5	11.9	14.7	29.5

通过上述比较分析,我们得出结论:我国高等教育支出在不同收入阶层间分配不公平的程度并没有降低的趋势,不仅如此,这一不公平现象还在进一步增强。当然,需要说明的是,由于每次调查的调查对象、抽样方法、职业、收入分类标准等均不相同,这种比较不可能是严格的,但我们仍然可以从这些不太严格的比较中看出我国高等教育支出阶层归宿的状况与变化趋势。

9.5　我国教育支出不公平的原因及其解决方案

9.5.1　义务教育支出不公平的原因及其解决思路

根据上述分析可知,我国义务教育支出在城乡之间与地区之间的分配存在一定程度的不公平(当然,自 2005 年实施《新机制》以来,其不公平程度有明显的降低,尤其是在相对差异方面)。至于其中的原因,在我们看来,这一不公平现象与义务教育财政体制的城市取向和发达地区取向以及层层设置的重点学校制度有关。

首先,是义务教育财政体制的城市取向和发达地区取向。长期以来,在城乡二元结构的体制下,我国形成了一种忽视城乡差别的"城市中心"的价值取向。在这种价值取向的指引下,一切为了城市、一切服从城市,国家的公共政策优先满足城市居民的利益,教育政策的制定无视或忽视城市和农村在教育环境、教育资源上的巨大区别,①这是导致我国教育支出在城乡之间分配不公平的重要原因。此外,1985 年的《关于教育体制改革的决定》明确规定了我国义务教育公共投资的责任绝大部分由县级及以下基层地方政府承担,这种体制决定了义务教育的普及与发展水平在很大程度上依赖于地方的经济发展水平。但

---

①　1984 年颁布的《国务院关于筹措农村学校办学经费的通知》、1986 年颁布的《征收教育费附加的暂行规定》、《义务教育法实施细则》以及《中华人民共和国教育法》等法律文件中都存在对城市与农村义务教育经费筹集采取不同做法的规定,这些规定造成了政府义务教育支出更多地被城市居民享有。但

我国地区经济发展极不平衡,反映在县乡财政上也是如此,甚至比经济差异还要大。财力雄厚的县,财政收入可达几个亿甚至上百亿,无论是发展经济还是发展教育,都有很强的后劲;而财力匮乏的县,财政收入只有几千万甚至几百万元,连基本的"吃饭"也保证不了,根本无后续财源可言;有的乡镇财政已经严重亏空,甚至负债累累。在此情况下,义务教育财政体制的这一安排使落后地区义务教育的发展处于非常不利的境地,也造成了义务教育支出在地区之间的分配不公平。①

其次,是重点学校制度的存在。学校办学水平差距悬殊是我国教育非均衡发展的一个典型特征。同一阶段,性质相同的学校之间之所以会出现办学水平差距悬殊的局面,与我国层层设置的重点学校制度是分不开的。尽管从 20 世纪 90 年代中期起,国家教委明确取消了义务教育的重点学校制度,同时叫停了评选,即要求暂停 1 000 所示范性高中、2 000 所重点职业学校的达标评定活动,"促进地方把更多的投入用于薄弱学校的建设"。② 此外,新《义务教育法》第 3 章第 22 条明确规定,"县级以上人民政府及其教育行政部门应当促进学校均衡发展,缩小学校之间办学条件的差距,不得将学校分为重点学校和非重点学校。学校不得分设重点班和非重点班。"但在现实中,重点学校与非重点学校仍然普遍存在,它作为分化教育资源配置的机制还在不断发展。其中,重点学校垄断了较多的优质教育资源,它的存在加剧了教育资源在城乡间以及不同收入阶层间分配的不公平。因为,我国重点学校绝大多数设在城市、城镇,从而更有利于城镇学生的升学,造成了教育支出更多地被城镇学生所有。③ 另外,由于重点学校在教育经费、师资配备、办学条件等方面远比一般学校优越,因而一些经济实力雄厚、社会地位显赫的家庭的子女通过采用各种手段获取"优质教育资源",优先占据重点学校入学名额,使一些无力通过金钱、权力和社会关系择校的弱势阶层者面临相当不利的处境。④

鉴于我国义务教育的不公平现象与义务教育财政体制的城市取向和发达地区取向以及层层设置的重点学校制度有关,因此,要降低我国义务教育支出的不公平程度,就有必要做两方面的政策调整:第一,改变我国义务教育财政体

---

① 2001 年,我国将义务教育投资主体上升到县并于 2005 年年底提出了《农村义务教育经费保障新机制》,这些政策的实施在一定程度上缩小了义务教育支出差距,但其平衡效应有限,仍然未能从根本上改变教育支出向经济发达地区以及城市倾斜的政策导向(邬志辉、于圣刚,2008)。
② 朱开轩,1997:《对当前若干教育热点问题的认识》,《中国教育报》5 月 15 日。
③ 杨东平(2006)的研究表明:在城市重点学校,城镇户口学生是农业户口学生的 3 倍。
④ 杨东平(2006)的研究也指出:高收入阶层家庭的子女约 62% 在重点中学就读,而低收入阶层家庭的恰好相反,约 60% 在非重点学校学习。

制的城市取向与发达地区取向。具体来说就是,应进一步增强并明确中央政府和省级政府对义务教育公共投资的责任,缩小义务教育资源配置的差距。应该说,《新机制》的实施已经增强了中央与省级政府对义务教育公共投资的责任,但他们所负担的义务教育财政性经费的比例仍然偏低,并且《新机制》中并没有明确规定省级政府的筹资责任。正因为如此,可以考虑将义务教育的筹资主体上升到省,由省级政府统筹全省范围内的义务教育的均衡发展。此外,必须建立科学规范的义务教育转移支付制度,中央政府主要采用一般性转移支付来平衡各省的财政能力,其对义务教育经费的责任应当法定化。第二,废除义务教育重点学校制度。应该说,将中小学等级化的弊端是显而易见的,它容易产生强者愈强、弱者愈弱的马太效应,从而不利于中小学的均衡发展,损害教育的公平性;另外,它还容易引发学校为评比而盲目攀比、弄虚作假等种种不良现象的发生,容易驱使教师、学生对重点学校的过度追求。一些学校为了达到重点标准,不顾一切地做一些表面文章,教育水平没有提高,反而造成了教育资源的浪费。因此,必须废除义务教育阶段的重点学校制度,取消各种形式的等级评估。

9.5.2 高等教育支出不公平的原因及其解决思路

关于高等教育支出的公平性问题,上述分析表明,我国高等教育支出在城乡之间、地区之间以及阶层之间的分配也存在一定的不公平,城市学生、发达地区学生以及高收入阶层子女更多地享受了高等教育资源特别是优质高等教育资源。与义务教育支出的公平性问题存在一定的差异,我国高等教育支出的不公平主要与高等教育招生指标分配与收费制度的不合理以及贫困学生资助制度的不完善有关。

首先,是高等教育招生指标分配的不合理。我国现行的统一高考制度,具备了形式上的公平——分数面前人人平等。但在实际录取学生时采取分省定额划线录取的方法,各省市的录取定额并不是按照考生数量平均分布的,而是按计划体制下形成的由教育部计划分配各地教育招生指标,优先照顾城市考生的准则制定的。从总体上说,我国高校招生名额的分配偏重于京津沪及东部发达地区,无论是部属大学还是地方院校大都如此。因此造成了各地录取分数线的极大差异,从而加剧了原本已经存在的城乡之间、地区之间以及各收入阶层间的教育机会不平等,由此也导致了我国高等教育支出在城乡之间、地区之间以及各阶层间归宿失衡的状况。

其次,是高等教育收费制度的不合理。从长远来看,我国高等教育实行收费政策缓解了高等教育发展对于政府财政的压力,能使更多的居民享有受高等教育的机会。但从短期来看,由于我国现行高等教育收费制度存在不合理的地方,一部分居民的高等教育机会难以保障。具体来说,目前我国高校的收费标准偏高,①并且几乎是"一视同仁",即不论学生来自哪里,也不管家庭困难与否,基本上是采用同一标准收费,别的因素几乎都不予以考虑,这就出现了一种对比鲜明的现象:同样的费用,有些家庭十分轻松,生活基本不受影响;而有些家庭则难以承担,"因教致贫"现象在一些地区非常普遍。高校如此收费,对农村居民、不发达地区居民以及低收入阶层居民的学生很不公平,这些学生是在最差的条件下接受基础教育的,他们能在十分困苦的条件下脱颖而出考上大学已经相当不易,而高额学费又变成他们成才的拦路虎,有的地方没有几个学生能真正交得起学费。这种不合理的收费已经严重地挫伤了贫困学生求学的积极性。

最后,贫困学生资助制度的不完善。我国目前的贫困生经济资助的政策体系主要包括"奖、贷、助、补、减"五个方面,此外,还包括设立绿色通道、建立国家奖学金制度、实施西部开发助学工程等。应该说,贫困生资助体系自实施以来取得了一定的成效,给贫困学生带来了新的希望,但仍然存在一些亟待解决的问题。一方面是奖学金的比重过高,由于能获得奖学金者与贫困生不是两个对应度很高的群体,奖学金在资助贫困生问题上所起的作用不大;另一方面是无偿资助的比重过高,这使得资助经费的使用效率低下,每年都需要投入大量的资金,成为国家和学校的一个沉重负担。

既然我国高等教育支出的不公平主要与高等教育招生指标分配与收费制度的不合理以及贫困学生资助制度的不完善有关,那言下之意就是,有关高等教育支出公平性的改革就需要涉及:其一,合理分配各地招生指标。我国高校招生指标的分配偏重少数几个地区,特别是中央部属院校招生名额的分配偏重少数地区,是不公平的。对中央部属高校来说,由于经费直接来源于中央财政,对各地区招生名额的分配应保持大致平衡的比例,特别是位于北京和上海的高校,应根据各地的报考人数将名额逐步向中部人口大省转移。按照比例平等的分配原则,作为全国财政支持的重点大学,应该综合各方面的情况,使各省区招生比例的差异保持在合理的区间范围。此外,对地方高校而言,尽管其招生计划的制定原则上不受教育部的限制,但在原则上划定地方高校对外省招生的比

---

① 据测算,平均每个大学生每年的费用在 1.5 万元左右,4 年大学需要 6 万元左右。2010 年,我国城镇居民家庭人均可支配收入和农村居民家庭人均纯收入分别为 19 109.4 元和 5 919 元,以此计算,供养一个大学生,需要一个城镇居民 3.14 年左右的可支配收入,需要一个农民 10.14 年左右的纯收入,这还没有考虑吃饭、穿衣、医疗、养老等费用。

例不仅有利于招生地域间的相对公平,同时也有利于学校自身教学质量和办学效率的提高。其二,调整高等教育收费政策。高校的收费标准偏高以及几乎是"一视同仁"严重地挫伤了部分学生求学的积极性。因此,现阶段高等教育收费改革应以建立生源属地差额收费制度为改革的方向,根据各地区、城乡人均收入水平划分地区类别,按收入的一定比例确定不同地区的收费标准,使各地学费负担率一致,而负担的绝对额可以有差异,以适合大多数人的承受能力。另外,还应根据学校、专业及学科的不同情况实行一定程度的差额收费,应充分考虑受教育者的预期收益,适当拉开收费差距。同时完善收费管理机制。其三,完善贫困学生资助机制。应降低奖学金占资助资金的比例,增强资助的针对性,资助最需要资助的学生,增大资助的力度。同时,应从以无偿资助为主向有偿资助转变,有偿资助有助于实现资金回收,使更多的人得到资助,从而使资助工作能够持续有效地开展。实行国家助学贷款应是大力提倡的有偿资助方式。

第 10 章

中国医疗卫生支出的公平性分析

10.1 导言

医疗卫生支出亦即卫生财政支出,或"政府预算卫生支出"[1],有广义和狭义之分。其一,关于狭义的医疗卫生支出,它是以税收为基础的支出,来源于政府预算拨款,包括中央政府、省级政府以及其他地方政府的预算卫生支出。在预算科目上,2007年政府收支分类改革后,中国医疗卫生支出具体包括:医疗卫生管理事务支出、公立医院支出、基层医疗卫生机构支出、公共卫生支出、医疗保障支出、中医药支出、食品药品监督管理事务支出和其他医疗卫生支出科目。其二,关于广义的医疗卫生支出,有两种解释:一是包括狭义医疗卫生支出和社会保障卫生支出(即基本医疗保险总支出;WHO口径中,还包括外援卫生支出)。二是包括狭义医疗卫生支出以及政府预算卫生支出单位在医疗卫生支出基础上和国家政府政策支持下形成的资产和收入。为了和本报告其他的章节相区分,本章医疗卫生支出是狭义的,[2]分析医疗卫生支出及以医疗卫生支出为基础指的卫生资源配置、居民健康水平的差异,即医疗卫生支出的直接或间接

---

[1] 本报告如无特别说明,三者含义相同,以采用"医疗卫生支出"为主。
[2] 根据分工,医疗保险基金支出及医疗保险制度等社会保障卫生支出不在本章分析范围内。

结果。

医疗卫生支出关系到一国医疗卫生服务的可及性、质量和国民享受医疗卫生服务的公平性。无论是基于公共卫生、医疗保障的公共品或准公共品属性,还是源于政府肩负维护居民健康权这一基本人权责任的公共管理实践,加大医疗卫生的投入,已成为世界各国政府不可推卸的重任。在我国,近年来,医疗卫生领域的政府投入不断增加,2009—2011年,全国财政对医改投入新增11 342亿元(其中,中央财政新增投入3 659亿元)。财政的投入一方面促进了我国医疗总费用的增加,截至2011年年底,中国卫生总费用占GDP比重达到历史最高水平5.13%,第一次达到WHO倡导的中等收入国家5%的目标要求。另一方面,也调整了医疗卫生支出的支付结构,在2010年的全国卫生总费用中,各级政府预算投入所占比例由十年前的不足16%提升到28.6%,医疗保险等社会筹资从20%提升到35.9%,城乡居民个人支付比例从60%降至35.5%。"看病难,看病贵"现象正在逐步缓解。《"十二五"期间深化医药卫生体制改革规划暨实施方案》(以下简称《规划》)再次提出"到2015年,个人卫生支出占卫生总费用的比例降低到30%"的目标。

现在的问题是,在医疗卫生支出增长的情况下,医疗卫生支出的公平性如何呢?作为公共财政支出的重要组成部分,医疗卫生支出的增长是否实现了社会公平这一重要的公共政策目标?地区、城乡和卫生机构间是否存在由于财政支出而引起的差距和不公平?不公平的程度又如何?这是本章将要研究的内容。

10.2 医疗卫生支出的公平性界定

研究医疗卫生支出公平性,要对其内涵进行界定。WHO(世界卫生组织)和SIDA(瑞典国际发展合作机构)在1996年的倡议书《健康与卫生服务公平性》中明确指出,卫生领域的公平性意味着:生存机会的分配应以需求为导向而不是取决于社会特权或者收入差异。公平性应该是共享社会进步的成果,而不是分摊不可避免的不幸和健康权利的损失。卫生保健和健康公平性就是要求努力降低社会各类人群之间在健康和卫生服务利用上的不公正和不应有的社会差距,力求使每个社会成员均能够达到基本生存标准(世界卫生组织,1996)。也就是说,卫生服务的公平性最终追求健康水平的公平分布。但是,健康水平的公平分布要通过卫生服务资源的分布(配置)、卫生服务利用以及卫生费用筹资三方面才能实现(应晓华,2003。)。所以,从完整性的角度来说,医疗卫生领域的公平性应包含四方面的含义,即卫生服务利用的公平性、卫生筹资的公平性、卫生资源配置的公平性和健康的公平性(周良荣等,2011;侯建平,2006)。

其一,卫生服务利用的公平性。它一般包括卫生服务提供公平性和可及性公平性两方面。卫生服务提供的公平性即按需要提供卫生服务,包括横向公平性和纵向公平性,前者指具有同样卫生服务需求的人可以得到相同的服务,后者是指卫生服务需求多的人应比需求少的人获得更多所需的卫生服务。可及性公平性指真正实现的卫生服务是否按需利用,它将卫生服务系统与服务人群联系在一起。

其二,卫生服务筹资的公平性。它是指根据收入或支付能力来筹集卫生服务经费,也分为横向公平和纵向公平。其中:横向公平是指相同收入水平的人支付相同的卫生费用;纵向公平则强调不同收入水平的人支付不同的卫生费用,即对于同样一项卫生服务,富人要比穷人多支付费用。至于筹资纵向公平的理由,理论界一般以财富的边际效用递减规律为理论基础,以效用的"平等效用贡献"为原则。由于收入的边际效用随收入的增加而减少,就要求收入越高的人筹资水平越高,收入越低的人筹资水平也越低,这样才能保证支付者的效用减少处于相同的水平。

其三,卫生资源配置的公平性。它是指按照需要(或者需求)分配卫生人力资源、物力资源,卫生服务资源的分布和公平性直接影响卫生服务利用的公平性。卫生资源(包括大型设备)分布公平性包括人口分布公平性和地理分布公平性两种。

其四,健康的公平性。它是指不同收入、种族、性别的人群应具有同样或类似的健康水平,各个健康指标如患病率、婴儿死亡率、孕产妇死亡率、期望寿命等在不同人群中应无显著差别,健康状况的分布不应与个人或群体的社会经济属性有关(周良荣等,2011;侯剑平,2006)。

完整的医疗卫生支出的公平性应涵盖卫生领域公平性的四个方面。但是,卫生服务筹资的公平性问题是一个收入问题,对此,我们这里并不加以考察。而对于卫生服务利用的公平性,受数据资料的限制,本章的研究也不做专门的考察。这里所考察的公平性主要是卫生资源配置的公平性及健康公平性两个方面,针对地区间与城乡间医疗卫生支出的公平性,本研究同时涉及两个方面的内容;而对于机构间的公平性,本研究所涉及的主要是财力配置方面的内容。

10.3 地区间医疗卫生支出的公平性分析

10.3.1 地区间卫生财政支出的公平性

我国是一个区域发展严重不均衡的国家,正因如此,区域间均衡发展是中国经济社会可持续发展的任务之一。医疗卫生事业是我国社会事业的重要组成部分,事关人力资本投资的途径之一——健康投资,地区间差异较大也是社会不公平的表现。本部分主要考察我国中东西这三大地区[①]之间医疗卫生支出分布状况及其差异,以便发现和消除医疗卫生支出的地区差别及其不公平性,及时扭转因地区这一社会因素引起获取能力不同的不公平和贫困。

首先,是地区间人口与医疗卫生支出比重的差异。根据2000年国务院西部大开发领导小组关于我国东中西部地区的划分方法,我国东部包括11个省(市/区),中部包括8个省(市/区),西部则包含12个省(市/区)。我国不同地区不仅土地面积大小不同,人口密度差别较大,而且人均医疗卫生支出不同。依据《中国卫生统计年鉴2010》和《中国统计年鉴2010》,分析各地区人口比重与医疗卫生支出比重关系发现(见图10.1),个别省人均医疗卫生支出偏离均值。东部地区的北京与上海这两个直辖市的医疗卫生支出比重明显高于人口比重;辽宁、浙江省的医疗卫生支出比重略高于人口比重;广东、河南、山东[②]三个人口大省人口比重高于医疗卫生支出比重明显。至于其余的各省(市/区),二者之间的差别不大。

其次,是地区间人均卫生事业费的差异问题。卫生事业费是医疗卫生支出的重要组成部分,属于对医疗卫生服务供给方的投入,即国家用于疾病的防治、防疫和监控,保证人民身体健康的经费支出。主要有国有医院、专门医院、疗养院、保健院的经费拨款或补助;各种防治、防疫所(站)、急救中心、红十字会的经费拨款;重大社会卫生活动的经费拨款。2006年我国人均卫生事业费为60元,但在地区结构上:其一,三大地区,尤其是中部地区与东西部地区的人均卫生事业费差距比较明显,中部地区明显要低于中西部地区;其二,在三大地区内部,

---

① 关于东中西的划分,采用2000年国务院的划分方法,东部涉及11个省份,包括:北京、天津、河北、辽宁、上海、江苏、浙江、福建、山东、广东和海南;中部涉及8个省份,包括:山西、吉林、黑龙江、安徽、江西、河南、湖北、湖南;西部涉及12个省份,包括:重庆、四川、贵州、云南、西藏、内蒙古、陕西、甘肃、青海、宁夏、新疆、广西。

② 据2012年《中国卫生统计年鉴》,2009年我国各省市人口数量排名,广东省第一,河南省第二,山东省第三。

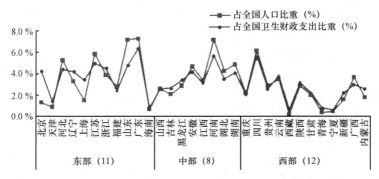

图 10.1 2009 年地区人口、医疗卫生支出及其比重
资料来源：《中国卫生统计年鉴 2010》和《中国统计年鉴 2010》。

对于中部地区的 8 个省份，它们之间的人均事业费差距不明显，但东部地区和西部地区的省市之间则呈现明显的非均等性。至于省际差异，北京、上海和西藏三个省市的人均卫生事业费明显高于其他省市。从全国来看，最高的北京市人均卫生事业费为 294 元，而最低的安徽省人均卫生事业费只有 29 元，两省之间相差整整 10 倍(图 10.2)。①

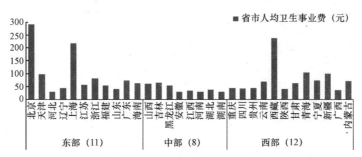

图 10.2 2006 年地区(省市)人均卫生事业费状况
资料来源：《2006 年全国中医药统计摘编》。

10.3.2 地区间卫生资源配置的公平性

卫生资源配置是指政府或市场如何使卫生资源公平且有效率地在不同的

---

① 值得说明的是，北京和上海作为我国南北两大医疗中心，不仅接收本地患者，还承担着外来人口重大疾病治疗的责任。据悉，上海市三级医院有约 50% 的患者来自上海以外的地区。应该说，在不完全属地化医疗服务系统中，区域医疗中心卫生资源配置数量高于其他地区是合理的。至于西藏，该地区人均医疗卫生支出、卫生事业费处于较高水平。可能的原因有：一是基于民族和西部地区的考量，西藏是我国少数民族聚居、经济社会发展较为落后的西部地区，是中央财政重点支持和发展的地区，中央加大财政转移支付而成；二是西藏地区幅员广阔，人口密度小。由此可见，人口不是卫生资源配置的唯一标准，还要结合覆盖面积、行政区划等因素。

领域、地区、部门、项目、人群中分配,以使得卫生资源的社会—经济效益最大化。卫生资源配置一般坚持均衡分布、需求导向和经济社会协调发展的原则。卫生技术人员、床位数配置一般以服务人口为主,医疗卫生机构配置还需结合行政区划或服务面积。地区间卫生资源配置的公平性情况,可以分两个不同的层面来考察。

首先,在全国层面。表10.1所给出的数据表明:其一,从资源类别维度来看,无论是总体差异,还是区域内和区域间差异,也不管是东部、中部还是西部,医院数的泰尔指数最大(泰尔指数及其计算方法,请参阅本章后面的附录),这说明医院的差异度是最大的,医生数次之,床位数配置泰尔指数最小,均等化程度最高。其二,从差异类型的维度看,区域内差异要大于区域间差异,不管是医院数、病床数还是医生数,都是如此。特别地,分析贡献程度可以发现,它们三者区域内的贡献率均达到85%以上,这说明地区的差异主要是区域内的而不是区域间的。

表10.1 2009年卫生资源配置的泰尔指数和贡献率

		医院数 TI	床位数 TI	医生数 TI
指数值	总体差异	0.074020	0.023540	0.038577
	区域间差异	0.010678	0.003187	0.004536
	区域内差异	0.063342	0.020354	0.034042
	东部	0.015014	0.009619	0.013654
	中部	0.029827	0.005210	0.014205
	西部	0.018502	0.005524	0.006183
贡献率	区域间差异	14.43%	13.54%	11.76%
	区域内差异	85.57%	86.46%	88.24%
	东部	20.28%	40.86%	35.39%
	中部	40.30%	22.13%	36.82%
	西部	25.00%	23.47%	16.03%

注:这里的医院是医院、卫生院之和;床位数为医院、卫生院床位数之和;医生数为执业医师、执业助理医师之和。
资料来源:《中国城市统计年鉴2009》。

其次,省际情况。省际卫生资源配置的公平性分析,需要获得地市级的数据。《中国城市统计年鉴》中包含了一般省份地级市医院数、床位数和医生数数据,但没有四个直辖市区县的数据。而海南、西藏、青海与新疆省区所属地市数量少。本研究仅分析其余23个省市卫生资源的配置状况(见表10.2)。对23个省市的省际的差异分析发现:其一,总体差异最大的仍然是医院数;其二,在差异类型上,与总体分析不同,由医院数区内差异小于区间差异,出现了反转,但床位数和医生数的区域内差异仍然大于区域间差异,床位数和医生数贡献率分别高达84.51%和76.35%。其三,从省际看,对于各资源维度,大多数省份卫生资源配置泰尔指数的贡献率在5%以下。但作为人口经济大省,广东省卫生资源配置的非均等性应引起重视和特别关注,因为此类差异相当明显,其床位数和医生数对泰尔指数的贡献率分别高达20.4%和19.96%。同时,作为西南边疆的少数民族省份,云南省医生数的泰尔指数的贡献率达到10.36%,这说明这类资源配置存在一定的非均等性(其他与之类似的还有:河南、安徽两省的床位数配置;辽宁省医院数;四川省床位数和医生数等)。

表10.2 2009年地区、省际卫生资源配置的泰尔指数和贡献率

	项目/省市	医院数		床位数		医生数	
		泰尔指数	贡献率	泰尔指数	贡献率	泰尔指数	贡献率
地区	总体差异	0.132134	100.00%	0.069484	100.00%	0.106992	100.00%
	区间差异	0.073247	55.43%	0.010764	15.49%	0.025302	23.65%
	区内差异	0.058886	44.57%	0.058720	84.51%	0.081690	76.35%
东部(7)	河北	0.000934	0.71%	0.000636	0.92%	0.001111	1.04%
	辽宁	0.011081	**8.39%**	0.001197	1.72%	0.001701	1.59%
	江苏	0.001014	0.77%	0.003248	4.68%	0.004034	3.77%
	浙江	0.001478	1.12%	0.001195	1.72%	0.000724	0.68%
	福建	0.001473	1.11%	0.001291	1.86%	0.002588	2.42%
	山东	0.001877	1.42%	0.002688	3.87%	0.004838	4.52%
	广东	**0.003188**	2.41%	**0.014178**	**20.40%**	**0.021358**	**19.96%**
中部(8)	山西	0.003747	2.84%	0.001056	1.52%	0.001535	1.44%
	吉林	0.001386	1.05%	0.000969	1.39%	0.000481	0.45%
	黑龙江	0.003111	2.35%	0.001273	1.83%	0.001635	1.53%
	安徽	0.004128	3.12%	0.004803	**6.91%**	0.005303	4.96%
	江西	0.002109	1.60%	0.000688	0.99%	0.000645	0.60%
	河南	0.002013	1.52%	0.005750	**8.28%**	0.005344	4.99%
	湖北	0.000557	0.42%	0.003056	4.40%	0.003004	2.81%
	湖南	0.001921	1.45%	0.002527	3.64%	0.002022	1.89%
西部(8)	四川	0.003322	2.51%	0.003878	5.58%	0.005694	5.32%
	贵州	0.000233	0.18%	0.000996	1.43%	0.002228	2.08%
	云南	0.003700	2.80%	0.002576	3.71%	0.011081	**10.36%**
	陕西	0.005028	3.81%	0.000965	1.39%	0.001167	1.09%
	甘肃	0.000864	0.65%	0.001960	2.82%	0.002213	2.07%
	宁夏	0.001537	1.16%	0.000464	0.67%	0.000299	0.28%
	广西	0.001973	1.49%	0.001691	2.43%	0.002358	2.20%
	内蒙古	0.002211	1.67%	0.001635	2.35%	0.000326	0.30%

10.3.3 地区间健康水平的公平性

政府介入医疗卫生服务领域,无非是要实现病有所医、保障居民健康的目的。人均预期寿命与婴儿死亡率是国际上反映国民健康水平的两个常用指标,为此,这里通过这两项指标的地区差异来分析地区间健康公平性。

应该说,从人均预期寿命与婴儿死亡率这两个数据来看,各地区健康水平的差异是客观存在的。一方面,从预期寿命的角度看。预期寿命又称平均期望寿命,指 0 岁时的预期寿命。一般用"岁"表示。数据显示,2000 年地区间人均预期寿命在 65—80 岁之间,上海最高,西藏最低,预期寿命差距为 15 年左右。人均预期寿命与经济社会发展程度相关,东部较高,西部较低(见图 10.3)。另一方面,从婴儿死亡率角度看。婴儿死亡率是指年内一定地区未满 1 岁婴儿死亡人数与同年出生的活产数之比,一般用‰表示。总体来看,如图 10.4 所示,婴儿死亡率从东到西逐步升高。其中,1990 年西藏地区婴儿死亡率最高,云南、青海、新疆、贵州处于前五位。

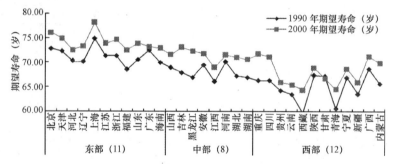

图 10.3　地区间平均期望寿命

资料来源:《中国卫生统计年鉴 2010》。

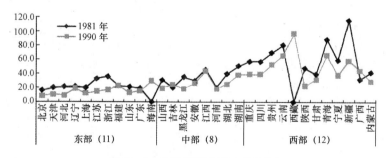

图 10.4　地区间婴儿死亡率(‰)

注:其中,1981 年海南和西藏的数据缺失。

资料来源:《中国卫生统计年鉴 2010》。

从整体上来说,地区健康水平与经济发展水平相关。经济发达的地区,健康水平相对较高,落后地区则相反。对于此类差异,究竟如何评价?显然,单纯考虑结果,即健康水平的差异,是存在局限性的。毕竟,地区间健康水平的差异受到社会经济与地理环境等诸多因素的影响。对于我国这样一个幅员辽阔的国家,地区间存在差异是非常正常的。实际上,要评价地区间健康水平的差异是否公平,其中非常重要的一点在于:差异在多大程度上是政府支出的差异所引致的。当然,此类分析有待于我们能够获得有关政府医疗卫生支出差异引致地区健康水平差异的数据和资料。

10.4 城乡间医疗卫生支出的公平性分析

长期以来,在我国形成了城乡有别的二元经济和社会结构,城乡居民在资源获得和服务获得等方面存在差异,医疗卫生服务领域内也是如此。我国城乡居民在卫生资源分布、医疗卫生服务利用、卫生筹资和健康等方面均存在着城乡差别,也普遍被认为存在着卫生服务公平性问题。

10.4.1 城乡居民人均卫生费用差异

人均卫生费用代表国民用于医疗卫生服务领域内资金的总额。在我国,人均卫生费用不断增长,已由1990年的65.4元,增长到2009年的1094.5元。但是,我国城乡居民人均卫生费用及其增长均存在较大的差别。表10.3表明,1990年我国城市居民人均卫生费用是农村居民人均卫生费用的4.09倍。1993年到2002年期间,城市居民人均卫生费用与农村居民人均卫生费用的比值降到了4倍以下,1997年二者之间的差距最小为3.02倍,经历了反复变动后,2007年城乡居民人均卫生费用的差距最大为4.23倍,2008年有所下降,但城市居民人均卫生费用仍然是农村居民的4.10倍。由此可见,农村居民在卫生方面的投入明显低于城市居民。

表10.3 1990—2008年城乡人均卫生费用发展状况

年份	人均卫生费用(元)	城市人均卫生费用 A (元)	农村人均卫生费用 B (元)	A/B
1990	65.4	158.8	38.8	4.09
1991	77.1	187.6	45.1	4.16
1992	93.6	222.0	54.7	4.06

(续表)

年份	人均卫生费用	城市人均卫生费用 A	农村人均卫生费用 B	A/B
1993	116.3	268.6	67.6	3.97
1994	146.9	332.6	86.3	3.85
1995	177.9	401.3	112.9	3.55
1996	221.4	467.4	150.7	3.10
1997	258.6	537.8	177.9	3.02
1998	294.9	625.9	194.6	3.22
1999	321.8	702.0	203.2	3.45
2000	361.9	813.7	214.7	3.79
2001	393.8	841.2	244.8	3.44
2002	450.7	987.1	259.3	3.81
2003	509.5	1 108.9	274.7	4.04
2004	583.9	1 261.9	301.6	4.18
2005	662.3	1 126.4	315.8	3.57
2006	748.8	1 248.3	361.9	3.45
2007	876.0	1 516.3	358.1	4.23
2008	1 094.5	1 862.3	454.8	4.10

资料来源：《中国卫生统计年鉴2009》。

10.4.2 城乡居民人均卫生保健支出差异

其一，在绝对规模上，各省市城镇居民人均医疗卫生保健支出普遍高于农村居民。从2009年各地区城乡居民人均医疗保健支出水平看（见图10.5），除上海市城乡居民人均医疗保健支出相同以外，其他省市城镇居民人均医疗保健支出普遍高于农村居民医疗保健支出。省市之间城乡差距有所不同，东中西部之间城乡差距不明显。其二，在相对规模方面，从城乡居民人均医疗保健支出占消费性支出的比例看（见图10.6），省市之间城镇居民医疗保健支出比例和

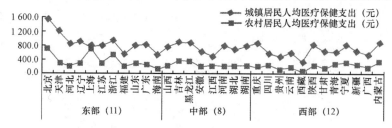

图10.5 2009年城乡居民人均医疗保健支出

资料来源：《中国卫生统计年鉴2010》。

农村居民人均医疗保健支出比例各有高低。其中，西部地区有五个省市农村居民人均医疗保健支出比例高于城镇居民；东部地区有两个省市农村居民人均医疗保健支出比例高于城镇；中部地区只有吉林省农村居民人均医疗保健支出压力大于城镇居民。

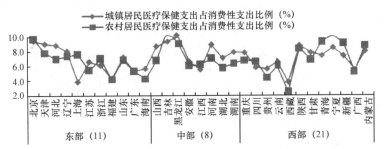

图 10.6 2009 年城乡居民医疗保健支出占消费性支出的比例

资料来源：《中国卫生统计年鉴 2010》。

10.4.3　城乡的患病率差异

患病率是衡量健康状况的指标，我国常用的有两周患病率和慢病患病率。其一，两周患病率是指调查前两周内患病人数（或例数）/调查人数 ×1 000。根据国家第四次卫生服务调查的数据，2008 年调查地区两周患病率城市高于农村，大城市高于小城市，富裕地区农村高于落后地区农村（见表 10.4）。慢性病患病率有两种含义，一是按人数计算的慢性病患病率，是指调查前半年内慢性病患病人数与调查人数之比；二是按例数计算的慢性病患病率，是指调查前半年内慢性病患病例数（含一人多次得病）与调查人数之比。1998 年、2003 年和 2008 年三次国家卫生服务调查数据显示（见表 10.5），慢性病患病数城市比农村多，大城市比小城市多，发达地区比落后地区多。特别地，不管是农村地区，还是城市地区，慢性病患病例数和人数随着时间的推移越来越多。

表 10.4　2008 年调查地区两周患病数与患病率

指标名称	城市				农村				
	小计	大	中	小	小计	一类	二类	三类	四类
调查人数	46 510	17 536	13 259	15 715	130 991	29 695	39 683	42 610	19 003
患病人次数	10 326	5 202	2 474	2 650	23 147	5 600	6 616	8 089	2 842
两周患病率(‰)	222.0	296.6	186.6	168.6	176.7	188.6	166.7	189.8	149.6

资料来源：《中国卫生统计年鉴 2010》。

表 10.5 分城乡分地区重要年份居民慢性病患病数

时间	指标名称	合计	城市				农村				
			小计	大	中	小	小计	一类	二类	三类	四类
1998	按人数	128.2	200.9	236.6	199	161.7	103.6	109.4	95.1	113.7	89.4
	按例数	157.5	273.3	327.7	277.8	207.3	118.4	128.6	106.2	130.3	100.4
2003	按人数	123.3	177.3	207.7	161.8	156.4	104.7	109.7	100.4	107.7	99
	按例数	151.1	239.6	293		220.1	196.2	120.5	127.6	113.6	126.1	111.1
2008	按人数	157.4	205.3	246.7	194.9	167.8	140.4	167.8	129.8	147	105.1
	按例数	199.9	282.8	361.8	258.6	215	170.5	211.2	155.3	179	119.6

注:"慢性病患病"是指:① 调查前半年内经过医生诊断明确有慢性病(包括慢性感染性疾病如结核等和慢性非感染性疾病如冠心病和高血压等);② 半年以前经医生诊断有慢性病,在调查前半年内时有发作,并采取了治疗措施如服药、理疗等。二者有其一者,即认定为患慢性病。

资料来源:《中国卫生统计年鉴 2010》。

这一结果与常见的越落后地区患病率越高相反。患病率城市高于农村、发达地区高于落后地区。健康问题涉及医疗卫生服务以外的诸多因素,既和城乡、地区间医疗保障覆盖程度和保障水平有关,也和城乡、地区间居民收入、受教育程度以及人口结构(老龄化)等因素有关。至于慢性患病率的增加,这可能与需求释放有关。比如,农村居民慢性病患病率的增加,其原因可能与近年国家出台城乡基本医疗保障制度,引起医疗服务需求释放,以及发达地区居民重视预防保健和及时治疗有关。2004 年新农合试行前,农村合作医疗覆盖率极低,农村自费群体比例大,致使农村居民不能确定自己是否患病。据 2003 年第三次国家卫生服务调查,患病群众有 48.9% 应就诊而未就诊,29.6% 应住院而未住院,79.1% 的农村居民没有任何医疗保障。因此,慢性病治疗需求受到约束。新农合试行五年后的 2008 年,参合率达到 91.5%,农村居民医疗卫生服务需求得到释放,慢性病患病数增加在情理之中。

10.5 卫生机构间财政补助的公平性分析

10.5.1 卫生机构财政补助及其差异

在我国,卫生机构指从卫生行政部门取得《医疗机构执业许可证》,或从民政、工商行政、机构编制管理部门取得法人单位登记证书,为社会提供医疗保健、疾病控制、卫生监督服务或从事医学科研和医学在职培训等工作的单位。

卫生机构包括医院、疗养院、社区卫生服务中心(站)、卫生院、门诊部、诊所(卫生所、医务室)、村卫生室、急救中心(站)、采供血机构、妇幼保健院(所、站)、专科疾病防治院(所、站)、疾病预防控制中心、卫生监督监测机构、卫生监督所、医学科研机构、医学在职培训机构与健康教育所(站)等其他卫生机构。我国的医疗卫生机构分为三级,机构间的财政补助收入总量与医疗卫生机构级次呈正向关系,机构级次越高,获得补助的数量越多。但由于机构收入规模不同,获得财政补助的比重与机构级次呈反向关系,即医疗机构层级越低,获得财政补助的比例越高。

我国卫生机构根据经济类型不同,分为国有、集体、私营和其他四种类别。根据主办单位的不同,可以分为政府办、社会办和个人办三种类别。不同类别卫生机构财政补助及其占总收入的比重有所不同。表10.6的相关数据表明,2009年卫生机构财政补助收入占总收入的11.26%,其中,从经济类型看,国家对国有和集体所有卫生机构财政补助的力度较大,分别占其总收入的12.38%和11.89%,对其他和私营卫生机构的财政补助微乎其微,私营卫生机构财政补助收入仅占其总收入的0.47%。从主办单位看,国家对政府办卫生机构的财政补助力度较大,但政府办卫生机构财政补助收入占其总收入的12.92%,个人办卫生机构财政补助收入仅占其总收入的0.45%。从地区看,东部地区卫生机构财政补助收入占其总收入的9.93%,中部地区占11.02%,西部地区最高占15.16%。

表10.6 2009年卫生机构财政补助收入及其比重状况　　(单位:万元)

类别	总收入	财政补助收入	上级补助收入	业务收入/事业收入	财政补助收入总收入比重(%)
总计	118 629 118	13 353 379	1 315 795	103 412 424	11.26%
按经济类型分					
国有	99 781 325	12 356 584	1 055 432	85 985 836	12.38%
集体	7 597 966	903 199	148 018	6 495 813	11.89%
私营	6 523 195	30 820	66 937	6 367 618	0.47%
其他	4 726 631	62 776	45 408	4 563 158	1.33%
按主办单位分					
政府办	97 824 308	12 642 318	609 443	84 193 058	12.92%
内:卫生部门	95 847 288	12 182 147	554 137	82 742 782	12.71%
社会办	13 404 903	677 453	643 641	11 978 222	5.05%
个人办	7 399 906	33 608	62 711	7 241 144	0.45%
按地区分					
东部	66 208 637	6 573 965	584 005	58 780 824	9.93%
中部	28 190 562	3 105 242	395 286	24 559 166	11.02%
西部	24 229 919	3 674 172	336 503	20 072 434	15.16%

资料来源:《中国卫生统计年鉴2010》。

10.5.2 医疗机构财政补助收入占总收入的比重

医疗机构是指依法定程序设立的从事疾病诊断、治疗活动的卫生机构的总称。医院、卫生院是我国医疗机构的主要形式,此外,还有疗养院、门诊部、诊所、卫生所(室)以及急救站等。医院规模较大,依据主办政府级别不同分为一、二、三级,级别越高规模越大,三级医院集中在大城市中。一级医院又称地段医院,或者城市社区卫生服务中心,是城市基层医疗卫生服务机构。卫生院又称乡镇卫生院,乡镇卫生院是县或乡设立的一种卫生行政兼医疗预防工作的综合性机构,与城市一级医院一样,是农村基层医疗卫生服务机构,也是农村三级医疗卫生服务体系的重要环节。

表 10.7 表明,2009 年我国医院财政补助收入占其总收入的 7.72%,卫生院财政补助收入占其总收入的 18.59%。政府财政补助向基层医疗机构和非诊疗性医疗机构倾斜。急救中心财政补助收入的比重最高为 58.6%,其次是专科疾病防治院为 36.25%,疗养院财政补助收入的比重为 33.66%。统计年鉴中,护理站和村卫生室没有获得财政补助收入。上海财经大学 2009 年千村社会调查"农村医疗卫生保障研究"[①]结果显示,全国村卫生室获得任何补助的比例为 25.4%。其中,在所有补助中,各级政府补助比例占 75.5%,村集体补助比例占

表 10.7 2009 年医疗机构财政补助收入占总收入比重状况　　(单位:万元)

医疗机构分类	总收入	财政补助收入	上级补助收入	业务收入	财政补助收入比重(%)
总计	113 099 266.9	10 440 176.7	1 192 767.16	101 326 979.4	9.23
医院	85 951 543	6 631 731	605 070	78 714 743	7.72
疗养院	201 919	67 958	11 614	122 347	33.66
社区卫生服务中心(站)	4 193 903	792 580	119 612	3 281 711	18.90
卫生院	10 339 079	1 921 659	125 106	8 292 314	18.59
门诊部	1 122 983	44 575	23 587	1 054 820	3.97
诊所、医务室、护理站	4 447 603	12	161 848	4 222 981	0.00
村卫生室	2 309 255	0	95 660	2 147 246	0.00
急救中心(站)	137 431	80 537	2 367	44 294	58.60
妇幼保健院(所、站)	3 648 023	652 929	36 255	2 958 839	17.90
专科疾病防治院(所/站)	676 839	245 377	11 532	419 930	36.25
临床检验中心(所、站)	70 690	2 818	117	67 755	3.99

资料来源:《中国卫生统计年鉴 2010》。

[①] 此次调查是 2009 年全校 3 000 多大学生对全国 30 省 748 县 1 451 行政村 14 510 户农民家庭进行的问卷调查和访谈。

20.7%①,可见,一定比例的村卫生室获得了各级政府的补助。综上所述,我国政府对医疗机构的财政补助已开始向基层医疗机构和非诊疗性医疗机构倾斜,政府正在努力提高基本医疗卫生服务的可及性,并注重投向成本效益较好的预防保健项目。

10.5.3 政府办医疗机构财政补助状况

根据主办单位医疗机构分为政府办、社会办和个人办三种类型,政府办在医疗机构中占据主要位置(见表10.8)。在政府办医疗机构中,社区卫生服务中心作为城镇的基层医疗卫生服务机构,获得财政补助收入占总收入比重最高为21.55%。其次是乡镇卫生院,占总收入的18.98%,乡镇卫生院处于农村三级医疗卫生服务网络的核心位置,担负着广大农村基本医疗卫生服务提供者的职能。妇幼保健院财政补助收入占全部收入的14.26%。但是,如果从对医院财政补助占四类医疗机构财政补助的收入比重看,68.55%的财政支出投入到各类医院中,而社区卫生服务中心和乡镇卫生院作为城乡基层医疗卫生服务机构却仅占6.77%和19.71%,妇幼保健院的比例更低,仅为4.96%。医院分布在县及县以上市,城市大医院对弱势群体服务的不可及性,使得对这些医疗机构的财政补贴偏离了公平性目标。越来越多的卫生资源用于购买费用昂贵的城市医院服务,在卫生资源有限的条件下,不可避免地挤占了用于购买成本效益较优的基本公共卫生和基本医疗服务的经费。

表10.8 2009年政府办医疗机构财政补助收入状况

指标名称	医院	社区卫生服务中心	乡镇卫生院	妇幼保健院
机构数(个)	9 526	2 590	36 750	1 732
总收入(万元)	74 569 116	2 903 780	9 597 506	3 216 700
财政补助收入(万元)	6 336 271	625 860	1 821 977	458 801
占四类机构比重(%)	**68.55**	**6.77**	**19.71**	**4.96**
财政补助收入比重(%)	**8.50%**	**21.55%**	**18.98%**	**14.26%**
上级补助收入(万元)	250 206	59 840	115 880	21 763
业务收入(万元)	67 982 639	2 218 079	7 659 648	2 736 137

资料来源:《中国卫生统计年鉴2010》。

---

① 参见李华、俞卫、赵大海,2010:《农村医疗卫生保障研究》,该报告提交教育部,被评为2010年度高校哲学社会科学研究优秀咨询报告,并采纳上报。

10.5.4 不同级别综合医院财政补助收入状况

医院是医疗机构的主体,2009 年我国共有 20 291 所医院,其中 4 806 所为综合医院,占医院总数的 23.69%。这些综合医院从中央到地方共有五级,不同级别的综合医院获得财政补助收入的规模有所不同。平均每所医院获得财政补助收入为 850.2 万元,平均每所医院获得财政补助收入的规模由中央到县属逐级减少。中央属最多为 12 690.7 万元,县属则只有 451.9 万元。这说明综合医院级别越高,获得财政补助的规模越大。级别高的综合医院数量较少,中央属综合医院只有 26 所,省属也只有 219 所。综合医院的级别越低则数量越多,每所综合医院获得财政补助收入的规模也越小。依据就近就便原则,广大民众往往更多地通过基层医疗机构享受到基本医疗卫生服务,或者由低级别医疗机构向高级别医疗机构转移。事实上,大多数基本医疗服务来源于地级市属、县级市属和县属综合医院。而每所中央属综合医院每年获得的财政补助收入是每所县属综合医院和县级市属综合医院的 28 倍和 26 倍(见表 10.9)。

表 10.9 2009 年五级综合医院财政补助收入状况 （单位:万元）

指标名称	合计	中央属	省属	地级市属	县级市属	县属
机构数	4 806	26	219	1 091	1 469	2 001
平均每所医院总收入	11 494.9	143 198.0	57 568.1	18 444.1	6 583.8	4 557.5
财政补助收入	850.2	12 690.7	3 426.0	1 270.7	486.9	451.9
上级补助收入	36.6	414.0	141.2	78.1	16.3	12.5
业务收入	10 608.1	130 093.3	54 000.9	17 095.3	6 080.6	4 093.1

资料来源:《中国卫生统计年鉴 2010》。

10.6 改善医疗卫生支出公平性的政策建议

医疗卫生支出是形成医疗保健社会福利的重要源泉,医疗卫生支出的公平与效率是并重的,医疗卫生支出分配机制不仅是影响居民健康的重要因素,也是促进社会发展的不可或缺的环节。医疗卫生服务及市场的特殊性,决定了政府具有市场不可替代的职能和作用,分析发现,医疗卫生支出在地区、城乡和机构间存在着不同程度的差异和不公平性,需要针对具体问题不断加以改进。基于上面的分析,建议采取以下几项措施。

首先,调整医疗卫生支出、卫生资源配置的地区结构。在地区上,我国中西部地区医疗卫生支出水平普遍低于东部地区,为此,医疗卫生支出不仅要向西部倾斜,而且还要向中部倾斜。东部地区省际差距较大,需要缩小东部地区省际人均医疗卫生支出的差距。调整广东、辽宁等部分省份卫生资源的内部结构,促进省内卫生资源配置公平性。同时,需要提高西部欠发达少数民族地区医疗卫生支出和卫生资源配置水平,改善健康差距。与人口相关的地区医疗卫生支出、卫生资源配置和健康水平差异结果显示,我国西藏、云南、青海、贵州、宁夏等西部少数民族地区卫生资源配置水平和健康水平偏低,影响这些地区居民医疗卫生服务的可及性公平,危害人群健康。应根据人口、居住面积和行政区划等因素,合理规划配置区域卫生资源,提高医疗卫生支出水平,逐步提高该地区居民健康水平。正如已有研究所指出的,不论在哪里,即便是发达国家,我们都能看到显著的健康等级。当处境艰难,甚至威胁生命时,社会占优群体能更加容易适应;即便是生存环境满足了富足和权力,健康等级依然存在(马默特,2008)。正因为如此,政府和社会更应致力于缩小健康差距。

其次,继续增加农村医疗卫生支出,进一步缩小城乡居民人均医疗卫生支出的差距。在地域上,继续增加农村人口的医疗卫生支出,缩小城乡居民间卫生财政投入以及由此形成的卫生资源配置的差距,提高农村地区居民人均卫生资源水平。2003年"非典"爆发以来,各级政府开始重视农村卫生和基层医疗卫生事业的发展,增加农村医疗卫生支出。但城乡居民人均卫生费用、卫生资源配置差异还没有得到根本性改变,城乡差距仍然存在。增加农村医疗卫生支出,有利于缩小城乡卫生资源配置差距,改善城乡居民享受医疗卫生服务的公平性,缩小健康水平差异。

最后,要提高政府对基层医疗卫生服务机构的财政补助力度。基层医疗卫生服务机构的服务对象基本上是收入较低的普通居民,加大对基层医疗卫生服务机构的财政补助,可以提高基本医疗卫生服务的可及性,促进基本医疗卫生服务的均等化。目前,虽然基层医疗卫生服务机构财政补助水平最高,但占其收入的比例仅有20%多,大多数收入还需要基层医疗卫生服务机构在市场中获得。这种局面不利于基层医疗机构提高服务质量,为群众提供安全、有效、方便、价廉的基本医疗卫生服务。提高基本医疗卫生服务机构的财政补助力度,尤其是出台关于基层医疗机构医务人员财政补助政策,吸引更多更高层次的卫生人力资源到基层工作,才能从根本上实现建立我国基本医疗卫生服务制度的根本目标。

附录 10.1　卫生资源配置的泰尔指数及其贡献率计算

泰尔指数是衡量地区间资源配置均等性的指标,不仅可以测定地区间的差异,还可以分析内部与外部因素贡献程度。泰尔指数在 0—1 之间,越接近 0,公平程度越高。

泰尔指数的计算公式如下:

$$TI = \sum_{i=1}^{n} w_i \log(w_i/n_i)$$

w_i = 第 i 组人群卫生资源占卫生资源总数的比例

n_i = 第 i 组人群总人口占全体人口总数的比例

当基本区域单元为省级行政单元时,全国总体差异的泰尔指数可用下式表示:

$$L(p) = \sum_i \sum_j (p_{ij}/P) \log\left[\left(\frac{p_{ij}}{p}\right) \Big/ \left(\frac{Y_{ij}}{Y}\right)\right]$$

其中,P_{ij} 和 Y_{ij} 分别为第 i 区域第 j 省的人口数和医疗卫生资源数。如果定义第 i 区域的省级差异为:

$$L(p_i) = \sum_j (p_{ij}/P_i) \log\left[\left(\frac{p_{ij}}{p_i}\right) \Big/ \left(\frac{Y_{ij}}{Y_i}\right)\right]$$

其中 P_i 和 Y_i 分别为第 i 区域的人口数和医疗卫生资源数。Theill 可被分解为:

$$L(p) = \sum_i \sum_j \left(\frac{P_{ij}}{P}\right) \log\left(\frac{P_{ij}}{P} \Big/ \frac{Y_{ij}}{Y}\right)$$

$$= \sum_i \left(\frac{P_i}{P}\right) L(p_i) + \sum_i \left(\frac{P_i}{P}\right) \log\left(\frac{\frac{P_i}{P}}{\frac{Y_i}{Y}}\right)$$

$$= \sum_i \left(\frac{P_i}{P}\right) L(p_i) + L_{BR} = L_{WR} + L_{BR}$$

上式中,L_{WR} 表示区域内各省之间的差异,L_{BR} 表示区域间差异。通过对泰尔指数进行分解,可计算出各部分差异对总差异的比例,即贡献率,其数值大小反映了该因素对总差异的影响程度。贡献率用下列公式计算:

第 i 区域内各省之间的差异为:

$$D_i = (L(p_i)/L(p)) \times (P_i/P)$$

区域间的差异为:

$$D_L = (L_{WR}/L)$$

第 11 章

中国社会救助支出的公平性分析

11.1 导言

对于社会救助这一概念,美国 1965 年版的《社会工作百科全书》首次给出了解释。在这本书里,社会救助被定义为:"社会保险制度的补充,在个人或家庭生计断绝急需救助时,给予生活上的扶持,是整个社会保障制度的一部分。"而随着社会发展以及研究的深入,国内外的学者也对社会救助这一概念不断予以补充完善。比如,Goodman(1998)将社会救助定义为:以家计调查为基础,以现金或实物为支付形式,通过资格条件审查将给付定位于那些处于低收入阶层或低于类似收入门槛线的个人或家庭的援助。唐钧(2003)指出,社会救助是当公民难以维持最低生活水平时,由国家和社会按照法定的程序和标准向其提供保证最低生活需求的物质援助的社会保障制度。郑功成(2002)认为,社会救助是指国家与社会面向贫困人口组成的社会脆弱群体提供款物接济和辅助的一种生活保障政策。

与社会救助的概念内涵相一致,我国目前的社会救助支出项目主要包括:灾害救助支出、医疗救助支出、生活救助支出(城镇及农村最低生活保障支出、农村定期救济费、其他社会救济支出与五保供养支出)、教育救助支出以及住房救助支出等。特别地,由于社会救助主要在于对生活陷入困境的特定社会成员的生存权提供基本保障,它是社会保障的最后一张安全网,在整个社会保障体系中起着保底的作用。而这张安全网一旦出现破绽,被遗漏的社会群体将陷入极端的贫困中。从这个意义上来说,研究我国社会救助支出的公平性就具有特定的价值和意义。当然,在研究范围上,出于数据的完整性以及连贯性方面的考虑,本章主要选取医疗救助支出与城乡最低生活保障支出这两项内容的公平性来做出分析。

11.2 我国社会救助支出的基本情况

随着市场经济的发展,我国人口的贫富差距问题显得越来越严重。为了帮助贫困人口脱贫,保障贫困人口的基本生活,自1999年开始,中央各相关部门相继出台了大量政策,推动社会救助体系的完善和发展,其内容涉及城乡低保、城乡医疗、教育、住房救助和自然灾害救助等多个层面,对于社会救助的财政支出也不断加大。在地方,多部法律法规(包括地方性法规、规章以及规范性文件)出台的同时,社会救助支出也在逐年增加。经过多年的建设和努力,我国逐步建立起了以城乡生活救助为主体,以医疗救助、教育救助、住房救助与灾害救助为配套的完善的社会救助体系。

以城乡低保为例,截至2010年年底,全国共有城市低保对象1 145.0万户(2 310.5万人)。全年各级财政共支出城市低保资金524.7亿元,其中中央财政补助资金为365.6亿元,占全部支出资金的69.7%。同年,全国有2 528.7万户(5 214.0万人)得到了农村低保。全年共发放农村低保资金445.0亿元,其中中央补助资金269.0亿元,占总支出的60.4%。[1] 而1999年城市低保制度刚建立之时,全年各级财政投入仅为23.7亿元,至2010年年底,财政支出翻了20多倍。[2]

医疗救助方面,截至2010年,全年累计救助城市居民1 921.3万人次,其中民政部门资助参加城镇居民基本医疗保险1 461.2万人次,人均救助水平52.0元;民政部门直接救助城市居民460.1万人次,人均医疗救助水平809.9元。全年用于城市医疗救助的各级财政性资金49.5亿元,比上年增长20.1%,其中民政部门资助城镇居民参加基本医疗保险资金7.6亿元,比上年增长31.0%,

---

[1] 民政部门户网站,《2010年社会服务发展统计报告》。
[2] 民政部门户网站,《1999年民政事业发展统计报告》。

直接救助37.3亿元,比上年增长18.8%。同年累计救助贫困农民5 634.6万人次,其中民政部门资助参加新型农村合作医疗4 615.4万人次,人均资助参合水平30.3元;民政部门直接救助农村居民1 019.2万人次,人均救助水平657.1元。全年用于农村医疗救助的各级财政性资金支出83.5亿元,比上年增长29.2%,其中资助参加新型农村合作医疗资金14.0亿元,比上年增长33.3%,直接救助资金67.0亿元,比上年增长35.6%。①

11.3 医疗救助支出的公平性分析

11.3.1 城乡公平性状况

从全国范围来看,正如表11.1所表明的,近年来农村和城市医疗救助的人数都呈现递增趋势。从2004年到2008年,农村医疗救助平均人数、资助合作医疗人数及大病医疗救助人数等呈现明显的上升趋势。相较这几年的增长率来看,在2006年的时候,增长率达到了最大。农村医疗救助平均人数的增长达到了1.62倍,农村合作医疗救助人数的增长达到了1.74倍,农村大病医疗救助人数的增长达到了1.98倍。城市医疗救助人数也呈现增长趋势。从城市医疗救助平均人数来看,2006年较2005年增加了58.83%,以后年份增长均在1倍以上。特别地,鉴于医疗救助支出所指向的是社会上特别有困难的群体,在支出有限的范围内,可以认为,救助支出人数的提高,意味着社会公平正义的提升。

表11.1 2004—2008年农村和城市医疗救助覆盖状况 (单位:万人)

年份	农村			城市		
	农村医疗救助平均人数	资助参与合作医疗人数	大病医疗救助人数	城市医疗救助平均人数	资助参加医疗保险人数	大病医疗救助人数
2004	373.7	241.0	63.8	—	—	—
2005	572.9	463.6	73.1	114.9	—	—
2006	1 500.2	1 271.2	217.9	182.5	—	—
2007	2 873.6	2 524.7	360.2	419.3	—	—
2008	3 318.8	3 377.8	483.4	878.6	609.9	251.4

资料来源:《中国民政统计年鉴2009》。

一方面,是农村医疗救助人数和城市医疗救助人数的共同提升,另一方面,则是两者提升上的差异。表11.1的数据表明,在绝对数上,农村医疗救助平均

---

① 民政部门户网站,《2010年社会服务发展统计报告》。

人数要明显高于发城市医疗救助平均人数,在 2006 年的时候,农村医疗救助平均人数更是比城市医疗救助平均人数的 8 倍还要多。而在医疗救助支出的覆盖率方面,表 11.2 的数据告诉我们:其一,虽然农村和城市医疗救助支出的覆盖率都在不断扩大,但农村医疗救助覆盖率始终高于城市医疗救助覆盖率;其二,从增长率来看,城市医疗救助支出覆盖率的增长率要明显高于农村医疗救助支出覆盖率的增长率。尤其是在 2008 年的时候,农村医疗救助支出覆盖率的增长率的下降趋势尤为明显,从 2007 年的 94.58% 下降到 2008 年的 16.46%。而城市医疗救助支出覆盖率的增长率一直保持着比较稳定的增长趋势,在 2007 年和 2008 年这两年里,其增长一直保持在 1 倍以上。横向比较的情况在一定程度上说明:相比而言,一方面,农村医疗救济的公平性相对要好,但另一方面,随着时间的推移,城市医疗救助公平性提升的速度更快。

表 11.2　2004—2008 年农村和城市医疗救助覆盖率　　　　（单位:%）

年份	农村医疗救助		城市医疗救助	
	覆盖率	救助支出覆盖率的增长率	覆盖率	救助支出覆盖率的增长率
2004	0.49	—	—	—
2005	0.77	57.14	0.20	—
2006	2.03	164	0.32	60
2007	3.95	94.58	0.71	122
2008	4.60	16.46	1.45	104

注:该表的覆盖率根据平均医疗救助支出的人数占总人数的比重计算。
资料来源:根据《中国民政统计年鉴 2009》的数据计算而得。

除了从人的角度来考察城乡救助的公平性外,我们还可以直接从财政支出的角度来就社会救济的公平性做出分析。从财政对医疗救助的支持状况来看,表 11.3 所给出的数据表明:其一,自 2005 年以来,农村和城市医疗救助的支出都在不断增加。一方面,国家在不断加大对农村医疗救助支出的财政投入。特别在 2006 年和 2007 年里,其增长率超过了 100%。当然,国家财政在关注农村医疗救助支出的同时并没有降低对城市医疗救助支出的投入,城市医疗救助支出的增长率在 2005 年到 2008 年之间,一直保持着较高的水平。其二,虽然农村医疗救助支出同城市医疗救助支出都在增加,但自 2005 年以来,农村医疗救助支出的绝对数始终高于城市医疗救助支出的绝对数,2007 年农村医疗救助支出更是高出城市医疗救助支出 94 个百分点。但从增长率的变化趋势来看,城市医疗救助支出增幅更大。

表 11.3 2005—2008 年农村和城市医疗救助支出及其增长率情况

年份	农村		城市	
	医疗救助支出（万元）	医疗救助支出增长率（%）	医疗救助支出（万元）	医疗救助支出增长率（%）
2005	57 000.0	—	32 000.0	—
2006	114 198.1	100	81 240.9	154
2007	280 508.0	146	144 379.2	77.7
2008	383 000.0	36.5	297 000.0	106

资料来源:《中国卫生统计年鉴 2009》。

还可以进一步从农村人均医疗救助支出与城市人均医疗救助支出的角度进行分析,具体参见表 11.4。由表 11.4 可以看出:其一,从动态发展的情况看,农村人均医疗救助支出大体上是在不断增加的,而城市人均医疗救助支出自 2006 年以来出现持续下降趋势。其二,从横向比较的角度来看,城市人均医疗救助支出明显高于农村人均医疗救助支出,在 2006 年的时候,城市人均医疗救助支出接近农村医疗救助支出的 6 倍。

表 11.4 2005—2008 年农村和城市人均医疗救助支出水平　　（单位:元）

年份	农村人均医疗救助支出	城市人均医疗救助支出
2005	66.71	278.5
2006	75.21	433.98
2007	96.91	326.65
2008	91.37	273.43

资料来源:《中国卫生统计年鉴 2009》。

需要注意的是,由于我国城乡二元结构所造成的差异,实际上,农村与城市的医疗保健消费性支出结构和水平有很大不同。例如,通常农村居民都会去一些小的诊所或村卫生所看病,其花销比较小;而城镇居民通常都会去一些像三甲医院这样的大型医院看病,光是检查费就已经很高,更不要说医药费了。下面对 2005 年到 2008 年期间全国城镇与农村医疗保健消费性支出的人均水平做进一步分析(参见表 11.5)。由表 11.5 可以看出,城镇居民人均医疗消费水平明显高于农村居民人均医疗消费水平。更重要的是,城镇人均医疗救助支出占城镇人均医疗消费水平的百分比要高于农村人均医疗救助支出占农村人均医疗消费水平的比重。也就是说,虽然国家在政策上在宏观上是偏向于农村的,但就医疗救助支出可以补偿人均医疗消费水平的比重来看,国家财政在城市居民医疗消费支出的补贴方面发挥了更大的作用。这说明,在支出方面,城镇医疗救助支出的公平性比农村医疗救助支出的公平性要高。

表 11.5　2005—2008 年人均医疗消费水平的城乡差异

年份	农村居民人均医疗消费水平(元)	城镇居民人均医疗消费水平(元)	农村人均医疗救助支出/农村人均医疗消费水平(%)	城镇人均医疗救助支出/城镇人均医疗消费水平(%)
2005	174.34	600.9	38.26	46.35
2006	191.51	620.54	39.27	69.94
2007	218.67	699.09	44.32	46.73
2008	245.97	786.2	37.15	34.78

注：人均医疗救助支出占人均医疗消费水平的百分比是由表 11.4 中的人均医疗救助支出和表 11.5 中的人均医疗消费水平计算得来。

资料来源：《中国民政统计年鉴 2009》。

11.3.2　区域公平性状况

在区域的公平性方面，从东中西三大区域医疗救助人次及覆盖率的角度来考察，表 11.6 表明：其一，东部无论是城市医疗救助的人数还是农村医疗救助的人数都是最少的，西部最多；其二，从总体上看，西部的医疗救助覆盖率要明显高于东部地区和中部地区。

表 11.6　三大区域医疗救助人次及覆盖率

地区	城市		农村	
	医疗救助人次	医疗救助覆盖率(%)	医疗救助人次	医疗救助覆盖率(%)
东部	1 057 098	0.36	5 573 649	2.44
中部	1 421 293	0.85	10 330 088	4.14
西部	1 941 836	1.47	13 040 646	5.65

资料来源：《中国卫生统计年鉴 2008》。

其次，在财政的支持方面，表 11.7 所给出的数据表明：其一，中部的城市医疗救助支出和农村医疗救助支出在三个地区当中是最高的，西部其次，东部最少；其二，进一步计算可得，东部的城市人均医疗救助支出水平和农村医疗救助支出水平分别为 396 元和 118.4 元；中部地区的城市人均医疗救助支出水平和农村人均医疗救助支出水平分别为 459 元和 105.2 元；而西部的城市人均医疗救助支出和农村医疗救助支出分别只有 192 元和 81.2 元，在三个地区当中都是最低的。其城市人均医疗救助支出占到中部地区城市人均医疗救助支出的 41.8%，仅为东部地区的 48.6%。

表 11.7　三大区域的医疗救助支出及人均支出

地区	城市		农村	
	医疗救助支出	人均医疗救助支出	医疗救助支出	人均医疗救助支出
东部	41 830.8	395.71	65 994.0	118.40
中部	65 240.3	459.02	108 632.5	105.16
西部	37 308.1	192.13	105 881.5	81.19

注：表中的医疗支出数与人均医疗救助支出数的单位分别为万元和元。
资料来源：《中国卫生统计年鉴 2008》。

从上面的分析可以看到,就整体趋势而言,东部省市的农村人均医疗救助支出和城市人均医疗救助支出明显高于中部和西部省市。可以进一步通过各省的数据来进一步分析经济发展水平(用人均生产总值来表示)对于医疗救助差异的影响。另外,我们也考虑政府的干预力量与人口老龄化水平对于救助支出水平可能会存在影响,因此,我们将二者一起纳入到影响因素的分析之中。其中,政府的干预力量,即政府财政对医疗救助支出的支持程度,我们用"政府财政支出占地区生产总值的百分比"来表示;而老龄化程度,就是老年人口(指的是 65 周岁以上的老年人)占总人口的比例。基于上述变量设定,我们建立我国医疗救助支出水平函数的 Panel Data 模型。样本数据为 2005—2008 年,包括全国 31 个省市的地区医疗救助支出水平(YLJZ)、经济发展水平(人均 GDP)、政府力量(ZFLL)和人口老龄化水平(LLH)。数据在时间方向上有 4 个取值点,每个截面有 31 个单元,总样本量为 124 个。经检验,选择混合模型和随机效应模型的整体拟合度较低,所以最后应选择固定效应模型,即

$$YLJZ_{it} = \alpha_{it} + \beta_1 GDP_{it} + \beta_2 ZFLL_{it} + \beta_3 LLH_{it} + \mu_{it}$$

由表 11.8 所估计的结果可以看出,经济发展水平(人均 GDP)、政府力量(政府财政支出占地区 GDP 的百分比)及老龄化水平(65 岁及以上人口占总人口的百分比)这三个估计参数均通过了 t 检验,这说明这三个自变量均会对因变量医疗救助支出水平产生影响。其中,人口结构老龄化程度越高,医疗救助支出水平也会越高。这和现实情况相符,由于老年人体质的原因,其生病的概率要大于中青年人,所以在老年人多的地方、多的时期,医疗救助支出水平也自然会很高。而政府力量,鉴于政府干预经济的能力对医疗救助支出的估计系数也为正,这表明政府干预经济的力量越强大,公共政策落实越到位,医疗救助支出就会越多,人们获得的直接收益也就会越大。至于这里所关注的经济发展水平,估计结果表明,医疗救助支出水平同经济发展水平息息相关,人均生产总值越高的地方、越高的时期,医疗救助支出水平也就越高。

表 11.8　模型估计结果

变量	Coefficient	Std. Error	t-Statistic	Prob.
截距项	-9.602661	1.752824	-5.478394	0.0000
人均 GDP	0.000138	1.55E-05	8.926388	0.0000
政府力量 ZFLL	0.240580	0.034626	6.948026	0.0000
人口老龄化水平 LLH	0.469759	0.187727	2.502358	0.0141

注：① 医疗救助支出水平(YLJZ)为医疗救助支出/地区 GDP，其单位为万分之一。② 经济发展水平(人均 GDP)的单位为元。③ 政府力量(ZFLL)为政府财政决算支出/地区 GDP，其单位为%。④ 人口老龄化水平(LLH)，为 65 岁以及以上人口占总人口比重，其单位为%。

11.4　最低生活保障支出的公平性分析

新中国成立后，社会救助工作逐步规范且体制也不断得到完善，其保障范围、对象和内容主要有救济灾民生活、救济贫困户和五保户救助以及特殊人员生活救助。改革开放以后，特别是随着计划经济体制向市场经济体制的转变，城乡社会救济制度已不适应经济的发展和社会的需要，急需改革。在此背景下，我们就我国最低生活保障支出制度进行改革，无论是城市还是农村，制度的改革促进了社会的公平。但另一方面，在横向比较的角度来说，在城乡之间和不同地区之间，还存在一些差异。

11.4.1　最低生活保障支出公平性的动态演进

首先，是城市居民最低生活保障制度的建立及其公平性的提升。自改革开放以来，尤其是 20 世纪 90 年代以来，我国城市居民最低生活保障制度逐步建立和发展完善，大体涉及四个阶段。

其一，城市居民最低生活保障制度的探索阶段(1993—1995 年)。城市最低生活保障制度是政府对城市贫困人口按最低生活保障标准进行全额或差额救助的新型社会救助制度。早在 20 世纪 80 年代中期，尤其是到了 90 年代，我国经济在举世瞩目的高速发展中，各种问题也接踵而来，如下岗失业问题、物价上涨问题、贫富差距加大等问题，都在从计划向市场转变的过程中显现出来，城市贫困问题也日益突出。在这样的背景下，1993 年 1 月上海市出台了《关于解决本市市区部分老年人生活困难的意见》，这份文件从源头上打破了原来的部门分割、多重标准、多头扯皮的救济制度，从而在建立全市统一的最低生活保障制度上进了一大步。随后,各地政府自发行动,到 1995 年 5 月,厦门、青岛、大连、福州、广州等城市相继建立了最低生活保障制度。当然,在这一阶段,制度的创建和实施基本上是各个地方政府的自发行为。

其二,城市居民最低生活保障制度的推广阶段(1995—1997 年)。1995 年底,全国已有厦门、青岛、福州等 12 个城市建立了最低生活保障制度;而 1997 年 8 月底,全国建立这一制度的城市总数达到 206 个,占到当时全国城市总数的三分之一。这一阶段的制度创新和推行主要是民政部和地方各级民政部门的有组织行为。

其三,城市居民最低生活保障制度的普及阶段(1997—1999 年)。1997 年 8 月,国务院颁发了《国务院关于在各地建立城市居民最低生活保障制度的通知》,通知规定了城市居民最低生活保障制度的保障对象范围、保障标准、保障资金的来源等政策界限,并要求在 1997 年年底以前,全国所有的城市和县政府所在地的城镇都要建立这一制度。之后,在 1999 年 9 月 28 日,国务院颁布了《城市居民最低生活保障条例》并自 1999 年 10 月 1 日起施行。该条例的颁布和实施,标志着我国城市居民的最低生活保障工作正式走上法制化轨道,也标志着这项工作取得了突破性重大进展。

其四,城市居民最低生活保障制度的稳步推进阶段(2000 年至今)。这一阶段的中心任务是"应保尽保",国家在政策和资金方面给予大力支持。2000 年,国务院做出重要决策,从 2001 年到 2003 年,中央财政在低保投入方面要连续翻番。低保资金国家财政支持从 2001 年的 23 亿到 2003 年的 92 亿,低保人数也逐步增加,2000 年、2001 年和 2002 年分别为 403 万、1 170.7 万人和 2 064.7 万人,人数在三年中增加了 4 倍。之后,低保受益人数缓慢增长(见图 11.1)。应该说,鉴于为社会个体提供最低生活保障是财政公平的核心内容,上述效果表明,城市最低生活保障制度的建立和完善极大地提升了社会公平和正义。

图 11.1　2001—2008 年我国农村低保人数与城市低保人数
资料来源:历年《中国民政统计年鉴》。

其次，是农村最低生活保障制度的建立及其公平性的提升。几乎在构建我国城市最低生活保障制度的同时，农村最低生活保障制度也自1994年开始建立。大致可以分为三个阶段（上海财经大学课题组，2007）。

其一，是农村低保试点探索阶段（1994—1996年）。1994年，国务院召开第十次全国民政会议，湖南、河南、广东等省首先开展农村社会保障试点。同时山西省民政厅在阳泉市开展建立农村社会保障制度试点。1995年广西壮族自治区武鸣县颁布了《武鸣县农村最低生活保障线救济暂行办法》，该办法以该县农村户口的孤老、孤残、孤幼或因病因灾等原因而使家庭收入达不到最低生活保障线标准的村民为保障对象。在前期的试点基础上，1996年1月召开的局级全国民政厅局长会议首次明确提出了改革农村社会救济制度、积极探索农村居民最低生活保障的任务。会后，民政部开始在全国部分地方开展农村社会保障体系建设的试点工作，并确定了山东烟台市、河北平泉市、四川彭州市和甘肃永昌县等发达、中等发达和欠发达三种不同类型的农村社会保障体系建设的试点县市。烟台市以政府令形式出台了《农村社会保障暂行规定》，平泉市制定了《农村社会保障制度建设基本方案》，规定了建立农村居民最低生活保障制度的内容。彭州市更是向全市下发了《关于建立农村最低生活保障制度的通知》，并确定彭州市农村最低生活保障标准为每人600元/年，要求各乡镇各部门认真执行。

其二，是农村低保试点推广阶段（1996—2006年）。1996年年底，民政部印发了《关于加强农村社会保障体系建设的意见》，并制定了《农村社会保障体系建设指导方案》，有力推动了这一制度的发展，试点范围扩大到全国256个市县。但受经济条件的制约，农村受助对象增加速度缓慢，且平均补差水平较低。进入21世纪以来，农村低保工作稳步推进，到2001年年底，全国已有2 037个县市区建立了农村最低生活保障，占应建市区总数的81%，已保对象305万人。

其三，是农村低保试点稳步推进阶段（2006年至今）。2006年12月召开的中央农村工作会议和2007年中央1号文件明确提出"在全国范围建立农村最低生活保障制度，各地应根据当地经济发展水平和财力状况确定低保对象范围、标准，鼓励已建立制度的地区完善制度，支持未建立制度的地区建立制度，中央财政对财政困难地区给予适当补助"，这标志着农村低保已基本完成试点探索的过程，进入了全面推进的新阶段。受此推动和影响，正如图11.1所表明的，我国农村获得低保救济的人数有显著增加。

11.4.2 最低生活保障支出公平性的横向差异

从动态的角度来看，无论是在城市还是在农村，我国最低生活保障支出的公平性都在日益加强。但是,鉴于我国特有的城乡二元结构与各地区经济水平参差不齐等情况,最低生活保障支出在城乡之间、地区之间的分布情况是不一样的,呈现出一定的横向差异。

首先,是城乡总体公平性状况。其一,从人数分布可以看出,农村人口所占比重更大。而从城市和农村的受益比(关于受益比的定义,其计算方法如下:先计算城市和农村分别占人口的比重,然后,计算城市和农村低保支出受益人数所占比重,将二者相比,即可以得到城市和农村的受益比)来看,表11.9所给出的数据表明,占人口比重54.32%的农村地区拥有最低生活保障的人数占64.84%,受益比为1.19,而占人口比例45.68%的城市地区仅占了最低生活保障人数的35.16%,受益比仅为0.78。其二,从资金分布来看,城市人口享受到了63.2%的低保资金支出,而农村人口仅享受到了36.8%的低保资金支出,这与我国城市与农村低保线的划定高低有着密切的联系。其三,若从人均享受低保资金金额占人均年收入的比例来看,城市与农村人口计算得到的比例均为11%左右,二者几乎相等。

表11.9 2008年中国最低生活保障支出公平性的城乡分布情况

地区	人口比例(%)	低保人数比重(%)	低保人数(万人)	低保总金额(万元)	平均低保金额(元)	年收入(元)	受益比
城市	45.68	35.16	2 334.8	3 934 111.3	1 704	15 781	0.78
农村	54.32	64.84	4 305.5	2 287 233.3	546	4 761	1.19

注:城市年收入为《中国民政统计年鉴》中城市居民人均可支配收入,农村年收入为《中国民政统计年鉴》中农民人均纯收入。

资料来源:《中国民政统计年鉴2008》。

其次,是区域间公平性比较。根据国家统计局对东、中、西部的划分,各省农村、城市低保人数如表11.10所示。可以看出:其一,从受益人数的绝对值分析,西部农村低保覆盖人数最多,为21 178 967人,在绝对人数上,西部受益人数是中部的约1.7倍,东部的2.3倍,可能原因是西部农村人口多,且贫困比例高。在城市低保人数覆盖上,中部覆盖人数最多,为10 019 144人,是西部的1.2倍,东部的2.1倍。其二,如果进一步计算受益比的话,表11.11所给出的数据表明,低保人数在东中西三区域的受益比分别为0.53、1.07和1.60,低保人数归宿更多地落在了西部地区,其次是中部,最后是东部。东部11省除了辽宁省的低保人数受益比大于1,其他10省都小于1,尤其是北京、浙江地区受益比均小于0.3。西部12省中除了广西壮族自治区受益比为0.97,其他11省均大于1，尤其是青海和甘肃两省，受益比分别为2.01和3.10，均超过2。①

表 11.10　2008 年中国各省最低生活保障支出受益人数　　（单位：人）

地区		农村低保	城市低保	地区		农村低保	城市低保
东部地区	北京	78 789	145 075		河南	2 681 774	1 462 723
	天津	52 257	156 305		湖南	2 546 982	1 450 606
	河北	1 715 248	935 119		湖北	1 491 524	1 438 490
	辽宁	897 898	1 374 248		合计	12 797 810	10 019 144
	上海	116 859	340 797	西部地区	重庆	780 002	787 803
	江苏	1 290 119	460 377		四川	3 480 471	1 857 374
	浙江	561 121	92 781		贵州	3 233 344	545 234
	福建	684 989	195 706		云南	3 079 465	858 337
	山东	1 875 505	609 114		西藏	230 000	37 106
	广东	1 606 134	396 669		陕西	2 276 626	844 645
	海南	199 103	177 915		甘肃	3 235 036	898 995
	合计	9 078 022	4 884 106		宁夏	274 628	207 539
中部地区	山西	1 023 161	919 002		青海	345 000	220 153
	吉林	756 785	1 278 926		新疆	1 299 001	763 466
	黑龙江	934 808	1 525 208		内蒙古	1 138 709	850 639
	安徽	1 862 710	993 548		广西	1 806 685	573 323
	江西	1 500 066	950 641		合计	21 178 967	8 444 614

资料来源：《中国民政统计年鉴 2009》。

表 11.11　2008 年最低生活保障支出公平性的省际分布情况　　（单位：%）

地区	省份	人口比重			低保人数比重			受益比		
		农村	城市	全国	农村	城市	全国	农村	城市	全国
东部地区	北京	0.004	0.023	0.013	0.002	0.006	0.00	0.50	0.27	0.26
	天津	0.004	0.015	0.009	0.001	0.007	0.00	0.31	0.45	0.35
	河北	0.059	0.048	0.053	0.040	0.040	0.04	0.68	0.84	0.75
	辽宁	0.025	0.042	0.033	0.021	0.059	0.03	0.84	1.40	1.04
	上海	0.003	0.027	0.014	0.003	0.015	0.01	0.88	0.54	0.48
	江苏	0.051	0.068	0.059	0.030	0.020	0.03	0.59	0.29	0.45
	浙江	0.031	0.048	0.039	0.013	0.004	0.01	0.42	0.08	0.25
	福建	0.026	0.029	0.028	0.016	0.008	0.01	0.61	0.29	0.48

---

① 同时，由表 11.11 可以看出，在区域之间：东部受益最偏向于农村，西部地区、中部地区恰好相反，偏向于城市，但城乡间差异不太明显。在东部 11 省中，农村地区受益比几乎全大于 1（辽宁省为 0.99），而广东、浙江和北京三省市农村受益比均超过 2，城乡间归宿差异较大。而西部各省中，虽然 12 个省份农村受益比均大于 1，但是最大的也只为 1.26，归宿差异明显小于东部各省城乡间的差异。

(续表)

地区	省份	人口比重			低保人数比重			受益比		
		农村	城市	全国	农村	城市	全国	农村	城市	全国
东部地区	山东	0.071	0.073	0.072	0.044	0.026	0.04	0.61	0.36	0.52
	广东	0.050	0.098	0.073	0.037	0.017	0.03	0.74	0.17	0.41
	海南	0.006	0.007	0.007	0.005	0.008	0.01	0.72	1.14	0.87
	东部整体	0.33	0.48	0.40	0.21	0.21	0.21	0.64	0.44	0.53
中部地区	山西	0.027	0.025	0.026	0.024	0.039	0.03	0.88	1.57	1.12
	吉林	0.018	0.024	0.021	0.018	0.055	0.03	0.95	2.31	1.47
	黑龙江	0.025	0.034	0.029	0.022	0.065	0.04	0.88	1.90	1.27
	安徽	0.053	0.040	0.047	0.043	0.043	0.04	0.82	1.05	0.92
	江西	0.037	0.030	0.034	0.035	0.041	0.04	0.94	1.38	1.10
	河南	0.087	0.055	0.072	0.062	0.063	0.06	0.72	1.13	0.87
	湖北	0.045	0.042	0.044	0.035	0.062	0.04	0.77	1.47	1.01
	湖南	0.053	0.044	0.049	0.059	0.062	0.06	1.11	1.42	1.23
	中部整体	0.35	0.29	0.32	0.30	0.43	0.34	0.86	1.46	1.07
西部地区	重庆	0.020	0.023	0.022	0.018	0.034	0.02	0.88	1.46	1.09
	四川	0.073	0.050	0.062	0.081	0.080	0.08	1.10	1.61	1.29
	贵州	0.039	0.018	0.029	0.075	0.023	0.06	1.94	1.30	1.96
	云南	0.044	0.024	0.035	0.072	0.037	0.06	1.63	1.51	1.71
	西藏	0.003	0.001	0.002	0.005	0.002	0.00	1.67	1.50	1.83
	陕西	0.031	0.026	0.029	0.053	0.036	0.05	1.68	1.40	1.63
	甘肃	0.026	0.014	0.020	0.075	0.039	0.06	2.92	2.80	3.10
	宁夏	0.005	0.005	0.005	0.006	0.009	0.01	1.30	1.97	1.54
	青海	0.005	0.004	0.004	0.008	0.009	0.01	1.70	2.55	2.01
	新疆	0.019	0.014	0.016	0.030	0.033	0.03	1.63	2.38	1.91
	内蒙古	0.017	0.020	0.018	0.026	0.036	0.03	1.57	1.79	1.62
	广西	0.043	0.030	0.037	0.042	0.025	0.04	0.98	0.82	0.97
	西部整体	0.32	0.23	0.28	0.49	0.36	0.45	1.51	1.59	1.60

资料来源:《中国民政统计年鉴2008》、《中国统计年鉴2008》。

此外,根据2008年各省人均GDP的排名将31个省份重新划分,其中最高20%的地区包括上海、北京、天津、浙江、江苏、广东;较高20%的地区包括山东、内蒙古、辽宁、福建、吉林、河北;中间20%的地区包括黑龙江、山西、新疆、湖北、河南、陕西、重庆;较低20%的地区包括宁夏、湖南、青海、海南、四川、广西;最低20%的地区包括江西、安徽、西藏、云南、甘肃、贵州。在此基础上,可以对低保人数分布及受益比进行进一步分析。从图11.2可以看到,各地区农村低保人数都大于城市低保人数,且收入最低20%的区域差距最大。通过分析受益比,从表 11.12 中可以很明显地看出,收入越低的地区受益比越大,从收入最高地区到收入最低地区的受益比分别为 0.39、0.82、1.15、1.21、1.58,低保人数更多地归宿到了低收入地区上。同样的,通过计算各地区城乡间的受益比,可以看到随着收入的逐渐降低,低保支出范围的农村受益比越来越大,从最高地区的 0.42 增加到最低地区的 1.83,这种向低收入地区农村倾斜的低保政策,是比较公平的,而收入最低地区的农村贫困人口比例更高,因此受益比也应该更大。低保支出范围在城市间的受益比就呈现出倒 U 形结构,也就是中部地区城市受益比最大,而两边均最小。特别地,从变化的情况来看,图 11.3 所给出的曲线表明:城市的低保支出受益比在 2003 年之后一直保持下降的趋势,而农村的低保支出受益比在 2001—2003 年间处于下降的趋势,但从 2004 年之后开始上升,并在 2005 年上升幅度加大,于 2007 年受益比首次大于 1。可见政府越来越重视农村的贫困问题,对农村低保支出的强度越来越大。

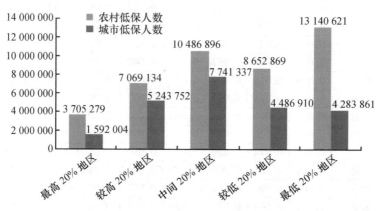

图 11.2　2008 年最低生活保障支出的区域收入分布情况

资料来源:通过《中国民政统计年鉴 2008》整理得到。

表 11.12　2008 年最低生活保障支出公平性的收入分布情况　　（单位:%）

	人口比重			低保人数比重			受益比		
	农村	城市	全国	农村	城市	全国	农村	城市	全国
最高 20% 地区	0.21	0.14	0.21	0.09	0.07	0.08	0.42	0.48	0.39
较高 20% 地区	0.23	0.22	0.23	0.16	0.22	0.19	0.73	1.04	0.82
中间 20% 地区	0.24	0.25	0.24	0.24	0.33	0.27	1.02	1.30	1.15
较低 20% 地区	0.16	0.19	0.16	0.20	0.19	0.20	1.23	1.04	1.21
最低 20% 地区	0.17	0.20	0.17	0.31	0.18	0.26	1.83	0.91	1.58

资料来源:《中国民政统计年鉴》、《中国统计年鉴》。

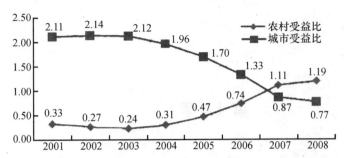

图 11.3 最低生活保障支出在城乡间受益比的变化情况

资料来源:根据历年《中国民政统计年鉴》及《中国统计年鉴》计算得到。

第 12 章

中国行政支出的公平性分析

12.1 导言

行政支出是国家各权力机关——行政机关、司法机关和外事机构等——为履行其职能而需要的费用(唐虎梅,2002;谢夜香、陈芳,2008)。自1978年改革开放以来,我国的行政支出经历了一个快速的扩张过程。从1978年的52.9亿元增加至2006年的7571.1亿元,年均增长19.4%,远高于同期GDP和公共总支出的平均增速(分别为15.7%和13.7%)。受绝对规模扩张的影响,我国行政支出的相对规模亦呈现出明显的扩大趋势。一方面,关于行政支出规模占GDP的比重,图12.1所给出的变化曲线表明,同我国总公共支出占GDP的比例所呈现出的"准U形"发展轨迹不同,自1978年以来,我国行政支出占GDP的比重整体上是不断扩大的,从改革开放初期的1.5%扩大至2006年的3.5%。另一方面,关于行政支出占总公共支出的比重,图12.2所给出的各大类支出占总支出比重的变化图表明,与经济建设支出比重日益缩小、国防支出比重缓慢下降以及社科文教支出比重所呈现出的缓慢的、波动式增长不同,我国行政支出的比重基本上是逐渐扩大的,从改革开放初期的4.7%扩大至2006年的18.7%。

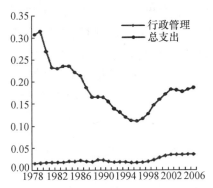

图 12.1　总支出、行政支出占 GDP 的比重

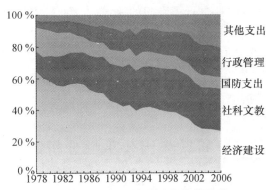

图 12.2　公共支出的结构及其演变

种种迹象表明,随着行政支出规模的不断扩张,有关行政支出的公平性问题日益为社会所关注。因为,作为公共支出的类型之一,与其他的支出类型一样,在伦理规范层面,行政支出利益所导向的应该是社会公众方面的,即它所引致的应该是公众的利益。但在人们的直观感觉中,行政支出及其发展往往对应着政府公职人员特殊利益的增进,比如,在我国广为诟病的"三公"消费给公职人员所带来的特殊利益部分。既然如此,作为同时担负着保障国家党政机关正常运转的"公共"需要和国家工作人员"私人"需要的支出类型(张爱莉、兰蓉,2002),我国行政支出的公平性状况究竟如何呢？它所对应的利益分配,是否真的存在公平性方面的偏离呢？如果上述问题的答案是肯定的,那利益分配偏离的状况——程度及趋势——又怎样？而在就支出公平性状况进行解释的"现象学内核"方面,引致我国行政支出利益分配不公的原因又是什么？这对于化解行政支出利益分配的非公平性问题又有何规范性含义？

应该说,在理论上,鉴于问题本身的性质,同时,也是鉴于我国行政支出规模巨大方面的原因,就行政支出公平性状况进行分析并给出适当的解释,具有其特定的价值和意义。首先,在实证表述方面,问题的研究有助于增进我们对于行政支出公平性的了解。其次,在规范层面,基于支出利益公平性的扭曲程度及其原因,可以就我国行政支出的公平性进行调整和规范,以化解因利益归宿结构扭曲而引致的各种矛盾和冲突。也正因为如此,作为我国公共支出公平性分析的一部分,本章拟从支出利益偏离的角度来就我国行政支出的公平性做出分析。特别地,在分析之前,有关公众内部利益分配的公平性问题值得特别强调。因为,从理论上来说,行政支出的公平,除了社会公众和公职人员间利益分配的公平性问题之外,还涉及社会公众不同个体乃至集团之间利益分配的不公平性问题,实际上,也正因为如此,已有的诸多文献曾从社会公众利益分配的角度对此进行了专门的探讨。① 但是,本章并不对此给出专门的分析,主要原因在于,由于行政支出是公共产品性质的支出,其利益具有普遍性,是布坎南(2000)"普适性原则"②意义上的支出,支出所对应的利益分配在其自然形态上就满足公平的分配规范,就公众间利益分配的公平性进行研究并没有什么实质性的意义。

12.2 行政支出公平性分析的理论框架

在理论上,对于特定的行政支出(令其规模为 x),其公平性状况依赖于支出利益归宿于社会公众的普遍利益与归宿于政府公职人员的特殊利益的规模(分别令它们为 π^p 和 π^g)及比例。因此,有关行政支出的公平性分析,可以基于两种利益的规模及其比例来进行。特别地,其一,既然两种利益分别代表了两类利益主体的应得部分和不应得部分,我们可以直接基于 π^p 和 π^g 的大小来就支出的公平性做出伦理评价,而不需要如 Ruggeri(2009)所总结的有关一般的支出利益归宿研究那样,将归宿的结果同事前的收入分配状况联系在一起,通过基尼系数指标的构建与洛仑兹曲线的应用来就结果的公平性进行评价。其二,考虑到 π^p 和 π^g 是绝对值,为比较起见,我们可以定义反映公职人员获益大小的相对指标 s^g,令 s^g 等于 π^g/x;s^g 越大,说明行政支出的利益归宿结构越不公平。但不管怎么样,由于绝对指标和相对指标都依赖于行政支出利益归宿的具体规模,有关行政支出公平性问题的研究首先需要确定行政支出归宿于社会公众与公职人员的利益规模究竟分别是多少。

---

① 已有文献曾在公共产品支出(或普遍利益支出)范围内隐含地研究过行政支出利益在社会公众间的利益归宿状况及其所对应的公平问题。包括:其一,以人口统计学为基础,将支出平均地分配给社会成员或不同规模的家庭的研究(Tucker,1953);其二,如斯密在《国富论》中主张"按照各自在国家保护下所享有的收入成比例来缴纳税收"那样,Adler 等与 Bird 的研究认为人们从公共产品支出中的获益与个体的收入或者财富成比例,并进而根据个体收入(资本收入、要素收入、现金收入和可支配收入)与资产规模等比例来分配支出利益;其三,Bhatia 就上述两种方法进行组合,将其中 50% 的支出按照人均基础来分配,剩下的 50% 的支出则按收入等比例分配等等(Wulf,1975);其四,与上述基于客观标准来分配支出利益不同,Aaron 和 McGuire(1970)及其支持者 Maital(1973)则将支出利益分配与内生和外生的效用函数相联系,主张基于边际效用评价法与意愿支付法之类的主观尺度来分配支出利益,认为个体从公共支出中的获益量等于公共品的数量与个体有关收入和公共品的边际替代率的乘积。

② 为了限制多数决策规则所蕴含的多数歧视或暴政之类的厚此薄彼的问题,布坎南(2000)提出了限定公共决策范围的"普适性原则"。该原则涉及税收和支出两个方面:其一,税收应该基于传统的能力原则而采用无任何免征与扣除的比例税或统一税;其二,对于支出,其范围应该限定在公共产品方面,如果有私人产品性质的支出(包括直接的现金转移),其形式应该按人头分配。

关于行政支出归宿于公职人员的利益规模问题。众所周知,行政支出有多种类型,从大类的角度来说,它包括:其一,由劳务报酬、津贴补贴与福利待遇等组成的人员经费;其二,用于日常办公、业务活动开展的公用经费;其三,为完成特定的工作任务或事业发展目标而进行的专项经费。但是,不管支出的类型如何,在运行方式上,行政支出都会以货币的形式从社会公众流向公职人员:人员经费如此,公用经费也是如此,专项经费同样是如此。既然如此,那是否意味着行政支出归宿于公职人员的特殊利益就是他们所获得的相关行政经费的总和呢?关于这一问题,在已有的支出归宿研究中,正如Wulf(1975)所总结的,有研究就是基于货币流向的"现金流"方法("money flow" approach)来就支出的归宿进行研究的。其中,关于"现金流"方法,它所侧重的是政府支出直接支付的获益者(Snodgrass称之为"间接受益者")而不考虑公共支出最终的获益。例如,认为学校教师是教育支出的接受者。遵循这一逻辑,我们似乎可以认为归宿于公职人员的特殊利益规模就是行政支出的总规模。

应该说,如果行政支出是针对公职人员的、无条件的馈赠,我们完全可以将直接税归宿的一般原理"逆向"地应用到支出归宿的分析上来:行政支出归宿于公职人员的特殊利益就是行政支出的总规模。但问题是,不管是人员经费、公用经费还是专项经费,公职人员获得和使用此类公共资金往往是以一般公共服务的提供为条件的,而非转移支付意义上的无偿的馈赠。此时,基于"现金流"方法来确定行政支出的利益归宿就存在问题:按此逻辑,行政支出的利益将全部以特殊利益的形式归宿于作为现金获得者的公职人员。但实际上,既然公职人员获得相关的经费是有条件的,行政支出是社会公众为获得公共服务而向公职人员所进行的"支付",按照市场交换的一般原理,行政支出归宿于公职人员的特殊利益只能是公职人员实际所得超出其应得的部分(令应得部分为x^*),而不是支出的全部,即π^g在数学上等于$x-x^*$,而不是x。相应地,归宿于社会普通公众的普遍利益π^p就是x^*(普遍利益规模的更详细的分析可参见附录12.1)当然,在某些特殊的情况下,基于特定的理论算法所得到的合理支付可能超过实际支付,即出现$x \leq x^*$的情况。显然,对于此类情形下的现实支出x,在理论上可以认为支出利益全部归宿于社会公众,即归宿于政府公职人员的特殊利益π^g与归宿于社会公众的普遍利益π^p分别为零和x。

在理论上,行政支出归宿于公职人员的特殊利益规模是由x和x^*这两个变量决定的。其中,关于x,它就是总的行政支出,是历史给定的,是明确的。对于我们国家来说,确定x的关键是其口径。由于预算制度的不规范,我国行政支出的口径比较复杂:一方面,除了预算内的行政开支之外,我们国家还有预算外的行政支出以及通过强制摊派等方式施加给企业和个人的隐性费用。另一方面,就预算内支出来说,由于政治制度的差异,我国行政支出的统计口径有两种:第一口径的行政支出包括行政开支、公检法、武警、外事外交等四大类;第二口径的行政支出则由党、政、人大、民主党派以及工、青、妇女等社团组织的行政开支组成(杨宇立,2009)。就这两方面的问题而言,由于隐性支出的数据无法获得,而预算外的数据也不完整且口径有变化和调整,这里所涉及的支出都是预算内的。而就预算内的支出来说,由于第一口径的开支与国际通行的统计口径比较接近,本研究采用此口径的行政收支来测算支出的利益归宿,即 x 为第一口径的预算内支出部分。

与行政支出规模变量不同,决定特殊利益规模的第二个变量——合理支付 x^* ——则不是给定的,因为,历史的经验并未告知我们为公共服务所进行的"支付"在何种意义上是合理的。在此情况下,要确定特殊利益的理论规模,首先必须要确定合理支付 x^*。特别地,鉴于行政支出其实是社会为获得公共服务而向公职人员所支付的代价和成本,可以认为:从社会的角度来说,合理支付问题其实是一个有关合理成本确定的问题。至于行政支出成本在何种意义上是合理的,鉴于成本效益原则在经济学理论体系中所具有的支配性地位,我们可以认为:合理支付水平应该是使得支出的边际收益与边际成本相等时的支出水平。其中,关于支出的边际收益,遵循 Barro 以来的内生经济增长理论传统,可将其定义为行政支出对于社会产出的边际贡献。至于支出的边际成本,由于1元公共支出的成本就是1元(Barro,1990;Karras,1996,1997),行政支出的边际成本始终为1。① 因此,若令包含行政支出变量的社会产出函数为 $f(x)$,行政支出的合理水平,同时,它也是合理的"支付"水平 x^*,就是满足"Barro 法则"(也称为"自然效率"条件)——行政支出的边际产出等于1——的支出规模水平(关于社会产出函数的技术估计,请参见附录12.2)。

12.3 我国行政支出公平性的整体状况

从整体来说,改革开放以来,我国行政支出的公平性状况并不尽如人意。

---

① 由于支出来自于税收,而税收往往会引致超额负担,有人可能会认为,单位支出的边际成本并不等于1,而是大于1。或许就是出于此等考虑,马树才与孙长清(2005)在利用"Barro 法则"求解最优公共支出规模时就以不存在扭曲性税收为假设前提。应该说,如果所设定的产出函数结构本身未能蕴含扭曲效应,上述观点无疑是有其合理性的。但就这里的研究来说,由于税收的扭曲效应已经囊括在后面所设定的社会产出函数的结构中,令单位支出的成本等于1并没有什么问题。

对于所考察的 29 年的行政支出,表 12.1 给出了基于上述理论而得到的 x^*、π^p、π^g 及 s^g。基于表 12.1 所给出的数据可以得知:在 1978—2006 年间,对于全部的行政支出(按 1978 年价格计算的总规模约为 13 428.3 亿元),模型 I 所估计的归宿于社会公众的普遍利益与归宿于政府公职人员的特殊利益分别为 8 138.0 亿元和 5 290.3 亿元,而模型 II 所估计的结果则分别为 8 117.4 亿元和 5 310.9 亿元。两模型估计的结果意味着,从整体上看,对于所有的行政支出,其中大约有 60% 的份额通过一般公共服务的提供、以普遍利益的形式归宿于社会普通公众,而其余的 40% 则以特殊利益的形式归宿于政府公职人员。这意味着,从整体上来看,这 29 年间我国行政支利益归宿结构的不公平性——扭曲程度——是比较严重的。

表 12.1　对我国行政支出利益归宿结果的估计

年份	x	模型 I				模型 II				平均
		x^*	π^p	π^g	s^g	x^*	π^p	π^g	s^g	s^g
1978	52.90	71.02	52.90	0.00	0.000	82.27	52.90	0.00	0.000	0.000
1979	60.89	73.83	60.89	0.00	0.000	85.70	60.89	0.00	0.000	0.000
1980	70.26	82.28	70.26	0.00	0.000	93.18	70.26	0.00	0.000	0.000
1981	75.18	83.01	75.18	0.00	0.000	93.50	75.18	0.00	0.000	0.000
1982	82.81	90.17	82.81	0.00	0.000	100.82	82.81	0.00	0.000	0.000
1983	93.04	98.95	93.04	0.00	0.000	109.91	93.04	0.00	0.000	0.000
1984	120.19	111.95	111.95	8.24	0.069	123.13	120.19	0.00	0.000	0.035
1985	133.41	131.85	131.85	1.56	0.012	142.54	133.41	0.00	0.000	0.006
1986	163.95	140.28	140.28	23.67	0.144	150.84	150.84	13.11	0.080	0.112
1987	161.63	145.91	145.91	15.72	0.097	156.34	156.34	5.28	0.033	0.065
1988	171.58	157.29	157.29	14.29	0.083	167.26	167.26	4.32	0.025	0.054
1989	224.80	161.91	161.91	62.89	0.280	171.73	171.73	53.07	0.236	0.258
1990	228.04	175.07	175.07	52.97	0.232	184.13	184.13	43.91	0.193	0.213
1991	213.12	185.69	185.69	27.43	0.129	194.47	194.47	18.66	0.088	0.109
1992	220.47	201.93	201.93	18.54	0.084	210.11	210.11	10.36	0.047	0.066
1993	262.00	233.41	233.41	28.59	0.109	240.17	240.17	21.82	0.083	0.096
1994	290.29	243.26	243.26	47.03	0.162	249.69	249.69	40.60	0.140	0.151
1995	300.14	284.10	284.10	16.04	0.053	287.47	287.47	12.67	0.042	0.048
1996	335.44	302.99	302.99	32.45	0.097	305.39	305.39	30.05	0.090	0.094
1997	378.77	325.72	325.72	53.05	0.140	326.90	326.90	51.87	0.137	0.139
1998	450.06	355.03	355.03	95.03	0.211	354.64	354.64	95.42	0.212	0.212
1999	575.67	393.97	393.97	181.70	0.316	391.53	391.53	184.14	0.320	0.318
2000	772.85	422.33	422.33	350.52	0.454	418.47	418.47	354.38	0.459	0.457

(续表)

年份	x	模型 I				模型 II				平均
		x^*	π^p	π^g	s^g	x^*	π^p	π^g	s^g	s^g
2001	960.96	467.36	467.36	493.60	0.514	460.72	460.72	500.24	0.521	0.518
2002	1115.42	521.44	521.44	593.98	0.533	511.35	511.35	604.07	0.542	0.538
2003	1243.68	587.51	587.51	656.17	0.528	571.86	571.86	671.82	0.540	0.534
2004	1369.02	644.61	644.61	724.41	0.529	624.04	624.04	744.98	0.544	0.537
2005	1555.83	713.77	713.77	842.06	0.541	688.05	688.05	867.78	0.558	0.550
2006	1745.95	795.56	795.56	950.39	0.544	763.60	763.60	982.35	0.563	0.554

注：表中的数据均按可比价格计算得到（以1978年的价格为基数100）。

我国行政支出的利益归宿结构之所以会呈现如此的公平性状况，直观上，这无疑可以从单位"价格"的角度——支出超标——来进行解释。毕竟，在我国，行政支出超标是比较普遍和严重的。其中包括：其一，人员经费的超标。由于副职多，而且副职中有带括号、享受正职待遇的虚职，职务扩张使支付标准——工资、公车配备及与此相关的燃油、高速公路过路费以及专职秘书和司机用于电话、手机等通信工具的开支——随之提高（朱文兴、朱咏涛，2004）。其二，公用经费的超标。如超标准建设办公楼以及在办公楼前占用耕地搞大广场、豪华装修办公楼、超标准住房以及公务招待超标。例如，就招待费用来说，在我国，尽管国家相关政策文件对业务招待费有明确规定：地方与中央各级行政事业单位的业务招待费分别不超过当年单位预算中公务费的2%和1%，但很多行政事业单位的实际业务招待费往往超过规定标准（尹利军、龙新民，2007）。就诸如此类的超标支出而言，公职人员均可以从中获得实实在在的、但本不应该获得的特殊利益。其中，人员经费标准的提高使得公职人员获得的是直接的、显性的利益，而公用经费超标则使得公职人员获得了间接的、隐性的特殊利益。

与"价格"方面的超支相对应，行政支出不公平的另一直观的原因是行政支出事项的"数量"扩张。包括：其一，人员规模的扩张。我国财政除供养行政人员外，还负担了庞大的事业机构和人员。在2003年，我国狭义的公务员（党政机关工作人员）为653万人，广义公务员（加上社会团体的工作人员）为1050万人，而最广义的财政供养人员（再加上财政拨款的事业单位工作人员），2004年达4489.4万人，差不多29个人养一个财政供养人口（尹利军、龙新民，2007）。其二，是事权的扩张。将公费旅游、公款吃喝、公款安装私宅电话与公款送礼等许多本不应该列入的项目挤入到公用经费的行列。公用经费事项的扩张也使得行政支出规模超出合理的支付水平，使得公职人员获得特殊利益。

在直观层面，我国行政支出利益归宿结构的扭曲与不公，可以从开支超标与数量失控这两个方面得到经验的解释。至于究竟是何种因素造成了上述问题的发生,毋庸置疑,这与公共决策机制的一般性质有关。根据公共选择的现代观点,政府具有自我扩张的天性。布坎南(2000)有关政府规模不断扩大的"利维坦"模型以及尼斯坎南所构建的以权势扩大为目标的官僚行为模型在理论上雄辩地说明了这一点。就行政支出来说,由于它是公众支付给公职人员的价格,其扩张的趋势和潜力就更甚,进而,我国行政支出利益归宿结构的扭曲及不公平就可以从政府机制的一般性质上得到解释。当然,除了一般性的原因之外,行政支出利益的不公问题更是与我国行政体制与预算制度所特有的制度性缺陷有关。包括:其一,高度集权的行政体制。它使得机构及有关的人员膨胀难以避免。例如,由于地方的机构设置需要和中央相对口,中央每增加一个机构,全国县以上部门就需要相应增加上千个。其二,政府职能界定不清。这使得财政负担了庞大的事业机构和人员。其三,财政预算约束制度的软化。在我国,预决算实行的是政府主导型财政决策程序,这使得政府的财政安排权力未能受到有效的限制。方方面面的因素,使得行政支出利益偏向于政府公职人员而扭曲了支出的利益分配。

12.4 我国行政支出公平性的时间趋势

在时间趋势上,表 12.1 所给出的估计结果表明,我国行政支出的不公平程度随时间的进程而不断加剧。有三个阶段:其一,在改革开放的初期(1978 年至 1985 年),行政支出利益(总规模约为 689 亿元)基本上归宿于社会民众。归宿于社会公众的普遍利益为 684 亿元(占 99.3%,利益规模为两模型估计结果的平均值,下同),而归宿于公职人员的特殊利益仅为 5 亿元(占 0.7%),支出的公平性没有什么太大的问题。其二,在 1986 年至 1998 年期间,行政支出有明显的归宿于公职人员的特殊利益,但支出利益归宿的主体仍旧是社会普通公众。就全部的支出(大约为 3 400 亿元)来说,归宿于社会公众与公职人员的普遍利益与特殊利益分别约为 2 956 亿元(占 86.9%)和 444 亿元(占 13.1%)。这意味着,在这一阶段,支出的公平性有偏差,但不是很厉害。其三,到了 1999 年之后,行政支出归宿于公职人员的特殊利益规模和比例非常高。因为,在 1999 年至 2006 年期间,对于全部的 9 339 亿元支出,归宿于社会公众的普遍利益仅为 4 488 亿元,而归宿于公职人员的特殊利益部分则高达 4 851 亿元,行政支出利益归宿于公职人员的特殊利益比例在整体上已超过 50%,这说明,在此阶段，行政支出不公的程度已经相当严重。

那么，随着时间的推移，我国行政支出的公平性为何会日益恶化呢？关于这一问题，鉴于这里的支出不公是现实的支出规模偏离合理支付水平的结果。进而，在现实支出规模固定的情况下，趋势形成的原因可以从合理支付的动态变化上得到解释。众所周知，伴随着经济的发展，尽管行政支出的绝对规模有扩张的必要，但是，对于行政支出的相对规模（行政支出占GDP的比重），因为行政支出所提供的公共产品和服务一般都具有规模经济，此支出类型对经济发展的弹性往往会小于1，即一般来说行政支出合理的相对规模应该是不断下降的。在这一点上，马克思曾预言，行政管理费占国家财政支出的比例会随着社会经济的发展而不断下降。与此相似，马斯格雷夫（1994）则指出：在私人支出方面，按照推广的恩格尔法则，归入衣、食、住等基本需要的消费支出占私人支出的比重会随收入的上升而下降；类似地，在公共支出方面，对于像保护与政府其他基本职能等方面的需求，其相对规模也应该是不断下降的。而在经验层面，有统计规律表明：各国的人均收入水平与行政管理支出水平呈现明显的反比关系（杨宇立，2009）。至于我们国家的情况，相对规模的合理水平（x^*与y的比值）就是逐年下降的。在此等情况下，即便实际行政支出的相对规模保持不变，归宿于公职人员的特殊利益比例也会随合理支付规模的下降而上升，进而支出利益的公平程度会因此而受到负面的影响。

一方面，是现实支付给定下合理支出水平的动态变化，另一方面，也是更为重要的一方面，则是给定合理支付水平下现实规模的变化，即可以从现实支出水平变化的角度来就行政支出公平性的时间趋势做出解释：自改革开放以来，我国行政支出的现实规模是不断扩大的。至于现实规模为何会不断扩张，这与改革开放以来行政支出发展所面对的制度环境的演变——财政观念的改变及财政状况的变化——有关。具体来说，其一，在改革开放的初期，受传统计划体制下的建设型、积累型财政观念的影响，行政支出的规模受到了限制。其二，随着改革开放的不断推进，在20世纪80年中期至90年代的中后期，积累型财政观念逐渐被公共财政下的消费型财政观念所取代，公共财政的建设过程，往往被人们理解为一个消费支出的增加过程。观念的改变突破了原有制约行政支出扩张的道德约束，为行政支出的扩张提供了可能。只是在此阶段，由于"放权让利"所引致的财力的不断吃紧，国家财政收入（不包含国内外债务收入）占GDP的比重由1978的31.1%不断下降为1995年的10.3%，政府增加行政支出的幅度在一定程度上受到了预算支出总规模缩小所形成的预算方面的限制。进而，在此情况下，虽然行政支出的利益归宿结构有偏向于公职人员的趋势，但此时偏向的幅度尚不是很大,进而其支出的公平性在一定程度上得到了保证。其三,在世纪之交,受1994年分税制改革的影响,政府财力不断宽裕,国家财政收入占GDP的比重不断提升,到2006年已经达到18.3%。政府财力的扩大使得之前的由财力有限所形成的财政约束在很大程度上已经得到了突破。而与此同时,严格有效的财政制度约束又没有形成。于是,行政支出的规模急剧膨胀(特别是在1999年之后),并进而使得公职人员的获益比例迅速扩大,使得支出的公平性受到很大的影响。

12.5 我国行政支出公平性的波动性特征

从趋势上看,我国行政支出的利益归宿结构是逐渐偏向于公职人员的,其不公平性程度呈现出明显的扩大化趋势。但是,正如图12.3中归宿于公职人员的特殊利益曲线所表明的,此种演变趋势不是直线上升的,而是呈现出明显的波动性特征,比如1989年与1994年所呈现出的波动。至于波动的原因,有迹象表明,这与政府机构改革密切相关。我们知道,在1988年和1993年,我国均进行了较大幅度的政府机构改革,而恰好都是在改革的后一年,行政支出归宿于公职人员的特殊利益均有显著的提升。利益归宿结构的波动其实就是改革冲击的结果。至于政府机构改革为何会恶化扭曲的利益归宿结构而加剧行政支出的不公平性,原因在于机构改革虽然会大幅度降低机构的数量,但财政供养人口及其开支并不会因此而降低,反而会增加。其一,从政府机关"精简"掉的人员只是被转移至事业编制单位而不改变其吃饭财政的实质;其二,同大公司采用"金降落伞"办法、通过给相关人员以更好的生活待遇来交换他们退出原有的位置一样,政府机构改革往往采用政策性的"赎买"以使他们进入"二政府机构"和"临时性机构",这毫无疑问会促使行政经费的扩张和增加(杨宇立,2009)。

当然,在1978—2006年期间,除了1988年和1993年的机构改革之外,我国在1982年、1998年和2003年也进行了机构改革。从图12.3所给出的相关曲线形状来看,这几次改革似乎未对利益归宿结构及其公平性产生短期的扭曲冲击。但实际上并非如此,这几次机构改革的冲击效应未显现,仅仅是因为它们被其他方面的效应给掩盖了。如1998年和2003年的机构改革,由于这两次改革处于行政支出的快速攀升期,机构改革所产生的扭曲冲击完全被淹没在支出扩张的滔滔洪水中,而未能在图12.3中直观地显示出来。当然,1982年的机构改革相对比较特殊。受计划体制下建设型财政观念的影响,新中国成立以来我国行政支出的相对规模在整体上是日益萎缩的,行政经费占财政支出的比重从1952年的8.45%逐年下滑到1978年的4.37%(唐虎梅,2002)。支出规模的不断下降使得改革开放初期我国行政支出的实际规模低于合理的规模水平(在表12.1中,$x^* > x$)。而在历史起点规模偏低的情况下,改革开放初期机构改革所引致的行政支出的增长,在整体上并不会对利益归宿结构及其公平性产生扭曲效应。相反,支出的增长所反映的是现实支出规模向理想规模水平的回归,而此时机构改革的冲击效应自然就不会存在。

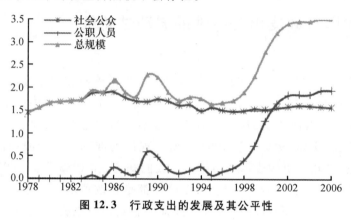

图12.3 行政支出的发展及其公平性

12.6 提升我国行政支出公平性的规范建议

本章的主要目的是在改革开放以来我国行政支出归宿于公职人员的特殊利益与归宿于社会公众的普遍利益做出经验估计的基础上来就我国行政支出的公平性做出分析。研究表明,在1978年至2006年这29年间,受财政预算约束等多方面因素的影响,行政支出归宿于社会公众的普遍利益与归宿于公职人员的特殊利益的相对比例约为3∶2,我国行政支出公平性的整体状况并不是很好。而随着行政支出的增长,行政支出的公平性有日益恶化的倾向:利益归宿结构逐渐从偏向于社会公众向偏向于公职人员转移;而在进入21世纪以来,行政支出归宿于公职人员的利益比例已经超过50%。因此,本研究的结论意味着:为提升我国行政支出的公平性(抑或矫正行政支出的利益归宿结构)计,应该降低我国行政支出的相对规模,或者说降低面向公职人员的实际支付水平。以2006年的状况为考察对象,按照最严厉的标准,行政支出的规模应该削减

1/2。而在长期范围内,由于行政支出相对规模的合理水平是应该逐年下降的,从规范的角度来说,在长期范围内,应使得行政支出的相对规模逐年缩小(至少不应该上升)。

那么,我国行政支出的短期规模调整如何才能实现?如何才能在长期发展中抑制支出扩张的冲动而维持其发展的良好趋势?由于利益归宿结构扭曲问题的产生与财政制度约束的不完善密切相关,要提升未来我国行政支出的公平性水平,必须就财政制度约束进行改革。毕竟,在我国,尽管在1998年就立志要建设"服务型政府",但至今均尚未建立起能有效遏制行政成本上升的机制和体制。行政权力过重,行政成本不公开、不透明,舆论、民众与社会团体难以对行政成本实施有效的监督,"服务型政府"的建设并未能有效遏制行政支出的肆意扩张。相反,正如前面的分析所表明的,与此相关的机构改革反而促使了行政支出规模的扩张。至于遏制行政成本上升的财政制度约束具体该如何构建,这具体涉及两种基本的方式:其一,是实体性制度约束。比如,就行政支出规模做出明确的限定。在这一方面,周天勇(2011)就曾主张通过总量的限制——规定行政支出不得超过财政总支出的15%——去进行"倒逼",以迫使政府收敛其公务消费、公费招待与公费旅游等。其二,是程序性的约束。主要是通过财政透明之类的财政预算程序改革,通过加强人大在财政预算中的作用而强化政府的财政约束,改变政府开支过程中"我来编制计划、我来收入支出、我来使用监督"的状况。

当然,需要补充说明的是,就这里的研究来说,我们是从支出整体的角度来就利益归宿状况及其公平性进行分析的,因而忽视了有关支出结构这一至关重要的问题。因此,对于结论的实际应用,我们就需要保持应有的谨慎。一方面,由于不同支出的含义和性质存在差异,支出规模的缩小不是简单地等比例减少;另一方面,在现实的财政决策中,行政支出的结构性不平衡非常突出:这不仅是地区之间的,也是上下级之间以及领导和普通职员之间的,进而行政支出总量的控制并不是要普遍地下降,对于经费存在不足的地区和领域,增加其支出规模反而是恰当的、公平的和合理的。

附录12.1 理论上归宿于社会公众的普遍利益规模

从现实途径上来说,与其他的支出类型相似,行政支出往往通过两种效应给社会公众的利益带来影响。其一,支出会对私人领域中的产品、服务和要素的价格产生影响,而产生 Musgrave 所说的"支出归宿"效应;其二,直接通过公共产品和服务的供给,而产生 McClure 所界定的"受益归宿"效应(Ruggeri,2009)。这似乎意味着,归宿于公众的普遍利益就是这两种效应所产生的利益的加总。但实际上,鉴于"支出归宿"效应所对应的是支出的间接影响,而不是支出给定下的公众直接获益,进而,对于给定的行政支出,它直接给社会公众带来的利益只是"受益归宿"效应上的。特别地,在利益获取方面,若撇开为支出所进行的收入筹集而仅考虑支出的使用,公众获得相关利益是无条件的、无偿的。进而,如同我们可以基于个体所获得的实物和(或)现金转移量来确定转移支出的利益归宿那样,我们可以认为行政支出归宿于社会公众的普遍利益就是他们所获得的公共服务的价值。

行政支出归宿于社会公众的普遍利益问题在于公共服务价值的衡量及其确定。其中,在价值衡量方面,对于社会公众的获益,它究竟是以支出成本来衡量,还是以服务的受益(如马歇尔剩余)来衡量? 关于这一问题,已有就公共支出利益归宿所做的研究,一般是以支出的成本来衡量利益规模的。这一点不仅体现在直接就教育、卫生与基础设施建设等支出所做的归宿分析中,如 Gillespie(1965)与 Bishop(1966)采用"服务成本法"而就支出受益情况所做的估计。同时,这也体现在 Reynolds 与 Smolensky(1977)所总结的,将税收归宿与支出归宿进行综合分析的预算归宿抑或财政归宿分析中。因为,Reynolds 与 Smolensky 所给出的预算归宿分析框架假设所有阶层从支出中的获益与来自所有阶层的税收相等。既然支出获益都直接以税收规模抑或支出规模来确定,其受益自然也是以支出成本来衡量的。考虑到行政支出的利益归宿问题,其实就是支出货币成本的分配问题,与一般的利益归宿研究相同,本研究也以支出的货币成本、而不是马歇尔剩余之类的福利指标来衡量行政支出归宿于社会公众的普遍利益。

但是,关于以货币成本来衡量支出利益的做法,有经济学家可能会对此进行批评。在这一方面,普拉丹(2000)曾经指出,"某项服务的成本或支出是公众所获得利益的一个不良指标"。至于其中的缘由,主要在于,公共支出不仅有直接的货币性支出,还有商品和服务的支出。而对于商品和服务方面的支出来说,接受者实际所获得的收益往往会与支出成本不相等。比如,小孩从疫苗接种所获得的收益相比接种的成本就要大得多,以成本来衡量支出利益会存在重大的理论偏差。进而,有批评者就认为:定义公众获益的适当尺度是实际的收益而不是与"会计法"相关的成本。有意思的是,关于这一批评,即便是基于成本来衡量支出利益规模的学者,也往往是认可和接受的。在"会计法"有问题的情况下,他们之所以依旧采用会计成本来衡量支出利益,实属不得已而为之:由于公共服务是由强制税收系统免费提供和筹措的,没有要求个体去披露他们对于政府商品和服务的价值,人们就无法去衡量个体的意愿支付(Ruggeri, 2009),进而也就无法基于收益的指标去确定社会的受益。但在我们看来,既然支出归宿所涉及的是支出利益,我们所要考察的就是,对于支出的成本,各利益主体获得的好处究竟如何。因此,社会个体从支出中的获益,所涉及的就应该是货币成本,以货币成本来衡量是问题本身的需要,并非不得已而为之。

当然,强调以货币成本来衡量公众受益,这并不等于公众的受益就等于总支出的货币成本,即不能简单地认为 x^* 与 x 相等。在这一方面,公共支出归宿分析的"受益"方法("benefit" approach)所存在的方法论局限无疑是特别值得我们注意和防范的。因为,关于"受益"方法,它强调的是由公共支出所提供的服务以及从服务中获益的个体,在此思路下,学生或他们的家庭,而不是教师,被认为是教育支出的获益者(Wulf,1975)。但问题是,就行政支出而言,由于一般公共服务往往是由政府垄断生产并加以提供的,在社会范围内并不存在类似于市场竞争的机制来对公共服务的定价行为加以限制,政府及其工作人员为其所提供的公共服务而向社会所"索要"的价格可能会高于社会合理的价格水准。此时,如果我们直接基于"受益"方法来研究行政支出的利益归宿,那实际上就意味着:不管行政支出的具体类型如何,也不管各类型支出的水平和方式怎样,我们均会认为社会公众而非公职人员是支出的受益者。实际上,既然公众是通过公共产品和服务而从行政支出中获益的,那么,正如我们通常基于向市场需要支付的价格来确定私人产品和服务的价值那样,公共服务对于社会个体的价值量,同时也是行政支出归宿于社会公众的普遍利益规模,就是社会需要为一般公共服务所需要支付的价格 x^*,即前面基于"Barro 法则"所得到的合理支出水平。当然,在某些特殊的情况下,基于特定的理论算法所得到的合理支付可能超过实际支付,即出现 $x \leqslant x^*$ 的情况。显然,对于此等情形下的现实支出 x,在理论上可以认为归宿于社会公众员的普遍利益 π^p 为 x。

附录12.2 行政支出公平性分析的技术设定与求解

在一般理论层面,对于特定的行政支出 x,其利益归宿状况均依赖于对于公共服务合理支付水平 x^* 的具体规模,而 x^* 又是基于行政支出的边际产出条件得到的,因此,要在经验上就归宿结果及其公平性进行估计和分析,就必须要就包含行政支出变量的社会产出函数及相关的边际产出函数做出计量估计。其中包括社会产出函数的技术设定、社会产出函数的经验估计以及合理支付的求解方法。

社会产出函数结构的技术设定。 关于社会产出函数结构的技术设定问题,自 Arrow 与 Kurz(1970)在新古典框架下将政府支出变量纳入经济增长分析框架以来,经过后来的巴罗等人的内生经济增长理论的发展,公共支出对于经济增长——临时增长率与稳态增长率——的影响已经被经济学家所强调了,即认为公共支出同样具有生产性而不再被视为纯粹是消耗性的。而为了研究最优的公共支出规模和(或)结构,遵循内生经济增长等理论传统的文献,如 Karras(1996,1997)、马树才和孙长清(2005)与 Chobanov 和 Mladenova(2009)等等,已经尝试着将公共支出变量纳入到社会产出函数结构的设定中来。正是遵循这样的理论思路,本研究亦将公共支出变量纳入到社会产出函数的结构中来。特别地,由于本研究所关注的是行政支出,借鉴 Devarajan,Swaroop 和 Zou(1996)将支出分为生产性支出和非生产性支出以及郭庆旺和贾俊雪(2006)将生产性政府投资支出分为物质资本投资和人力资本投资的研究思路,我们就支出进行了分类,将其划分为行政支出与非行政支出。特别地,基于这样划分,我们将所估计的社会产出函数设定为如下估计模型:

$$\ln(y) = \alpha + \beta_1 \ln(x) + \beta_2 \tau_x \ln(x) + \gamma_1 \ln(e) + \gamma_2 \tau_e \ln(e) \\ + \delta \ln(k) + \mu \ln(l) + \rho D + \varepsilon \quad (1)$$

其中,y、x、τ_x、e、τ_e、k、l 与 D 分别为社会产出(GDP 水平)、行政支出、行政支出占 GDP 的比重、非行政支出、非行政支出占 GDP 的比重、私人投资、社会劳动力与虚拟变量(变量在 1978 年至 1994 年的取值为零,而在 1995 至 2006 年的取值则为 1,这主要是考虑到 1994 年分税制改革后经济可能发生的结构性变化),ε 为随机变量,而 α 等则为所需要估计的结构参数。

就上述模型而言,可以看出,尽管其结构设定是基于内生经济增长理论传统的,但它与 Karras(1996,1997)、马树才和孙长清(2005)等已有的相关研究所设定的产出函数存在结构上的差异:在研究最优公共支出规模和结构时,已有研究所设定的社会产出函数往往是柯布—道格拉斯函数的简单扩展形式,[①] 相比(1)式所给出的函数形式,它们在结构上要缺少参数 β_2 和 γ_2 所对应的变量

[①] Karras(1996,1997)的研究虽然没有明确给出社会产出函数的结构形式,但当他在分析中假设公共支出的边际产出弹性为常数时,这实际上隐含地假设社会产出函数是柯布—道格拉斯型的。

项。关于产出函数的结构,我们之所以要通过增加变量项而就已有的结构做技术性修正,主要是因为已有研究所设定的函数存在结构性的缺陷:在一般理论层面,当公共支出的规模不大时,$\ln(x)$ 和 $\ln(e)$ 对于 $\ln(y)$ 的边际贡献应该是正的,而随着支出规模的不断扩大,由于税收负激励与扭曲等负面因素的存在,它们的边际贡献会趋向于零甚至是负值。但就已有的产出函数结构来说,由于参数 β_1 和 γ_1 是固定的,这意味着 $\ln(x)$ 和 $\ln(e)$ 对于 $\ln(y)$ 的边际贡献要么始终为正,要么始终为负,而不管其大小如何,这显然与经济学的基本原理不相符。然而,就这里所设定的函数结构来说,考虑到参数 β_1 和 γ_1 的预期值为正,β_2 和 γ_2 的预期值为负,而 τ_x 和 τ_e 的取值则在 0 至 1 之间,因此,在公共支出的规模 (τ_x 和 τ_e) 较小时,基于(1)式可知:此时 $\ln(x)$ 和 $\ln(e)$ 对于 $\ln(y)$ 的边际贡献会为正值,而当公共支出的规模比较大时,边际贡献则可能为负值,即修正后的模型在结构上克服了原有模型无法兼顾负边际贡献与正边际贡献同时存在的情形。也正因为如此,我们就基于(1)式来就产出函数进行估计。

当然,就这样一种函数设定而言,由于它是通过增加变量项 $\tau_x\ln(x)$ 和 $\tau_e\ln(e)$ 来就原有函数结构进行修正的,而两变量项本身形式的设定在某种意义上具有一定的武断性:从逻辑上来说,对于变量项 $\tau_x\ln(x)$,如果我们用 $\tau_x^\rho\ln(x)$ 来替换,其中,$\rho\in(0,1)$,函数的结构同样是符合理论逻辑的。因此,为了避免函数结构设定的武断性,我们同时还考虑在已有理论模型上增加变量项 $\tau_x^{0.5}\ln(x)$ 和(或)$\tau_e^{0.5}\ln(e)$ 的情形。此时,由于公共支出有两种类型,而每类支出增加的变量项都有两种形式,这使得所估计的社会产出函数一共有四种可能的模型结构。只是就这四种模型结构来说,当非行政支出方面所增加的变量项为 $\tau_e^{0.5}\ln(e)$ 时,由此所对应的两个模型的估计效果都不是很理想,这使得最终所估计的社会产出函数及其所对应的计量模型只有两个,分别令它们为模型Ⅰ和模型Ⅱ。其中,模型Ⅰ的结构已经由(1)式给出,而模型Ⅱ的结构则为:

$$\ln(y) = \alpha + \beta_1\ln(x) + \beta_2\tau_x^{0.5}\ln(x) + \gamma_1\ln(e) + \gamma_2\tau_e\ln(e)$$
$$+ \delta\ln(k) + \mu\ln(l) + \rho D + \varepsilon \qquad (2)$$

特别地,就两模型所设定的产出函数关于 x 求导数,可以得到所对应的行政支出的边际产出函数 $\varphi(x)$:

$$\varphi_1(x) = \frac{\beta_1 y^2 + \beta_2 x(\ln x + 1)y}{xy + \beta_2 x^2\ln x + \gamma_2 xe\ln e}; \quad \varphi_2(x) = \frac{\beta_1 y^2 + \beta_2 x^{1/2}(0.5\ln x + 1)y^{3/2}}{xy + 0.5\beta_2 x^{3/2}y^{1/2}\ln x + \gamma_2 xe\ln e} \qquad (3)$$

对社会产出函数的参数估计。 基于上述函数设定,我们利用《中国统计年鉴》和《中国财政年鉴》等权威出版物所公布的行政支出、非行政支出、私人资本、社会劳动力与GDP等经验数据就社会产出函数及相应的边际产出函数做出计量估计。其中,对于各项数据的含义及统计口径:其一,行政支出。正如前面的分析所指出的,它指的是第一种口径的预算内支出。其二,非行政支出。就是除行政支出以外的其他所有预算内支出(不包括债务支出)的加总。其三,私人投资。它基于社会投资总数减去预算内固定资产投资得到。其四,劳动力。为当年末的就业人数。就各方面的数据来说,考虑到我国在2007年进行了政府收支分类改革,此次改革前后政府收支的统计科目发生了巨大的变化,改革后政府所公布的统计数据中并没有与改革前口径相一致的行政支出及非行政支出的信息,而且口径一致的信息又很难基于所公布的相关政府支出信息测算出来,因此,这里的研究就行政支出公平性所做的研究也仅仅局限于1978年至2006年这一历史时段的数据。

当然,就上述各方面的数据来说,为了消除价格上涨因素的影响,在就社会产出函数进行估计时,我们先采用GDP平减指数(以1978年为100)对GDP、行政支出、非行政支出与私人投资等四类经济数据进行了平减处理。① 基于平减处理后的数据,我们再采用普通最小二乘估计方法就模型Ⅰ和Ⅱ进行计量估计,计量估计的结果由表12.2给出。从表12.2所给出的计量估计结果来看,两模型拟合的效果整体上较好:一方面,模型估计的参数不仅整体上显著不为零,同时,绝大部分变量的系数也均在5%或1%的水平上显著不为零;另一方面,虽然这里所估计的是时间序列模型,但两模型的 DW 统计量均比较接近于2,这说明在统计上并没有存在明显的序列相关问题,进而不需要如马树才和孙长清(2005)的研究那样通过在模型中加入AR项的方式来对模型做技术性的修正。

表12.2 社会产出函数的计量估计

变量	模型Ⅰ	模型Ⅱ
常数项	2.020** (6.288)	2.169** (6.881)
$\ln(x)$	0.150 (1.304)	0.314* (2.154)

---

① 由于政府公开出版物并没有明确给出GDP的平减指数而只是给出了各年的GDP指数(以1978年为100),因此,GDP平减指数需要我们基于GDP指数和GDP方面的数据来计算。这里计算平减指数所使用的公式为: $I_t = y_t * 100 * (y_{1978} * \bar{I}_t)^{-1}$。其中, I_t 为第 t 年的GDP平减指数(以1978年为100),而 y_t、y_{1978} 与 $\bar{I}_t$ 则分别为第 t 年和1978年名义的GDP水平以及第 t 年的GDP指数(以1978年为100)。

(续表)

变量	模型 I	模型 II
$\tau_x \ln(x)$	-1.387*	
	(-2.241)	
$\tau_x^{1/2} \ln(x)$		-0.640**
		(-2.868)
$\ln(e)$	0.533**	0.475**
	(4.018)	(3.654)
$\tau_e \ln(e)$	-0.251*	-0.209*
	(-2.657)	(-2.267)
$\ln(k)$	0.296**	0.266**
	(7.202)	(6.419)
$\ln(l)$	0.295*	0.257*
	(2.791)	(2.510)
D	0.080**	0.070**
	(4.514)	(3.917)
R^2-adj.	0.999	0.999
DW	1.831	1.683
F	7 496.3	8 419.3

注:① 表中括号内的数字为 t 值。
② ** 与 * 分别代表系数在 1% 和 5% 的水平上显著。

合理支付规模的数学求解方法。基于模型估计所得到的参数及其由此所得到的产出函数与边际产出函数,利用"Barro 法则",可以就 1978 年至 2006 年这 29 年间我国各年的合理支付 x^* 进行估计。至于求解的具体方法,由于合理支付 x^* 应该在资本与劳动等外生变量得以给定的情况下,通过令边际产出等于 1 而得到,但(3)式所给出的边际产出函数含有因变量 y,此时,简单地将各财政年度现实的 GDP 与非行政支出等数据代入(3)式,通过令边际产出等于 1 来求解合理支付 x^* 会存在问题。与此同时,鉴于这里所设定的产出函数其实是一个隐函数(函数两边均含有变量 y),且又难以将其显性化,进而也不能将(3)式中的变量 y 用一个显函数来替代,以直接基于现实的资本、劳动与非行政支出等数据来求合理规模 x^*。在这样的情况下,为了求解合理的支付规模 x^*,我们采用迭代求解的方式。第一步,基于(3)式所给出的边际产出函数,将各年实际的 $\hat{y}$ 和 $\hat{e}$ 代入其中,令 $\varphi(x)$ 等于 1,得到满足等式的 x_1^*;第二步,将所得到的 x_1^* 以及实际的向量 $\hat{z}$——$(\hat{e}, \hat{k}, \hat{l}, \hat{D})$——代入所估计的产出函数中,得到使得等式成立的 y,令其为 y_1;第三步,用 y_1 取代现实的 $\hat{y}$,将 y_1 和 $\hat{e}$ 一起代入(3)

式,令 $\varphi(x)$ 等于 1 来求解使得等式成立的 x,这个过程不断反复,直到寻找到某一组 x^* 和 y^*,它们使得:其一,在(3)式中的 y 为 y^* 时,令 $\varphi(x)$ 等于 1 而得到的 x 就等于 x^*;其二,将 x^* 与向量 $\hat{z}$ 代入产出函数,使得等式成立的 y 正好是 y^*,迭代过程就结束,由此所得到的 x^* 就为合理支付。因为,对于这样的组合 x^* 和 y^*,可以简单地证明,x^* 就是在其他外生变量得以给定的情况下使得边际产出等于 1 的行政支出水平。

第 13 章

中国公共基础设施建设支出的公平性分析

13.1 导言

公共基础设施是指关系到整个国民经济整体利益和长远利益的物质基础设施,包括经济基础设施和社会基础设施两种基本类型。其中,经济基础设施指的是永久性工程建筑、设备、设施和它们所提供的为居民所用和用于经济生产的服务(世界银行,1994);社会基础设施则包括科教、医疗、社会保障与人力开发等部门。就上述两类基础设施来说,经济基础设施其实是狭义的公共基础设施,而与之相对应的广义的公共基础设施,除了包括狭义的经济基础设施之外,还包括社会基础设施(邓淑莲,2001)。鉴于此,从完整的意义上来说,有关公共基础设施建设支出的公平性分析,所针对的应该是广义上的公共基础设施建设支出。但是,鉴于日常意义上的基础设施通常被理解为经济基础设施,同时,考虑到与科教、医疗与社保等有关的社会基础设施支出问题,已经在本报告的其他部分进行专门的分析,本章所讨论的基础设施是狭义上的、经济类基础设施。

在理论上,既然我们将公共基础设施与经济类基础设施联系在一起,那公共基础设施支出的统计口径如何呢?关于这一问题,国内的统计资料并没有给出公共基础设施支出的统计口径和范围,在学术研究中,一种比较通用的办法是将社会的基本建设投资视为公共基础设施投资,比如曹洁(2000)、魏新亚和林知炎(2003)的分析。但是,国家的基本建设支出与公共基础设施支出不是一回事:全社会任何行业都有可能存在基本建设支出,但我们只能将具有公共基础设施属性的行业的基本建设支出视为公共基础设施支出。另一方面,公共基础设施行业的基本建设支出也并不能够包含所有的公共基础设施支出,除了基本建设支出之外,这些行业的更新改造资金显然也应该算入公共基础设施支出中。在此情况下,将全社会的基本建设支出算作基础设施支出是有失偏颇的。也正因为如此,更多的学者是通过公共基础设施属性行业的固定资产投资来衡量基础设施的公共投资规模:邓淑莲(2001)、刘伦武(2003)、骆永民(2009)与蒋时节(2010)在他们的研究中使用一些行业(主要是"电力、煤气及水的供应和生产业"、"交通运输、仓储和邮政业"、"信息传输、计算机服务和软件供应业"与"水利、环境和公共设施管理业"等)的固定资产投资来衡量基础设施公共支出规模。与此一致,本章有关公共基础设施的支出也采用这一统计口径。特别地,考虑到在2003年之前的统计年鉴中只有"电力、煤气及水的供应和生产业"、"交通运输、仓储和邮政业"的固定资产投资,为保证前后的可比性,我们缩小公共基础设施的范围,具有公共基础设施属性的"信息传输、计算机服务和软件供应业"、"水利、环境和公共设施管理业"的支出并不纳入到公共基础设施支出的考察范围,仅仅考察"电力、煤气及水的生产和供应"、"交通运输、仓储及邮电通信"类的公共基础设施。①

鉴于支出的性质,公共基础设施有助于扩大贸易、解决人口增长问题、减轻贫困与改善环境条件(世界银行,1994),能直接或间接地提高社会整体的福利水平。一方面,很多公共基础设施本身就是居民生活中不可缺少的消费品,如自来水、天然气、电力等基础类公共基础设施,居民消费此类公共基础设施的时候便直接提高了其福利水平。另一方面,公共基础设施作为社会的先行资本,是一个国家起飞的必要条件(Rostow,1971),在工业化过程中起着决定性作用。也正因为如此,罗丹(1966)指出:作为发展中国家,为了实现工业化,应该全面且大规模地对各工业部门(尤其是公共基础设施建设方面)进行投资,通过这种投资的"大推进"来冲破束缚,促使整个工业部门全面迅速发展。与此同时,虽然公共基础设施与经济增长之间的确切关系尚无定论,但经验表明,公共基础

---

① 本报告认为公共支出实际上反映着公共部门的政策选择,是公共部门执行这些政策的成本。根据国际货币基金组织(IMF)在《2001年政府财政统计手册》和《2007年财政透明度手册》中对公共部门的定义,公共部门既包括政府机关,也包括公共企业。因此公共基础设施支出不仅包括政府部门对公共基础设施的支出,也包括被政府控制的企业对公共基础设施的支出。

设施的投资能够很好地促进经济的增长,公共基础设施能力是与经济产出同步增长的——公共基础设施存量增长1%,GDP就会增加1%(世界银行,1994)。

虽然公共基础设施是经济和社会发展的先决条件,但由于公共基础设施类产品在生产过程中具有极大的规模经济特征,并具有公共品属性和外部性特征,使得市场本身无法为社会提供充足的公共基础设施,即公共基础设施的提供存在着市场失灵,进而需要政府进行提供和干预。至于政府究竟应该如何来提供,显然,从经济学的角度来说,由于基础设施的提供是有成本的,政府的公共决策无疑需要考虑效率。但是,有关基础设施建设支出的公平性也是不容忽视的:一方面,公共基础设施不仅能够促进经济增长,其分布还能影响生产的布局,布局会导致地区之间经济增长的差异(Romer,1986),会直接或间接地引起居民福利水平的差异。公共基础设施配置的利益分配属性,对于其公平性提出了要求。另一方面,在某种意义上,相比效率,公平在公共决策规范体系中处于更加基础性的地位。因为,公共基础设施配置的低效率,往往与利益分配上的公平失衡有关。因此,我们很有必要对我国公共基础设施支出的公平性进行研究。

当然,一旦我们选择从公平的视角来考察我国公共基础设施建设支出的公平性问题,有关公平的界定是首先需要考虑的。一般地,按照公平的一般逻辑,其一,对于满足居民基本需要的公共基础设施,如安全的饮用水、基本的电力消费、一般公路等项目,全国居民应该平等地享受,而不论其所在地区的经济发展水平与财政收入如何。其二,对于非基本的公共基础设施,公平的提供则要求它们尽可能地按照成本—受益对等的原则来提供:谁受益,谁就应承担相应的成本。比如对于高速铁路与歌剧院这样一些明显带有地区受益特征而又不是为了满足基本需要的公共基础设施,其成本就应该更多地由受益者承担成本。当然,在现实的政策操作过程中,成本—受益的对等原则往往很难满足,政府往往用一般的公共收入来为它所管辖的下属区域提供基础设施。在此情况下,按照次等的公平原则,公共资金应该按照均等的原则来进行使用,不管是满足基本需要的基础设施,还是非基本的公共基础设施,都是如此。事实上,也正因为如此,有关公共基础设施建设支出的公平性分析,可以从基本公共基础设施建设支出、非基本公共基础设施建设支出以及整体公共基础设施建设支出等三个方面,基于相应的原则来就公共基础设施建设支出的公平性进行分析。当然,作为分析的基础,我们首先对我国公共基础设施投资体制变革的历程进行回顾,最后对进一步提高我国公共基础设施的公平性提出政策建议。

13.2 我国公共基础设施投资体制的发展历程

自改革开放以来,我国公共基础设施建设支出随着我国基础设施投资体制的变化而变化。在改革的历程中,对公共基础设施投资体制的变迁有着重大影响的事件主要有:其一,1978年中国共产党十一届三中全会的召开,标志着中国经济体制改革的起步。其二,1984年中国共产党十二届三中全会,通过了《中共中央关于经济体制改革的决定》,标志着中国开始全面启动经济体制改革,将农村经济体制改革推广到城市。其三,1992年中国共产党第十四次全国代表大会,会议确立了建立社会主义市场经济体制的改革目标,标志着中国的经济体制改革朝着明确的方向前进。其四,2003年中国共产党十六届三中全会,通过了《中共中央关于完善社会主义市场经济体制若干问题的决定》,标志着中国开始进入深入与完善经济体制改革的阶段。以这四个事件为节点,我们可以将中国公共基础设施支出的划分为四个阶段进行分析(汪同三,2008)。

13.2.1 公共基础设施资金来源结构的改变和调整:1978—1984年

在该阶段,政府开始对包括公共基础设施在内的社会投资体制进行初步的变革。从改变"文革"带来的混乱局面入手,国家重视对基础设施建设的资金管理,开始试点改进公共基础设施的资金来源结构:为了提高基本建设投资的效率,国务院于1979年8月转发了《关于基本建设投资试行贷款办法的报告》,后来,又连续出台了一系列报告,逐步推行投资资金"拨改贷"方案。当然,在"拨改贷"的初始阶段,国家并未真正将公共基础设施投资纳入"拨改贷"试点范围,只是在一些投资周期短、见效快的行业进行了试点。在1981年之后才逐步将一些公共基础设施的投资纳入到"拨改贷"试点范围中。

至于改革的效果,鉴于这个时期的投资体制尚未发生较大变革,很多政策尚处于试点阶段,此阶段改革的影响力还比较有限。一方面,正如图13.1所表明的,在资金来源结构方面,在全社会固定资产支出的资金来源中,虽然国家预算内资金比例呈现出整体下降的大趋势,但其所占比例仍然较大的,各年均在20%以上;国内贷款和企业自筹所占比重虽然呈逐年上升的趋势,但是所占的比重在各年份的变化不是很大。另一方面,在公共基础设施的发展方面,体制改革使"文革"中被破坏的公共基础设施投资体制恢复正常,对于我国公共基础设施建设起到了良好的推动作用,主要表现为:其一,在支出投入上,1982年至

1984年公共基础设施支出平均增长率为29.66%,公共基础设施支出占整个社会固定资产支出的比例也呈现出逐年上升的趋势。

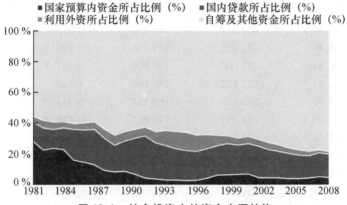

图13.1　社会投资中的资金来源结构

其二,在实物产出上,从表13.1可以看出,全国交通里程数从1978年的123.2万公里增长到1984年的135.89万公里,年平均增长率为1.67%;电话用户数量从1978年的192.5万户增长到1984年的277.43万户,年平均增长率为6.3%;电力消费量从1978年的3 006.3亿千瓦时增长到1984年的4 507亿千瓦时,年平均增长率12.4%。

表13.1　改革开放以来我国部分公共基础设施的发展状况

年份	全国运输里程数(万公里)	城市天然气供应量(万立方米)	城市公共汽车拥有量(辆)	电话用户数量(万户)	电力消费量(亿千瓦时)
1978	123.20	69 078	25 839	192.5	3 006.3
1979	120.25	—	—	203.3	3 095.7
1980	125.07	58 937	32 098	214.1	3 280.1
1981	128.44	—	—	222.09	3 518.7
1982	130.92	—	—	234.25	3 777.6
1983	131.55	—	—	250.76	4 117.6
1984	135.89	—	—	277.43	4 507
1985	139.25	162 099	45 155	312	4 985.2
1986	146.20	—	49 530	350.38	5 466.8
1987	154.75	—	52 504	390.72	5 865.3
1988	154.99	—	56 818	473.02	6 230.4
1989	166.35	591 173	59 671	569	6 804
1990	171.35	642 000	62 000	686.8	7 589.2
1991	177.95	754 616	66 093	849.9	8 426.5

(续表)

年份	全国运输里程数（万公里）	城市天然气供应量（万立方米）	城市公共汽车拥有量（辆）	电话用户数量（万户）	电力消费量（亿千瓦时）
1992	207.25	628 914	77 093	1 164.6	9 260.4
1993	222.47	637 211	88 950	1 797	10 023.4
1994	234.44	752 436	108 788	2 886.3	10 764.3
1995	246.84	673 000	137 000	4 433.5	11 284.4
1996	253.91	637 832	148 109	6 180	11 598.4
1997	283.92	663 001	169 121	8 354.3	12 305.2
1998	297.53	688 255	189 002	11 128.4	13 472.4
1999	307.32	800 556	209 884	15 201.2	14 633.5
2000	310.82	821 000	226 000	22 936.2	16 331.5
2001	345.98	1 055 196	230 844	32 559	19 031.6
2002	361.38	1 259 334	246 129	42 022.7	21 971.4
2003	377.63	1 416 415.3	264 338	53 270	24 940.3
2004	414.26	1 693 364.3	281 516	64 658	28 588
2005	557.32	2 104 951	313 296	74 385.1	32 711.8
2006	580.54	2 447 742	315 576	82 884.4	34 541.35
2007	616.83	3 086 363	347 969	91 294.3	37 032.14
2008	643.71	3 680 393	372 000	98 160.4	3 006.3
2009	646.42	4 051 000	371 000	106 094.6	3 095.7
2010	704.23	4 875 808	383 000	115 334.5	41 998.8

注：全国运输里程数是公路里程、内河航道里程、国家铁路营业里程、民航运输里程、管道运输里程等几项的加总。

资料来源：电力消费量中2010年的数据是根据中经网提供的各省的消费量进行相加得到，其他年份的数据为历年《中国统计年鉴》中提供的全国数量。

13.2.2 资金拨付机制完善与中央和地方责任的明确：1984—1992年

在经济体制改革的第二阶段，一方面，基于前期的改革，国家进一步完善了资金的拨付机制。相关单位在1985年12月发出的《关于国家预算内的基本建设投资全部由拨款改为贷款的暂行规定》中指出，自1985年起，凡是由国家预算安排的基本建设投资全部由财政拨款改为银行贷款。至于科学研究、学校、行政单位等没有还款能力的建设项目，此规定做了豁免本息的规定，并且规定这些项目不再实行"拨改贷"，恢复拨款管理。这一规定进一步完善了我国投资资金的使用管理机制，使其更加科学合理。另一方面，在该阶段，政府逐步加强了对全社会投资结构的调整，并且逐步开始明确中央和地方的责任。比如，1988年7月国务院发布了《关于印发投资管理体制近期改革方案的通知》，通知中对投资体制方面的改革进行了详细的规定,并且规定全国性的项目主要由中央承担,区域性项目由地方承担,并且规定对于一些建设周期长的项目从1988年起建立中央基本建设基金制。

在此阶段,受国家方方面面政策的影响,我国公共基础设施的支出增长出现了较大的波动,增长率最高的年份为1985年的52.67%,而增长率最低的时候甚至达到了1989年的-5.04%(图13.2)。虽然如此,受体制机制改革的推动和影响,在此阶段:其一,在资金投入方面,我国公共基础设施的支出仍然增长较快,继续释放计划经济被压抑的需求,年平均增长率为24.35%,投资规模从1985年的376.42亿元增长到1992年的1319.7亿元。公共基础设施支出占社会总投资的比例亦呈现出逐年上升的趋势,从1985年的14.8%,增长到1992年的16.33%。与此同时,由于此阶段逐步摆脱了计划经济时期的投资体制的影响,资金来源结构与改革开放前相比变化较大。在全社会固定资产投资中,国家预算内资金所占比例从1985年的16%下降到1992年的3.7%;银行贷款所占比例从1985年的20.1%上升到1992年的27.4%,企业自筹及其他资金所占的比重亦呈现出逐渐增加的趋势(图13.1)。其二,在实物产出方面,该阶段我国的公共基础设施继续以较快的速度增长:全国运输里程以5.5%的平均增长速度增长,高于前一个阶段3.9个百分点,总规模从1985年的139.25万公里增长到1992年的207.25万公里;电话拥有量也以19.89%的平均增长速度增长,亦高于前一个阶段的平均增长率;电力消费量亦从1985年的4985.2亿千瓦时增长到1992年的9260.4亿千瓦时(见表13.1)。

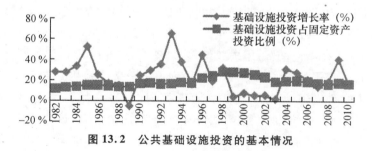

图13.2 公共基础设施投资的基本情况

13.2.3 政府与企业关系的调整和理顺:1992—2002年

在此阶段,我国明确了建设社会主义市场经济的改革目标,并进行了很多具有重要意义的改革措施,如国有企业制度改革、金融制度改革、财税体制改革等,基础设施投资政策的变化也是随着这些改革而变化的。其主要特点就是理顺政府和企业的关系:其一,企业在投资决策中的作用越来越重要,国家逐渐放松对公共基础设施支出的控制。一方面,在这一时期,我们进行了国有企业制度的改革,企业得到了更多的自主权,包括资金留用权和投资的决策权。例如,1992 年出台的《全民所有制工业企业转换经营机制条例》和 1996 年出台的《关于实行建设项目法人责任制的暂行规定的通知》就明确了企业在建设方面所拥有的权利和所负的责任。另一方面,国家对经济的管理逐步从直接计划管理为主,向协调运用经济杠杆和经济政策进行间接管理为主转变。国家逐渐减少和下放项目的审批,如计委在 2001 年宣布取消五大类投资项目审批,这其中就包括了一些城市基础设施的审批。这使得各地区在基础设施投资上能够因地制宜,使其基础设施投资与本地社会经济更加契合。其二,随着我国银行体制的改革,国家逐步取消了建设资金"拨改贷"的使用方式。1995 年,国务院转发国家计委、财政部、国家经贸委《关于将部分企业"拨改贷"资金本息余额转为国家资本金的意见》,结束了国家采用贷款建设企业的办法。

相对于前面两个阶段,该阶段对于公共基础设施支出体制的改革更加远离计划经济的影响,进而,我国的基础建设获得了显著的发展。一方面,在总量方面,该阶段的公共基础设施支出增长仍然较快,从 1993 年的 2 186.36 亿元增长到 2002 年的 10 061.92 亿元(具体分为两个阶段,第一阶段为 1998 年之前,该阶段的公共基础设施支出的年平均增长率达到了 36.16%,而在 1998 年亚洲金融危机之后,增长率急剧下滑,只有 6% 左右)。受此影响,该阶段的公共基础设施的建设亦取得了较大的成就。交通里程数从 1993 年的 222.475 万公里增长到 2002 年的 361.38 万公里,年平均增长率为 5.77%;城市天然气供应量从 1993 年的 637 211 亿立方米增加到 2002 年的 1 259 334 亿立方米,年平均增长率为 7.81%;城市公共汽车从 1993 年的 88 950 辆增加到 2002 年的 246 129 辆,年平均增长率为 12.52%;电话用户数量从 1993 年的 1 797 万户增加到 2002 年的 42 022.7 万户,年平均增长率为 43.48%;而电力消费量则从 1993 年的 10 023.4 万千瓦时增长到 2003 年的 21 971.4 万千瓦时,年平均增长率为 9.1%(见表 13.1)。另一方面,从结构上来看,如资金的来源结构方面,该阶段的全社会固定资产投资中政府预算资金所占比例在 1998 年之前基本徘徊在 3% 左右,而在 1998 年之后呈现出增加的趋势(见图 13.2)。同时,由于国家逐步取消了"拨改贷"的资金管理模式,此期间的银行贷款所占比例逐渐下降,从 1993 年的 23.5% 下降到 2003 年的 19.7%,而企业自筹比例则逐年上升,从 1993 年的 65.5% 上升到 2002 年的 68.7%(见图 13.2)。公共基础设施投资占整个社会投资的比例亦逐年上升,从 1992 年的 16.73% 上升到 2002 年的 23.13%(见图 13.2)。

13.2.4 政企关系的进一步理顺与政府社会责任的加强:2003年至今

在这个阶段,我国的全社会固定资产投资体制改革逐步朝着社会主义市场经济的方向前进,政府干预经济运行的手段逐渐发生变化,政府在社会投资中的方向也逐步转向市场失灵的领域,更加注重其社会责任的履行。① 进一步理顺政府管理的范围,政府直接审批的范围进一步缩小。十六届三中全会通过的《中共中央关于完善社会主义市场经济体制若干问题的决定》指出,企业是社会投资的主体,国家只审批关系到经济安全、影响环境资源、涉及整体布局的重大项目和政府投资项目及限制类项目,其他项目采取备案制。在2004年国务院发布的《国务院关于投资体制改革的决定》进一步明确了政府和企业各自的管理范围。② 政府管理的重点逐步转向市场失灵的社会管理领域。最近几年国家关于固定资产投资的发文中,主要强调治理环境污染、提供关乎居民生活的公共基础设施建设等方面,如财政部2007年印发《三河三湖及松花江流域水污染防治财政专项补助资金管理暂行办法》的通知,对一些流域的水污染治理的财政专项补助资金的管理进行了规定;2011年发改委下达"重点镇供水及基础设施建设2011年中央预算内投资计划"的通知,对重点镇供水及基础设施建设的投资进行了专门的计划。这些政策的转变更加强调了政府的社会功能,使得政府的职能定位更加符合市场经济制度对政府的要求。

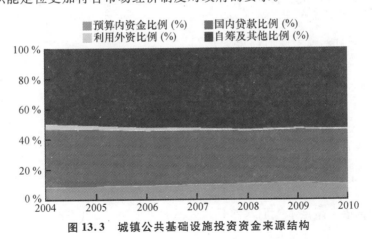

图 13.3 城镇公共基础设施投资资金来源结构

随着投资体制的改变,公共基础设施的支出结构也呈现出与市场经济更加契合的特点。一方面,总量方面公共基础设施的支出依然保持较快的增长速度,2002年至2010年间的平均增长速度为21.35,支出规模从2003年的10 251.8亿元增长到2010年的45 754.2亿元(见图13.2)。交通里程数从

2003年的377.63万公里增长到2002年的704.23万公里,年平均增长率为9.1%;城市天然气供应量从2003年的1 416 415亿立方米增加到2010年的4 875 808亿立方米,年平均增长率为18.54%;城市公共汽车从2003年的264 338辆增加到2010年的383 000辆,年平均增长率为5.75%;电话用户数量从2003年的53 270万户增加到2010年的115 334.5万户,年平均增长率为13.63%;电力消费量从2003年的24 940.3万千瓦时增长到2010年的41 998.8万千瓦时(见表13.1)。另一方面,从结构上来看,国家预算内资金的比例基本稳定在4%左右;银行贷款的资金所占比例逐年下降,从2003年的20.5%下降到2010年的15.2%;企业自筹所占比例仍然继续上升,到2010年已经上升到78.5%(见图13.1)。由于政府逐步退出了一些应该由市场主导的投资领域,公共基础设施支出占全社会固定资产投资的比例呈现出逐年下降的趋势,从2003年的18.45%下降到2010年的16.45%(见图13.2)。从城镇公共基础设施的资金来源结构来看,2004—2010年间我国公共基础设施投资的资金来源中政府预算内资金所占比例大约为10%,高于同时期的社会投资中政府预算资金来源所占比例,这说明与社会其他投资相比,政府更加重视公共基础设施的建设,这是与市场经济下政府应该发挥的作用相符的(见图13.1、图13.3)。同时,国内贷款所占的比例也高于社会投资中的社会投资中国内贷款所占的比例,而企业自筹所占比例则低于社会投资中企业自筹所占的比例(见图13.1、图13.3),这说明了公共基础设施的所需资金量大,建设周期长,仅仅依靠企业自筹资金是不行的,需要政府的更多介入。

13.3 基本类公共基础设施的公平性分析

改革开放以来,我国满足人们基本生活的公共设施建设取得了很大成就,公平性也逐步提高。一方面,整体上而言,基础类公共基础设施在全国的公平性逐步提高;另一方面,对于公共基础设施相对薄弱的农村地区,基础类公共基础设施的也逐渐满足了人们基本日常生活的需要。

13.3.1 全社会基础类公共基础设施的公平性逐步提高

我国铁路、公路、城市市政、电话等基础类公共基础设施的公平性得到了较大的提高。铁路方面,铁路网密度由2007年的81.2公里/万平方公里提高到了2011年的97.1公里/万平方公里,5年内增长了19.6%,年平均增长率为

4.5%,增长最多的2009年达到了7.9%;公路方面,我国的公路路网密度从2006年的30.6公里/百平方公里提高到了2011年的42.8公里/百平方公里,增长了37.9%,年增长率为7.1%,最高一年为2007年的21.9%;城市用水普及率方面,从2005年的91.1%提高到了2010年的96.7%,提高了6.1%;电话普及率从2005年的57.2部/百人提高到了2010年的94.9部/百人,增加了65%,年平均增长率达到8.8%;城市天然气普及率从2005年的82.1%提高到了2010年的92%,增加了12.1%,年平均增长率为3.9%(见表13.2)。这些现象都表明我国基础类公共基础设施的公共支出的公平性在逐步提高,越来越多的公民能够从公共基础设施的投资中受益。

表13.2 我国部分基础类公共基础设施情况

	铁路路网密度(公里/万平方公里)	公路覆盖率(公里/百平方公里)	城市人口用水普及率(%)	电话普及率(部/百人)	城市燃气普及率(%)
2005	NA	20.1	91.1	57.2	82.1
2006	NA	30.6	86.7	63.4	79.1
2007	81.2	37.3	93.8	69.5	87.4
2008	83.0	38.9	94.7	74.3	89.6
2009	89.1	40.2	96.1	79.9	91.4
2010	95.0	41.8	96.7	86.4	92
2011	97.1	42.8	NA	94.9	NA

注:铁路路网密度数据来源于2007—2011年《中华人民共和国铁道统计公报》;公路覆盖率数据来源于2005—2011年《公路水路交通运输行业发展统计公报》;城市人口用水普及率、电话普及率、城市燃气普及率数据来源于历年《中国统计年鉴》。NA表示数据未找到。

这些基础设施公平性的提高有赖于国家对该类基础设施的投资和合理的规划。以铁路为例,"十一五"期间,全国铁路基本建设投资完成1.98万亿元,是"十五"投资的6.3倍;新线投产1.47万公里,是"十五"的2倍;复线投产1.12万公里、电气化投产2.13万公里,分别为"十五"的3.1倍和3.9倍[1]。2011年全国铁路固定资产投资(含基本建设、更新改造和机车车辆购置)完成5 906.09亿元;全国铁路共完成投资4 610.84亿元;国家铁路和合资铁路完成投资4 597.32亿元;路网大中型项目310个,完成投资4 594.12亿元;新建铁路完成投资3 899.05亿元;建成京沪、广深等高速铁路共1 421公里;张家口至集宁、黄桶至织金铁路建设完成;新开工拉萨至日喀则、成都至兰州、吉林至珲春等铁路,建设规模1 079公里。[2] 大规模的投资和合理的规划是我国铁路在全国

---

[1] 资料来源:http://news.163.com/11/0104/15/6PIJ8TH600014JB6.html。
[2] 资料来源:http://www.china-mor.gov.cn/zwzc/tjxx/tjgb/201204/t20120419_31155.html。

的覆盖率逐步提高的保障,为我国的铁路公共基础设施的公平性的提高做出了很大的贡献。

13.3.2 农村基础类公共基础设施得到极大改善

在中国经济取得巨大成就的基础上,政府在公共基础设施的投资上逐步向农村倾斜,实行了"村村通"等提高农村公共基础设施水平的政策,极大地促进了我国农村公共基础设施的完善。通电话的行政村比重从 2005 年的 89.9% 增长到 2010 年的 99.7%;通公路的行政村比重从 2005 年的 94.3% 增长到 2010 年的 99.21%;农村电视人口覆盖率从 2006 年的 95.6% 增长到 2010 年的 96.78%(见表 13.3)。这些成就的取得说明了政府向农村倾斜的公共支出政策已经初见成效。

表 13.3 农村基础类公共基础设施现状

年份	2005	2006	2007	2008	2009	2010
通电话的行政村比重(%)	89.9	91.2	94.4	98.9	99.5	99.7
通公路的行政村比重(%)	94.3	86.4	88.24	92.86	95.77	99.21
农村电视人口覆盖率(%)	NA	95.6	95.6	91.6	91.9	96.78

注:2005 年交通部组织了全国农村公路专项调查,并以此为基础确定农村公路的统计标准,2006 年起将村道纳入公路统计里程。该处出现的 2006 年及之后的通公路的行政村比重数据小于 2005 年的数据可能是由统计调整而引起的。NA 表示数据未找到。

资料来源:通电话的行政村比重数据来源于历年《中国通信年鉴》;通公路的行政村比重数据来源于历年《公路水路交通运输行业发展统计公报》;农村电视人口覆盖率数据来源于中经网。

由于农村很多地区的自然条件比较恶劣,公共基础设施的覆盖往往不能只考虑经济效益,在有些地区通常是不惜成本地对基础类公共基础设施进行建设。以云南省的电力基础设施建设为例,截至 2010 年年底,丽江尚有 13 个行政村未通电,这也是云南省和南方电网公司覆盖地区最后 13 个尚未通电的行政村。由于特殊的地理环境,山高坡陡,少数民族群众居住分散,给这些地区的通电工作带来了极大的困难。据测算,其中一户无电户的通电成本将达到 30 万元人民币,对此,电网公司及地方政府在加大对电网建设投入的同时,也对通电方案进行了科学设计,在有条件的地区架设电网,而部分电网延伸无法解决的地区,就以光伏太阳能的方式进行通电。2011 年 5 月底,光伏通电工程正式验收、投运,部分无电行政村通电。2011 年 10 月,随着 35 千伏宁蒗县烂泥箐输变电工程带电成功,最后两个无电行政村通电,至此,云南省所有行政村也是南方电网辖内的所有行政村全部通电。① 可以看出,农村这一公共基础设施薄弱地区的基础类公共基础设施覆盖率的提高不仅是我国经济发展水平提高的结果,也是我国政府对农村基础类建设重视的结果。

13.4 非基本公共基础设施支出的公平性分析

按照成本—受益原理,非基本公共基础设施的受益范围和成本承担的范围应该相对应,否则便会造成成本分担和受益的不公平。在我们国家,从前文对公共基础设施的投资体系的分析中可以看出,经过历次改革,目前我国公共基础设施的投资来源已经形成了以企业自筹和银行贷款为主,以国家的预算内资金为辅,并加以部分利用外资的资金筹资渠道,如图 13.3 所示,2010 年我国公共基础设施的筹资来源中企业自筹占了 53%,国内贷款占了 35.99%,而预算内资金仅为 10.27%,其中国家预算内资金远远低于计划经济时期政府预算内资金的比例。这意味着公共基础设施建设的资金来源是以企业为主的,这种体制相对于原来过多依赖国家预算内资金进行投资的体制实际上更有利于公平。在企业为主体的投资体制下,企业将会慎重考察投资项目的投资收益,企业投入资金也伴随着从公共基础设施中取得的直接收益,包括企业取得的利润和企业员工从企业中得到的收益,这便体现了受益和成本的对等。受此影响,我国公共基础设施项目的公平性也有所提升。但另一方面,受体制的影响,我国政府干预经济的力度比较大,对于非基本的公共基础设施,还是存在诸多不对等的方面,进而,也就存在不公平的地方。关于这一点,可以通过京沪高铁和三峡工程两个项目的情况来做出分析。

13.4.1 京沪高铁项目的公平性分析

京沪高铁作为一项巨大的工程,不仅是新中国成立以来投资规模巨大的建设项目,也是世界上一次建成线路最长、标准最高的高速铁路。该线自北京南站起到上海虹桥站,新建双线铁路全长为 1 318 公里,全线共设北京南、天津西、济南西、南京南、虹桥等 21 个车站。设计时速 350 公里,初期运营时速 300 公里,规划输送能力为单向每年 8 000 万人。贯穿北京、天津、河北、山东、安徽、江

---

① 资料来源:http://finance.people.com.cn/h/2011/1025/c227865-3875815759.html。

苏等省市,连接环渤海和长江三角洲两大经济区。① 京沪高铁这一项目具有较明显的地域受益特点,受益地区主要是高铁经过的省份和地区,按照成本—受益的原则,高铁的资金也应该主要来源于这些地域。

据铁道部相关负责人介绍,京沪高速铁路完整项目总投资规模为2 209.4亿元。资本金为1 150亿元,占总投入的一半以上。2007年12月,京沪高铁在京成立股份公司,正式运作该项目,并对资金的筹措、工程的建设、生产经营、还本付息以及资产的保值增值全过程全面负责。股份公司由11位发起人共同设立,分别为中国铁路建设投资公司、平安资产管理有限责任公司、全国社会保障基金理事会、上海申铁投资有限公司、江苏交通控股有限公司、北京市基础设施投资有限公司、天津城市基础设施建设投资集团有限公司、南京铁路建设投资有限责任公司、山东省高速公路集团有限公司、河北建投交通投资有限责任公司、安徽省投资集团有限责任公司。资本金有四大明确来源,包括:沿线七省市以土地折价入股,根据初步设计,批复的数字是234亿元,占到了1 150亿元的21%左右;由中国平安牵头的7家保险公司将集体出资160亿元,占总股份的13.9%;全国社保基金会以100亿元的资金入股,占比8.7%;其余647亿元则由铁道部负责。除了1 150亿资本金,余下约1 000亿元建设资金通过银行贷款获得。②

由高铁建设的资金来源可以看出,资本金中有一部分是为了获得投资利润的投资,如保险公司集体出资的160亿元,全国社保基金出资的100亿元,投资者进行投资自然是期望获得收益,这是市场作用的结果,这无疑是符合成本收益原则的。另外1 000亿元的通过银行贷款取得的建设基金也是市场作用的结果,银行出于自身利益出发决定是否放贷,是一种市场行为,也符合成本收益对等的原则。地方政府以土地折价的入股也是符合成本收益原则的,因为京沪高铁主要通过这些省市,而建设的成本也应该由这些地区承担。铁道部承担的647亿元实际可以视为中央政府的投资,中央政府财政投资又包括铁路建设基金③、财政拨款和国债基金。这部分资金实际上主要是由全国人民共同承担的,如铁路建设基金是由所有使用铁路进行货物运输的人承担,国债资金若不能通过铁路运输收益偿还也将最终通过税收的手段进行偿还,财政拨款中其他来自

---

① 资料来源:http://news.qq.com/a/20080419/001951.htm。
② 资料来源:http://news.qq.com/a/20080419/001951.htm。
③ 铁路建设基金属国家预算内专项基金,实行专款专用,按国家规定作为铁路基本建设和机车车辆购置资金的来源。从1991年3月1日起国家开始在货运价格的基础上按吨/公里的一定比例通过提高铁路运价来收取铁路建设基金。

税收和其他国家收入的资金实际上也是由全国的纳税人进行偿还,这显然是不符合成本—受益原则的。

13.4.2 三峡工程建设的公平性分析

三峡工程全称为长江三峡水利枢纽工程。整个工程包括一座混凝重力式大坝,泄水闸,一座堤后式水电站,一座永久性通航船闸和一架升船机。三峡工程建筑由大坝、水电站厂房和通航建筑物三大部分组成。大坝坝顶总长3 035米,坝高185米,水电站左岸设14台,左岸12台,共表机26台,前排容量为70万千瓦的小轮发电机组,总装机容量为1 820千瓦时,年发电量847亿千瓦时。通航建筑物位于左岸,永久通航建筑物为双线五包连续级船闸及早线一级垂直升船机。① 三峡工程的建设对三峡周围及全国都具有重要影响,在此我们主要分析其供电方面带来的收益。据悉,三峡工程处于全国电网中枢的位置。以直线供电距离1 000公里为半径,全国除辽宁、吉林、黑龙江、新疆、西藏、海南外,其余各省、自治区、直辖市的主要城市和工业基地都在三峡工程供电范围内。②

三峡工程所需投资,静态(按1993年5月末不变价)900.9亿元人民币,考虑物价上涨和贷款利息,工程的最终投资总额预计在2 000亿元左右。其中800亿元靠施工期间发电收入补充。中国政府在资金筹措方面出台了三项扶持政策。一是将葛洲坝发电厂划归三峡工程业主——中国长江三峡工程开发总公司,其发电利润用于三峡工程建设,此外,适当提高其上网电价,增加的收入也用于三峡工程建设。二是在全国范围内,按不同地区、不同标准,通过对用户用电适当加价的办法,征收三峡工程建设基金。以上两项在三峡工程建设期内可筹集资金约1 100亿元人民币,占三峡工程总投资的50%以上。三是国家开发银行贷款,国家开发银行已承诺在1994年至2003年每年向三峡工程贷款30亿元,共计300亿元人民币。以上三项政策可为三峡工程筹集建设基金1 400多亿元,约占工程总投资的70%。这是三峡工程稳定可靠的资金来源,对整个工程建设起着重要的资金支撑作用。除此之外,三峡工程从2003年起,机组相继投产,从而能从售电中为三峡工程增加新的资金来源。其余少量资金拟从国内外资本市场筹集。不足部分拟通过出口信贷和发债方式在国际资本市场上解决。1997年1月,国家计划委员会正式批准三峡债券发行计划。同年2月,中国长江三峡工程开发总公司在国内首次发行三峡工程债券,发债额度为10亿

---

① 资料来源:http://www.gov.cn/test/2006-05/12/content_278989.htm。
② 资料来源:http://news.sina.com.cn/c/2004-02-09/12421754713s.shtml。

元人民币。①

三峡工程资金来源中来源于发电所得的资金本身是企业的一种积累和投资行为,是符合成本—受益原则的。三峡工程中的银行贷款、三峡工程债券和向国外组织的借款都是企业负债,如果通过三峡工程自身收益偿还则符合成本—受益原则,但是如果到时三峡工程无力偿还,通过国家财政拨款的形式进行偿还则不符合原则,因为全国有些地区并没有从三峡工程中受益,却要承担税收成本。三峡基金②自 1992 年设立以来,在三峡工程建设中发挥着重要作用,到 2005 年年底共到位 623 亿元,占三峡工程已完成投资总额的 51%,成为三峡工程最为稳定的资金来源③。这部分资金中的对全国电力用户征收的电价附加很显然是不符合成本—受益对等原则的,有些地区如新疆、辽宁等并不能直接从三峡工程中受益,却被征收了三峡基金,这显然是违背了成本—受益对等的公平原则。实际上,三峡基金资金规模比较大,对三峡建设起着巨大的作用,这样就带来了较大的不公平,对于那些没有从三峡工程中受益的地区产生了不公平待遇。

13.5 公共基础设施支出整体的公平性分析

13.5.1 地区公平性分析

改革开放以来,我国的公共基础设施支出随着经济的发展而不断提高,支出的公平性也在不断提高,地区之间的差距逐渐缩小。交通运输、仓储及邮政通信类公共基础设施人均支出的变异系数从 1996 年的 0.91 下降到 2010 年的 0.42;电力、燃气及水的生产和供应类的公共基础设施人均支出的变异系数从 1996 年的 0.83 下降到 2010 年的 0.71(见表 13.4、表 13.5)。各地区之间的公共基础设施的基尼系数也表明我国公共基础设施的支出是越来越公平的,交通运输、仓储及邮政通信类公共基础设施人均支出的基尼系数从 1996 年的 0.38

---

① 资料来源:http://news.qq.com/a/20060520/001283.htm。
② 1992 年,国务院决定,全国每千瓦时用电量征收三厘钱作为三峡工程建设基金,专项用于三峡工程建设。征收范围为全国除西藏以及国家扶贫的贫困地区和农业排灌以外的各类用电。1994 年,三峡基金征收标准提高到每千瓦时四厘钱。1996 年,三峡工程直接受益地区及经济发达地区征收标准提高到每千瓦时七厘钱。同时,国务院还决定把葛洲坝发电厂划归中国三峡总公司管理,电厂上缴中央财政的利润和所得税全部作为三峡基金。
③ 资料来源:http://www.ce.cn/cysc/cyscczh/200605/14/t20060514_6955686.shtml。

降低到 2010 年的 0.22;电力、燃气及水的生产和供应类公共基础设施人均支出的基尼系数从 1996 年的 0.37 下降到 2010 年的 0.31(见表 13.4、表 13.5)。基尼系数虽然在不同的年份有所起伏,但总体来说处于一种相对公平的状态。最高地区和最低地区的相对差距也呈现出逐渐缩小的趋势,1996 年人均交通运输、仓储及邮电通信类公共基础设施支出最高地区上海是最低地区湖南的 15 倍,而到 2010 年,最高地区内蒙古仅是最低地区安徽的 5.3 倍;1996 年电力、燃气及水的生产和供应类公共基础设施人均支出最高地区上海是最低地区安徽的 13 倍,到 2010 年最高地区内蒙古仅是最低地区安徽的 5 倍(见表 13.4、表 13.5)。

表 13.4 交通运输、仓储及邮政通信类公共基础设施支出统计分析

	1996	1998	2000	2002	2004	2006	2008	2010
最大值	1 114.4 上海	1 423.11 北京	943.70 北京	943.7 北京	2 124.1 西藏	3 059.1 上海	3 658.6 上海	4 219.3 内蒙古
最小值	74.14 安徽	177.35 河南	225.03 贵州	261.3 安徽	270.3 湖南	444.5 湖南	453.5 甘肃	802.2 安徽
变异系数	0.83	0.66	0.44	0.54	0.61	0.63	0.62	0.42
基尼系数	0.38	0.32	0.23	0.27	0.29	0.30	0.31	0.22

资料来源:由历年《中国固定资产投资统计年鉴》中的数据加工而成。

表 13.5 电力、燃气及水的生产和供应类公共基础设施支出统计分析

	1996	1998	2000	2002	2004	2006	2008	2010
最大值	779.1 上海	827.9 上海	633.5 上海	694.5 青海	1 675.1 内蒙古	2 424.4 内蒙古	3 052.8 内蒙古	5 564.7 内蒙古
最小值	63.1 安徽	67.9 江西	120.2 安徽	114.9 安徽	164.9 安徽	261.9 湖南	385 江西	556.2 河南
变异系数	0.82	0.74	0.44	0.51	0.52	0.57	0.53	0.71
基尼系数	0.37	0.36	0.23	0.28	0.31	0.27	0.26	0.31

资料来源:由历年《中国固定资产投资统计年鉴》中的数据加工而成。

从不同地区来看,我国公共基础设施的支出明显存在着"中部塌陷"的现象,即中部地区的公共基础设施支出逐渐落后于东、西部地区[①]。在一般的认识中,都认为中部地区的基础设施要好于西部地区,但现实却不是这样,从 1997 年开始,西部地区公共基础设施人均支出便逐渐高于中部地区。到 2010 年,中

---

① 本部分采用通用的东、中、西部的划分形式,东部地区指的是广东、江苏、浙江、上海、山东、北京、辽宁、福建、天津、河北、海南共 11 个省市(未列出香港、澳门、台湾地区),西部指内蒙古、青海、宁夏、新疆、贵州、陕西、广西、重庆、四川、云南、西藏、甘肃共 12 个省、自治区、直辖市,其他地区归中部。

部地区公共基础设施人均支出为 2 318.5 元/人,西部地区为 3 654.9 元/人,西部地区远远高于中部地区。中部地区的安徽、湖南、江西、河南的公共基础设施人均支出在全国各地区中有时是处在倒数第一的位置,而西部地区的内蒙古、西藏、青海地区的公共基础设施人均支出在有的年份是处于全国前列的(见表13.4、表 13.5)。这说明政府在进行西部大开发建设的过程中忽略了对中部地区的建设,尽管中部地区提出了"中部崛起"战略,但是仍然不能改变公共基础设施逐渐落后于东、西部地区的局面。

13.5.2 城乡公平性分析

从人均公共基础设施支出来看,我国公共基础设施在城乡之间的差距是比较大的,并且呈现出逐渐扩大的趋势。2004 年,我国城镇人口为 5.43 亿,此时的农村人口为 7.57 亿。2010 年,我国城镇人口为 6.70 亿,而此时的农村人口为 6.71 亿。城市人口不断增加,农村人口不断减少。但是,公共基础设施人均支出的城乡差距仍然在不断地扩大。2004 年的差距为 2 215.29 元/人,而 2010 年的差距为 5 852.84 元/人,2010 年,城市居民人均基础设施公共支出是农村的 13 倍(见图 13.4)。其中交通、仓储及邮电通信类公共基础设施的差距拉大速度明显快于电力、煤气及水的生产和提供类的基础设施。另一方面,在城乡基础设施公共支出占人均可支配收入方面,2004 年至 2010 年间,城乡公共基础设施支出占居民可支配收入的比例都呈现出整体上升的趋势,但是整体而言城市的上升速度要更快一些,并且二者的差距也呈现出逐年扩大的趋势,2010 年城镇公共基础设施支出占居民可支配收入的比例是农村的 4 倍(见图 13.5)。这说明相对于城镇公共基础设施的支出,我国农村的公共基础设施存在着严重的不足,同时农村公共基础设施的支出与其经济规模也是不相匹配的。

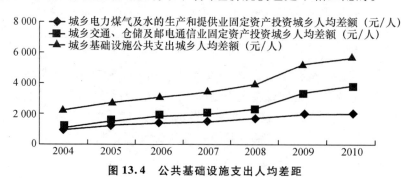

图 13.4 公共基础设施支出人均差距

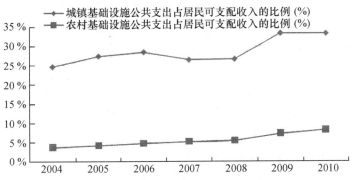

图 13.5 城镇、农村公共基础设施支出占居民可支配收入的比例

13.6 提升我国公共基础设施公平性的建议

  从不同的维度来看,我国公共基础设施的公平性呈现出不同的特点。从公共基础设施人均支出的地区差异和基础类公共基础设施的分布来看,我国公共基础设施的公平性还是比较令人满意的,但是从城乡差距和成本受益对等的角度来看,我国公共基础设施还存在着很大的不公平性。这也是改革开放以来我国公共基础设施建设取得了很大的成就,但是还有很大改进空间的一个缩影。为了更好地促进公共基础设施的公平性,我们在公共基础设施支出方面应该注意以下事项。

  理性地看待公共基础设施的不公平。首先,我国还是发展中国家,发展仍然是当前社会的首要任务。之所以出现一些公共基础设施不公平的现象,究其原因还是社会经济发展不够充分。改革开放以来,我国东部地区和城镇地区对我国的经济发展起到了重要的作用,给中西部地区带来了很大的好处。我们不能因为地域之间及城乡之间的差距而认为东部和城镇的发展不能给中西部和农村地区带来好处。在处理公共基础设施不公平问题上,我们要在市场的规则下办事,珍惜现在来之不易的经济繁荣景象,不能因为过分强调公共基础设施的公平而抑制城市和东部公共基础设施的投入。其次,我国现在实行的是分税制的财政体制,这决定了财政收入在全国不可能实现均等的分配。分税制体制对于地方发展本地区经济的积极性有很大的调动作用,地区经济发展好,本地区的税源就广,财政收入就多,反之则会导致财政收入的匮乏。如果我们要很突然地加大对中西部和农村的基础设施公共支出,势必需要大量的转移支付,减少发达地区政府的可支配收入，这势必会挫伤地方政府发展本地区经济的积极性，最终可能是不仅不能够改善现有的基础设施公共支出不公平的现象，还有可能导致全国的基础设施公共支出水平普遍下降。所以，我们在实施政策时一定要理性地看待既有的公共基础设施的不公平现象，不可为了公平而过多地损害到效率。

减少加剧公共基础设施不公平的体制和制度障碍。现在公共基础设施之所以存在不公平的现象，虽然从根源上来说是市场选择的结果，但是也有政府的一些体制和政策的原因。以公共基础设施支出在地区之间的总量上的差距和城乡之间的差距为例，我们可以从制度上找出以下原因：首先，户籍制度和我国的税收制度加剧了地区之间政府收入的不公平。在户籍制度的限制下，社会上普遍出现了同工不同酬和用工歧视的现象，这很大程度上减少了中西部地区和农村地区居民的可支配收入。另一方面，我国现在实行的是以增值税为主体的税收制度，这便使得税收朝着工业集中的地方聚集，而税收的负担者则是分散在全国各地的消费者。如果能够打破或改善这两种制度，一方面要打破户籍限制，使得中西部地区和农村居民的收入提高，另一方面要减少增值税在税收中所占的分量，使得税收更多地留在商品的消费地，那么不同地区之间和城乡之间的财政收入的差距便不会像现在这样悬殊。其次，资源价值分享体制也加剧了地区政府之间的分配不公。在现行的体制下，资源价格要么过低，要么政府不能够从资源的开采中受益，这显然导致了资源丰富的中、西部地区政府财政收入的减少。对此，一方面要完善资源的价格形成体制，使资源的价格真正反映其价值，另一方面要完善资源价值的分享制度，使资源丰富的地区获取更多的利益。

优化公共基础设施的结构。通过分析可以看出，虽然我国基础类公共基础设施在各地区基本达到了公平，已经能够保证绝大多数居民享受到基础类公共基础设施，但是我们也不得不承认还有一些地区无法享受到基础类公共基础设施，在接下来的支出中我们应该注重公共基础设施结构的改变，在加大对中西部基础设施投入规模的同时，对具体投入结构应该有所侧重。在对农村及中西部地区进行基础设施投资时要注意到这些地区对基础设施需求的类型可能与城镇和东部地区的需求结构不同，如东部的上海可能更多地需要文化娱乐之类的基础设施，而西部的偏远山区可能更需要饮水之类的保障基本生存的基础设施。切不要将这些地区本来就不需要或者使用不起的基础设施投入建设，这样对于使用者和提供者来说都会是很大的负担，是对资源的浪费。同时在已经能够满足基础类公共基础设施需要的地区应该注意提高公共基础设施的层次，提高公共基础设施的质量,这样才能提高整个社会的福利水平。

优先提供惠及面广的基础设施。在基础设施公共支出方面,应该更加侧重于提供那些惠及面比较广的基础设施。惠及面比较广的基础设施往往因为其具有更大的正外部性而使得本地政府都不愿意投入过多的资金,但是这类基础设施实际上对于经济发展和人们的生活都有着巨大的影响。跨流域污水治理就是一个明显的例子。跨流域的河流往往是被那些经济发达地区污染的(即使污染源在不发达地区,受益者实际上还是经济发达地区的居民),而受到污染影响最大的往往是经济不发达地区的居民。一条跨流域河流的污染可能会使沿岸很多地区的居民受到影响,而各地区出于自身利益的考虑都不会投入大量公共支出用于治理污染的基础设施,这便使得这类基础设施的缺失对经济和社会产生了较大的负面影响,因此这便需要上级政府进行协调,上级政府在进行基础设施的公共支出投入时应该首先考虑这些项目。

改变公共基础设施筹融资体制。在对公共基础设施的成本收益进行公平性分析时我们发现,我国公共基础设施在资金筹集方面存在着较大的不公平,有些没有享受公共基础设施所带来的好处的地区却为此类公共基础设施埋单。在接下来的公共基础设施的建设中,应该充分论证公共基础设施的受益范围,从那些能够从公共基础设施获得利益的地方筹措资金,避免成本—受益不公平的出现。

第 14 章

中国涉农支出的公平性分析

14.1 导言

涉农支出也称"三农"支出,是反映国家财政对农民、农业和农村支持和保护力度的财政支出,它是中央和地方财政补贴农民、农业生产与农村基础设施等方面的资金投入的总和。目前,中央财政直接支持"三农"的资金涉及 15 大类,包括基本建设投资(国债资金)、农业科学事业费、科技三项费用、支援农村生产支出、农业综合开发支出、农林水气等部门事业费、支援不发达地区支出、水利建设基金、农业税灾歉减免补助、农村税费改革转移支付、农产品政策性补贴支出、农村中小教育支出、农村卫生支出、农村救济支出与农业生产资料价格补贴。[①]

作为财政支出的特殊类型,本章拟就我国涉农支出的公平性做出分析。由于涉农支出的范围广、涉及的内容非常庞杂,又没有单独的预算收支科目,同时涉农资金的管理非常分散,目前直接分配与管理支农资金的部门包括发改委、财政、农业、水利、林业、教育、卫生、扶贫办、能源办、交通、国土、粮食等 20 多个部门。受篇幅的限制,同时也为了避免与本报告中其他章节的内容重复,本章

---

① 资料来源:http://www.mof.gov.cn/zhengwuxinxi/diaochayanjiu/200805/t20080519_20754.html。

将涉农支出的研究范围确定在国家财政对农业的支出①、粮食补贴支出与扶贫支出三个方面。

14.2 国家财政对农业支出的公平性分析

财政农业支出是农业资本的一个重要来源,反映了国家财政对农业的支持力度。也正因为如此,在我们国家,国家财政一直都重视针对农业的支持力度。例如,自20世纪90年代以来,图14.1所给出的趋势线表明,国家用于农业财政的部分也不断增加,无论是农业财政支出的总额,还是农业财政支出的净额(等于狭义的农业财政支出减去农业税收收入的差额),也不管是支出的绝对规模,还是支出的相对规模(如农业财政支出占农业GDP的比重)都是如此。② 既然如此,那么在支出规模增长的同时,农业财政支出的公平性如何呢?关于这一问题,我们下面从投入的公平性与受益的公平性两个方面来做出分析。

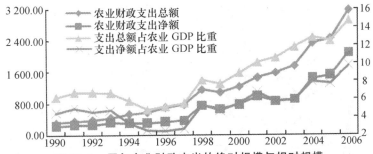

图 14.1 历年农业财政支出的绝对规模与相对规模

注:由于2007年实行财政收支分类的改革,国家财政对农业支出科目进行了调整,统计口径变化较大,为此本章所呈现的农业财政支出数据只到2006年。

资料来源:根据历年《中国统计年鉴》整理获得。

14.2.1 财政投入的公平性分析

农业是国民经济的基础,农业是自然风险和市场风险相互交织的弱势产

---

① 这里所分析的是小口径的农业支出,也是各级财政落实《农业法》的口径,支农范围比较窄。
② 当然,尽管财政农业支出的绝对规模和相对规模都有增加的趋势,但其规模还是比较低的。就财政农业支出占农业GDP的比重来说,西方发达国家的农业财政投入占农业GDP的25%左右,日本、以色列等国更是高达45%以上。另外,自1990年以来,财政农业支出占财政总支出的比重一直出现震荡向下的趋势,由1990年的9.98%下降到2006年的7.85%。

业,农业生产关系国计民生,中央财政在支持农业生产方面理应发挥主导作用。但基于表 14.1 所给出的数据可以看出,在财政支农支出方面,近些年来,虽然中央财政对农业投入的力度不断加大,从 1991 年的 22.81 亿元增加至 2006 年的 194.39 亿元。但中央财政的投入比例一直只在 8% 到 12% 的范围内,比例较低,远远小于地方财政的投入。这说明,中央财政其实是将对农业投入的责任下放给了地方政府,由地方政府承担主要支出责任,这在责任分摊上有失公平。

表 14.1 中央和地方财政支农支出概况

年份	中央支农（亿元）	地方支农（亿元）	中央支出比重（%）	地方财政总支出（亿元）	地方财政支农支出占地方财政总支出的比例（%）
1991	22.81	220.74	9.37	2 295.8	9.6
1992	27.52	241.52	10.23	2 571.76	9.4
1993	32.32	290.10	10.02	3 330.24	8.7
1994	44.95	354.75	11.25	4 038.39	8.8
1995	46.40	383.82	10.79	4 828.33	7.9
1996	54.95	455.12	10.77	5 786.28	7.9
1997	56.12	504.65	10.01	6 701.06	7.5
1998	68.79	557.23	10.99	7 672.58	7.3
1999	68.64	608.82	10.13	9 035.34	6.7
2000	77.42	689.47	10.10	10 366.65	6.6
2001	99.09	818.87	10.79	13 134.60	6.2
2002	119.74	982.96	10.86	15 281.45	6.4
2003	135.59	999.27	11.95	17 229.84	5.8
2004	141.80	1 551.99	8.37	20 592.81	7.5
2005	147.53	1 644.87	8.23	25 154.31	6.5
2006	194.39	1 966.96	8.99	30 431.33	6.5

资料来源:历年《中国财政年鉴》。

一方面,是中央和地方责任的分摊问题,另一方面,在目前地方财政普遍困难、中央对地方财政转移支付又不到位的情况下,责任的下放增加了地方财政的负担,影响到地方政府对弱势农业的应有投入和公平保护。表 14.1 所给出的数据资料显示,1991—2006 年地方财政总支出由 2 295.8 亿元增长到 30 431.33 亿元,增长了 13.26 倍,而同期地方财政农业支出则由 220.74 亿元增长到 1 966.96 亿元,仅增长了 8.9 倍,这使得地方财政支农支出所占比重呈逐年下降趋势,1991 年的 9.6% 下降到 2003 年的 5.8%,仅 2004 年上升到 7.5%,随即又迅速下降到 2006 年的 6.5%。

当然,尽管责任的下放对于农业的保护产生了负面影响,但对于不同的地区,情况存在一定的差异。从表14.2可以看出,自从1997年以来,我国东、中、西部地区,无论是财政农业支出总额,还是人均财政农业支出额都呈增长态势,但支出规模总体上呈现出从东部到西部再到中部的递减趋势,即无论从总额还是人均数来看,中部地区的支出规模都要低于东部和西部地区。实际上,中部8省是我国的农业大省,是中国的粮食主产区,理应获得财政资金更多的支持,反而却变成了财政支农的"塌陷"地区。与此同时,从支出的稳定性情况来看,或许是受到财政实力的影响,东部地区财政农业支出增长速度较为稳定,而中西部地区的波动幅度很大(尤其是在2002年以后)。2003年中西部地区财政对农业的支出出现了负增长,2004年财政农业支出又巨幅增长,中西部地区分别增长66.75%和95.05%,但2005年又大幅回落,西部地区甚至出现了负增长,可见中西部地区的财政农业支出缺乏一定的稳定性,这也不利于对农业尤其是落后地区农业的保护。

表14.2 农业财政支出的地区差异

年份	农业财政支出总额(亿元)						人均农业财政支出(元)		
	东部	增速	中部	增速	西部	增速	东部	中部	西部
1997	211.44		134.69		158.51		63.95	43.71	57.34
1998	225.12	6.47	162.77	20.85	169.29	6.80	67.43	52.82	60.99
1999	262.20	16.47	164.07	0.80	182.54	7.83	78.47	53.12	65.59
2000	287.81	9.77	178.72	8.93	222.94	22.13	85.28	57.50	79.64
2001	332.12	15.39	206.89	15.76	279.86	25.53	97.34	66.38	99.61
2002	391.96	18.02	261.13	26.21	329.88	17.87	115.23	83.46	116.90
2003	450.05	14.82	249.23	-4.56	300.00	-9.06	131.81	79.43	106.28
2004	551.25	22.49	415.60	66.75	585.14	95.05	160.63	131.78	206.05
2005	654.91	18.80	436.79	5.10	553.17	-5.46	277.56	171.96	235.16
2006	764.56	16.74	532.15	21.83	670.46	21.20	328.88	213.59	288.48

注:① 地方农业财政支出总额是农业支出、林业支出和农林水气部门事业费的三项相加。

② 关于区域的划分,本章采用国家统计局的划分方式,东部地区包括北京、天津、河北、辽宁、上海、江苏、浙江、福建、山东、广东和海南等11个省市;中部地区包括山西、吉林、安徽、江西、黑龙江、河南、湖北和湖南8个省;西部地区包括重庆(1997年后单列)、四川、贵州、云南、西藏、甘肃、青海、宁夏、广西、新疆、陕西、内蒙古12个省区市。

资料来源:地方农业财政支出总额来源于历年《中国统计年鉴》;2006年与2005年乡村人口数来源于历年《中国统计年鉴》,其余来源于历年《中国农业年鉴》。

14.2.2 支出受益的公平性分析

第一,财政支农资金大都流向农业机关和单位,直接用于农业生产的比重不足。从表14.3中可以看出,农林水气事业费与支援农村生产支出占农业财政支出的大部分,从1978年到2006年,这近三十年间只有少数年份没有超过60%,平均67%,最高年份将近75%。特别地,在此项支出所涉及的两部分支出中,农林水利部门的事业费占绝大部分,支援农村生产支出只占很少一部分,不超过10%。鉴于大量的农林水利部门事业费都用于养活庞大的农业政府机关,这也就意味着,此支出虽然名义上属于支农支出,但实际上则用于人员开支,农民从中得到的实惠所剩无几。在这一方面,据国务院发展研究中心的调查,我国财政支农资金有70%左右用于农业单位的人员和机构经费,直接用于农业生产的比重不足30%。

第二,农业基本建设支出力度不够,城市受益较多。农业基本建设主要是指国家在农业、林业、水利、气象等部门进行的基础设施工程建设,这些工程的建设具有很大的外部性,对于改善农业生产基本条件、促进农业综合生产能力和保障农业可持续发展有着重要的作用。但农业基本建设的财政支出在整个农业财政支持的份额呈波动中下降的趋势,1998年国家发行大量国债,农业财政中用于农业基本建设的支持份额有所上升,随后虽然绝对支出总额在连续上升,但是相对份额却连年下滑,在本来农业基础设施建设薄弱的我国,农业基础设施建设的投入力度明显不够,农业要想实现长远可持续发展必须提高农业基础设施建设支出。然而,在农业基本建设支出项目中,如江海堤防、南水北调、防洪防汛等支出却全部列在支农资金中,其受益对象包括城市和农村、工业和农业,利益的归宿不仅仅是农村、农业和农民。

表14.3 国家财政对农业支出的结构

年份	财政支农总支出(亿元)	农林水气事业费与支援农村生产支出		农业基本建设支出		科技三项费		农业救济费	
		总额(亿元)	份额(%)	总额(亿元)	份额(%)	总额(亿元)	份额(%)	总额(亿元)	份额(%)
1978	150.66	76.95	51.1	51.14	33.9	1.06	0.7	6.88	5
1980	149.95	82.12	54.8	48.59	32.4	1.31	0.9	7.26	5
1985	153.62	101.04	65.8	37.73	24.6	1.95	1.3	12.9	8
1990	307.84	221.76	72.0	66.71	21.7	3.11	1.0	16.26	5
1991	347.57	243.55	70.1	75.49	21.7	2.93	0.8	25.6	7
1992	376.02	269.04	71.5	85	22.6	3	0.8	18.98	5
1993	440.45	323.42	73.4	95	21.6	3	0.7	19.03	4
1994	532.98	399.7	75.0	107	20.1	3	0.6	23.28	4
1995	574.93	430.22	74.8	110	19.1	3	0.5	31.71	6

(续表)

年份	财政支农总支出（亿元）	农林水气事业费与支援农村生产支出		农业基本建设支出		科技三项费		农业救济费	
		总额（亿元）	份额（%）	总额（亿元）	份额（%）	总额（亿元）	份额（%）	总额（亿元）	份额（%）
1996	700.43	510.07	72.8	141.51	20.2	4.94	0.7	43.91	6
1997	766.39	560.77	73.2	159.78	20.8	5.48	0.7	40.36	5
1998	1 154.76	626.02	54.2	460.7	39.9	9.14	0.8	58.9	5
1999	1 085.76	677.46	62.4	357	32.9	9.13	0.8	42.17	4
2000	1 231.54	766.89	62.3	414.46	33.7	9.78	0.8	40.41	3
2001	1 456.73	917.96	63.0	480.81	33.0	10.3	0.7	47.68	3
2002	1 580.76	1 102.7	69.8	423.8	26.8	9.88	0.6	44.38	3
2003	1 754.45	1 134.86	64.7	527.36	30.1	12.4	0.7	79.8	5
2004	2 337.63	1 693.79	72.5	542.36	23.2	15.6	0.7	85.87	4
2005	2 450.31	1 792.4	73.1	512.63	20.9	19.9	0.8	125.38	5
2006	3 172.97	2 161.35	68.1	504.28	15.9	21.4	0.7	182.04	6

资料来源:历年《中国统计年鉴》。

第三,农业科技投入水平低下,农业和农民直接受益的份额不多。现代化的农业发展离不开农业科技的投入,农业科技成果的转化率直接决定着农业发展的科技水平。中国农业政策研究中心和国际食物政策研究所的一项联合研究证明,农业科技的投入和推广在所有公共投资中对农业的生产增长贡献最大(樊胜根、张林秀、张晓波,2002)。然而,正如表14.3所表明的,我国近年来农业科技三项费占农业财政支出的比例最高的年份也不到1%。农业科技投入水平低下,农产品几乎没有科技含量可言,农业科研都是跟在外国研究机构后面人云亦云,无法谈及科技转化率,廉价的劳动力和自然资源成为我国农产品在国际市场唯一的竞争力,在发达国家的科技冲击下,这些优势又所剩无几。即使在如此之低的农业科技投入中,农业和农民直接受益的份额也并不多,因为在实际操作中,大量资金流向了科研院所、工业企业、农业管理部门(七站八所)等。

第四,农业救济费用占农业财政支出的比重较低,城乡差距较大。从表14.3中可以看出,1978—2006年,农业救济费用占农业财政支出的比重较低,一直在3%—8%之间震荡徘徊,平均水平仅为4.9%。农业救济费的直接受益者为广大农民,在我国独特的城乡二元经济结构下,农村经济薄弱,农业人口占全国人口的大部分,农业经营风险大于工业部门,但是和城市救济费用比起来,农村救济费用在绝对量上显然不足。

14.3 粮食补贴支出的公平性分析

自2004年我国开始大规模实行粮食直接补贴政策以来,目前已初步形成了以粮食直接补贴与农资综合直接补贴为主要内容的收入性补贴、以良种补贴与农机具购置补贴为主的生产性补贴以及最低收购价政策相结合的粮食补贴政策体系。2006年6月底,政府提出了将农业保险纳入农业支持保护体系,明确提出了补贴农户、补贴保险公司与补贴农业再保险政策,即中央和地方财政对农户投保按品种、按比例给予补贴;对保险公司经营的政策性农业保险适当给予经营管理费补贴;建立中央、地方财政支持的农业再保险体系。在此政策的推动下,国家粮食补贴项目不断增多,补贴标准不断提高,补贴资金的规模也越来越大。2011年,国家用于粮食直接补贴、农资综合补贴、良种补贴和农机具购置补贴的"四补贴"分别为151亿元、860亿元、220亿元与175亿元,总额达到1 406亿元(见表14.4)。至于我们国家粮食补贴支出的公平性如何,本节采用了上海财经大学2011年暑期千村调查项目"国家粮食安全问题研究"的数据来分析。[①]

表14.4 粮食补贴支出的类型与规模 (单位:亿元)

年份	收入性补贴		生产性补贴	
	粮食直接补贴	农资综合直接补	良种补贴	农机具购置补贴
2006	142	120	41.5	6
2007	151	276	66.6	20
2008	151.09	715.91	123.45	39.95
2009	190	756.00	154.80	130
2011	151	860	220	175

资料来源:根据财政部网站相关资料整理获得。

14.3.1 粮食补贴支出的地区公平性分析

首先,从"粮食直补"政策的地区受益情况来看,东北、中部地区农户受益面

---

① 此次调查的有效样本涉及全国31个省(市、自治区),481个县(市、区、旗),721个村。累计获取有效农户家庭样本7 192个,其中东部地区样本分布集中度为53.19%;东北地区样本集中度为6.26%;中部地区样本集中度为21.27%;西部地区样本集中度为19.28%。从样本的区域分布不难看出,样本的获取受学校生源地影响,上海周边的华东地区是本次调查的核心区,某些地区的样本量较少。

相对较广。在对 7 192 位农户是否获得过粮食直接补贴的调查中,有 81.2% 的农户表示获得了粮食补贴。这说明基层政府在执行国家补贴政策上整体认真负责,将中央政府的政策落到了实处,绝大多数农户获得了粮食补贴,并从中受益。但是,在不同地区,农户获得补贴的比例是不一样的。其中,东北地区获得补贴的比例最高,占比 95.16%;其次是中部地区,其获得补贴的比例为 92.45%;西部地区为 83.94%;东部地区为 73.96%,比例最低(见表 14.5)。有意思的是,与补贴的受益面基本一致,在农户对粮食补贴政策的满意度方面,东北地区表示满意的比例最高(而表示不满意的比例则最低)。满意度相对较低的是东部地区,其表示满意的个体比例最低,而表示不满意的比例最高(见表 14.5)。但是,尽管如此,从整体上来看,由于补贴受益面的差别不是很大,补贴在地区之间还是比较公平的。

表 14.5　2010 年不同地区农户获得补贴的比例及其满意度　　（单位:%）

地区	是否获得补贴		对于补贴的满意程度		
	否	是	满意	基本满意	不满意
东北	4.84	95.16	41.78	51.11	7.11
东部	26.04	73.96	27.21	57.68	15.11
中部	7.55	92.45	34.38	53.33	12.29
西部	16.06	83.94	38.46	47.69	13.85
总体	18.80	81.20	31.81	54.42	13.77

其次,从获得的亩均补贴金额来看,地区之间的粮食补贴标准有着一定的差异,但差异不是很明显。表 14.6 所给出的数据表明,76.3% 的农户获得的亩均补贴在 1—100 元;17.48% 的农户获得的亩均补贴在 100—200 元,二者合计占比 93.8%。也就是说,绝大多数的补贴都在亩均补贴 1—200 这个区间所涉及的两个补贴档次内。特别地,就这两个补贴档次的情况来看,东北地区获得亩均补贴在 1—100 元的农户比重最高,占比 85.41%,其次,是西部地区,占比 84.92%,东部地区最低,占比 70.42%;而获得亩均补贴 100—200 元的农户,中部地区最高,占比 19.62%,其次是东部地区,占比 19.58%,第三是西部地区,占比 12.58%,东北地区比重最低,占比 9.88%。可见,地区之间的粮食补贴标准存在一定的差异,东部地区和中部地区的粮食补贴标准较高,而西部地区和东北部地区的补贴标准则相对较低。但综合考虑,不同地区的差异不是很明显,整体上来说比较公平。

表 14.6 2010 年农户亩均补贴情况表 (单位:%)

亩均补贴	总体	地区				种粮大户
		东北	东部	中部	西部	
1—100 元	76.33	85.41	70.42	78.28	84.92	61.8
100—200 元	17.48	9.88	19.58	19.62	12.58	18.6
200—300 元	2.59	1.18	4.16	1.08	1.16	6.3
300—400 元	1.25	0.71	2.12	0.51	0.27	3.4
400—500 元	1.00	1.18	1.75	0.14	0.18	3.0
500 元以上	1.23	1.65	1.97	0.36	0.9	6.9
合计	100.00	100.00	100.00	100.00	100.00	100.0

14.3.2 粮食补贴支出的人际公平性分析

首先,农机具补贴的受益者主要是拥有耕地规模较大的农户,一般农户较少受益。农机具购置补贴政策的主要目的是支持农户使用先进的农业机械,促进提高农业机械化水平和农业生产效率。从农户耕地规模和购买农机具补贴的关系来看(见表14.7),随着农户耕地规模的递增,其购买大型农机具的意愿就增强,换句话来说,农机具补贴的受益者主要是拥有耕地规模较大的农户,一般农户较少受益。这也就意味着,相对而言,农机具补贴对于一般农户是不利的。

表 14.7 2010 年农户购买农机具行为 (单位:%)

耕地规模	是否购买农机具		合计
	否	是	
≤1 亩	95.18	4.82	100
1—5 亩	92.44	7.56	100
5—10 亩	88.11	11.89	100
10—20 亩	75.87	24.13	100
20—30 亩	68.97	31.03	100
30—40 亩	65.12	34.88	100
40—50 亩	64.41	35.59	100
>50 亩	48.92	51.08	100
总体	86.76	13.24	100

其次,是耕种土地与享受补贴没有直接联系,一部分实际种粮农民不能享受相应的粮食补贴。在对 7 192 位农户是否获得过粮食直接补贴的调查中,尽管有 81.2% 的农户获得了粮食补贴,但是仍然有 18.8% 的受访者表示没有获得过粮食补贴(见表14.5),也就是说,粮食补贴政策并没有惠及所有种田的农

户。其中一个主要原因是根据现有的补贴政策,补贴发放给土地承包人,租种土地的实际种粮农民未得到相应补贴,与补贴政策初衷相悖,无法激励真正种粮的农户,这在制度上存在不公平,不尽合理。

再次,种粮大户获得的补贴标准要略高于一般农户。我们将拥有耕地规模15亩以上定义为种粮大户。对1 083位种粮大户2010年获得亩均农业补贴的调查结果显示(见表14.6):种粮大户获得的亩均农业生产补贴要略高于一般农户,因为亩均补贴在1—100元的比例仅为61.8%,亩均农业补贴在100—200元之间的占比18.6%,也就是说,80.4%的种粮大户获得亩均粮食农业补贴在100元上下波动,此比例要低于一般农户十多个百分点。与之对应,种粮大户亩均补贴高于200元的比例相对更高。这意味着,我国的粮食补贴有偏好于种粮大户的倾向。但是,令人感到奇怪的是,在满意度方面,尽管有18.8%和60.81%的种粮大户对国家粮食补贴政策感到满意和基本满意,即79.61%的大户对粮食补贴政策接近满意,但这一比重低于一般农户86.2%的满意度;20.39%的种粮大户感到不满意,这一比重又高于一般农户13.59%的水平。同时,调查数据显示,随着耕地规模的增加,种粮大户的满意度也随之下降(见表14.8)。

表14.8 种粮大户对粮食补贴政策的满意度

耕地规模(亩)	种粮大户对粮食补贴政策满意度(%)			总体
	满意	基本满意	不满意	
14—50	53.27	64.45	70.69	63.62
50—100	19.63	18.21	18.10	18.45
100—200	14.02	9.54	9.48	10.37
200—300	5.61	2.89	0.00	2.81
300—400	3.74	0.87	0.00	1.23
400—500	0.00	0.87	0.00	0.53
500以上	3.74	3.18	1.72	2.99
总体	18.80	60.81	20.39	100

最后,高收入农户获得粮食补贴的资金更多。虽然粮食补贴政策不是收入分配政策,但粮食直补政策的实施对农户间的收入分配政策必然产生不同程度和方向的影响。从粮食补贴的实施情况来看,本次调查显示(见表14.9):其一,在人均补贴1—100元的获得率上,农户获得补贴额和人均总收入的大小成反比关系,人均总收入越低,补贴的获得率就越高;人均总收入越高,补贴获得率就越低。其二,在人均补贴200元以上的获得率上,农户获得粮食补贴比例和人均总收入的大小成正比关系,低收入组农户获得粮食补贴的比例相对较低,高收入组农户获得补贴的比例较高。最低收入组农户和最高收入组农户之

间获得补贴额的差距在扩大。

表14.9 2010年粮食补贴在不同收入阶层中的利益分布

人均补贴(元)	人均总收入分类(元)				总体(%)
	500—2 000	2 000—4 000	4 000—6 000	6 000以上	
1—100	77.09	67.55	66.88	55.74	62.32
100—200	15.86	21.47	19.61	19.47	19.42
200—300	3.08	5.78	6.97	7.66	6.65
300—400	2.06	2.16	2.79	4.25	3.36
400—500	0.88	1.08	0.96	2.51	1.80
500以上	1.03	1.96	2.79	10.37	6.46
总体	12.11	18.14	16.59	53.16	100

14.4 财政扶贫支出的公平性分析

财政扶贫资金是国家设立的用于贫困地区、经济不发达的革命老根据地、少数民族地区与边远地区改变落后面貌,改善贫困群众生产、生活条件,提高贫困农民收入水平,促进经济和社会全面发展的专项资金。中国政府财政专项扶贫资金主要包括中央财政专项资金以及省、市、自治区政府的配套资金及各级地方政府的专项配套资金。① 资金管理部门涉及扶贫办、发改委、民政局、林业厅、农垦办等部门。目前,财政扶贫专项资金主要包括:财政发展资金、以工代赈资金、少数民族发展资金、国有贫困林场扶贫资金、国有贫困农场扶贫资金、扶贫专项贷款资金等。其中,财政发展资金、少数民族发展资金、以工代赈和扶贫专项贷款是财政扶贫资金中最主要的四项资金支出。就这样一个特殊的支出项目来说,关于其公平性特征,概括起来主要涉及三个方面的内容。

14.4.1 支出规模的增长与扶贫力度的加大

从2005—2009年国家扶贫重点县扶贫资金使用情况来看(见表14.10),扶

---

① 按照1997年国务院办公厅颁布的《财政扶贫资金管理办法》的规定,财政资金的地方政府配套比例应为30%—50%。其中,黑龙江、吉林、河北、河南、山西、湖北、湖南、江西、安徽、海南等10个省的配套资金比例应达到40%—50%(简称一类地区);陕西、甘肃、宁夏、青海、新疆、内蒙古、云南、贵州、四川、重庆、西藏、广西等12个省、自治区、直辖市的配套资金比例应达到30%—40%(简称二类地区)。2000年,财政部、国务院扶贫开发领导小组、国家发展计划委员会三家联合下发《财政扶贫资金使用管理办法》规定,地方财政扶贫资金配套比例最低不能低于中央财政扶贫资金的30%。

贫资金总额由 2005 年的 264.0 亿元上升到 2009 年的 456.7 亿元,4 年间增长了 1.73 倍,为我国扶贫工作的开展乃至社会公平水平的提升提供了财力保障。其中,中央扶贫贴息贷款由 2005 年的 58.4 亿元上升到 2009 年的 108.7 亿元,增长了 1.86 倍;中央财政扶贫资金由 2005 年的 47.9 亿元增长到 2009 年的 99.5 亿元,增长了 2.07 倍;省级财政安排的扶贫资金从 2005 年的 9.6 亿元上升到 2009 年的 21.3 亿元,4 年间增长了 2.2 倍,增长速度略高于中央财政扶贫资金的增长速度。但从省级财政扶贫资金的配套情况来看,2005—2007 年的省级财政扶贫资金的配套率低于国家的政策要求。

表 14.10 历年扶贫重点县扶贫资金使用情况

指标名称	2005	2006	2007	2008	2009
扶贫资金总额(亿元)	264.0	279.2	316.8	367.2	456.7
中央扶贫贴息贷款(亿元)	58.4	55.6	70.5	84	108.7
中央财政扶贫资金(亿元)	47.9	54.0	60.3	78.5	99.5
以工代赈资金(亿元)	43.3	38.5	35.4	39.3	39.4
中央专项退耕还林还草工程补助(亿元)	44.0	46.1	63.2	51.5	64.2
省级财政安排扶贫资金(亿元)	9.6	10.8	14.2	18.9	23.4
利用外资(亿元)	29	30.9	19.1	14.1	21.3
其他资金(亿元)	31.8	42.5	54	81.4	100.2
平均每个县得到的扶贫资金(万元)	4 459	4 712	5 351	6 203	—
省级财政扶贫资金占中央扶贫资金总额的比重(%)	20.04	20.0	23.5	24.08	23.52

资料来源:根据国家统计局农村社会经济调查司(2010)整理计算而得。

14.4.2 财政扶贫方式的公平性改进

在 2001 年以前,我国政府财政扶贫资金在区域投向上以重点县为主,1997 年颁布的《财政扶贫资金管理办法》规定用于重点县的扶贫资金不少于 70%。在此办法的指导下,我国扶贫资金分配根本上仍然遵循着以重点县为基本单元的县级瞄准(在县级瞄准的同时,兼顾区域间差距)。但是,这种扶贫资金投入方式存在着许多问题,由于贫困县和重点县可以获得各种政策优惠和更多的资金投入,贫困县和重点县的帽子历来成为地方政府尽力争取的对象。由于没有形成动态的进退机制,一旦进入,一般情况下都不愿意退出。结果导致了贫困县之间以及部分贫困县和一些非贫困县间的不公平性,并且影响到扶贫瞄准的准确性。

为此,2001 年 5 月,国务院扶贫领导小组颁布了《中国农村扶贫开发纲要

(2001—2010)》,中国的农村扶贫政策发生了一些新的变化。在扶贫对象的选择瞄准方面,改变了过去以贫困县为基本扶持单位的做法,将扶贫开发的重点转向贫困村。在国务院扶贫办的指导下,地方扶贫部门通过参与式和其他方式在全国确定了14.8万个贫困村,并通过整村推进的方式予以扶持。贫困村的确定改变了以往在贫困县以外的贫困人口享受不到扶贫政策和资金的状况。与此同时,有关扶贫的力度也在不断加大。比如,从2007—2008年财政扶贫资金的分配效果来看(见表14.11),扶贫重点村和非重点村的资金强度都比上年增加了。其中,非重点村的增加幅度更大,但资金量仍低于重点村。扶贫重点村平均每村当年得到的资金为16.6万元,比上年增长9.2%;非扶贫重点村平均每村当年得到的资金为8.8万元,比上年增长15.6%。

表14.11 国家扶贫重点县2007—2008年到村到户的扶持资金强度

平均到村扶贫资金总额(万元)	2007	2008
重点村	15.2	16.6
非重点村	7.7	8.9
项目户平均到村扶贫资金总额(元)		
重点村	1 017.8	1 150.4
非重点村	852.2	945.6

资料来源:国家统计局农村社会经济调查司(2009)。

虽然村级瞄准有助于覆盖更多的贫困群体,但是,贫困村的选择是否准确依然是村级瞄准的关键问题。从李小云等(2005)对3个省17个乡的调查情况来看,国家所扶持的村90%都是最贫困的村(见表14.12),这意味着:由于中央及地方对贫困村的选择有着明确的要求,即使在选择过程中有一些人为因素的干扰,村级选择的结果基本上还是公平的。

表14.12 调研重点村对贫困村的瞄准程度

	调查乡数量	确定的重点村总数量	重点村中非贫困村数量	贫困村瞄准率(%)
省1	6	25	0	100
省2	4	15	1	93
省3	7	18	5	72
合计	17	58	6	90

资料来源:李小云等(2005)。

在肯定村级瞄准扶贫方式公平性的同时,已有的调查也发现,仍然有许多贫困村没有被列入重点村名单。如某省认定了1 200个贫困村,但根据地方官员估计该省至少有5 000个实际贫困村。根据从其他省了解的情况,已经被认定为贫困村的数量只占到实际贫困村数量的35%—75%。这主要是因为多数省份采取的是由省级根据目前扶贫资源的总量确定可以帮扶的贫困村总数,再给各个县下达贫困村的指标数,这种指标限制的贫困村确定方法使得部分贫困村被排除在外(李小云等,2005)。

14.4.3 贫困户在资金分配上并未得到优先照顾

从财政扶贫资金利益归宿的人群分布来看,贫困农户在得到扶贫项目和扶贫资金方面并没有优先权。根据《2009年中国农村贫困监测报告》课题组的连续调查,2007年的贫困户中只有19.5%的农户在2008年得到项目,比其他农户低1.2个百分点(见表14.13)。贫困户中得到扶贫资金的农户占17.7%,和其他农户获得的比例相同。在参加项目的农户中,贫困户的户均资金为1 148.8元,其他农户为1 256.0元。可见,无论是户均资金额还是参加项目的机会,其他农户都高于贫困户,贫困户没有在分配扶贫资金时得到优先的照顾。

表14.13 2008年扶贫重点县农户获得资金比例及户均资金额

指标名称	上年贫困户	上年其他农户
得到项目的农户比例(%)	19.5	20.7
得到资金的农户比例(%)	17.7	17.7
户均资金(元)	1 145.8	1 256.0

资料来源:国家统计局农村社会经济调查司(2009,第51页)。

14.5 提升涉农资金公平性的政策建议

到目前为止,我们已就财政对农业支出的公平性、粮食补贴支出的公平性以及财政扶贫支出的公平性进行了分析。研究表明:尽管中国涉农支出的公平性已有充分的体现,但支出的公平性还未能得到充分的保证。至于其中的原因,显然,这在很大程度上与我国的体制因素有关。主要包括:其一,长期实行的"重城轻乡"、"重工抑农"的二元经济结构的制度安排。这直接导致了城乡二元的财政支出格局,国家财政对农业投入的不足,对城乡投入存在巨大差异。其二,中央与地方政府之间的事权和财权划分存在事权层层下移、财权和财力层层上收的现象。这使得目前支农支出责任主要由财力较弱的县乡政府承担,在中央对地方财政转移支付不到位的情况下,无疑增加了地方财政的负担,影响了地方政府对农业的投入,导致了财政支农支出的不公平。也正因为如此,要提升涉农支出的公平性,一方面,需要打破城乡分治的二元体制和二元经济结构,促进城乡经济社会一体化,进一步加大对农业的财政投入力度。另一方面,则需要进一步完善财政体制,合理划分中央与地方政府间的事权和财权,加大政府对农业的转移支付力度,实现地方政府事权、财权与财力的统一。

当然,公平性问题的产生除了体制的因素外,在直接作用层面,还包含诸多具体政策操作方面的原因。如在粮食补贴问题上,根据现有的补贴政策,补贴发放给土地承包人,租种土地的实际种粮农民未得到相应补贴。补贴对象与粮农户脱钩,种粮农户利益难以得到保障。而在扶贫政策操作上,受益最大的往往是贫困村中收入水平处于中等或较高的那部分群体,收入极端低下的贫困农户则因为参与各项目的高门槛(要求农户配套资金比例常常超过一半)超过其承受能力,而被排斥在项目之外。也正因为如此,要提升财政支出的公平性,就应该完善政策措施。例如,就粮食补贴的问题来说,公平的补贴就应该明确补贴对象,坚持"谁种谁得,多种多得"的原则,以实际种粮面积作为发放的依据,将农业补贴发放给实际的耕作者,以保护种粮农户尤其是种粮大户的积极性,促进粮食生产的健康发展,保障国家粮食安全。

第 15 章

中国环境保护支出的公平性分析

15.1 导言

改革开放 30 多年来,中国在经济增长方面取得了骄人的成绩,GDP 年均增长率高达 9% 以上,经济规模也不断扩大,2010 年 GDP 跃居世界第二,成为全球第二大经济体,经济发展成就为世人所共睹。然而,在近 30 年的工业化过程中,"高投入、高消耗、高污染"的粗放型经济发展模式令中国未来发展所面临的资源、环境方面的压力不断增大。在 2010 年"全球环境指数"[①]排名中,中国的排名从 2008 年的第 105 位下滑至第 121 位(共 163 个国家参与排名)。

应该说,鉴于环境问题的重要性,早在 20 世纪 80 年代初,环境保护已被列为我国的基本国策,进而也就环境保护进行了各种方式的财政投入。特别地,2007 年的政府收支分类改革将"环境保护"作为明确的财政预算支出科目,并年年加大支出,以确保环境保护政策得以落实。而国家"十二五"规划更是将"绿色发展,建设资源节约型、环境友好型社会"作为单独一篇列出,表明我国对

---

① 该指数由美国耶鲁大学和哥伦比亚大学联合发布,每两年一次,主要从环境健康、栖息地保护、温室气体减排、降低空气污染、减少垃圾废物等方面对各国的环境表现综合进行打分。具体请见 http://www.epi 2010. yale.edu/Countries。

环保事业坚持不懈的决心,同时也预示着国家财政环境保护支出的规模还将不断扩大。

关于环保问题,在已有的讨论中,人们倾向于将其作为一个资源配置问题来对待:政府所进行的庇古税之类的惩罚性税收、激励性补贴以及科斯所给出的自由交换方案,其目的都在于通过政府的手段来矫正市场的失灵,以使得资源配置的结果达到或者逼近帕累托效率边界。但实际上,正如我们前面所多次强调的那样,经济学的资源配置问题,最终是一个有关利益协调的分配问题,因此,问题的分析要注意利益冲突的公平解决。进而,对于作为政策手段之一的环境保护支出,我们有必要去关注其公平性。

15.2 环境保护支出的口径与公平性标准

15.2.1 中国环境保护支出的口径

在我国,虽然有关环境保护方面的支出早就成为财政支出的内容之一,但其反映在预决算科目中的名称有所不同。从《中国统计年鉴》1996—2010年期间的数据来看,2007年以前,中央和地方财政主要支出类目数据中,与环境保护相关的主要是"环境保护和城市水资源建设支出"项目,它归类于城市维护建设支出项目;2007年政府收支分类改革以后,中央和地方财政主要支出项目数据中,"环境保护"才作为一个单独的支出项目。表15.1是从历年《中国统计年鉴》中整理的有关"中央和地方环境保护项目支出规模"的数据。可以看到,2007年之前明确以"环境保护"为名的支出项目只存在于地方财政支出项目中,且以"环境保护和城市水资源建设"名称出现。但是,这并不代表中央本级财政没有这方面的支出,只是这里我们没有获取更为详细的数据。

表 15.1 中央和地方环境保护项目支出规模 （单位:亿元）

年份	项目	国家财政支出	中央	地方
2010	环境保护	2 441.98	69.48	2 372.50
2009	环境保护	1 934.04	37.91	1 896.13
2008	环境保护	1 451.36	66.21	1 385.15
2007	环境保护	995.82	34.59	961.23
2006	环境保护和城市水资源	161.24		161.24
2005	环境保护和城市水资源	132.97		132.97

(续表)

年份	项目	国家财政支出	中央	地方
2004	环境保护和城市水资源	93.69		93.69
2003	环境保护和城市水资源	88.96		88.96
2002	环境保护和城市水资源	78.44		78.44

资料来源：根据历年《中国统计年鉴》整理、计算获得。

如上所述，2007年以前明确含有"环境保护"的支出科目未能将与环境保护相关的财政支出囊括其中；而收支分类科目改革之后，"环境保护"项下的财政支出的具体内容也很难把握全貌。为此，我们按照国研网上有关环境保护的数据，将"国家有关环境保护投资"也作为考察对象。这里环境保护支出的数据包含了环境污染治理投资和林业系统营林固定资产投资两部分（见表15.2），其中环境污染治理投资又包含多个子项目。

表15.2　2000—2009年国家环境保护投资概况　　　　（单位：亿元）

年份	环境污染治理投资				林业系统营林固定资产投资本年完成投资
	环境污染治理投资总额	城市环境基础设施建设投资额	工业污染源治理投资	实际执行"三同时"项目环保投资总额	
2000	1 014.90	515.5	239.4	260	151.054 1
2001	1 106.60	595.7	174.5	336.4	191.983 5
2002	1 367.20	789.1	188.4	389.7	297.638 8
2003	1 627.70	1 072.40	221.8	333.5	389.279 3
2004	1 909.80	1 141.20	308.1	460.5	398.902 329
2005	2 388.00	1 289.70	458.2	640.1	459.344 266
2006	2 566.00	1 314.90	483.9	767.2	478.489 003
2007	3 387.30	1 467.50	552.4	1 367.40	621.712 1
2008	4 490.30	1 801.03	542.64	2 146.70	836.617 3
2009	4 525.30	2 511.97	442.62	1 570.70	1 351.334 9

资料来源：根据国研网数据整理、计算获得。

需要注意的是，治理环境污染的投资不应仅仅来源于国家财政。根据"谁污染，谁治理"的原则，企业是主要污染者，也应是环境污染治理的主要投资者。但环境保护是一种典型的公共产品，其公共产品的属性决定了环境污染治理的投资有两个特点。第一，破坏环境的个人或者企业，在没有环境管制的情况下，不必承担破坏环境的后果，完全可以将环境成本转嫁给社会。在这种情况下，他们没有动机进行以防治环境污染为目的的投资。第二，美好环境的享用具有非排他性,所以在自由市场的条件下,没有人或者企业愿意进行以改善环境为目的的投资。所以,在环境治理投资中,虽然企业占大头,但这些投资需要政府的引导,财政支出就是重要的导引器。这也是将治理环境污染投资也列入我们考察对象的重要原因。

15.2.2 对环境保护财政支出公平性的认识

公平性问题是一个在不同价值标准下有着不同判断的复杂问题,何况一般来说,环境保护活动具有广泛性,其产生的效益往往很难确定具体的受益者,因此,对其公平性的分析更为困难。但另一方面,虽然公平性是个难解的问题,厘清环境保护支出的依据则是分析目前我国环境保护财政支出是否公平的认识论前提。特别地,为了就环境保护支出的公平标准做出表述,我们有必要先就环境问题给出明确的表述。

自然环境是维系人类活动的基础条件,它是一个封闭的系统。而我们进行生产、生活的经济系统则是存在于其中的开放系统(Fidld,1997)。如图 15.1 所示,环境问题产生于 a 和 b 两个环节,而环境保护则是指如何从进口和出口两方面尽量减少经济系统对自然环境所造成的负荷。前者(与 a 对应)通常被称为"资源环境保护问题",而后者(与 b 对应)则被称为"污染治理问题"。

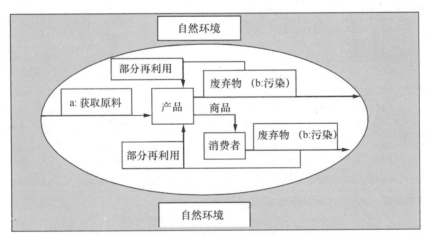

图 15.1　环境与经济的关系

资料来源:根据 Fidld (1997,第 25 页)制作。

环境保护不仅是一个涉及当代人受益的问题,更多的是关系到后代人享受自然环境权利的问题。所以,有关环境保护的公平性首先应该体现为代际间的公平。如图 15.1 所示,自然环境是一个封闭的系统,而经济系统是一个开放的系统。根据能量守恒定律,从 a 环节进入到经济系统的物质,无论其中怎样转换形式,最终都将以同等量的物质在 b 环节废弃于自然环境,造成对环境的负荷。因此,现代人经济增长所必需的原料的获取,实际上就是与后代人分享自然环境资源。按照希克斯—卡尔多补偿理论,如果当今经济增长的获益超出所付出的代价的话,那么我们可以通过补偿的方式来保持与将来世代共享自然资源的公平,换句话来说,如果财政支出能够满足这一原则,那么我们就认为是符合代际公平的。

与代际所发生的虚拟补偿不同,当代人之间的利益调整是显性的,那么,以何为依据来判断环境保护中的公平性呢?我们也试图通过图 15.1 来梳理环境保护中所反映出的当代人之间的公平问题。图 15.1 中 a 阶段所发生的资源攫取,从某种意义上来说,是整个经济系统进行扩大物质生产的基础,也是经济系统内成员共同受益的过程。因此,因这一环节所发生的环境保护措施而产生的成本需要社会成员共同负担。从图中可以看到,b 阶段所发生的废弃物涉及生产者和消费者两个方面,而且 b 阶段企业所产生的污染从某种角度来说也是社会成本的一部分,也需要消费者承担其中的一部分。但是,由于企业负担中很大一部分通过价格转嫁给了消费者,要求企业承担治污成本事实上也包含了消费者的负担。由此我们认为对于企业采取"谁污染,谁治理"的原则体现了公平性。至于消费者在 b 阶段产生的污染该如何承担治理成本,我们认为也需要采用"谁污染,谁治理"的原则才能体现公平。

从理想的角度来说,"谁污染,谁治理"的原则是最公平的。此时,环境保护支出成为了基金性质的支出:从污染者那里收取收入,再用于治理污染。但是,在现实的操作中,由于各方面的原因,上述公平原则可能难以贯彻和落实,保护支出难以与污染者对应起来。此时,作为一个次优的原则,在给定的行政归属范围内,环境保护支出的公平性要求公共支出的利益能够使所有个体受益,即支出的"普遍受益原则"。

下面我们用上述原则来考察我国近年来环境支出的代际与代内的公平性问题,其中代内的公平问题我们分地区间、城乡间以及企业和居民间的关系来分析。

15.3　环境保护支出的代际公平性分析

首先,从环境保护支出的总量规模来看,为了保障后代人的利益,它应该与当期经济增长所带来的环境成本相当。这一考虑与绿色 GDP 概念相似,绿色

GDP 的计算方法大致有两种主流模式：一是绿色 GDP = 传统 GDP - 自然资源的消耗 - 环境损害成本 + 环保部门新创造的价值；另一种是在传统的国民经济账户表中加入反映自然资源和环境的成本信息，调整得到的绿色 GDP（李伟，2006）。但是，不管是何种模式，在现实中，绿色 GDP 的实际操作十分困难，且在我国是个有异议的概念，这里我们不采用这一方法，而只是参考其价值理念。也就是说，为了保持代际公平，我们对于环境保护的投入应该不低于由于环境污染而带来的损失。其中，关于环境损失的规模，我国在 2004 年首次启动绿色 GDP 核算项目，并在 2006 年第一次发布的《中国绿色国民经济核算研究报告 2004》中表明，我国 2004 年环境污染损失相当于当年 GDP 的 3.5%（王金南、於方、曹东，2006）；而"全球环境指数"项目组的研究则认为，我国 2008 年因环境污染造成的年均经济损失高达当年 GDP 的 5%—7% 左右。由此我们认为，为了保持环境的代际公平，对环境保护的支出大致应该维持在相当的水平。

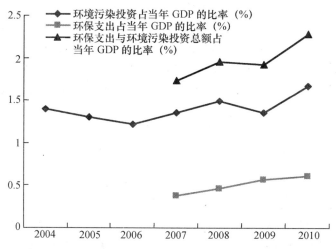

图 15.2　2007—2011 年环境保护支出占 GDP 比重的变化趋势
资料来源：根据环保部统计信息整理，http://www.mep.gov.cn/zwgk/hjtj。

图 15.2 反映了近年我国环境保护支出、环境污染治理投资与 GDP 之间的关系。由于环境污染治理投资中包含有少量的财政资金，图中采用环境保护支出与环境污染治理投资的总额占 GDP 的比重不尽科学，存在一定的重复计算。但是，即使是这样的一种计算，图 15.2 的数据资料表明，我国目前对环境保护的整体投入也远远没有实现补偿因污染而造成的环境损失，因此，环境保护支出在总量规模上是有失代际公平的。但是，另一方面，从动态变化的角度来说，正如表 15.3 所表明的，不管是从单个省份的角度来看，还是考察全国的整体水

平,在最近几年来,我国环境保护财政支出的整体水平是大幅提高的。在2007—2010年期间,全国环境保护支出的年增长率高达35.1%,这说明,通过大幅度增加环境保护支出,我国环境保护的代际不公平问题有缓解的迹象。

表 15.3　各省市自治区环境保护财政支出规模及增长率

	2007	2008		2009		2010		2007—2010	
	支出额(万元)	支出额(万元)	增长率(%)	支出额(万元)	增长率(%)	支出额(万元)	增长率(%)	支出额(万元)	增长率(%)
全国	9 958 200	14 513 600	45.7	19 340 400	33.3	24 419 800	26.3	53 718 400	35.1
北京	295 827	354 688	19.9	540 459	52.4	608 500	12.6	1 444 786	28.3
天津	59 143	109 789	85.6	133 551	21.6	271 000	103.0	463 694	70.1
河北	437 978	763 556	74.3	1 041 989	36.5	1 151 600	10.5	2 631 567	40.4
山西	449 696	642 863	43.0	706 122	9.8	823 700	16.7	1 979 518	23.1
内蒙古	617 283	796 815	29.1	978 972	22.9	1 079 900	10.3	2 676 155	20.8
辽宁	307 290	481 798	56.8	557 077	15.6	774 400	39.0	1 638 767	37.1
吉林	304 523	456 067	49.8	494 809	8.5	715 500	44.6	1 514 832	34.3
黑龙江	443 402	485 105	9.4	590 693	21.8	890 000	50.7	1 924 095	27.3
上海	200 373	250 758	25.1	339 565	35.4	473 500	39.3	1 013 038	33.3
江苏	483 065	951 795	97.0	1 476 025	55.1	1 398 900	-5.2	3 357 990	49.0
浙江	313 847	465 183	48.2	554 210	19.1	820 700	48.1	1 688 757	38.5
安徽	376 495	547 367	45.4	592 653	8.3	647 200	9.2	1 616 348	21.0
福建	97 019	140 264	44.6	338 250	141.2	397 900	17.6	833 169	67.8
江西	138 809	318 377	129.4	431 419	35.5	491 400	14.0	1 061 628	59.6
山东	339 445	586 002	72.6	761 698	30.0	1 129 300	48.3	2 230 443	50.3
河南	609 191	758 510	24.5	929 762	22.6	963 800	3.7	2 502 753	16.9
湖北	280 528	409 194	45.7	741 536	81.2	963 100	29.94	1 985 164	52.3
湖南	298 387	417 066	39.8	736 307	76.5	908 200	23.3	1 942 894	46.6
广东	267 100	470 878	76.3	1 007 979	114.1	2 391 600	137.3	3 666 679	109.2
广西	141 009	279 740	98.4	499 221	78.5	639 900	28.18	1 280 130	68.3
海南	53 236	68 058	27.9	185 107	172.0	148 900	-19.6	387 243	60.1
重庆	386 191	529 297	37.1	500 481	-5.4	690 100	37.9	1 576 772	23.2
四川	711 630	791 451	11.2	1 144 732	44.6	1 129 900	-1.3	2 986 262	18.2
贵州	272 324	404 391	48.5	553 084	36.8	543 200	-1.8	1 368 608	27.8
云南	313 816	584 582	86.3	821 579	40.5	864 100	5.27	1 999 495	44.0
西藏	47 651	57 068	19.8	97 535	70.9	117 700	20.7	262 886	37.1
陕西	487 457	587 158	20.4	795 011	35.4	828 800	4.3	2 111 268	20.0
甘肃	336 010	468 469	39.4	531 503	13.5	683 100	28.5	1 550 613	27.1
青海	189 848	195 484	3.0	289 845	48.3	361 500	24.7	841 193	25.3
宁夏	127 629	175 067	37.2	225 874	29.0	307 900	36.3	661 403	34.2
新疆	226 175	304 671	34.7	364 226	19.57	510 200	40.1	1 100 601	31.4

资料来源:根据历年《中国统计年鉴》整理、计算而得出。

其次，除了总量上必须保持一定的规模外，为了保持代际公平，环境保护投入的用途也应该主要是补偿环境损失。但是，我们通过观察发现，目前我们在环境保护支出中行政成本过高。例如，2009年国家环保部部门预决算金额为5.4亿元人民币。其中，除外交、社会保障和就业等本部门的行政开支以外，在约4.77亿元的"环境保护"支出中，用于纯行政费用的"环境保护事务费"开支就高达1.78亿元，约占"环境保护"项目总支出的37.3%、占环保部总支出的32%。此外，我们还观察了一些省份对于中央环境保护专项资金的资金分配和项目分配情况（如表15.4和表15.5所示），发现在中央专项转移支付项目中用于行政能力建设的资金和项目的比例过高。

表15.4 安徽省中央环境保护专项资金的资金和项目分配（2005—2008）

	2005		2006		2007		2008	
	资金	项目	资金	项目	资金	项目	资金	项目
水	0.67	0.56	0.41	0.33	0.18	0.07	0.73	0.57
行政能力	0.33	0.44	0.53	0.50	0.56	0.76		
土壤			0.05	0.08			0.16	0.29
新技术			0.01	0.08	0.21	0.10		
农村					0.06	0.07	0.11	0.14
总计	1.00	1.00	1.00	1.00	1.00	1.00	1.00	1.00

注：表格中数据为比例数。
资料来源：此表是根据国家环保局以及地方环保局网站上公布的文件整理而成。

从表15.4中可以看出，2006年和2007年安徽省接受中央环境保护专项转移支付后在资金和项目的分配上，用于"行政能力"的比例都超过50%。上述现象在其他省份的中央环境保护专项项目以及资金分配上也有发生（见表15.5）。

表15.5 内蒙古中央环境保护专项资金的资金和项目分配（2005—2008）

	2005		2006		2007		2008	
	资金	项目	资金	项目	资金	项目	资金	项目
水	0.34	0.29	0.23	0.10	0.15	0.15	0.15	0.70
行政能力	0.33	0.57	0.47	0.60	0.60	0.60	0.60	*
新技术	0.34	0.14	0.26	0.20	0.05	0.05	0.05	0.20
农村			0.03	0.10	0.10	0.10	0.10	0.10
土壤					0.05	0.05	0.05	
空气					0.05	0.05		
总计	1.00	1.00	1.00	1.00	1.00	1.00	1.00	1.00

注：① 表格中数据为比例数；② * 这里可以理解为新技术等项目中大部分资金用于"行政能力"一项。
资料来源：同表15.4。

我国近年来环保资金的使用还带有偿还多年来"欠债"的性质,投入项目主要还是环境保护的基础性工作,但将过多资金用于行政能力建设,显然对于代际公平是不利的。事实上,环境保护支出的内容应该"区分为环保部门财政支出和环保项目财政支出"(方巧玲等,2010),前者用于环保部门行政管理事务,而后者则用于环境保护事业。但是,我们目前对这两项支出的区分还不是非常严格,以至于很难准确反映我国与环境保护相关的投入中真正用于补偿环境损失的金额是多少。

不过,我们在中央本级环境保护项目支出内容中,可以看到代际公平的原则在一定程度上(比如说从支出结构上来看)是得以贯彻的。图 15.3 是 2008 年和 2009 年中央本级各支出项目的金额。可以看出,中央本级项目支出主要包括自然生态保护、天然林保护、退耕还林、退牧还草、能源节约利用和可再生能源,而其中"能源节约利用"两年都是支出最高的项目。结合图 15.1,我们可以理解为这些项目的支出是 a 阶段的投入,也是为后代保存环境资源的最根本环节。因此,所体现的代际公平是很明显的。

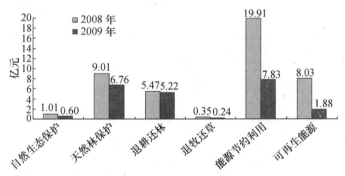

图 15.3　财政环境保护中央本级支出方向

资料来源:根据《中国统计年鉴》(2007—2009)整理、计算获得。

15.4　环境保护支出的地区间公平性分析

我们从中央转移支付的项目分布来看中央环保支出的地区分布及其公平性。表 15.6 列出了 2004—2009 年中央对地方环境专项转移支付的重点项目。从整体上来看,中央对地方的转移支付大多为专项项目,各个年度有不同的专项整治目标,且很大程度上受热点环境事件的影响比较大。如 2007 年,太湖暴发了大量蓝藻,在以太湖作为饮用水取水源的一些地区,居民自来水供应受到严重威胁(最为严重的是无锡市)。针对这一事件,2007年的中央环境保护专项资金将"三河三湖"及松花江等重点流域蓝藻及水污染治理项目列为首要的资助重点。再比如,为了迎接2008年的北京奥林匹克运动会,"迎接2008年奥运会大气污染治理项目"也被列入中央环境保护专项资金的资助重点。从资金项目启动的2004年开始,一直到2008年,重点流域/区域环境污染综合治理项目一直被列为中央环境保护专项资金的资助重点。一个重要的原因是,这些环境项目的外部性较强,对一个流域或者区域的环境污染的综合治理,往往涉及多个省市区的利益,地方利益的博弈和协调非常困难。中央资金的使用,有助于克服这一困难。而从2009年开始,中央开始集中财力整治农村环境保护的项目。特别地,就表15.6所给出的信息,从"普遍受益原则"的角度来看,其公平性还是有一定保障的。① 从各项目所规定的申报条件可以看出,各年中央专项转移支付地区分布基本呈均衡状态。2004年虽然项目不同,但东中西部都各有整治重点。② 2005年以后,采取各省自行申报的方式,但是各省都有限项,因此,从项目数量分布来看,各省区别不会很大,体现了一定的地域公平原则。

表15.6 2004—2009年中央环境保护专项资金的资助重点

年份	资助重点	限项情况
2004	支持的重点流域和区域: "三河三湖"等重点流域水污染治理项目 东北老工业基地水污染治理项目 西部贫困地区水污染治理	
2005	重点支持七个行业的污水治理和水污染防治项目[a]	
	重点流域/区域环境污染综合治理项目	每省、自治区、直辖市最多可申报3个;计划单列市最多可申报2个
	地级以上重点城市环境监测能力建设项目	每省(自治区、直辖市)最多可选择4个重点城市环境监测能力建设项目
	污染防治新技术新工艺推广应用示范项目,重点支持以下六个行业[b]	每省(自治区、直辖市)最多可申报3项污染防治新技术新工艺推广应用示范项目

（续表）

年份	资助重点	限项情况
2006	环境监管能力建设项目	每省、自治区、直辖市限报6个环境监管能力建设项目，计划单列市和新疆生产建设兵团限报2个
	集中饮用水源地污染防治项目	每省、自治区、直辖市限报2个集中饮用水源地污染防治项目，计划单列市限报1个
	区域环境安全保障项目	每省、自治区、直辖市以及各中央企业限报4个项目（不含燃煤电厂脱硫脱硝技术改造项目），计划单列市和新疆生产建设兵团限报1个 燃煤电厂脱硫脱硝技术改造项目采用贷款贴息形式，不受申报数量的限制，符合要求的项目均可申报
	建设社会主义新农村小康环保行动项目	每省、自治区、直辖市、计划单列市和新疆生产建设兵团限报2个项目（每类各1个）
	污染防治新技术新工艺推广应用项目	每省、自治区、直辖市、计划单列市和新疆生产建设兵团以及各中央企业限报2个项目
2007	"三河三湖"及松花江等重点流域蓝藻及水污染治理项目。主要用于支持："三河三湖"及松花江流域环境监测能力建设；农村面源污染治理；污水处理厂脱氮除磷技改项目；太湖流域COD排污权交易	对"三河三湖"地区地、县级环境监测能力建设给予填平补齐；其他流域监测能力建设项目有关各省、自治区、直辖市限报6个。中央环境保护专项资金已经支持和纳入"松花江流域重点城市水污染事故应急监测能力建设项目"范围的地区不再予以支持。"三河三湖"及松花江流域有关各省、自治区、直辖市限报4个农村面源污染治理项目
	迎接2008年奥运会大气污染治理项目	支持京、津、冀地区纳入《第29届奥运会空气质量保障措施》中的大气污染防治项目，每个省市限报6个项目
	环境监管能力建设项目	对地、县级环境监测能力建设给予填平补齐，每省、自治区、直辖市限报6个项目，计划单列市和新疆生产建设兵团限报2个
	集中饮用水源地污染防治项目	每省、自治区、直辖市限报2个项目，计划单列市限报1个
	区域环境安全保障项目	每省、自治区、直辖市以及各中央企业限报4个项目（不含燃煤电厂脱硫脱硝技术改造项目），计划单列市和新疆生产建设兵团限报1个 燃煤电厂脱硫脱硝技术改造项目采用贷款贴息形式，不受申报数量的限制，符合要求的项目均可申报

(续表)

年份	资助重点	限项情况
2007	建设社会主义新农村小康环保行动项目	每省、自治区、直辖市、计划单列市和新疆生产建设兵团限报2个项目（每类各1个）
	污染防治新技术新工艺推广应用项目	每省、自治区、直辖市、计划单列市和新疆生产建设兵团以及各中央企业限报2个项目
2008	集中饮用水源地污染防治 优先支持影响饮用水源地水质安全的纺织印染、食品及饮料制造业、工矿、医药、化工等行业污染治理	每省（自治区、直辖市）项目原则不超过4个，计划单列市项目原则不超过2个
	区域环境安全保障 包括排放重金属及有毒有害污染物的冶金、电镀、焦化、印染、石化等行业或企业的污染防治，严重威胁居民身体健康的大气污染治理，重大辐射安全隐患处置项目以及区域性环境污染综合治理项目	每省（自治区、直辖市）项目原则不超过3个，计划单列市、新疆生产建设兵团项目原则不超过2个
	建设社会主义新农村小康环保行动 支持土壤污染防治示范项目和规模化畜禽养殖废弃物综合利用及污染防治示范项目	各省、自治区、直辖市、计划单列市和新疆生产建设兵团，项目原则不超过1个
	污染防治新技术新工艺推广应用 支持符合《国家鼓励发展的环境保护技术目录》和《国家先进污染治理技术推广示范项目名录》中污染防治新技术、新工艺推广应用项目	各省、自治区、直辖市、计划单列市、新疆生产建设兵团，项目原则不超过2个
	燃煤电厂脱硫脱硝技术改造 支持二氧化硫削减量大且已列入《全国酸雨和二氧化硫污染防治"十一五"规划》或《燃煤电厂氮氧化物治理规划》的脱硫、脱硝项目	由中央有关企业申报。采用贷款贴息形式，不受申报数量的限制，符合要求的项目均可申报
2009	农村环境保护专项资金c	实行"以奖代补"方式的，对于属于左列各项内容的农村环境污染防治设施或工程均可申报

资料来源：根据国家环保局官方网站上公布的各年份专项项目公告整理得出。

注：a. 2004年的七个行业是：造纸及纸制品业（纸浆造纸）、食品及饮料制造业（酿造、发酵）、化工原料及化学制品制造业、纺织工业（印染行业）、皮革制造业（毛皮鞣制业）、黑色金属冶炼及压延工业（钢铁行业）、医药工业。

b. 2005年的六个行业是：造纸及纸制品业（制浆造纸行业）、电力供应业、化工原料及化学制品制造业、金属冶炼及压延、医药工业、纺织工业（纺织印染行业）。

c. 2009的项目涉及：农村饮用水水源地保护；农村生活污水和垃圾处理；畜禽养殖污染治理；历史遗留的农村工矿污染治理；农业面源污染和土壤污染防治；其他与村庄环境质量改善密切相关的环境综合整治措施。

总的来说,我们认为,近年来环境保护支出地区间的分布基本合理,没有特别明显的不公平现象。但是,如果按照我们对环境保护支出公平性的理解,对其各项支出内容进行分析,则会发现,至少在中央专项转移支付项目是否符合公平性上存在着值得探讨的地方。第一,从2004年到2009年的专项转移支付重点项目中用于防污染治理的项目占绝大多数,而补贴的对象则是限定行业的技术改造,那么这是否有违"谁污染、谁治理"的原则,同时也不利于各行业之间的公平竞争?第二,2007年迎奥运空气污染专项治理项目的投入也很难找出合理的公平依据。我们认为这样突击式的财政支出如果不用于治本之策,往往会给资源不公平配置以可乘之机。第三,虽然这几年中央关注反哺农村的问题,加强了对农村环境保护的资金投入,但是投入方式的不同,对环境保护的效果有时会适得其反。例如,2009年以来,中央在农村环境保护的专项转移支付资金安排中加大了对农村生活垃圾处理设施建设的补贴。但是,无论从垃圾处理的地方公共产品的性质上来看,还是从消费者也应该实行"谁污染、谁治理"的原则来看,都是值得商榷的问题。

15.5 环境保护支出的城乡间公平性分析

近几十年来,中国农村环境严重恶化、污染严重的事实众所周知,从上面的分析我们也可以看到中央这几年非常重视这一问题,已经着手加大对农村环境保护的中央财政支持力度。但是,我们仅仅分析表15.7即可看出,过去环境保护投入在城乡间的不平等是农村环境问题日益严重的重要原因。

表15.7综合了2000—2009年国家环境保护投资的概况,其中我们看到,在"环境污染治理投资"中"城市环境基础设施建设投资"增长速度最快,比重最高。十年间,这项投资增长了近4倍,而且每年其在总的"环境污染治理投资"中的比重基本上都达到50%以上。我们对这项投资的内容进行分析发现,这项投资下面又可以分为如下几项(见表15.7)。在从表15.7所给出的数据来看,B/A比例基本上都超过50%,只有2007年、2008年"城市环境基础设施建设投资额"在"环境污染治理投资总额"中的比例为一半以下,但也都超过40%。我们进一步分析,发现"城市环境基础设施建设投资额"中"园林绿化"和"市容环境卫生"两项加总后在"城市环境基础设施建设投资额"中所占比重又几乎都超过50%。显然,这两项支出的受益者为城市居民和进行房地产投资的开发商。

表 15.7 2000—2009 年国家环境污染治理投资部分内容 （单位：亿元）

年份	环境污染治理投资总额(A)	城市环境基础设施建设					
		城市环境基础设施建设投资(B)	燃气(C)	集中供热(D)	排水(E)	园林绿化(F)	市容环境卫生(G)
2000	1 014.90	515.5	70.9	67.8	149.3	143.2	84.3
2001	1 106.60	595.7	75.5	82	224.5	163.2	50.6
2002	1 367.20	789.1	88.4	121.4	275	239.5	64.8
2003	1 627.70	1 072.40	133.5	145.8	375.2	321.9	96
2004	1 909.80	1 141.20	148.3	173.4	352.3	359.5	107.8
2005	2 388.00	1 289.70	142.4	220.2	368	411.3	147.8
2006	2 566.00	1 314.90	155.05	223.59	331.52	429.01	175.75
2007	3 387.30	1 467.50	160.1	230	410	525.6	141.8
2008	4 490.30	1 801.03	163.54	269.68	495.96	649.82	222.03
2009	4 525.30	2 511.97	182.17	368.67	729.8	914.86	316.47

资料来源：根据国研网上的数据整理、计算获得。

环境污染治理投资的财源大部分来自企业的排污费收入，从理论上说相当于庇古税，是对负外部性内部化的一种手段，但是，这里我们看到即使对外部性进行内部化的税收调节，是征收的税收收入用于谁也很难体现出公平问题。中国近几十年经济增长，尤其是工业增长所带来的污染，大部分被留在了农村，但是污染治理的投资却留在了城市。当然，这只是对污染治理投资的分析，从财政支出的项目分析，也许情况有所变化，但是从表 15.6 的中央专项转移支付项目内容来看，显然农村项目远远少于城市项目。所以，我们认为，在环境保护支出的城乡间存在着（过）严重的不公平现象。

15.6 环境保护支出的人际间公平性分析

在有关环境保护的财政支出中，对新能源的补贴占据很大比例，而且其增长速度也越来越快。那么，此等财政支出的公平性如何？其受益的主体是谁？下面我们以风力发电补贴为例，通过一个案例试图分析出环保补贴的利益流向。不过，以下的分析仅考虑对发电企业的补贴，不考虑对上下游产业的补贴。

风力发电方面的政府补贴可以分为两大部分：一部分是电价附加补贴，风力发电项目上网电价高于当地脱硫燃煤机组标杆上网电价的部分通过征收可再生能源电价附加的形式筹集，由电网企业向风电发电企业支付高于火电的价格,实现补贴资金从电网企业转移到发电企业;另一部分是风力发电应纳增值税税款可享受50%即征即退,以退还增值税的形式直接对风电发电企业进行补贴。

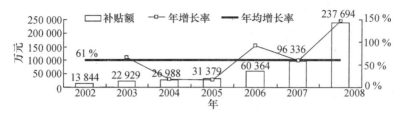

图 15.4　中国政府对风电补贴额的变化
资料来源:根据发改委公布的《中国风电及电价发展研究报告》整理。

根据相关报告的数据来看,从2002年至2008年,政府对风电的直接补贴以每年61%的速度增长,2008年政府补贴达到23.8亿元。而2008年当年全国财政支出用于可再生能源金额为44.78亿元,风电补贴占了一半以上。增值税退税部分的税式支出没有官方公开数据,但是我们可以进行估算。2009年7月,发改委出台了风电电价改革政策,按风能资源状况和工程建设条件,将全国分为四类风能资源区,相应制定风电标杆上网电价,分别为每千瓦时0.51元、0.54元、0.58元和0.61元。2009年风电发电量为269亿千瓦时。不考虑增值税改革后,设备进项税抵扣问题,风电发电企业由于不存在原材料,其他增值税进项税额较小,也不予以考虑。我们可以根据风电发电量和标杆电价的算术平均价格大致估算税式支出金额 = $(0.51+0.54+0.58+0.61)/4 \times 269 \times 17\% \times 50\% = 150 \times 17\% \times 50\% = 13$(亿元)。其中,中央财政税式支出大约为10亿元,地方财政的税式支出大约为3亿元。

为了分析财政这部分补贴的受益趋势,我们先将这部分资金的流向做一梳理。我们已经知道,这部分财政支出涉及两个方面:电价附加补贴和增值税退税。电价附加补贴是通过电网以较高价格购买风电的方式,增加了风电发电企业的营业收入;而增值税即征即退部分属于营业外收入。但无论哪种收入,其归宿可以分为两种,一是抵消成本,二是形成利润。

首先讨论收入高于成本形成利润的部分(补贴/收入 * 利润 = 补贴归属于利润部分)。发电企业的利润一部分以企业所得税的形式交给了政府(假设税率为25%,不存在不缴或免缴所得税的情况,中央和地方对所得税的分配比例为60%和40%),也就是说,政府补贴部分有"补贴/收入×利润×25%"部分回到了政府。其中中央政府得到"补贴/收入×利润×25%×60%",地方政府得到"补贴/收入×利润×25%×40%"。可以发现,这个比例不同于增值税分配(中央75%,地方25%),也就是说相关政策一定程度上调整了中央政府和地方政府的利益分配,地方政府相对于中央政府得益更多。发电企业的利润另一部分"补贴/收入×利润×75%"留在了企业,由投资者获得。

再来讨论营业收入用于弥补成本的部分(补贴/收入×成本=补贴归属于成本部分)。风力发电企业由于风能的免费性,其成本主要是固定资产的折旧。风电发电企业从风电设备制造方购入昂贵的设备,形成了每年高额的折旧费用,再通过政府补贴部分弥补折旧费用,也就是说补贴归宿于成本部分实质上主要进入了风电设备制造企业。如果企业不盈利则所有补贴都归宿于成本,也就都通过购买风电设备转移到风电设备制造业。

以漳泽电力(000767)为例,漳泽电力内蒙古分公司的业务以风电为主,2009年漳泽电力内蒙古分公司共收到电价附加补贴4 486万元,增值税退税952万元,共计获得政府补助5 438万元,都计入收入。漳泽电力的年报显示,2009年内蒙古地区的营业收入为9 779万元,营业成本为5 171万元。简单假设不存在其他营业外收入和支出,内蒙古地区的收入为9 779+952=10 731(万元),成本支出为5 171万元,补贴为4 486+952=5 438(万元),共形成利润5 560万元,其中所得税费用5 560×25%=1 390(万元),净利润5 560×75%=4 170(万元)。

补贴归属于利润部分=5 438/10 731×5 560=2 818(万元),以所得税形式被政府收回的有5 438/10 731×5 560×25%=704(万元),约占政府补贴的13%(704/5 438),其中中央政府获得422万元,地方政府获得282万元。相对,增值税退税952万元,中央财政支出952×75%=714(万元),地方财政支出238万元。也就是说,从税收的角度来看,中央政府实际支出714-422=292(万元),地方政府实际获益282-238=44(万元)。这在一定程度上实现了财政资金从中央向地方转移,另外2 114万元,约占补贴总额的38.87%,以净利润的形式留在了企业,归投资者所有。

补贴归属于成本部分=5 438/10 371×5 171=2 620(万元),考虑到风电企业几乎没有原料成本,营业成本主要是固定资产的折旧,因此可以认为2 620万元实质上是由风电发电业通过购买昂贵的风电设备转移给了风电设备制造业。从漳泽电力的主要风机供应商之一的金风科技(002202)的财务情况可以验证这一推断。2007—2009年,金风科技净利润增长率分别达到了96.98%、45.26%和92.58%,实现了高速发展。巨额利润的来源当然是风电发电企业的大额订单,政府补助在一定程度上为发电企业的大规模购买风机提供了支持。

也就是说,这部分环境保护支出的直接受益者是发电企业。

以上,我们通过不是十分严密的方法分析得出,在环境保护支出中,企业比居民受益更多的结论。至于利益归宿的结果如何判断,它是否是公平的,在我们看来,考虑到风力发电企业的成本以及它们为污染抑制所做的贡献,它们获得利益补偿是有其合理性的。毕竟,由于"工业污染源治理投资和建设项目'三同时'"项目是一个长期受益项目,它形式上是目前企业受益,但这项投资对将来的人也是有利的,所以,对于新能源补贴的公平性问题,我们认为如果风电对火电的替代作用很强,这种补贴就符合代际公平。当然,从另一方面来说,补贴毕竟是用一般的基金去使部分利益主体获益,不管这一主体是居民还是企业,有关污染控制的最公平做法就是贯彻"谁污染,谁治理"的原则,增加其他制污企业的成本,而不是对新能源企业进行补贴。

第四篇
公共信托基金与
财政公平

第 16 章

中国国有企业基金的公平性分析

16.1 导　言

在类型上,公共资金一般有三种形式:一般政府基金、信托基金(在我国大致相当于社会保障资金)和经营性资金(在中国是指国有企业资金)。与前两类资金相比,一般国家的经营性基金规模都很小,因为它们的国有企业很少。但在我国,国有企业一直是经济发展的支柱,是关系国计民生的公共经济组织。特别是近年来,经过"抓大放小"等一系列战略性改重组改革后,国有企业迅速做大做强,盈利水平也随之提高。至 2010 年,全国国有企业有 11.4 万户,资产总额为 640 214.3 亿元,净资产总额为 234 171.1 亿元,2010 年实现利润总额 21 428.2 亿元。鉴于国有企业的规模和地位,同时,也是出于国企建立的初衷——在于促进社会公平——的考虑,本章将就我国国有企业基金的公平性做出分析。

在理论上,国有企业基金的公平性涉及两个方面的内容:一是利益归宿方面的,即"国企发展谁受益"的问题;或者说,企业发展所获得的利益,是否全部归宿于作为所有者的公众。二是利益来源方面的,即国企所集聚的相关资产和收益,是否是以一种公平的方式获得的。比如,国有企业基金的发展壮大是否是在与其他类型企业的公平竞争条件下实现的。也正因为如此,本章将从这两个方面来分析我国国企基金的公平性问题。

特别地,关于判别基金公平性的原则和方法,与问题本身的性质相一致,针对前一方面的内容,我们所采用的标准和方式是,如果国有企业的收益使全社会民众受益,则国有企业基金的运作是公平的,反之亦然。至于第二个方面的公平性判别问题,我们的基本方法是:我国的国有企业是否是与其他类型的企业,特别是与民营企业处于同一规则下、同一发展环境中发展的。如果是,那么其利益获取是公平的,反之,则存在不公平。其中,规则的公平具体包括三个维度:其一,在行业进入上,国企与民企是否遵循同一标准、是否具有同等的权利和机会;其二,在资源使用上,国企与民企是否机会均等;其三,在资金使用上,国企与民企是否遵循同样的规则。

16.2　1978 年以来我国国有企业改革和发展的历程

作为国有企业基金公平性分析的基础,我们先简单回顾一下 1978 年以来我国国有企业改革和发展的历程。众所周知,从历史上来看,我国庞大的国有企业基金是经过多年的改革和发展逐步积累起来的。新中国成立后,通过 20 世纪 50 年代中期的"社会主义三大改造"、"消灭私有产权"以及之后的"国家工业化"等方式,中国的国有企业逐渐建立起来。在 1978 年改革开放以前,这些国有企业以政府部门的分支机构或附属机构的形式存在,实行高度集中的计划管理,企业日常运转基本上依靠行政命令推动。政府通过低工资、工农产品剪刀差等途径,把城乡居民应得的收入中可用于长期储蓄的部分以国有企业盈利的形式转移过来,形成国有资本,然后,再用这些资本直接开办和经营国有企业,并同时免费为全民中的一部分人(主要是城市居民)提供住房、养老、医疗、子女教育、失业、意外灾害等保障(张春霖,1997)。严格地说,当时的国有企业不是真正的企业,而是兼有生产、社会保障、社会福利和社会管理多种职能的"社区单位"。据粗略统计,在当时的国有企业中,非生产性资产——如住房、医院、学校、商店与其他为职工服务的福利设施等实物性非生产性资产以及离退休职工及冗员的养老、医疗等保险金性质的资产——一般占企业总资产的 35%—40%(刘世锦,1995),形成"企业吃国家大锅饭"、"职工吃企业大锅饭"的局面,国有企业运行的效率非常低下。也正因为如此,自改革开放以来,我国不断加大了国有企业改革的力度。具体可分为两个阶段:1978—2006 年的国企积贫积弱时期以及自 2007 年至今的做大做强时期。

16.2.1 国有企业积贫积弱时期：(1978—2006 年)

针对计划经济造成的"国企非企"的低效率状况，20 世纪 80 年代，国企开始了其漫长而艰难的改革历程。改革首先从最为简单的"放权让利"开始，逐步过渡到"两权分离"改革，并最终进行了现代企业制度建立的改革。

放权让利(1978—1986 年)是在保持原有企业制度基本不变的前提下，通过向企业下放部分经营权与收益权来达到调动企业经营者和职工工作积极性、提高企业产出以保证财政收入增长的目的。其主要形式有"扩大企业自主权"、"利改税"、"租赁制"等多种形式。应该说，放权让利改革初步改变了政府对国有企业管得过死的局面。在奖金收入刺激下，广大职工开始关心并设法提高企业的经济效益。但由于此时的改革主要发生在利益分配环节，而没有将经营自主权真正下放给企业，更没有涉及产权改革，放权让利改革并没有从根本上解决"企业吃国家大锅饭"和"职工吃企业大锅饭"的问题。当国家财政无力向企业出让更多的利益时，放权让利改革也就走到了尽头。

两权分离改革(1987—1992 年)是借鉴私人股份公司治理经验，将企业所有权与经营权分离。从"放权让利"发展到"两权分离"是国企改革的一次重大飞跃。放权让利改革只是在计划经济体制框架内部转圈，而两权分离改革则试着触及到企业的产权问题。以两权分离为特征的改革主要包括对大中型工业企业实行的"承包制"、对中小企业实行的"租赁制"、"资产经营责任制"以及部分企业的"股份制"试点改革。两权分离改革的目的是通过企业所有权和经营权的分离，将企业经营的经济责任落实在经营者头上，使企业成为自主经营、自负盈亏的生产者和经营者，以提高国有企业的经济效益。但是，这种改革并没有实现真正的政企分开，政府对企业的经营干预仍是随意的、普遍的。在两权分离改革的实践中，政府主管部门作为企业的上级领导，掌握着企业经营者的任免与考核大权；讨价还价机制成为企业与主管部门、主管部门与其他政府部门之间界定权利义务的行为模式。企业为了自身的经济利益总是想方设法争取尽可能低的经营指标。主管部门为了完成任务一方面给企业下达尽可能高的指标，另一方面则与企业一道向财政、税收等其他政府部门争取尽可能低的经营指标。而其他政府部门除了正常的业务往来之外，还有名目众多的摊派强加给企业。在这种情况下，国有企业不仅无法做到自主经营、自负盈亏，而且内部人控制、预算软约束与企业行为短期化等问题的出现也严重损害了公众利益。

现代企业制度改革时期(1993—2006 年)。自 1993 年起，国企改革进入了核心领域,即以建立现代企业制度为主要特征的产权改革。这一改革过程包括"股份制改革"、"国有企业战略性改组"、"建立国有资产管理体制"等阶段。随着"抓大放小"的国企改革战略的全面实施以及国有资产管理体制的建立和逐渐完善,国有企业终于扭转了长期亏损的局面并开始盈利,进入一个新的发展时期。

16.2.2 国有企业做大做强时期(2007年至今)

随着改革的不断深入,国有企业逐渐从计划经济体制下的行政附属机构转变成具有现代企业制度的自主经营、自负盈亏的市场主体,国有企业的经营状况也有了较大改善。至2007年,国有企业户数已由1978年的170 087户减少到115 087户,减少了32.3%,职工人数由1978年的4 636.2万人减少到3 551.8万人,减少了23.4%;利润总额由1978年的665.4亿元上升到17 625.2亿元,增长了26.5倍;资产总额由1978年的7 233.9亿元增加到354 813.6亿元,增加了49倍;主营业务收入则由1978年的6 629.2亿元增加到195 618.6亿元,增长了29.5倍(冯其予,2009);在实体上,出现了中石油、中石化、中国移动、中国电信等超大型国有企业。

应该说,我国国有企业的发展对国民经济的贡献是不容忽视的。改革开放以来,特别是2003年国有企业改革后,国有企业对中国GDP的增长以及国际经济地位的提升都起到了积极的作用。"这可以从一组数据中看到。1980年时,欧盟的GDP差不多是全球GDP的28%,美国占22%左右,中国那时只有4%左右,虽说中国的人口一直占全球人口的20%或者是更高。1980年之后,中国的经济增长最快,从1980年占世界GDP的4%,到2006年已上升到16%,总共翻了3倍。日本在1980年的时候,其GDP占世界的8.5%左右,但到2006年下降到6%,因为日本在此期间,除了1980—1990年的快速增长以外,1990年以后基本上呈下降的趋势。"[①]

大规模的国有企业使政府能够"集中力量办大事",特别是在应对危机与建设大型项目方面优势更是明显。这样的发展模式对一个后发国家在其经济起飞之前而言是必需的。特别是当我们与印度做比较时,这一优势更为明显。正如陈志武教授所言,私有制下,要调动资源,需要具备非常发达的资本市场,否则难以兴建大型工程。但印度属于后发国家,既没有像美国那样发达的资本市场,又没有像中国这样的集中配置资源的机制,因而无法快速发展几十亿甚至

---

① 陈志武,如何从国有到民有? http://www.nfcmag.com/articles/1060。

上百亿美元的基础设施或制造业项目,所以印度的基础设施和工业基础总体来看比中国差。

但是,国有企业在提升国力、富强国家的同时,此类基金的公平性状况又如何呢?它是否实现了其终极目标,即惠及它的所有者——全体民众?如果没有,它所带来的利益又到了哪里?

16.3 国有企业基金的公平性分析:利益归宿视角

国有企业即公有制企业,与私人企业不同,国有企业意味着其所有者是全体民众而不是单个的私人。具体来说,央企的所有者是全国人民,各级地方政府创办经营的企业所有者是各自辖区内的全体民众。不言而喻,国企的发展应与人民的利益息息相关,盈利了,民众应受益。这一目的在建国之初建立国有企业之时就已经表达得很清楚,即通过建立公有制,消灭产生经济和政治不平等的私有制,实现全民平等。具体说,就是要通过国企盈利和国有资产升值,降低居民税负、完善社会保障、提供优质足量的民生服务,实现共同富裕。但现实的情况似乎是,国企盈利了,普通民众却没有直接受益,受益的对象主要是与国企有直接联系的利益相关者,这显然存在不公平。特别是,如果我们进一步考虑到国有企业亏损了,则需要民众通过财政、利用一般税收给予补贴,国企基金运行不公的问题就更加突出。

16.3.1 国企盈利民众未直接受益

由于体制机制的原因,在比较长的一段时间范围内,我国国有企业基金的运作在整体上是亏损的。从可资查阅的官方资料上看,1998 年,我国国有企业开始出现净利润,即盈利企业盈利额扣除亏损企业亏损额的余额为正数(见表 16.1),当年国有企业净盈利额为 213.70 亿元,以后逐年增长。特别是 2005 年之后,国企利润额过万亿元,至 2010 年,国企累计实现净利润 129 447 亿元。如此巨额的利润是如何分配使用的?

毫无疑问,作为国有企业,其利润应归属于它的所有者——国民。如何让民众从国企盈利中受益,国际上有两种做法。一是将红利纳入公共财政预算,以提供公共产品的形式使企分红惠及全民。法国、德国、英国等国家的国企红利均通过财政预算体系上交国库而使民众受益。二是将国企利润向所有者直接分红。美国的阿拉斯加州政府利用该州的石油资源收入从 1982 年起坚持

表 16.1　全国国有企业赢利亏损状况　　（单位：亿元）

年份	企业户数（万户）	赢利企业赢利额	亏损企业亏损额	利润总额
1998	23.8	3 280.2	3 066.5	213.70
1999	21.7	3 290.7	2 144.9	1 145.8
2000	19.1	4 679.8	1 846.0	2 833.8
2001	17.4	4 804.7	1 993.6	2 811.2
2002	15.9	5 588.8	1 802.5	3 786.3
2003	14.6	7 589.1	2 819.8	4 769.4
2004	13.6	10 429.4	3 060.6	7 368.8
2005	12.9	12 005.9	2 426.0	9 579.9
2006	11.6	15 701.1	3 507.5	12 193.5
2007	11.2	21 220.4	3 778.6	17 441.8
2008	11.0	19 863.7	6 528.4	13 335.2
2009	11.1	20 983.8	5 377.0	15 606.8
2010	11.4	27 715.5	6 287.3	21 428.2
2011		22 556.8	5 624.2	16 932.6
合计	—	179 709.9	50 262.9	129 447

资料来源：① 1998—2010 年的数据来源于《中国财政年鉴 2011》；② 2011 年数据来源于财政部网站。

每年给每个公民分红，深得人心，其良好的效果已引起世界上其他国家和地区的关注。拉美、以色列和美国的其他一些州都出现了要求建立"阿拉斯加式"全民分红的政治主张和运动。欧洲推动全民分红的运动更为高涨，在布莱尔首相的推动下，英国已经向全民分红的方向迈出了第一步，即给每个新生儿童一笔钱，存入该儿童的"教育账户"。

我国的国企规模及其在国民经济中的地位无国可比，我国的民众也为国企的发展支付了巨大的成本，但民众并没有从国企的巨额利润中相应受益。首先，作为国企的股东，自国企创立以来，全体民众并没有以所有者的身份得到过任何直接的分红。其次，正如表 16.2 所表明的：自 1950 年至 1993 年，国企每年还向财政上缴少许利润，但从 1994 年开始直至 2006 年，国有企业连续 13 年没有向财政上缴利润，这意味着国企收益也没有通过政府预算支出提供公共产品而惠及全民。

1993 年 12 月国务院下发的《关于实行分税制财政管理体制的决定》规定，逐步建立国有资产投资收益按股分红、按资分利或税后利润上交的分配制度。作为过渡措施，近期可根据具体情况，对 1993 年以前注册的多数国有全资老企业

表 16.2　国有企业上缴财政利润及获得财政补贴情况　　（单位：亿元）

年份	上缴利润	获得补贴	年份	上缴利润	获得补贴	年份	上缴利润	获得补贴
1950	8.69		1971	428.4		1992	59.97	444.96
1951	30.54		1972	445.69		1993	49.49	411.29
1952	57.27		1973	457.02		1994		366.22
1953	76.69		1974	407.26		1995		327.77
1954	99.61		1975	400.2		1996		337.40
1955	111.94		1976	338.06		1997		368.49
1956	134.26		1977	402.35		1998		333.49
1957	144.18		1978	571.99		1999		290.03
1958	189.19		1979	495.03		2000		278.78
1959	279.1		1980	435.24		2001		300.04
1960	365.84		1981	353.68		2002		259.60
1961	191.31		1982	296.47		2003		226.38
1962	146.22		1983	240.52		2004		217.93
1963	172.68		1984	276.77		2005		193.26
1964	212.93		1985	43.75	507.02	2006		180.22
1965	264.27		1986	42.04	324.78	2007		277.54
1966	333.32		1987	42.86	376.43	2008	上缴 3.75%	157.17
1967	218.47		1988	51.12	446.46	2009	上缴 7.38%	148.32
1968	166.73		1989	63.6	598.88	2010	上缴 2.12%	
1969	286.74		1990	78.3	578.88			
1970	378.97		1991	74.69	510.24			

资料来源：① 1950—1993 年国企上缴财政利润额与 1950—2009 年财政对国企的补贴数额来源于 2011 年《中国财政统计年鉴》第 448—449 页；② 2008—2011 年国企上缴财政利润数据来自于 www.unirule.org.cn/xiazai/2011/20110412.pdf。

实行税后利润不上交的办法。其目的是帮助国企解危脱困，而且只是过渡措施。但实践中过渡期竟长达 13 年，且企业脱困并产生盈利后，仍然没有终止这一政策，国内所有者依然没能从国企的盈利中获得应有的好处。

但国企并非拒绝向所有股东分红。根据世界银行 2005 年 11 月 17 日发表的题为《国有企业分红：分多少？分给谁？》的报告，虽然 1994—2007 年间中国国企不对政府分红，也不向国内股东分红，但在海外市场上市的国企在分红政策上则遵循国际惯例。2002—2008 年，172 家在香港股票交易所上市的由中国政府直接或间接持股的中国企业的分红平均数为 23.2%，中值为 22.7%。根据 2005 年 8 月的数据,在美国上市的中国主要国有企业的平均分红率为 35.4%。①

当然,2007 年后情况有所改变。2007 年我国颁布了《国务院关于试行国有资本经营预算的意见》(国发[2007]26 号)和《中央企业国有资本收益收取管理暂行办法》。其中规定从 2007 年开始试点收取部分企业 2006 年实现的国有资本收益,2008 年起正式实施中央本级国有资本经营预算。中央国有企业分三种情况上缴利润,最高一档上缴利润占净利润的比例为 10%。但是,尽管如此,这仍然无法在收入分配方面体现国有企业的全民性质。首先是目前中央国有资本经营预算收支范围仅限于在国资委监管的中央企业、中国烟草总公司和中国邮政集团公司。而国资委监管之外的,科教文卫、行政政法、农业、铁道、金融等 80 多个中央部门(单位)所属的 6 000 多户企业,尚未完全纳入中央国有资本经营预算的试行范围,从而使大量国企利润游离于全体国民受益范围之外。其次,就纳入上缴利润范围之内的国企而言,其利润上缴比例与其总体盈利水平相比,则低得微不足道。2009 年国有企业上缴利润占总利润的 7.38%,2010 年这一比例降至 2.12%。② 除了所上缴的红利外,其余利润都在国有企业内部分配。

16.3.2 国企盈利谁受益

这里有两个重要问题与该主题有关。一是国企上缴财政的为数不多的利润去向何处,二是高达 90% 以上的国企利润都留在国企里,国企内部是如何分配的。

首先,是国企上缴财政利润的分配。在 2008—2011 年的国有资本经营预算中,国有资本经营预算支出总额为 2 917.96 亿元。但其中又有 2 607.04 亿元回流到国有企业和国有经济中去③,占全部国有资本经营预算支出总额的 95.86%。也就是说,国企上缴财政的利润又有 90% 回流到国企中去。这些项目包括表 16.3 中 1—10 项的内容。而纳入公共预算和补充社保的资金共 100 亿元,仅占总支出的 3.68%。而国际上的通常做法是,不论什么机构担任国有股东的代表,一般都要求将国有企业的红利全部上交给财政后,再由财政部门进行分配,并将大部分利润用于公共支出。

---

① 世界银行,2005:《国有企业分红:分多少? 分给谁?》http://www.doc88.com/p-13346479043.html.
② 资料来源:www.unirule.org.cn/xiazai/2011/20110412.pdf.
③ 同上。

表 16.3　2008—2011 国有资本经营预算支出　　　　　　（单位：亿元）

支出项目	2008	2009	2010	2011	合计
1. 新设出资和补充国有资本	270	75	52.5		397.5
2. 国有经济和产业结构调整	81.5	59		495.5	636
3. 改革重组补助		600	130.5	80	810.5
4. 中央企业灾后恢复生产重建	196.3	139.6	20	1.5	357.4
5. 中央企业改革脱困补助			120	29	149
6. 中央企业重大技术创新			32	35	67
7. 节能减排			30	35	65
8. 新兴产业发展				45	45
9. 央企境外投资			30	30	60
10. 央企安全生产保障能力建设				10	10
11. 央企社会保障			5	5	10
12. 纳入公共财政预算			10	40	50
13. 补充社保				50	50
14. 预留			10	2.56	12.56
支出小计	547.8	873.6	440	858.56	2 719.96
国有资本经营预算收入	443.6	988.7	421	788	2 641.3
差额	-104.2	115.1	-19	-70.56	-78.66

资料来源：www.unirule.org.cn/xiazai/2011/20110412.pdf。

其次，留存企业内部利润的分配。上述分析表明，国企近年创利中，90%以上的利润留存于企业，仅有少量上缴财政。巨额利润在企业内如何分配使用？从现有能够获得的资料看，国有企业发展的最大受益者是国企本身，或企业从业者，特别是国企高管。

第一，国有企业劳动者薪酬近年来大幅度增长，职工平均工资高于城镇集体单位和其他单位。首先，从单个省份的情况来看：其一，在江苏，据国家统计局发布的统计资料，自 2000 年以来，江苏省城镇单位职工平均工资连续保持平稳快速增长，但是，不同所有制类型的企业，职工收入水平差距也比较明显。2010 年，江苏包括机关企事业单位在内的城镇单位总体平均工资水平为 31 667 元，而国企职工为 35 597 元，包括外企、私企在内的其他企业职工只有 27 045 元，国企职工平均工资已连续 7 年超过其他企业。其二，在辽宁，从辽宁省劳动和社会保障厅和辽宁省统计局联合公布的《2005 年辽宁省劳动和社会保障事业发展统计公报》上可以看出，2005 年，国有单位在岗职工的年平均工资最高，为

18 360元;城镇集体单位职工年平均工资最低,仅为3 724元。①其次,从全国整体的情况看:其一,自2004年出台《中央企业负责人薪酬管理暂行办法实施细则》以来,全国国有企业的职工薪酬较2004年及以前都有较大幅度提高。根据《中国财政统计年鉴》的资料,在2004年及以前,国有单位的人均"劳动者报酬"低于城镇集体单位和其他单位。但是,自2004年以后,国有单位的职工平均工资开始超过城镇集体单位和其他单位,且距离越拉越大(见图16.1)。其二,2001—2009年,国企劳动者报酬占国企名义工业增加值(固定资产折旧、生产税净值、营业盈余即利润总额和劳动者报酬之和)的比例为36.4%,高于其他三项占工业增加值的比重(营业盈余为22.3%,固定资产折旧为18.2%,生产税净值为23.2%)。也就是说,国企新创造的价值中有接近40%的部分是用于劳动者薪酬。

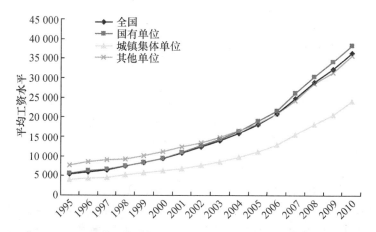

图16.1 国有单位职工年平均工资增长趋势及与其他单位的比较

资料来源:《中国统计年鉴》2011年,http://www.stats.gov.cn/tjsj/ndsj/2011/indexch.htm。

第二,国企高管获利最多。2004年国务院国资委推行国企高管年薪制以来,中央企业高管年薪和职工平均工资以12∶1的比例逐渐拉大。国资委数据披露,2004年至2007年,国资委监管下央企高管的平均年薪分别为35万元、43万元、47.8万元和55万元,年增长14%左右。但在实际操作层面上,高管年薪的最高限制早已被突破。凤凰网根据上市央企2008年年报整理公布的央企高

---

① 贺霞,2006:《辽宁国企职工平均工资最高》,http://edu.people.com.cn/GB/4428879.html。

管年薪表表明,央企高管年薪在100万以上者不在少数,更有高达千万年薪者。①比如,从表16.4所给出的资料可以看出,公布的24家上市国企高管年薪超过50万元以上的就有18家,占全部公布国企的75%。

表16.4 2008年部分央企高管人员年收入情况

排名	姓名	职位	公司	年收入(万元)	自然日均收入(元)	工作日均收入(元)
1	傅成玉	董事长	中海油	1 204.7	33 005.48	45 632.58
2	麦伯良	总裁、董事	中集集团	684.64	18 757.26	25 933.33
3	黄少杰	董事、总经理	招商轮船	145.00	3 972.60	5 492.42
4	肖亚庆	董事长、CEO	中国铝业	108.10	2 958.90	4 094.70
5	刘国跃	总经理董事(2008-4上任)	华能国际	87.94	4 033.94	4 903.83
6	伏中哲	董事、总经理	宝钢股份	98.08	2 687.12	3 715.15
7	李煜前	职工监事	中国船舶	96.60	2 646.58	3 659.09
8	侯为贵	董事长	中兴通讯	94.9	2 600.00	3 594.70
9	何建增	副总经理	五矿发展	93.60	2 564.38	3 545.45
10	黄小文	总经理、执行董事	中海集运	88.90	2 435.62	3 367.42
11	王天普	总裁、董事	中国石化	84.40	2 312.33	3 196.97
12	周吉平	副董事长、总裁(2008-5上任)	中国石油	51.5	2 452.38	2 926.14
13	陈建华	董事、总经理	华电国际	71.55	1 960.27	2 710.23
14	袁光宇	副董事长、CEO	中海油服	65.69	1 799.73	2 488.26
15	邓元发	副董事长、总经理	中铁二局	63.1	1 728.76	2 390.15
16	张杰	监事	大唐发电	53.48	1 463.01	2 025.76
17	张本智	董事、总经理	中国医药	50.55	1 384.93	1 914.77
18	斯泽夫	董事长	东方电气	49.00	1 342.47	1 856.06
19	李柱石	董事长(2008-5-13上任)	广船国际	26	712.33	1 547.62
20	杨继学	董事长(2008-2-15上任)	葛洲坝	34.98	958.36	1 514.29
21	张健	董事、副总裁	中国联通	35.02	959.45	1 326.52
22	刘建人	董事、总经理	中船股份	34.00	931.51	1 287.88
23	于喜国	董事、总裁	航天通信	30.01	824.66	1 136.74
24	李聚文	董事长	中航光电	28.12	770.41	1 065.15

资料来源:http://finance.ifeng.com/stock/zqyw/20090414/540825.shtml。

另有一份调查资料披露了我国国有金融行业的高管薪酬。根据上海荣正

---

① 《央企高管薪酬排行榜:中海油傅成玉工作日薪4.5万拔头筹》,2009年04月14日,凤凰网财经http://finance.ifeng.com/stock/zqyw/20090414/540825.shtml。

投资咨询公司近日对1 494家上市公司的薪酬调查报告,上市公司高级主管最高年薪前五名均来自金融业上市公司:深圳发展银行董事长纽曼年薪28 285万元,中国平安董事长马明哲2007年年薪为6 616万元,民生银行董事长董文标年薪1 748.62万元,中国银行信贷风险总监詹伟坚年薪986.6万元,招商银行总经理马蔚华年薪963.1万元。① 在24家金融企业中,更有11名"打工皇帝"年薪超过千万元。而上市公司2007年整体业绩较上年增长49.3%,对照之下,高级主管最高年薪却增加了57.15%。

特别要指出的是,上述无论是职工工资,还是高管年薪,还都仅仅是基本年薪,尚不包括绩效奖金、股权激励和其他诸如额外的养老金、医疗保险、住房补贴和住房实物补贴。很多国企的绩效奖金、股权激励以及各种货币和实物补贴数额相当惊人。

第三,在职消费也是国企留利的重要归宿。国有企业有四种费用:主营业务成本、营业费用、管理费用和财务费用。在这四种费用中,包含在职消费的管理费用是仅次于主营业务成本的费用。2004—2010年间,管理费用是营业费用的2—27倍,是财务费用的5—10倍(见表16.5)。至于在职消费的具体规模,一项专门对国有企业高管人员工资和在职消费的研究表明,1999—2002年的上市公司高管的在职消费逐年增高,且高于年度工资薪酬10倍左右(陈冬华、陈信元、万华林,2005)。另一项研究也表明,一些企业经营者在职消费随意性强,过多过滥,甚至处于失控状态。经营者的职位消费水平一般在其工资收入的10倍以上。②

表16.5　2004—2010年中央国有企业成本结构表　　　(单位:亿元)

项目＼年份	2004	2005	2006	2007	2008	2009	2010
主营业务成本	9 347.3	10 544.8	6 913.5	11 647.6	9 136.0	9 741.3	11 340.5
营业费用	39.4	94.7	196.0	524.5	733.9	828.8	993.2
管理费用	1 076.9	1 205.1	1 335.0	1 624.4	1 835.1	1 965.4	2 210.1
财务费用	158.4	120.1	151.4	184.7	245.6	254.8	413.4

资料来源:《中国财政年鉴2011》,第492页。

值得注意的是,除了个人的在职消费外,还有不少集体性的在职消费。如中石化公司的天价吊灯(网友爆料为1 200万元,中石化回应为156万元);办公

---

① 《中国金融高管年薪暴涨多达6615万》,《东方早报》2008年05月29日。
② 李旭红,《国企老总要拿年薪了》,http://www.people.com.cn/GB/paper53/10141/928886.html。

楼的豪华装修(中石化的中国石油化工集团公司维修工程的招标公告上列明了这项工程的花费为 2.4 亿元)①以及天价招待酒(中国石油化工股份有限公司广东石油分公司 2010 年 9 月 3 日购买"30 年 500 毫升茅台 30 瓶,15 年 500 毫升茅台 60 瓶,50 年 500 毫升茅台 30 瓶,53 度 500 毫升飞天茅台 360 瓶",价税合计 958 320 元用于业务招待)②。

最后,国企将利润投向非主营产业,如饭店、超市和其他房地产,为国企高管和其他职工谋福利。

16.3.3 国企亏损由民众补贴

有意思的是,对于企业的盈利,民众并未获得什么直接的好处,但对于企业的亏损,则需要由民众来埋单。众所周知,效益不佳、经营亏损一直是我国国有企业面临的严重问题。而财政补贴总是与国企亏损联系在一起的。我国的国企改革正是由于企业亏损形成了巨大的财政负担,财政无力承受才得以启动。国企改革以来,企业亏损依然存在,而财政补贴也一直相伴随。

从表 16.6 中的数字可以看出,我国对国有亏损企业亏损额的官方记录始于 1998 年,当年的国有亏损企业亏损额高达 3 066.5 亿元。2006 年,国企亏损额创 1998 年以来的新高,为 3 507 亿元。随后的几年,亏损额在不断攀升。到 2008 年,国企亏损额从 2007 年的 3 778.6 亿元突升到 6 528.4 亿元,年度增幅高达 73%。2009 年和 2010 年国企亏损额仍然维持在 5 000 亿元以上的高水平。

有记录的国企财政补贴自 1985 年开始,至 2009 年止。每年财政对国企的补贴都有几百亿元,到 2009 年,财政累计补贴国有企业资金 8 462 亿元(有研究认为这一官方公开数字过于保守)。即使在国企整体巨额盈利的情况下,财政补贴仍然存在。如 2007—2009 年,中石油和中石化依然获得 774 亿元的政府财政补贴。③

---

① 网友曝中石化大楼装 1200 万天价吊灯,http://news.163.com/09/0716/06/5EAS811A00011229.html。
② 中石化广东分公司承认网曝"巨额公款购高档酒"情况属实,大部分酒去向成谜,人民网转引新华社"中国网事"记者郑天虹、马晓澄、谢樱的报道:http://pic.people.com.cn/GB/14392807.html,2011 年 04 月 14 日。
③ 资料来源:www.unirule.org.cn/xiazai/2011/20110412.pdf。

表 16.6　我国国有企业亏损及财政补贴　　　　（单位：亿元）

年份	亏损企业亏损额	国有企业亏损补贴	年份	亏损企业亏损额	国有企业亏损补贴
1985		507.02	1998	3 066.5	333.49
1986		324.78	1999	2 144.9	290.03
1987		376.43	2000	1 846.0	278.78
1988		446.46	2001	1 993.6	300.04
1989		598.88	2002	1 802.5	259.60
1990		578.88	2003	2 819.8	226.38
1991		510.24	2004	3 060.6	217.93
1992		444.96	2005	2 426.0	193.26
1993		411.29	2006	3 507.5	180.22
1994		366.22	2007	3 778.6	277.54
1995		327.77	2008	6 528.4	157.17（**955.51**）
1996		337.40	2009	5 377.0	**148.32**（809.57）
1997		368.49	2010	6 287.3	

资料来源：《中国财政统计年鉴》，2010 年第 430 页，2011 年第 483 页。

政府向国企注资应是一种隐性补贴。2008 年，在总额 547.8 亿元的国有资本经营预算支出中，有 270 亿元用于中央企业新设出资和补充国有资本；2009 年的国有资本经营预算支出 873.6 亿中，有 75 亿元补充资本。2008—2009 年，两家航空企业、五家电力集团和两家电网公司获得国资委的注资约 160 亿元左右。[①]

16.4　国有企业基金的公平性分析：利益来源视角

在利益归宿方面，我国国企发展所获得的收益并没有直接惠及大多数民众。而在与之相对立的利益的来源方面，从发展过程看，国企的发展在一定程度也对民间企业形成了挤压，造成了各种不公平问题。由于国有企业全民所有者的虚拟性，其代理人——政府——实际上行使国有企业所有者的职能。当行政权力与企业相结合而从事经济活动时，经济领域中的各种不公平性就相应产生了。比如在计划经济时期，在重工业优先发展的国家发展战略下，国家通过

---

① 资料来源：www.unirule.org.cn/xiazai/2011/20110412.pdf.

低工资、工农产品剪刀差等途径,把城乡居民应得的收入中可以用于长期储蓄的部分以国有企业盈利的形式转移过来,形成国有资本,然后再用这些资本直接开办和经营国营企业。当然,虽然在国有企业这一时期的发展过程中,所有居民都为工业化的发展付出了代价,但相比而言,农民的付出最大。这是因为,虽然城市居民也承受了高积累、低收入之苦,但同时,政府也承担了为城市居民提供住房、养老、医疗、子女教育、失业、意外灾害等服务的责任(通过国有企业办社会的形式)。政府建立的社会保障水平虽然较低,但却几乎覆盖了全部城市居民。而农民则不同,自1958年以后,政府对农民实行了农产品的统购统销制度、人民公社制度和户籍制度。通过农产品的统购统销制度,政府垄断了农产品的全部收购,保证了较低的国有企业生产成本与较低的城市生活成本,但却造成了农民的贫困;通过人民公社制度和户籍制度,政府有效地限制了地区之间和部门之间的劳动力流动,将农民牢牢地控制在农村和农业上,无处可逃而又持续不断地为工业化发展战略提供积累和做出牺牲(蔡昉、杨涛,2000)。据估计,自1953年实行第一个五年计划起至1978年,在这种非平衡的发展战略下,农民为国有企业发展大约提供了6 000亿元至8 000亿元的积累。① 但另一方面,政府却没有为农民提供相应的社会保障。可以说,这一时期的国有企业发展在一定程度上是建立在剥夺和牺牲农民利益的基础上的。农民为国有企业基金的发展做出了巨大的贡献,但却没有从中获得应有的收益。而在1978年之后,我国开始进入了社会主义市场经济发展时期,"国企非企"的局面开始打破,经过一系列改革,国有企业日益发展壮大。但在国企"做大做强"的过程中,民众创业和发展企业的空间受到严重挤压,形成对民企发展的不公平性。

16.4.1 行业进入的不公平待遇

国有企业的特殊地位及其与行政权力之间的密切关系使得其在行业进入上几乎没有什么障碍,并得以在一些重要的经济领域形成垄断性经营。为保护国有企业的垄断经营利益,相关政府部门往往设置一些行业进入障碍,将非公企业阻止在行业之外,由此造成行业进入上的不公平。根据报道,截至2009年,在全社会80多个行业中,允许国有资本进入的有72种,允许外资进入的有62种,而允许民间资本进入的只有41种。② 尤其是在基础设施、大型制造业、金融保险、通信、科教文卫、旅游等社会服务业以及国有产权交易领域,民营企

---

① 郭书田:《如何实现统筹城乡经济社会发展》,http://www.sinoss.net/qikan/uploadfile/2010/1130/757.pdf。
② 方辉:《非公36条细则难出台的真实原因揭秘》,《中国经营报》,2011年10月22日。

业进入严重受限,审批手续多、审批时间长、所费成本大、进入门槛高、特许范围多和严。中国(海南)改革发展研究院民营经济研究所所长新望指出,创办企业对于中国的民间投资者来说,是一种十分昂贵的商品,得到这种商品的价格比国外贵得多。① 事实上,也正是受管制的制约,改革开放之后,虽然中国的民营企业得到了较大的发展,但是,民营投资主要流向了劳动密集型与资源密集型的传统制造业领域,如服装、食品、玩具、家具等等,很少有机会进入资本与技术密集型的大型制造业领域,如大型装备制造业、汽车产业、大型集成电路、民用卫星、民用飞机等等。

以航空业为例,目前航空业在中国仍处于高度垄断状态,"买飞机"和"航权时刻"是民营航空公司面临的两大难题。以航权时刻为例,春秋航空现在每天只有一趟在午夜从上海抵达北京的航班,商务客少、成本开销大,是全天最差的时段。即使这样一条航权也是春秋航空花了六年时间才批下来的。而更令人不可思议的是,据春秋航空总裁王正华反映,在听说春秋航空拿到这样一条航权之后,有国有航空公司跑到国务院去投诉国家民航局,而它们一天就有十几趟从上海到北京的航班。②

再以石油行业为例,近年来,我国国内油价居高不下,"断供"、"油荒"常现,除受国际油价波动等因素影响外,石油行业的垄断被认为是主要原因。目前,民营企业不能进口汽油和柴油等成品油,只能用一定的配额进口燃料油。民营油企长期面临"国内拿不到油源,国外也无法进口"的困境。有意思的是,在此困境下,尽管民营油企期待对于管制能有所放开,把成品油、原油进口权放开一些。但是,得知记者想找民营油企了解情况时,中国商业联合会石油流通委员会的一位负责人直言,"目前无论是零售还是炼油的企业都不愿意接受采访"。至于其中的原委,很简单,"不谈还能给点油,谈了就没油给了"。南京蓝燕石化董事长钱其连就说,"以前我可能说得有点多了,现在来看,不如不讲,问题没解决,负面影响反而来了"。

以上两个案例真实地反映了民企行业进入难的现实。当然,针对此问题,中央政府曾颁布政策来鼓励和支持过民营经济在重要经济领域中的发展。例如,2005年2月25日国务院正式出台了《鼓励支持和引导个体私营等非公有制经济发展的若干意见》,也即"非公有制经济36条"。"非公有制经济36条"明

---

① 新望:《财富的源泉"为何不能"充分涌流"?》,http://www.people.com.cn/GB/paper1631/10010/918378.html。
② 钟晶晶、黄锐:《新36条推进举步维艰 业内称垄断利益是重要阻力》,《商会中国》,2012年3月13日。

确规定:今后允许非公有资本进入法律法规未禁入的行业和领域;允许非公有资本进入垄断行业和领域,在电力、电信、铁路、民航、石油等行业和领域,进一步引入市场竞争机制;允许非公有资本进入公用事业、基础设施领域和社会事业领域以及金融服务业和国防科技工业建设领域;允许非公有制经济参与国有经济结构调整和国有企业重组,城市商业银行和城市信用社要积极吸引非公有资本入股,鼓励有条件的地区建立中小企业信用担保基金和区域性信用再担保机构,任何单位和个人不得侵犯非公有制企业的合法财产,不得非法改变非公有制企业财产的权属关系等。2010年5月7日,国务院再次发布《关于鼓励和引导民间投资健康发展的若干意见》(简称"新36条"),以进一步拓宽民间投资的领域和范围。"新36条"与2005年2月发布的"非公36条"没有本质上的区别,但与前者不同的是,2010年7月22日,国务院办公厅发布了《关于鼓励和引导民间投资健康发展中重点工作的分工的通知》,对"新36条"的细则制定进行了任务分解,40个工作被分解到30多个部委局办和各级人民政府,由不同部门制定相关鼓励引导民间投资的措施。但是,这些政策并没有实质上改变行业进入上的不公平问题。迄今,许多民营企业仍然被阻止在能源、金融、铁路、航空、电信、市政基础设施等垄断性行业之外,其中的原因有二。

一是中央缺乏贯彻一致的政策,且各种政策之间相互矛盾。如2005年2月发布的《鼓励支持和引导个体私营等非公有制经济发展的若干意见》给了许多民营企业家前所未有的信心,许多民营资本纷纷进入煤炭、民航等行业。但2006年12月5日国务院又发布了《关于推进国有资本调整和国有企业重组的指导意见》,这个指导意见首次明确提出了军工、电网电力、石油石化、电信、煤炭、民航、航运七大行业将由国有经济控制。这种政策上的变化给民营企业带来的打击无疑是致命的,特别是那些已经进入到上述行业的民企,而国企则趁机在这些领域里建立起自己的垄断地位。其一,在煤炭行业,2009年山西煤炭行业进行以国企为中心的战略性重组。之后,贵州、内蒙古、河南等省区也相继推行煤炭行业的国有化"运动",其结果是大批民企资本退出了该行业。其二,在资源性行业,凡是资源性的行业都面临国有企业在国家相关政策的配合下兼并民营企业的浪潮。其三,在3G手机视听方面,2010年年初,广电总局发放首批3G手机视听牌照,央视、上海文广、人民日报、新华社、中国国际广播电台、央广视讯、视讯中国与华夏视联这八家与广电关联的企业入选。而多家视频分享类网站却没有出现在首批获牌照企业名单中。① 广电总局以"发放牌照"的方式禁止民企进入相关领域,这是民营企业受到排挤的另一个案例。其四,1994年,泉州15家民营企业合股成立名流公司,采用BOT方式投资2.5亿元修建刺桐大桥,成为国内首例民营BOT基础设施项目。此后,名流公司董事长陈庆元又多次申请以BOT方式进入基础设施领域,但都没有成功。

二是由于政企之间的紧密联系及国企及其相关利益者的既得利益存在,各握有权力的政府及政府部门不肯轻易对民企开放行业进入大门,这是导致"新36条"实施细则在"新36条"发布一年多还迟迟没有出台的原因。实施细则不出台,"新36条"就不可能实施,民营企业面临的行业进入不公平就不可能有任何改变。但是,鉴于新旧36条的核心就是政府要降低民营经济投资的门槛,打破国企在军工、能源、航空、市政基础设施、电信等行业形成的垄断,提供公平的行业进入环境。这对既得利益者国企,特别是央企以及与它们在利益上密切联系的政府部门而言是剥夺权力和夺取利益的事情,遭到他们的反对和抵制是必然的。根据中国国际经济交流中心副秘书长陈永杰所做的调研,目前各部门落实实施"新36条"有四类情况:一类制定出台措施、一类正在制定、一类没有动静、一类是政策有保留。② 那些"没有动静"和"政策有保留"的部门,甚至那些拖延制定和出台"新36条"实施细则的行为表现出了政府部门对民企行业进入的抵触和反对情绪。陈永杰先生以金融领域为例指出,"新36条"的第18条明确规定:"允许民间资本兴办金融机构,鼓励民间资本发起或参与设立村镇银行、贷款公司、农村资金互助社等金融机构。"但"现在一些部门文件,还按照老36条规定(制定)实施细则,民间资本要办金融机构可以,必须有法人、商业银行作为一种发起单位,而且控股要在20%以上"。③

一方面,是对于民营企业的市场准入进行限制,另一方面,则是国企对于民企经营领域的"攻城夺地"。正如《经济参考报》记者在浙江、福建、广东与内蒙古等省、自治区的调查所表明的,④当前国内实体经济领域出现国富民穷、国进民退、国强民弱的现象,并有加剧之势。有几个典型事例:其一,2009年7月6日,中粮集团联合厚朴投资管理公司斥资61.16亿港元,收购了蒙牛乳业(集

---

① 郎朗,2010:《国家广电总局发首批3G手机视听牌照,均为中央军》,《21世纪经济报道》2月5日。
② 钟晶晶、黄锐,2012:《新36条推进举步维艰,业内称垄断利益是重要阻力》,《商会中国》3月13日。
③ 同上。
④ 沈锡权等,《国进民退:民企无奈"傍"国企》,http://finance.sina.com.cn/chanjing/sdbd/20111118/031310838842.shtml。

团)股份有限公司20.03%的股权,成为蒙牛集团最大的股东。随着中粮集团的介入,伊利、光明、三元、蒙牛等几大国内乳品龙头企业中已经没有了纯粹的民营企业。其二,东南医药物流有限公司是福建省药品流通领域最大的民营企业,经过多年的苦心经营,目前拥有药品生产、物流、零售终端等全产业链,集团年销售额已达到10多亿元。但国药集团(国企)现已决定在厦门建立区域总部,其目标是控制福建的药品销售终端市场。面对国药集团的收购"利诱",犹豫再三,东南医药物流有限公司最终还是接受了"收编"。东南医药物流有限公司将其药品终端零售网络51%的股权卖给了国药集团,国药集团由此取得了控股权。浙商研究会执行会长杨轶清说,国企"挤压"民企的手段是多方面的,例如提高行业准入条件、行业集中度,淘汰落后产能,以及整顿行业秩序等,诸多标准以国有大中型企业为标杆,客观上排斥民间投资,排挤民营企业。而其理由,可以冠冕堂皇甚至上纲上线而无可辩驳。

由此可见,在当前中国,国有企业已在各有利可图的领域全面做强做大,民企的发展甚至生存空间已非常有限,此等发展环境不可避免地造成民间创业难、发展难从而国富民穷、国强民弱的格局。事实上,也正是国企对于民营领域的"蚕食",引发了"国进民退"的浪潮:在石油分销领域,以前浙江一些民营的小加油站、小分销企业数量比较多,现在多数已被收购,或者因为提高门槛等因素退出了;在煤炭等矿产资源领域,以山西煤炭整合为例,大批民资被迫退出了;在钢铁领域,21世纪初期出现过民企大规模进入,现在几乎都折返;在商品房市场领域,原本是民资的天下,由于利润较高,国企开始大规模"攻城略地",并因此出现很多"地王",推高了房价。

16.4.2 自然资源占用上的不公平

自然资源是生产资料或生活资料的天然来源,包括矿产资源、土地资源、动植物资源等等。由于大部分自然资源具有不可再生性,而且日益稀缺,谁拥有资源的使用权,谁就拥有发展机会,拥有的自然资源越多,发展的机会和空间越大。相对于民企而言,国企拥有更多的自然资源使用权,而民营企业基本被排除在一些重要的自然资源,如石油、煤炭等的使用范围之外。实际上,国企不仅垄断了重要自然资源的使用权,而且以极其低廉的价格甚至免费使用这些资源。根据国内某研究机构的报告,在2001年至2009年期间,由于少收或免收土地租金,国有企业少缴纳工业地租25 787.41亿元,占全国国有及国有控股企业名义净利润的63.46%;由于少收或免收资源税和资源补偿费以及政府实行价格管制而产生的价格租,使得国有石油企业在2001—2009年少缴纳石油租金总计 2 436.73 亿元；国有及国有控股企业在 2001—2009 年少缴纳天然气租金 175.7 亿元、少缴纳煤炭资源租金 2 363.84 亿元。此外，在通信行业，我国几大通信公司使用的基本通信频道或牌照资源几乎都是免费的，如 3G 牌照、电话手机频道、宽带频道资源等等。①

16.4.3 资金占用上的不公平

任何企业的发展都离不开金融资本的支持。但在我国，国企和民企面临的融资环境却有天壤之别，主要体现在三个方面。

首先，间接融资环境的不平等。在任何经济中，银行贷款都是企业资金的重要来源，在我国，国有商业银行是间接融资的主体。在其他融资渠道尚不发达的情况下，社会资金主要以存款的形式堆放在国有银行里。进而，向国有银行进行贷款，是主要的间接融资方式。但是，在间接融资的过程中，为保证国有企业发展所需资金，行政权力与银行资本结合的结果必然是将民营经济排除在银行融资市场之外。因为，资金总量是一定的，民企的进入必然减少国企可利用的资金量。实际上，即使没有行政权力对银行贷款发放的干预，弱小的民企也难以与强大的国企竞争银行资金。我国国企在长期倾全国之力进行扶持发展的情况下，特别是 2003 年以来"抓大放小"的战略性改革实施以后，国企在规模上具有民企无与伦比的优势。而民企则多数为中小企业。作为中国信贷市场上的主体——国有商业银行在选择贷款对象时考虑最多的是企业经营风险和贷款规模。国企，特别是大型央企，一方面有政府扶持和政策庇护，经营风险很小；另一方面贷款规模又很大，自然就成为银行提供贷款的最佳选择对象，并享受优惠贷款条件。至于融资不平等的具体表现，主要体现在几个方面：其一，民营企业融资难、成本高。融资环境的不平等导致的融资难一直是我国民众创业和发展面临的巨大困难。以聚龙科技为例，该公司是北京一家有着 20 多年的历史，从事生产、销售无损检测、铁路机车检修设备的民营制造企业，从它创始以来一直被融资难困扰着。由于产品主要面向各铁路局、段，这些用户往往只会付少量预付款，过长的资金回笼周期给经营带来巨大压力，该公司常年资金缺口达 2 000 万元。据调查，他们以厂房设备做抵押而获得贷款的成本在基准利率上上浮了 30%—40%。② 其二，国有企业融资的低成本、低利率。为了降低国企的融资成本，政府对银行利率进行严格管制，贷款利率远低于出清状

---

① 资料来源：www.unirule.org.cn/xiazai/2011/20110412.pdf.
② 沈锡权、屈凌燕、任会斌、王攀、项开来，国进民退：民企无奈"傍"国企，新浪财经转自《经济参考报》，http://finance.sina.com.cn/chanjing/sdbd/20111118/031310838842.shtml.

态的均衡利率。据研究机构统计,国有工业企业平均实际利率为1.6%,而市场利率估计为4.68%。2001—2009年间,撇开国企享受的各种国有银行贷款优惠,按市场利率水平计算,国有企业少支付利息27 538.51亿元,占国有及国有控股企业名义净利润总额的67.77%①。假设国企必须支付市场水平的利率,国企利润在近年来已经彻底消失,整个部门亏损严重②。其三,国企和民企的融资差别。香港金融研究中心对包括中国各地28万家工业企业在内的官方数据库进行分析比较后得出结论:从2001—2005年,国企获得贷款的平均利率是2.55%,而私企平均利率为4.49%,高出国企将近两个百分点,私企的总体融资成本几乎是国企的两倍。而刘小玄的研究结果表明,大中型民企的融资费用比国企高6个百分点,小型民企比小型国企高9个百分点(刘小玄、周晓艳,2011)。

其次,国企、民企面临的直接融资环境不平等。在得不到银行贷款的情况下,如果民企可以直接在资本市场上融资,融资难也可以得到一定程度的缓解。但不幸的是,与银行信贷相比,资本市场对民营企业的开放程度更低。由于政府将经济和社会发展的重任赋予了国有企业,因而证券市场也成为国有企业筹资的工具。政府通过行政手段为国有企业量身打造管理规则,并以国家信用保证国有企业融资成功。具体表现为:第一,提高股票上市的标准。中国的证券市场具有浓厚的行政性,政府沿用计划经济的行政审批制度,先后通过证券配额制和审核制的形式,确保资金流向国有大中型上市公司。就我国目前的股票市场入市条件而言,所有标准都只有大中型企业可以达到,大量的民营中小企业被拒之上市"门槛"之外(见表16.7)。第二,政府对国有企业直接融资的隐性担保。具体表现在,一旦国有上市公司出现问题,面临ST、PT甚至摘牌时,政府就会出面进行各种形式的"资产重组"。有些资产重组并不具有优化资源配置、改善效率的实际意义,而是通过国企集团公司资产向上市公司转移,或是全社会国有资产向上市公司转移,出现"报表重组"、"题材重组"和"资格重组"等虚假性重组现象,从而保证国企能够持续在证券市场融资。而民企则是另一番境况。冲破种种障碍而获得上市的民企一旦面临PT、ST或摘牌的命运,它不可能指望政府会通过"资产重组"的注资方式来拯救自己。它必须使出浑身解数提高经营绩效,消化各种融资成本。在这种不公平的融资环境中,经营业绩对公司生存的重要性远比不上行政权力的担保和庇护。

---

① 资料来源:www.unirule.org.cn/xiazai/2011/20110412.pdf。
② 同上。

表 16.7　企业上市要求

项目	发行条件	经营状况
发行企业债	净资产不低于 5 000 万	可支配利润足付债息
发行 A 股	净资产不低于 5 000 万	连续三年盈利
发行 B 股	净资产不低于 1.5 万	连续三年盈利
发行 H 股	净资产不少于 4 亿人民币	税后利润不少于 6 000 万
发行红筹股	股票总市值不少于 1 亿港币	利润不少于 6 000 万
发行创业股	最低公众持股量 3 000 万港币	经营活跃

资料来源：季仙华，我国民营企业直接融资的制度性障碍，http://wenku.baidu.com/view/7f51fc97d d88d0d233d46abb.html。

当然，就直接融资上的差异问题来说，如果是国企相比民企具有更好的效益，那此等差异也是情有可原、合情合理的。但问题并非如此。其一，在两者的净资产回报率（ROE）方面，在 2003 年，国企和私企的净资产回报率大致相当，国企为 12%，私企为 13%。但到了 2007 年，二者的差距则明显拉大，国有企业净资产回报率略微高于 15%，而民营企业已经达到了 23%，国有企业净资产回报率明显低于私营企业（张文魁，2012）；特别是，据研究机构的报告显示，2001—2009 年，尽管国有及国有控股工业企业累计实现利润 58 461.82 亿元，但如果扣除国有企业享受的行政权力带来的土地租金、资源租金、利息租金和综合财政补贴，国有企业不仅没有盈利，反而亏损，累计亏损 5 112 亿元，平均真实的净资产收益率是 -1.47%[①]。其二，就全要素生产率（TFP）指标来看，国有企业远远低于私营企业。过去 30 年国有企业的全要素生产率年均增长率大约为 1.5%，而私营企业则为 4.5%。即使在过去十年国有企业发展壮大最快最明显的时期，这两个指标都远远低于私营企业（张文魁，2012）。其三，从投入—产出的角度看，据世界银行所属国际金融公司的一项调查，2000 年中国非国有企业创造的新价值已占 GDP 的 2/3，其中私营企业创造了 GDP 的 1/2，但非国有经济只运用了资本资源的 1/3；而耗用了 2/3 最为稀缺的资本资源的国有经济对 GDP 的贡献只占 1/3（Neil，2000）。其四，从亏损的角度看，尽管过去十年是国有企业盈利增长最快的时期，但盈利只是集中在少数具有所谓"市场力量"的企业，11.5 万家国有企业目前的亏损数达到 25% 以上，而民营企业的亏损数是 10% 多一点（张文魁，2012）。然而，就是这样的经营业绩，国有企业仍然能够在证券市场上持续不断地融资，国有上市公司占据了上市公司总数的 95%——

---

① 资料来源：www.unirule.org.cn/xiazai/2011/20110412.pdf。

97%,而民营企业在上市公司中只占 3%—5%。

最后,是政府补贴与扶持上的不平等。上述不公平的融资制度和融资环境造就了国有企业的"一股独大"、"一花独放"。在民间创业和民企发展严重受阻于融资难的同时,国企特别是央企却有用不完的资金。除了成为上述银行融资和资本市场融资的宠儿外,国企历来也都是政府积极的财政政策的宠儿。2008 年国家的"4 万亿"救市资金和当时宽松的货币供给的九成都被央企拿走。中国中铁、中国铁建占据了 6 000 亿元铁路基建投资的主要部分;中国南车、中国北车共享今后两年 3 000 亿元的铁路机车车辆购置投资;中交集团则成为了 1 万亿元交通固定资产投资的主要得益者。①

资金上的富足甚至使得央企一度扮演了金融机构的角色。据记者调查,2011 年已经出现了好几轮地方政府"抢夺"央企投资的热潮,一般省份都获得央企上千亿元的投资,广东省甚至获得了 2.539 万亿元的投资。甚至还出现一些国企利用强大的融资能力、以高于银行利率几倍的资金价格放贷给民企,国企"盘剥"民企成为"食利者"。在浙江一些地方,国企从银行贷款,再转贷款给民企、房地产企业,利息年收益率为 17% 至 20%,是银行利率的 3 倍左右。其惯用的手法是:以股权投资进入,控制财务,以固定回报率全资退出。一般协议两年,每年获得 17% 至 20% 的收益,但是不参与经营,只拿固定回报。浙商投资促进会副会长蔡骅说,"国企利用低息贷款'输血'民企、房地产业获利,这个现象非常严重。现在的一些国企、央企,可以不劳而获,只要借助融资能力盘剥民营企业,就可以发财。民企多数都是死在资本上。如保亿集团、金城房产等,在浙江省属于二级资质以上的民营房地产企业至少有一半以上向国企、央企借贷。"②

16.5 国有企业基金公平性的提升

以上从利益来源和利益归属两个方面考察了我国国有企业基金的公平性问题。研究的结论是:无论从归属上看,还是从来源上看,我国的国有企业基金都存在一定的不公平问题。至于相关的问题如何解决,在我们看来:其一,关于利益来源的问题,其关键是对国企的运营范围进行限制。根据国际经验,国有

---

① 李靖云,《国企改革须以增进全民福利为目标》,南都网转自《南方都市报》,2010-10-30,http://gcontent.oeeee.com/6/24/624127658e5d38e3/Blog/a7f/d2b780.html。
② 《"国进民退"民企无奈"傍"国企》,《经济参考报》,2011 年 11 月 18 日。

企业的活动范围一般被限定为以下两种情况：一类是具有自然垄断性的行业。因这类行业的平均生产成本随产量的增加而递减，因而由一家企业来提供产品会比多家生产更有效率，成本更低。目前发达的市场经济国家一般只将公用事业（utilities），包括自来水、燃气、电力供应等归于这类行业，由公共企业经营。但即使一个行业是自然垄断行业，这种自然垄断性也不是一成不变的。因为，技术的进步和市场规模的扩大都会改变行业的自然垄断性，使原来具有自然垄断性特征的行业变成具有竞争性的行业。如技术进步使企业固定资本投入大幅度降低，从而降低进入门槛，使引入更多的竞争者成为可能；技术进步使自然垄断性环节与非自然垄断性环节的业务分割成为可能，在分割出的业务上可以引入直接的竞争（如电网与电力生产的分离；铁路、车站与货物运输的分离等）；市场规模的扩大可以使任何一个企业占有的市场份额都不足以垄断市场供给。一旦行业的自然垄断性发生了变化，该行业就要全部或部分转变成竞争性的行业而成为民企活动的领域，国企将自动退出。[①] 另一类是政府内部服务企业（internal service）。政府不仅是公共服务的提供者，而且也是产品和服务的消费者。当政府本身为提供公共产品而成为大量消费某种服务的消费者时，会因需求量巨大而使得市场提供的成本很高。为节省成本，政府则要自己建立企业，直接生产这种服务，并只为政府提供服务。最为典型的是政府汽车修理厂。在美国等发达国家，为节约公车维修费用，政府就建立了这种内部服务企业。除此之外，几乎没有其他领域成为国有企业的经营范围。其二，在利益归属的公平性问题上，在国有企业缩减阵地的情况下，可以考虑将相关的盈利转入公共财政预算，而相应的亏损则由一般性的收入来弥补，也就是说，国有企业利益归宿的公平性依赖于我国预算体系的完善与预算制度的完善。

---

① 实际上，即便是自然垄断的行业，也是可以竞争的，可以就经营权进行竞争，参见本报告第20章。

第 17 章

中国社会保险基金的公平性分析

17.1 导 言

我国社会保险基金包括养老保险、医疗保险、失业保险、工伤保险以及生育保险等五大基金。其中,养老保险基金占了社会保险基金的大头。以 2010 年为例,养老保险基金的总收入为 13 420 亿元,占五大社保基金总收入的 71.30%;养老保险基金的总支出为 10 555 亿元,占五大社保基金总支出的 71.23%(人力资源和社会保障部、国家统计局,2011)。由于篇幅有限,本章仅对我国养老保险基金的公平性进行分析。特别地,考虑到目前我国养老保险体系分为城镇职工养老保险(主要是企业职工)、公务员养老保险、事业单位职工养老保险、城镇居民养老保险与新型农村社会养老保险等几大类型。各类养老保险计划彼此独立运行,不发生资金划拨。本章的研究仅以城镇职工养老保险基金为分析对象。①

关于城镇职工养老保险基金的公平性,在考察维度方面,它涉及:① 性别间的养老金公平(郑春荣、杨欣然,2009);② 地区间的养老金公平,各省的养老金

---

① 2010 年末全国参加城镇基本养老保险人数为 25 707 万人。其中,参保职工 19 402 万人,参保离退休人员 6 305 万人。

水平一般与当地的平均工资挂钩,因此,我国各地养老金的水平差距较大;③ 不同收入阶层间的养老金公平;④ 代际间的养老金公平。本章仅对不同收入阶层间的养老金公平进行分析,因为这是当前我国养老保险制度的主要问题。当然,为了就问题展开分析,我们首先对高、中、低收入者进行界定:根据我国社保法规,职工缴费以本人上年的月平均工资为缴费基数,按最高不超过当地上年职工月平均工资3倍、最低不低于当地上年职工月平均工资60%核定。据此,我们可以界定出最高缴费者、最低缴费者等,如表17.1所示。

表 17.1　三种收入阶层的定义

收入阶层	定义	缴费基数
高收入者	按照最高缴费标准缴费的参保人	上年社会平均工资的300%
中收入者	按照当地上年职工月平均工资缴费的参保人	上年社会平均工资的100%
低收入者	按照最低缴费标准缴费的参保人	上年社会平均工资的60%

一般而言,研究不同收入阶层间养老金给付的公平性,主要就是考察:其一,劳动者退休以后领取的养老金是否足以维持其生活(绝对公平);其二,劳动者的终身养老保险缴费与其终身领取的养老金的比例(相对公平)。但是,不管是绝对公平还是相对公平,研究养老金给付问题的主要指标是养老金替代率。因此,本章的研究思路如下:在就我国基本养老金替代率进行测算的基础上,分别从相对公平和绝对公平两个角度来就我国城镇职工养老金的公平性进行分析,最后,是有关养老基金公平性提升的政策建议。

17.2　我国基本养老金替代率测算

17.2.1　养老金替代率的定义及相关说明

养老金替代率一般是指养老金领取者所领取的养老金与其本人退休前收入(或退休前社会平均工资)的比值。据此,我们先给出不同的养老金替代率定义:

(1) 基本养老金替代率 A:基本养老金/本人退休前一年的社会平均工资

(2) 基本养老金替代率 B:基本养老金/本人退休前一年收入

(3) 基础养老金替代率 A:基础养老金/本人退休前一年的社会平均工资

(4) 基础养老金替代率 B:基础养老金/本人退休前一年收入

(5) 个人账户养老金替代率 A:个人账户养老金/本人退休前一年的社会平均工资

(6) 个人账户养老金替代率 B:个人账户养老金/本人退休前一年收入

关于上述定义,需要强调说明的是:其一,为了表述简化,在本章中,如果没有特殊标明,"养老金替代率"一般是指"基本养老金替代率"。其二,关于基本养老金替代率,按照原劳动和社会保障部的解释,我国政府把基本养老金目标替代率 B 设定为 60%,而国发[1997]26 号和国发[2005]38 号所规定的计发办法,能为那些缴费 35 年的企业职工分别实现 58.5% 和 59.2% 的替代率,其中来自个人账户的养老金替代率分别达到 38.5% 和 24.2%(劳动与社会保障部,2005)。考虑到这一文件的测算较为粗略,我们这里对此做出较为精细的计算。其三,在测算对象的选择上,为了简化分析,本文以"新人"作为测算对象,即以《国务院关于完善企业职工基本养老保险制度的决定》(国发[2005]38 号)颁布实施后参加工作的人员为分析对象。

一般地,"新人"的基本养老金计算公式如下:

基本养老金 = 基础养老金 + 个人账户养老金

$$基础养老金 = \frac{当地上年度职工月平均工资 + 本人指数化月平均缴费工资}{2} \times \frac{缴费年限}{100}$$

$$个人账户养老金 = \frac{个人账户储存额}{计发月数}$$

其中,计发月数的标准是国务院统一根据城镇人口预期寿命、本人退休年龄与利息等因素确定的。目前养老金的计发月数如表 17.2 所示。

表 17.2 养老金计发月数表

退休年龄	40	41	42	43	44	45	46	47	48	49	50
计发月数	233	230	226	223	220	216	212	208	204	199	195
退休年龄	51	52	53	54	55	56	57	58	59	60	
计发月数	190	185	180	175	170	164	158	152	145	139	
退休年龄	61	62	63	64	65	66	67	68	69	70	
计发月数	132	125	117	109	101	93	84	75	65	56	

17.2.2 关于基础养老金替代率的测算

根据《国务院关于完善企业职工基本养老保险制度的决定》(国发[2005]

38号),我们可以得出基础养老金的计算公式:

$$p_b = w_0(1+g)^n \times \frac{(1+a)}{2} \times n \times 1\%$$

其中,P_b 为基础养老金,即退休后第一年领取的养老金,w_0 为参保人工作前一年当地社会月平均工资,g 为当地社会平均工资年增长率,n 为缴费年限(参保人在缴纳养老保险费 n 年以后刚好达到退休年龄,开始领取养老金)。假设该参保人工作时,缴费基数均为当地社会平均工资的 a 倍。

由假设可知,该参保人退休前一年当地社会平均工资为:

$$w_n = w_0(1+g)^n$$

那么,该参保人的基础养老金替代率 A 为:

$$\frac{p_b}{w_n} = \frac{(1+a)}{2} \times n \times 1\%$$

由此可见,基础养老金 A 是由职工本人工资的相对水平(a)和缴费年限(n)这两个因素决定的,其中:

(1)关于职工本人工资的相对水平 a。根据我国现行社保法规,职工缴费以本人上年的月平均工资为缴费基数,按最高不超过当地上年职工月平均工资 3 倍、最低不低于当地上年职工月平均工资 60% 核定。据此,我们可以得到:$0.6 \leq a \leq 3$。

(2)关于缴费年限 n。根据我国现行社保法规,参保人缴费年限必须达到 15 年以上才具有领取养老金的资格,即 $n \geq 15$;同时参保人一般在 20 岁左右才参加工作,到退休(男性 60 岁、女性 55 岁)时,累计工作年限不超过 40 年,即 $n \leq 40$。

基于上述两参数的取值范围及相关计算公式,我们可以得到在不同工资和缴费年限下的基础养老金替代率(见表 17.3 和表 17.4)。

表 17.3　不同工资和缴费年限下的基础养老金替代率 A

		缴费年限(n)					
		15 年	20 年	25 年	30 年	35 年	40 年
相对工资水平(a)	0.6	12.00%	16.00%	20.00%	24.00%	28.00%	32.00%
	1	15.00%	20.00%	25.00%	30.00%	35.00%	40.00%
	2	22.50%	30.00%	37.50%	45.00%	52.50%	60.00%
	3	30.00%	40.00%	50.00%	60.00%	70.00%	80.00%

表 17.4　不同工资和缴费年限下的基础养老金替代率 B

		缴费年限(n)					
		15 年	20 年	25 年	30 年	35 年	40 年
相对工资水平(a)	0.6	20.00%	26.67%	33.33%	40.00%	46.67%	53.33%
	1	15.00%	20.00%	25.00%	30.00%	35.00%	40.00%
	2	11.25%	15.00%	18.75%	22.50%	26.25%	30.00%
	3	10.00%	13.33%	16.67%	20.00%	23.33%	26.67%

17.2.3　关于个人账户养老金替代率的测算

表 17.5 给出了男性和女性的个人账户养老金及替代率。至于表 17.5 中的参数,我们对此进行假设,以便求出个人账户养老金替代率的数值。

(1) 关于社会平均工资增长率 g 的确定。在最近 20 年来,我国社会平均工资增长速度较快。我国城镇非私营单位在岗职工平均工资从 1991 年的 2 340 元增加到 2010 年的 37 147 元,年均实际增长率为 10.22%(见图 17.1)。目前我国在计算养老金时,社会平均工资的统计口径是"城镇非私营单位在岗职工平均工资",社会平均工资的统计范围较窄,未包括大多数私营企业和个体户的收入,造成我国社会平均工资水平虚高。以 2010 年为例,我国城镇单位在岗职工年平均工资为 37 147 元,而同年我国城镇私营单位就业人员年平均工资仅为 20 759 元(国家统计局,2011)。因此,可以预计,随着统计口径的扩大,未来工资的增长速度将有所放缓。至于实际工资增长率的具体水平,在此,我们采取比较乐观的看法,把实际工资增长率设定为 6%。

(2) 个人账户养老金的投资收益率 r 的确定。根据社保相关法规,个人账户储存额参考银行同期存款利率计算利息。在具体实施中,各省市大都参照商业银行一年期居民储蓄存款定期利率计息,这一计息政策造成近年来个人账户实际收益率远低于 5%(郑春荣、杨欣然,2009)。我们预计,随着政策的完善,个人账户基金有可能投资证券市场,获得更高的投资回报。然而,要准确预测个人账户基金的投资回报率很难,原因在于:第一,投资回报率与投资组合、投资风险有关,一般而言,股市长期投资回报率高,但短期内风险大。第二,我国利率自由化的进程在很大程度上决定着投资回报率的高低。当前我国银行存款实施利率管制政策,利率被人为压低,个人账户基金的投资主要是银行存款,不可避免地得到了低回报。第三,管理模式对投资回报来说至关重要。Iglesias 与 Palacios(2000)曾对 1960—2000 年间的世界各国养老金投资回报进行分析,发现公共管理的养老金平均投资回报率比同期人均收入增长率低 8.4%,而私人

表 17.5　男性和女性的个人账户养老金及替代率

	男性	女性
养老金	$P_i^{60} = \begin{cases} \dfrac{12 \times 8\% \times aW_0\left[(1+i)^n - (1+g)^n\right]}{139(i-g)}, i \neq g \\ \dfrac{12 \times 8\% \times aW_0 \times n(1+i)^{n-1}}{139}, i = g \end{cases}$	$P_i^{55} = \begin{cases} \dfrac{12 \times 8\% \times aW_0\left[(1+i)^n - (1+g)^n\right]}{170(i-g)}, i \neq g \\ \dfrac{12 \times 8\% \times aW_0 \times n(1+i)^{n-1}}{170}, i = g \end{cases}$
替代率 A	$q_{iA}^{60} = \begin{cases} \dfrac{12 \times 8\% \times a\left[(1+i)^n - (1+g)^n\right]}{139(i-g)(1+g)^n}, i \neq g \\ \dfrac{12 \times 8\% \times a \times n}{139(1+g)}, i = g \end{cases}$	$q_{iA}^{55} = \begin{cases} \dfrac{12 \times 8\% \times a\left[(1+i)^n - (1+g)^n\right]}{170(i-g)(1+g)^n}, i \neq g \\ \dfrac{12 \times 8\% \times a \times n}{170(1+g)}, i = g \end{cases}$
替代率 B	$q_{iB}^{60} = \begin{cases} \dfrac{12 \times 8\% \times \left[(1+i)^n - (1+g)^n\right]}{139(i-g)(1+g)^n}, i \neq g \\ \dfrac{12 \times 8\% \times n}{139(1+g)}, i = g \end{cases}$	$q_{iB}^{55} = \begin{cases} \dfrac{12 \times 8\% \times \left[(1+i)^n - (1+g)^n\right]}{170(i-g)(1+g)^n}, i \neq g \\ \dfrac{12 \times 8\% \times n}{170(1+g)}, i = g \end{cases}$

注：根据当前的社保法规，男性和女性的法定退休年龄分别是 60 岁和 55 岁，分别对应的计发月数是 139 和 170。i 为养老保险个人账户的年投资收益率；g 为社会平均工资增长率。

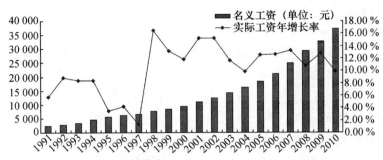

图 17.1　20 年来我国社会平均工资增长率情况

管理的养老金平均投资回报率比同期人均收入增长率高 2% 以上。第四,我国证券市场刚刚发展 20 年,市场投资收益率波动大,不具可比性,同时,我国存在高度管制的商业银行存贷款利率体系,银行存款和国债投资收益率也无法真正反映市场的利率水平。在实际养老保险基金收益率难以确定的情况下,我们采取比较乐观的看法,把实际养老保险基金投资收益率设定为 5%(从表 17.6 所给出的 OECD 组织、美国社会保障总署的预测值以及历史数据来看,发达国家的社会平均工资增长率很低,由此可以推断出我国的社会平均工资在经历高速增长阶段之后将进入稳定低速阶段;由于养老保险基金较为强调安全性,养老保险基金投资回报率一般不超过 5%)。

表 17.6　OECD、美国社会保障总署对社会工资实际增长率和投资收益率的假定

	OECD(2011a)	美国社会保障总署(2011)	历史数据
社会平均工资实际增长率	2%	1.2%(适用于 2025—2085 年)	0.7%(美国:1970—2009 年)
养老保险基金投资回报率	3.5%	国债年利率 2.9%(适用于 2025—2085 年)	(1900—2000 年美国市场)股票投资年实际收益率:6.7% 长期国债年实际收益率:1.6% 短期国债年实际收益率:0.9%

资料来源:① Board of Trustees, 2011, *Annual Report of the Board of Trustees of the Federal Old-Age and Survivors Insurance and Federal Disability Insurance Trust Funds*. Washington, DC: Social Security Administration. p98. ② Dimson, Marsh, and Staunton, 2002, *Triumph of the Optimists: 101 Years of Global Investment Returns*, New Jersey: Princeton University Press, 2002. ③ OECD, 2011, *Pensions at a Glance 2011: Retirement-income Systems in OECD and G20 Countries*, OECD Publishing.

基于实际工资增长率和实际养老保险基金投资收益率这两个参数的设定(两者分别为 6% 和 5%),我们计算了不同工资和缴费年限下各人群的个人账户养老金替代率。① 其一,从个人账户养老金替代率 A 来看(见表 17.7),工作时期的相对工资水平越低、缴费年限越短,则替代率 A 越低,最低的替代率仅为 5.49%。其二,从个人账户养老金替代率 B 来看(见表 17.8),缴费年限相同的,无论工作时期的相对工资水平如何,个体养老金替代率都是相同的。应该说,这一结果是很容易理解的,养老保险个人账户基金实际上是一种强制储蓄,没有贫富再分配的功能。每个养老保险计划的参保人缴费率是相同的(月工资的 8%),而替代率 B 的定义就是养老金与其本人退休前最后一年工资的比值。因此,养老金替代率 B 与参保人的收入水平是无关的。

表 17.7　不同工资和缴费年限下的养老金替代率 A

		缴费年限(n)					
		15 年	20 年	25 年	30 年	35 年	40 年
工作时期的相对工资水平(a)	0.6	5.49%	7.16%	8.74%	10.26%	11.70%	13.08%
	1	9.15%	11.93%	14.57%	17.09%	19.50%	21.79%
	2	18.31%	23.85%	29.14%	34.19%	39.00%	43.59%
	3	27.46%	35.78%	43.71%	51.28%	58.50%	65.38%

表 17.8　不同工资和缴费年限下的养老金替代率 B

		缴费年限(n)					
		15 年	20 年	25 年	30 年	35 年	40 年
工作时期的相对工资水平(a)	0.6	9.15%	11.93%	14.57%	17.09%	19.50%	21.79%
	1	9.15%	11.93%	14.57%	17.09%	19.50%	21.79%
	2	9.15%	11.93%	14.57%	17.09%	19.50%	21.79%
	3	9.15%	11.93%	14.57%	17.09%	19.50%	21.79%

17.2.4　关于基本养老金替代率的测算

根据上述的计算结果,我们把基础养老金加上个人账户养老金,就得到基本养老金。因此,把表 17.3 和表 17.7 合并,形成表 17.9,可以得出基本养老金替代率 A;把表 17.4 和表 17.8 合并,形成表 17.10,可以得出基本养老金替代率 B。

---

① 我们将在下文的分析中放宽假设,计算在不同工资增长率和投资收益率下的养老金替代率。

表 17.9　不同工资和缴费年限条件下的基本养老金替代率 A

工作时期的相对工资水平(a)		缴费年限(n)					
		15 年	20 年	25 年	30 年	35 年	40 年
	0.6	17.49%	23.16%	28.74%	34.26%	39.70%	45.08%
	1	24.15%	31.93%	39.57%	47.09%	54.50%	61.79%
	2	40.81%	53.85%	66.64%	79.19%	91.50%	103.59%
	3	57.46%	75.78%	93.71%	111.28%	128.50%	145.38%

表 17.10　不同工资和缴费年限条件下的基本养老金替代率 B

工作时期的相对工资水平(a)		缴费年限(n)					
		15 年	20 年	25 年	30 年	35 年	40 年
	0.6	29.15%	38.60%	47.90%	57.09%	66.17%	75.12%
	1	24.15%	31.93%	39.57%	47.09%	54.50%	61.79%
	2	20.40%	26.93%	33.32%	39.59%	45.75%	51.79%
	3	19.15%	25.26%	31.24%	37.09%	42.83%	48.46%

基于表 17.9 和表 17.10，我们可以初步得出以下两个结论：

第一，低收入者难以通过养老金收入解决老年贫困问题。表 17.9 显示，低收入者的养老金替代率 A 最低，仅为 17.49%，最高也不过 45.08%。

第二，中高收入者的养老金替代率偏高一些。表 17.9 中有一些数据超过 100%，意味着这些养老金收入已经超过在岗职工平均工资。考虑到养老金收入不缴纳个人所得税和"五险一金"，这些养老金收入已远超过基本生活需求所要求的收入水平，也导致基本养老保险制度名不符实。从养老金体系来讲，中高收入者在晚年追求更高的养老金收入是无可厚非的，但是不应该通过基本养老保险计划来实现，而应通过第二支柱（补充养老保险计划）和第三支柱（个人自愿性储蓄）来实现。

进一步的分析将在下面两节展开。

17.3　我国基本养老金的相对公平性分析

我们可以把 OECD 组织各成员国的基本养老金给付水平与我国进行对比。OECD(2011)对 34 个成员国的基本养老金替代率进行了测算。

17.3.1　我国基本养老金的相对公平性：基于国际比较

假设前提主要有：年通货膨胀率为 2.5%、年平均工资实际增长率为 2%、年实际投资收益率为 3.5%、各收入阶层的收入水平年涨幅相同。我们根据上述假设条件,对中国的基本养老金替代率水平进行测算,测算结果见表 17.11。

表 17.11 OECD 组织各国基本养老金的最高和最低替代率

	最高的替代率	34 个成员国的平均替代率	最低替代率	中国	中国养老金替代率与 OECD 平均水平的比
在职时的收入为社会平均工资的 50%	144.9%（冰岛）	72.28%	42%（德国）	89.85%	124.31%
在职时的收入为社会平均工资的 100%	96.9%（冰岛）	57.48%	30.9%（墨西哥）	76.52%	133.12%
在职时的收入为社会平均工资的 150%	95.7%（希腊）	52.06%	22.6%（英国）	69.85%	134.17%

注:在计算中,"在职时的收入为社会平均工资的 50%"一栏中我国的替代率为 85.89%,其实这一替代率水平是根据在职时的收入为社会平均工资的 60% 的参保人进行测算的。原因是在我国收入为社会平均工资的 50% 的参保人,其缴费基数为社会平均工资的 60%,今后领取养老金的计发标准也是社会平均工资的 60%。

资料来源:OECD, 2011a, Pensions at a Glance 2011: Retirement-income Systems in OECD and G20 Countries, OECD Publishing. 有关中国的数据由笔者计算得到。

从表 17.11 中可以得出以下两个结论:

(1) 我国各收入阶层的养老金替代率均高于 OECD 组织成员国的平均水平。这是否表明我国的基本养老保险制度比西方发达国家更优越呢?不一定,因为我国养老保险缴费率远高于西方发达国家(郑春荣,2011),所以养老金的替代率更高也是应该的。

(2) 我国养老保险的收入再分配功能较弱。如果每位老人的养老金都是相同的,那么说明该国的养老保险收入再分配功能非常强(例如英国的基本国家养老金制度);如果老人之间的养老金水平悬殊,富人年轻时多缴社保税,年老时多领取养老金,则说明该国的养老保险收入再分配功能较弱。与 OECD 组织相比,我国养老金的高低差距较大。对于那些在职时收入为社会平均工资的 50% 的劳动者而言,中国的替代率为 OECD 平均水平的 124.31%,而对于那些在职时收入为社会平均工资的 150% 的劳动者而言,中国的替代率为 OECD 平均水平的 134.17%。

实际上,分析我国基本养老金的公式,就不难了解为什么我国基本养老保险制度的收入再分配功能较弱。其一,就个人账户养老金来说,我们知道,个人账户养老金实际上是完全私有化的强制储蓄账户,各个参保人的个人账户基金属于个人所有,不会发生资金调剂现象,所以没有收入再分配功能。其二,关于基础养老金的收入再分配功能,把计算公式 $p_b = w_0 (1+g)^n \times \dfrac{(1+a)}{2} \times n \times$

1%进行分解,可以得到:

$$p_b = w_0(1+g)^n/2 \times n \times 1\% + w_0(1+g)^n \times a/2 \times n \times 1\%$$

由上式可以清楚地看到,如果缴费年限 n 确定的话,实际上对于不同工资水平的参保人而言,我国的基础养老金是由两部分组成的:

第一部分是均额养老金:

$$w_0(1+g)^n/2 \times n \times 1\%$$

第二部分是完全与参保人收入挂钩的养老金:

$$w_0(1+g)^n \times a/2 \times n \times 1\%$$

由此我们可以看到,真正实现收入再分配功能的是第一部分(均额养老金)。换一句话说,就是对于参保年限相同的人而言,不管收入高低,第一部分养老金都是相同的。从这一个角度来看,第一部分养老金越多,我国基础养老金的收入再分配功能就越强。

我们计算一下第二部分养老金的替代率(除以参保人退休前一年的社会平均工资):

$$\frac{w_0(1+g)^n/2 \times n \times 1\%}{w_0(1+g)^n} = n \times 1\%/2$$

由此可以看出,当 $15 \leqslant n \leqslant 40$ 时,第二部分养老金的替代率 p 区间是 $7.5\% \leqslant p \leqslant 20\%$。显然,如此之低的替代率既说明我国基础养老金的收入再分配功能较弱,也说明如果参保人仅依靠这部分养老金,是很难满足基本生活支出需求的。毕竟,对于一个工作年限为30年的人来说,他第一部分的替代率只有15%,加总的替代率比较低。

17.3.2 投资收益率对养老金公平性的影响

经笔者计算得出的结果,表 17.12 和表 17.13 是一位低收入者连续工作30年后退休后第一年可以领取的个人账户养老金替代率,计算方法与上文相同(计算过程从略)①。从表 17.12 中我们可以看到,当养老保险个人账户投资收益率低于工资增长率时,养老金的替代率 A 基本上都低于 10%。由此,我们也可以看出个人账户投资收益率对养老金领取者至关重要。

---

① 关于"低收入者"的定义,详见本章前面所给出的定义。

表 17.12　养老金替代率 A　　　　　　　　　　　　　　　（单位:%）

		工资增长率(g)							
		3	4	5	6	7	8	9	10
个人账户投资收益率(r)	3	12.07	10.43	9.08	7.98	7.06	6.29	5.64	5.10
	4	13.93	11.95	10.34	9.02	7.93	7.02	6.26	5.62
	5	16.17	13.78	11.84	10.26	8.96	7.88	6.99	6.24
	6	18.87	15.97	13.63	11.73	10.17	8.89	7.83	6.95
	7	22.13	18.61	15.77	13.48	11.62	10.09	8.83	7.79
	8	26.07	21.78	18.35	15.58	13.34	11.51	10.01	8.77
	9	30.85	25.61	21.44	18.10	15.39	13.20	11.41	9.93
	10	36.64	30.25	25.17	21.11	17.85	15.21	13.06	11.30

表 17.13　养老金替代率 B　　　　　　　　　　　　　　　（单位:%）

		工资增长率(g)							
		3	4	5	6	7	8	9	10
个人账户投资收益率(r)	3	20.12	17.38	15.14	13.29	11.76	10.48	9.40	8.49
	4	23.22	19.92	17.24	15.03	13.21	11.70	10.44	9.37
	5	26.96	22.97	19.73	17.09	14.93	13.13	11.64	10.39
	6	31.45	26.62	22.72	19.55	16.95	14.82	13.06	11.58
	7	36.88	31.01	26.29	22.47	19.36	16.82	14.72	12.98
	8	43.45	36.30	30.58	25.97	22.23	19.18	16.68	14.62
	9	51.41	42.69	35.74	30.16	25.66	22.00	19.01	16.55
	10	61.06	50.42	41.96	35.19	29.75	25.35	21.77	18.84

前文假设我国养老保险个人账户年实际投资收益率为5%,然而,过去几年我国养老保险的名义收益率估计不超过2%,实际收益率为负数(杨华云,2010)。取得如此之低的收益率,有两个原因。

（1）在高度管制的金融体系中,养老保险基金的存款利率被人为压低。根据人社部公布的数据,2010 年年末,全国城镇职工基本养老保险、城镇基本医疗保险、工伤、失业和生育五项社会保险基金资产总额为 23 886 亿元。其中,各级政府财政专户存款 20 319 亿元,各级社会保险经办机构支出账户和其他银行存款 1 416 亿元,暂付款 751 亿元,债券投资 369 亿元,委托运营 366 亿元,协议存款 665 亿元(徐博,2011)。从中我们可以看到,我国社保基金投资品种多为银行活期和定期存款等受利率管制的金融产品(主要是以财政专户存款的形式进行投资),只有少数资金投资于国债等较市场化金融产品,因此,取得极低的投资收益就不难理解了——政府通过金融管制把社保基金的部分收益转移给了商业银行及贷款企业。也就是说,在这种制度安排下,作为养老保险计划主体的工薪阶层的利益被转移给了商业银行及获取贷款的企业。我们认为这种制度安排违反了财政公平原则:养老金的领取者基本上都是工薪阶层,有的甚至是低收入者,他们的晚年生活开支来源大部分依赖于养老金。

(2)养老保险个人账户被合法挪用以后,根本无法增值。我国在1990年以后,实施了养老保险现收现付制向部分积累制的转轨。在转轨中,必然会产生老职工的历史个人账户的空账及其补偿问题。然而,我国长期以来并没有系统地解决空账问题,而是通过部分挪用在职职工的个人账户资金来应急。那么大部分个人账户资金都不复存在了,资金的保值增值就更加无从谈起了。有意思的是,在现行的《社会保险法》中,第十四条规定:(个人账户)的记账利率不得低于银行定期存款利率,免征利息税。从中我们可以看到,既然叫做"记账利率",而不是叫做"实际投资收益率",似乎承认了挪用个人账户基金的合法性,并预计空账将持续很长时间,所以只能采用虚拟收益率——记账利率来计算个人账户的投资收益率。在实际操作中,近年来全国各省市大都参照商业银行一年期居民储蓄存款定期利率计息(2010年银行一年期定期存款利率为3.5%),低于许多年份的CPI,这就意味着养老保险个人账户是相对贬值的,实际投资收益率为负数(郑秉文,2011)。郑秉文(2011)指出,当前我国社保基金的年平均名义收益率仅为2%,如果取10%为市场名义投资收益率,剔除基本社保五险基金2%的名义收益率之后,1997年以来五险基金的利息损失高达6000亿元以上,相当于抵消了同期财政对养老保险制度的所有补贴。而到2020年,仅养老保险滚存余额就超过10万亿元,届时投资损失将达几万亿。

综述所述,在当前的养老保险体制下,我国全体养老保险计划的参保人员都将在很长时期里被课征隐性的税收(一是以利率管制的方式把存款收益转让给商业银行或接受银行贷款的企业;二是被挪用于支付当代老人的养老金)。这样的体制将产生两个负面影响:第一,养老保险缴费成为一种"无偿性"的税收,从而导致逃避缴费现象日益猖獗;第二,所有参保人的养老金都有所减少。我们可以在表17.12中看到一种极端的现象,工资增长率很高(10%)而投资收益率很低(3%)时,个人账户替代率A仅为5.10%。

17.4 我国基本养老金的绝对公平性分析

养老金的绝对公平性是指养老金必须解决老年人的基本生活问题,使其不至于陷入贫困。虽然从我国现行的养老保险法规上看不出任何歧视性条款,但是在实践中,部分人群的老年贫困问题较为突出,需要通过进一步完善相对措施予以解决。

17.4.1 我国低收入者的老年贫困问题

低收入者的老年贫困问题可以分为两个层次进行分析。

首先,是绝对贫困程度。英国著名的《贝弗里奇报告》曾经提出过社会养老保险"六大原则",其中之一就是待遇标准充足原则(adequacy of benefit),即保证在各种正常情况下,即使没有其他经济来源,社保提供的基本生活最低收入也足以满足人们的基本生活需要。我国《社会保险法》第三条规定:社会保险制度坚持广覆盖、保基本、多层次、可持续的方针,社会保险水平应当与经济社会发展水平相适应。我们可以把"保基本"理解为"保障基本生活需求"。那么,我国的基本养老金是否可以保障广大养老金领取者的基本生活需求呢?下面我们来分析一个低收入者的养老金替代率 A 情况(假设工资年增长率和个人账户投资收益率分别为 5% 和 6%)。计算结果如图 17.2 所示,在图 17.2 中我们可以看到,一个低收入者如果只缴纳 15 年的养老保险费,最终其基本养老保险金的替代率 A 仅为 17.49%(退休前一年当地社会平均工资的 17.49%);基本养老保险金的替代率 B 仅为 29.15%(退休前一年本人平均工资的 29.15%)。

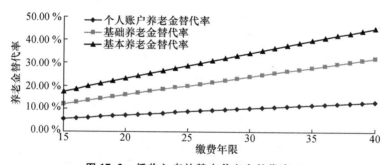

图 17.2 低收入者的基本养老金替代率 A

这么低的替代率意味着,我国低收入者的养老金水平只能刚好满足最低的必要生活需求。在表 17.14 中,我们可以看到上海市最低养老金标准略高于城镇居民最低生活保障给付标准。也就是说,如果说低保标准代表着满足居民最低生活需求的给付标准,那么,低收入者的养老金水平也仅能刚够解决老年人的绝对贫困问题,无法满足基本的生活需求,更谈不上满足"有尊严的生活需求"了。可以预计,这种制度安排将形成很强的养老保险缴费反向激励。缴纳养老保险费和和没有缴纳养老保险费,最后的待遇差不多,那么参保人就没有缴费的积极性了,同时低收入的参保人可能为了领取低保而挥霍仅有的少量储蓄,而陷入"贫困的陷阱"。

表17.14 2010—2011年上海市各项指标

项目	金额	备注
城镇居民最低生活保障标准(每人每月)	505 元	适用时间:2011年4月—2012年3月
城镇职工月平均工资	3 896 元	适用时间:2010年1月—2010年12月
城镇职工最低月工资	1 289 元	适用时间:2011年4月—2012年3月
根据本模型测算出的最低养老金	681.41 元	3 896 × 17.49% = 681.41 元

资料来源:① 周其俊:沪城镇低保调整为505元/月,《文汇报》,2011年3月26日;② 上海市人力资源和社会保障局、上海市统计局:《关于公布上海市2010年度职工平均工资及增长率的通知》(沪人社综发[2011]25号),2011年3月24日。

其次,是相对贫困程度分析。世界上大多数国家把"相对贫困线"定在中位收入者收入的50%或60%,例如OECD(2011b,p.68)把上述比例定为50%。如果按此标准,我国将有为数不少的养老金领取者的收入水平低于贫困线。在表17.9中,我们可以看到,即使该低收入者缴纳养老保险费长达40年,其养老金替代率A也不过为45.08%,仍低于公认的相对贫困线。

总而论之,我国低收入者的老年贫困问题将会较为严峻。从长远来看,劳动者在工作和缴纳社会保险费几十年以后,仍然不能安享晚年,既违反了财政公平原则,也不利于形成"自食其力、自力更生"的良好社会风气。

17.4.2 灵活就业人员的老年贫困问题

我国《社会保险法》第十条规定:"无雇工的个体工商户、未在用人单位参加基本养老保险的非全日制从业人员以及其他灵活就业人员可以参加基本养老保险,由个人缴纳基本养老保险费。"由此可见,灵活就业人员没有被要求强制缴纳基本养老保险费,将来也不一定具备领取基本养老金的资格。这是一个非常值得关注的问题,有两个方面的原因。

首先,我国灵活就业人员数量庞大,但养老保险的参保率低。据统计,截止到2004年年底,我国城镇的灵活就业人员约有5 000万人,约占城镇就业人员总量的20%左右。他们的就业形式主要有三类:第一类是自我雇佣者和自由职业者(约3 400万人):前者指自己成立企业,既当老板又当员工;后者指以个人身份通过劳动获取报酬的人,如自由撰稿人。第二类是"家庭帮工"(约600万人),是指为家庭企业工作的人。第三类是其他灵活就业人员(约700万人),包括非全时工、季节工、劳务承包工、劳务派遣工、家庭小时工等等(劳动和社会保障部,2005)。既然有如此之巨的灵活就业人员队伍,而他们参加社会保险的比例却非常之低,据劳动和社会保障部的统计,截止到2004年10月底,全国以个人身份参加养老保险的有1 400多万人,仅占全部灵活就业人员的28%;以个人身份参加基本医疗保险的只有400多万人,还不到全部灵活就业人员的10%。2004年10月底,全国参加基本养老保险的其他人员为1 400多万人,即使假设这部分人员都是灵活就业人员,参保比例也仅占全部灵活就业人员的30%。同样,全国基本医疗保险以个人身份参保的人数为400多万人(不含退休人员),参保比例也不足全部灵活就业人员的10%。这一现象已持续多年,到2009年年底,城镇个体与灵活就业人员有6 000万人,仅有3 500万人参保(陈佳贵、王延中,2010)。

其次,灵活就业人员整体收入水平较低,无力缴纳社会保险费。其一,灵活就业人员的特点是收入低且不稳定。他们大多愿意参加社保,只是无力承担高昂的养老保险费。当前我国灵活就业人员占城市低保对象的比例居高不下。民政部《2010年社会服务发展统计报告》的数据显示,在城市低保对象中,灵活就业人员为432.4万人,占到总人数的18.7%(见图17.3)。显然,以微薄的低保收入来缴纳社会保险费是不可能的。其二,目前我国养老保险缴费率较高,且对中低收入者的政策倾斜较为有限。[①] 从表17.15中我们可以看到,对于上海市的自由职业者而言,其养老保险缴费率为30%,与机关、事业和企业单位

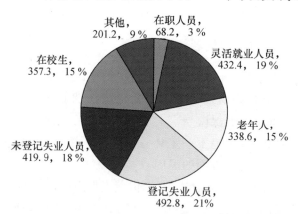

图17.3 2010年我国城市低保对象的构成(单位:万人)

资料来源:民政部:《2010年社会服务发展统计报告》,2011年6月16日,民政部网站(http://www.mca.gov.cn/article/zwgk/mzyw/201106/20110600161364.shtml)。

---

① 详尽的分析请参阅郑春荣、杨欣然(2009)。

表 17.15　2011 年上海市社会保险费缴费标准

缴费对象	缴费基数（元）	养老保险		医疗保险	
		单位	个人	单位	个人
机关、事业单位、企业、社会团体等单位	2 338—11 688	22%	8%	12%	2%
个体工商户	2 338—11 688	个体业主缴付 22%	个人（包括业主自己）缴付 8%	个体业主缴 12%	个人（包括业主自己）缴 2%
自由职业者	2 338—11 688	30%		14%	

注：本标准执行期：2011 年 7 月 1 日至 2012 年 3 月 31 日。

资料来源：上海市人力资源和社会保障局：《2011 年上海市社会保险费缴费标准》，http://www.shanghai.gov.cn/shanghai/ node2314/node2319/node23195/node23200/u26ai28600.html。

职工是完全一样的。所不同的是，机关、事业和企业单位职工的缴费率在雇主和雇员之间分担，而自由职业者则需要自行承担。我们从表中可以计算出，自由职业者每月缴纳养老保险费和医疗保险的支出高达 794.24 元（＝2 336×34%）。而上海市 2011 年的月最低工资仅为 1 120 元！其三，由于我国社会保险缴费基数采取"下有保底、上有封顶"的政策，即职工缴费以本人上年的月平均工资为缴费基数，按最高不超过当地上年职工月平均工资 3 倍、最低不低于当地上年职工月平均工资 60% 核定，实际上造成我国养老保险费率是累退的——高收入者负担率低、低收入者负担率高（郑春荣，2011）。

17.4.3　部分弱势群体的老年贫困问题

在计算养老金时，我国和其他国家一样，大致假定劳动者一般从 20 岁左右进入就业市场，到 60 岁左右，工作年限可以达到 40 年。然而，欧美国家在此基础上提出了一些针对特殊人群的优惠政策（即视同缴费政策）：当参保人处于失业、患病、照顾老人和小孩、脱产全日制学习等状态时，免予缴纳社会保险税，但在计算养老金领取金额时，这段时间视同缴费（税），因此，这些参保人员虽然长期不工作，但养老金的待遇未受影响，也避免了老年贫困。

我国应当建立针对这些弱势群体的养老保险优惠政策，理由是：

第一，一些弱势群体虽然在老年时也具备领取最低生活保障金的资格，但是政府仍应当通过养老保险优惠政策，促进他们领取养老金，因为低保资格往往要配合以家计调查，对于政府而言，管理成本高；对于申请人而言，有耻辱感，再加上申请手续繁琐，往往造成申请率很低。此外，弱势群体通过自食其力缴纳社保，再加上政府的优惠政策，能够领取到足额养老金，也有利于形成热爱劳动的良好社会风气。

第二，在一定程度上讲，那些照顾老人和小孩的群体在牺牲自己工作机会的同时,也对社会有较大的贡献。Wolff 和 Kasper(2006)指出,在美国,家庭照顾者对老人的照顾,相当于每年 450—2 000 亿美元的经济价值。对于许多老人而言,这种来自亲人的非专业照顾给予他们极大的精神慰藉,并实现了在家庭养老的理想。相对于收费高昂的、不人性化的专业养老院而言,老人们享受了更多的天伦之乐。

17.4.4 高龄老人的贫困问题

从我国的养老金计发公式看不出我国养老保险制度歧视高龄老人(75 岁以上),但事实上高龄老人相对于刚退休的人士(60 岁—75 岁)而言,贫困问题还是比较突出的。高龄老人的贫困问题有许多原因:其一,低龄老人还可能从事一些非全职工作,从而获得额外的收入,但高龄老人则无法获得任何收入。其二,高龄老人的健康状况总体较差,医疗支出较多,负担较重。其三,高龄老人的一些积蓄(包括企业年金)可能在退休十多年以后就完全消耗掉了,已无其他收入来源。原因很简单:一方面,高龄老人无法预计自己的预期寿命,可能在应对高龄生活方面准备不足;另一方面,我国金融市场发展较为落后,与通货膨胀率挂钩的生命年金产品很少,加上缺乏必要的税收优惠政策,老年人很难通过金融产品来应对老年风险。其三,高龄老人的养老金往往只与通货膨胀挂钩,没有与社会平均工资挂钩,这导致多年后其养老金与国民收入水平差距很大。

一个广为人知的例子就是复旦大学蒋学模教授的养老金问题。蒋学模教授(1918—2008)于 1988 年退休,退休当年的养老金收入相对水平应该是不低的,然而到了 2005 年(蒋教授已是 87 岁),养老金仅上调至 1 800 元/月(周姗仪、施烨剑,2005),对于年老多病的他而言是入不敷出的。分析蒋教授的遭遇,有许多原因(可能是个人的养老储蓄非常有限,加上又经常捐款,也可能是事业单位养老金上调政策没有完全落实),而其中主要原因有两个:一是养老金上调幅度低于物价水平和在岗职工平均工资的涨幅。我国目前尚未建立养老金的定期上调机制,在过去的十多年里,养老金是不定期上调的,在蒋教授退休以后的 10 多年里,我国的通货膨胀率很高,尤其是 20 世纪 90 年代中期达到 20% 以上。二是蒋教授的养老金水平是根据 1988 年的工资体系确定的,而当时我国的工资体系是低工资、高福利。改革开放以后,我国工资水平增长很快,实际上有部分工资上涨是由隐性的补贴转变成显性的工资,显然与旧的工资体系挂钩的养老金领取者就无法享受到改革的成果了。上面谈到的蒋教授的例子在我国是非常具有普遍性的。在我国这样一个"高增长、高通货膨胀率"的发展中家,养老金水平的上调幅度如果长期低于通货膨胀率,将造成高龄老人的绝对贫困;养老金水平的上调幅度如果长期低于社会平均工资增长率,将造成高龄老人的相对贫困。

17.5 研究结论与政策建议

通过上面的分析,我们认为我国基本养老金具有一定的公平性,但也存在一些需要解决的问题。相关的问题在于:其一,从相对公平角度来看,高收入者领取的养老金较多,收入再分配的功能没有得到有效发挥;其二,从绝对公平角度来看,低收入者、灵活就业人员、高龄老人以及部分弱势群体的养老金水平过低,容易使其陷入老年贫困,在一定程度上也挫伤了他们缴纳养老保险费的积极性。既然如此,相关的问题该如何解决呢?在我们看来,可以通过以下措施来增强我国基本养老金的公平性。

首先,政府可以考虑对灵活就业人员参保时给予费率减免,以解决该群体负担能力较弱的问题。之所以政府应该降低灵活就业者参加社保的成本,理由是:其一,灵活就业人员自谋职业,大大减轻了政府在就业、社会保障等方面的负担,省下来的钱应该用于帮助他们;其二,灵活就业人员大都收入较低且不稳定,客观上也需要政府予以适当的支持,以鼓励和保障这部分群体;其三,如果政府能够通过各项措施提高灵活就业人员的参保率,将在未来大大降低老年群体的贫困率,也在客观上减少了未来的社会保障支出。实际上,目前全国各地已出台了一些针对"4050"人员的社会保险缴费补贴政策,我们建议将这些政策延伸至全部灵活就业人员,养老保险缴费率降低至15%(其中进入养老保险统筹账户的费率为7%,进入养老保险个人账户的费率为8%)。① 当然由于费率减免所造成的社保基金减收部分应由财政预算在当年予以补贴。

其次,政府可以出台一些养老保险优惠政策,保护特定的弱势群体。在这方面,我国可以借鉴英国的经验。英国对于符合下列特定条件的参保人员给予了视同缴纳社会保险税的待遇:其一,申请人处于失业状态或因病无法工作,并且正在领取照顾者津贴、无工作能力津贴、就业及援助津贴以及求职者津贴;其二,申请人的年龄在16—18岁之间;其三,申请人正在学习政府规定的一些培训课程;其四,申请人在陪审团(jury service)中工作;其五,申请人正在领取法定

---

① 更详尽的讨论请参阅郑春荣(2011)。

收养婴儿产假津贴、法定产假津贴、法定患病工资、生育津贴以及工作税收抵免;其六,申请人曾经被错误地关到监狱;其七,申请人是一位年龄在60—65岁之间的男性;其八,申请人正在照顾一位儿童、病人或残疾人士;其九,申请人的配偶或民事伴侣是英国军人,申请人正在英国以外的地方陪同配偶(或民或伴侣)执行任务(郑春荣,2012,第四章)。

最后,发放高龄福利补贴,解决高龄老人的贫困问题。解决高龄老人的贫困问题很简单,只要政府根据年龄条件发放高龄福利就可以了。例如我们可以规定,给予高龄老人每年2 000元的额外补助。从财政成本来看,政府完全有能力承受。以我国老龄化最严重的上海市为例,截至2010年年底,上海市80岁及以上户籍老年人口59.83万人,占60岁及以上人口的18.1%。[①] 倘若每人每年2 000元,60万高龄老人的总支出也仅有12亿元。2011年上海市地方财政收入高达3 436亿元,[②]完全具备出台高龄老人额外补助制度的财政能力。

[①] 上海市民政局等,《2010年上海市老年人口和老龄事业监测统计信息》,上海市老年学学会网站 http://www.shanghaigss.org.cn/news_view.asp？newsid=7892。

[②] 上海市财政局,《关于上海市2010年预算执行情况和2011年预算草案的报告》,上海市财政局网站 http://www.czj.sh.gov.cn/zlzy/2011czysjd/bgzy/201101/t20110125_119325.html。

第 18 章

中国其他政府性基金的公平性分析

18.1 导 言

根据《政府性基金管理暂行办法》(财综[2010]80号)所给出的概念表述,政府性基金是指各级人民政府及其所属部门根据法律、行政法规和中共中央、国务院文件规定,为支持特定公共基础设施建设和公共事业发展,向公民、法人和其他组织无偿征收的具有专项用途的财政资金,包括各种基金、资金、附加和专项收费等。就此类财政性基金而言,既然其收入是和特定的支出联系在一起、专款专用的,因此,它是一种"专用税"[①]。至于政府性基金的具体类型,在我国,根据财政部综合司发布的《2011年全国政府性基金项目目录》(财综[2012]27号)以及财政部预算司发布的《2012年中央政府性基金收入预算表》,我国目前的政府性基金有很多,项目涉及四十多项(见表18.1)。

---

① 国外将"专用税"称为"earmarked tax",是相对于"一般税(general tax)"而言的。

表 18.1 我国其他政府性基金及其类型一览表

序号	名称	类型	备注	序号	名称	类型	备注
1	中央农网还贷资金	S	AB	22	核电站乏燃料处理处置基金	S	AB
2	铁路建设基金	R	AB	23	铁路资产变现收入	S	B
3	民航基础设施建设基金	S	AB	24	电力改革预留资产变现收入	S	B
4	民航机场管理建设费	C	AB	25	无线电频率占用费	S	B
5	港口建设费	S	AB	26	废弃电器电子产品处理基金	S	B
6	旅游发展基金	C	AB	27	其他政府性基金	略	B
7	文化事业建设费	S	AB	28	育林基金	S	A
8	国家电影事业发展专项资金	S	AB	29	新菜地开发建设基金	S	A
9	新增建设用地土地有偿使用费	R	B	30	高等级公路车辆通行附加费（海南）	S	A
10	森林植被恢复费	S	AB	31	小型水库移民扶助基金	S	A
11	中央水利建设基金	C	AB	32	城市公用事业附加	S	A
12	南水北调工程基金	S	AB	33	城市基础设施配套费	C	A
13	大中型水库移民后期扶持基金	S	AB	34	新型墙体材料专项基金	C	A
14	大中型水库库区基金	S	AB	35	散装水泥专项基金	C	A
15	三峡水库库区基金	S	AB	36	残疾人就业保障金	C	A
16	中央特别国债经营基金	S	B	37	教育费附加	C	A
17	彩票公益金	R	B	38	可再生能源发展基金	C	A
18	国家重大水利工程建设基金	C	AB	39	煤炭可持续发展专项基金（山西）	S	A
19	船舶港务费	S	B	40	地方教育附加	R	A
20	贸促会收费	S	B	41	土地出让金	R	D
21	长江口航道维护收入	S	B				

注：① 在基金的具体项目上，财政部综合司发布的《2011 年全国政府性基金项目目录》（财综[2012]27 号）与财政部预算司发布的《2012 年中央政府性基金收入预算表》存在一定的差异。表中 A 代表综合司的项目类型，B 代表预算司所给出的项目，而 AB 则代表两者共同的项目。根据《财政部关于印发〈国有土地使用权出让收支管理办法〉的通告》（财综[2006]68 号），土地出让金应纳入政府性基金收支预算，在表中用 D 表示。② 有关政府性基金的类型，我们将其分为成本收益对称型（S）、成本偏离型（C）与收入偏离型（R）三种。

在就我国国有企业基金和社会保障基金的公平性做出分析之后,本篇的最后一章拟就我国其他政府性基金的公平性做出分析。之所以如此,一个重要的考虑是,在现实层面,由于基金是为特定目的而设立的,缴费和收益的关系紧密,相比更容易实现公平和效率。比如,在美国和加拿大,它们的非税收入的增长快于财政收入增长,其原因在于,相对于税收而言,缴费跟受益的联系更紧密,政府和缴款人比原先更乐于接受收费,因此,各级政府倾向于严格控制税负,适度增加收费,其结果是既筹集到了收入,又满足了缴款人的回报心理,也可以提高公共产品的供给效率(安徽省财政厅政府非税收入管理考察团,2007)。在此等意义下,研究基金的运作,对于提升我国财政公平性的整体水平具有其现实价值和意义。更何况,相关的政府性基金已经成为我国财政体系的主要组成部分之一(据统计,2010年的全国基金收入总额为35 782亿元,接近全国税收收入的一半)。进而对于政府性基金的公平性分析,必然也成为我国财政公平分析的重要组成部分。

当然,除了现实价值和意义的考虑之外,讨论其他政府性基金的公平性,同时也有理论上的依据和原因。在理论研究层面,在学术上,尽管就其他政府性基金做出分析的研究有很多,包括:王美涵(2005)对土地出让金制度的分析、王薛红(2006)与纪燕渠(2006)就我国彩票公益金制度所存在的资金使用不透明等问题进行的分析、孔志峰等(2005)就散装水泥专项资金征收所存在的征收效率不高等问题进行的分析、王华(2008)就政府性基金纳入预算管理、强化监督机制所做的分析、王乔和席卫群(2009)就国内外的非税收入规模和管理制度(含政府性基金管理制度)进行的分析,等等,但就其他政府性基金公平性进行研究的文献仍然比较鲜见,因此,就其他政府性基金的公平性进行分析具有理论意义。

18.2 其他政府性基金公平性的一般理论分析

就政府性基金(或"专用税")来说,根据基本定义,它是为特定公共需求的满足与公共服务的提供而设立的,在设立上,它需要满足一定的条件:其一,该项"专用税"(或政府性基金)所提供的公共服务必须具有可排斥性和可分割性,即其受益者必须能够有效地识别;其二,"专用税"(或政府性基金)的征收成本不多,征管程序简便。也就是说,如果某项公共事业(诸如国防)的受益是普惠的且不具有可排斥性,那为此而开设专项基金是没有必要的,因为,此时相关的费用应该通过"一般税"来支付,专项基金的设立只会带来管理上的麻烦与混乱。当然,如果某项公共事业既有可排斥性,又具有可分割性,其受益者能够有效识别,但是征收成本较高,也不适宜开征政府性基金,否则就会造成基金的缴纳者负担较高的征管成本。在我国,以前开征的"养路费"基金项目被取消,后来改由"燃油税"来代替,这其中的一个方面就是成本考虑。既然政府性基金所提供的服务是针对具有排斥性受益群体的,那么,从一般规范的角度来说,公平的政府性基金就应该基于成本—收益的对等原则来实施:谁从基金的支出中受益,谁就应该为此缴纳收入;谁受益多,谁就应该为此多缴纳基金。相应地,有关政府基金的公平性分析也应该基于基金成本与收益是否对等来加以判断。具体而言,对于特定的公共服务,如果该服务提供的成本恰好是由享受服务的相关群体承担,那么基金的运作就是具有公平性的;或者,基金的受益方获得某种利益是以消耗某些资源或损害某些利益集团的利益为代价的,为此,受益方通过缴纳基金来支付所消耗资源的价格或者补偿利益受损方的成本,它实际上等于基金受益方通过支付对价购买了这种"受益",这也是具有公平性的。反之,如果上述原则不满足,基金的运作就会违背公平的规范要求。这主要有两方面的含义。

首先,在成本的承担方面:其一,为特定利益群体提供服务的成本不能由其他非受益群体来承担,不管非受益群体是承担部分成本还是全部的成本,都是如此。因为一旦条件不满足,非受益群体就支付了成本但未能获得相应的收益。其二,受益具有一定普遍性的基金,不能仅由少数的群体来承担运作的成本。

其次,与成本分摊方面相对应,在基金收入的配置和使用方面:其一,为特定群体所缴纳的基金收入应该专款专用,即为缴纳基金的特定主体提供服务,而不能将其用于缴纳主体受益之外的服务类型,甚至不能将其转作一般性的政府性收入。其二,对于某些基金收入,如果它本来应该属于一般性的政府性收入,正如我们前面有关政府一般性支出的公平性分析所表明的,限定支出的范围反而是不公平的,基金的受益应该是一般的政府预算收入。

有意思的是,在公共决策的过程中,正如已有的理论研究所表明的,按照收入—成本的对称性来划分,财政安排在理论上有几种组合类型(见表18.2):其一,分散的受益与分散的成本,即政治决策的受益广泛分散在人民大众之中,而成本也由全体人民共同来支付(类型Ⅰ);其二,集中的受益和分散的成本,即受益集中于某一亚群体(比如农民、学生、企业或者某些工会会员),但其支出的成本则来自于一般性的税收(类型Ⅱ);其三,集中的受益和集中的成本,即受益的主体和承担成本的主体都为特定的亚群体(类型Ⅲ);其四,分散的受益和集中的成本,即亚群体承担了一般性的开支成本,即类型Ⅳ(格瓦特尼等,2004;曾军平,2008)。当然,考虑到组合类型Ⅲ又有两种可能的形式:完全对应类型(受益的亚群体与承担成本的亚群体完全一致,令其为类型Ⅲ1)与完全不对应类型(受益的亚群体与承担成本的亚群体完全不一致,令其为类型Ⅲ2),从成本—受益分布对称性的角度来看,财政安排共有五种类型。显然,就我们前面所分析的基金公平性与非公平性情形来说,它们都可以归入特定的财政组合类型:

表 18.2　成本—受益分布对称性视角的公共决策组合类型

成本分布		利益分布	
		分散	集中
成本分布	分散	Ⅰ	Ⅱ
	集中	Ⅳ	Ⅲ(Ⅲ1,Ⅲ2)

(1) 关于成本—受益对称的公平情形,其实就是表18.2中的情形Ⅲ1(当然,组合类型Ⅰ也满足对称性的公平原则,但鉴于此类型受益的分散在于成本的分散性,此种组合类型更多地与一般预算收支有关)。

(2) 关于成本偏离受益的非公平情形。其中,对于基金受益群益将成本转移给非受益群体的情形,其实就是表18.2所给出的组合类型Ⅲ2与组合类型Ⅱ所涉及的类型。而对于由少数人为基金运作承担成本的情形,其实就是组合类型Ⅳ:成本集中,而受益分散。

(3) 关于收入配置偏离的非公平情形。其中,将基金收入为其他群体及一般公共服务提供资金的非对称情形,分别属于表18.2中的类型Ⅲ2和类型Ⅳ。当然,如果是将本来应该属于一般预算收入的资金列为特定的基金,那此时的利益组合则属于类型Ⅱ。

在上面,我们已经从一般理论层面就我国其他政府性基金的公平性做出了分析。至于我国其他政府性基金公平性的具体情况,下面我们基于一般理论分析所确定的框架来做出分析。整体来说,对于上述三种理论情形,我国的政府性基金都或多或少地存在对应的客观情形。这也就意味着,从成本—受益对等的角度来考察,我国其他的政府性基金,有的符合公平原则,但也有一些政府性基金偏离了公平的规范要求。至于具体的情况,我们下面一一加以分析。

18.3　财政公平性与成本—受益的对称性

在伦理规范方面,公平的政府性基金要求满足成本与受益的对等性。基于此原则,可以发现,在我国所设立的诸政府性基金中,有诸多类型其实是满足(或基本满足)这一基本要求的,至少在大体意义上是如此(即属于表18.2中的类型Ⅲ1)。其中,比较有代表性的基金有:南水北调工程基金、煤炭可持续发展专项基金(山西)、森林植被覆盖费以及国家电影事业发展基金等。特别地,就相关的基金而论,在成本和受益的对等性方面,有的基金支出其实是一种公共支出的成本,是互惠型的成本开支,而有的基金支出其实是对其他个体利益侵害所进行的补偿,是侵害性的成本补偿基金。因此,基金成本—受益的对称性有两种具体类型。

18.3.1 互惠型基金与财政公平

关于互惠型基金类型,在这一方面,比较有代表性的是南水北调工程基金。就该基金来说,它是为了缓解北方相关省份的缺水难题而设立的。基金的征收对象是水资源,征收范围是受益的相关省份(北京、天津、河北、江苏、山东、河南),其收入归属于中央国库,由中央代表各相关省份统筹使用这笔资金。在具体操作上,南水北调工程通过提高水资源费征收标准来筹集收入,水资源费的征收标准按照地下水高于地表水、自备水高于城市公共供水的原则确定,即水资源的使用者必须按照不同水资源的供应成本缴纳不同的费用,实现受益与成本补偿的一致。其中,在省际层面,基金按照受益程度在6省市之间分摊成本,其中北京市54.3亿元、天津市43.8亿元、河北省76.1亿元、河南省26亿元、山东省72.8亿元、江苏省37亿元。显然,这基本上符合成本—受益的对等原则,实现了南水北调工程成本在相关省份之间的公平分摊。

当然,在对称性方面,除了南水北调工程基金之外,类似的基金还有国家电影事业发展专项资金。该基金按县及县以上城市电影院电影票房收入的5%计征。使用范围包括:资助城市影院放映国产影片;资助城市影院更新改造;资助影院计算机售票系统;资助少数民族电影译制以及其他对电影事业发展有重大影响的项目。该项基金来源于电影票房收入,用于电影事业的发展,收支之间的受益关联比较紧密。

18.3.2 补偿型基金与财政公平

关于侵害性成本补偿基金类型,在表18.1所给出的基金目录中,煤炭可持续发展专项基金(山西)是比较有代表性的。根据相关文件规定,在山西省行政区县内从事煤炭开采的所有企业,均应缴纳煤炭可持续发展专项基金(山西)。基金主要用于企业难以解决的跨区域生态环境治理、支持资源型城市(地区)转型和重点接替产业发展、解决因采煤引起的相关社会问题。从表面上看,就此基金来说,其缴纳者和受益者之间的联系是间接的和疏远的:煤炭企业并未从支出中直接受益,该基金收支之间的受益联系比较间接,因而不满足公平性原则。但考虑到基金设立的目的,是要求开采者对于其给社会及其他相关个体造成的成本进行合适的补偿,这在制度上来看,无疑是公平合理的。

与上述补偿机理类似,对于森林植被恢复费,它对因勘查、开采矿藏以及工程建设而占用或者征用林地的单位征收,该基金由林业主管部门依照有关规定统一安排植树造林,恢复森林植被,规定植树造林面积不得少于因占用、征用林地而减少的森林植被面积。显然,缴纳单位获得了占用、征用林地的益处,为此支付恢复森林植被的费用,算是一种公平的成本补偿,因此,该项基金收支之间的联系其实是很紧密的,符合财政的公平原则。

18.4 财政非公平性与成本对受益的偏离

与上述成本受益存在对称性的政府性基金不同,在我国的政府基金中,还有部分基金的成本与受益是存在偏离的。其中,一种最为典型的偏离就是,基金运作的成本与基金受益范围的不一致。包括两种情形:其一,由非受益群体承担了基金运作的成本。就此类基金来说,基金运作的受益范围是有限的,属于社会特定的亚群体。但是,在成本的承担方面,该受益群体以外的个体和亚群体则为基金的运作承担了成本,产生了成本和受益之间的非对称性,进而存在财政利益分配上的不公平。特别地,根据对称性偏离的程度来划分,相关的不公平有完全的偏离情形(基金运作的成本基本上由其他非受益群体来承担,即表18.2中的类型Ⅲ2)与部分偏离的情形(尽管基金的受益群体也承担了基金运作成本,但其他非受益群体也为此承担了成本部分,即表18.2中的组合类型Ⅱ)两种类型。其二,对于给定的受益范围,基金的成本仅由少数的受益群体来承担(即表18.2中的是组合类型Ⅳ)。就此类基金来说,其设立的目的在于抑制某些行业的发展或某种产品的消费,或者鼓励扶持某些行业的发展。这类基金的性质类似于矫正税或环境税,是无偿地从某个行业或某个群体征收一笔资金,用于补贴另外一个行业或群体,以实现保护环境或扶持绿色产业发展的政策目标。在利益分配上,它其实是特定群体为一般的环保问题承担成本,是不合理的。对于上述两种偏离类型的具体情况,我们下面一一做出具体分析。

18.4.1 非受益主体承担基金运作的成本

一部分个体为另外一部分个体的开支埋单（即表 18.2 中的Ⅲ2），这与财政的公平原则背道而驰。例如，旅游发展基金，在运作方式上，该基金是从乘坐国际和地区航班出境的中外旅客缴纳的机场管理建设费中提取，提取数额为每次每位旅客 20 元，主要用于旅游宣传促销、行业规划发展研究、旅游开发项目补助、旅游事业补助经费等支出。就这样一种基金来说，从表面上看，鉴于旅游和乘坐航班之间的关系，基金的运作是有其合理性的。但实际上并非如此：其一，乘坐国际和地区航班出境的旅客未必都是为了旅游，也可能是出差、探亲或者留学。对所有出境旅客都收取旅游发展基金是不公平的，因为出境目的不是旅游而是出差、探亲或留学的乘客并未从旅游发展支出中受益。其二，即便是旅游的乘客，向其征收旅游发展基金也是不合理的。因为，从旅游发展基金的支出性质来看，不管是旅游宣传促销、行业规划发展研究、旅游开发项目补助还是其他，支出所涉及的都是旅游服务的供给方。在此情况下，设立旅游发展基金，其实质就是向部分消费者征税补贴给供给方。显然，这违背了公平的原则，正如我们不能因为蒙牛与光明为消费者提供牛奶而需要消费者为这两家企业的广告开支来埋单一样。毕竟，对于供给服务，消费者是通过价格方式来补偿其利益的。

教育费附加也存在成本的偏离。我国的教育费附加支出主要用于中小学教育和职业教育。在我国工业化、城市化的进程中，跨省或在省内流动的农民工在流入地（同时也是非户籍地）工作、消费和缴税，将教育费附加缴纳给流入地政府，但其子女有可能无法在流入地（同时也是非户籍地）的公办学校上学，这导致流入地享受了征收消费税和教育费附加收入的权利，却未承担相应的教育服务职能，而将儿童的教育义务推卸给流出地，引发基金收支的地域不公平。为了保证财政的公平性，缓解农民工子女上学难的问题，应该根据受益原则，安排一定比例的流转税收入和教育费附加收入用于补贴接收农民工子弟入学的公办学校和民办学校。至于其具体情况，"2005 年，全国以农民工子女为主的义务教育学龄流动儿童达到 1 126 万人，其中，跨省流动占 36.2%，省内跨县流动占 32.1%，县内流动占 31.7%。近年上海、北京和深圳等大城市，流动儿童占义务教育阶段学生数的 30% 以上。仅广东一个省，就有 100 多万农民工子女不能进入公办学校就读[①]。""广州民办学校一直是解决农民工子女义务教育问题

---

① 袁连生，《农民工子女义务教育经费负担政策的理论、实践与改革》，《教育与经济》，2010 年第 1 期。

的主渠道。然而,财政性教育拨款的主要对象是公办学校的学生,就读于民办学校的农民工子女基本无法享受到地方财政的支持。2004年底,广州有关部门对109所民办学校的调查显示,只有8所学校得到过财政补贴,多的有45万元,少的仅为几百元"。①

实际上,就群体间收入转移的类型来说,机场建设费也许是最典型也是最为人们所关注的基金类型。机场建设费是为筹集机场建设经费而设立的,它最早是在温州永强机场收取,因为当时温州机场并非国家投资,而是温州人自己秉承"不要不等不靠"三不的温州精神,自己投资建设的,为了收回投资的成本,开始收取机场建设费。后来,国内机场为了各自的收益,也收取机场建设费,这一制度一直保留下来。② 其中,在具体运作上,我国机场建设费的征收标准有三档:支线机场和某些机型免收机场建设费;国内航班50元;国际航班和港澳航班70元。在支出方面,机场建设费50%上缴国库后划给民航总局提留,50%由民航总局划给当地机场,用于机场的相关支出,包括机场飞行区、航站区、机场围界、安全和消防设施及设备、空中交通管制系统的建设以及用于归还上述建设项目的贷款本息支出和财政部批准的其他支出。当然,在后来,根据财政部2012年3月17日公布的《民航发展基金征收使用管理暂行办法》,自2012年4月1日开始,我国将原民航机场管理建设费和原民航基础设施建设基金合并成为民航发展基金,征收标准将维持在原机场管理建设费的水平。就这样一种基金来说,从表面上来看,向乘客征收机场建设费是很合理的,但实际上存在诸多的问题。

其一,机场已经向航空公司收取起降费等使用费,乘客与机场并无契约关系,向毫无受益联系的乘客收取机场建设费缺乏合理性。在性质上,旅客只跟航空公司通过机票订立契约关系,旅客跟机场并无契约关系。如果要征收机场建设费,向各航空公司征收比较合理(实际上,每架飞机在机场起降都会由航空公司支付费用给机场)。当然,有人会说,除了机场之外,个体在乘机的时候还是会利用到一些机场设施,包括候机厅、行李和旅客安检、书报亭、快餐店、商店、洗手间、机场穿梭巴士等设施。此时,向作为受益者的乘客收取机场建设费是合理的。但实际上,此类论点是有问题的,一方面,由于乘坐飞机的乘客已经支付了机票的价格,而机票已经涵盖了乘客上下飞机时使用机场设施的费用,因为乘客上下飞机跟航空公司的飞机起降本来就是同一个交易,是紧密联系的

---

① 段成荣、杨舸,《我国流动儿童最新状况——基于2005年全国1%人口抽样调查数据的分析》,《人口学刊》,2008年第6期。
② 资料来源:http://baike.baidu.com/view/58984.htm。

环节,不应分拆出来单独收费,乘客已经在支付票价时付给航空公司在机场起降的费用了,机场没有理由再向乘客重复收费。实际上,如果机场一定要收费,那也应该在销售的书报、快餐、土特产商品的价格中收取,而不是通过毫无联系的机场建设费名目来收取服务设施使用费。另一方面,从横向比较来看,安检设施并非机场所独有,地铁站、火车站甚至长途汽车站也设置有安检设施和人员,而码头、地铁站、火车站和长途汽车站并未在票价以外另外收取地铁建设费、火车站建设费或者长途汽车站建设费。因此,将收取机场建设费的理由说成是乘客使用机场设施(无论是起降设施、服务设施还是安检设施)的服务费在逻辑上是不成立的。正如同商场和超市不会对进来购物并在购物期间享受空调和使用厕所的顾客收取"商场建设费"一样。既然机场向乘客收取机场建设费缺乏合理的依据,那么,将强制征收的机场建设费分配给机场等同于用基金缴纳者的钱去补贴给机场所有者,从而导致基金缴纳者和受益者并不一致,是一种利益的直接分配和转移。例如,北京的首都国际机场、海南的美兰机场与广州的白云国际机场,它们都是上市公司(前两者在香港联交所上市,后者则在国内上市),其机场建设理应由上市公司自筹资金或由其股东投资,没有理由让乘客为机场的建设出资,因为乘客并非上市公司的股东。如果强制要求乘客为上市公司拥有的机场缴纳机场建设费,那就变成了强制招募股东。根据这三家公司年度报告上的数据,广州白云国际机场从 2003 年至 2010 年共计取得约 28 亿元的机场建设费收入;据估测北京首都国际机场从 2003 年至 2010 年取得约 51 亿元的机场建设费收入;海南美兰国际机场从 2003 年至 2010 年共计取得约 7 亿元的机场建设费收入。这些上市公司收取的机场建设费是具有相当规模的,即使相对于全国的机场建设费收入而言,因为 2009 年、2010 年中央的民航机场管理建设费收入也不过是 115 亿元和 136 亿元。但问题是,在强制招募的情况下,上市公司又不出具股票持有证明,也不分红,这根本就谈不上公平。①

其二,用 A 地机场收取的机场建设费补贴 B 地的机场,造成征收区域与受益区域不一致。实际上,即便上述费用收取是合理的,其实还有进一步的问题。比如,在首都国际机场、广州白云国际机场和海南美兰机场收取的机场建设费,

---

① 退一步讲,现在姑且不论收费的合理性,在收费标准方面,人流量多、有规模经济的"北上广深"机场并没有因为单位成本较低而调低机场建设费的收费标准,而人流量少的机场并没有因为单位成本较高而调高机场建设费的收费标准,反而某些支线机场和机型可以免收机场建设费。这不符合公平原则。严格来说,在大城市,乘客出行的选择比较多,可以选择高铁、高速公路等便捷舒适的交通方式,其需求弹性比较大,在市场竞争的情况下,机场应该对乘客让利以吸引客流,而不是反而加收机场建设费;相反,在偏远地区,交通方式的选择比较有限,乘客的需求缺乏弹性,机场本应该多收机场建设费以弥补成本。

除了50%返还给机场以外,剩下的50%上缴给中央财政,由其统筹用于修建中西部地区的中小机场或用于其他用途。就此而言,如果上述机场收取的建设费用是合理的,那其实是将上述机场的收益无偿地转移给其他的机场,这显然也存在不公平。有意思的是,我国的机场建设费原本在2006年已经到期,但却在2006年延期,允许其征收至2015年。据业内专家分析,延期的一个重要原因是国内众多中小机场处于微利或亏损状态,需要依靠继续征收机场建设费来缓解困境。显然,这一理由是很牵强的。因为,机场是一个企业,理应自负盈亏。而就一个地方来说,在修建中小机场之时,就应该做好可行性预测,预见到未来可能的客流量不足而引起的经营风险和亏损风险,而不能以中西部地区中小机场的亏损为由要求"北上广深"大机场的乘客为其弥补亏损。因为,如果这个补亏的理由成立,那么国内中西部地区的亏损高速公路路段也可以借此要求发达地区的高速公路多设置收费亭、多收费来弥补其亏损了。一个地区的个体和单位为另一个地区中小机场的修建付费,不符合征收区域与受益区域一致性的原则。实际上,考虑到机场受益的地区性,机场的支出应该通过地方的一般性税收来筹集机场建设费用。实际上,偏远地区拼命兴建机场,争取航线的动机在于招商引资,即使明知机场一旦建成将会亏损,也不惜通过财政补贴来维持其日常运营,因为招商引资所增加的税收收入足以补贴机场的亏本运营。例如,盐城市政府财政补贴3 000万元开通盐城—首尔国际临时包机航班,这一航线的开通使总投资68亿元的"汽车城"项目落户盐城①,形成了包括韩国起亚在内的600多家韩资企业密集区。2010年,汽车城年销售量33.3万辆,上缴税收近30亿元,带动就业近5万人。既然偏远地方政府从兴建机场中获得了税收利益,那么,机场的建设费就应该由地方政府用收取的税收收入来支付,而不应该通过向乘客收取机场建设费来筹集,乘客只应该通过机票款的形式来为其私人收益付费。

18.4.2 由部分主体承担基金运作的成本

关于由部分主体承担基金运作成本的情形,在表18.1所给出的基金目录中,至少有如下几项基金属于此类,其存在一定的不公。其一,散装水泥专项资金。此类基金的缴款人是袋装水泥的生产者和使用者,而基金收入的使用者主要是散装水泥的生产者以及负责科研、新技术开发、示范与推广的单位。换言之,是对袋装水泥生产者和使用者征税,用税款去补贴散装水泥生产者,以此来

---

① 杭春燕,《九大空港拓展江苏"新维度"》,《盐阜大众报》2002年5月12日。

鼓励散装水泥的生产,抑制袋装水泥的生产。国家利用税费手段进行调控的初衷在于节约资源、保护环境。在此意义上,散装水泥专项基金在性质上可以归类为"环境税",但其实是消费者在补贴生产者。其二,可再生能源发展基金。此类基金的缴纳者和受益者之间的联系也非常间接和疏远。可再生能源发展基金包括国家财政公共预算安排的专项资金和依法向电力用户征收的可再生能源电价附加收入等。可再生能源电价附加在除西藏自治区以外的全国范围内,对各省、自治区、直辖市扣除农业生产用电(含农业排灌用电)后的销售电量征收。可再生能源发展基金用于支持可再生能源发电和开发利用活动。换言之,目前缴纳可再生能源电价附加的电力用户并未享受到多少可再生能源发电的益处,因为可再生能源发电和开发利用活动尚未形成规模,无论研发还是少量的可再生能源发电都需要依靠基金的补贴。换言之,是对使用传统能源电力的用户征税,用于补贴可再生能源的研发和生产企业。其三,残疾人就业保障金。应该说,从公平正义社会架构的角度来说,社会应该给残疾人等弱势群体给予应有的关注和考虑,即公平的财政制度结构包含对于特殊人群的特殊考虑和照顾。但是,残疾人就业保障的问题,是一个应该由一般政府预算收入来解决的问题,而不应该局限于单独的企业。但是,就残疾人就业保障金来说,缴纳残疾人就业保障金的是企业和单位,是安排残疾人就业达不到规定比例的机关、团体、企事业单位和城乡集体经济组织,是对安排残疾人就业不力的一种罚款或者课税,这在制度安排上存在歧视企业单位的不公平之处。

18.5 财政非公平性与基金受益配置的偏离

在财政公平方面,基金的成本分摊主体应该与受益主体具有一致性。相似地,在基金收入方面,对于给定的收入,在使用上,应该与基金所有权保持一致性。但是,在现实的运作中,由于各方面的原因,产生了基金收入配置上的偏离,包括:其一,将属于特殊群体的收入用于其他群体的支出以及用于受益具有普遍性的一般性的开支。其二,将本应该属于一般收入的基金收入化作受益有限的特殊团体的利益。

18.5.1 特殊收入的外漏与一般化

特殊收入外漏的代表性基金类型有铁路建设基金。关于铁路建设基金,它是国家批准开征的、用于铁路建设的专项资金。该基金从1991年3月开征,由铁道部集中管理。从1991年3月至2006年年底,铁路建设基金累计征收额达5 469.28亿元(梁钟荣,2011),2009年全国铁路建设基金收入为544亿元。在征缴方式上,铁路建设基金目前的征收标准为每吨公里农药1.9分,磷矿石2.8分,煤炭、焦炭、水泥、非金属矿及钢铁等大宗货物3.3分,粮食、棉花、农用化肥、黄磷免征铁路建设基金。其中,每年通过铁路运输的煤炭占铁路总运量的50%左右。从制度上看,铁路建设基金的成本受益是对称的:收入来自于使用铁路的单位,而成本也由相关的单位来承担。但实际上,这存在一定的问题,因为,基于上述缴纳情况可以看出,根据成本受益的对等性原则,铁路建设基金应该用于货物运输,尤其是增加煤炭运输能力方面。但实际的情况则是,征收的基金并未主要用于修建运煤铁路,而是用于修建高铁或其他支出。中国煤炭协会曾初步匡算过,2006年煤炭企业缴纳铁路建设基金超过220亿元,其中山西省2006年支付的铁路建设基金就可达百亿元。① 在现实中,三条铁路运输线路——大秦铁路、神朔黄线以及集宁到曹妃甸线支撑着山西、内蒙古、陕西三个产煤大省的煤炭外运,这三条铁路的运输能力处于饱和状态(梁钟荣,2011)。如果把每年煤炭企业缴纳的200多亿元铁路建设基金全部用于修建运煤铁路,按照普通货运铁路造价400—600万元/公里,则每年可修建4 000公里的普通货运铁路,可以改善目前煤炭运力紧张的局面,而且,运力供给充足还可能给煤炭企业带来运费价格下调的好处。此外,国家从铁路建设基金收入中还提取出一部分用于建立中央水利建设基金,②这使得铁路建设基金的使用并未严格遵循"专款专用"的原则,并且,铁路建设基金与中央水利建设基金之间的受益联系非常间接,很难估测出铁路建设基金的主要缴纳者煤炭企业是否就是中央水利工程的受益者,也很难估测受益程度与付出是否相称。

18.5.2 一般收入的特殊化

关于政府性基金中涉及一般收入特殊化的情形,最为典型的也许要算土地出让金。据《国有土地使用权出让收支管理办法》(财综[2006]68号),国有土地使用权出让收入(以下简称土地出让金)是指政府以出让等方式配置国有土地使用权取得的全部土地价款。具体包括:以招标、拍卖、挂牌和协议方式出让国有土地使用权所取得的总成交价款(不含代收代缴的税费);转让划拨国有土地使用权或依法利用原划拨土地进行经营性建设应当补缴的土地价款;处置抵

---

① 《委员呼吁停征煤炭铁路建设基金》,《山西日报》,2012年3月7日。
② 中央水利建设基金从铁路建设基金、港口建设费和车辆购置税收入中提取。

押划拨国有土地使用权应当补缴的土地价款；转让房改房、经济适用住房按照规定应当补缴的土地价款；改变出让国有土地使用权土地用途、容积率等土地使用条件应当补缴的土地价款，以及其他和国有土地使用权出让或变更有关的收入等。可以看出，从性质上看，与其说土地出让金是一种基金，不如说它是非税收入。其中，对于住宅等项目，土地出让采用招标、拍卖、挂牌等市场定价的方式进行的，土地出让金就是地价。而对于经济适用房、廉租房、配套房等项目以及开发园区等工业项目，土地出让金收入往往不是依靠完全的市场定价的方式进行的，土地出让金其实就带有税费的性质，是定价。[①] 实际上，之所以将土地出让金纳入基金管理，是因为为了获得收入，需要不少的成本（如土地拆迁补偿成本），而不像税收那样可以无偿取得。

既然土地出让金其实是政府依据土地而取得的一种收入，那么，在扣除相关成本的基础上，剩余的土地出让金收入应该纳入一般预算管理范畴。但从目前的运作看，土地出让金收入的使用被限制在狭窄的范围：一般预算收入于是就利益特殊化了。其一，在制度层面，《土地管理法》对土地出让金的使用范围做出了明确的规定，土地出让收入主要用于征地和拆迁补偿支出、土地开发支出、支农支出和城市建设支出等。其二，在实际运作上，2009年4月财政部首次公布了《2009年全国土地出让收支基本情况》。从财政部公布的情况看，2009年全国土地出让金总额为14 239.7亿元，全国土地出让支出总额为12 327.1亿元（表18.3给出了支出的结构）。从表18.3所给出的支出明细来看，有相当大的比重是用于补偿取得地块的成本，诸如征地和拆迁补偿支出（占比40.4%）、土地开发支出（占比10.7%）、补助被征地农民支出（1.6%）、土地出让业务支出（0.7%），共计53.4%。对于超出成本之外的收益，主要用于其他特定的支出，包括城市建设支出（27.1%）、地震灾后恢复重建、破产或改制国有企业职工安置等支出（9.7%），耕地开发、土地整理、基本农田建设和保护支出（3.9%），农村基础设施建设支出（3.5%），廉租房支出（1.5%），农业土地开发支出（0.9%），共计46.6%。也就是说，对于补偿应有成本之外的收入，有50%左右其实转化成为特殊的支出类型。近年来，由于地方政府的土地出让金收入增长较快，有关土地出让金收入的用途，也众说纷纭，有人建议从中提取一部分用于水利建设，也有人建议提取一部分用于补充教育经费使其尽快达到GDP的4%，也有人建议提取一部分用于保障房建设，甚至有人建议提取一部分用于社会保障。所建议的林林总总的用途，都未考虑将剩余收入纳入一般预算管理。

---

① 资料来源：http：//baike.baidu.com/view/58984.htm。

表 18.3　2009 年全国土地出让支出结构　　　　　（单位:%）

排序	土地出让支出明细	占比	排序	土地出让支出明细	占比
1	征地和拆迁补偿支出	40.4	6	农村基础设施建设支出	3.5
2	城市建设支出	27.1	7	补助被征地农民支出	1.6
3	土地开发支出	10.7	8	廉租房支出	1.5
4	地震灾后恢复重建、破产或改制国有企业职工安置等支出	9.7	9	农业土地开发支出	0.9
5	耕地开发、土地整理、基本农田建设和保护支出	3.9	10	土地出让业务支出	0.7

实际上,除了同代意义上的、将"大家"的利益转化为"小家"的利益特殊化之外,土地出让金还存在代际意义上的利益异化问题。对于给定的土地,它为这一代人和下一代人所共有。但是,目前的土地出让金的利益分配机制会导致"代际不公"。各级地方政府在财政收入方面没有自主权的压力下,以土地出让金的形式将后 50—70 年的土地收益一次性收取,现任政府提前支取了未来各届政府的收入,这是一种对土地收益的"透支",对于未来的各届政府显然是不公平的,长此以往,将会出现没有土地可供出让的尴尬局面。这种短期行为,既有悖于"代际公平性",又有损于稀缺的土地资源使用的有效性。①

除了土地出让金之外,彩票资金的问题也是值得特别强调的。电脑彩票上市伊始(2001 年),国务院下发了关于进一步规范彩票管理的 35 号文件,确定

---

① 此外,在收入的获得方面,地方政府和中间商在土地"寻租"中获利丰厚,而失地农民所获甚少,造成利益分配的不公平。事实上,也正是征地与卖地之间的巨额利益,形成了滋生土地"寻租"的温床。农用地转为非农用地的征用过程中,地方当局利用行政权力低价拿地,用市场经济办法高价供地,获取巨额差价。比如浙江省对市、县政府在农地转非和土地限额审批中的收益调查表明,被征土地收益分配格局大致是:地方政府占二成至三成,企业占四成或五成,村级组织占近三成,农民仅占 5%—10%。该数据表明,土地征用的增值收益大部分被中间商或地方政府所获取,失地农民所获甚少,不足以保障未来的生活来源。而从全国范围看,2001 年,政府从征地中取得的一级市场的收入是 1 300 亿元,企业取得的二级市场的收入是 7 000 亿元。到了 2002 年,一级市场的收入是 2 400 亿元,二级市场的收入达到了 10 500 亿元。另外,在横向公平方面,并非所有在使用的土地都缴纳了土地出让金,目前只有以协议、招拍挂方式出让的土地购买者缴纳了土地出让金,小产权房、军产房、划拨的土地都以没有"出让"为借口免缴土地出让金。这样就将土地出让金的负担全部由范围狭窄的协议、招拍挂土地的购买者或最终消费者来负担,由这一狭窄的群体来为"土地财政"和城建做贡献,这是不公平的。毕竟,未缴纳土地出让金的实际使用者也同样从城市用土地出让金来筹资建设的基础设施中获得了收益,理应为所享受的公共服务缴纳同样的政府收费。除此之外,在标准方面,对同一区域不同性质地块实行歧视定价导致土地出让金负担不等。一般而言,为了迎合地方政府招商引资的需要,工业用地的价格较便宜。人为压低工业用地的价格,在"土地财政"的约束下,必然会造成商业用地和住宅用地价格高昂,这又会通过提高消费品和服务的价格、写字楼租金以及商品房的价格将负担主要转嫁给本地消费者,这是不公平的。参见:http://baike.baidu.com/view/58984.htm。

了财政部、民政部和国家体育总局在彩票管理和发行方面的职责范围,并调整了彩票资金的结构:返奖比率为50%,发行经费下调为15%,公益金比例提高到35%——这项内容延续至今。① 从彩票资金的结构来看,返奖比例(50%)和发行经费(15%)是获得收入所必要的支出,这里我们可以撇开不谈(当然,将发行经费武断地限定为15%是否合理,可以讨论)。彩票资金的主要问题是占彩票资金35%的彩票公益金的收入配置是否公平。自2005年起,彩票公益金的分配政策改为按比例分配,中央和地方按照1∶1比例分配。中央集中的彩票公益金,除从2008年7月1日至2010年12月31日期间中央集中的即开型彩票公益金专项用于支持汶川地震灾后重建外,按60%、30%、5%和5%的比例分配至全国社会保障基金、专项公益金、民政部和体育总局。在这一方面,《2012年中央本级政府性基金支出预算表》显示,2012年预计支出的中央本级彩票公益金中,用于补充全国社会保障基金的支出为241.26亿元;用于社会福利的支出为2.3亿元;用于体育事业的支出为2.87亿元;用于教育事业的支出为8亿元;用于红十字事业的支出为2.67亿元;用于残疾人事业的支出为2.65亿元;用于农村医疗救助的支出为0.5亿元;用于文化事业的支出为2亿元;用于法律援助的支出为1亿元;用于其他社会公益事业的彩票公益金支出为56.26亿元。

中央集中的彩票公益金60%用于补充全国社会保障基金,这种做法是否体现令彩票购买者受益? 对此,有人可能会认为:彩票收入来自于彩民,相关的收益应该用于彩民。特别地,从我国彩民的构成来看,彩民主要集中在中青年这一年龄段,因此,彩票公益金的缴纳者也主要是中青年。李智、李勇在2001年对北京市电脑体育彩票购买者所做的问卷调查显示,"18—45岁的消费群体为电脑体育彩票的购买主体,占总调查所做人数的83.9%,这说明彩民的年龄结构以中青年购买群体为主,趋于年轻化特点"。王进(2005)对广州足球彩票购买者所做的问卷调查显示,"从年龄看,31—45岁的彩民占66%,18—30岁年龄段的彩民也较多,占27.4%"。在此情况下,根据受益原则,彩票公益金的主要缴纳者中青年群体应该从彩票公益金的支出中受益最多,似乎唯有如此才能体现出公平性。但实际上,与其他基金收入的取得不同,彩票的收入是通过自愿购买的形式取得的,剩余的收益应该是一般的预算基金。在此情况下,无论将基金用于哪一方面都存在问题,因为,一般收入的首要问题是将剩余收入纳入一般预算资金范畴。

---

① 《彩票公益金如何分配及使用》,http://baike.baidu.com/view/3650297.htm。

18.6 提升其他政府性基金公平性的规范建议

基于上面的分析可以发现,其他政府性基金中部分的基金,它们的成本和受益是比较对称的,进而,从这个意义上来说,它们是比较公平的。但是,其他的基金类型,则存在成本受益上的偏离。因此,要提升基金运作的公平性,其关键一点就是维持成本与受益之间的对称性。有几个层次:其一,最低层次,是在目前的官方纸面文件上原则性地规定受益原则是决定基金收支的指导思想。其二,较高的层次,是在制度执行层面,切实遵从受益原则。例如,为了缓解农民工子女上学难的问题,应该根据受益原则,安排一定比例的流程税收入和教育费附加收入用于补贴接收农民工子女入学的公办学校和民办学校。教育的益处具有外部性,尤其是在人口流动加剧的时代,义务教育不再是地方政府的责任,中央政府有责任对农民工子女的义务教育进行投入,通过转移支付,是流入地和流出地政府合理负担农民工子女的教育支出。当然,公平是一个整体,成本—受益对等原则应该贯穿于政府性基金征收对象和征收范围确定、收入归属、征收标准的设定、征收规模以及征收期限确定等各方面,而有关政府性基金公平性的完整分析,也应该涉及所有的方面,而不能简单地从其中某一个方面来分析和讨论。其三,最高层次,是在公共决策层面,让民众有权选择是否享受或者取消某种"受益",毕竟被强行推销购买的"受益"并不是真正的"受益",这是因为世界上不存在免费的"受益",即便政府设立的某项基金百分百遵循"受益原则",民众在享受这种受益时也是需要为此付费的,为此,在资源有限的约束下,民众应该有权权衡不同"受益"基金所带来的效用大小,在基金相对价格相等的前提下,优先选择边际效用较大的受益基金,摒弃边际效用较小的受益基金(这通常集中在供给过剩的领域),通过长期的选择,最后实现每种受益基金所带来的边际效用相等的均衡状态。其四是将选择"受益"的权力还给民众,由民众根据机会成本和受益程度的权衡来选择受益项目和受益的数量,而不是通过政府部门的审批来决定提供哪些受益项目(即基金项目)。唯有建立在自愿选择基础上的受益,才是公平的受益,而强买强卖即便在表面上看起来遵从了受益原则,但如果其机会成本过高或未反映出买方优先的需求,也并非真正的令买方受益。

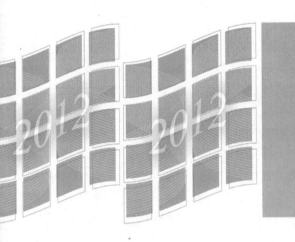

第五篇
隐性收支、公债与财政公平

第 19 章

中国税式支出的公平性分析

19.1 导 言

税式支出是一国政府基于特定的经济政治目标,通过采取与基准税制规定相背离的税收法律制度,将按基准税制规定应收的税款间接无偿地让渡给特定的纳税人,以实现其税收照顾和激励作用的财政支出。本质上讲,税式支出是一种隐性的财政支出,其通过让渡政府税收收入之名来行使财政支出之实,即通过税收制度的安排实现政府特定的财政支出目的。与一般性的财政收支相同,税式支出的制度供给、支出用途、执行和管理等不可避免地会对财政公平产生影响。此外,与一般的财政收支存在一定的不同,税式支出这种财政支出方式的特性,决定了其对财政公平的影响更加复杂和隐蔽。一方面,税式支出的隐蔽性导致其不如财政直接支出透明;另一方面,税式支出的间接性和复杂性,使税式支出所蕴含的财政收支不能如显性收支那么直接。因此,税式支出这种特殊的隐性财政支出形式必然会对不同经济利益主体的受益分布产生影响,进而产生具有税式支出特性的公平性问题。

鉴于中国税式支出数额较大,研究税式支出的公平性显得尤为必要。有资料表明,2006 年我国的税式支出总额高达 11 900 亿元(王丽辉,2010)。考虑到增长因素以及税收实体法中涉及税式支出的优惠条款的变动,虽然没有具体统计资料,但是可以预见中国近年税式支出总额应该比 2006 年的数额更高,税式支出数额较为巨大,其作为财政支出的一部分不可小视。但与税式支出的巨大规模相比,理论界有关税式支出的公平性研究是比较缺乏的。实际上,不要说公平性问题,就是一般性的税式支出问题,由于我国在法律层面没有就税式支出给出一个正式解释,没有将税式支出列入财政预算,缺乏相关的政府统计资料和数据,国内专门针对该问题进行探讨的文献也不多。鉴于理论研究的局限性,当然,也是基于问题本身的客观实在性和重要性考虑,本章拟就中国税式支出的公平性进行探索性分析,为促进财政支出公平、建立健全税式支出制度、完善我国财税政策提供参考和依据。

本章以下内容的结构安排如下:导言后的 19.2 节就中国税式支出的基本情况做出介绍。特别地,考虑到税式支出的公平应由实体规定和程序规定这两个层面的公平构成(实体规定公平是税式支出公平性的具体表现,程序规定公平是税式支出公平性的保障,二者相辅相成,缺一不可),因此,本章从实体规定和程序规定两个层面分析税式支出的公平性。其中,关于实体方面的公平(19.3节),它体现在各个相关实体税种所涉及的税式支出优惠条款的公平性上,进而,与此相关的公平性分析主要考察税式支出相关税收优惠法律制度安排是否合理。若税式支出相关税收实体法规定有助于促进各利益主体分配关系的合理性,则其制度规定公平;反之则不公平。关于程序方面的公平(19.4 节),它包括制度供给程序公平以及制度运行管理的公平。其中:其一,税式支出制度供给程序的公平性分析主要考察其制度产生或制度提供是否公平,即税式支出制度是否是通过一个公开、公正、透明的程序来实现的;其二,税式支出运行管理公平性分析主要考察税式支出制度的运行程序是否公平,即是否按照制度规定执行和管理。最后的 19.5 节是本章的研究结论及政策建议。

19.2 中国税式支出的基本情况

税式支出是通过税收优惠形式进行的支出。其中,关于税收优惠的理由,一般地,政府往往将其与一定的社会目的联系在一起。鉴于资源配置职能、收入分配职能以及经济稳定职能是公共经济学理论界定的财政三大基本职能,从中国现行税收实体法涉及的具体税种有关税收优惠的规定来看,它们自然也就和财政职能的履行联系在一起(中国税式支出涉及的领域、用途以及税种情况见表 19.1)。

表 19.1 中国税式支出领域、用途及涉及税种的基本情况表

支出领域	主要用途	涉及主要税种
资源配置	产业结构调整	企业所得税、增值税、营业税、消费税、关税
	正外部性	企业所得税、个人所得税、增值税、消费税、营业税
	公共产品	企业所得税
经济稳定	促进就业	营业税、企业所得税
收入分配	社会福利	增值税、营业税、企业所得税、个人所得税
	缩小区域差距	企业所得税
	扶持农业	企业所得税、增值税
	鼓励中小企业发展	企业所得税
其他领域	其他用途	房产税、城镇土地使用税、耕地占用税、车船税、车辆购置税、契税、土地增值税、资源税、印花税、城建税

资料来源:根据中国税法相关法律法规整理而得。

首先,关于优化资源配置的税式支出,在相关税收实体法规定中,它主要涉及针对促进产业结构调整、对正外部效应与提供公共产品和准公共产品的企业进行补贴等方面的税收优惠制度安排。其中:其一,促进产业结构调整的实体法规定主要涉及企业所得税、增值税、关税等。例如,中华人民共和国主席令第63号《中华人民共和国企业所得税法》(以下简称《企业所得税法》)的第四章第二十条明确规定,国家对重点扶持和鼓励发展的产业和项目,给予企业所得税优惠。同时,财税[2011]119号《关于扶持动漫产业发展增值税、营业税政策的通知》中制定了促进我国动漫产业健康快速发展的增值税、营业税政策。再如,财税[2000]26号文件则对符合条件的生产销售达到低污染排放值的小轿车、越野车和小客车减征30%的消费税。另外,中国关税减免政策中就有针对特定行业或用途的减免税政策。其二,对正外部效应以税式支出的形式进行补贴,主要涉及企业所得税、个人所得税、增值税、消费税以及营业税等多个税种。例如,《企业所得税法》的第三十三条规定,企业综合利用资源,生产符合国家产业政策规定的产品所取得的收入,可以在计算应纳税所得额时减计收入;《企业所得税法》的第三十四条规定,企业购置用于环境保护、节能节水、安全生产等专用设备的投资额,可以按一定比例实行税额抵免。另外,个人所得税、增值税、消费税和营业税等多个税种均有针对正外部效应给予的税收优惠政策。其三,对提供公共产品和准公共产品的企业以税式支出形式进行补贴,主要涉及企业所得税。例如,《企业所得税法》第二十七条第二款所称国家重点扶持的公共基础设施项目,是指《公共基础设施项目企业所得税优惠目录》规定的港口码头、机场、铁路、公路、城市公共交通、电力、水利等项目,上述列举的项目均与公共

基础设施有关,具有公共产品和准公共产品的特点。

其次,关于促进经济稳定发展的税式支出,在相关税收实体法规定中主要体现在促进就业方面的税收优惠制度安排上。促进经济稳定的税式支出主要涉及企业所得税、营业税等。例如,《企业所得税法》第三十条中规定,企业安置残疾人员及国家鼓励安置的其他就业人员所支付的工资可以在计算应纳税所得额时加计扣除。再如,财税[2002]208号针对下岗失业人员再就业给予相应的营业税税收优惠政策。①

最后,关于调整收入分配的税式支出,在相关税收实体法规定中,主要涉及有助于社会福利整体提高的帮困、济贫以及助残的税收优惠政策、缩小区域差距的税收优惠政策、缩小农业与其他产业收入分配差距的税收优惠政策以及促进中小企业发展的税收优惠政策等税收优惠制度安排方面。其中:其一,提高社会整体福利的税收优惠政策主要存在于企业所得税、个人所得税、增值税即营业税当中;其二,缩小区域差距的税收优惠政策主要存在于企业所得税中;其三,缩小农业与其他产业收入分配差距的税收优惠政策主要体现在企业所得税和增值税中;其四,鼓励中小企业发展的税收优惠政策主要体现在企业所得税中。

当然,除了上述税式支出安排之外,出于满足国家特定政策需要,或出于纳税人负担能力的考虑,在相关税收实体法规定中,还有诸多其他的税式支出条款。相关的规定内容繁杂,散见于房产税、城镇土地使用税、耕地占用税、车船税、车辆购置税、契税、土地增值税、资源税、印花税、城建税等多个小税种中。

19.3　中国税式支出实体规定的公平性分析

19.3.1　中国税式支出实体规定公平性逐步提升②

从历史的角度看,1979年至1993年是中国税式支出相关政策的出台期。期间,中国正经历着对内改革与对外开放、经济体制逐步由计划经济模式向市场经济模式转型的过渡。与之相适应,自改革开放以来,中国先后进行了涉外税收制度、两步"利改税"以及工商税制等重大改革。这一时期的税式支出制度主要表现为按照经济性质的不同,对外商投资企业、外国企业、国有企业、个体

---

① 财税[2002]208号自2008年12月31日到期后停止执行。
② 参见上海财经大学公共政策研究中心(2011,第436—437页)。

私营经济、乡镇企业实行不同的税收优惠方式；同时,按"内地—沿海经济开放区—经济技术开发区—经济特区"逐步递增的区域格局来制定税收优惠政策。也就是说,从税式支出的政策取向看,在此阶段,中国税式支出政策呈现明显的"外资导向型"、"区域导向型"以及"企业性质导向型"特点,实行的是具有歧视性的身份导向性的税式支出政策。比如,地方政府在招商引资时,往往针对不同的企业类型(是外资企业还是内资企业)而采取不同的税收政策。

应该说,改革开放以来基于身份来实施的税式支出政策在引进外资等方面发挥了积极的作用。但是,随着社会主义市场经济体制的逐步建立,基于身份来给予税收优惠的政策与市场经济下的平等竞争原则背道而驰。在这样的背景下,根据社会主义市场经济发展的要求,按照统一税法、公平税负、简化税制、合理分权、理顺分配关系、保证财政收入的指导思想,1994年及以后的税制改革对税收优惠政策进行了较大范围的调整和清理,初步建立了符合社会主义市场经济要求的税式支出管理办法。此时,在税式支出的导向方面,我们逐步淡化外资导向型和经济类型导向型等基于身份的税式支出政策,取消了多项内外有别的税制差异。例如,2008年起实施内外统一的企业所得税法,税式支出逐渐由针对区域和不同经济性质企业的优惠向产业和技术优惠等方向转变,促进平等竞争的税式支出政策逐步形成。

19.3.2 中国现行税式支出实体规定的公平性问题

尽管税收制度的改革和调整提升了我国税式支出的公平性,但是,鉴于税式支出的优惠性质,中国现行税式支出实体规定还是存在不公平之处,主要表现在以下几方面。

首先,对特殊产业、特定技术的优惠,这意味着对于其他产业、技术的歧视。税式支出针对特定受益对象的财政补贴,相当于其他纳税人补贴了特定受益者。在特定的时期和特定的情况下,这种税式支出形式的补贴有其合理性。但为实现和促进公平,理论上,在条件许可的情况下,特定受益对象应对原来享受的补贴进行等额补偿回馈,以保证各利益主体在分配关系中享受公平待遇。因为其他纳税人没有补贴特定受益对象的义务。然而,目前我国缺乏这种税式支出的补偿反馈机制。当然,世界上多数国家也没有建立税式支出的补偿反馈机制,这可能是出于其他方面的考虑。但从公平角度上讲,这种补偿机制是有必要的。

其次,是中国现行税式支出的目标不明确、用途过于广泛。中国现行税式支出目标缺乏总体规划和设计,方向不够明确,重点不够突出,不利于从根本上促进各利益主体间受益分配的公平。具体表现在,中国现行税式支出方向较广,具体涉及产业结构、区域经济、技术进步和利用外资以及扩大出口等多个领域和用途,经常出现根据某一政策不给予税收优惠而根据其他政策却给予税收优惠的现象,容易造成税式支出目标的偏移甚至失效。上述中国现行税式支出目标方面存在的问题,削弱了税式支出的公平性调节功能,有必要加以关注。

最后,是税式支出政策的混乱。包括:其一,税式支出偏多偏乱。中国现行税式支出在税收实体法中几乎涉及所有的税种和相关税制要素,且其支出用途覆盖了政治、经济、文化、教育、科技、卫生、体育、民政、司法、军事、外交等各个领域,使得中国现行税制的税收优惠十分庞杂。其二,中国现行税式支出缺乏明确的政策退出时间制约。税式支出不应成为一种常态,其激励或照顾的原因消失,就应取消。而在税收实体法规定中,虽然有部分优惠条款有时限规定,但大部分都缺少时间制约,易将特别照顾或激励变成常态,这不符合税式支出的本意。因为,税式支出是政府基于特定的经济政治目标而采取的激励或照顾性政策,发挥的是特别的调节功能,它与行政支出、教科文卫支出、国防支出等一个国家正常存在和运行所需要的经常性支出不同,税式支出应是一种非经常性的支出,政府需要采取激励或照顾的原因一旦消失,就应及时取消,以尽量避免其对经济的非中性影响。

19.4 中国税式支出程序规定的公平性分析

中国的税式支出制度是随着改革开放陆续建立起来的。其涉及的程序规定也逐步向公平性方向转变。具体来说,在 1979 年至 1993 年期间,中国税式支出制度政出多门、制度供给程序缺乏法律约束和规范,不利于促进公平。之后,1994 年的税制改革将税收立法权限集中在中央及省级政府的手中,从形式上讲,税式支出供给程序逐步向规范性和公平性方向发展。但从本质上讲,其制度供给及其运行管理等方面仍然存在公平性缺失的问题。

19.4.1 中国现行税式支出制度供给的公平性问题

整体上来说,中国现行税式支出制度供给主体的多元化以及供给程序缺失容易引发公平缺失问题。一方面,中国尚无一部法律对税式支出制度的供给程序加以明确。另一方面,中国现行税式支出制度呈现出供给主体众多、权限不明的特点。由于税式支出是通过相关税收优惠条款来实现的,税式支出制度的供给主要体现在税法的相关规定中。而关于我国现行税收立法权的划分问题，迄今为止尚无一部法律对之加以完整规定，只是散见于若干财政和税收法律法规中，尚有待于未来的税收基本法对此做出统一规定。① 具体看，中国税式支出制度不仅在各种税收法律、条例及其实施细则中都有规定，而且大量地以各种通知、指示、命令、文件等形式下达执行。制度供给主体也由全国人民代表大会及其常务委员会、国务院、财政部、国家税务总局、海关总署、地方人民代表大会及常务委员会、地方政府等多个供给主体组成。详细情况如表19.2 所示。

表 19.2　中国税式支出立法层级和立法机关一览表

分类	立法机关	形式	举例
法律	全国人大及其常委会	法律	《中华人民共和国企业所得税法》《中华人民共和国个人所得税法》
授权立法	全国人大及其常委会	授权立法	《中华人民共和国增值税暂行条例》等5个暂行条例
法规	国务院	税收行政法规	《中华人民共和国企业所得税法实施条例》《中华人民共和国个人所得税法实施条例》
地方性法规	地方人大（目前仅限海南省、民族自治区）		
规章	财政部、税务总局、海关总署	税收部门规章	财政部颁发的《增值税暂行条例实施细则》
地方规章	地方政府	地方税收规章	房产税等地方性税种的实施细则

资料来源：依据中国税法的立法层级改编得出。

由表 19.2 可见，现行税法将税收立法权限集中在中央及省级政府的手中，相应地，从理论上讲，以税收优惠形式实现的税式支出的制度供给权限也应与其保持一致。然而，在实践中，各层级政府存在越权供给税式支出制度的现象。为解决地方政府面临的特殊问题，几乎各层级的地方政府都或多或少地成了税式支出制度的供给者，制定了部分税式支出项目或变相的税式支出政策。例如，部分地区为了鼓励和吸引人才，纷纷出台了个税返还奖励政策。即便在中央一级的政府，全国人民代表大会及其常务委员会、国务院、财政部、国家税务总局、海关总署、国务院关税税则委员会等也都有权制定部分税式支出规定，并且几乎涉及所有税种。这些管理主体之间的利益目标差异，必然导致不同层级的政府或职能部门所制定的税式支出对各利益主体受益分配的调节产生不公

---

① 中国注册会计师协会编，2011：《税法》，经济科学出版社。

平的现实问题。

由此可见,中国税式支出的制度供给程序和供给主体缺乏法律制约,容易造成各部门税式支出制度的矛盾甚至是冲突,难以同时满足多个利益主体受益的合理性分布,进而产生税式支出的公平性缺失或公平性不足的问题。

19.4.2 中国现行税式支出运行管理的公平性问题

在制度的执行上,中国现行税式支出的运行管理缺乏统一、规范的程序和制度约束,且运行结果缺乏公开机制,背离了公平应具备的最基本要素——公开透明。具体表现在:一方面,税式支出缺乏规范的管理程序和预算制度约束。从我国现行税式支出的日常管理来看,政府有关部门在项目的审批、项目执行情况的检查、最终效益的评价以及相关数据的统计发布等方面,没有形成统一、规范的管理程序和制度,也未将税式支出纳入到财政预算管理的范畴。另一方面,上级税务机关、财政部门、审计部门、各级政府和人民代表大会对税式支出的监督也不够。上述关于税式支出方面管理权限不清、审批、执行、结果不透明的运行管理模式,容易导致操作层面和监管方面的公平性问题。具体而言,操作层面,容易导致运行管理者或执法当局自由裁量权过大,在具体执行税式支出政策时,税式支出的申报、审批、使用等环节都存在较大的随意性,越权减免、人情减免等非法行为屡有发生,使得税式支出的范围不断扩大、额度无序增加,税式支出宏观失控。监管层面,不利于有关各方对税式支出决策与执行的监督,难以保障预期政策目标得以实现,更难实现对各个利益主体受益的合理化分布。

19.5 本章的研究结论及政策建议

中国现行的税式支出,主要用于校正资源配置、经济稳定以及收入分配等市场失灵领域。同时,中国税式支出所采用的税收优惠制度,它们在某些方面考虑了横向公平、纵向公平等因素。因此,在一定程度上,中国现行税式支出有利于促进整体公共利益的提升。但是,上述研究表明:中国现行税式支出在实体规定和程序规定方面存在的公平性问题,弱化或抵消了其对公平性的有利影响。其一,中国现行税式支出实体规定有待完善。一方面,中国现行税式支出存在目标不明确、缺乏合理依据以及支出用途过广的问题。这容易造成该优惠的不优惠、不该优惠的却得到优惠的局面,而支出用途过广则体现不出针对特定对象激励或照顾的政策本意,反而造成了实质上的不公平。另一方面,现行税式支出涉及的税收实体法规定存在政策偏多偏乱、税式支出缺乏明确的政策退出时间制约以及缺乏补偿反馈机制等问题。以上实体规定存在的问题容易导致税式支出方向不合理、重点不突出、政策目标冲突、矛盾或者效果互抵等后果,导致税式支出领域的错位或缺位,其结果是削弱了税式支出的公平性。其二,中国税式支出程序规定有待建立和完善。一是中国税式支出制度供给程序有待建立和完善。中国税式支出制度供给程序缺乏法律约束,一方面没有纳入财政预算经人大批准;另一方面政出多门,使得各部门难以形成互相监督的机制,造成越权提供税收支出制度,容易导致税式支出对各利益主体受益分布的扭曲。二是中国现行税式支出运行管理制度有待完善。中国现行税式支出的运行管理缺乏统一、规范的程序和制度约束,税式支出运行管理中涉及的审批、执行、最终结果考核缺乏公开透明机制,缺乏财政预算管理约束,容易引发操作层面和监管层面的不公平,因而有必要进行改革。改革可以从两个层面进行:

其一,改革和完善现行税式支出的实体规定。包括:① 理清税式支出。税式支出应该用于需要重点激励或照顾的领域。在市场经济条件下,政府的主要职能是提供公共物品,创造经济、社会安全和协调发展的外部环境,调节收入分配不公。因此,税式支出应锁定在有助于实现政府职能的领域,税式支出应以促进资源配置优化、宏观经济稳定发展以及收入分配公平、降低市场失灵带来的负面效应、提高公共利益为支出目标。② 明确和严格界定税式支出范围。要规范税式支出的用途范围,厘清具体税收实体法中税式支出应用的税种范围。其中,税式支出用途范围要有具体的法律依据,降低税式支出的随意性,做到依法支出,确保税式支出真正用到需要激励或照顾的方面,促进各个利益主体整体利益的优化分布。③ 逐步缩小流转税税式支出的范围与规模,将所得税作为税式支出的主体。鉴于所得税对于公平条件的优势,中国税式支出的主体税种应以所得税为主。④ 明确税式支出政策退出时间,并建立补偿反馈机制。应根据税式支出受益对象的具体情况,明确其政策退出的时间。并在特定受益对象需要激励或照顾的原因消失之后,设计相应的税收条款,对其原来所享受的税式支出补贴进行足额补缴。这一方面保持了税式支出的灵活激励或照顾的特点,同时也考虑了税式支出的成本补偿,有利于实现公平。

其二,建立和完善现行税式支出的程序规定。① 建立法制化、民主化和透明化的税式支出供给制度。一方面,尽快建立健全与税式支出制度供给程序相关的法律法规。以法律形式明确税式支出的供给程序,就税式支出议案提出、审批、通过以及公布等各个环节制定配套公开透明的法律制度。其中,税式支出供给程序的相关法律制度规定的内容应包括税式支出议案提出的主体、各部门的审批权限、通过的方案选择以及公布的程序等,以做到税式支出制度供给法制化、民主化和透明化,最大限度地提高税式支出的实用性和适用性。另一方面,将税式支出列入政府的财政支出系列,按照管理财政支出的方式予以量化和监督。税式支出的隐蔽性特点决定了税式支出如不采取公开透明的方式管理,就会造成支出方向不明、效果不清甚至是借税式支出之名侵蚀税基却达不到预期政策调控作用的不良后果,因此,将税式支出列入政府的财政支出系列是实体规定能得以公平实现的基本保证和基础。② 加强税式支出运行管理的法制化程度,逐步将税式支出纳入财政预算管理。首先,要加强税式支出的法制化管理。法制化管理是实现税式支出管理规范化的基本前提,也是世界各国的通行做法。中国之所以在税式支出方面存在很多问题,根本原因就在于缺乏对税式支出运行管理的法律法规约束、监督反馈机制以及效果评价机制。因此,应尽快建立健全与税式支出管理相关的法律法规。以法律形式明确中央与各级地方政府的税式支出管理权限、范围和幅度,对税式支出的政策目标、管理程序、规模控制、方向范围、政策手段、统计标准、效果评估等做出具体的、权威的、统一的规定,确保公共财政下的税式支出运行管理有法可依。其次,逐步形成税式支出财政预算管理制度。考虑到我国现阶段税式支出的范围宽、规模大,且从中央到地方的各级政府均没有编制税式支出预算的经验,在编制税式支出预算时,要采取先易后难、先宽后严、先试点后实施的分阶段推进的方法。再次,我国税式支出的运行管理尚处于起步阶段,除了上述几点建议外,还需建立完善税式支出数据采集和统计管理系统,为建立和完善我国的税式支出管理制度做好保障工作。

最后,需要说明的是,本章从税式支出的实体规定和程序规定两个层面对中国税式支出的公平性进行了探索性分析,为了解和研究税式支出的公平性提供了基础理论分析框架。但是,本章并未对中国税式支出运行结果的公平性进行分析。这一方面是由于现行税式支出官方统计数据未公开的制约,更为主要的是,本文所关注的公平是税式支出实体规定和程序规定的公平,如果税式支出实体规定和程序规定本身具有合理性及合意性,本研究则将税式支出制度运行的结果视为公平。如果实体规定和程序规定至少有一个环节不公平,则税式支出运行结果不公平。

第 20 章

中国公共管制的公平性分析

20.1 导　言

关于公共管制(或称政府规制),不同学者所给出的定义存在一定的差异。日本学者植草义(1992,第 2 页)将其定义为"社会公共机构依照一定的规则对企业的活动进行限制的行为",而美国学者史普博(1999,第 45 页)则将其定义为"行政机构制定并执行的直接干预市场配置机制或间接改变企业和消费者供需决策的一般规则或特殊行为"。当然,尽管各学者有关公共管制的表述存在一定的差异,但相关界定所给出的本质内涵却是相同的,他们所讲的公共管制,都是指政府凭借行政权力对微观经济主体行为的干预。特别地,依据微观干预对象和措施手段的不同,经济学界一般将公共管制大致分成"经济性管制"

(economic regulation)和"社会性管制"(social regulation)两大类型。① 其中,经济性管制是针对特定行业中企业的进入与退出、产量、定价等经济决策方面进行的限制,如对自然垄断行业的准入管制、价格管制等;而社会性管制则是针对公众的健康、安全、环境等社会问题进行的管制,比如,对生产安全、质量安全与环境污染等方面的干预和管理。②

表面上看来,政府的公共管制活动只是行政干预,不存在我们通常所讲的财政收支。③ 但事实上,正如财政学的基本理论所表明的,政府的管制往往会对相关的利益主体产生隐性的收支。这种隐性的财政收支虽不像政府的税收和财政补贴那般明显,但其本质与显性的收支完全一样。以出租车行业的资格管制为例。在北京,对于一位普通的出租车司机,从目前的情况来看,他(或她)每月的载客收入,1/3 作为份子钱交给公司,1/3 是油费,剩下 1/3 才是纯收入。在这里,就交给公司的份子钱来说,扣除掉合理的公司管理费用,其他的部分显然是因只有公司才能拿到出租车经营权的资格管制造成的,而这部分利益就是典型的政府管制下的隐性财政收支。在本质上,它完全相当于政府从想获得经营资格的个体司机那里征收"资格税"再转移补贴到了有经营资格的出租车公司那里(当然,之所以将这部分利益称为隐性的财政收支,就是因为这部分相当于个体司机交纳的"资格税"并未计入到政府的财政收入里,同时,出租车公司获得的这部分相当于政府转补而来的利益也没有计入到政府的财政支出里,然

---

① 有关管制的类型,由于反垄断本质上也属于对微观经济主体行为的干预,当前很多学者也将反垄断视为规制的一种,称为"反垄断规制",与"经济性规制"和"社会性规制"并列。然而反垄断与规制又有所不同,其中反垄断主要是运用法律手段间接干预微观主体行为,而规制则是运用行政手段直接对微观主体进行干预。如植草益(1992,第 24 页)就将反垄断法与其他的民法、商法等一起算在"间接规制"里,而将"经济性规制"和"社会性规制"算在"直接规制"里。而史普博(1999,第 801 页)更是直接指出管制与反垄断的汇合违背了传统的规则,其中管制是行政的干预,通常是限制竞争的效果,而反垄断是通过执行反垄断法旨在鼓励竞争。由此可见"反垄断规制"的概念是存在内部矛盾的。而这里主要是针对政府直接行政干预对微观经济主体的影响,故在此分类里未考虑反垄断。

② 这里对经济性管制与社会性管制的概念阐述,主要参照了植草益(1992,第 27 页,第 281 页)对经济性管制和社会性管制的理解。此外,植草益(1992,第 31 页)也补充道:"在有些时候不能对经济性规制和社会性规制进行明确的分类和严格分开"。如对产品质量的规制,目的一般是为了保障公众的消费安全健康,故属于社会性管制,然而,若其目的同样是为了预防垄断性供给下物品和服务的恶化,它便也可以算做经济性管制。也正因为有时经济性管制与社会性管制是混合一起的,所以本研究接下来的分析直接依据公共管制的几类理由——市场失灵的类型——对政府相应的行政干预手段进行分类分析。

③ 当然,公共管制本身的成本花费属于财政支出,如行政人员工资、办公用品等。且由于当前我国并非由独立的政府管制机构行使公共管制职能,很多公共管制行为与政府行政机构的行政管理活动往往是结合在一起的,因而公共管制支出也都被包含在行政支出里了。然而本文不考虑公共管制本身成本的财政支出,而是重点分析政府管制行为对微观经济主体造成的类似财政收支的影响。

而事实上这种收支却是存在的,因此只能算做政府的隐性收支①)。

既然存在收支行为,那么,公共管制就涉及社会不同群体之间的利益分配,进而,也就涉及针对公共管制背后的这种隐性财政收支是否公平的问题。也正因为如此,我们有必要就我国公共管制的公平性进行分析。其一,在现实层面,作为一个转型经济国家,政府对于经济的管制一直是相当广泛的,研究我国公共管制的公平性对于管制政策的调整和规范具有极其重要的价值和意义。其二,在理论层面,由于公共管制所对应的收支行为是隐性的,此方面的公平性往往被人们忽视了。对于公共管制的公平性,到目前为止,学术界的研究相当缺乏,因为已有的研究更多的是偏向公共管制的效率问题。②当然,值得说明的是,强调公共管制的公平性,不是说不需要考虑效率。强调公平性的逻辑在于,公平的管制是管制效率的前提。因为,市场失灵下的无效率往往是利益分配存在矛盾的衍生物,在逻辑上,如果政府的公共管制能使利益分配合理化,在市场机制下,个体对于自我利益的追求会自然地引致有效率的结果。

至于研究的思路,本研究的安排大致如下:其一,关于研究的框架。本研究以公共管制的理由——市场失灵——为基础,分别从自然垄断管制、信息不对

---

① 目前,出租车行业的经营模式主要有两种:一种是公司经营模式,也称承包挂靠制,即出租车经营权(即平时所说的牌照)归公司所有,由公司买车把经营权承包给个人,个人每月向公司上缴份子钱和管理费,或由个人出钱买车、一次性支付牌照费(经营权使用费)后挂靠到公司名下,每月只向公司上缴管理费;另一种是个体经营模式,即政府把出租车经营权直接授权给个人,个人经营的收入扣去油钱、修理费等,都归个人所有(肖莎,2012)。而北京普通司机要向公司上缴 1/3 收入,属于公司经营模式的实例。

② 在国外,有关公共管制的研究,涉及规范研究与实证研究两方面。其中,在规范研究方面,公共利益(public interest)理论强调政府管制的目的是纠正市场失灵下的资源配置低效,并促进社会公平正义和福利最大化(Posner,1974;Owen, Braentigam,1978)。而在实证研究方面,Stigler(1971)提出了他著名的管制俘虏理论(capture theory of regulation)。该理论认为,管制机构被企业俘虏,管制效率并不比市场效率高。但是,不管是实证研究还是规范研究,相关的研究往往涉及的是效率,而未能从社会公平正义的角度对这种规制下的相关利益分配关系进行深入的研究。在国内,应该说,从 20 世纪 90 年代起,学界也开始对公共管制这一领域进行研究。撇开大量的、有关国外规制理论的引进和国外规制改革经验的介绍之类的研究外,相关的研究往往是,在实证层面就中国公共管制的现状及其问题进行分析,然后,在规范层面提出相应的政策建议。比如,王俊豪(1998)在就中国政府管制体制所面临的现实问题进行研究的基础上,对中国电力产业、自来水产业、煤气产业和铁路运输产业提出了相应的改革建议。然而,在理论的研究过程中,相关的研究往往是基于经济效率的视角来展开的。纵观国内外公共管制的研究历史,这类研究之所以缺乏显然与单一的经济效率研究视角不无关系。特别地,就管制的效率分析而言,人们研究的重点往往是经济管制。在这一方面,李秀峰(2005)通过对 1997 年到 2003 年国内学者公开发表的 640 篇有关规制的论文进行统计就发现,"既有的文献只是停留在对经济性规制中的价格规制理论、准入规制理论的探讨,而对有关社会性规制的具体类型及其相应的规制手段却缺乏深入研究"。

称管制和外部性管制三方面来就管制的公平性进行分析。① 其二,关于公共管制的时间范围,由于公共管制总是相对于市场经济而言的,而我国在20世纪80年代经济体制改革之前是计划经济体制,这种计划体制可以说是一种百分之百的政府管制,在这样一种经济状态下,基本上是不存在研讨公共管制的必要性的(刘小兵,2004)。这里的研究只是分析1978年以后,即经济转轨时期我国公共管制的公平性问题。其三,关于公平的原则,与本报告其他章节所遵循的原则一样,本章针对公共管制公平性的度量尺度就是看管制的介入是否起到了合理调节原有市场失灵下市场主体间利益矛盾的作用。站在罗尔斯"无知的面纱"背后,如果原本市场本身所不能调节的利益矛盾因公共管制的介入而得到公正合理调节,也即最终的利益分配使得利益各方都能合意接受(在"无知的面纱"背后),那么,公共管制便是公平的;反之,如果公共管制的介入并不能对与原本市场失灵相关的利益矛盾的解决起作用,甚至因管制下的隐性收支而恶化各市场主体间的利益分配结构,这种公共管制便是不公平的。

20.2　改革开放以来我国公共管制的发展历程

本章研究的主要目的在于就我国公共管制的公平性做出分析。作为分析的前提,我们首先对转型时期我国公共管制的历史沿革进行回顾。整体上来说,改革开放至今,我国的公共管制一直处在经济转轨的制度背景下。特别地,依据管制内容及性质的变化,可大致将改革开放以来我国公共管制的历史分成三个阶段。

20.2.1　逐步引入市场竞争的公共管制阶段(1978—1992年)

为了克服传统计划经济的弊端,自改革开放以来,市场的作用日益加强。与经济体制转型的历程相一致,在经济性管制上,国家逐渐取消了对一些行业的准入管制,引入了市场竞争:从1978年工商行政管理机关恢复建制后,我们恢复了对工商企业的登记制度,允许个体工商户在国家政策法规所限定的范围

---

① 虽然偏好不合理也存在管制,但由于偏好合理与否本身就存在着不同的价值观判断,对其背后的利益分配公平性进行分析的意义不大。因此本研究只考虑自然垄断、信息不对称及外部性管制的公平性。其中自然垄断管制属于经济性管制范畴,外部性管制属于社会性管制范畴。而信息不对称管制虽有针对某些信息不完全行业的经济性管制,如对金融业的市场准入管制等,但主要是保障市场交易安全等的社会性管制。

内从事手工业、建筑业、交通运输业、饮食业、服务业与修理业等行业的经营,从而打破了计划经济体制下国家垄断经营的局面。有意思的是,在此阶段,西方正涌起放松自然垄断行业管制的浪潮,如1984年美国司法部依据《反托拉斯法》对美国电话电报公司(AT&T)进行了拆分,拆分出一个继承了母公司名称的新AT&T公司和七个本地电话公司,①使得美国电信业进入了竞争时代;而对于航空运输业,从1978年美国国会出台《航空公司放松管制法》开始,西方各国都纷纷开始放松对航空运输业的管制(黄为,1999),如美国于1985年直接撤销了航空业管制机构"航空运输委员会(CAB)"。但是,从比较的角度来看,尽管我国和西方市场经济国家都放松了管制,其中的差异还是很大的。因为,我国公共管制改革是解除计划经济体制下对一些行业的百分之百的干预,而西方则是在本来就比较完备的市场经济体制下纠正管制的越位和缺位。

20.2.2 市场竞争拓展与社会性管制提上日程阶段(1993—2002年)

经过十多年放松市场准入的改革历程,到1993年前后,我国市场的主体日益丰富,竞争性领域的竞争格局已经初步形成。在此阶段,市场经济体制进一步构建,对于竞争的深化提出了要求。与此历史发展进程相对应,并受国外放松管制思潮的影响,我国的公共管制政策也进行了相应的调整,其最大的特点就是:通过"横向"与"纵向"分拆,在自然垄断行业管制中引入竞争。自然垄断行业引入竞争的代表性事件就是1994年中国联通公司的成立,它打破了由原邮电部独家垄断国内电信市场的局面。当然,在刚开始的时候,尽管有中国联通公司加入竞争,但它1998年的营业额仅为中国电信的1/112,市场的竞争仍然是不够的。也正因为如此,1999年信息产业部又决定对中国电信进行分拆,剥离了中国电信的寻呼、卫星和移动业务,分拆成为中国电信、中国移动和中国卫星通信3家公司。到2002年,经过一系列渐进的分拆重组之后,我国在电信领域形成了基于中国电信、中国网通、中国联通、中国移动、中国铁通和中国卫通的"5+1"竞争格局。而在电力行业,与电信领域的管制改革具有某种相似性,1999年国家经贸委推行了"厂网分开、竞价上网"的改革,通过在发电领域实行竞价上网,改变了竞争性环节也被垄断的格局。纵观这一阶段对自然垄断管制的改革,通过"分拆重组"改革,市场竞争的力量无疑进一步得到了加强,在

---

① 参照百度百科"美国电话电报公司":http://baike.baidu.com/view/86360.htm。

某些领域,甚至还产生了恶性竞争。① 当然,与电信和电力行业的改革不同,铁路行业的改革相比就不那么成功。1993年广州铁路集团成立,2000年昆明铁路局等和广州铁路集团开始组建客运公司试点,然而,这种想通过内部分拆引入竞争的改革模式在铁路行业并不成功,毕竟,客运公司间的竞争并未充分展开(戚聿东,2004)。

一方面,是将竞争机制引入自然垄断行业,另一方面,随着市场经济体制的建设,市场领域的矛盾和问题日益凸显,例如,假冒伪劣商品的泛滥。基于此等背景,政府管制,尤其是政府的社会性管制日益得到了强化。这可以从相关法律政策的出台而得到最充分的反映。比如,在质量安全方面,1993年我国出台了《中华人民共和国产品质量法》与《中华人民共和国消费者权益保护法》;1994年出台了《中华人民共和国广告法》;1995年又出台了更明细的《部分商品修理更换退货责任规定》,并颁布了《中华人民共和国食品卫生法》;2001年《中华人民共和国药品管理法》也开始施行。另外,在环境保护方面,在已出台的《环境保护法》(1989)基础之上,1995年的《中华人民共和国固体废物污染环境防治法》公布,1996年《中华人民共和国环境噪声污染防治法》公布,2002年颁布了《中华人民共和国环境影响评价法》等等。

20.2.3 国企垄断加强与社会性管制强化阶段(2003年至今)

在改革开放20多年之后,与前面的放松管制不同,到了21世纪初,市场垄断有进一步加强的趋势。应该说,此阶段市场垄断的加强与20世纪90年代中后期开始的国企改革是分不开的。在此之前,改革的呼声是让国企退出竞争性行业,并且打破国企对非竞争性行业的垄断。然而,此等改革对于国有企业的运行造成了很大的冲击。1998年,《经济日报》曾报道,我国2/3以上的国有企业亏损,在国家统计局工业司统计的5.8万户国有企业中,国有及国有控股亏损企业亏损额为近千亿元。于是,救国企于濒死成了20世纪90年代后期最引人注意的话题(何忠洲,2009)。正是在这种背景之下,国资委于2003年成立,并提出了要把国企做大做强的口号,而做大做强的手段就是"兼并重组"与"整合"等,即改革手段以"兼并重组"取代了之前的"横纵分拆"(其中最明显的例子同样是在电信行业,原本"5+1"的竞争格局通过兼并重组,到2008年,只剩

---

① 李怀(2004)在说明恶性竞争的存在问题时,举过电信行业的例子:"近年来我国却有一些大学的学生宿舍同时安装了两条电话进户线路,它们分别来自两家不同的国有电信企业。"在他看来,恶性竞争之所以存在,其根源在于:自然垄断行业中国企竞争的风险都由国家来承担、经营者根本不考虑成本与收益。

下了中国移动、中国联通和中国电信三家公司）。显然，这些做法会导致行业垄断的加强。事实表明，在国资委成立以后，国企垄断的程度日益加强，如在2009年，全国发电量的55%、民航运输周转量的82%、水运货物周转量的89%、汽车运输周转量的48%、高附加值优质钢材的60%、水电设备的70%与火电设备的75%，全由国有企业提供（何忠洲，2009），即行业的经营权基本上被国企垄断。

自21世纪初以来，尽管国有企业的垄断有加强的趋势，但在社会性管制方面，由于市场经济发展中所面对的诸多问题，如食品药品危机、环境危机的接连爆发，此方面的管制基本上是对原有管制措施的加强。如针对瘦肉精、染色馒头、地沟油与近期药品行业被曝光的毒胶囊事件等，很多人都将矛头指向了厂商的利欲熏心和监管者的腐败，认为应该加强对厂商的监管以及对监管人的监管。事实上，也正是基于此等考虑，在"三聚氰胺"等一系列毒食品事件曝光后，国务院于2010年专门针对食品安全问题成立了高级别的食品安全委员会，①其主要职责中有一条就是要提出食品安全监管的重大政策措施。

20.3 自然垄断管制的公平性分析

自然垄断（natural monopoly）的概念最早由 Mill（1848）提出，它指的是因制度和自然要素的稀缺而造成的垄断。之后，Clarkson 与 Miller（1982）、Samuelson（1998）等从平均成本下降和规模报酬递增的角度就自然垄断做出了界定和表述。而目前，有关自然垄断更精准的定义，学术界普遍认同由 Baumol（1977）所提出的"成本次可加性（cost sub-additivity）"的观点，②认为只要单一企业比几个企业联合生产相同的产量的成本要低，那么该行业就具有自然垄断的性质。就这类行业来说，它们一般都会涉及网络系统及巨大的沉没成本，如电信、电力、铁路、自来水、地方性煤气等公用事业，多家企业的进入必然导致重复建设和过度竞争，从而造成社会资源的极大浪费，即对社会来说，由一家企业来垄断经营是最有利的。同时，对于这类行业，由于规模大的企业，其平均成本往往相对要低，此时，大的企业存在成本优势，进而最终会将小企业打垮而形成垄断，即在这些行业，垄断具有某种必然性。进而，对于这类行业，既然是垄断经营，那么，

---

① 从成员组成的情况来看，食品安全委员会的级别是相当高的。主任是国务院副总理李克强，副主任是国务院副总理回良玉与王岐山。而且委员成员都是从发改委、工信部、公安部、卫生部等15个部门抽调出来的。

② 可以证明，萨缪尔森等人所提出的平均成本递减情形其实是成本次可加性的特殊类型。

与人为垄断一样,处于自然垄断的企业会制定垄断价格,最终同样会引致"无谓损失"与公众福利受损。这也为政府对自然垄断行业实行管制提供了理由。以此等理论为依据,在我们国家,针对自然垄断行业,往往是由特定的主管部门来进行管制的。表 20.1 对一些典型自然垄断行业的管制现状进行了归纳。从该表可以发现,当前我国自然垄断行业管制是相当严格的,尤其是准入管制,此措施往往将市场准入的主体限定为国有企业,这使得行业经营权基本上被国企垄断。[①]

在规范层面,自然垄断所存在的问题确实为政府的管制提供了理由。或者,用 Owen 和 Braentigam(1978)的话说,管制是服从公共需要而提供的一种减弱市场运作风险的方式(于立、肖兴志,2001)。然而,在有的时候,以自然垄断来支持政府管制的观点也具有一定的局限性。因为,其一,在有些情况下,对自然垄断进行管制所耗费的成本很可能会大于管制所带来的收益;其二,有些自然垄断只是暂时性的,而相应的管制却会一直存在着,政府的管制在"长期"内可能是不必要的;其三,从实证的角度来说,针对企业利润水平的管制政策并不一定能提高企业生产效率,甚至与经济效率没有任何关系(曾军平、杨君昌,2009,第 43 页),在某些情况下,管制的结果可能和我们所需要追求的目标恰好相反。在这一方面,哈耶克(1997,第 19 页)曾经指出:"恰是对我们所珍爱的某些理想的追求,明显地产生了与我们的预期大相径庭的后果"。比如,Stigler(1971)等人通过对电力部门、证券市场等行业的管制进行的实证研究发现,受管制产业并不比无管制产业具有更高的效率和较低的价格(王俊豪、鲁桐、王永利,1998)。对此,Stigler 所给出的解释是政府管制者通常是被受管制的企业给"俘虏"了,并以此而提出了著名的"管制俘获理论"(capture theory of regulation)。后来的学者,比较有代表性的如 Peltzman(1976),又对"俘获"的手段进行了补充——就是被管制者与政府管制者共同分享垄断利润。在他看来,只要政府管制者所分享的利益不超过垄断利润,企业就会有"管制寻租"的冲动,以获得政府所给予的垄断特权。既然如此,那么我国针对自然垄断管制的情况呢?政府的管制促进了社会利益的公正分配吗?有迹象表明,针对自然垄断的准入管制,在很大程度上强化了国企的垄断地位,它形成了对消费者与民营企业的利益剥夺,而将相关的利益转化为垄断国企的利润和行业内部员工的福利,这存在一定的不公平。

---

① 这里的垄断国企包括国家控股和国有独资公司两类,是否对其加以区分不影响这里的分析,故本研究没有对此进行细分。

表 20.1 典型自然垄断行业的管制现状

行业	经营主体	主体性质	管制机构
电信行业	中国移动、中国联通、中国电信	国企	工业和信息化部、国资委、省(区、市)通信管理局
电力行业	2家电网公司、9家发电单位与2个辅业集团	国企	电力监管委员会
自来水、管道燃气	地方政府垄断经营	国企	自主管理
铁路运输行业	铁路局	国企	铁道部
民航	中航集团、南航集团、东航集团、海航集团	国企	交通运输部

注:对于电力行业,其中2家电网公司分别为国家电网公司与南方电网公司;9家发电单位分别为:华能、大唐、华电、国电、中电投、华润电国、国华电力、国投电力与中广核;而2家辅业集团则为中国电力建设集团与中国能源建设集团。

20.3.1 准入管制下国企对消费者福利的剥夺

关于政府管制下国企对于消费者福利的盘剥,主要表现在以下三个方面。

首先,是通过滥用定价机制盘剥消费者的福利。尽管自然垄断行业存在价格管制,但在国企垄断经营下,由于使社会福利最大化的边际成本定价并不能使在位国企利润最大化,[①]垄断国企往往会通过各种提价策略来"俘虏"相应的管制机构,并最终使得价格抬升。以当前热门的"油价上涨"问题为例,在石油行业,近3年多时间内油价频繁变动了17次,其中12次调升。每次油价上涨都会以炼油环节的亏损或是要与国际油价接轨为由。[②]受油价上涨因素的影响,一些与物流相关的行业,如近期天津和上海菜市的价格都出现大幅上涨。同时,针对"油价破八"的问题,很多网民表示,这使得他们近期的月开支成本增加。在网易上参与讨论的2 933位网民中,有51.3%都表示月开支增加了200

---

① 从规范的角度来说,自然垄断行业的管制是为了保护公众利益,使社会福利最大化,例如,采用边际成本定价方式。但是,在这种定价方式下,消费者对最后一单位产品的支付意愿与该单位的生产成本正好相等,而厂商从这一单位产品中的收益却是低于该单位的生产成本的。因此这种定价并没有使在位国企利润最大化,在位国企必然会有提升价格的激励。

② 《中石油中石化没理由一亏损就涨价》,《扬子晚报》,2012年4月3日。报道中针对中石油提价的理由,陈述了这样一个事实:"民营炼油企业基本保持盈利,多数并不亏损,而且国际上的油价有涨有跌,我国油价涨多跌少。"由此可见所谓的"炼油环节亏损"、"接轨国际油价"等都只不过是中石油的提价策略,并且这些提价策略也很好地"俘虏"了相应的管制机构,才会最终形成了3年内油价12次调升的局面。

元以上(参见表20.2),很多城市的居民抱怨有车开不起。① 通过这种对一般民众在网络上利益诉求的关注,对消费者福利的侵害可见一斑。

表 20.2 典型事件的效应及网民的态度和反应

典型事件	网络	起止时间	网民参与人数	经济效应与网民反应
油价破八	网易[a]	2012-03-14 至 2012-03-20	2 933 人	51.3%反映月开支增加200元以上,18.5%反映月开支增加150—200元
中国电信"垃圾短信"	凤凰网[b]	2012-03-15 至 2012-03-17	484 人	24.6%要求严惩运营商,约23.1%批评中国电信,21.3%指责垄断制度,10%对中国电信抱怨
奢侈动车	腾讯新闻[c]	2012-02-20 至 2012-05-03	33 053 人	93.8%的人表示愤怒,2.3%感觉搞笑,还有1%觉得难过
金龙鱼转基因油	新浪论坛[d]	2011-12-20 至 2011-12-28	共3 875条帖子,其中最热的20个帖子有664人参与	热帖中42%的人持指责态度,35%持抵制态度
中海油渤海漏油事故	腾讯论坛[e]	2011-07-06 至 2012-04-28	共16 728个帖子,其中最热的10个帖子有1 415人参与	热帖中52%的人表示指责,44.8%表示无奈疑惑

参考网址:a: http://vote.auto.163.com/vote2/showVote.do? voteId=13974#result; b: http://tech.ifeng.com/telecom/detail_2012_03/15/13223815_0.shtml; c: http://news.qq.com/a/20120220/000297.htm; d: http://comment5.news.sina.com.cn/comment/skin/default.html? channel=cj&newsid=31-1-11024452&style=0#page=1; e: http://comment5.news.qq.com/comment_group.htm? site=news&id=29090267。

除了直接的抬价策略,制定不合理的收费标准也是在位国企惯用的滥用定价机制的手段。这一点在电信行业表现最为明显:尽管其资费计费标准单位由之前的3分钟变成了现在的1分钟,已有很大的改进。但是,它仍旧以不足1分钟算做1分钟来计费,此时,只要有1分零1秒钟的通话也会算做2分钟,这在很大程度上形成对于消费者利益的盘剥。据相关的调研,在移动、电信、联通三大运营商2010年的营业收入中(合计8 763.64亿元),约有1 132.8亿元是因多

---

① 《油价7年涨近3倍,"三桶油"年赚3 327亿日进9亿》,CCTV经济信息联播,2012年3月27日。

计费而相应增加的收入,分摊到当年 8.63 亿手机用户身上,每个用户每年被不合理计费模式多计收的费用达到 131.26 元。① 显然,这违背了我国《消费者权益保护法》有关公平交易条件的规定(《消费者权益保护法》第十条规定:消费者享有公平交易的权利,其中包括消费者有权获得计量正确的公平交易条件),对消费者存在一定的不公平。

其次,是通过强制性消费盘剥消费者的福利。经营者与消费者的公平交易应当建立在自愿的基础上。然而,在自然垄断行业中,强制消费的行为却时时会发生。如 2012 年"3·15 晚会"上曝光的"中国电信为垃圾短信提供渠道"事件。这些垃圾短信多为商业类、广告类信息,却通过电信渠道的随意发送来强制电信用户关注。有些短信群发公司甚至声称"现在发广告一般都用电信通道"。其中,能使用的电信通道,包括中国电信广州分公司、湖北荆州分公司、湖北随州分公司等多达 20 多家。通过此种途径,电信公司获得了巨额的利益。据报道,单独上海创明信息技术有限公司的通道费用,一个月就能够获得好几百万。② 这样一来,最终的结果是短信群发公司从中达到了商业广告宣传的目的,相关电信部门则从闲置网络的利用中获得暴利,而消费者的利益却被强制性侵害了。对此,社会公众纷纷予以指责。在表 20.2 中,参与评价的网友中约 24.6% 要求严惩运营商,约 23.1% 痛骂中国电信,还有 21.3% 指责垄断制度。由此可见,社会上很多人都对运营商、中国电信及消费者之间的"利益分配"感到不公平。

与电信行业强制性要求消费者接收信息不同,在铁路部门,它们则强制要求消费者消费他们并不是很想消费的产品和服务,如铁路运输部门强制高铁消费的行为。为了保证高铁的上座率,铁路部门选择停运普通列车,或限制普通列车车票的出售。如武广高铁开通后,从长沙、武汉始发终到广州的普通列车基本上停运。③ 对此,郎咸平(2011)做过这样的计算比较:武广高铁的一等票 700 多元,二等票比较便宜,也要 490 元。而 K 或者 T 字头的列车,硬座的价格是 100 元,硬卧的话,也才 300 元,但两者时间相差也就 6.5 个小时而已。也就是说,乘坐高铁可以节省 6.5 个小时。那等于说 490 元减掉 100 元,相差 390 元,大概每节省一个小时的成本是 60 元。因此,从有效决策的角度来说,只有

---

① 施建,《手机资费分秒计费之争:电信业多收了 1000 亿》,《21 世纪经济报道》,2012 年 3 月 6 日。
② 2012 年 3·15 晚会,《中国电信:为垃圾短信大开方便之门,CCTV3·15 晚会》,2012 年 3 月 15 日。
③ 《长沙武汉至广州始发普通列车 26 日起停运》,http://www.0745news.cn/2009/1222/65456.html,2009 年 12 月 22 日。

一个月赚到 9 600 元,选择乘坐高铁才是划算的,因为只有每月赚 9 600 元的人才有必要用 60 元钱的成本去节省 1 小时的时间。进而,这也就意味着,对于绝大多数普通消费者来说,诸如这种"高铁"强制消费的行为其实蕴含着极大的针对他们的福利盘剥。

最后,是基于强行搭售而盘剥消费者的福利。由于自然垄断行业所提供的产品往往是人们生活中必不可少的,如电力、煤气、自来水等部门的产品,一些地方垄断国企往往会滥用这种强势地位,在提供产品或服务时搭售甚至绑定其他的产品服务。如一些地方的居民在更换电表、煤气表时,只能从指定的电力公司或煤气公司那里购买才会给予安装,并且有意高收费。再如,当前很多地区在开通电信宽带时,往往要与天翼手机绑定在一起,却根本不顾及消费者安装宽带是否需要手机消费与是否偏好天翼牌的手机等方面的利益诉求。

应该说,类似强行搭售行为的发生,与当前我国相关立法规定的不明确且效力不高是有一定关系的。在与强行搭售相关的《反垄断法》中,第十七条提到禁止具有市场支配地位的经营者没有正当理由搭售商品,但并没有明晰如何鉴别正当理由与不正当理由。因此在实践中可操作性不强,最终往往是处于强势的经营者以各种看似有理的理由进行辩护。而在国家工商行政管理总局于 1993 年颁行的《关于禁止公用企业限制竞争行为的若干规定》中,虽然有明确禁止公用企业限定用户、消费者只能购买和使用其附带提供的相关商品,而不得购买和使用其他经营者提供的符合技术标准要求的同类商品的行为,和强制用户、消费者购买其提供的不必要的商品及配件的行为,但由于规定本身的法律效力和执行力不高,并没有对自然垄断行业的上述行为产生制约。

依据上述 3 种消费者福利遭盘剥的主要类型,表 20.3 对当前自然垄断行业中消费者福利受不公平对待的典型行为进行了归纳汇总:

表 20.3　当前自然垄断行业中消费者福利受不公平对待的典型行为汇总

垄断行业	中国移动	中国电信	交通运输部门	电力、煤气、自来水部门	中国石油
滥用价格机制	高长途、漫游费	按分计费	春运提价		成品油价频繁上涨
强制消费	充值卡及套餐中短信、流量超期作废	高流量套餐替代低流量套餐、发送垃圾短信	停运普通列车、强制高铁消费		

（续表）

垄断行业	中国移动	中国电信	交通运输部门	电力、煤气、自来水部门	中国石油
强行搭售	套餐中搭售冷业务	电信宽带绑定天翼手机		搭售电表、煤气表、水表、水管等	

资料来源：①《专家称移动本地通话费不高,长途和漫游费需降低》,《经济观察网》,2010 年 08 月 16 日。②《"春运"提价几时停?》,http://www.southcn.com/opinion/bbs/200501010184.htm。③《装电信宽带必须绑定手机？是否涉嫌垄断？》,http://baoliao.oeeee.com/79487.html。④《电信宽带新套餐更贵了》,http://www.xiangan.cc/forum.php?mod = viewthread&tid = 16475&highlight = 。⑤《专家谈公用事业之五：更换电表水表有搭售现象》,http://www.cca.org.cn/web/ hdzq/newsShow.jsp? id = 38251&cid = 1389。

20.3.2 准入管制下国企对民企利益的剥夺

利益分配上的不公,一方面是企业和消费者之间的、企业对消费者福利的剥夺；另一方面则是企业和企业之间的、行业准入管制所形成的对民营企业的利益剥夺。这主要体现在对产业下游民企利益和被排斥在行业外的民企利益的剥夺这两个方面。

首先,是准入管制下国企对产业下游民企利益的剥夺。诸如供电、供水、石油石化等自然垄断行业都处于产业布局的上游,而民营企业则处于产业下游,如制造业等。由于下游企业的生产依赖于上游企业,因此,上游行业中垄断国企的高额利润往往是下游民营企业的高额成本。特别地,由于下游企业多为竞争性的,垄断企业往往利用垄断优势来提升下游企业所需要的原料和能源方面的价格,这会导致下游民企自身利润的减少或亏损。国家统计局曾对 2006 年上半年全国企业利润进行过统计,发现尽管全国所有企业总体利润增幅达 25.5%,但其中 80% 以上的新增利润集中在石油、电力、煤等垄断性质的自然垄断性行业,而其他 30 多个行业只分享了不到 20% 的利润。① 这种上下游企业间的利益分配关系显然是有问题的,毕竟,这种侵蚀与上游自然垄断行业在准入管制下经营权被国企垄断是有密切关系的。

其次,是准入管制对被排斥在行业外的民企利益的剥夺。正如表 20.4 所表明的,理论上来说,并非所有的自然垄断行业都需要准入管制,对于自然垄断

---

① 定军,《五大垄断行业掌握八成新增利润,侵蚀其他行业》,《21 世纪经济报道》,2006 年 7 月 6 日。

的管制措施设计,依赖于一个产业自然垄断的强度①、进入市场壁垒②和可维持性③(于良春,2004)。同时,自然垄断的强度、进入市场壁垒等也会随着技术水平变化、需求扩大以及市场扩张而发生改变,此时,原有的"必要"的管制也可能会随之过时。如美国的民用航空局(CAB)在1938年到1977年间,就不允许新的公司进入民用航空市场。但是,后来,飞机技术导致飞行的实际成本和价格出现长期下降,这使得多家企业进入航空市场也不一定出现所谓的破坏性竞争情况;而来自其他替代性运输方式的竞争,如高速公路和铁路等产业的技术进步也对传统航空产业的垄断性质提出了现实质疑(王廷惠,2002),此时,原有垄断的自然特征不再具备,以自然垄断来支持的准入管制的基础逐渐消失。然而在表20.1中,当前自然垄断行业的经营主体基本为国有企业,而没有民营企业的身影,显然不是民企经营能力与创造力都不及国企的缘故,而是政府过多管制的缘故。如电力生产属于非自然垄断环节,应该完全可以允许民企自由进入,但却同样被华能、大唐、华电等9家国企发电厂垄断。对于这些不需要准入管制的自然垄断行业及非自然垄断业务,政府应该取消准入管制,允许民营企业参与竞争,这样才能促进管制公平,同时带来更高的社会福利水平。

表 20.4 自然垄断行业类型及相应管制措施

垄断类型与强度	进入有市场壁垒	进入无市场壁垒	
		不可维持	不可维持
强自然垄断	价格管制、无须准入管制	价格管制、无须准入管制	无须管制
弱自然垄断	价格管制、无须准入管制	价格管制、准入管制	无须管制

资料来源:于良春,2004:论自然垄断与自然垄断产业的政府规制,《中国工业经济》第2期。

需要强调的是,在强自然垄断下,无进入壁垒且不可维持时需要进入管制。然而,在强自然垄断下,只要价格管制使得自然垄断企业不至于亏损同时也没有正利润,是没有必要实施准入管制的。此外,即便行业需要进行准入管制,也不意味着所有的行业业务都需要管制。完全可以再从中分离出不需要管制的

---

① 自然垄断的强度可分为强自然垄断和弱自然垄断,前者指市场需求低于边际成本与平均成本交点的自然垄断,后者指市场需求大于或等于边际成本与平均成本交点的自然垄断。
② 指市场本身存在的进入壁垒,如规模效应、技术水平、地区限制等市场因素造成的壁垒,而不是政府政策所造成。
③ 可维持性是指新进入者无法获得利润从而没有激励进入。相对而言,不可维持性是指在厂商获得利润情况下,新进入者只要把价格定在平均最低成本和边际成本之间,就能取得利润,从而占有一部分市场,造成过度进入。

业务领域。正如表20.5所表明的,在诸多的自然垄断行业中都存在或多或少的非自然垄断业务。在这一方面,铁路客运同业竞争便是一个典型的实例,铁路客运同业竞争是通过"网运分离"来实现的,网运分离是指将具有自然垄断的国家铁路网基础设施(线路、桥梁、车站、通信信号系统和调度指挥系统)与具有市场竞争性的铁路客货经营实行分开管理、独立核算的经济管理模式(曾军平、杨君昌,2009)。

表20.5　典型自然垄断行业中非自然垄断业务界定

典型自然垄断行业	非自然垄断业务	自然垄断性业务
电力	发电、供电	电网、配电系统
电信	长途电话、移动电话、增值服务等	本地市话网、光缆网
铁路运输	列车运行、设备维修等	铁轨网络、信号设施
自来水、管道燃气	生产、储存、销售业务等	管道网络

资料参考:① 王俊豪,2004:自然垄断产业市场结构重组的目标、模式与政策实践,《中国工业经济》第1期。② 周小梅,2004:论基础设施领域民营化改革途径的战略选择,《价格月刊》第7期。

20.3.3　管制利益流向的不公平

准入管制的不公,一方面体现在收入方面,是国企对消费者和民企的利益盘剥,另一方面则体现在管制利益的流向上,相关的利益以诸多不合理的方式流向了利益相关者。

首先,关于国企高额利润的形成。当前,诸如电网、电信、石油等自然垄断性质行业的经营权基本控制在央企手里,而地方区域性的自来水、煤气供应等自然垄断性质行业则由地方国企经营。尽管国资委将这类国企称为"公益型国企",①但除了能使自然垄断行业中国企的垄断获得"法定"地位外,并未能防止公共利益被损害,更不能掩盖国企利用垄断地位攫取的高额利润暴利的事实。2011年全国规模以上工业企业主营业务收入利润率为6.04%,而国有及国有控股企业以6.56%位列所有企业形态之首,远高于排在末尾的只有5.69%的私营企业(吴学安,2012)。如果是只算诸如电信、电网、自来水、石油、煤气供应

---

① 国资委副主任邵宁在"2011中国企业领袖(第十届)年会"上指出,国企向两个方向集中,这两个方向分别为公益性质的国有企业和竞争领域的国有大企业。其中,公益型国企"在中央层面包括如石油石化、电网、通信服务等领域的企业,而在地方则包括供水、供气、公共交通等方面的企业"。可见,垄断行业中国企的垄断地位基本上不会被动摇,而且很可能随着国企向"公益型国企"的集中,使得国企的垄断被加强。此外,"公益型国企"的提法从某种层面上来说,使得国企对这类行业的垄断具有了"法定"认可的地位。

等自然垄断行业中国企的利润率,其结果必然会远高于6.56%。如中国移动在2011年全年的利润就高达1258.7亿元,客户总数已达到6.5亿户,净利润率为23.8%。① 而其仅上半年营业收入就高达400亿美元,超过了沃达丰(Vodafone)②在2010年全年188.2亿美元的营业收入。③ 然而这种高额利润与其垄断地位下对消费者利益的侵吞是不无关系的。尽管我们单从中国移动公司公布的23.8%的净利润率看不出暴利背后对消费者的盘剥,然而,从成本的微观构造及其收益的角度来看便会一目了然:移动通信的GSM基站每台的造价约为人民币20万元,但它却可以负担最多15万门的信号流量,以每人40元月租算,就算这15万人不打电话,一个月的月租就能买30个基站。④ 虽然基站的成本投入很易收回,可月租却每个月都存在着,其对消费者利益的侵吞可见一斑。

其次,国企高额的成本支出。由于可通过垄断盘剥获得暴利,垄断经营的国企根本没有动力像竞争性市场上的民企那样节约成本花费。然而,高额的成本花费必然使得垄断国企有激励再利用垄断优势将成本转嫁给消费者和下游企业。以中石化为例,2009年中石化在一个月内两次上调油价后被曝光大楼一盏吊灯价格高达1200万元,另外,其位于亚运村小营的办公区装修造价达2.4亿元。⑤ 而它却在2008年以炼油板块承受亏损的名义获得了503亿元的财政补贴。⑥ 一边以亏损的理由索要巨额的财政补贴,并提价盘剥消费者,一边却奢侈地进行着高额开支,此等扭曲的利益分配格局强烈地刺激着社会公众的神经。有意思的是,尽管因为社会影响确实太大,中石化对"天价吊灯"的价格进行了澄清,⑦然而,奢侈的成本花费丑闻却接二连三地被揭发,2011年中石化的"百万酒单"被曝光,被公布的多张发票复印件显示,所进酒水多为"拉菲"等名贵洋酒及高价茅台酒。中石化广东分公司一次性就购买了近82万元的茅台

---

① 参考中国移动有限公司《2011年度业绩报告》,2012年3月15日。
② 沃达丰是全球最大的移动通信运营商之一,其网络直接覆盖26个国家,并在另外31个国家与其合作伙伴一起提供网络服务。截至2009年12月31日,沃达丰在全球拥有大约3.33亿用户,并分别于伦敦证券交易所(代号VOD.L)及纽约证券交易所(代号VOD)上市(参考百度百科)。
③ 《中国移动利润和用户数均高居全球电信运营商之首》,中国经济网,2011年8月26日。
④ 《揭中国10大暴利行业:火眼金睛挑选最赚钱公司》,中国证券网,2012年2月15日。当然,其中移动通信行业除了GSM基站的成本外,还有其他设备及科技成本等投入没有被细算,这里只是粗略的估计。
⑤ 程赤兵:《油价没到位吊灯先到位了》,新民网,2009年07月16日。
⑥ 《中国石化净利润大降47%,获得503亿财政补贴》,网易财经,2009年3月29日。
⑦ 中石化后来澄清大楼中厅的吊灯从设计、制作到运输、安装,全部造价156.16万元。

酒,而且都是一周内所购买的,实际购酒达到了 300 多万元;① 之后又被曝光 13 万元印 260 元一盒的天价名片;② 以及 8 亿元建神秘的天价别墅等等。③ 此外,高额的成本花费还体现在大量豢养冗员上。国际石油公司一般员工总数都在 10 万左右,而中石化却有 200—300 万人。正如吴知逢(2011)在其博客中所说,石化等央企通过垄断攫取不合理的高利润,之后透过内部机制分配给大量冗员,最后等于全社会承受了这部分负担。④

再次,是对利益相关者的隐性支出。负面的社会影响和舆论抵触并未能阻挡垄断国企耗费高额成本的脚步,甚至在高额成本的背后还有着公共权力的腐败,从而使得准入管制下的一部分隐性收入转化成了对少部分特殊利益群体私利的隐性支出。2012 年初,高铁列车的高成本问题被曝光(见表 20.6)。高铁一个卫生间的成本高达 30 万元以上,其中一个卫生间纸巾盒的采购成本为 1 125 元,而市面上同类产品的价格不过几十元。在表 20.2 中,有 93.8% 的网民都对"奢侈动车"表示了心中的不满。另外调查还发现,高铁供应商除了技术垄断型之外,要么是亲属"近水楼台"垄断型,要么就是与政府部门搭上关系形成垄断。⑤ 可见高额成本花费背后的问题,本质上还是因为行业准入管制下的经营权垄断,并由此引发的一系列垄断寻租所导致,而最终的寻租成本都在垄断下转嫁给了消费者和民企。

表 20.6　CRH2 型动车组 3 号车厢各部位零件成本价格一览表　（单位:元）

车厢部位零件			成本价格	市场价格
坐席	二等车	双人座椅	10 473	打折至 30%
		三人座椅	15 449	
	一等车	单人座椅	22 013.99	
		双人座椅	31 014	
		杂志袋	148	
	二人餐椅		14 042	9 000 左右
盥洗室	纸巾盒		1 125	品牌:500 以下
	洗手器干手器		6 845	TOTO:1 341
	台面按压式皂液器		4 259	TOTO:619

---

①《网友曝光中石化百万酒单,指其将高消费转嫁油价》,新华网,2011 年 4 月 13 日。
②《天价名片》,《中国青年报》,2011 年 10 月 24 日。
③《中石化 8 亿元建豪华酒店,成交楼面地价每平方米仅 1 050 元》,中国广播网,2011 年 4 月 17 日。
④ http://8521wu.blog.sohu.com/199817734.html。
⑤《一个纸巾盒 1 125 元,高铁列车"天价"采购》,《羊城晚报》,2012 年 2 月 21 日。

(续表)

车厢部位零件		成本价格	市场价格
坐便式厕所	坐便器组成	95 047	TOTO:最贵 3 万多元
	加温便器盖	8 350	科勒:2 300 至 3 200
	便纸架	146	几十元
照明	LED 平面光源顶灯	6 669.99	4 200
	20W 单管顶灯	2 039.01	1 400
	12W 阅读灯	1 416	最高端:500 至 600
15 寸液晶电视		13 472.99	最贵:7 000
空调机组		50 万	地铁一节车厢的两台空调不到 30 万
玻璃门冷冻冷藏展示柜组成		68 243	1 000 升规格:7 000

资料来源:财新,《新世纪》,2012 年第 7 期,http://topics.caixin.com/bullet_train/。

最后,是企业员工的高福利。事实上,准入管制下国企盘剥的消费者和民企福利,除了转化为了国企暴利、国企高额支出以及寻租下利益相关者的特殊利益外,还有相当一部分转化为了行业内部员工的福利。尽管当前垄断行业真实的收入水平没有精确的官方统计,但垄断行业员工日常享有的福利待遇的"优越"在社会上却有口皆碑。这也使得现实中很多人对垄断行业和竞争性行业之间的看法失去了平衡,如近期网上的一起"母亲逼儿子进国企"的新闻引起很多网民热议,①一些人直指事件背后暗含着垄断行业收入不公的社会问题。

一方面,是垄断企业员工福利的绝对水平,另一方面,则是员工工资福利水平的相对情况。表 20.7 就 2003 年国资委成立前后(各 5 年)垄断行业的收入进行了统计。当然,由于官方统计的行业分类口径中,电力、燃气及水的生产和供应业与交通运输、仓储和邮政业两个行业大项基本上囊括了诸如电力、煤气、铁路、邮政等典型的垄断行业,本文选取这两个行业大项所统计的行业收入水平来反映我国垄断行业的收入水平。特别地,为了比较,我们选取制造业及其收入来代表我国竞争性行业及其收入水平。从表 20.7 所给出的数据资料来看,即使垄断行业的员工的收入很大一部分会以隐性的奖金、津贴与实物补贴等方式获得,而不体现为现金工资,相关的数据也依然显示我国垄断行业员工的收入相比平均行业收入及竞争性行业收入要高出很多。根据表 20.7 的数据,可以计算绘出图 20.1,该图中的曲线"A—C"、"B—C"、"A/C"和"B/C"表明,无论是差异的绝对规模,还是相对水平,电力、燃气、交通运输等垄断行业的

---

① 引自《重庆晨报》上一则报道:57 岁的母亲,3 年 10 次来重庆,她的目的只有一个——劝儿子回河北老家,到国企端个"铁饭碗"。

收入明显比制造行业的收入高出许多。而在时间趋势上,随着时间的推移,差距有扩大的趋势。在 1998 年,垄断行业(A)与制造业的收入差距为 3 414 元,而到了 2008 年,其差距扩大为 15 012 元;而在相对比例上,垄断行业(A)的收入水平与制造业收入水平之比从 1998 年的 1.48 倍扩大至 2008 年的 1.62 倍。

表 20.7　1998—2008 年垄断行业与竞争性制造业的收入水平　　（单位:元）

年份	平均[a]	电力、燃气及水的生产和供应业 A	交通运输、仓储和邮政业 B	制造业 C
1998	7 479	10 478	9 808	7 064
1999	8 346	11 513	10 991	7 794
2000	9 371	12 830	12 319	8 750
2001	10 870	14 590	14 167	9 774
2002	12 422	16 440	16 044	11 001
2003	14 040	18 752	15 973	12 496
2004	16 024	21 805	18 381	14 033
2005	18 364	25 073	21 352	15 757
2006	21 001	28 765	24 623	17 966
2007	24 932	33 809	28 434	20 844
2008	29 229	39 204	32 796	24 192

注:a 指官方统计口径下所有行业职工平均工资。
资料来源:《中国劳动和社会保障年鉴 2009》。

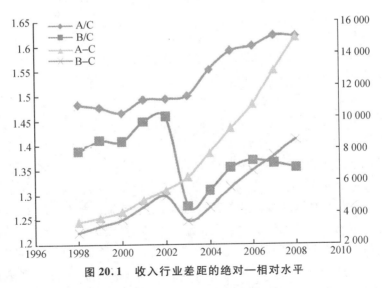

图 20.1　收入行业差距的绝对—相对水平

当然,就上述差异及其变化而言,行业间往往会因知识密度、资本密度或市场需求等"自然"因素的不同而存在收入差距,此等差距无可厚非,在很大程度上甚至是合理的。但是,如果差异与政府管制所形成的垄断有关,那么其公平性就难以保证了。就我国的情况来说,尽管这两类因素往往混合在一起,很难区分开来,但有种种迹象表明,政府管制影响是存在的,并且影响的程度还很大。其一,是收入差距的长期性问题。从理论上来说,行业的收入差距可以随着市场上人力资本要素不断向过高收入行业流动,并不断地从过低收入行业中挣脱,即行业的收入差距会缩小,而不是扩大。然而,从图 20.1 中可以明显看到,垄断行业和竞争性制造业的差距是逐渐扩大的。其二,政府微观干预所引起的收入差距的扩大。2003 年国资委成立以后,国企兼并重组强化了国企的垄断地位。在此之前,从 1988 年到 2002 年,国有企业曾有过长达 14 年的持续亏损,这不仅使近 80 万家国有企业陷入停工、停产及破产倒闭状态,而且导致国有企业实现利润跌入谷底,到 2002 年,全国国有企业的利润总额不足 1 200 亿。但是,2003 年及以后,国有企业实现利润出现了持续多年的高增长,利润额突破了 4 000 亿、5 000 亿、7 000 亿、8 000 亿、9 000 亿、1 万亿、1.1 万亿、1.3 万亿。[①]上述两方面的因素意味着:我国收入行业差距及其扩大在一定程度上与因政府管制所引致的不合理因素有关。

20.4　信息不对称管制的公平性分析

只要有交易行为,交易双方之间就会存在信息不对称(information asymmetry),而这种不对称主要体现在交易双方对其交易对象拥有的信息量上。由于交易的目的就是为了在交易中增进各自利益,处于信息优势的一方必然会有动机利用对方的"无知"来侵占对方利益(Akerlof,1970;Spence,1972;Stiglitz,1981)。在严重的情况下,如表 20.8 所给出的我国 2011 年典型的食品安全案例所表明的,信息上处于优势地位的个体甚至会将假冒伪劣商品,甚至有毒有害产品出售给消费者。就信息不对称下的交易问题而言,它不仅会存在资源配置意义上的低效问题,同时,它们也往往对应着利益分配上的不公平问题。然而,由于各方面的原因,这种低效与不合理又无法依赖市场机制去完全消除掉,现实中商品市场上产品的假冒伪劣及金融市场上存贷的欺诈等现象便是实证。相关的案例也使得公共管制有了正当理由涉足其中(陈富良,2000;陈仕江、蔡碧蓉,2005)。现实中信息不对称管制几乎涉及每一个行业,其中有代表的行业便是与人们日常吃、穿、用直接相关的制造业,以及与人们平时理财、保险紧密

---

① 文宗瑜,2012:《国企高利润的另一利器》,http://roll.sohu.com/20120319/n338114543.shtml。

相关的金融、保险业。但是，存在信息不对称管制的理由，并不能保证管制就能实现社会利益的公平分配，当然，也不能保证政府的管制就是公平的，通过对典型事例的归纳比较，我们会发现绝大部分事件在被媒体揭发之前，政府的监管都是失效的，甚至有些事故属于历史的重演。① 也正因为如此，我们接下来就信息不对称管制的公平性做出分析，下面的分析依次包括资格管制、质量标准管制、信息披露管制及事后打击管制四个方面。

表 20.8 2011 年度食品安全的典型事例

曝光时间	事件	问题类型	政府监管失灵与否	揭露者
3 月 15 日	双汇"瘦肉精"事件	使用有害原料	是	媒体报道a1
4 月 11 日	上海染色馒头事件	过期再售	是	媒体报道a2
4 月 9 日	雀巢:砷含量被质疑过高	化学成分超标	是	媒体报道a3
6 月 29 日	地沟油事件	使用有毒原料	是	媒体报道a4
10 月 19 日	思念水饺:被检出含有可致病的金黄色葡萄球菌	生物成分有害	否	管制机构b1
12 月 20 日	金龙鱼食用油:所使用的转基因大豆安全性遭质疑	使用潜在危害原料	是	媒体报道a5
12 月 24 日	蒙牛:被检出含有的强致癌物黄曲霉素素 M1 超标 140%	生物成分有害	否	管制机构b2

注:a1:央视"3·15"特别行动节目"健美猪"真相。a2:央视消费主张报道。a3:英国每日电讯报道。a4:"新华视点"《暗访"地沟油"》报道。a5:《南方日报》刊出的《金龙鱼非法使用转基因大豆?》一文揭露。b1:北京食品安全办公室发布。b2:国家质检部门公布。资料参考:2011 年健康事件大盘点,《健康博览》,2012 年第 1 期;2011 食品安全告"原罪"者说——我是"小概率",《南方周末》,2011 年 12 月 29 日。

20.4.1 资格管制的公平性分析

为了保障信息不对称下市场交易的安全,政府往往会对厂商的市场准入实

---

① 表 20.8 中发生在双汇身上的"瘦肉精"事件,早在 1997 年就与生猪肉制品如影随形。2009 年 2 月,广东发生"瘦肉精中毒"事件,七十余人中毒。当年,"瘦肉精"盯上国内一家大型食品企业,让人们为之震惊,致使中编办在 2010 年出台了《关于进一步加强"瘦肉精"监管工作的意见》,《意见》明确了农业部等七部委各自的监管职能(摘自《"瘦肉精"逃脱检测上餐桌,部门监管存在盲区》,中国新闻网,2011 年 3 月 24 日)。而关于"金鱼龙"食用油安全事件,其有关使用转基因大豆的安全性也不是第一次遭消费者质疑,新闻媒体上多有报道,早在 2010 年时,敦成林在网上发文《金龙鱼,一条祸国殃民的鳄鱼》,当时人们就已经对金龙鱼使用的转基因大豆的安全性产生了质疑。

行严格的资格管制,诸如注册资本、经营场所、经营范围、专项审批等。① 然而这种保障交易安全的良好愿望,在很多情况下并没有因资格的管制的实施而得以实现,甚至因其本身所具有的局限性,资格管制在很多情况下引致了市场上相关经济主体间利益分配的不公。

首先,是消费者利益得不到保护反而被侵害。从表20.8中可以看到,诸如双汇、金龙鱼、蒙牛等品牌企业的重大食品安全事故接二连三地发生。应该说,知名的企业都是满足资格管制下各种严格资格要求的,但它们却照样会生产不安全的产品。可见,厂商能否满足管制资格与良好的市场秩序没有多少关系,消费者的利益并未因资格管制而得到彻底的保护。实际上,在很大程度上,资格管制反而使消费者利益受到侵害。因为,其一,对于企业,在其获得管制资格后,一旦其产品有侵害消费者利益的情况发生,它们往往就会以已经获得审批资格作为搪塞消费者的盾牌;其二,对于管制机构,因为之前它们已经审批了企业资格,已经认定了其合法性,出了问题后,显然它们都不愿自己打自己的嘴巴,于是就有激励去掩盖企业存在的问题。以表20.8中金龙鱼食用油使用转基因大豆事件为例,该转基因大豆为孟山都公司的草甘磷转基因大豆,对人体健康存在严重安全威胁。② 但当公众对此转基因大豆生产的食用油安全产生质疑时,生产者益海嘉里集团对公众的回应只是证照齐全、审批手续完备。③ 然而,审批手续完备与产品到底是不是安全完全是两码事。同时,对政府来说,既然已经给了企业审批资格,就陷入了被动的、不能出尔反尔的尴尬境地。最终,消费者利益在被侵害时反而因资格管制的存在而失去了保护。当然,反映在消费者层面,他们对于管制者的作为就会表示不满。表20.2通过对新浪论坛上

---

① 以注册资本为例,1993年的旧《公司法》第23条明文规定:"有限责任公司的注册资本不得少于下列最低限额:1. 以生产经营为主的公司人民币50万元;2. 以商品批发为主的公司人民币50万元;3. 以商品零售为主的公司人民币30万元;4. 科技开发、咨询、服务性公司人民币10万元;5. 股份有限公司的最低限额人民币1 000万元"。而2006年施行的新《公司法》不再明确规定,只是在第26条中提到:"有限责任公司注册资本的最低限额为人民币3万元,法律、行政法规对有限责任公司注册资本的最低限额有较高规定的,从其规定"。这种将具体注册资本额掩盖于较高规定之下的做法,显然反映了管制当局意识到当前资格管制过严后的欲盖弥彰。既然法律、行政法规有较高规定的从其规定,那显露出来的最低限额3万元又有什么意义呢?反而使人们对自己经营业务类型所需的最低注册资本额度没有了清晰的了解,使得资格管制陷入黑箱,违背了公开精神。

② 美国FDA的相关资料显示,该品种申请为人类食用和动物饲料。但是,咨询结果为主要用于饲料。而且早在2002年,联合国世界卫生组织、环保组织、劳工组织和欧盟国等国际官方机构,还有美国和中国的官方防疫机构,都把草甘膦列为足够危险的毒性化工品,在其颁布的"国际化学品安全卡"中明确指出:草甘膦可导致疾病,对人类健康有严重的安全威胁(金龙鱼非法使用转基因大豆?《南方日报》,2011年12月20日)。

③ 《金龙鱼陷转基因风波,益海嘉里坚称证照齐全合法规》,《第一财经日报》,2011年12月22日。

有关"金龙鱼转基因油"的帖子进行统计发现,其中最热的 20 个帖子有 664 人参与表态,有 42% 的网民都对相关管制机构持指责态度,也有 35% 的网民持抵制金龙鱼的观点。

其次,是弱势群体创业被排斥。既然有资格管制,普通民众若想开办公司创业往往会受到"管制资格"的很大限制,甚至会因达不到资格要求被排除在市场之外。在诸多时候,申请者会因达不到最低注册资本限制而无法启动,或是经营场所不符合规定而不被许可,甚至会因各种复杂的审批程序而错失创业良机等。以经营场所问题为例,杭州市政府曾在 2009 年批复了杭州市工商局关于进一步支持大学生创业放宽经营场所准入的请示,杭州将允许大学生以居民住宅等建筑作为创业经营场所,办理工商登记证。① 但是,就此等规定来说,它只适用于大学生创业,而诸如农民工等其他社会弱势群体却没有此等待遇和资格,事实上这些弱势群体创业面临跟大学生一样的,甚至是更严重的租不起商业办公楼的问题。这类经营场所的资格管制是忽略弱势群体利益的典型,其实选用什么样的经营场所完全应由经营者自由决定,即便是以住宅作为经营场所,只要不对他人产生外部影响就可以。美国的苹果公司当年是在乔布斯父母的车库里开办的,而硅谷地区的很多高科技公司在开办之初,都是在非常简易的登记条件下创立的,如惠普公司、谷歌公司、雅虎公司等都是如此。② 可见,诸如此类的资格管制在对交易安全并不起作用的同时,反而将一部分市场主体,尤其是弱势群体,排斥在市场经营之外,这无效率(因为这部分市场主体同样是创造力的源泉),也不公平。

再次,无"资格"企业被逼"黑市"经营。在资格管制下,那些不具备管制资格而不能在正规市场上生产经营的企业,往往是小企业主或个体工商户等弱势群体,他们的产品在还没生产出来之前就被管制者提前判定为不合格,他们没有被大企业淘汰掉,先被管制资格排除了。此时,为了寻求生存空间,小企业不得不在"黑市"经营。当前,由金融准入管制所催生的"地下钱庄"便是典型。近年来,在经济发达地区,民营及私营企业迅速兴起和扩张。企业的发展需要大量的资金支持,而企业处于经济发展初期,尚无资金及信用积累,较难取得银行贷款,不得不转而向地下钱庄寻求资金支持(宋午阳,2012)。因此,地下钱庄在某种程度上起着"民间金融机构"的作用,由于金融准入的资格管制,这些民间金融机构只能在"黑市"上运行。而对于苏、浙一带的中小企业来说,反而是

---

① 《杭州新政允许大学生在居民楼内创业开公司》,中广网,2009 年 11 月 03 日。
② Morgan,《在美国注册公司的秘密》,http://blog.sina.com.cn/s/blog_539f6e800102e4db.html,2012 年 2 月 28 日。

在依赖这些没有资格的"地下钱庄"生存。可见仅凭一个资格是无论如何也无法判定产品质量的,反而会将一部分符合市场规律的市场供给逼入"黑市",并带来运作的不规范问题。

最后,管制部门以此设租捞利。由于市场准入的主体和交易对象都是千变万化的,法律又不能不赋予政府相当的自由裁量权(刘丹、侯茜,2005)。在政府拥有资格审批权的情况下,政府部门为追求利益,就会通过拖延时间、变相刁难、随意提高审批标准等手段,迫使那些企图进入市场的民营企业向各政府审批部门行贿(杨天宇,2003)。尽管当前人们对资格审批的复杂、费时、无效等弊病早有揭发,比如,张维迎曾在2000年的"中国发展高层论坛"上指出,"废除了政府审批,中国的GDP可以增加30%,腐败至少可以减少50%",很多普通民众在现实中也因深受其害而时有抱怨。① 然而,尽管存在问题,资格管制的改革却是停缓的,一些从资格管制中获得隐性利益的特殊利益集团显然是不愿改革的,资格管制成了在位大企业排斥小企业、散户等弱势群体市场竞争的强权门槛,以及管制者向市场经营主体设租的工具。

20.4.2 质量标准管制的公平性分析

质量标准管制不仅牵涉到企业与消费者利益分配的公平性,也牵涉到大企业与小企业间利益分配的公平性。一般地,若质量标准不能保障产品的安全,显然对消费者来说利益受到了侵犯,这是不合理的、不公平的,即质量管制需要保住社会产品和服务的质量底线。但对于某些商品和服务来说,如果它们本身是无害的,那么资格标准的提高,反而会带来问题:其一,从企业与企业的角度来看,如果质量标准过高,那么,某些企业(比如大企业)可以满足,而对达不到高质量标准的小企业来说可能就是灭顶之灾,这不合理;其二,过高的质量标准也会使得标准以下的市场需求被排斥,而这部分需求的排斥往往会使买不起高质量标准商品的那部分消费群体(比如低收入群体)的利益受到侵害。也就是说,从社会公平的角度来说,质量标准管制应该是"最低标准"意义上的、保证底线的管制,而不是无限提高质量的"最高标准"管制。然而,相比而言,我国质量标准管制的公平性尚存在一定的偏离。

首先,是最低质量标准的缺位。最低质量标准是指保障产品质量安全的最

---

① 在新浪微博上,创业家公社今年曾转发了武汉律师张绍明的一条微博:"终于知道武汉人为何不创业了,这两天帮朋友注册一公司,凡是盖章地方都遇到敲诈,社区盖章要买灭火器120一个,工商所盖章要交个体协会会费380—1 000,还要订报纸,一个注册10万的公司,执照、代码证、税务证、验资、银行开户要花去好几千,这是让人创业吗,……"

底线,由于质量安全与消费者直接相关,最底线应当体现对消费者利益的保护,避免厂商无视消费者利益而随意生产会对消费者健康产生危害的低质量产品。然而,当前一些质量标准的制定成了企业间利益争夺的妥协物,①未能充分体现和保护消费的利益,对消费者存在一定的不公平:其一,对于某些食品,我国目前尚缺乏明确的质量标准;其二,对于有标准的行业,其中的部分标准明显低于国际的安全水平。以表20.8中雀巢的砷含量被质疑超标事件为例,我国卫生部发布的《生乳等66项食品安全国家标准》规定:在婴幼儿食品中,无机砷不得超过0.3毫克/公斤。这意味着,在我国,婴幼儿食品中每公斤含有200—300微克的无机砷已属于"安全",而瑞典研究机构公布的相关产品含砷量为1.7微克,与之相对照,这个标准已经被视为"含致癌重金属"。② 其三,一些最低质量标准甚至随着经济的进步而倒退。这在乳业行业中体现最为明显,1986年《生鲜乳收购标准》(即老国标)规定,生乳蛋白质最低值每100克为2.95克,细菌总数为每毫升不超过50万个。而2010年6月施行的新版《生鲜乳收购标准》(即新国标)则把原来的每100克生乳蛋白质含量下限从2.95克降到2.80克,菌落总数上限则改为每毫升200万个。相比之下,关于每百克生乳蛋白质最低值,新西兰为3.8克,欧美国家也多在3.2克以上;而关于每毫升牛奶中的菌落总数,美国、欧盟均为10万标准,为我国的1/20。③

　　其次,是高质量标准越位。质量标准过高同样会导致利益分配的不公,高质量标准对有实力和技术的大企业没有太多约束,而对于小企业来说却很难达到,其往往会像资格管制一样使得一部分达不到高质量标准的企业被排除在市场之外。毕竟,制定质量标准的出发点是为了保障消费者利益,然而质量标准过高反而可能使得消费者偏好不能得到满足。以典型的出租车市场质量标准管制为例,上海市在1999年以前,市场上存在夏利和普通桑塔纳两种类型的车,两类车的市场经营指标见表20.9。通过比较可以看出,相比而言,当时消费者在整体上更偏好于夏利车。也就是说,尽管夏利车在空间舒适、外形美观等方面不及桑塔纳,但其价格相对便宜,针对这一点,消费者在做决策时更偏好低价格而非更舒适的空间、美观等因素。然而1999年以后,上海市市场上的夏利

---

① 广州市奶业协会理事长王丁棉曾将"现行国家乳业标准为全球最差标准"的原因解释为"新国标的制定被个别企业绑架",也就是说处于弱势地位的消费者利益根本就没在最低质量标准中体现。
② 袁瑛,《原罪者说,我是小概率》,《南方周末》,2011年12月29日。
③ 《中国乳品新标准又遭炮轰》,《南方日报》,2011年6月21日;专家称乳业新国标倒退25年,制定时备受乳企干扰,人民网《中国经济周刊》,2011年7月5日。

车却被管制机构通过管制手段淘汰出了市场,①使得原本会选择夏利车的那部分消费者要么被迫乘坐中高档车型出租车,要么放弃购买这一服务。而对于从事低档夏利车经营的企业来说,其没被淘汰之前每天平均营业收入为563.29元,明显高于桑塔纳车的537.12元,根本不可能被市场竞争淘汰,却被管制机构的高质量标准淘汰了。可见,高质量标准的越位实质上是侵害了消费者需求意愿以及从事低档质量标准经营企业的利益。

表20.9 1997年上海市出租车市场中夏利车和桑塔纳车经营指标比较

项目	桑塔纳	夏利	增减比例
经营价格	起步费14.4元/5公里	起步费10.8元/5公里	
	里程费1.8元/公里	里程费1.4元/公里	
平均工作时间	14.27	14.33	基本一致
一天服务车次	23.2次	33.8次	夏利高出38.2%
一天平均载客里程	167.7公里	232.3公里	夏利高出38.2%
平均营业收入	537.12元	563.29元	夏利多收26.17元
每小时服务车次	1.6次	2.25次	夏利多载客0.65次
每小时营业收入	37.15元	38.67元	夏利多收1.52元

资料来源:陈明艺,2005:《出租车行业管制效应研究》,上海财经大学博士学位论文。

20.4.3 信息披露管制的公平性分析

针对信息不对称所造成的市场失效,其实最有效的解决之道就是让市场上的信息对称起来。既然市场主体为了自身利益会有故意隐瞒或欺骗的倾向,那么就需要先让厂商自行披露信息,而管制机构所要做的就是对厂商隐瞒或造假信息的行为进行打击,并且协助消费者了解厂商的产品信息,从而促进交易的安全与公平。当然,为了防止因管制信息不透明而把厂商对消费者产品安全的负责扭曲为对管制者"监管安全"的寻租,管制者本身的信息也要向社会公开。基于这一判断,我们发现,当前我国针对信息披露的管制虽然在逐渐改善,但依然存在局限性,引致了社会交易的公平性问题。

首先,是拒绝信息披露。当一些信息直接影响消费者对产品安全与否的判断时,这种信息显然是要向消费者公开的。然而,当前一些企业宁愿自身产品被质疑也不愿对相关信息进行披露,这显然侵害了消费者的利益,也暴露了信

---

① 采取将夏利的起步价与普通桑塔纳的起步价拉平的措施,消灭掉夏利车的价格优势。同时还规定更换新车必须是排气量在1 600CC以上的小型机动车,而夏利车的排气量在1 000CC左右。从而在根源上消灭掉夏利车市场更迭的可能性。

息披露管制的问题所在。再以表 20.8 中金龙鱼转基因大豆事件为例,在益海嘉里公司向媒体申明其使用的大豆原料证照齐全、审批手续完备且符合法律法规之前,一群北京消费者自发组织向益海嘉里集团递交了质询函,要求其向公众提供与转基因大豆相关的审批文件复印件,然而,后者却在接受媒体采访中强调说他们没有法定义务向消费者提供此类资料。① 实际上,即便当前企业没有这种法定义务,可是,将审批信息公之于众显然会比彰显消费者"无理取闹"更能还原品牌清白。因此,对于企业的遮遮掩掩,只有两种可能的解释,要么是审批材料没有,要么就是审批材料本身是见不得光的。另外,既然有没有审批之类的管制信息不用向社会公开,那审批合法与否对消费者来说似乎也没有什么区别。因此这类拒绝信息披露的行为显然是对消费者权益的忽视,是不公平的。

其次,是信息披露不规范。企业信息披露不规范不单指信息格式上的不统一,也包括故意少披露或歧义披露某些信息。通过不规范的信息披露来达到误导、模糊或隐藏某些重要信息的目的,从而使企业从中获取利益。这种伎俩很多厂商会使用,包括一些知名的企业。近期功能饮料红牛就被知名打假人士王海起诉,指其在披露信息时故意隐瞒安全使用量。② 红牛在罐体上标注有"饮用方法:每日两罐",这种披露方法显然是不规范的,故意模糊了国家药监局通报的每日限饮两罐的安全使用限量的规定,并且对消费者有每日需要喝两罐的误导。诸如此类的信息披露不规范在日常生活中并不少见,如很多产品在生产日期一栏写上"生产日期见包装",③还有一些企业在披露产品信息时会加上"过节送礼"、"送长辈"的名号等,这种不规范的信息披露显然不利于消费者对产品质量的判断,严重侵害了消费者的利益。

最后,是信息披露造假。当前比较普遍的信息披露造假就是夸大产品的功

---

① 《益海嘉里陷转基因质疑未了局》,《新金融观察报》,2011 年 11 月 27 日。
② 《王海起诉红牛隐瞒"限量标准" 广州法院已受理》,中国新闻网,2012 年 4 月 21 日。
③ 2005 年 10 月生效的《预包装食品标签通则》中 5.1.6.1 条规定:"应清晰地标示预包装食品的生产日期(或包装日期)和保质期,也可以附加标示保存期。如日期标示采用'见包装物某部位'的方式,应标示所在包装物的具体部位'。日期标示不得另外加贴、补印或篡改。"2011 年修改后的新《通则》的 4.1.7.1 条规定:"应清晰标示预包装食品的生产日期和保质期。如日期标示采用'见包装物某部位'的形式,应标示所在包装物的具体部位。日期标示不得另外加贴、补印或篡改。"尽管对日期标示的新规定较之前更为简洁,但依然不够细致。如没有对受时间影响明显且不宜用肉眼判断的日用品、加工饮料等更明细的规定,生产日期不仅要清晰而且要在显眼的取用出口位置。另外预包装也会有外包装和内包装两层包装,若产商在内包装的日期标示采用"见包装物某部位"的形式,可标示的具体部位却在外包装上。这种情况对一个大包装盒里有很多小包装的产品来说是很有可能的,这种做法显然是没有违背《通则》的精神,但同样会对消费者利益造成侵害。

能。比如蒙牛的特仑苏 OMP 牛奶,其官网宣称特仑苏 OMP 具有丰富的钙,可达到直接增加骨密度的作用,[①]而后来却被国家质检总局叫停。其实蒙牛的信息造假并非个案,[②]诸如消炎眼药水、抗菌香皂、牙刷消毒剂等扩大功能、信息造假的产品比比皆是。这种信息披露造假现象也并非当前市场刚形成的。早在20世纪90年代,当时家喻户晓的"三株口服液"的溃败就是从其披露的产品广告信息造假开始的,其当时的广告宣传是"有病治病,无病保健"。给消费者传递的信息就是能治百病,即便没病也需要服用保健的感觉,作用夸大到跟水、空气对人的作用一样。其实从这一典型事例来看,尽管信息披露造假直接的受害者是消费者,但最终企业也会因之成为无源之水而灭亡。因此只有通过管制促进交易双方的信息对称、保证交易的公平,才能使交易双方的利益都受到保护。

20.4.4 事后打击管制的公平性分析

事后打击是对消费者利益的最有力的维护,只有对违规侵犯消费者利益的厂商进行有力的打击,才能校正信息不对称下公平失衡的交易天平。同时也会对市场上其他厂商产生威慑作用。特别地,鉴于企业生产劣质产品欺诈消费者的最根本的原因是为了获得超额利益(蒋抒博,2008),法律对生产假冒伪劣企业的打击应该是惩罚性的,其惩罚力度应该大到事前足以遏制企业生产假冒伪劣的动机,而不是在事后补偿消费者的损失(王秀清、孙云峰,2002)。若打击不力,必然会纵容厂商侵犯消费者利益的不公平行为,同时也会因外部性导致对相关联企业及其他利益主体的不公。如近期的蒙牛黄曲霉素事件,使得广州某大型超市的蒙牛液态奶一段时期内销量下跌60%左右,相应的进口液态奶销售额上升12%,国产奶销售整体下降一成。[③] 然而,并非所有的国产奶制品都有问题,这对国产奶制品中没有质量问题却因此销售业绩下滑的那部分企业来说,显然是不公平的。实际上,上述现象之所以存在,是因为我们对于违规者进行事后打击的管制存在问题,这主要表现在以下两个方面。

一方面,是政府管制机构本身的打击力度不够。当前很多国际知名的品牌企业屡屡被曝光在中国侵犯消费者利益,包括西门子的"冰箱门"、味千拉面的

---

① OMP 即"造骨牛奶蛋白"的英文缩写,2006 年 OMP 牛奶作为蒙牛的高端产品进入市场,价格比普通牛奶高两倍左右。后被"打假"人方舟子质疑 OMP 致癌。
② 在郎眼财经节目 2012 年第 1 期《蒙牛的秘密》中就提到,"诸如脑白金、脑黄金、黄金酒、OMP 牛奶等,国内的这类产品似乎没有点特异功能都不好意思上架。而在国外的产品米就是米,奶就是奶,米有米香,奶有奶味"。其实所谓的特异功能产品,属于典型的夸大产品功能,属信息披露造假行为。
③ 《国产奶粉销量整体下降一成》,母婴网,2012 年 1 月 26 日。

"骨汤门"、肯德基的"冲服豆浆"、麦当劳的"毒油事件"、沃尔玛的价格欺诈、家乐福销售的"三无产品"、苹果公司以自行拆机为由拒绝为用户提供保修,等等。更为恶劣的是,近年来,跨国公司在中外采用两套标准的现象大量存在,如雀巢公司早在两年前就被揭露在中国使用转基因原料,而在欧美市场用非转基因原料;东芝公司为补偿一项设计缺陷向其笔记本电脑的美国用户赔付几亿美元,而对中国的用户却不提供任何赔偿。① 这些企业在境外的分支,大多没有这么"出格",有些虽偶有非议传出,但一经查处即刻老实,有些甚至号称遵纪守法的典范。② 企业行为的这种中外差异反映了国内事后打击的不力,若对"出格"行为的惩罚总是使得企业得不偿失,甚至关门大吉,那么,再低的监管密度都足以让这些积累了多年声誉的企业打消欺诈消费者的念头。事实上,国外市场上对厂商"出格"行为的打击力度是远大于国内的,以日本市场的事后打击力度为例,2006年,日本最大的连锁蛋糕店"不二家",因为下属一家工厂使用了过期的牛奶制造奶油被检举,总经理辞职,其下属生产厂和连锁店被迫全部关闭。③ 而国内针对市场上的类似情况往往只是罚款或停业整顿,④事后打击不力使得消费者的合法利益没有得到应有的保障。

另一方面,是政府对社会自发打击的力量支持不够。保护消费者的权益是全社会的责任,因此打击厂商的造假行为,应当团结和发挥社会上所有的打假力量,包括各地方的消费者协会、守法企业及个人等,而不是只依赖于政府的相关部门。然而当前政府对这类社会上的打假力量支持力度显然不够,其最典型地表现在对个人打假行为的支持力度上。在20世纪90年代的时候,"王海打假"曾一度全国知名,王海所做的事就是通过"买假索赔"方式对市场上制假售假厂商进行打击,属于以个人的力量维护消费者权益的典范。然而之后却有很多厂商认为王海"知假买假",因此不是消费者,没有权利索赔。对于王海的索赔上诉,有些地方法院支持而有些地方法院却并不理会。其实不管王海是不是消费者,单是公民的身份也有权利对厂商造假进行打击,之所以会有利益群体从王海"知假买假"不是消费者的角度认为其无权索赔,就是因为只有《消费者

---

① 《麦当劳受污染牛肉重新使用,电信帮发送垃圾短信》,东广新闻台,2012年3月16日。
② 陶短房:《在美国,造假沃尔玛早关门了》,人民网《生命时报》,2011年10月19日。
③ 陈言:《假如三鹿事件发生在日本》,《生命时报》,2008年10月16日。
④ 早在2009年《食品安全法》出台时,国内食品安全专家罗云波就表示:"即将实施的《食品安全法》,企业违规成本仍过低。"罗云波曾做过调研,两家生产相同产品的企业,如果规范生产,成本要提高6万元。但是如果不按规范来,才罚2000元。并举例说明,对于"假一罚十"这种处罚,一瓶水一块钱,罚十瓶才十块钱,可见企业的违规成本太低(食品安全委员会人员确定,国家级领导挂帅,南方网,2009年4月14日)。

权益保护法》中有规定消费者有权从售假厂商获得双倍赔偿,而不存在什么"公民法"规定每个公民都可以有权从购买的假劣产品中向造假厂商获得双倍赔偿。可见诸如"王海打假"这类的个人打假力量缺乏有力的法律权威保障,如果说有一部法律支持"王海打假",并且每个公民都可以是"王海",那么最终结果反而是不会再有个人以"王海打假"式的行为来获利谋生,[①]并且也将充分发挥个人打假的力量,从而促进社会公正。

20.5　外部性管制的公平性分析

外部性(externality)是指市场上生产者或消费者的交易行为对第三方的福利产生了影响,而这种影响却又不被当事人考虑(Spulber,1989)。厂商的生产往往就会产生这种不被考虑的影响,诸如厂商生产对环境的污染、安全隐患、卫生问题等。这种影响使得"旁观者"利益被侵害却不被补偿,并助长了厂商追求利益最大化而滥用公共资源和侵害"旁观者"利益的行为,为了消除这类外部性带来的对"旁观者"利益损害,政府会进行管制(李本庆、丁越兰,2006;张永来,2005)。从理论上来说,若能将这类外部性彻底消除,如厂商将生产造成的污染物全部处理掉,而不流放到周边环境中,就不会使"旁观者"利益受到损害,也就维护了社会公正。可现实中企业的生产伴随而生的"外部物"由于技术的限制不可能被完全处理,如企业烟囱中冒出的黑烟,生产中的安全隐患等,且有些"外部物"处理所耗费的处理成本会远大于其对"旁观者"的损害。因此,外部物排放问题是不可避免的。但若厂商能对每单位排放的"外部物"给"旁观者"造成的福利损失进行等价补偿,那么,相关主体间利益分配便依然是合理的。然而,从经济人角度出发,依据市场本身,让企业主动对受害"旁观者"予以利益补偿是不可能实现的。因此需要管制机构依据行政权力对企业排放"外部物"进行有效管制,并对受害公众进行合理补偿,从而使得与"外部物"相关的利益公平分配。由于当前外部性最突出的问题是环境污染,下文将分析政府对环境的具体管制措施的公平性。从目前的情况来看,主要有三种管制方式:其一,"放任"型管制。当前很多地方政府为了发展经济,对当地厂商的污染行为放任对待。其二,"行政命令"型管制,即对厂商污染进行管制的地方最常用的措施

---

① 人们对"王海打假"的最大诟病就是怀疑其通过打假来谋利,认为这种做法本身就是不正义的,然而若政府在法律政策上能大力支持和帮助社会各种打假力量,使每个人都可以轻易成为"王海",必会极大地削弱厂商造假的动机,同时个人打假的营利性也将不复存在。

就是行政命令控制,也即制定统一标准,收取排污费或对违反标准的企业进行处罚等。其三,"治理"型管制,即地方政府对过于严重的环境污染进行必要的治理(见表20.10)。下面我们依次就三种管制类型的公平性分别进行分析(尽管现实中各种类型可能是交织在一起的)。

表20.10 政府环境污染管制政策的主要类型

	管制政策	对污染外部性影响	污染成本承担者
类型一	放任	放任	公众
类型二	行政命令限制	限制	公众
类型三	治理	放任	公众、纳税人

20.5.1 "放任"型管制的公平性分析

生产者追逐自身利益最大化时,总会对产权界定不明晰的环境资源有"免费搭便车"的欲望,从而导致环境资源的过度开采使用,并最终上演哈丁的"公地悲剧"(周晓唯、卢海旭,2009),而每一个"公地悲剧"的背后,必然有着政府"放任"管制的缩影。所谓"放任"管制并非只指政府管制无作为,更通常的情况下也包括政府对污染管制的消极怠慢。这种消极怠慢的管制不仅是对制造污染的厂商行为的包庇,也是对受关联的公众利益的侵害。以《南方周末》关于2011年发生的渤海漏油事故报道为例,事故发生后两个月,油污清理工作仍只是一些临时性的措施。而作为污染事故责任人的康菲公司对整个事故面临的处罚只是20万元人民币。[①] 相比之下,发生在2010年5月份的美国墨西哥湾漏油事件,事故责任方英国石油公司在第四天就给出了原油泄漏的数字,并立刻主动进行赔付。最终结果是英国石油公司出资200亿美元建立了赔偿基金,CEO海沃德因此下台。事故还导致这个百年巨头20年来首次亏损,股价迅速跌去了一半以上。[②] 由此可见当前一些地方政府对环境污染管制的"放纵",而这种放纵的管制手段背后必然是地方政府与污染企业的利益合谋,并将污染成本转嫁给了受害的公众。在表20.2中,针对"中海油渤海漏油事故",腾讯论坛上共有16 728个帖子讨论,其中最热的10个帖子有1 415人参与,而52%的人都表示了对相关责任人的指责,还有44.8%的人透露着无奈疑惑的态度。

不公平"放任"型管制的存在与地方政府管制激励不相容是不无关系的。政府对污染进行管制不仅需要管制成本,甚至还需要牺牲一部分逃脱污染成本

---

① 该事件最后判决结果为,康菲公司和中海油支付16.83亿元赔偿,并承担保护渤海环境的责任。
② 李铁:[方舟评论]《环境污染事故很热,"破坏环境罪"很冷》,《南方周末》2011年8月12日。

的企业带来的经济增长，同时，污染治理是个缓慢的过程，在政绩里很难反映。因此，以绩效晋升为使命的官员不会有多少激励去管制污染。另外，对于每一家厂商来说，通过污染排放便可以将污染成本转嫁给普通民众等弱势群体，因此会在私利驱动下去寻租管制者，而对于管制者来说，只要监管存在缺位，必然会倾向于利用有利于设租的管制措施进行管制，甚至还会打着改革的名义去获取利益。比如，清华大学发布的2011年度"社会进步研究报告"就指出，当前的既得利益集团不只是阻挠和反对改革，而且会以改革的名义获取利益，让改革丧失民心。该报告以医疗改革为例，本来是想降低不合理的高药价，相应提高医疗的价格，改变"以药养医"的现象，但过一段时间，压下去的药价又高了，结果是由过去的药价高、医疗价格低变成两者价格都高，患者的负担进一步加重了。同样的道理，污染外部性侵害了弱势群体的利益，于是管制机构加强介入，污染厂商也不得不加大寻租成本，并设法连同污染成本一起再转嫁给弱势群体，最后弱势群体的利益反而受到更大的侵害。在这种管制者激励与污染受害者利益不"相容"的情况下，对于解决与"外部物"相关的厂商与受害公众间的利益矛盾，管制不但不起任何作用，反而促使管制者利用管制权从中牟利。由此可见，有效的外部性管制政策应是设法利用市场机制调动厂商自身减少污染的激励，否则地方政府在激励扭曲下的污染管制"放任"现象必然还会大量长期存在。

20.5.2 "行政命令"型管制的公平性分析

"行政命令"型管制是以行政法规和制度要求，对环境污染行为和排放标准等进行直接规制，政府设定排放标准、技术规定，要求安装减排设备，限制污染要素投入等，都属于命令控制环境工具（刘丹鹤，2010）。目前我国在环境规制中主要运用命令与控制政策，而且环境规制标准偏低，部分政策缺乏成本有效性甚至可行性（江珂，2010）。这主要是因为排污标准和技术标准的制定和调整要求政府必须掌握大量而准确的信息，任何信息上的差错都会削弱管制措施的有效性。而事实上政府很难做到这一点，其制定的标准往往与理想的标准存在较大偏差（王光玲、张玉霞，2008）。然而任何偏差的存在显然都不利于与外部性污染物相关的利益分配的公平。

但即便管制机构制定的限制标准是理想化、无偏差的，这种管制类型依然是不公平的。首先，从厂商的角度来看，行政命令将厂商污染物排放限制在规定的范围之内，只要厂商自身的排污量不超标，便不用承担任何责任。只管享有直接排放污染物所带来的收益，不用理会行政限制之内的污染物对相关公众造成的利益损害,也不用考虑自己从排放污染中获得的私利是否远小于其所带来的整体社会福利损失,而所需要理会的是排污量是否还在行政命令的限制之内,以及逃脱行政命令污染界限所需的寻租成本与相应的生产收益哪个更多。其次,对于受害公众来说,承受了行政命令限制之内的污染物所带来的利益损害,却没有任何成本补偿。最后,对于不同企业来说,其产出的"外部物"对环境造成的损害成本是不同质的,相应的环境整治成本也不相同,因此用统一标准制定企业的外部性产出水平的做法显然有失公平。总而言之,"行政命令"型管制尽管对厂商的污染排放存在限制,可这种限制是无效的,并不能保证与污染物相关的利益主体间利益分配的公平。

20.5.3 "治理"型管制的公平性分析

当前很多地方污染与污染治理往往是同步的,一些管制机构通过财政投入对厂商已产生的污染进行治理。然而治理的钱来自一般的财政收入而非直接来自于制造污染的企业,管制机构在治理污染时既没能让污染厂商承担对受害者进行利益补偿的责任,也没能使污染厂商承担相应的污染治理成本。至少在政府的污染治理规章条款里既没有考虑对受害的"旁观者"的相应外部性福利损害进行补贴,也没有考虑对企业"外部物"造成的"旁观者"利益损害成本进行补偿,更没有相关的对厂商排放的单位污染需交纳相应治理成本的规定。以典型的太湖污染治理为例,2007 年太湖蓝藻大爆发后,江苏省级财政每年投入 20 亿元专项资金用于太湖治理。5 年过去了,蓝藻依然年年爆发。去年 11 月,水利部相关人员称,太湖流域 60% 以上的集中式饮用水水源地水质劣于三类。① 而近期江苏省启动了太湖污染治理监测预警,全社会总投入已达 700 亿元。② 明明是由太湖旁各化工厂非法排污造成的水污染,却是由政府财政买单治理,使得污染成本由本该承担责任的厂商转移给了纳税人,甚至是全社会。在这种不公平的管制政策下,自然陷入了越治越烂,越烂越治的恶性循环。

厂商的污染不同于天然的污染,政府出钱治理本质上等同于由纳税人出钱治理,而制造污染的企业却逃避了责任,这显然是不公平的。这种不公平令政府治理陷入困境的实例并非"太湖污染治理"一例。再如云南滇池周边的企业在过去 20 年间,总共只创造了几十亿元产值,但要初步恢复滇池水质至少得花费几百亿元,这是全云南省一年的财政收入。淮河流域的小造纸厂,20 年累计

---

① 《但愿太湖治理成为最后一个"样板"》,《工人日报》,2012 年 2 月 3 日。
② 《江苏太湖污染治理监测预警启动,总投入 700 亿》,《经济参考报》,2012 年 4 月 9 日。

产值不过 500 亿元。但要治理其带来的污染，即使是干流达到起码的灌溉用水标准也需要投入 3 000 亿元。据估计，如果要恢复到 20 世纪 70 年代的三类水质，不仅花费是个可怕的数字，时间也至少需要 100 年（杜琼、梁萍，2009）。这种从社会角度的得不偿失及巨额的财政资金需求都彰显了纳税人出钱治理的不合理，因为污染泛滥的根源在于排污者未能为其行为承担应有的成本。此外，由于从污染产生到政府治理好往往存在着漫长的时滞，在污染物被处理掉之前，其负外部效应给公众所带来的损失并没有得到扼制，而且也没有得到补偿，对公众来说，依然承受着相应的污染成本。此等"污染治理"型管制并没有保护到受害公众的利益，反而侵害了纳税人的利益，却使特殊利益集团受益。①

20.6 提升公共管制公平性的政策建议

从总体上来看，尽管作为一种政策工具，公共管制对于我国市场经济的良性发展起了不可或缺的作用。但是，上面的分析表明，在我国，针对市场失灵而进行的公共管制尚存在诸多的不公平，很多管制让少部分特殊利益集团受益，却使得公共利益受损，尤其是弱势群体的利益被忽略。若这种不公平一直存在，必然会导致相关群体间利益矛盾的积淀、影响社会的和谐与有序。因此，当前的公共管制改革应当审慎考虑管制背后隐性收支的公平性，并更多思考已存矛盾的解决之策。

20.6.1 自然垄断管制公平性的提升

在准入管制下，消费者和民营企业被行业垄断国企盘剥去的那部分利益属于典型的隐性收支，也即政府通过公共管制从消费者和民营企业那里获得隐性收入，②再通过隐性支出流转到行业垄断国企、内部员工及其他的利益相关者那里。③ 这种隐性收支下的利益分配显然是极不公平的，而导致这种不公平的利益分配的根源就是准入管制下的行业经营权被国企垄断。因此，为增进自然垄

---

① 使得管制机构部门增添了就业岗位，并由此带来相应的人事及财政资金支配权，尽管这是以整个社会福利受损为代价的。

② 虽然并没有算在政府的显性财政收入里，但消费者和民企减少的这部分利益是政府凭借行政权力进行的微观干预造成的，只是不像政府凭借行政权力直接征收的税款那么明显。

③ 虽然政府显性财政支出中并不将其包括在内，但行业垄断国企及其内部员工所获得的这部分利益同样是政府凭借行政权力进行的微观干预造成的，只是不像基础建设、教育医疗等一般的财政支出那样明显。

断管制的公平性,我们认为应从以下两个方面加以改进。

一方面,增强管制机构的独立性,避免政府管制成为特定利益集团转移社会其他成员福利的工具。首先,继续深化"政企"分开改革,如在改革铁路行业方面,可以顺应大部制改革步伐,将铁道部划归交通运输部统一管理,使铁道部只负责行业经营,从而真正现实政企分离。其次,保证部门管制法规的独立性,即在政企分离的基础上,完善已有的行业法规,并进行其他行业立法(崔秀花,2009)。取消之前由各行业主管部门设立的且滞后的各部门法规的效力,重新由各部门相关利益主体共同协商立法。最后,对管制机构进行有效监管。监管的有效性在于由谁监管、怎样监管,否则会陷入监管的循环。因此,对管制机构最有效的监管,就是由中央直接成立人事和资金都独立于任何管制机构的监管部门,同时监管的信息公开透明,也接受社会公众监督。

另一方面,打破准入管制下的经营权国企垄断,实行自然垄断经营权流转制。自然垄断的性质决定了一些行业或业务领域由独家企业来提供产品或服务以满足一定区域的产品需求会更好,然而这并不意味着必须要在无准入管制下的恶性竞争和有准入管制下的行政垄断之间二选一。曾军平(2009)也曾指出我们可以限定处于自然垄断的企业只有一家,但究竟哪一家企业有权进入,需要通过经营权竞争的方式来加以确定。在这样的情况下,与垄断有关的利益不合理分配问题就得到了解决。因此,对于自然垄断行业来说,在位的企业是唯一的,但这个唯一的企业不能一直在位下去。然而当前我国的代表性自然垄断行业不仅是唯一的企业一直在位下去,而且唯一的企业全都是唯一的国企性质。无论对消费者、下游企业还是市场上的潜在竞争企业来说,这显然都是极不公平的。为了实现公平,只有实行在位企业合理期限内经营权流转,并且把这种流转完全建立在公平、公开、公正的竞争招标基础之上。只有实行了这种公平的管制策略,自然垄断行业才能实现效率。

20.6.2 信息不对称管制公平性的提升

针对当前资格管制、质量标准管制、信息披露管制及事后打击管制的不公平,信息不对称管制改革应做到以下三个方面。

首先,取消准入资格。产品的安全与否与具备什么样的资格没有必然联系,生产者的经营权自由不该因人为设定的资格而被剥夺。至于是否有经营的资格,应由市场上是否有消费者买账来自发决定。因此对于生产厂商不该存有资格歧视,而应一律机会公平,经营的企业获得生产许可的前提只需要登记在案,以便于与其他企业区分及行为责任可追究即可。

其次，制定合理的最低质量标准。管制者应以产品安全为底线，制定合理的最低质量标准，并强制企业产品质量必须达到最低质量标准。而除此之外的高质量标准都不应该强制厂商执行。值得强调的是，最低质量标准只有同时体现了消费者及小企业主等弱势群体的利益才能算是合理的，而不该只是大企业主间利益妥协的产物。[①] 并且只要企业产品质量标准达到了合理的安全底线，就可以在市场上流通，而不是必须达到某些高标准规定才可以。事实上，管制机构制定的高质量标准都是大可不必的，至于人们如何在市场上区别和选择产品的质量标准等级，应由自发的市场价格和自我偏好来决定，而不应由管制机构人为制定的高质量标准等级来衡量。其实不管管制机构是否制定产品的高质量等级，人们对产品质量等级的区分和选择往往是以产品质量的品牌口碑及市场普遍价格来判定的，而很少以厂商的产品达到了多高的质量标准规定来判断。强制的高质量标准反而将一部分生产者供给和消费者需求排斥在市场之外。因此管制机构在制定标准时所应关注的就是确定科学合理的最低线，确保产品的安全，仅此而已。

最后，强制性信息披露与事后严打相结合。由于管制者本身也存在严重的信息不对称问题，必须强制厂商将与产品安全相关的信息自行向公众进行公开，管制者需要做的就是对企业公开的信息进行抽检，一经发现有失真的信息或隐瞒相关信息，便对违规厂商进行严惩，使其得不偿失，并将此监管信息也公之于众，从而营造一个靠诚信才能生存的市场氛围。在此情况下，强制性信息披露使得厂商不只是受到管制机构的监管，同时，也受到普通消费者、同行竞争对手、有关社会专业机构以及媒体的监督；这也使得管制者只能进行透明监管，避免了暗箱操作。这样一来，厂商受到管制者的制约，并且管制者对厂商的监管受到消费者制约，从而在厂商、消费者、管制者三方之间形成有效的制约机制。

20.6.3 外部性管制公平性的提升

环境污染管制是外部性管制中的重中之重，然而当前的"放任"型管制、"行政命令"型管制及"治理"型管制的背后都存在着极不公平的隐性收支。因此，为解决环境污染管制的不公问题，提出以下政策建议。

首先，推广排污权交易制度。当前我国已在一些地区进行了一段时间的排

[①] 经济学家许小年（2011）指出，"中国乳业标准的制定，居然是几个乳品企业参与制定，而且这几大乳品企业作为主导，其结果是什么，大家都应该知道"。这样制定出来的标准必然是代表了大企业或垄断企业的利益，而忽略了消费者及一些小企业主等弱势群体的利益。

污权交易试点,此方法通过运用市场交易配置资源会达到帕累托最优的原理,能够充分调动企业主动削减污染物总量的积极性,并且也能使每一单位排污权得到最有价值的使用。① 采取排污权交易的方法还可以减少管制对企业的干预,并且削减管制成本。因而,此方法应当尽快由试点转为普及,其他管制手段因会导致管制激励扭曲而不宜采用。

其次,在排污权交易的制度中加入补偿机制。管制者只需做到以下三个方面,就可以保证污染外部性管制公平进行:第一,对一些基本权力进行界定,如空气、水的拥有权归谁,各区域的环境管制权归谁等。第二,先根据各管制区域的环境承受力确定企业合理排污总量,并估量划分区域内民众所受到的利益损害等级,然后将排污总量进行单位分切,制定单位价格,再在市场上向企业出售,并保证排污权总售价至少能对区域内相关民众的利益损害进行补偿。② 第三,维持企业排污权交易市场的秩序且信息公开。

最后,管制信息公开。管制信息公开的目的是能让公众对外部性管制的过程进行监督,如在排污权交易制度下,管制者在管制区域内界定的排污总量是多少,利益损害等级界定的标准是什么,以及各厂商是否有超越排污权限进行排污的行为等信息。通过这类信息的公开化,必然能对相应的管制机构及厂商形成社会制约。此外,污染外部性损害的是公众的利益,因此公众也应该有相应的管制知情权,因为他们才是最有激励去监督相应部门行为的群体。

---

① 早在2002年,国家环保总局就针对"二氧化硫排放"在河南、山东、江苏等省份进行排污权交易试点,而在2008年媒体却报道出河南好几年排污权零交易的尴尬局面。不过近期新华网上又报道出河南省从2009年11月至2011年9月在4个省辖市的排污权交易试点共实现了413笔排污权交易和8 935万元的交易总额,并有望将排污权交易向全省推广。

② 若利益损害超过管制区域,应通过管制区域间的配合,在制定排污权价格时,将区域外的利益损害补偿考虑进去。

第 21 章

中国公共定价的公平性分析

21.1 导　言

　　公共定价,也称为"公共部门定价",它是指由公共部门主导或参与的定价行为,与纯粹的私人部门定价相对应(曾军平、杨君昌,2009,第 11 页)。在具体的理解上,公共定价有广义和狭义之分。其中,关于狭义的公共定价,它指的是纯粹由政府代理机构(政府代理机构由各级政府或者相应的政府部门任命。在我国,代理机构在中央一级为国家发展和改革委员会、卫生部、教育部和铁道部等有关部委;在地方则为各级政府的相关部门,如物价局之类的价格主管部门)与公共企业部门所进行的定价行为;而广义上的公共定价,则同时包括由政府主导但有消费者和生产者等私人部门直接参与其中的定价行为。出于问题本身性质的考虑,本研究所考察的公共定价是从广义角度理解的公共决策机制意义上的定价行为。

　　关于公共定价的具体情况,各国对于公共定价的范围界定不一,但主要均集中于基本服务和产品领域,如能源、供水、交通运输、电视和广播、通信等公用事业,或煤、钢铁等基础行业,以及金融业、农业、教育和卫生等领域(鲍斯,2005,第 114 页)。在我国,《中华人民共和国价格法》的第十八条提到,在必要时,政府对"与国民经济发展和人民生活关系重大的极少数商品价格"、"资源稀缺的少数商品价格"、"自然垄断经营的商品价格"、"重要的公用事业价格"以及"重要的公益性服务价格"实行指导价格或政府定价。其中,由中央层面控制的价格涉及农产品(如粮食、植物油、棉花)、化工、石油、天然气、电力、医药、交通运输(如民航价格、港口收费)、邮政电信基本资费、金融结算和交易价格等二十多个行业。根据自 2001 年 8 月 1 日起实施的《中华人民共和国国家发展计划委员会令第 11 号》文件的规定,这些行业被分为 13 个编目列入公共定价目录表(见表 21.1)。

作为政府干预经济的一种方式,同前面所分析的公共管制问题一样,公共定价会直接引致社会群体间的利益分配。包括:其一,供给者与需求者之间的利益分配;其二,供给者内部的利益分配;其三,需求者之间的利益分配。如政府对出租车的定价问题,政府定价水平的高低直接影响到服务提供方和消费者之间的利益,而定价的方式——是统一定价还是差别定价——则影响着出租车公司之间以及不同消费群体之间的利益分配。进而,从财政公平的角度来说,就有必要对其公平性进行分析。毕竟,公共定价中的相关利益分配问题所引致的就是财政学所讲的隐性收支问题。而就我们这样一个转型国家来说,受传统计划经济的影响,政府干预经济的领域是相当广泛的(当然,随着市场化过程的演进,政府对于价格进行干预的领域和范围逐渐缩小),立足于隐性收支的视角来就我国公共定价的公平性做出分析有其必要性和必然性。

鉴于问题本身的意义(包括利益分配的一般意义以及公共定价利益分配特性方面的特殊意义),本章就我国公共定价的公平性进行分析。至于研究的思路,在我们看来,我国公共定价的公平性问题主要涉及三个方面:越位的不公平、缺位的不公平以及定价方式的不公平。因此,这里的分析也就从这三个方面来进行。当然,作为我国公共定价公平性分析的基础,我们首先简要回顾一下改革开放以来我国政府价格管理的基本情况。

21.2　1978 年以来我国价格改革概况

21.2.1　经济体制转型中的价格市场化改革

众所周知,在改革开放以前,受传统计划经济的影响,我国的商品和劳务价格几乎全部由政府决定。在改革开放以后,伴随着我国从计划经济向市场经济的体制转型,在价格管理领域,我国开始放开价格,缩小政府定价的范围,扩大

表 21.1 国家计委和国务院有关部门定价目录

品名		定价内容	定价部门
重要的中央储备物资		储备粮食、食用植物油(料)、棉花的收购价格和销售价格,储备食糖竞卖底价,储备石油的出厂价格和出库价格,储备化肥入库和出库价格,储备厂丝收购价格和销售价格	国家计委会同有关部门
国家专营的烟叶、食盐和民爆器材		烟叶收购价格,食盐出厂价格、批发价格,民爆器材出厂基准价格及浮动幅度	国家计委会同有关部门
部分化肥		出厂基准价格及浮动幅度,港口结算价格	国家计委
部分重要药品		麻醉药品、一类精神药品、国家统一收购的预防免疫药品和避孕药具的出厂价格(口岸价),其他药品的零售价格	国家计委
教材		印张单价及浮动幅度	国家计委
天然气		出厂价格	国家计委
中央直属及跨省水利工程供水		出库(渠首)价格	国家计委
电力		未实行竞价的上网电价	国家计委
		销售电价	国家计委
军品		出厂价格	国家计委
重要交通运输		管道运输及杂项收费,港口收费,民航运输价格及折扣幅度(含机场收费),铁路客货运输价格及杂项作业收费标准	国家计委及有关部门
邮政基本业务		资费	国家计委
电信基本业务		资费	国家计委
重要专业服务	金融结算和交易服务	基准价格及浮动幅度	国家计委
	工程勘察设计服务	基准价格及浮动幅度	国家计委会同有关部门
	部分中介服务	收费标准	国家计委

说明:① 本目录"定价内容"栏所列的基准价格及浮动幅度、收费标准及浮动幅度是指政府指导价,其他均指政府定价。国家行政机关收费、原油、成品油价格和城市基准地价公布价格仍按现行有关规定管理。② 法律法规有明确规定和国务院根据市场情况变化授权国家计委管理的商品或服务价格自动进入本目录。存在买方或卖方垄断的商品和服务,在发生价格矛盾时,由国家计委进行协调和必要的管理。国务院有关部门根据国家有关法律、法规的规定,基于安全、环保等特殊原因,强制在全国范围内使用的商品(或服务)价格,由国家计委进行必要的管理。③ 根据《价格法》第十九条的规定,各省、自治区、直辖市人民政府价格主管部门应当在《价格法》第十八条规定的范围内,制定地方定价目录。地方定价目录包括两部分:其一,列入本目录的品种应同时列入地方定价目录,并注明国务院定价部门。列入中央定价目录的商品中,国务院价格部门只制定代表品价格的,非代表品价格按照定价目录由地方制定。其二,符合《价格法》第十八条规定关于政府指导价和政府定价条件的地方性商品和服务价格可列入地方定价目录国家计委和国务院有关部门定价。

市场决定价格的领域。比如,在工业品方面,从1982年起,我国就陆续放开了小商品价格,第一批为6类型160种,第二批1983年9月放开,为8类350种(张卓元,2008)。

1984年10月,中共十二届三中全会做出了《关于经济体制改革的决定》。《决定》明确指出:"价格体系的改革是整个经济体制改革成败的关键,而价格体系不合理,同价格管理体制不合理有密切关系。在调整价格时,必须改革过分集中的价格管理体制,逐步缩小国家统一定价的范围,适当扩大有一定幅度的浮动价格和自由价格的范围,使价格能比较灵活地反映社会劳动生产率和市场供求关系的变化,比较好地符合国民经济关系发展需要。"在十二届三中全会精神的指引下,我国价格市场化改革的步伐加快。其一,在工业品方面,1984年10月,国家规定,除各级政府必须管理的少数品种外,放开小商品价格。1986年,全部放开了小商品价格,并放开了自行车、收录机、电冰箱、洗衣机、黑白电视机、中长纤维布和80支以上棉纱制品的价格,扩大了消费品市场调节价范围。其二,关于工业生产资料,从1985年起,其价格开始放开。其三,在农产品方面,1985年的中央一号文件规定,从当年起,除个别品种外,国家不再向农民下达农产品收购派购任务,按照不同情况,分别实行合同定购和市场收购(张卓元,2008)。

应该说,伴随着我国经济体制转型的历程,并作为经济转型的重要组成部分,自十二届三中全会之后,我国的价格改革一直逐渐朝市场经济所要求的定价模式逼近。在20世纪80年代末,尽管那时的价格改革"闯关"未能获得成功,[①]但是,经过短暂的停歇之后,到了20世纪90年代,在1992年小平同志南方讲话之后,我国价格的市场化改革又迈出了前进的步伐。其中,在1992年下半年,原国家物价局修订和颁布新的《价格管理目录》,大幅度减少价格管制。比如,中央直接管价的商品由737种减为89种,全国800多个县进行了放开粮油价格的试点。1993年,国家又进一步放开了成品油、绝大部分钢材、煤炭、水泥的出厂价,在全国范围内基本放开了食品和食用油的价格。经过方方面面的价格市场化改革,到20世纪90年代初期,市场定价的商品的比例已经很高。据国家统计局的统计,在1993年,社会商品零售总额、农产品收购总额与工业

---

① 1987年党的十三大提出了"逐步建立起有计划商品经济新体制的基本框架"的任务。为了建设社会主义商品经济新秩序,中央有关部门研究讨论价格改革"闯关"方案。在此背景下,《关于价格、工资改革的初步方案》于1988年8月出台。《方案》指出:我国价格改革的总方向是:少数重要商品和劳务价格由国家管理,绝大多数商品价格放开,由市场调节。但是,由于随之而来的抢购风潮以及1989年的政治风波,价格改革进程受到影响(刘树杰,1998;张卓元,2008)。

生产资料销售总额的市场价格比重分别占到93.8%、87.5%和81.1%，从而一举确定了市场机制在价格形成上的主体地位（刘树杰，1998）。之后，在价格市场化改革的领域方面，我们所面对的主要任务是将狭义价格改革（主要是针对商品和劳务、而不包括要素的价格改革）拓展到广义的、包括生产要素——资本、工资、外汇与土地——价格在内的市场化改革（张卓元，2008）。

21.2.2 渐进改革中的政府价格控制与管理

从趋势上来看，改革开放以后，我国价格改革的目标是逐渐市场化，逐渐缩小政府定价的范围。但是，与东欧社会"休克疗法"式的激进改革不同，我国的改革整体上来说是渐进的。在此背景下，我国的价格改革过程不是一蹴而就的。与此同时，价格的市场化改革并不等于价格形成上的完全的自由放任。在市场经济下，政府有必要就市场的价格进行管理和控制（实际上，在转轨过程中，我们还存在针对一种商品和服务实行两种定价机制的"价格双轨制"）。在此背景下，在市场化改革的历史过程中，与价格市场化过程相伴随，政府对于价格存在或多或少的控制和管理。

首先，是在改革开放的初期对于原有价格体系的改善。在计划体制下，一方面，价格几乎全部由政府制定，另一方面，许多产品的价格长期不做调整，价格体系遭到极大的扭曲。在此情况下，党的十一届三中全会之后，我国开始就不合理的价格体系进行调整。包括：其一，1979年，国家大幅度提高粮食、油脂油料、棉花、生猪、菜牛、菜羊、鲜蛋、水产品、甜菜、甘蔗、大麻、苎麻、蓖麻油、蚕茧、南方木林、毛竹、黄牛皮、水牛皮等18种农产品的收购价格。其二，国务院于1979年11月起，调整了猪肉、牛肉、羊肉、禽、蛋、蔬菜、水产品、牛奶等8类主要副食品的销售价格；其三，对一些重要工业品价格进行的调整。比如调高煤炭、生铁、钢材等产品的价格与降低农用薄膜等方面的价格等等（张卓元，2008）。

其次，是随后在价格市场化过程中对于价格的控制和管理。伴随价格的放开，有关价格的管理步入日程。在价格管理的基本思路上，我们所采取的是基于商品和服务的类型进行分开管理的模式。其中，1982年7月7日国务院常务会议通过《物价管理暂行条例》，按照《条例》商品对国计民生影响的大小，分别采取国家定价、国家规定范围内的企业定价和集市贸易价（这成为后来我们国家三种价格形式的雏形）。而国务院于1987年9月11日颁布的《中华人民共和国价格管理条例》，更是明确规定了国家现行的三种价格形式：国家定价、国家指导价与市场定价（赵全新，2010）。

最后,是价格基本放开之后的定价规范与制度建设。诚如上面的分析所言,基于改革开放后近20年的实践历程,到20世纪90年代中期,市场机制在我国价格形成上已经处于主导地位。此时,定价的规范问题——涉及市场定价机制的规范问题与政府定价和政府指导定价方面的规范问题两方面——步入日程。在此背景下,1997年12月29日第八届全国人大常委会第二十九次会议审议并通过了《中华人民共和国价格法》,并从1998年5月1日起施行。在利益关系的调整上,《价格法》不仅强调要规范市场定价,同时,也强调规范政府的定价行为。以此为基础,国家陆续颁布了专门针对价格的20多部部门法规。有代表性的如2002年的《政府价格决策听证办法》与2008年的《政府制定价格听证办法》。同时,其他有关法律法规规章中涉及价格、收费的内容也相当多,如2007年颁布的《中华人民共和国反垄断法》。① 基于法律法规的不断出台,在我国,以《价格法》为核心的价格法律体系基本形成(赵全新,2010),这为我国价格的规范管理提供了法律依据和保证。

21.3 公共定价越位造成的不公平

基于市场领域所出现的资源配置与分配问题,政府往往通过定价的方式来对经济进行干预。比如,出于保护低收入群体利益的考虑及促进有益品消费而进行的公共定价。但问题是,鉴于市场机制在诸多情况下都能保证交换利益的公平分配,而政府定价会对市场交换利益进行调整,产生利益分配的扭曲,进而会带来公共定价越位意义上的不公平问题。就我们国家的情况来说,正如前面的历史回顾所表明的,改革开放以来,由政府定价的领域逐渐缩小,而交给市场

---

① 赵全新(2010)归纳指出:其一,有关针对定价的专门法规,有《制止牟取暴利的暂行规定》、《价格违法行为行政处罚规定》、《禁止价格欺诈行为的规定》、《禁止价格垄断行为的暂行规定》、《关于制止低价倾销行为的规定》、《关于商品和服务实行明码标价的规定》、《价格违法行为行政处罚实施办法》、《政府制定价格行为规则》、《政府制定价格听证办法》、《政府制定价格成本监审办法》、《价格监测规定》、《非常时期落实价格干预措施和紧急措施暂行办法》、《国家发展改革委关于对部分重要商品和服务实行临时价格干预措施的实施办法》、《商业银行服务价格管理暂行办法》、《食盐价格管理办法》、《价格鉴证师注册管理办法》等。其二,有关涉及价格的法规,有《反垄断法》、《反不正当竞争法》、《电力法》、《邮政法》、《铁路法》、《煤炭法》、《农业法》、《证券法》、《产品质量法》、《合同法》、《民用航空法》、《教育法》、《律师法》、《动物防疫法》、《进出境动物植物检疫法》、《野生动物保护法》、《档案法》、《药品管理法》、《广告法》、《献血法》、《烟草专卖法》、《招标投标法》、《海关法》、《排污费征收使用管理条例》、《违反行政事业性收费和罚没收入收支两条线管理规定行政处分暂行规定》、《社会团体登记管理条例》、《矿产资源补偿费征收管理规定》、《零售商促销行为管理办法》、《污费征收标准管理办法》等。

去定价。例如,在 2001 年,国务院就曾决定放开大多数原由中央政府制定的商品和服务价格,将国务院价格主管部门及有关部门的商品和服务项目由 1992 年定价目录颁布时管理的 141 种减少为 13 种(参见表 21.1)。这意味着政府定价的商品和服务只占国内生产总值的很小一部分,绝大部分商品和服务价格都由生产经营者自主确定,而政府的角色更倾向于规则的制定者和监督者。就此等调整而言,鉴于市场机制在价格决定上的潜力和优势,对于公平价格的形成具有决定性的意义。但是,另一方面,从比较的角度来说,观察我国在公共定价方面的表现,13 项政府定价条目相比起其他国家来说,相对属于范围较广的公共定价。与公共定价范围过于宽泛相对应,我国的公共定价就存在相关的、越位意义上的不公问题。

21.3.1 政府出于调节收入分配的非公平定价

在社会实践领域,除了财产的公共所有制(比如马克思的政治经济理论传统)与"劫富济贫"的累进所得税政策之外,各个国家往往也通过公共定价的手段来进行收入分配,以缩小不同收入阶层的差距。比如,世界各国普遍采用的最低工资制度。在我国,各省份都通过立法的形式来确定最低工资。例如,在上海,相关的条文规定,从 2012 年 4 月 1 日起,上海市劳动者月最低工资标准将从 1 280 元调整为 1 450 元,增加 170 元,高于去年的 160 元。此外,2012 年北京、天津和四川等省市也纷纷提高最低工资标准:北京市最低工资标准由每小时不低于 6.7 元、每月不低于 1 160 元,提高到每小时不低于 7.2 元、每月不低于 1 260 元;天津市最低工资标准由每月 1 160 元提高到 1 310 元。[①]

在本质上,最低工资制度就是对劳动力价格进行公共定价。政府干预这一价格的理由在于令低收入的人士得益,以缩小福利差距。但问题是,如果竞争市场上的某一工资水平是公道的,此时,政府所规定的最低工资又高于这一价格水准,那最低工资制度的实质就是:对劳动雇佣者(企业)征收税收来补贴被雇佣的劳动者。就此等利益转移方式来说,我们姑且认为劳动者基于自由市场所获得的收入无法保证自己和家庭的基本需要(因为最低工资制度所适用的往往是低收入劳动者),即提高此等劳动者的收入水平是必要的、公平的,但最低工资制度所对应的利益分配方式依旧存在不公平。因为,为保证低收入者的基本需要而进行的收入分配,是一项一般性的公共服务,进而,从公平的角度来说,为服务提供所需花费的收入应该来自于一般意义的税收,即需要由社会来

---

① 资料来源:新华网,http://news.xinhuanet.com/fortune/2012-02/28/c_122764092.htm。

统一承担用于再分配的成本。但在最低工资制度下,相关的成本则由雇佣低收入劳动者的企业独自承担,这显然不合理,是对此类企业的"税收歧视"。特别地,考虑到雇佣低收入劳动者的企业往往是小型乃至微型的企业和单位,向它们征收"歧视性的再分配税收"会增加生产成本,从而进一步削弱中小企业的竞争力,进而,不公平的问题将更加突出。

当然,针对最低工资制度的不公平性问题,有人可能会指出,在现实的市场机制下,由于劳动力买卖双方在工资谈判中所处的地位不同,各方的市场权力是不同的。在劳动力的买方存在谈判优势时,自由市场机制下的工资确定往往就无法通过换位思考意义上的"可逆性检验",进而,最低工资制度能够"公正地"保护作为劳动力出卖者的利益。但问题是,工资在何种水平上才是公正的呢?如果说自由市场工资存在"歧视劳动"的倾向,那最低工资制度意义上的公共定价是否就保证了工资水平的公正性呢?或者更严格地说,对于市场上不同性质、不同年龄与不同领域的劳动力,其公正的价格水平是否都应该高于最低工资标准所设定的价格水平呢?显然,问题的答案是否定的。因为,就最低工资制度来说,如果说它对公平有所助益的话,也只是适合于公正工资高于最低工资而市场工资又低于最低工资水平的部分劳动者。而对于公正价格低于最低工资水平的劳动力来说,最低工资制度会产生"资本歧视"意义上的不公平。特别地,对于边际生产率很低的劳动力来说,鉴于最低工资制度在法律层面会"抬高"工资水平,这会促使企业生产成本的增加,降低企业对劳动力的需求。作为对于制度的回应,企业将优先雇佣技能较高、年轻力壮的员工,这使得那些生产率低于最低工资水平的雇员得不到雇佣,处于失业状态。如此一来,定价政策的原意本是帮助技能较低、年纪较大的低收入人士,但结果却是使他们的境况更差。从这一意义上来说,最低工资制度的公平性状况就更糟。

在收入分配调整的着力点上,最低工资制度所涉及的是个体的收入方面。实际上,在现实的政策操作中,政府经常对社会产品和服务(主要是生活必需品)实行价格限制,以降低低收入群体的支付水平。例如 2007 年兰州市相关部门对于兰州拉面价格所施加的限制。2007 年 6 月,在物价上涨的背景下,兰州市牛肉拉面因成本上升而涨价。对此,兰州市相关部门出台文件,对该市兰州拉面的涨价进行了行政干预,规定了兰州拉面的最高限价:普通级拉面馆的大碗牛肉拉面不得超过 2.5 元。① 对于针对兰州拉面的公共定价行为,政府认为,拉面是当地居民的生活必需品,地位同水、电相当,因此,根据《中华人民共和国

---

① 新浪网:http://news.sina.com.cn/c/2007-07-04/075013370528.shtml。

《价格法》,政府有权力对其价格进行干预。但实际上,作为一种日常食品,兰州拉面只是地方特色产品,而绝非生活必需品。尤为重要的,兰州拉面处于竞争市场中,竞争机制往往能够保证价格水平的公平性。就此次物价上涨来说,这是由原材料涨价所引起的,是市场作用的正常结果。此时,由政府来干预价格,就会扭曲原本公正的价格体系而产生不公正的利益分配。因为,政府限制拉面的最高价格,实质上是对拉面的生产者征税来补贴消费者,生产者的利益受到了损害,产生了不公平现象。与此同时,拉面馆一般都是微利经营,政府的限价政策必定使其经营雪上加霜,若生产者为维持经营,必定缩减成本,拉面的质量很可能会下降,如此一来,又将损害消费者的利益。实际上,就拉面价格控制的例子来说,如果政府确实想降低物价上涨给低收入群体带来的冲击,适度提高低收入群体的补贴会更恰当,因为此时的成本是通过一般税收、由全体公众来负担的,而不是如上述价格控制那样,全部由拉面的经营者来承担。

当然,针对政府对于相关商品和服务价格的限制问题,为了避免由卖方来承担价格控制的成本,在现实中,政府往往通过补贴的方式来弥补卖方的损失。就此等政策组合来说,其政策是否公平,就要考虑:① 对于卖方的补贴要足额到位,否则,卖方依旧会承担不该承担的成本;② 最终从价格控制和补贴中获益的个体,其获益的性质和规模符合一般公平原则的规范要求。也就是说,在价格控制下进行补贴并不必然保障价格控制的公正性。例如,有关出租车价格的控制问题。2012年3月20日,我国发改委再次上调成品油零售价格,每吨上涨600元,当前上海93号汽油从7.79元/升涨至8.27元/升,已超过了原规定的1元"燃油附加费"对应油价最高为7.22元/升的上限。在这一情况下,上海有关部门决定继续对出租车司机进行油价临时补贴,保障其收入水平不受影响。[①]但现在的问题是:其一,政府对出租车的补贴远不及油价的上涨,出租车司机的实际收入仍旧是不断减少。在比较严重的情况下,这会使得出租车市场的供应量减少,但由于出租车价格不变使得需求量不变,出租车市场会产生供求不平衡的问题,造成出租车挑客以及乘客打不到车的现象。其二,对出租车的价格补贴其实是用全部纳税人的税金来补贴乘坐出租车的个体,表面上是增加出租车司机的收入,其实质是补贴乘坐出租车的乘客,这对于不乘坐出租车而选择其他交通工具的人来说,其利益受到了损害,是不公平的。[②]也就是说,就此等政策组合来说,其实质就是向出租车司机征收"特别税收"与向社会普通公众征

---

① 新华网, http://www.sh.xinhuanet.com/2012-03/20/c_131477984.htm。
② 参见 http://viewpoint.inewsweek.cn/columns/columns_detail.php?id=684。

收"一般税收"的方式来补贴出租车消费者,这很不公平。在严重的时候,甚至会使出租车司机以及公众的利益都受损害。

21.3.2 政府由于提供有益品而越位

有益品是对消费者身心健康有益的物品(对应的是对消费者身心健康产生不利影响的有害品)。但由于信息不对称和消费者的短视等原因,消费者往往对于有益品的消费存在量的不足(曾军平、杨君昌,2009,第 48 页)。也正是出于这样的原因,政府往往出面来鼓励对有益品的消费(对有害品的消费则进行限制)。体现在价格手段上,便是对有益品降价。就此等价格控制来说,与进行收入分配而实施的定价行为一样,往往也会造成利益分配的不公平。

众所周知,随着物质生活水平的不断提高,人民大众对精神生活水平提出了越来越高的要求,高雅艺术的普及便是满足这一需求的举措之一。对此,沈阳市政府公布了《沈阳市艺术惠民"双百万"工程实施意见》,意见指出政府将补贴部分票价,吸引更多市民欣赏高雅艺术。① 就高雅艺术而论,它可以让人陶冶情操,提高修养,是一件利于身心健康的有益品。但是,由于其价格的高昂,许多普通观众对高雅艺术往往望而却步,消费不足。政府对高雅艺术实行补贴票价,旨在拉近普通观众与高雅艺术的距离,促进民众艺术修养的形成。但现实却是,政府补贴后的票价仍高于普通观众的承受范围,享受到补贴的主要是高雅艺术爱好者,这些爱好者往往是拥有较高收入的人群。因而,针对高雅艺术消费的价格控制与补贴其实质是用普通纳税人的税金来使一部分高收入者受益,受益者很有限,而应享受补贴的群众不但未能享受,还损失了自己的利益,形成了巨大的不公平。实际上,物质生活水平的上升必定会推动精神层次的要求,即随着群众生活的逐渐富足,人们对精神文化生活的需求意识也会不断增强,高雅艺术的消费比例也会相应不断攀升,市场竞争将会达到均衡状态,同时较好地平衡不同层次观众群体的利益。

教育毫无疑问是有益品。在教育的过程中必不可少的教科书和教辅材料也应被视为是提升教育质量的有益品。针对目前教辅书市场由于高定价与高回扣等因素所导致的"过贵"的现象,国家发改委联合教育部等部门下发通知,从 2012 年秋季学期开始,对中小学生使用的主要教辅材料实行政府指导价管理,大幅降低价格标准,以减轻学生教辅材料方面的经济负担。② 可以看出,政

---

① 网易,http://news.163.com/10/0422/08/64S3DRMV00014AED.html。
② 新浪网,http://news.sina.com.cn/c/2012-04-23/115424315665.shtml。

府对教辅材料统一定价,旨在降低其价格,引导更多的人购买有益品。但政府这一定价行为,同样催生了不公平现象。毋庸置疑,目前教辅材料市场上存在着数量繁多、定价虚高的问题,但也不乏精心编选的教辅材料。材料成本与投入编写的时间和精力是成正比的,成本高,因而相对较高的价格是合理的。现在,在价格控制下,质量优良的书却由于其他滥竽充数的教辅材料而被迫降低价格,从而导致该类出版物的出版商利益被大大损害。而对于滥竽充数的教辅材料,其投入成本低,统一定为低价后仍有利可图。也就是说,政府为保证消费者的利益,牺牲了一部分生产者的利益,由精心编选的生产者承担了由于只为图利的生产者行为而造成的损害,这是不公平的。从长远的角度来说,这会侵蚀消费者的利益。当然,强调政府价格干预的不公平,并不意味着对于教辅市场不需要政府的干预。实际上,既然价格的问题是由于低质量的教辅材料引起的,那价格的问题更应该由市场的力量去解决。教辅材料的价格交由市场调节,广大学生会根据其偏好和需求选择最适合的教辅材料,从而通过供需平衡达到均衡价格,政府只需要想办法保证价格机制的正常运转。

21.4 公共定价缺位造成的不公平

对于市场能够公平定价的领域,公共定价应该受到限制,否则,就难免会产生定价的不公平问题。相反,对于市场定价的公正性难以得到保证而需要政府干预的方面,如果政府存在公共定价的"缺位",同样会造成不公平的问题。就我国的情况来说,与公共定价缺位有关的不公平主要涉及两方面的问题:一是行政垄断下公共定价的缺位问题,二是针对恶意价格操纵行为的监管缺位问题。

21.4.1 针对垄断行为的监管缺位:银行收费

最近几年以来,有关银行中间业务收费(手续费)的不公平问题以及由此所引致的暴利问题,已经引起了社会的广泛关注(有人甚至认为银行业的暴利是市场经济运作的一颗毒瘤)。在实践中,尽管银行极力否认"暴利"与"乱收费"之说,但数据显示:其一,在最近几年来,银行业所涉及的收费项目很多,有快速增加的趋势。据武汉大学孟勤国教授于2010年9月在全国范围内开展的有关银行卡收费的调查,从2003年到2010年的7年间,银行收费项目从300项增加到了3 000项,为原来的10倍。其二,包含各种收费项目在内的中间业务,正成为银行非常重要的利润增长点。① 据已披露的2011年年报数据,已发布年报的13家上市银行,佣金和手续费净收入总额共计达到4100亿元以上,较上年增长超过1100亿元。以此计算,13家上市银行每天仅中间业务就入账高达12亿元。以国有四大行为例,工行截至2011年年底,其手续费及佣金净收入占营业收入的比重提高了2.24%,升至21.37%;中行从2010年的29.93%升至30.50%;建行由2010年的20.5%升至21.91%;而农行则从2010年的15.9%升至18.2%。虽然股份制银行的佣金和手续费收入总体规模相差甚远,但增速丝毫不示弱。就各银行中间业务收入项目及其金额来说,其背后就隐含着公共定价缺位所引致的不公平。

之所以说有关银行服务收费存在公共定价缺位上的不公平,有两方面的原因:其一,是规范方面的原因。与其他国家竞争激烈的银行业市场相比,我国国内银行基本属于行政垄断的情形。据国际金融界的权威杂志 The Banker(《银行家》)发布的报告,中国100强银行排名中前五位均为国有。数据显示,前100强中国有商业银行的资产总额占比高达71%。同时,即便是其他非国有的银行,在市场的准入方面,政府对此也存在相当严格的审批和控制。在此情况下,从规范的角度来说,针对银行的收费,就必然需要有公正的程序和机制,否则,就会产生因行政垄断而导致的收费过高的不公平定价问题。

其二,是实证方面的原因。在银行实际收费方面,从当前情况来看,居民日常需要的银行服务均属于市场调节范围之内,即由各大银行自主决定。也就是说,银行诸多的服务收费是脱离政府监管的。特别地,在监管缺位的情况下,银行收费存在诸多的不合理之处。表21.2给出了我国10家商业银行部分典型的基本金融服务收费——银行卡相关收费、银行异地存款收费与银行ATM机取款收费——的基本情况。可以看出,国内银行在不同项目上的收费虽然参差不齐(四大国有银行相对其他股份制银行收费较高),但整体上来说,各银行在收费的范围、标准、依据乃至方式上都有不合理的地方。一是收费的范围。英、美、日等发达国家面向普通客户的中间项目均是免费提供的。比如,在美国,大部分银行对大部分客户的日常业务都是免费的(美国的大银行多数要求储户账户余额不低于1500—2000美元,如果达到这一要求,银行一般就不向顾客收取借记卡月费或年费,有些甚至不收取交易费),中间业务的收费大多集中在替公司管理工资、投资理财业务、信托以及替较大客户管理其资产等。因为资金是有价值的,储户将资金存入银行,银行就能利用其产生利润,所以客户就理应享有

---

① 新浪网,http://finance.sina.com.cn/money/bank/bank_hydt/20120420/011411871260.shtml。

一定的服务。但在我们国家,银行收费的项目很多,其中部分是不合理的,比如针对银行卡所收的开户费、年费以及对通过 ATM 机所进行的同城跨行取款收费等(参见表 21.2)。二是收费的标准和依据。国外商业银行推出某项业务需按照一定的方法建立定价模型。但国内银行具有价格制定的自主权,加之强势的国有背景,它们往往在参考主流银行的基础上随意制定价格,没有完备的定价机制和充分依据,有时甚至是漫天要价。这在不充分竞争的银行市场中形成了银行与客户之间不公平的局面。实际上,如果进一步考虑到银行的服务质量,其问题更甚。一个国有大行平均拥有三至四亿持卡人,服务水平的落后与手续费佣金收入的不对等,使得利益的天平倾向了银行这一方。三是收费的方式。银行定价方法、涨跌机制都是不对外公布的,国内银行在价格公示方面明显不足。消费者在不充分竞争的市场中成为了价格的接受者,而银行则是超额利润的获得者。虽然通过网站等渠道公示银行收费价格,但较为含糊,客户在申办相关业务时无明确提醒和注意事项告知。银行在透明度方面做得不够导致了信息不对称情况的存在,使得消费者明显处于弱势状态,利益分配明显不平衡。

当然,对于上述分析和论述,有人可能会说,对于银行的自主收费行为,这是由我们国家的相关收费管理办法规定的,以其收费脱离监管来论证公共定价的不公平会存在局限。确实,根据《商业银行服务价格管理暂行办法》规定,我国商业银行服务收费实行市场调节价和政府指导价两种方式,以市场调节价为主,政府指导价为辅。其中,实行政府指导价的项目主要是涉及广大居民和企业利益的收费项目,包括:办理银行汇票、银行承兑汇票、本票、支票、汇兑、委托收款与托收承付;中国银行业监督管理委员会、国家发展和改革委员会根据对个人、企事业的影响程度以及市场竞争状况确定的商业银行服务项目。而对于执行市场调节价的项目,银行在综合考虑业务成本、同业价格、本行发展策略和市场竞争与客户感受等因素方面制定。其中,对于纳入政府指导定价的项目暂且不论,单就市场定价的项目和服务来说,现在的问题其实不是相关管理办法具体是如何规定的,而是相关办法的规定本身是否合理。正如上面的分析所表明的,既然银行业是具有行政垄断性质的,那其相关的收费就应该纳入公共定价的范畴,将银行的此类收费完全交由银行自己决定,这本身就是不公平的。

表21.2 银行储蓄卡收费、异地存款收费与ATM取款收费情况表（上海开户）

银行名称	银行卡收费				异地存款收费			ATM取款收费		
	开户工本费（元）	年费（元）	挂失费（元）	开卡补卡（元）	每笔收费率	最低收费（元）	封顶收费（元）	本行异地	同城跨行	异地跨行
中国银行	10	10	10	5	千分之五	1元	50元	5元/笔	2元/笔	7元/笔
工商银行	5	10	10	5	百分之一	1元	50元	交易金额的0.5%	2元/笔	交易金额的0.5%+2元/笔&最高1元最低50元
建设银行	5	10	10	5	千分之五	1元	50元	交易金额的1%+最低2元/笔,最高100	最低2元/笔,交易金额的1%	交易金额的1%,最低1元
农业银行	5或25	10	10	5	千分之五	1元	25元	交易金额的1%	2元/笔	交易金额的1%+2元/笔,最低1元
交通银行	5	10	10	5	万分之五	10元	50元	交易金额的5‰,最高50元	2元/笔	交易金额的8‰+2元/笔,最高50元
招商银行	0	0	10	0	千分之一	5元	无封顶	交易金额的5‰,最低5元/笔	2元/笔	交易金额的5‰/笔,最低50元
广发银行	5	0	10	0	千分之一	5元	无封顶	免费	前3笔免费,每笔4元	前3笔免费,后每笔4元
深发银行	10	0	5	5	千分之一	免费	无封顶	交易金额的5‰	免费	交易金额的5%+2元/笔,最低1元/笔
民生银行	0	0	10	10	免费	免费	免费	5元/笔	免费	以ATM机所属银行价格为准
浦发银行	0	0	0	0	免费	免费	免费	免费	免费	免费（全国银联标志ATM）

资料来源：百度文库，http://wenku.baidu.com/view/6d9c58146c17510e7cd13712.html 及各银行电话客服。

21.4.2 针对价格操纵行为的监管缺位:农产品价格操纵

据农业部农产品批发市场信息网监测,2009年12月至2010年4月,全国菜篮子批发价格指数一直在160点以上高位运行,同比上升12个点左右;重点监测的28种蔬菜的平均价格为每公斤3.51元,同比高出0.84元,上涨31.5%。其中,最为典型和引人注目的莫过于大蒜、绿豆与蔬菜等农副产品价格的大幅上涨。其中,就大蒜来说,在半年的时间内,其价格上涨幅度就超过了10倍;而绿豆的零售价格也由2009年的每公斤7元左右涨到了每公斤20元左右,部分绿豆甚至卖到每公斤24元,涨幅达300%;至于蔬菜,据有关媒体在2010年5月末的调查,菜市场中近20种蔬菜已经进入了以元为交易单位的"元时代"。农产品价格的上涨,催生了新的网络词汇,"蒜你狠"、"豆你玩"、"辣翻天",分别被网友用来描述大蒜、绿豆和辣椒的行情(郎咸平,2010,第26页至第30页)。

就此轮价格上涨来说,正如郎咸平(2010)的分析所表明的,与市场上一般的、由市场上的供求关系变化所引致的价格上涨不同,不管是可以储藏的大蒜和绿豆,还是不可以储藏的绿色蔬菜,其价格的大幅度上涨,其实都是有炒家恶意操纵的结果。以大蒜为例,在2009年,大蒜的供给大幅度下降。有两个原因:其一,是价格变化所引致的生产面积的下降。因为在2008年,中国大蒜出口日本受限,使得大蒜被返销到国内,冲击了国内市场(当时的价格是1块钱一公斤),这导致了2009年大蒜种植面积的全面下降。据统计,山东种植面积下降了30%,而河南更是下降了50%;其二,是气候因素所导致的产量减少。因为气候反常,大蒜主产区遭遇倒春寒,山东南部4月份竟然飘雪,这导致大蒜产量大幅度下降(郎咸平,2010,第25—56页)。同时,由于大蒜产地特别集中(单山东金乡的产量就达到全国的60%)以及大蒜不属于基本的农产品等特殊因素,炒家就开始操纵大蒜的价格行情:于2009年1月份左右建仓、收购囤货(当时大蒜价格跌到4毛钱一公斤);然后,通过代理的方式控制中下游,并通过舆论造势(热炒甲流概念,说食用大蒜可以让感冒发生几率减少三分之二,类似于绿豆炒家热炒张悟本),拉高价格;接下来,又通过对敲、以自买自卖的方式将价格炒上去;最后,把大蒜价格拉到猪肉的价格,立刻套现离场,让后来的资金接盘(郎咸平,2010)。

也就是说,就此次价格的上涨来说,其实质在于,游资从楼市、股市退出之后,进入了较为脆弱的农产品市场。在定位的时候,游资往往选择小宗的农产品,在其价格处于低位时控制上游,并通过控制中下游哄抬价格,制造出虚假需求。当市场价格释放出这种虚假信息时,一系列的市场力量会将该农产品的价格继续推高。游资则乘机在农产品价格处于高位时大量抛出,使得农产品的价格迅速由高位跌落到低谷,而炒家则套现离场。这样短期炒作的过程,对于生产者、消费者和宏观经济都是有损害的。游资炒作会发出错误的市场价格信号误导生产者,造成下期相应农产品种植规模大幅增加。但是游资的套现出走,会使得市场需求大幅下降,导致接盘者亏损。即使是在炒作期间,生产者也往往因为供给不足而受益有限。消费者作为高价的接受方,损失惨重。游资炒作得益的往往是中间商和投机者。如此的炒作投机行为,造成利益分配的失衡,导致绝对不公。不仅如此,游资炒作农产品对宏观经济最大的隐忧在于价格预期信号的改变。少数几项农产品价格的短期飙升很可能会带来其他农产品价格的跟风上涨,如此次大蒜、绿豆的炒作带动了黑豆、薏米、糯米等杂粮价格的跟风走高。因此,游资炒作哄抬价格获取暴利是必须禁止的行为,事实上,许多市场机制较为完备的国家对于此类行为持严厉的监管态度。如 2001—2006年,多加殖民公司涉嫌多次操纵电脑荧幕和液晶电视板的价格,美国司法部介入调查,给予其主管刑罚以及巨额罚款。而在我国,长期以来对于游资却缺乏足够有效的监管措施,从股市、楼市再到农产品市场,游资在其中进行大规模的投机炒作,不仅影响了真实价格信号的释放,还造成了生产者以及大众经济损失与生活成本的大幅上升。游资炒作是市场运行过程中人为带来的市场失灵,需要政府的介入。但在我国,针对价格的上涨,尽管经国务院批准,国家发改委、商务部与国家工商总局曾联合下发通知,要求严厉打击囤积居奇、哄抬农产品价格的行为,但从事后的情况来看,政府针对上述价格控制行为缺乏真正有效的打击,政府对于价格操纵行为存在一定的监管缺位,未能充分保证市场机制的公平运行。

21.5 公共定价方式与程序的不公平

对于政府应该进行价格干预的领域和事项,政府职能的缺失意味着定价的不公平。当然,强调此等领域政府价格干预的必要性,并不等于政府的价格干预就必然是公平合理的。实际上,在我国,由于定价方式(包括机制)的局限,对于诸多需要政府价格干预的问题,都存在各种形式的不公平问题。具体涉及两种类型:其一,对于某些价格问题,需要政府通过间接的手段去影响价格,但价格调节手段的不恰当引致了定价的不公平。其二,对于需要政府直接去定价的领域,定价程序的不完善引致了不合理的利益分配。毕竟,公共定价这一问题涉及产品生产、零售到消费这一价值链上的各方利益集团,对公共定价方案的必要性和可行性广泛听取各方意见,有助于提高消费者的参与度,增加公共决策的透明度和公正性。从理论层面上来说,价格听证制度能够在很大程度上完善公共定价的作用机制,为利益分配格局达到公平状态创造条件。然而,从我国的价格听证实践来看,听证会由于没有发挥其应有的作用而滋生出公共定价的另一类不公平问题。

21.5.1 间接价格干预的手段问题

价值规律指出,在供求规律的制约下,价格的自发调整会逐渐趋向于市场的均衡价格水平。但是,对某些商品(特别是猪肉和粮食等周期性生产的产品)而言,经济学中的"蛛网理论"认为:若完全听任市场的自发调节,可能使得价格和产出发生大幅度浮动,从而影响生产者的利益和人民生活。因此,维护价格的稳定往往成为公共定价的一条重要理由。以我们国家的猪肉价格为例来说,1985年之后,国家逐步取消了生猪派购政策,我国的猪肉价格开始出现反复波动现象。农业部生猪波动规律性研究课题组(2007)认为,从改革开放至2007年期间,我国生猪价格先后在1985年、1988年、1994年、1997年、2004年、2007年经历了六次明显的价格波动,主要标志是年环比增长超过10%。其中,1988年、1994年和2007年为三次大波动,价格年环比增长超过50%。该课题组还认为,从生产和价格波动的历史情况看,二者波动的平均周期为6年左右,上升期和下降期平均分别为3.5年和2.5年左右。而2011年以来,猪肉价格经历又一轮50%以上的年度价格波动上涨,从而形成第四次大的猪肉市场价格阶段性上涨波动。2012年1月26日至今,全国猪肉价格止涨转跌,与1月末约18元/公斤的高价位相比,5月初部分地区生猪价格已跌破14元/公斤,目前已经跌破了6∶1的盈亏平衡点。据新华社全国农副产品和农资价格行情系统监测,今年目前已创下2011年6月份以来的新低(图21.1和图21.2直观地表现出20多年以来我国猪肉价格的变动情况)。针对猪肉价格剧烈波动的情况,国家陆续出台了一系列价格调控措施,平抑猪肉价格波动(见表21.3)。①

---

① 对于猪肉价格,除了针对周期性价格变动的调控之外,在现实的操作中,往往还在特定的日期(主要是春节等重大节日)对其进行干预。比如,惠州市物价局曾出台政策,在除夕前2天时间,惠州市区猪肉零售限价全面实行政府指导价,对猪肉主要品种实行市场分类限价销售,直销点每市斤猪肉价格须低于政府指导价0.5—1元。参见南方都市报, http://epaper.oeeee.com/N/html/2012-01/19/content_1560202.htm。

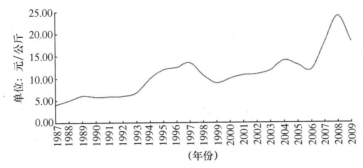

图 21.1　1987—2009 年季度平均猪肉价格变动情况

资料来源：1987—2009 年猪肉价格分析，《中国物价》，2010 年第 4 期。

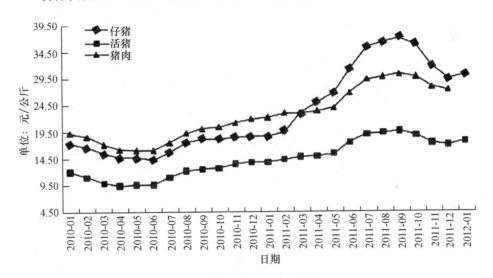

图 21.2　2010 年以来全国仔猪、活猪及猪肉价格曲线

资料来源：最近 24 个月全国仔猪、活猪及猪肉价格曲线，《黑龙江畜牧兽医》，2012 年 3 月。

表 21.3　我国对猪肉价格的调控措施及效果

背景	颁布文件	干预措施	实施效果
2007 年，猪肉市场严重供给不足，猪肉价格上涨	《做好猪肉等副食品生产供应保持市场稳定工作的通知》	建立补贴资金，努力调控猪肉市场，相继出台"能繁母猪补贴"、"能繁母猪保险"、"标准化猪场建设扶持"等十项优惠政策	提高了养殖户养猪的热情，不断有人加入到此行业中来，原有养殖户也纷纷扩大养殖规模。但随着养殖数量的逐渐增加，市场已趋于饱和直至供大于求，一时间导致生猪出栏量海量激增，致使生猪收购价格一跌再跌

（续表）

背景	颁布文件	干预措施	实施效果
2009年年初，生猪收购价格偏低	《防止生猪价格过度下跌调控预案（暂行）》	调控预案主要是以猪粮比价作为基本指标，同时参考仔猪与白条肉价格之比、生猪存栏和能繁母猪存栏等情况，并根据生猪生产方式、生产成本和市场需求变化等因素适时调整预警指标及具体标准，并增加必要的中央和地方冻肉储备。国家根据猪粮比价的变动情况（以6:1为警戒线），分别或同时启动发布预警信息、增加储备、调整政府补贴、进出口调节等措施	2009年冻肉收储后，生猪价格开始止跌回升，猪粮比价也回升到盈亏平衡点以上，起到了立竿见影的效果。在高价位时，分批投放冻肉，也在一定程度上稳定价格上升速度。2010年第一批冻肉收储后，生猪价格并未迅速回升，而是继续下跌，只是下跌趋势变缓；第二、三批冻肉收储后，生猪价格才止跌回升，最终缓慢回升到盈亏平衡点以上
2012年春节之后，生猪价格一直处于下跌趋势	《缓解生猪市场价格周期性波动调控预案》	发挥市场调节与政府调控的合力，主要通过增加储备吞吐来稳定市场预期，缓解生猪生产和市场的周期性波动。生猪储备增加为应急储备、中央政府调控储备和地方政府调控储备	/

资料来源：① http://www.gov.cn/jrzg/2007-05/29/content_629782.html；② http://news.xinhuanet.com/fortune/ 2009-02/01/content_10745691.html；③ http://news.163.com/12/0511/17/8189917800014JB5.html 以及笔者个人总结整理。

从方式上看，与直接限定价格水平的干预形式不同，政府对猪肉价格的调控主要是间接的，包括：生猪补贴政策、生猪信贷支持政策和国家储备肉政策。其中，生猪补贴是我国采取的最主要的调控生猪价格的政策。有迹象表明，补贴政策的实施也引发了不同主体间利益分配的不公平。关于这一点，我们姑且不论补贴政策下有关生产者之间的不公平问题（生猪补贴注重对规模养殖户进行补贴，而忽略了散养户和小规模养殖户，这是不平等的补贴待遇；同时，在地区方面，我国目前的差别化是基于各地经济发展水平的财政负担水平，而不是基于生产效率导向，从而造成了不同生产效率的生产者之间利益的不公平），单就生产者和消费者之间的利益分配问题来说，在生猪价格上涨时，生猪补贴的对象是生产者而非消费者。这其实是用全部纳税人的钱补贴生产者，而由消费者承担价格上涨带来的利益损失，这显然不合理。特别地，如果我们进一步考虑到补贴政策的实施效果，那问题更糟。因为，从政策实施的情况来看，如果说补贴政策对调控猪肉市场的价格产生了效果的话，那也只是加大了猪肉价格的波动(尽管其出台的目的在于抑制猪肉价格的波动)。因为,政府的补贴往往是在猪肉价格上涨的时间段实施的。此时,面对日益上升的价格水平,养殖户对于猪肉价格就有一个价格上涨的预期,他们会在接下来的生产阶段增加养殖。在此情况下,政府的补贴会加大市场的供给,从而加大下一轮猪肉价格下降的力度,进而也就加大了猪肉价格的波动性。此时,对于生猪繁殖等方面的补贴政策的公平性就更加打折扣了。

21.5.2　直接价格控制的程序问题

首先,是没有听证程序导致不公平。所谓价格听证会,就是在实行指导价或政府定价之前,由政府价格主管部门组织社会有关方面,对定价的必要性、可行性等进行论证。2001年,我国《政府价格决策听证暂行办法》出台。在此之前,几乎所有的公共定价都是没有听证会程序的,此时,消费者与生产者都只能被动接受公共定价的结果。无听证程序的公共定价往往会导致不公平现象。其中一个非常典型的例子就是我国粮食价格制定的政府单边定价方式:无论是作为生产者的农民还是作为消费者的城市居民,均无法直接参与定价过程,价格水平和计征方式全由政府单方面的政策决定,利益的天平常处于失衡状态。比如,在粮食收购保护制度建立前,粮食收购企业向消费者出售粮食的价格一直被压在较低水平,结果造成购销价格倒挂,收购企业蒙受巨额亏损。这其实是牺牲了收购企业的利益而补贴了消费者,显然对收购企业不公。同时,粮食低价策略所对应的剪刀差,其实质是社会福利从农村向城市的不合理转移。

其次,是听证程序不规范导致的不公平。以价格的政治决策机制来取代市场的自由定价过程,从理论上看,公开的价格听证会不失为一种化解利益冲突、保持定价公正的可行机制和程序。就此制度而言,由于过程是公开的,并且相关的利益主体都能就价格的调整和确定的理由发表看法,由此所确定的价格应该是趋于公正的。但是,就听证会制度来说,如果要真正实现价格制定的公正性,需要满足一些基本条件,包括:其一,代表的人数、能力以及其真正的代表性;其二,必要的信息,尤其是成本方面的信息;其三,决策程序的公开透明与独立性条件等等。就我们国家的听证会制度来说,2008年12月,国家发改委制定了新的《政府制定价格听证办法》。与2002年的《政府价格决策听证办法》相比,新《办法》一方面强调了听证会的程序透明性和公众参与性;另一方面,新《办法》进一步明确了未依法举行听证会的法律后果,即定价机关制定定价听证目录内商品和服务价格,未举行听证会的,由本级人民政府或者上级政府价格主管部门宣布定价无效,责令改正。所以,新的价格听证办法在法律层面上保证了公共定价的公正性,是一个很大的进步。但是,从实际操作来看,我国的听证会程序还是存在一些问题,这引致了公共定价中的不公平问题。相关的问题具体包括:

其一,是消费者代表的局限性问题。现行《政府制定价格听证办法》规定,参加听证会的人员的产生方式有三种:有关部门(组织)推荐、价格主管部门聘请以及公民自愿报名、随机选取。这一规定明确了对听证会代表的要求。但是,定价的公正性不仅要有各利益方的代表参与,更要在数量上和质量上达到一定要求。然而,在实际操作过程中,由于各方面的原因,上述条件往往无法得到满足:一是消费者代表往往不足。我们经常看到,遴选代表程序的不公平导致消费者代表在人数上未达到应有比例。二是消费者代表的谈判能力不足。因为消费者代表选择的随意性较大,专业性和代表性往往明显不足,他们因专业知识不足而无法对价格进行合理判断,进而也就难以为消费者利益的保护提供保障。

其二,一些听证会被利益相关方操纵而不具有独立性。一些价格听证会竟然要召开类似"彩排"的预备会。这让原本应该严肃认真的听证会变成了一场被操纵的"演出"。为了"完美"而进行彩排的"听证秀",除听证利益方反复"筛选"的"群众演员"外,寻求"有形象、会说话又不乱套"的"听证帝"们作为公民代表,是求之不得的。听证利益方为使听证结果达到预定目标,千方百计操控听证会。这样,那些拿了"车马费"但又不提反对意见的"听证帝"、"职业哨会族"应运而生,大家一拍即合、各取所需。在现实中,曾经有一位名叫周正良的"听证帝",[①]他的经历具有"传奇"色彩。1995 年,周正良从湖南望城县农村到长沙打工,曾从事过送货员、保险业务员等职业。自 2002 年首次参加听证会以来,他至今已参加过 20 多场大大小小的听证会,其中大约 70% 为正式代表。他参与听证会从不提反对意见;同时,为了收取"车马费"还对身份造假。据了解,大多数听证会都会对像他一样的"专业听证员"发放"车马费",少则 100 元,多则 400 元。也正是由于诸如此类的缘由,虽然消费者通过网络表达的意见是强烈反对涨价,社会公众也是反对声一片,听证会的消费者代表却总是为涨价"一路开绿灯"(参见表 21.4)。

---

① 搜狐网:http://news.sohu.com/20111018/n322538850_1.shtml。

表 21.4　价格听证会案例

听证会内容		信息披露状况	听证结果
广州自来水价格	涨价	供水定价成本	无一反对
瘦西湖门票价格	涨价	人均运行成本	无一反对
南京出租车价格	涨价	运营成本	无一反对

资料来源：上述三个案例分别来自 ① http://news.sina.com.cn/o/2012-02-14/040423928328.shtm；② http://news.cqnews.net/html/2012-04-28/content_15159672.htm；③ http://www.gdzjdaily.com.cn/car/2012-04/28/content_1476521.htm。

其三,是听证会中必要信息的供给不足问题。信息不对称问题在我国各地的价格听证会实践中屡见不鲜。就表 21.4 所涉及的资源、旅游和交通等三个定价代表性案例来说,我们看到,三次听证会都对相关成本进行了披露,但实际上,不管是信息披露的质量,还是信息披露的数量,都远远不尽如人意。实际上,如果信息披露仅仅是为了"走过场",那么这不充分的披露几乎就等于没有披露,因为,仅凭这少之又少的数据,消费者代表难以了解到真实的成本状况,进而也就难以做出客观的判断。就自来水定价问题来说,我国自来水公共定价采取"成本加成"的方法。① 该方法主要以自来水企业上报的成本为依据。这相当于赋予了企业极大的主导权来披露成本信息。此时,经营者掌握这些重要的"内部"信息,显然处于优势一方。相比较而言,处于信息劣势的消费者代表只能被动地"听"经营者披露的信息,却无从得"证"。在政府部门监督不力的情况下,这种定价方法很容易造成自来水企业为了自身利益最大化而披露不真实的成本信息,或者是将不合理的成本费用囊括在内,这实质上是偏袒了经营者一方,为他们的利益服务,而消费者的利益则受到损害。与自来水定价问题类似,出租车行业有关定价依据的详细信息也未公之于众。这种人为制造的信息不对称使消费者处在失衡的利益格局中。经营者固然没有自发的动力去公开相关信息,政府的"坐视不管"不得不让我们对其在听证会中所持的立场产生怀疑。我国出租车行业采取的是平均成本定价法,出租车牌照的拍卖价格不仅是经营者成本中的重要组成部分,也是作为价格制定者的政府部门获取利益的来源。那么,公共定价的结果可以在现实中"一箭双雕"——价格上涨在为经营者提供超额利润的同时也会诱发政府部门的寻租行为。政府部门对出租车经营者的偏袒,导致消费者处于信息的"真空"中,只能将利益拱手让给信息优

---

① 自来水的价格应包括原水价格（水库水、江河湖水、地下水）、工程水价（包括水的处理成本和管道运输成本等）、环境水价（如污水处理还原成原水的费用等）、生产经营企业的利润、税收以及相应的水资源缺乏系数等。

势方。

总之,听证会制度的公正性仅说明它具有保持公正定价的内在潜质,而并不是说定价听证的结果必然是公正的。引起我们高度关注的是,已有的实践表明,众多基于听证会制度的价格制定与调整并不是很理想,其公正性遭到了人们的质疑。一个非常显著的现象是,价格逢"听"必"涨",价格听证会几乎成了"涨价听证会"。

21.6 提升公共定价公正性的规范建议

本章研究的主要目的是就我国公共定价的公平性问题做出分析。分析表明,自改革开放以来,由于市场机制的应用以及政府对于价格的监控和干预,我国公共定价的公正性有很大的提升。但是,在肯定公共定价公正性进步的同时,我们也发现,政府进行价格制定时还有诸多不完善的地方,这引致了利益分配的不公平,包括:公共定价越位上的不公、缺位上的不公以及定价程序的不公三种基本类型。

既然如此,针对相关的不公平性问题,我们应该如何来克服呢?基于上面的分析,有几点结论:其一,基于价格控制的方式来调节收入分配与促进有益品的消费,往往会扭曲利益分配的公正性,因此,在现实中,此等举措应该尽力避免;其二,对于存在行政垄断的行业,政府对于相关服务和商品的定价不能放任不管;同时,对于市场中操纵价格的恶意炒作行为,政府也不能听之任之,否则,就会存在缺位上的不公平;其三,对于需要政府价格干预的领域,为保持公正性,就应该注意定价的方式和程序。我们需要通过完善定价的方式和程序来促进我国公共定价的公正性。

第 22 章

中国公债的公平性分析

22.1 导 言

公债,是国家为维持其存在和满足其履行职能的需要,按照信用原则向金融机构、企业、个人或别国政府所借的债务。从发行主体的角度看,人们通常将公债界定为政府债务,包括中央政府、地方政府以及政府所属机构发行的债务。其中,国债特指中央政府发行的债务。在我国,地方政府在法律上没有发行债券的权力,"国家"的债务可以视为中央政府的债务,也可以视为中央政府与地方政府共同的债务,即国债与公债是等同的。而从公债客体性质的角度来看,依据债务的确定性程度和责任承担形式这两个维度来划分,公债可以分成直接显性公债、直接隐性公债、或有显性公债和或有隐性公债这四种类型(Brixi 和 Schick,2002)[①]。其中,直接显性债务一般被定义为狭义的公债,与之对应的广义公债则是指政府实际负担的债务总额,除狭义公债外还包含直接隐性债务、或有显性债务和或有隐性债务。在本章中,如无特别说明,我们所分析的公债

[①] "直接债务"是指政府在任何条件下都无法回避的责任和应对履行的义务;"或有债务"指基于特定事件的发生而产生的责任。"显性债务"指有法律明确规定、政府的公开承诺或合同确认的公共部门债务;"隐性债务"指政府负有"道义"责任,或出于公众预期及政治压力而不得不去清偿的债务。

专指狭义公债且仅涉及其中内债部分。

应该说,作为财政收入的一个重要补充,公债收入对弥补政府收入不足、调节经济、促进经济发展等方面都有非常重要的作用。然而,公债的发行并没有使原来的财政收支"缺口"消失,而只是从现在转移到了未来的某个时期,此时,需要由未来的主体来承担前面所形成的缺口。特别地,随着公债发行规模与累积余额的不断增长,政府可能面临债务违约的风险和债务可持续性的问题。回顾世界各国债务发行的历史,政府债务危机对于任何经济来说都是一种巨大的冲击,同时也是金融危机、经济危机乃至政府危机的直接原因。20世纪80年代的拉美主权债务危机,以及近期愈演愈烈的欧洲债务危机就是最好的例证。这些教训告诉我们,债务规模如果控制不当,不仅不会促进经济增长,反而会成为经济可持续发展的重大障碍。

鉴于公债对于社会经济发展所具有的价值和意义,近三十年来,众多学者对我国公债制度和实际发行进行了许多有价值的研究。特别地,鉴于公债所呈现的问题主要是财政风险方面的,理论界有关公债问题的研究主要侧重于从效率的角度来考察我国国债对经济增长的推动以及规模扩张带来的风险问题,如郭庆旺与赵志耘(1999)、马拴友(2000)、刘溶沧与马拴友(2001)、刘尚希(2002、2005)等等。相对而言,本报告所考察的公平问题、尤其是利益分配合理性意义上的公平问题并没有受到足够的重视,这显示出理论研究上存在的不足,同时在实践方面也对公债的良性发展不利。毕竟,公债作为政府对社会资源再分配的手段,公平性是其发展的重要目标,同时也是公债有效和可持续发展的保障和基础。因为,从理论的角度来说,公债的风险和不可持续问题归根到底是公债发行中的非公平性因素所致。

鉴于公债问题本身的重要性,同时,也是出于对已有研究局限性的考虑,作为本报告的最后一部分,本章拟就我国公债的公平性进行分析。当然,在具体分析之前,我们应该意识到:其一,公债与税收收入、公共基金收入和政府隐性收入等财政收入形式一样,为政府运行提供资金支持。对于公债公平性的分析,必然涉及公债资金投向的公平问题。其二,作为一种特殊的财政范畴,公债收入是信用性质的财政收入,不同于税收的强制性和无偿性,公债的募集和使用具有自愿性[①]和有偿性,公债购买是自愿的且到期需要还本付息,是一种有偿的资金使用。鉴于收入获取中的自愿性和偿还中的有偿性,我们并不分析市

[①] 20世纪80年代,在我国国债销售比较困难的情况下,也曾多次采取行政手段强行摊派公债。这种强制性公债实际上接近于对社会一部分人的税收。

上债务借贷与偿还中的公平性问题。但另一方面,公债最终还是需要偿还的,从偿还的角度来看,公债的公平性分析涉及债务资金使用的获益主体与债务成本承担主体间的公平性问题。因此,本章有关公债公平性的分析于是就基于代际公平(与债务收入的利益获得及债务成本的承担有关)与代内公平(与债务资金的投向有关)这两方面来进行。当然,在就公平性问题做具体分析之前,作为分析的基础,我们首先对我国公债的发行做一简要回顾。在问题分析之后,我们会进一步提出改善公债公平性的政策建议。

22.2　改革开放以来我国公债发行概况

新中国成立后,我国即发行过公债。但受到当时的财政平衡思想的影响,那时所发行的国债的时间不长,且规模很小。① 改革开放以后,由于对公债认识上的转变,并受经济形势变化的影响,我国于1981年恢复了国债的发行,正式进入了公债常态发行的历史阶段。特别地,就改革开放以来我国公债发行的历史来说,根据政府发行债务的态度不同,我国公债的发展可以划分为被动发行(1981年至1997年)与主动发行(1998年至今)这两大历史阶段。

22.2.1　被动发行公债阶段(1981—1997)

经济体制改革开始后,随着政府各项减税让利举措的大规模推行,财政收入占GDP的比重大幅度下降。在财政支出未能相应减少反而呈现急剧增加势头的情况下,财政赤字的规模越来越大。在此背景之下,我国于1981年恢复了国债发行。就债务发行性质而言,在1997年之前,债务收入和债务政策还没有成为国家主动对经济进行调节的重要手段,我国财政赤字主要是由于经济形势和财政收支的变化被动增加的,主要是为了弥补当年财政赤字和偿还到期债务。整体上来说,在1981年至1997年的这十多年中,我国处于被动发行公债的阶段。

---

① 1950年我国发行了"人民胜利折实公债",成为新中国历史上第一种国债。1954—1958年间,为了抑制通货膨胀,实现社会主义改造,巩固和加强社会主义经济的物质基础,每年发行一期"国家经济建设公债",发行总额为35.44亿元,相当于同期国家预算经济建设支出总额862.24亿元的4.11%。这一阶段发行的国债没有流通性,到1968年底全部偿还完毕。而在此后的1959—1978年,由于受"既无外债,又无内债"的财政平衡思想的影响,我国未发行任何形式的国债,并以此作为社会主义优越性的一个重要体现。

在公债的被动发行阶段,由于公债的发行是不得已而为之,且在 20 世纪 80 年代初,在财政安排上,我们一直坚持了传统的财政收支平衡原则(虽然我国的经济环境已经发生了很大的变化),财政赤字总体上控制在很低的水平,[①]在 1981 年和 1985 年甚至还实现了财政盈余。这使得我国国债发行的规模是比较有限的:一方面,1987 年以前各年度债务发行规模都不超过 100 亿元;另一方面,在弥补赤字上,国债也还是配角,1983 年、1984 年和 1986 年债务规模都小于当年的政府赤字水平(见表 22.1),财政赤字主要还要靠中国人民银行发行货币的形式弥补。至于本息的偿还,在 1986 年以前,所有国内债务都还未进入偿还期,还本付息支出均为零(见表 22.1)。这也就意味着,在 1987 年以前,我国公债的发行完全处于一种低水平的恢复期。

表 22.1 改革开放以来国内债务发行与债务负担情况

年份	债务发行额(亿元)	债务余额(亿元)	赤字(亿元)	还本付息额(亿元)	国债负担率(%)	国债依存度(%)	中央财政依存度(%)
1981	48.66	48.66	-37.40	0.00	0.99	4.27	7.78
1982	43.83	92.81	17.70	0.00	1.74	3.56	6.72
1983	41.58	134.51	42.50	0.00	2.26	2.95	5.47
1984	42.53	176.67	58.10	0.00	2.45	2.50	4.76
1985	60.61	237.97	-0.57	0.00	2.64	3.02	7.62
1986	62.51	293.62	82.90	7.98	2.86	2.84	7.47
1987	117.07	391.81	62.80	23.18	3.25	5.18	13.84
1988	132.17	558.51	134.00	28.44	3.71	5.31	15.64
1989	263.91	771.41	158.88	19.30	4.54	9.35	29.69
1990	197.24	892.42	146.49	113.42	4.78	6.40	19.64
1991	281.27	1 061.65	237.14	156.69	4.87	8.31	25.79
1992	460.77	1 284.35	258.83	342.42	4.77	12.31	39.37
1993	381.32	1 542.38	293.35	224.30	4.37	8.21	29.06
1994	1 028.57	2 288.04	574.52	364.96	4.75	17.76	58.63
1995	1 510.86	3 301.93	581.52	784.06	5.43	22.14	75.72
1996	1 847.77	4 363.80	529.56	1 266.29	6.13	23.28	85.89
1997	2 412.03	5 511.06	582.42	1 820.40	6.98	26.12	95.24

① 这一时期我国使用的赤字口径是财政硬赤字,因而赤字规模被人为压缩了。所谓财政硬赤字,是指将公债收入计入财政收入,并将公债支出(包括还本和付息)计入财政支出中,财政赤字或盈余 =(经常收入+公债收入)-(经常支出+投资支出+公债还本付息支出)。如果存在财政赤字,则只能通过向中央银行透支或直接借款来弥补。

（续表）

年份	债务发行额（亿元）	债务余额（亿元）	赤字（亿元）	还本付息额（亿元）	国债负担率（%）	国债依存度（%）	中央财政依存度（%）
1998	3 228.77	7 838.65	922.23	2 245.79	9.29	29.90	103.30
1999	3 715.03	10 606.85	1 743.59	1 792.33	11.83	28.17	89.47
2000	4 157.00	13 010.00	2 491.27	1 552.21	13.11	29.31	84.37
2001	4 483.53	15 616.00	2 516.54	1 923.42	14.24	25.84	84.67
2002	5 679.00	18 706.00	3 149.51	2 467.71	15.55	25.75	83.86
2003	6 032.58	21 862.00	2 934.70	2 876.58	16.10	24.47	81.30
2004	6 734.27	28 804.23	2 090.42	3 542.42	18.02	23.64	85.31
2005	6 922.87	31 848.59	2 280.99	3 878.51	17.22	20.40	78.88
2006	8 883.30	34 380.24	2 162.53	5 417.15	15.89	21.98	88.91
2007	23 139.10	51 467.39	-508.43	5 698.83	19.36	46.48	202.23
2008	8 558.20	52 799.32	1 262.31	6 826.23	16.81	13.67	64.13
2009	16 209.02	59 736.95	7 781.63	9 271.39	17.52	21.24	106.25
2010	17 751.59	66 987.97	6 772.65	10 500.57	16.70	19.75	111.02
2011	15 386.81	71 410.80	8 500.00	10 963.98	15.14	13.53	25.94

注：① 国债负担率、国债依存度、中央财政依存度及2003年、2004年国内债务余额数据经计算而得；② 2000年后还本付息额仅包含还本支出；③ 2007年债务发行额包括15 500万亿元特别国债。

资料来源：① 历年《中国统计年鉴》、历年《中国财政年鉴》、中经网综合年度库；② 财政部网站 http://gks.mof.gov.cn/redianzhuanti/guozaiguanli/；③ 中国国债协会网站 http://www.ndac.org.cn/cn/index.aspx；④ 贾康与赵全厚（2000）。

在1987年后，伴随着基建规模、社会消费需求、货币信贷投放的急剧扩张，经济出现过热现象，发生了较严重的通货膨胀。为此，政府被迫开始压缩因财政赤字而向银行透支的规模，相应扩大了国债的发行量。此举使得1987年国债发行额突破了100亿元，达到117.07亿元。此后国债年发行额的递增速度大大超过了前几年，1989年的发行额相当于前一年的两倍，1991年和1992年的增长速度分别达到42.60%和63.82%。这意味着，我国的国债发行进入了一个被动的扩张阶段。然而由于我国恢复发债时间不长，债务余额的积累需要一个过程，我国债务负担率在1994年以前始终保持在5%以下的极低水平。总体来说这一时期我国国债的发行处于低水平的扩张期。

1994年是我国国债发行的重要节点，此后我国国债的发行急剧扩张。这主要有两方面的原因：其一，财政预算约束的硬化。1993年以后，由于固定资产投资规模扩张过猛与金融秩序的混乱，我国又出现了通货膨胀。在此形势下，我国政府相继出台了《中国人民银行法》和《预算法》，法律规定财政赤字不得以发行货币的形式弥补，①以此来约束财政向中央银行的透支行为。其二，还本付息进入高峰期。进入20世纪90年代后，80年代发行的各期债务大部分开始要求偿还，而当时我国所有到期债务的还本付息支出都用发行新的债务来弥补（在2000年以前都是如此），这使得利息支出以复利的方式像滚雪球一样越滚越大，正如表22.1所显示的，在1994年以后，还本付息支出每年都以30%左右的速度递增（1994年、1995年和1996年的递增率分别为58.99%、31.87%与26.95%）。在双重因素的影响下，我国的国债发行规模出现了跳跃性的增长。如在1994年，当年的发行额一举突破1 000亿元（1 028.57亿元）大关，比1993年增长了近2倍（见表22.1），这标志着我国国债的发行步入了急剧膨胀期。

21.2.2 主动发行公债阶段

在1998年之前，在公债的发行方面，尽管我国公债已经开始快速扩张，但由于公债的发行是为了弥补财政收支的缺口，此时的债务发行在整体上来说是被动的。而自1998年开始，随着国债实践经验的积累以及西方国债理论的不断引入，并受到当时特定经济形势的影响，我国政府也逐渐有意识地利用国债来筹集收入。政府债务不再仅仅是被动弥补财政缺口的手段，而是逐渐成为政府调控宏观经济的重要工具（正如图22.1所显示的，1998年后我国国债余额绝对量较之前有大幅增长，而国债负担率逐渐提高且处于相对高位运行）。特别地，在这一阶段，1998年和2008年在世界范围内分别爆发了两次经济金融危机，我国经济也受其影响波动明显。对此，我国政府分别在1998年至2004年以及2008年至今的两个阶段内实施了刺激经济的积极财政政策。在此情况下，与经济调整的周期相对应，1998年后的公债发行又可以分为两个阶段。

其一，第一轮积极财政政策中的公债发行（1998—2004年）。1998年，受亚洲金融危机的影响，我国出口下降，国内需求不足，经济出现了通货紧缩。我国政府决定改变已实行数年的适度从紧的财政政策，转而实施积极的财政政策，主要方式就是扩大财政支出，实行赤字财政，同时增加国债发行规模。这使得1998年的赤字规模从上一年的582.42亿元跃升至922.23亿元，几乎翻番。当年国债发行额增长率达到57.92%，是1994年后的第二个高峰。在第一轮积极财政政策实行的1998—2004年间，年均财政赤字为2 264亿元，年均债务收入为4 990亿元，分别是1980—1997年年均增长水平的10.3倍和9.5倍。受此影

---

① 此后我国的赤字口径为"软赤字"，即财政收支口径中不包括所有公债收支（包含公债利息支出），财政赤字或盈余=经常收入-（经常支出+投资支出）。如存在赤字，则通过发行债务进行弥补。但由于财政支出中未包括债务付息支出，赤字水平仍有所低估。

响,从 1999 年开始,我国的债务负担率进入 10% 以上区间,并在第一轮财政政策实施过程中稳步增长。

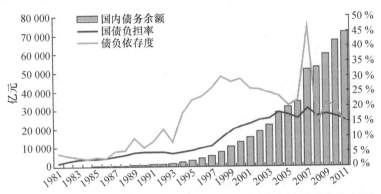

图 22.1　1980—2011 年我国国内债务余额、国债负担率及债务依存度

在第一轮积极财政政策的实施过程中,作为政府投资资金的主要来源,长期建设国债的发行占有重要地位。在经济不景气、税收收入下滑的情况下,为了支持短时间内投资的急剧扩张,1998 年中央财政决定增发 1 000 亿元国债,占当年发行总额的 31%,其中 500 亿元当年使用,500 亿元在 1999 年使用,同时配套增加 1 000 亿元银行贷款,全部用于预算内基础设施专项建设资金。1999 年下半年再次增发 600 亿元长期国债,2000 年、2001 年和 2002 年连续每年增发长期国债 1 500 亿元(见表 22.2)。1998 年到 2004 年间,我国发行长期建设国债累计高达 9 100 亿元。在资金的使用方面,国债主要投资于农林水利、交通通信、环境保护、城乡电网改造、粮食仓库和城市公用事业等基础设施建设,重点支持西气东输、青藏铁路、南水北调等重大项目的全面建设。与此同时,中央还发行特别国债补充国有商业银行资本金。这一系列举措使得 1998 年到 2004 年期间,我国国内债务余额从 7 838.65 亿元增长到 28 804.23 亿元,年均增长率达到 20.4%。自 2005 年开始,我国转而实行稳健的财政政策,连续实施 7 年的积极财政政策开始淡出,国债发行的增速放慢,①国债余额增速也进入平稳下降通道。但债务政策仍是稳健财政政策的一个重要内容,在 2005 年和 2006 年,债务余额的增长率分别为 10.57% 和 7.95%。

---

① 2007 年财政部发行了特别国债 1.55 万亿元人民币,购买约 2 000 亿美元外汇,作为组建国家外汇投资公司的资本金来源。剔除这部分特别国债后,发行规模为 7 981 亿元,低于上一年的发行水平。

表 22.2　1998 年后我国长期国债发行额及其占当年国内债务额发行比重

时间	1998	1999	2000	2001	2002	2003	2004	2005	2006	2007	2008	2009
规模（亿元）	1 000	1 100	1 500	1 500	1 500	1 400	1 100	800	600	580	1 280	5 000
百分比（%）	30.97	29.61	32.21	30.72	26.41	23.21	16.33	11.56	6.75	2.51	14.96	30.73

注：① 1998 年长期国债发行额不包括为补充四大商业银行资本金而发行的 2 700 亿元特别国债。② 2007 年长期国债发行额不包括用于购买外汇作为组建国家外汇投资公司的资本金来源的 1.55 万亿元特别国债。

资料来源：根据历年《中国财政年鉴》整理并计算而得。

其二，第二轮积极财政政策中的公债发行（2008 年至今）。2008 年 9 月中旬，美国次贷危机恶化升级之后，我国出台了新一轮积极财政政策，启动了 4 万亿元的投资计划。4 万亿元投资资金中中央投资占总投资比重为 29.5%，2009 年新增中央投资资金 1.18 万亿元。而有限的财政收入不足以应付急剧增加的财政支出，当年财政赤字达到 9 500 亿元。财政赤字的扩大不可避免地导致国债发行规模的扩张。据统计，2009 年我国共发行国债 16 418 亿元，扣除年内到期的 10 072 亿元，2009 年国债净融资额为 6 346 亿元，为 2008 年的 5.12 倍。2010 年发行规模继续增长，达到 17 777 亿元。长期国债方面，2009 年，为应对金融危机，我国又发行了 5 000 亿元长期建设国债，作为"4 万亿"投资计划的资金支持。根据"4 万亿"投资分配方案，资金主要投向基础设施建设、灾后重建、节能减排等七大领域，其中铁路、公路、机场和水利等重要基础设施建设和城乡电网改造投入 18 000 亿元，占比重最大达 45%。相比 1998 年积极财政政策中的政府投资选项，此次投资方案更侧重民生领域，如保障性住房建设投资约 4 000 亿元。与此同时，为了配合两轮积极财政政策的实施，保证地方配套资金的落实，我国先后通过国债转贷和中央代理地方发行的方式为地方财政融资。2009 年、2010 年和 2011 年中央财政分别代发了每年 2 000 亿元地方政府债券，2012 年计划继续发行 2 500 亿元。

22.3　公债的代际公平性分析：税收偿还模式

在利益关系上，与一般的财政范畴一样，公债发行同时涉及收益与成本两个方面。在收益方面，政府通过发行公债募集来的资金用于财政支出，一般会给社会公众——当代的和（或）后代的——带来与此相关的收益。在成本方面，由于公债收入是基于借款的形式而产生的,因而在未来始终面临着一个本息偿还的问题。因此,公债的公平问题首先要考虑的就是上述成本和收益的对等。如不考虑拖欠行为(包括公开的拖欠以及通过通货膨胀而形成的隐性的拖欠),公债的偿还主要有两种方式:其一,利用未来的税收来偿还;其二,以"借新还旧"的方式来偿还。下面分别就这两种偿还方式的公平性进行分析。首先,考虑税收偿还模式下的代际公平问题。

公债在税收偿还模式下的代际公平主要涉及以下三方面的内容。其一,鉴于公债是要由当代和未来的个体通过税收的形式来逐步偿还的,公债资金的使用应该给后代带来收益,而不能由前代人所独占,即公平的公债发行在支出上应该满足后代获益原则。① 其二,如果综合考虑债务的收入及偿还的成本,在支出获益的基础上,公平的债务发行应该使得后代人在减去所承担的成本后得到净的获益,即净获益原则。其三,鉴于发行公债的这一代人往往也从公债资金运作中获益,即使公债资金在运作过程中使得后代人获得了净收益,债务偿还的成本也应该由各代受益者共同承担,而不能由某一代人来全部承担,即成本分摊原则。既然公平的公债发行需要满足上述原则要求,那么现在的问题是,我国公债的发行与上述公平原则相一致吗?与公债有关的成本收益在代际间的分配是公平的吗?

22.3.1 后代获益原则上的公平性分析

在财政规范的理论层面,公平的公债发行应该在支出上给下一代人带来收益,否则公债就沦为下一代人为上一代人的开支埋单的工具,即上一代人从债务开支中获得好处,而相关的成本则由后代人通过税收征收的方式来承担,在利益分配上引致对后代人的不公平。至于基于公债的财政支出是否会给后代人带来收益,而不是为上一代人所独占,这与资金的使用方向——是经常性支出还是资本性支出(抑或建设性支出)——有关。从经济大循环的角度来看(如图22.2所示),若公债资金被用于建设性支出,只要用途、数量得当,就会和社会的其他投资结合在一起,达成恰当的配置比例,从而对整个社会产生巨大的经济收益。通过做大经济总量的"蛋糕",下代人的应税收入也增加到足够支付公债使用成本,甚至完全可以在更广的税基上实现会计收益上的增值,还本付息也就不会存在任何问题,而后代的税后收入水平就不会受到额外的影响。相

---

① 值得注意的是,公债使用的收益一般不会是,也不应该局限于公债投资项目的会计收益,而应该着眼于整体的宏观收益。

反,若公债收入被用于经常性支出,由于经常性支出所引致的利益是短期的,下一代人很难从中获益,此时,公债的发行意味着后代人不得不为上一代人确定的债务成本而支付额外的费用,形成代际负担,即代际间的不公平。因此公债资金在支出上是否满足后代获益原则,我们至少可以基于支出的类型——是经常性开支还是建设性开支——来判断。

图 22.2 公债以税收偿还模式下的经济大循环

资料来源:毛程连(2004)。

然而,问题是,长期以来我国债务收入的资金一并记入一般财政支出使用(除长期建设国债有明确投向外),因此我国的国债资金到底是用于经常性支出还是用于建设性支出,这一点无法从预算收支中直接得知。但是目前一些学者的研究成果和经济现实表明,我国公债资金基本是用于建设性支出的。基于下一代获益原则来判断,这在代际上是公平的。至于为何认为公债资金用于建设性支出,具体有以下几方面的论据。

其一,王传纶和高培勇(1995)的研究认为,在1980—1994年"硬赤字"阶段,我国政府的建设性支出几乎主要是靠举借国债的收入来支撑。一般而言,财政支出中的经常性支出往往"刚性"较强,建设性支出则常常处于相对"软"的地位。此时,一旦财政资金面临紧缺,经常性支出和建设性支出的安排出现"互挤",让步的便往往是建设性支出。在1980—1994年期间我国财政存在硬赤字,财政总支出实际上大于财政总收入(已包括债务收入在内)。在此情况下建设性支出会被尽量压缩,基本建设支出(含生产性和非生产性)在政府的各项财政支出中的比重已经大幅度下降,从1979年的40.4%减少到1994年的2.03%,但1994年整个建设性(或称积累性)支出①占财政总支出的比重依然占到约30%。再看财政总收入,1994年在政府的财政总收入当中,来自于债务收入的比重为19.7%,1993年这一比重更是只有8.8%。债务收入完全用于建设性支出也不足以支持该年的建设性支出规模,也就是说,政府还要在存在硬赤

---

① 包括基本建设支出、企业挖潜改造资金和新产品试制费支出、地质勘探费支出、支援农业生产支出、城市维护建设支出以及支援经济不发达地区发展资金支出。

字的情况下,从经常性收入中腾挪资金才能勉强弥补建设性支出缺口。而如果没有国债收入,仅仅以除债务收入之外的经常性收入来维持财政支出的需要,那么,在财政极端困难的境况下,要么硬赤字更大,要么建设性支出的水平被进一步压缩。注意到财政收支两个比重数字的对比情况,我们可以认为,恢复国债发行至1994年这一阶段,国债收入完全用于支持建设支出。

其二,在1992年至1997年间,我国实行了复式预算,把经常性预算和资本性预算分开来。但国家仍没有具体披露国债的具体投资去向。徐利君与朱柏铭(2003)通过回归分析考察了建设性支出和经常性支出中来自税收收入和国债收入的份额。他们的研究认为:国债资金主要被用于经常性支出。但是,徐利君与朱柏铭在使用时间序列数据进行分析时存在方法性错误,未能进行数据的平稳性检验,而直接运用OLS法进行回归,这样容易造成"伪回归"。对此,刘忠敏(2009)用时间序列的方法对这一问题进行研究,考虑到统计口径的一致性,研究中样本区间局限于1981—2006年,并采用人均实际变量来剔除价格因素和人口因素。协整分析和Granger因果关系检验显示,1994年后的国债与建设性支出是协整的,建设性支出是国债净发行的Granger原因。在1994年经过财政改革后,我国的建设性支出每增加1单位,国债的净发行量就增加0.93单位,国债基本上是用于建设性支出的。

其三,长期建设国债作为财政建设性支出的一部分,基本上依靠发行债务来取得资金,且每笔资金都有明确投向。在1994年后的大部分年份中,长期国债投资与还本付息支出两者相加,占据了国债发行的绝大部分比重。例如,1999年的长期建设国债占总发行额的比重为29.6%,还本付息比重为51.43%,余下18.96%的国债发行额还包括了用于一般建设性支出的部分,即使全部算做用于经常性支出,其份额也远小于建设性支出。

22.3.2 净获益原则上的公平性分析

鉴于我国公债主要用于建设性支出方面,从最基本的获益原则的角度来说,我国公债发行具有其公平性。然而,公债资金用于建设性支出只是代际公平的必要条件,而不是充分条件。理论上,尽管公债的本息可以通过经济大循环(见图22.2)的方式而得以偿还,然而,在现实中,公债即使投资于建设性支出,也并没有绝对的机制能够保证它最终能带动经济增长,并使得下一代获得净的收益。因为,公债投资对经济拉动的关键在于所提供的公共产品与社会其他投资相匹配,达成恰当的配置比例,从而消除制约生产资本进一步发展的瓶颈,但现实中并没有机制保证一定能做到这一点。在此客观情况下,令下一代人获得净的收益还必须考虑到投资效率。如果投资的收益不高,那么,下代人所获得的收益就可能难以弥补成本,此时依旧会存在代际的公平问题。

就我国公债投资效益的实际情况来说,改革开放以来,应该说,我国通过公债投资形成了大量基础设施,弥补了当时公共产品和准公共产品的供给不足。比如,在 1998 年开始的第一轮积极财政政策过程中,国债的发行使得交通基础设施的面貌有了较大的改善,截至 2000 年,三年交通国债项目共新增公路 16 063 公里,其中高速公路 7 124 公里,一级公路 969 公里,二级公路 3 849 公里。在 2002 年后国债投资的支持下,南水北调、青藏铁路、西气东输、西电东送以及一批水利枢纽工程进入全面建设阶段。这些重大项目的建成将因基础设施不足而压抑的生产潜力释放出来,使之后我国经济的发展达到了一个较高的水平,在短期内有力地拉动了经济的增长。在 1998—2000 年期间,全国 GDP 分别增长了 7.8%、7.1% 和 8.0%。据测算,其中国债投资分别拉动经济增长 1.5、2 和 1.7 个百分点。马拴友(2002)认为,无论用哪种测算方法,都可以肯定,国债投资对经济增长的确发挥了正向作用,公共投资对整体经济增长的作用系数为 0.017。

虽然我国国债的发行,尤其是长期建设国债的发行在短期内确实拉动了经济增长,但从长期来看仍存在一些影响投资效益的问题。其一,从总体上看,随着国债投资规模的不断扩大,公债投资边际效益呈递减趋势。某些领域的公共设施和公共投资逐渐超过社会需求的平衡点,两者再次呈现不匹配的状态,这主要表现为公债投资项目布点失当、重复建设、超前建设现象时有发生。例如,据统计,目前长三角地区每万平方公里的机场密度为 0.8 个,超过美国每万平方公里 0.6 个的水平①。与如此高密度的机场布局相对应的是许多机场的资源闲置和大量亏损,但这仍然阻止不了一些地级市加入这场造机场运动的热情。从长远来看,基础设施投资可以超前,但是,在经济发展对某些基础设施的需求尚且较低,而对其他基础设施项目需求迫切的时候,个别地区的基础设施规模大大超前于经济发展的现实需要,必然会导致社会资源很大程度的闲置与浪费,也不能发挥公债投资的"乘数效应"。其二,是国债项目的质量存在低效益等问题。"三边工程"等仓促上马的项目效益难以评估,给项目的成功实施留下巨大隐患。另外,我国在 2008 年启动的 4 万亿投资计划中,地方配套和市场融资达到 2.82 万亿元。在 2009 年末中央扩大内需项目中,有 90.07 亿元地方政府配套资金尚未落实到位,占应配套资金总额的 45.58%。资金来源不足时,建

---

① 谷进宝,《长三角究竟需要多少机场》,《江苏经济报》,2010 年 3 月 12 日。

设方还会采取擅自调整项目规模的方法来应对。即使项目已建成,流动资金的缺乏也使得某些已经建成的国债项目运营难以为继,甚至被迫关闭。国债投资项目一旦停止建设和生产,国债资金不但不会产生应有的社会效益,资金本身也面临损失的危险。如考虑这些"质"方面的问题,对国债投资进行成本—效益分析,国债投资在长期的政策效应就会大打折扣。效益低下的国债项目不但难以形成有效资本,更无法给后人带来经济增长,从而导致后代人承担不必要的国债负担。

22.3.3 成本公平分摊意义上的公平性分析

在完全税收偿还的模式下,到期债务本金和利息都要依靠每年的税收收入支付。2000 年后,我国将每年的债务付息支出列入财政支出,以一般财政收入偿还。然而到目前为止,我国国债的本金部分还往往是在债务到期时一次性偿还。但这并不意味着债务到期之前各年中,税收无需承担本金偿还的责任。一方面,税收收入稳定性较强,在特定年份突然增长的可能性很小,如果在债务到期时仅通过当年税收收入来偿付国债本金,政府必须在当年强制大幅增税,这种做法会引起强烈的社会情绪。另一方面,征税的方式即便有可能获得通过,其结果也是那一代人被迫承担债务本金使用的全部成本,这种债务负担向后转嫁的方式显然不符合代际公平原则,毕竟,公债的发行也给前代人带来了收益。因此,债务本金应在债务发行后还未到期的年份中共同分摊,每年提取相应份额的本息所对应的税收建立偿债基金,①以避免向到期年份纳税人转嫁额外的税收负担。

关于偿债基金的设立问题,在 1987 年我国就有了这样的设想,当时财政部决定在当年债务收入中留下 5 亿元作为偿债基金,但由于种种原因没有实现。而在 1991 年,国债的实际发行额超过计划发行 99.3 亿元,财政部决定,超计划发行的部分暂时不进入预算,留到 1992 年偿债高峰来临时再用。1995 年也将债务收入大于支出部分的 43.12 亿元结转下年②。这些债务管理实践已经具备了偿债基金的实际意义。从 1999 年起,我国正式将债务收入大于支出部分增列为偿债基金,1999 年、2000 年、2002 年、2003 年、2004 年增列偿债基金的数额分别为 12.09 亿元、3.41 亿元、19.00 亿元、3.61 亿元和 7.99 亿元。但是,这与

---

① 所谓偿债基金,是国家财政预算为偿还国债而设置的一种专项基金。建立偿债基金制度,是各国财政部普遍采取的措施之一。从各国建立偿债基金的目的来看,主要是为了加强财政后备,谋求财政负担均衡,维护政府债务信誉,避免偿债高峰期出现财政偿债危机。

② 参见 wiki.mbalib.com/wiki/"国债平准基金"条目。

偿债基金的规范要求还相差甚远:其一,对于我国庞大的债务收入,偿债基金的数额只是杯水车薪。例如1999年我国新发行债务总额就高达3 715.03亿元,相比之下连零头都不到的偿债基金根本不足以为当年应偿还的本金份额"蓄水"。即便是从建立偿债基金的目的来看,我国在2000年以后每年的到期债务还本支出都在2 000亿元以上,仅以债务超发部分增列偿债基金显然也无法起到偿还债务的作用。其二,从规范的角度来说,偿债基金应该通过一般预算收入来加以设立,以债务超收收入作为偿债基金,与严格意义上的偿债基金存在差距。归根结底,我国偿债基金的制度设计并非主要出于债务负担的代际公平角度考虑。在税收偿还模式下,偿债基金的缺位使得债务到期年份的那一代人所承担的税收负担要远大于前代,造成债务使用成本在代际间的转嫁。

22.4 公债的代际公平性分析:借新还旧模式

在前面的分析中,我们基于税收偿还模式假设,讨论了我国公债的代际公平问题。在有的学者看来,这样一种讨论也许是不必要的,因为改革开放以来,我国的到期债务主要是依靠"借新还旧"的方式进行偿还的,并没有采取征税的方式来偿还债务,进而也就无所谓代际负担问题。确实,理论上讲,若在长期中,政府的债务可以无限制地循环下去,由于债务本金可以不断向后转移,那债务的积累也不会在代际间产生任何影响。但问题是,公债发行所依据的是政府的信用,而政府的信用总是有限的,在此情况下,如果债务的规模很大和(或)持续扩张,使得债务风险积聚到较高水平,各种经济因素都可能触发债务危机,致使政府信用受损甚至信用破产。一旦发生这种情况,就意味着政府无法再发行新的公债来偿还到期债务,公债偿还资金无法继续向后转嫁,最终危机爆发时期的那一代人将不得不承担所有前代人转嫁的公债本金偿还义务。比如当下深陷债务危机的希腊等国就是最典型的例证。这也意味着:第一,尽管"借新还旧"的可能性在一定程度上会使得公债公平性问题得以消失,但这只有在政府的债务规模不超过其风险界限时才成立。进而,公债的公平性要以债务规模的有限性为基本前提,即债务公平的有限性原则。第二,由于债务总规模必须保持在可控范围内,才能保证不产生代际负担,那么,对每代人的债务发行必须有所限制,只有这样才能保证不挤占后代人的债务发行空间,使得债务的使用在各代人之间符合公平性原则,即债务资源的公平使用原则。第三,考虑到宏观经济调控的需要,在经济不景气的特殊年份,其所发行的债务可能会超出当年的发债空间。但是,经济不景气往往是短期的,因此,在一个中长期范围内,国债的公平发行要求债务规模控制在其应有的范围内,即中长期的债务约束原则。既然如此,那么我国的债务发行规模是否超出了安全的范围?如果债务风险在可控的范围之内,债务发行权的代际分配是否合理?我国已有的债务发行是否占用未来世代的发债空间?我国债务的发行,在中长期范围内是否受到了应有的约束?

22.4.1 债务可持续性视角的财政公平性问题

衡量一国债务负担的指标主要有债务负担率、债务依存度和偿债率等。国际上一般使用国债余额对 GDP 之比,即国债负担率作为衡量政府偿债能力的最重要指标。在其他条件不变的情况下,政府的国债余额对 GDP 之比越高,意味着偿债能力越差。一般地,如果一国政府不能保证国债余额对 GDP 之比不超过给定的数值,该国的财政就是不稳定的。就我国的情况来说:其一,在债务的增长方面,我国政府发行债务的历史不长,目前债务负担率还处于较低水平。从我国改革开放后国债余额增速的变化情况来看,由于债务余额规模的逐渐积累,余额总量相较恢复发债初期庞大得多,国内债务余额增速逐渐回落。改革开放后三十年间,我国债务余额年均增速为 27.5%;1994 年财政体制改革后,国债余额增速的波动较之前平缓,1994—2001 年间的债务余额年均增速为 22.4%;就近十年来的情况而言,我国的国内债务余额年均增速为 16.4%(参见图 22.3)。

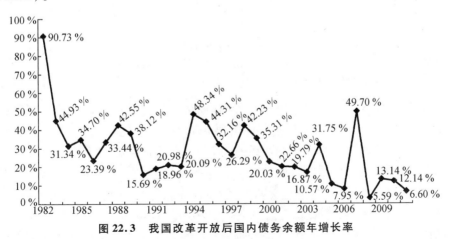

图 22.3 我国改革开放后国内债务余额年增长率

因此,我们考虑按照 1994 年后的年均增长率 22.4% 和近十年的年均增长率 16.4%,分别计算未来各年的国债余额。至于债务可持续性所涉及的经济增长情况,根据我国国民经济和社会发展"十二五"规划纲要,今后我国经济发展目标是保持7%的增长速度。对此,我国的发展经验表明,这一目标是较保守的,一般而言,可认为2015年前增长速度将保持在8%左右。与此同时,我国的长期发展目标是在21世纪中叶成为发达国家,而发达国家的平均GDP增速大约保持在3%,因此,我们设定2036年后的GDP增长速度为3%。参照世界银行一份研究报告的预测,我们将2016—2035年间每五年作为一个时间段,各段的GDP增长率分别设定为7.0%、6.0%、5.0%与4.0%。另外,假定通货膨胀控制在3%,以2011年为基期,我们可以推算出未来我国名义GDP增长的基本情况。进一步将国内债务余额与GDP相比,就可以得出未来我国国内债务负担率的增长路径(图22.4)。

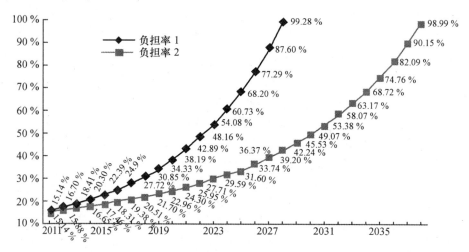

图 22.4　我国国内债务负担率增长路径

注:① 负担率1根据1994年后的国债余额年均增长率22.4%计算。② 负担率2根据2001年后的国债余额年均增长率16.4%计算。

基于图22.4的信息可以看出,按照国债余额年均增长率22.4%预测,我国国债负担率在2024年就将超过60%的国际警戒线水平,而在2028年,国债余额规模就将相当于当年名义GDP的总额。即便按照国债余额年均增长率16.4%来计算,到2032年,我国的国债负担率也将为58.07%,接近60%的国际警戒线,并将在2039年超过名义GDP的规模。债务负担如此沉重极易引发债务危机,在这一方面,希腊就是前车之鉴。在欧债危机前的2010年一季度,希腊国债余额对GDP之比高达115%。此后由于担心希腊政府对其总额为3 000—4 000亿美元的国债违约,投资者开始大规模抛售希腊国债。希腊政府难以通过发新债来还旧债,从而导致希腊主权债务危机终于爆发。更要注意的是,按照22.4%的年均增长速度,到2035年,我国国债余额将是当年名义GDP的2.5倍。当然,目前主要经济体中日本的国债负担率达到了200%以上。① 对日本来说,由于国民的存款总数还大于国债的总余额,日本的国债危机暂时还不会爆发,但不断增加的巨额国家债务无疑是套在所有日本国民头上的一个无形的枷锁。为了降低国债负担率,面对老龄化社会不断增长的社会保障需求,在无法依靠经济发展大幅增加财政收入的情况下,日本只能通过提高消费税税率来让国民平均分摊偿债责任。按照我们的测算,若我国继续以预测的速度积累国债余额,将导致巨大的债务风险,可以想见日本现在面临的经济社会困境,很有可能就会在20年后的中国再次上演,而我们的下一代人将不得不为我们当下的债务发行承担高昂的税收负担。因此按照目前的债务发行方式,我国的国债余额相对规模扩张不可能无限期持续下去。值得注意的是,上述预测使用的国债余额规模是名义规模。考虑到我国政府存在大量隐性债务和或有债务,包含隐性债务和或有债务在内的广义公债实际规模远大于名义规模。因此国债负担率的基期数也将远大于目前的数字,而触及60%的警戒线的速度也要更快,这将预示我国的国债负担率将在20年内,甚至是十几年内耗尽国债资源。进而,这也就意味着,前面基于税收偿还模式所分析的代际不公平问题是客观存在的。

22.4.2 国债资源使用视角的代际公平分析

既然我国的国债负担率增长不可持续,那么,在达到国际警戒线后,国债余额的增长率应不高于名义GDP增长率,否则,国债相对规模将随时间的推移而趋于无穷大,在这种情况下,国民经济最终将因无法偿还国债而陷于崩溃;反之,只有一国的国债相对规模趋于某一给定水平,才能保证国债负担率不会无限扩张,该国的财政才能处于稳定状态。② 而以60%的国际警戒线为上限,在达到这一稳定状态之前,我国的国债相对余额还有近45%的增长空间,这部分增长空间应该在各代人之间进行合理分配,才能保证当代人不挤占后代人的发债空间,每代人都能够通过发行适当比例的债务来拉动经济发展,使得国债余

---

① 日本财务省发布的数据显示,截至2012年3月底,包括国债、借款和短期政府债券在内的国家债务余额达到历史最高水平的959.9503万亿日元(约合12万亿美元),是其GDP的两倍多,平均每位日本国民肩负着761万日元(约合8.5万美元)的国家债务。参见:http://japan.people.com.cn/35463/7815309.html。

② 这里关于稳定的定义与经济增长理论中的定义略有不同。如果政府在相当长的时期内不能实现财政收支平衡,但能够通过发行国债为财政赤字融资,则认为政府财政处于稳定状态。

额积累份额的代际分配符合公平的标准。现在,假定我国经济能够按照前面所假设的速度增长,且通货膨胀率为3%,如果我国要在2031年也就是20年后将国债负担率保持在40%以内的话,则1994年后我国国债余额年均增长率必须控制在17.9%以下。而实际上1994年以来的17年中只有7年的国债余额年均增速低于这一水平。若要在30年内也就是2041年将国债负担率保持在60%以内,则1994年后我国的国债余额年均增长率必须低于16.7%。而1994年税制改革后有11年的国债余额年均增速都高于这个标准,其中更有6年超出这一标准100%以上。可见国债余额的增长速度长期显著高于相应水平,这说明1994年后大多数年份已经侵占了以后年份余额积累的增加份额。如果未来年份的余额积累速度没有显著下降,国债负担率势必会越来越高,而导致我国经济发展还未达到成熟阶段就已经提早触及债务负担警戒线,积聚的财政风险将使得后代人的借债成本迅速飙升,甚至无债可借,从而不得不承担前人过度负债带来的巨大成本。

22.4.2 周期性平衡视角的债务发行公平性分析

宏观经济运行中出现周期性的波动不可避免,而简单刻板地强调每一年间国债余额增长率相等就无法充分发挥国债调控经济的职能。因此,国债负担率的代际公平应该是动态调整中的平衡。从短期来看,在经济波动的一个周期之内,国债负担率的增长空间可以有限度地加以调整。在经济危机时期,政府往往采取扩张性财政政策,通过扩大赤字刺激经济,国债余额增速和国债负担率较常年大幅上升。而随着经济逐步回暖,在经济平稳或快速发展的时期,如果相应缩减国债发行额,降低余额增长速度,从而抵消经济衰退期间过度超发的债务份额,那么在一个经济周期内国债负担率的增长速度在总体上就可以保持一定,从而避免对下一个经济周期的发债空间产生影响。根据图22.3中显示的国债余额增长率变化趋势,在1994年以前的我国国债余额增速波动较为剧烈,周期性特征不明显。但在1994年之后我国的国债余额增长呈现出较显著的周期性特征。除了个别年份外(如2004年和2007年),国债余额增速的高峰与1998年和2008年两个经济周期相吻合。与此同时,在1998年开始的经济周期中,余额增速偏高持续时间较长,出现短期刺激政策中长期化的特点。从1998年到2004年,余额增速一直保持在16%以上长达7年,年均增速达到了20.4%,直到2005年和2006年才明显有所回落。而实际上经济在2001年和2002年时就已经开始复苏。应该说在这个经济周期中,国债余额的增长速度并没有符合周期内平衡的要求,长期的扩张性财政政策和债务发行过多占用了以后周期中的国债余额增长空间。

22.5 公债的代内公平性分析

在某一特定的时间点上,对于特定的公债规模,鉴于公债的偿还需要依靠政府每年的财政收入,则税收的无偿性、强制性与普遍性意味着公债成本在同一代人间的分摊实际上是普遍的,这不会因为当事人是否持有国债而有所区别。① 既然同代人普遍分担了债务成本,按照成本与受益对等的原则,公债的支出也应该让所有人普遍受益,公债投资收益在地区间不应存在很大差距。债务收入应该属于社会一般的公共资金,进而,与此相关的利益就应该为社会所共享。与此同时,由不同地区各自举借使用的债务就应当由该地区承担偿还义务,而不应转嫁给其他地区或者整个社会。权利与义务如不对等也会导致同代人之间债务使用的不公平问题。也就是说,在代内,公平的公债发行应该符合普遍受益原则和成本—受益的对等原则。但是,我国的经验表明,现实的公债发行或多或少地违背了上述公平原则。

22.5.1 普遍受益原则意义上的财政公平分析

在这一点上,最典型的问题是国债投资受益的地区局限性问题。从国债资金的投向上来看,我国在实行西部大开发战略的过程中,投入到中西部地区的国债规模相当可观,也的确建成了一批意义重大的项目。目前国家在西部投资的重大工程项目具体有西气东输、西电东送、青藏铁路建设以及退耕还林、退牧还草、天然林保护、京津风沙源治理等生态建设工程等,都具有很强的外部效益。有些项目的效益甚至是全部外溢的,具有纯公共产品的特征,不仅关系到西部地区发展全局,也关系到东、中、西三大地带的协调发展。与此同时,另一些国债项目的外部效益辐射范围则是有限的。以高速铁路为例,根据《中国铁路中长期发展规划》,我国到2020年将建成"四纵四横"铁路快速客运通道以及三个城际快速客运系统,主要涵盖了环渤海地区、长三角地区和珠三角地区。通过高速铁路网络的连接,这些区域的经济活动连接成了整体,加速了高铁网络地区经济的发展速度。但从规划和建设的情况看,我国高速铁路的建设集中

---

① 比如一个人购买了100元国债而政府为了清偿这笔债务又向其征收了50元的税款,最终其总财富减少了50元,这与一个不购买国债,而在债务清偿中被课征50元的纳税人的财富效应是一模一样的。

在经济较发达的地区,这对落后地区是不公平的。高铁的运营会改变其所在地区的可达性与吸引力,从而提升该区域的区位优势,进而改变企业和居民的区位选择模式,也将改变生产要素的流动方向。在交通一体化与经济一体化的过程中,一个区域的经济发展可能是以其他区域的经济衰退为代价的。特别是对于发达地区,由于其积累了多方面的先发优势,包括强大的科技力量、完备的基础设施、优越的协作条件、雄厚的资本、集中的消费市场、便捷的交通,这些都会加快落后地区的生产要素向发达地区的聚集,从而对落后地区的经济发展产生消极影响,导致"马太效应"。

22.5.2 成本—受益对等意义上的财政公平分析

在这一方面,一个重要的问题是地方偿债义务由中央兜底的非对称性问题。我国 1995 年实施的《预算法》第二十条规定:"地方各级政府预算按照量入为出、收支平衡的原则编制,不列赤字。"即地方政府是不能作为债务主体发行公债的。但事实上,我国地方政府依旧通过中央转贷、代发、地方自行发债以及地方投融资平台等方式发行了债务。其一,中央转贷。1998 年亚洲金融危机期间,我国曾通过发行长期建设国债并转贷给地方的方式,增加地方政府财力。① 其二,代发。2009 年配合"4 万亿"投资计划,中央为了解决地方配套资金来源问题,已于 2009 年、2010 年、2011 年代理发行了地方政府债券共计 6 000 亿元,2012 年计划代理发行 2 500 亿元,总规模将高达 8 500 亿元。② 其三,地方自行发债。2011 年,财政部发布《2011 年地方政府自行发债试点办法》,允许上海市、浙江省、广东省和深圳市试点自行发债,即在国务院批准的发债规模限额内,自行组织发行本省(市)政府债券的发债机制。其四,地方投融资平台。相对于地方政府的总体债务,更大规模的债务隐藏于地方融资平台中。国务院发展研究中心金融所副所长巴曙松亦认为,2009 年地方政府投融资平台的负债总规模已经超过了地方政府全年的总财政收入。然而,不论是中央转贷、代地方发债还是地方政府直接的借债行为,地方债务资金的"准国债"性质意味着其必然存在到期偿还、债务风险等一般国债具有的问题。同时,由于我国没有地方政府破产制度,在地方政府无力偿还的情况下,其成本和风险将会转嫁给中央

---

① 转贷是一种特殊处理方式,是指由中央政府发行国债筹资,再通过商业银行以高于国债的利率贷给地方政府。

② 从 2009 年地方债的各省份的分配构成来看,四川受汶川大地震的影响获得的发行规模最大,达到 180 亿元。在其他省份中河北 60 亿元;新疆 30 亿元;安徽 40 亿元;云南 84 亿元;广西 65 亿元;陕西 60 亿元;宁夏 30 亿元;贵州 64 亿元;辽宁 66 亿元;广东 110 亿元;重庆 58 亿;河南 50 亿元;天津 26 亿元。

政府,即由中央"兜底"。事实上我国中央政府已经意识到地方政府债务存在巨大违约可能,在2009年中央代地方发行债务时,财政部就曾经声明:如果未来地方债到期后,地方政府出现不能按时还本付息的状况,中央政府将允许地方政府采用发行新债来偿还旧债的方式进行还本付息。一旦下级政府发生财政困难且自身不能克服,进而影响到当地经济和社会稳定的时候,上级政府就必须采取一定必要的措施(如增加对下级政府的转移支付、临时借款等)为下级政府履行偿还义务,最终造成地方借债、中央偿还的结果。就地方政府的融资风险或成本会转嫁给中央财政的行为来说,它实际上是依靠来自全社会的税收收入为部分地区的开支埋单,这也造成了债务使用在同代间的不公平。

22.6 促进我国公债公平性的建议

其一,充实偿债基金,依据经济发展和财政预算状况,不断扩大偿债基金的来源。偿债基金的资金来源应多渠道,建立一定规模的偿债基金并对其进行合理的投资,达到"以债养债",对分担偿债义务很有必要。目前我国仅将超计划发行的国债列入偿债基金,但从国外经验来看,中央财政一般都从当年收入中提取一定比例的资金纳入偿债基金,我国也应结合实际制定适宜的比例,从国家预算中拨付专款或者从其专项收入中拨付部分资金,建立专项基金,以不断增加偿债基金的总量。此外,我国财政预算调节基金由来已久,数额也相当可观,可以从以后每年的预算调节基金中拨出一部分充实偿债基金。再者,将积累的偿债基金进行再投资,所得收益也可用于扩充偿债基金本金。最后,还可以通过事前协商,让债务使用得益较大的地方财政缴纳适度比例的偿债基金,因为他们通过债务使用权提高了经济效益,税收大幅度增加,地方财政获益较大,拿出一定偿债基金也是可行的(要一民、杨振华,1995)。这不仅有助于改善公债使用的代际负担,同时也符合公债使用在同代间的公平原则,可谓一箭双雕。不仅在中央层面,在逐步放开地方政府发债的过程中,也应在地方层面建立偿债基金,统筹运用地方财力,切实做好偿还工作。

其二,加强国债项目管理,提高国债投资效益,确保国债投资有效形成社会资本。首先,在项目确定过程中,尽量采纳公开招标的办法,由政府部门、企业和社会有关方面专家组成的专门机构进行评审,在全社会范围内确定国债投资项目。其次,在资金安排使用上,要统筹规划、科学论证,充分做好前期准备工作,杜绝重复建设和"三边"工程。再次,扩大地方政府权限,适当下放部分国债项目的决策权。由于中央部门对众多的项目本身很难了解得全面、深入，这不仅使决策的科学性难以保证，而且也影响了地方政府在项目安排上的积极性、机动性和责任心。因此，可以考虑在严格把握资金投向的前提下，将部分国债资金的具体项目由地方自主安排。最后，财政部门要积极参与国债投资项目的审核，对项目概预算工程招标标底的编制要加强审查，提高投资预算编制的科学性。凡财政性资金投入项目，其工程竣工财务决算必须经过财政部门审定，严防资金被挤占、挪用和损失浪费(苏明，2002)。

其三，系统规划债务发行规模，规范地方政府融资行为。中央政府不仅要在自身层面从短期、中期和长期合理规划债务发行规模，也要对地方公债的发行进行严格的审查和综合平衡，通盘负责设计全国范围内公债的发行规模和进度(贾康、李炜光、刘军民，2002)。首先，在逐渐开放地方政府债务发行权的过程中，应适时修改《预算法》，按照信用评级制度赋予资信能力较高的地方政府发行城市基础设施建设债券的权力，提高债务管理的透明度和规范性。其次，强化地方政府的预算约束，要发挥地方人大对地方公债的发行规模、使用方向、还本付息等方面的审查权和监督权。再次，尽快对以财政收入为贷款担保的行为进行立法规范，使政府财政对地方融资平台的隐性担保转变为显性、合规担保，实现地方经济长期、稳定、可持续发展。最后，探索实施地方政府财政破产制度，地方政府如因决策失误而导致严重资不抵债、不能有效清偿的情况，应依法追究有关责任人的法律责任。这将有助于提升地方政府偿债责任意识，防止地方财政风险向全社会转嫁蔓延。

参考文献

[1] Aaron H., and M. McGuire, 1970, "Public Goods and Income Distribution", *Econometrica*, Vol. 38, No. 6.

[2] Adam Wagstaff etc, 1999, "Redistributive Effect, Progressivity and Differential Tax Treatment: Personal Income Taxes in Twelve OECD Countries", *Journal of Public Economics*, Vol. 72.

[3] Aghion, P., and P., Howitt, 1998, "Endogenous Growth Theory", Cambridge, MA: MIT Press.

[4] Akerlof, G., 1970, "The Market for Lemons: Quality Uncertainty and the Market Mechanism", Quarterly Journal of Economics, Vol. 84.

[5] Alberto Alesina and George-Marios Angeletos, 2005, "Fairness and Redistribution", *The American Economic Review*, Vol. 95, No. 4.

[6] Anselin, L., 1988, "Spatial Econometrics: Methods and Models", Dordrecht, Kluwer Academic Publishers.

[7] Arrow, K. and M. Kurz, 1970, "Public Investment, the Rate of Return, and Optimal Fiscal Policy", *Johns Hopkins* University Press.

[8] Baldwin, R and Cave, M., 1999, "*Understanding Regulation: Theory, Strategy and Practice*", Oxford University Press.

[9] Barro, R., 1990, "Government Spending in a Simple Model of Endogenous Growth", *Journal of Political Economy*, Vol. 98, No. 5.

[10] Barro, R., and Sala-I-Martin, X., 1992, "Public Finance in Models of Economic Growth", Review of Economic Studies, Vol. 59.

[11] Baumol, W. J., Bailey, E. E., and Willig, R. D., 1977, "Weak Invisible Hand Theorem on the Sustainability of Multiproduct Natural Monopoly", *American Economic Review*, Vol. 67.

[12] Bishop, G. A., 1966, "Income Redistribution in the Framework of National Income Accounts", *National Tax Journal*, Vol. 19.

[13] Brixi H. P., and Schick A., 2002, "*Government at Risk: Contingent Liabilities and Fiscal Risk*", World Bank Publications.

[14] Chobanov, D., and Mladenova, A., 2009, "What is the Optimum Size of Government?" www.ime.bg/uploads/3353009-optimalsize of government.pdf.

[15] Clarkson, K. W., Miller R. L., 1982, "Industrial Organization : Theory, Evidence, and Public Policy", McGraw Hill Book Company.

[16] Devarajan, S., Swaroop, V., and Zou H., 1996, "The Composition of Public Expenditure and Economic Growth", *Journal of Monetary Economics*, Vol. 37.

[17] Djankov, S. and La Porta, 2002, "The Regulation of Entry", *Quarterly Journal of Economics*, Vol. 117, No. 1.

[18] Driscoll, J. C., and Kraay, A. C., 1998, "Consistent Covariance Matrix Estimation with Spatially Dependent Panel Data", Review of Economics and Statistics, Vol. 80.

[19] Elhorst J. P., Piras G, and Arbia G., 2006, "Growth and Convergence in a Multi-Regional Model with Space-time Dynamics", Paper presented at the Spatial Econometric Workshop, May 25—27, Rome.

[20] Elizabeth E. Bailey, 1981, "Contestability and the Design of Regulatory and Antitrust Policy", *American Economic Review*, Vol. 71, No. 2.

[21] Eytan Sheshinksi, 1971, "Welfare Aspects of a Regulatory Constraint: Note", *American Economic Review*, Vol. 61, No. 1.

[22] Fidld, B. C., 1997, "*Environmental Economics*", Irwin/McGraw-Hill.

[23] Fischel, W. A., 1975, "Fiscal and Environmental Considerations in the Location of Firms in Suburban Communities," in Edwin S. Mills and Wallace E. Oates, editors, Fiscal Zoning and Land Use Controls. Lexington, Mass: Heath-Lexington Books.

[24] Frees, E. W., 1995, "Assessing Cross-sectional Correlations in Panel Data", Journal of Econometrics, Vol. 69.

[25] George M. Constantinides, 1990, "Habit Formation: A Resolution of the Equity Premium Puzzle", *Journal of Political Economy*, Vol. 98, No. 3.

[26] Gillespie, W. Irwin, 1965, "The Effect of Public Expenditures on the Distribution of Income", in Richard A. Musgrave, ed., Essays in Fiscal Federalism, 122—186. Washington: DC, Brookings Institution.

[27] Goodman R. 1998, "The East Asian Welfare Model: Welfare Orientalism and the

State", London New York: Rutledge.

[28] Hafiz Akhand and Haoming Liu, 2002, "Marginal Income Tax Rates in the United States: a Non-Parametric Approach", *Journal of Monetary Economics*, Vol. 49.

[29] Hahn, R. W., 1998, "Policy Watch: Analysis of the Benefits and Costs of Regulation", *Journal of Economic Perspectives*, Vol. 12, No. 4.

[30] Hamilton, B., W., 1975, "Zoning and Property Taxation in a System of Local Governments", Urban Studies, Vol. 12.

[31] Harris, L., 2002, "Small Firm Responses to Employment Regulation", *Journal of Small Business and Enterprise Development*, Vol. 9, No. 3.

[32] Howell, F. 2001, "Social Assistance: Theoretical Background", Social Protection in Asia and the Pacific, Chapter 7.

[33] Iglesias, Augusto, and Robert Palacios, 2000, "Managing Public Pension Reserves. Part I: Evidence from International Experience." Social Protection Discussion Paper 0003, World Bank, Washington, DC.

[34] Im, K. S., Pesaran, M. H., and Y. Shin., 2003, "Testing for Unit Roots in Heterogeneous panels", Journal of Econometrics, Vol. 115.

[35] Ingo Vogelsang and Jorg Finsinger, 1979, "A Regulatory Adjustment Process for Optimal Pricing by Multiproduct Monopoly Firms", *The Bell Journal of Economics*, Vol. 10, No. 1.

[36] Karras, G., 1996, "The Optimal Government Size: Further International Evidence on the Productivity of Government Services", *Economic Inquiry*, Vol. 34, No. 2.

[37] Karras, G., 1997, "On the Optimal Government Size in Europe: Theory and Empirical Evidence", *The Manchester School*, Vol. 65, No. 3.

[38] Lee L. F, Yu J., 2010, "Estimation of Spatial Autoregressive Panel Data Models with Fixed Effects", Journal of Econometrics, Vol. 154.

[39] Levin, A., C.-F. Lin, and C.-S. J. Chu., 2002, "Unit Root Tests in Panel Data: Asymptotic and Finite-sample Properties", Journal of Econometrics, Vol. 108.

[40] Maital, S., 1973, "Public Goods and Income Distribution: Some Further Results", *Econometrica*, Vol. 41, No. 3.

[41] Majone, G., 1997, "From the Positive to the Regulatory State: Causes and Consequences of Changes in the Mode of Governance", *Journal of Public Policy*, Vol. 17, No. 2.

[42] Marc Fleurbaey and François Maniquet, 2006, "Fair Income Tax", *The Review of Economic Studies*, Vol. 73.

[43] McChesney, 1987, "*Rent Extraction and Rent Creation in the Economic Theory of Regulation*", The University of Chicago Press.

[44] Mun Tsang, 2001, "Intergovernmental Grants and the Financing of Compulsory Education in China", paper presented at the seminar on educational reform in China, held at Harvard

Graduate School of Education, Cambridge, Massachusetts, July 13—14. Viond Thomas.

[45] Neil, G., 2000, "China's Emerging Private Enterprises: Prospects for the New Century", Washington: International Finance Corporation.

[46] Nerlove, M. and Balestra, P., 1992, "Formulation and Estimation of Econometric Models for the Analysis of Panel Data", in: Matyas, L. and Sevestre, P. eds., The econometrics of panel data. Dordrecht :Kluwer Academic Publishers.

[47] Newey, W. K., and West, K. D., 1987, "Simple, Positive Semi-definite, Heteroskedasticity and Autocorrelation Consistent Covariance Matrix", Econometrica, Vol. 55.

[48] Odden A&Picus, L. *School Finance: A Policy Perspective.* New York: McGraw-Hill, 1992. [49] OECD, 2011a, "Pensions at a Glance, 2011, Retirement-income Systems in OECD and G20 Countries", OECD Publishing.

[50] OECD, 2011b, "Society at a Glance 2011: OECD Social Indicators", OECD Publishing. http://dx.doi.org/10.1787/soc_glance-2011-en。

[51] OECD: *Public Educational Expenditure, Cost and Financing: An Analysis of Trends 1970—1980.* Paris, OECD 1992.

[52] Owen B. M. and R. Braentigam,1978, "The Regulation Game: Strategic Uses of the Administrative Process", Cambridge, Massachusetts, Ballinger.

[53] Parker, D., 2002, "Economic Regulation: A Review of Issues", *Annuals of Public and Cooperative Economics*, Vol. 73, No. 4.

[54] Peltzman, S., 1976, "Toward a More General Theory of Regulation", *Journal of Law and Economics*, Vol. 14, No. 133.

[55] Pesaran, M., 2004, "General Diagnostic Tests for Cross Section Dependence in Panels", Cambridge Working Papers in Economics No. 0435 Faculty of Economics, University of Cambridge.

[56] Posner, R. A., 1974, "Theories of Economic Regulation", *Bell Journal of Economics and Management Science*, Vol. 5, No. 41.

[57] Reynolds and Smolensky, 1977, "Public Expenditures, Taxes, and the Distribution of Income", New York: Academic Press.

[58] Robert Plotnick,1982, "The Concept and Measurement of Heorizontal Inequity", *Journal of Public Economics*, Vol. 17.

[59] Romer, Paul, 1986, "Increasing Returns and Long-Run Growth", *Journal of Political Economy*, Vol. 94, No. 5.

[60] Rostow, W. W., 1971, "Politics and Stage of Growth", Cambridge University Press.

[61] Samuelson, P. A., Nordhaus, W. D..1998, "Economics", 机械工业出版社。

[62] Spence, M., 1972, "Market Signaling: The Information Structure of Job Markets and Related Phenomena," Harvard University Press.

[63] Stigler, G., 1971, "The Theory of Economic Regulation", The Bell Journal of Economics and Management Science, Vol. 2.

[64] Stigler, G., 1971, "The Theory of Economic Regulation", *The Bell Journal of Economics and Management Science*, Vol. 2, No. 1.

[65] Stigler, G., 1964, "Public Regulation of the Securities Markets", *The Journal of Business*, Vol. 37, No. 2.

[66] Stigler, G., 1968, "The Organization of Industry", The University of Chicago Press.

[67] Stiglitz. J. E., and A. Weiss, 1981, "Credit Rationing in Markets with Imperfect Information", American Economic Review, Vol. 71.

[68] Tie bout, C. M., 1956, "A Pure Theory of Local Expenditure", Journal of Political Expenditures, Vol. 64.

[69] Tucker, R. S., 1953, "The Distribution of Government Burdens and Benefits", *The American Economic Review*, Vol. 43, No. 2.

[70] Uri Dothan and Joseph Williams, 2002, "Banks, Bankruptcy, and Public Regulation", *Journal of Banking & Finance*, Vol. 4, No. 1.

[71] Viscusi W. K. and J. M. Vernon, 2000, "Economics of Regulation and Antitrust", The MIT Press.

[72] Walt Whitman Rostow, 1971, "Politics and the Stages of Growth", Cambridge University Press.

[73] Wolff, Jennifer I., and Judith D. Kasper, 2006, "Caregivers of Frail Elders: Updating a National Profile". *The Gerontologist*, Vol. 46, No. 3.

[74] Wong C., 1997, "Financing Local Government in the People's Republic of China", Oxford: Oxford University Press.

[75] Wooldridge, J. M., 2002, "Econometric Analysis of Cross Section and Panel Data", Cambridge: MIT Press.

[76] World Health Organization, 1996, "Equity in Health and Health and Health Care", A WHO/SIDA initiatire. WHO, Gene va.

[77] Wulf, L. D., 1975, "Fiscal Incidence Studies in Developing Countries: Survey of Critique", *Staff Papers-International Monetary Fund*. Vol. 22, No. 1.

[78] Yan Wang and Xibo Fan, 2000, "Measuring Education Inequality: Gini Coefficient of Education for 140 Countries, 1960—2000", WB Working Papers, 2525.

[79] Ruggeri, G.：《公共支出归宿分析》，载沙主编：《公共支出分析》，清华大学出版社，2009年。

[80] wind 资讯数据库，http://www.wind.com.cn/。

[81] 安徽省财政厅政府非税收入管理考察团，2007：《美国、加拿大政府非税收入管理考察报告》，《财政研究》，第11期。

[82] 安体富、林鲁宁,2002:《宏观税负实证分析与税收政策取向》,《经济理论与经济管理》第5期。

[83] 奥尔森,1980:《集体行动的逻辑》,陈郁、郭宇峰、李崇新译,上海人民出版社。

[84] 鲍斯,2005:《公共部门定价》,载于奥尔巴克、费尔德斯坦主编《公共经济学手册(第1卷)》,匡小平、黄毅译,经济科学出版社。

[85] 庇古,2007:《福利经济学》,金镝译,华夏出版社。

[86] 布坎南,1993:《民主财政论》,朱泱译,商务印书馆。

[87] 布坎南、马斯格雷夫,2000:《公共财政与公共选择——两种截然不同的国家观》,类承曜译,中国财政经济出版社。

[88] 布伦南,2004:《宪政经济学》,冯克利译,中国社会科学出版社。

[89] 财政部,2011:《2011年1—9月税收收入情况分析》,http://szs.mof.gov.cn/zhengwuxinxi/gongzuodongtai/201110/t20111020_600722.html

[90] 财政部,2011:《对〈中华人民共和国车船税法〉有关问题的解读》,http://szs.mof.gov.cn/zhengwuxinxi/zhengcejiedu/201103/t20110302_471172.html

[91] 财政部,2011:《关于2010年中央和地方预算执行情况与2011年中央和地方预算草案的报告》,http://www.mof.gov.cn/zhengwuxinxi/caizhengxinwen/201103/t20110317_505087.html

[92] 财政部,2012:《2011年公共财政收支情况》,http://gks.mof.gov.cn/zhengfuxinxi/tongjishuju/201201/t20120120_624316.html

[93] 财政部,2012:《2011年税收收入增长的结构性分析》,http://szs.mof.gov.cn/zhengwuxinxi/gongzuodongtai/201202/t20120214_628012.html

[94] 财政部财政科学研究所,2011:《地方公共财政管理实践评价:2010年中国财政管理科学化精细化研究报告》,中国财政经济出版社。

[95] 财政部财政科学研究所,2011:《中国公共财政管理研究报告》。

[96] 财政部预算司,2010:《完善财政体制 提升预算管理水平》,《中国财政》第21期。

[97] 蔡昉、杨涛,2000:《城乡收入差距的政治经济学》,《中国社会科学》第4期。

[98] 曹建海,2002:《自然垄断行业的竞争与管制问题研究——以中国民航运输业为例》,《中国工业经济》第11期。

[99] 曹洁,2000:《中国基础设施建设的资金来源结构分析》,《地方政府管理》第8期。

[100] 曹淑江,2004:《教育制度和教育组织的经济学分析》,北京师范大学出版社。

[101] 柴效武,2003:《高校学费制度研究》,经济管理出版社。

[102] 陈成文、张晶玉,2006:《社会公平感对公民纳税行为影响的实证研究》,《管理世界》第4期。

[103] 陈冬华、陈信元、万华林,2005:《国有企业中的薪酬管制与在职消费》,《经济研究》第2期。

[104] 陈富良,2000:《我国经济转轨时期的政府规制》,中国财政经济出版社。

[105] 陈共,2007:《财政学(第5版)》,中国人民大学出版社。

[106] 陈佳贵、王延中,2010:《中国社会保障发展报告 No.4——2010:让人人享有公平的社会保障》,社会科学文献出版社。

[107] 陈建东、蒲明,2010:《关于我国个人所得税费用扣除额的研究》,《税务研究》第9期。

[108] 陈莲,2011:《银行服务收费:一潭无法澄清的浑水?》,《大众理财》第9期。

[109] 陈鸣声等,2010:《卫生筹资公平性分析方法研究》,《卫生软科学》第1期。

[110] 陈仕江、蒋碧蓉,2005:《消费市场上的信息不对称与政府规制》,《消费经济》第4期。

[111] 陈中涛,2012:《经济发展态势趋稳,增长动能仍较弱》,《中国冶金报》1月14日。

[112] 陈中原,2004:《中国教育平等初探》,广东教育出版社。

[113] 成刚,2011:《中国教育——财政公平与效率的经验研究》,知识产权出版社。

[114] 储小妹,2011:《对个人所得税政策改革的思考》,《人力资源管理》第12期。

[115] 丛树海,1999:《公共支出分析》,上海财经大学出版社。

[116] 崔秀花,2009:《论我国自然垄断行业消费者权益保护问题》,《广西社会科学》第2期。

[117] 邓淑莲,2003:《中国基础设施的公共政策》,上海财经大学出版社。

[118] 邓晓燕,2009:《30年价格体制改革由收到放的曲折历程》,《商场现代化》第575期。

[119] 邓娅、闵维方,2001:《地区经济发展差异与高等教育成本补偿属地化》,《高等教育研究》第6期。

[120] 邓子基、李永刚,2010:《最优所得税理论与我国个人所得税的实践》,《涉外税务》第2期。

[121] 邓子基、唐文倩,2011:《从新中国60年财政体制变迁看分税制财政管理体制的完善》,《东南学术》第5期。

[122] 丁金泉,2004:《我国义务教育均衡发展问题研究》,华东师范大学博士学位论文。

[123] 丁小浩,2000:《对中国高等院校不同家庭收入群体的调查报告》,《清华教育研究》第2期。

[124] 杜海涛,2012:《外贸调结构迈出实质性步伐》,《人民日报》1月11日。

[125] 杜琼、梁萍,2009:《环境污染的化解与政府环境规制的改进》,《中共济南市委党校学报》第1期。

[126] 杜育红,2000:《教育发展不平衡研究》,北京师范大学出版社。

[127] 杜育红、孙志军等,2009:《中国义务教育财政研究》,北京师范大学出版社。

[128] 段成荣、杨舸,2008:《我国流动儿童最新状况——基于2005年全国1%人口抽样调查数据的分析》,《人口学刊》第6期。

[129] 樊胜根、张林秀、张晓波,2002:《中国农村公共投资在农村经济增长和反贫困中

的作用》,《华南农业大学学报(哲学社会科学版)》第 1 期。

[130] 方宝荣,2000:《税制中的公平原则与税治中的感觉公平》,《税务研究》第 11 期。

[131] 方巧玲、刘长翠、肖振东,2010:《环境保护支出绩效评价》,《审计研究》第 3 期。

[132] 冯蕾,2010:《贾康:先开征豪宅房产税,方案设计应注重渐进》,《光明日报》6 月 2 日。

[133] 冯其予,2009:《30 年国企改革历程回顾》,《经济日报》1 月 10 日。

[134] 冯源、庞炜,2007:《对物业税公平功能的思考》,《税务研究》第 4 期。

[135] 甘国华,2007:《高等教育成本分担研究》,上海财经大学出版社。

[136] 高丽,2009:《教育公平与教育资源配置》,中国社会科学出版社。

[137] 高培勇,2008:《中国财税体制改革 30 年研究——奔向公共化的中国财税改革》,经济管理出版社。

[138] 高如峰,2005:《中国农村义务教育财政体制研究》,人民教育出版社。

[139] 格瓦特尼,斯特鲁普,索贝尔,2004:《经济学:私人选择与公共选择》,梁小民等译,中信出版社。

[140] 各国税制比较研究课题组,1996:《国际比较财产税制》,中国财政经济出版社。

[141] 龚仰树,1998:《关于我国国债数量规模的探讨》,《财经研究》第 1 期。

[142] 谷成,2005:《财产课税与地方财政》,《经济社会体制比较》第 5 期。

[143] 谷成,2006:《财政分权下的中国财产税改革》,《经济理论与经济管理》第 8 期。

[144] 郭健,2006:《中国地区税负差异及其影响因素的实证分析》,《上海财经大学学报》,第 2 期。

[145] 郭立场,2011:《银行收费"越来越多"都是垄断惹的祸》,《广西质量监督导报》7 月。

[146] 郭庆旺、贾俊雪,2006:《政府公共资本投资的长期经济增长效应》,《经济研究》第 7 期。

[147] 郭庆旺、赵志耘,1999:《论我国财政赤字的拉动效应》,《财贸经济》第 6 期。

[148] 郭庆旺、赵志耘,2006:《公共经济学》,高等教育出版社。

[149] 国家发改委宏观经济研究院课题组,2005:《绿色 GDP 的统计方法》,《宏观经济研究》第 1 期。

[150] 国家发改委网站,http://www.sdpc.gov.cn/search/searchresultnew.jsp。

[151] 国家海关统计,http://www.customs.gov.cn/publish/portal0/tab9368/。

[152] 国家环保局网站,http://www.mep.gov.cn/zwgk/hjtj/。

[153] 国家税务总局,2011:《财政部 国家税务总局负责人就营业税改征增值税试点答记者问》,http://www.chinatax.gov.cn/n8136506/n8136593/n8137537/n8138532/11735486.html。

[154] 国家税务总局:《中国税务年鉴》,中国税务出版社。

[155] 国家统计局,2011:《2010 年城镇非私营单位在岗职工年平均工资主要情况》,ht-

tp://www.stats.gov.cn/tjfx/jdfx/t20110503_402722855.htm。

[156] 国家统计局,http://www.stats.gov.cn/。

[157] 国家统计局城市社会经济调查司:《中国城市(镇)生活与价格年鉴》,中国统计出版社。

[158] 《国务院关于在全国建立城市居民最低生活保障制度的通知》,国发〔1997〕29号。

[159] 哈耶克,1997:《通往奴役之路》,王明毅等译,中国社会科学出版社。

[160] 哈耶克,2003:《个人主义与经济秩序》,邓正来译,生活·读书·新知三联书店。

[161] 郝春虹,2003:《税收纵向公平原则与个人所得税制度优化》,《财贸研究》第6期。

[162] 郝春虹,2004:《中国税收流失规模估测》,《中央财经大学学报》第11期。

[163] 何通艳,2010:《论个人所得税的横向公平》,《当代财经》1月。

[164] 何忠洲,2009:[央企凶猛]《十年央企大变身:从哪里来,向何处去?》《南方周末》8月。

[165] 侯剑平,2006:《中国居民区域健康公平型影响因素实证研究》,《特区经济》第10期。

[166] 侯雪静、何雨欣、徐旭忠,2011:《房产税改革何去何从?》新华网12月26日。

[167] 胡广运、朱军生、汪雅琪,2008:《长三角都市圈税负趋同性的实证研究》,《陕西农业科学》第5期。

[168] 胡洪曙、杨君茹,2008:《财产税差别化政策研究——一个基于财产分类的考察》,《管理世界》第11期。

[169] 胡怡建,2009:《中国税制》(第二版),科学出版社。

[170] 胡怡建,2011:《不动产持有税改势在必行实施推进需破解三大难题》,《税收经济研究》第1期。

[171] 湖北财政与发展研究中心、中国地方财政研究中心,2010:《中国地方财政发展研究报告:省管县财政体制研究(2010)》,经济科学出版社。

[172] 黄洪、严红梅,2009:《个人所得税工资、薪金所得费用扣除标准的实证研究》,《税务研究》第3期。

[173] 黄克珑,2009:《我国医疗卫生财政分配现状》,《合作经济与科技》第3期。

[174] 黄为,1999:《美国放松管制得失谈》,《国外民航》第3期。

[175] 黄文平,2011:《环境污染的预防与环境管制的博弈分析》,《湖北经济学院学报》第4期。

[176] 黄小平、方齐云,2008:《我国财政卫生支出区域差异研究》,《中国卫生经济》第4期。

[177] 黄秀梅,2007:《个人所得税费用扣除标准全国统一存在的问题及对策》,《广东财经职业学院学报》第4期。

[178] 纪燕渠,2006:《完善彩票公益金管理 促进彩票业健康发展》,《财政研究》第

2 期。

[179] 贾康,李炜光,刘军民,2002:《关于发展中国地方政府公债融资的研究》,《经济社会体制比较》第 5 期。

[180] 贾康、李全,2005:《财政理论发展识踪——结合"公共财政"的点评》,《财政研究》第 8 期。

[181] 贾康、赵全厚,2000:《国债适度规模与我国国债的现实规模》,《经济研究》第 10 期。

[182] 贾康、赵全厚,2008:《中国财税体制改革 30 年回顾与展望》,人民出版社。

[183] 江珂,2010:《中国环境规制对外商直接投资的影响研究》,华中科技大学博士学位论文。

[184] 江平、石磊,2011:《我国财产税制的现状与改革措施》,《中国科技博览》第 13 期。

[185] 姜春海,2004:《自然垄断理论述评》,《经济评论》第 2 期。

[186] 蒋洪,2000:《财政学》,上海财经大学出版社。

[187] 蒋洪,2012:《公共经济学》(第三版),上海财经大学出版社。

[188] 蒋洪、马国贤、赵海利,2002:《公共高等教育利益归宿分布的分布及成因》,《财经研究》第 3 期。

[189] 蒋洪、于洪,2004:《居民消费结构与商品课税归宿问题分析》,《财贸经济》第 6 期。

[190] 蒋鸣和,1998:《关于高校学生收费标准的分析》,《教育与经济》第 4 期。

[191] 蒋萍、田成诗、尚红云,2008:《中国卫生行业预警机发展关系研究》,人民出版社。

[192] 蒋时节,2010:《基础设施投资与城市化进程》,中国建筑工业出版社。

[193] 蒋抒博,2008:《我国食品安全管制体系存在的问题及对策》,《经济纵横》第 11 期。

[194] 焦建国和刘辉,2011:《个人所得税费用扣除标准的调整测算研究——基于北京市数据的分析》,《经济研究参考》第 32 期。

[195] 孔志峰等,2005:《散装水泥专项资金绩效评价报告》,《财政研究》第 3 期。

[196] 兰相洁、张建中,2010:《英、美、日财产税税制特征及其对我国的启示》,《涉外税务》第 2 期。

[197] 郎咸平,2010:《我们的日子为什么这么难》,东方出版社。

[198] 郎咸平,2011:《我们的生活为什么这么无奈》,东方出版社。

[199] 劳动和社会保障部,2005a:《关于印发完善企业职工基本养老保险制度宣传提纲的通知》,劳社部发[2005]32 号。

[200] 劳动和社会保障部,2005b:《关于我国灵活就业情况的统计分析》,http://www.molss.gov.cn/gb/news/2005-12/01/content_103633.htm。

[201] 雷建,2006:《新个人所得税实务操作与筹划技巧》,经济科学出版社。

[202] 李本庆,丁越兰,2006:《环境污染与规制的博弈论分析》,《海南大学学报(人文社

会科学版)》第 4 期。

[203] 李光德,2004:《中国食品安全卫生社会性规制变迁的新制度经济学分析》,《当代财经》第 7 期。

[204] 李海涛,2008:《中国教育不平等问题的统计研究》,浙江工商大学出版社。

[205] 李花、董旸、李秀玲,2010:《个人所得税收入能力的实证研究》,《财贸研究》第 5 期。

[206] 李华,2007:《中国农村合作医疗制度研究》,经济科学出版社。

[207] 李华、俞卫、赵大海,2010:《农村医疗卫生保障研究》,该报告提交教育部,被评为 2010 年度高校哲学社会科学研究优秀咨询报告,并采纳上报。

[208] 李怀,2004:《基于规模经济和网络经济效益的自然垄断理论创新——辅以中国自然垄断产业的经验检验》,《管理世界》第 4 期。

[209] 李建军、张雯、余喆杨,2011:《地方税收效率及公平性实证研究》,《中南财经政法大学学报》第 5 期。

[210] 李萍,2010:《财政体制简明图解》,中国财政经济出版社。

[211] 李瑞杰,2009:《西方发达国家在环境污染规制方面可供我国借鉴的经验》,《管理学刊》第 1 期。

[212] 李绍荣、耿莹,2005:《中国的税收结构、经济增长与收入分配》,《经济研究》第 5 期。

[213] 李伟,2006:《浅谈绿色 GDP》,《北方经济》第 1 期。

[214] 李夏影,2010:《"省直管县"财政体制对县域经济增长影响研究——以湖北省为例》,《北方经贸》第 10 期。

[215] 李祥云,2008:《我国财政体制变迁中的义务教育财政制度改革》,北京大学出版社。

[216] 李小云、张雪梅;、唐丽霞,2005:《我国中央财政扶贫资金的瞄准分析》,《中国农业大学学报(哲学社会科学版)》第 3 期。

[217] 李晓鹏,2011:《印尼财产税改革及对我国的启示》,《财会月刊》第 7 期。

[218] 李秀峰,2005:《我国政府规制研究的现状与启示》,《中国行政管理》第 4 期。

[219] 梁嘉琳、张莫,2012:《北京营改增试点方案未获批,专家称不宜试点过久》,《经济参考报》6 月 25 日。

[220] 梁朋、梁云,1999:《关于我国地下经济规模的测估及思考》,《财贸经济》第 5 期。

[221] 梁钟荣,2011:《铁路建设基金之痛》,《21 世纪经济报道》5 月 19 日。

[222] 林莉红、李傲、孔繁华,2001:《从宪定权利到现实权利——我国城市居民最低生活保障制度调整》,《法学评论》第 1 期。

[223] 林毅夫,2002:《解决贫困问题最终要靠发展经济》,《中国社会报》12 月 27 日。

[224] 林颖,2010:《基于 Theil 指数的中国区域间税负差异分析》,《湖北经济学院学报》第 9 期。

[225] 刘丹,侯茜,2005:《中国市场准入制度的现状及完善》,《商业研究》第12期。
[226] 刘丹鹤,2010:《低碳技术是否能成为新一轮经济增长点?——低碳技术与IT技术对经济增长影响的比较研究》,《经济理论与经济管理》第4期。
[227] 刘克崮、贾康主编,2008:《中国财税改革三十年亲历与回顾》,经济科学出版社。
[228] 刘黎明,2007:《财政体制的理论与模型方法研究》,首都经贸大学出版社。
[229] 刘丽、牛杰和夏宏伟,2010:《个人所得税工薪所得费用扣除标准探讨》,《税务研究》第3期。
[230] 刘伦武,2003:《基础设施投资对经济增长推动作用研究》,江西财经大学。
[231] 刘民权、顾昕、王曲,2010:《健康的价值与健康不平等》,中国人民大学出版社。
[232] 刘民权、李晓飞、俞建拖,2007:《我国政府卫生支出及其公平性探讨》,《南京大学学报》第3期。
[233] 刘溶沧、马拴友,2001:《赤字、国债与经济增长关系的实证分析——兼评积极财政政策是否有挤出效应》,《经济研究》第2期。
[234] 刘尚希,2005:《财政风险:从经济总量角度的分析》,《管理世界》第7期。
[235] 刘尚希、赵全厚,2002:《政府债务:风险状况的初步分析》,《管理世界》第5期。
[236] 刘世锦,1995:《中国国有企业的性质和改革逻辑》,《经济研究》第4期。
[237] 刘树杰,1998:《中国价格改革的历程》,《中国物价》第4期。
[238] 刘小兵,2004:《政府管制的经济分析》,上海财经大学出版社出版。
[239] 刘小玄、周晓艳,2011:《金融资源与实体经济之间配置关系的检验——兼论经济结构失衡的原因》,《金融研究》第2期。
[240] 刘怡、胡祖铨、胡筱丹,2010:《工薪所得个人所得税税率的累进设计:问题与改进》,《税务研究》第9期。
[241] 刘泽云、萧今,2004:《教育投资收益分析》,北京师范大学出版社。
[242] 刘昭洁、王俊应,2011:《浅析我国农产品价格的波动原因及影响》,《农村经济》第12期。
[243] 刘忠敏,2009:《中国国债经济效应的计量分析》,辽宁大学博士论文。
[244] 刘佐,2010:《2010年中国税制概览》(第14版),经济科学出版社。
[245] 鲁篱,2000:《公用企业垄断问题研究》,《中国法学》第5期。
[246] 陆娴,2006:《个人所得税费用扣除标准地区差异存在的合理性》,《财会研究》第11期。
[247] 陆志明,2011:《农产品炒作与游资之患》,《乡村科技》第7期。
[248] 罗宾斯,2005:《论经济学的性质和意义》,朱泱译,商务印书馆。
[249] 罗丹,1966:《"大推进"理论笔记》,载H.S埃利斯主编《拉丁美洲的经济发展》,圣马丁出版社(英文版)。
[250] 罗尔斯,2003:《正义论》,何怀宏等译,中国社会科学出版社。
[251] 罗森,2003:《财政学》,中国人民大学出版社。

[252] 骆永民,2009:《城乡基础设施均等化供给研究》,经济科学出版社。

[253] 马福军,2010:《个人所得税费用扣除应建立全国统一标准下的浮动机制》,《税务研究》第3期。

[254] 马海涛,2009:《中国税制》(第四版),中国人民大学出版社。

[255] 马克思,1975:《资本论》(第三卷),人民出版社。

[256] 马默特,2008:《地位决定你的健康》,冯星林、王曲译,中国人民大学出版社。

[257] 马树才、孙长清,2005:《经济增长与最优财政支出规模研究》,《统计研究》第1期。

[258] 马拴友,2000:《积极财政政策的国债效应分析》,《改革》第2期。

[259] 马斯格雷夫,1994:《比较财政分析》,董勤发译,上海三联书店。

[260] 马晓燕,2000:《关于教育公平的现实选择之我见》,《教育与经济》第2期。

[261] 曼昆,1999:《经济学原理》(第二版),梁小民译,北京大学出版社。

[262] 毛程连,2004:《关于国债使用和偿还的基本理论问题探讨》,《社会科学》第4期。

[263] 孟东方、李志,1996:《学生父亲职业与高等学校专业选择关系的研究》,《青年研究》第11期。

[264] 民政部门户网站,《1999年民政事业发展统计报告》,http://cws.mca.gov.cn/article/tjbg/200801/20080100009396.shtml。

[265] 民政部门户网站,《2010年社会服务发展统计报告》,http://www.mca.gov.cn/article/zwgk/mzyw/201106/20110600161364.shtml。

[266] 农业部生猪波动规律性研究课题组,2007:《今年猪价上涨异常波动》,http://www.Xinnong.com/news/20071212/25747.html。

[267] 诺思,2009:《经济史中的结构和变革》,陈郁等译,商务印书馆。

[268] 庞凤喜,2010:《税收原理与中国税制》(第三版),中国财政经济出版社。

[269] 庞凤喜、薛钢、高亚军,2010:《税收原理与中国税制》(第三版),中国财政经济出版社。

[270] 普拉丹,2000:《公共支出分析的基本方法》,蒋洪等译,中国财政经济出版社。

[271] 戚聿东,2002:《我国自然垄断产业分拆式改革的误区分析及其出路》,《管理世界》第2期。

[272] 戚聿东,2004:《中国自然垄断产业改革的现状分析与政策建议》,《经济学动态》第6期。

[273] 全国预算与会计研究会课题组,2011:《全面推进省直管县财政体制改革——关于省直管县财政管理方式改革的研究报告》。

[274] 人力资源和社会保障部、国家统计局,2011:《2010年度人力资源和社会保障事业发展统计公报》,http://www.mohrss.gov.cn/page.do? pa=40288020240500280124 0882b84702d7&guid=e60c0ef72d dd4e8eb968 ac5f11900f59&og=8a81f0842d0d556d012d111392900038。

[275] 人民网,"温家宝总理答中外记者问",http://politics.people.com.cn/GB/1024/

11137889. html

［276］上海财经大学公共政策研究中心，2011：《2011 中国财政发展报告》，上海财经大学出版社。

［277］上海财经大学课题组，2007：《中国经济发展史》（1949—2005），上海财经大学出版社。

［278］沈颢，2011：《长沙取消高中择校生学费项目》，《潇湘晨报》2月8日。

［279］时政新，2004：《中国社会救助体系研究》，中国社会科学出版社。

［280］史普博，1999：《管制与市场》，余晖等译，上海人民出版社。

［281］史万兵、张丽华，2005：《试论高等教育收费制度与教育公平》，《高等农业教育》第2期。

［282］世界卫生组织，1996：《1996世界卫生报告：抵御疾病，促进发展》，丁冠群等译，人民卫生出版社。

［283］世界银行，1994：《1994年世界发展报告：为发展提供基础设施》，毛晓威等译，中国财经出版社。

［284］税政司，2011：《前9月税收总收入同比增长27.4%，个税同比增长34.4%》，财政部网站。

［285］斯密，1997：《国民财富的性质和原因的研究》，郭大力、王亚南译，商务印书馆。

［286］宋午阳，2012：《浅析中国地下钱庄的成因及治理对策》，《学理论》第2期。

［287］苏明，2002：《政府财政投资的定位及其投资方向和重点》，《经济研究参考》第9期。

［288］粟玉香，2004：《公共教育财政制度生成与运行》，中国财政经济出版社。

［289］孙国英、许正中、王铮，2002：《教育财政：制度创新与发展趋势》，社会科学文献出版社。

［290］孙开，2011：《省以下财政体制改革的深化与政策着力点》，《财贸经济》第9期。

［291］孙玉栋，2006：《中国税负问题研究》，中国人民大学出版社。

［292］汤贡亮、陈守中，2005：《个人所得税费用扣除标准调整的测算》，《税务研究》第9期。

［293］唐虎梅，2002：《国家行政经费与国家财政支出关系研究（上）》，《财政研究》第11期。

［294］唐钧，2003：《建立综合的最低生活保障制度》，华夏出版社。

［295］万相昱，2009：《我国城镇最低生活保障制度改革的微观模拟》，《公共管理学报》10月。

［296］万莹、史忠良，2009：《中国地区间税收负担率与产业结构关系的实证分析》，《首都经济贸易大学学报》第6期。

［297］汪崇金等，2011：《我国基本医疗服务的地区差异即均等化对策研究》，《山东财政学院学报》第2期。

[298] 汪同三,2008:《中国投资体制改革30年研究》,经济管理出版社。
[299] 王传纶、高培勇,1995:《关于中国国债的几点考虑》,《财政研究》第12期。
[300] 王光玲、张玉霞,2008:《对我国环境管制政策的反思与建议》,《法制天地》第4期。
[301] 王华,2008:《规范政府非税收入管理的基本思路》,《税务研究》第6期。
[302] 王加林,2002:《财政改革与机制创新》,中国财政经济出版社。
[303] 王金南、於方、曹东,2009:《绿色GDP核算的国际实践与启示》,《生态经济》第9期。
[304] 王进,2005:《广州足球彩票彩民的构成与消费特征》,《体育学刊》第2期。
[305] 王军平、刘起运,2005:《如何看待中国宏观税负》,《财贸经济》第8期。
[306] 王俊,2007:《政府卫生支出有效机制的研究》,中国财政经济出版社。
[307] 王俊、吴明,2011:《卫生财政学》,北京大学出版社。
[308] 王俊豪,1998:《论自然垄断产业的有效竞争》,《经济研究》第8期。
[309] 王俊豪,2004:《自然垄断产业市场结构重组的目标、模式与政策实践》,《中国工业经济》第1期。
[310] 王俊豪,鲁桐,王永利,1998:《西方国家的政府管制俘虏理论及其评价》,《世界经济》第4期。
[311] 王磊,2004:《公共教育支出分析》,北京师范大学出版社。
[312] 王礼鑫、黄坤琦,2005:《从官民比之争看政府合理规模》,中国发展观察杂志社,www.chinado.cn。
[313] 王丽辉,2010:《我国税式支出规模扩大的对策思考》,《财会月刊》第9期。
[314] 王美涵,2005:《土地出让金的财政学分析》,《财政研究》第4期。
[315] 王乔,席卫群,2009:《基于国际比较的中国非税收入的现状与评价》,《.经济评论》第3期。
[316] 王世杰,2009:《近年我国猪肉价格变化状况及政府干预影响分析》,《价格月刊》第9期。
[317] 王廷惠:2002:《自然垄断边界变化与政府管制的调整》,《中国工业经济》第11期。
[318] 王伟宜,2005:《不同社会阶层子女高等教育入学机会差异的研究》,《民办教育研究》第4期。
[319] 王伟宜,2005:《不同社会阶层子女高等教育入学机会差异的研究》,《民办教育研究》第4期。
[320] 王夏,2012:《浅谈银行收费定价体制下公民知情权》,《经济师》第1期。
[321] 王秀清,孙云峰,2002:《我国食品市场上的质量信号问题》,《中国农村经济》第5期。
[322] 王薛红,2006:《中国彩票业的发展与政策研究》,《财政研究》第9期。

［323］韦倩,2010:《纳入公平偏好的经济学研究:理论与实证》,《经济研究》第9期。

［324］魏新亚、林知炎,2003:《中国基础设施投资构成的统计分析》,《同济大学学报(自然科学版)》第7期。

［325］魏众、古斯塔夫森,2005:《中国居民医疗支出不公平性分析》,《经济研究》第12期。

［326］文杰、文峰、李广舜,2011:《从区域经济协调发展的视角看新疆矿产资源税费制度优化》,《税务研究》第11期。

［327］邬志辉、于胜刚,2008:《农村义务教育经费保障新机制》,北京大学出版社。

［328］吴春霞、郑小平,2009:《农村义务教育及财政公平性研究》,中国农业出版社。

［329］吴俊培,2003:《论我国的财产税》,《涉外税务》第7期。

［330］吴学安,2012:《公益型国企应以摒弃垄断为定位》,《学习时报》2月。

［331］武利华,2000:《中国地区税负差异的实证研究》,《财经研究》,第10期。

［332］西斯蒙蒂,1997:《政治经济学新原理》,商务印书馆。

［333］项怀诚,2002:《中国财政管理》,中国财政经济出版社。

［334］项威、刘向耘,1995:《隐性收入研究》,《统计研究》第12期。

［335］肖莎,2012:《既得利益者阻碍出租车行业改革,亏了国家苦了司机》,《法治周末》03月。

［336］肖文、周明海,2008:《财政分权与区域经济增长——基于省级以下的实证分析》,《浙江大学学报(人文社会科学版)》第4期。

［337］谢夜香、陈芳,2008:《我国行政管理支出规模的理论分析与实践探讨》,《财政研究》第6期。

［338］徐博,2011:《五项社保资产总额23886亿元》,新华每日电讯8月11日。

［339］徐利君、朱柏铭,2003:《国债资金真实投向的实证分析》,《财经研究》第5期。

［340］徐倩、李放,2012:《我国财政社会保障支出的差异与结构》,《改革》第2期。

［341］许景婷、张兵,2008:《地区税负对区域经济发展影响研究综述》,《南京工业大学学报(社会科学版)》第3期。

［342］许小年,2011:《厂商游说政府,结果可想而知》,《南方周末》12月30日。

［343］轩志东、罗五金,2008:《宏观卫生经济学》,人民卫生出版社。

［344］薛颖慧、薛澜,2002:《试析我国高等教育空间分布的特点》,《高等教育研究》第4期。

［345］亚里士多德,1997:《政治学》,吴寿彭译,商务印书馆。

［346］严昌涛,2000:《"地下经济"与税收》,《税务研究》第8期。

［347］杨斌,2008:《税收学原理》,高等教育出版社。

［348］杨东平,2006:《中国教育公平的理想与现实》,北京大学出版社。

［349］杨峰云,2008:《浅谈我国价格改革的历程、成就和经验》,《北方经济》第11期。

［350］杨宏山,2011:《美国地方政府的财产税及其启示》,《理论视野》第11期。

[351] 杨华云,2010:《社保基金结余2万亿,13年来利息损失6 000亿》,《新京报》10月29日。

[352] 杨天宇,2003:《我国民营经济发展的制度性障碍研究》,《改革》第6期。

[353] 杨宇立,2009:《公共财政框架内的行政支出变化趋势研究》,《上海经济研究》第11期。

[354] 姚先国等,2006:《家庭背景与子女高等教育的关系》,《山西财经大学学报(高等教育版)》第1期。

[355] 要一民、杨振华,1995:《建立国债偿债基金的探讨》,《财贸经济》第9期。

[356] 耶鲁大学,http://www.epi2010.yale.edu/Countries。

[357] 尹利军、龙新民,2007:《行政管理支出中存在的问题及其优化策略》,《改革与战略》第11期。

[358] 应晓华,2003:《我国卫生服务筹资公平性研究》,复旦大学博士论文。

[359] 于洪,2008:《消费课税的收入分配机制及其影响分析》,《税务研究》第7期。

[360] 于立、肖兴志,2001:《规制理论发展综述》,《财经问题研究》第1期。

[361] 于良春,2004:《论自然垄断与自然垄断产业的政府规制》,《中国工业经济》第2期。

[362] 于良春,2004:《论自然垄断与自然垄断产业的政府规制》,《中国工业经济》第2期。

[363] 余永定,2000:《财政稳定问题研究的一个理论框架》,《世界经济》第6期。

[364] 袁连生,2010:《农民工子女义务教育经费负担政策的理论、实践与改革》,《教育与经济》第1期。

[365] 袁振国,1999:《论中国教育政策的转变:对我国重点中学平等与效益的个案研究》,广东教育出版社。

[366] 袁振国、田慧生,2010:《义务教育均衡发展报告—2010》,教育科学出版社。

[367] 袁振丽、宫红霞,2005:《高等教育收费对教育机会平等的影响》,《沈阳教育学院学报》第7期。

[368] 曾国安,2003:《论经济管制与宏观经济调控的关系》,《经济评论》第1期。

[369] 曾军平,2006:《利益分配的平等待人——关于公平的一个理论注解》,《上海财经大学学报》第6期。

[370] 曾军平,2008:《公共选择与政治立宪》,上海财经大学出版社。

[371] 曾军平,2009:《自由意志下的集团选择:集体利益及其实现的经济理论》,格致出版社,上海三联书店,上海人民出版社。

[372] 曾军平、杨君昌,2009:《公共定价分析》,上海财经大学出版社。

[373] 曾满超,2000:《教育政策的经济分析》,人民教育出版社。

[374] 曾满超、丁小浩、阎凤娇、丁延庆,2010:《效率、公平与充足—中国义务教育财政制度改革》,北京大学出版社。

［375］曾满超、丁延庆,2005:《中国义务教育资源利用及配置不均衡研究》,《教育与经济》第2期。

［376］曾庆涛,2010:《个人所得税工资薪金费用扣除标准分析》,《经济论坛》第5期。

［377］张爱莉、兰蓉,2002:《公共财政构架下的行政支出管理》,《财政研究》第12期。

［378］张春霖,1997:《国有企业改革与国家融资》,《经济研究》第4期。

［379］张桂香,2009:《卫生总费用与政府卫生支出关系的动态计量分析》,《中国卫生经济》第8期。

［380］张红凤,2005:《西方管制经济学的变迁》,经济科学出版社。

［381］张雷宝,2009:《改革开放以来我国公共基础设施服务均等化研》,《中国行政管理》第6期。

［382］张立彦,2011:《美国密西根州财产税制度的特点与借鉴》,《财会研究》第15期。

［383］张丽华、汪冲、杨树琪,2009:《西部农村义务教育投入保障制度研究》,经济科学出版社。

［384］张青,2005:《激励相容机制下的个人所得税设计》,《税务研究》第6期。

［385］张胜文,2010:《财产税之租税归宿》,《财政经济评论》第2期。

［386］张文魁,2012:《推动新一轮国企改革就是推动转变增长方式》,《21世纪经济报道》3月7日。

［387］张昕竹,2000:《中国规制与竞争:理论与政策》,社会科学文献出版社。

［388］张旭伟,2001:《浅论税收公平分配功能的弱化》,《税务研究》第8期。

［389］张亚伟、朱增勇,2011:《国家猪肉价格调控政策作用和效果分析》,《中国牧业通讯》第2期。

［390］张杨波,2002:《社会分层与农村学生受教育机会不平等》,《青年研究》第11期。

［391］张永来,2005:《对环境外部性规制的若干思考》,《兰州学刊》,第6期。

［392］张宇麟、吕旺弟,2009:《中国省际间税收竞争的实证分析》,《税务研究》第6期。

［393］张玉林,2003:《分级办学制度下的教育资源分配与城乡教育差距》,《中国农村观察》第1期。

［394］张卓元,2008:《中国价格改革三十年:成效、历程与展望》,《红旗文稿》第23期。

［395］章涵意,2012:《上海房产继承公证费下调一半》,《上海青年报》4月2日。

［396］赵海利,2003:《高等教育公共政策》,上海财经大学出版社。

［397］赵建国、苗莉,2008:《中国医疗卫生支出公平性的实证分析》,《财政研究》第7期。

［398］赵全新,2010:《建国六十年价格依法行政工作纵览》,《价格与市场》第1期。

［399］赵鱼,2010:《1987—2009年猪肉价格波动分析》,《中国物价》第4期。

［400］郑秉文,2011:《社保基金增值有多难?》《中国证券报》,2011年8月24日。

［401］郑春荣,2011:《中国社会保险费的负担研究》,载上海财经大学公共政策研究中心:《2011中国财政发展报告》第15章,上海财经大学出版社。

［402］郑春荣,2012:《英国社会保障制度》,上海人民出版社。

[403] 郑春荣、杨欣然,2009a:《退休年龄对女性基本养老金影响的实证分析》,《社会科学家》第2期。

[404] 郑春荣、杨欣然,2009b:《自由职业者参加企业基本养老保险的收益率分析》,《学术交流》第5期。

[405] 郑功成,2000:《社会保障学——理念、制度、实践与思辨》,商务印书馆。

[406] 郑涵,2011:《我国所得税制中经济性重复征税对企业及经济运行的影响》,《经济纵横》第6期。

[407] 郑侠,2008:《个人所得税税前扣除与税收公平原则》,《改革与战略》第6期。

[408] 植草益,1992:《微观规制经济学》,朱绍文、胡欣欣等译校,中国发展出版社。

[409] 中国注册会计师协会编,2011:《税法》,经济科学出版社。

[410]《中华人民共和国社会救助法(草案)》,2009年4月3日修改稿。

[411] 中经网统计数据库,http://db.cei.gov.cn/。

[412] 钟晓敏,2011:《省直管县改革:缘起、路径与未来方向》,《财经论丛》第6期。

[413] 钟宇平、陆根书,1999:《收费条件下学生选择高校影响因素分析》,《高等教育研究》第2期。

[414] 钟宇平、陆根书,1999:《高等教育成本回收:对我国大陆学生付费能力与意愿的研究》,香港中文大学教育学院,第56页。

[415] 周旦华,2012:《猪肉价格阶段性上涨波动的影响因素与宏观调控政策分析》,《经济论坛》第2期。

[416] 周发明、廖翼,2012:《我国生猪价格波动及其调控政策评价——一个文献综述》,《湖南社会科学》第1期。

[417] 周黎安,2004:《晋升博弈中政府官员的激励与合作——兼论我国地方保护主义和重复建设问题长期存在的原因》,《经济研究》第6期。

[418] 周良荣等,2011:《国内外健康公平研究现状分析》,《卫生经济研究》第2期。

[419] 周全林,2010:《从税收公平角度看我国个人所得税制的全面性改革》,《当代财经》第11期。

[420] 周姗仪、施烨剑,2005:《葛剑雄委员"再吁"提高退休教师待遇》,http://sh.eastday.com/eastday/shnews/node42337/node42416/node42759/userobject1ai810250.html。

[421] 周天勇,2011:《行政体制改革应有"两个联动"》,《北京日报》12月30日。

[422] 周小梅,2004:《论基础设施领域民营化改革途径的战略选择》,《价格月刊》第7期。

[423] 周小梅,2009:《对城市自来水价格调整以及价格管制政策的分析》,《城市公用事业》第4期。

[424] 周晓唯、卢海旭,2009:《对环境污染侵权行为损害赔偿的经济学分析》,《山西大学学报(哲学社会科学版)》第2期。

[425] 朱开轩,1997:《对当前若干教育热点问题的认识》,《中国教育报》5月15日。

[426] 朱润喜,2011:《个人所得税课征不公的主要表现及解决对策》,《税务研究》第3期。

[427] 朱文兴、朱咏涛,2004:《对行政成本居高的经济学分析与对策》,《国家行政学院学报》第3期。

[428] 朱晓立,2011:《应届本科生平均薪资税前3914元"恋沪"情结明显》,《i时代报》8月10日。